suhrkamp taschenbuch
wissenschaft 2435

Pierre Bourdieu kam Mitte der 1950er Jahre zum ersten Mal nach Algerien, und zwar als Soldat im Algerienkrieg. Nach Abschluss seines Militärdienstes führte er hier erste Feldforschungen zur Kultur der Berber in der Kabylei durch, die seine späteren großen soziologischen und wissenschaftstheoretischen Arbeiten nachhaltig geprägt haben. Der Band vereinigt sämtliche wissenschaftlichen Arbeiten Bourdieus zu Algerien und hat bei seinem Erscheinen in Frankreich große Aufmerksamkeit erregt. Zum ersten Mal lässt sich die frühe Entwicklung und Prägung eines der großen Soziologen des 20. Jahrhunderts im Zusammenhang nachvollziehen.

Pierre Bourdieu (1930-2002) hatte zuletzt einen Lehrstuhl für Soziologie am Collège de France inne. Im Suhrkamp Verlag sind u. a. erschienen: *Über den Staat* (2014) und *Manet. Eine symbolische Revolution* (2015).

Pierre Bourdieu
Algerische Skizzen

Herausgegeben und mit einer Einleitung
von Tassadit Yacine

Aus dem Französischen
von Andreas Pfeuffer, Achim Russer,
Bernd Schwibs u. a.

Suhrkamp

Titel der Originalausgabe: *Esquisses algériennes*

Die Veröffentlichung erfolgt mit freundlicher Unterstützung des französischen Ministeriums für Kultur – Centre National du Livre und der Maison des sciences de l'homme.
Ouvrage publié avec le concours du Ministère français chargé de la culture – Centre National du Livre et la maison des sciences de l'homme.

Erste Auflage 2023
suhrkamp taschenbuch wissenschaft 2435

Umschlag nach Entwürfen
von Willy Fleckhaus und Rolf Staudt
Druck und Bindung: C. H. Beck, Nördlingen
Printed in Germany
ISBN 978-3-518-30035-0

www.suhrkamp.de

Inhaltsverzeichnis

Anhänge

Präsentation
von Tassadit Yacine

Bourdieu und Algerien, Bourdieu in Algerien

Editorische Vorbemerkung

Algerien und der Kabylei[1] kommen im Werk Pierre Bourdieus ein zentraler Stellenwert zu. Sie stellen einen wichtigen Bezugspunkt seiner ethnographischen Arbeiten[2] dar, selbst wenn er Themen behandelt, die nicht in direktem Zusammenhang mit diesem ethnisch-kulturellen Raum stehen. Die faktische Durchführung der Erhebungen und Forschungen, auf denen diese Arbeiten beruhen, erfolgte in einer in zweierlei Hinsicht eigentüm-

1 Aufgrund ihrer geographischen Lage (Bergregion) und ihrer Nähe zu Algier spielt die Kabylei eine zentrale Rolle in der Geschichte Algeriens. Angesichts verschiedener Invasoren hat sie ihre politische und kulturelle Integrität zu wahren gewußt. Als Zentrum des Widerstands gegen das französische Kolonialsystem während des Unabhängigkeitskriegs war sie, der damalige Verwaltungsbezirk (*Wilaya*) III, zusammen mit dem Aurès aufgrund des Ausmaßes der Untergrundbewegung und der Repression die am meisten vom Krieg betroffene Region. Der FLN rekrutierte hier mehrere seiner historischen Führungsfiguren. In anthropologischer Hinsicht hat sie zahlreiche kulturelle Praktiken (Sprache, Glaubensüberzeugungen, mythisch-rituelles System) bewahrt, die das Interesse der Forschung geweckt haben. Bourdieus Interesse erstreckte sich auf sehr eingeschränkte, direkte Beobachtung erfordernde gesellschaftliche Einheiten (Dörfer oder Weiler). Damit lassen sich soziale und kulturelle Verhaltensweisen (»Ehre und Ehrgefühl«) und Praktiken (»Das Haus oder die verkehrte Welt«, »Die Verwandtschaft als Vorstellung und Wille«) fassen, die bei einer auf zahlenmäßig umfassendere Gruppen ausgeweiteten Untersuchung aus dem Blickfeld geraten. Die auf die algerische Gesellschaft als ganze ausgedehnten, das Instrumentarium der »Soziologie« (Statistiken, Fragebogen, Erhebungstechniken) mobilisierenden und das Arbeiten in Teams erfordernden Forschungen widmeten sich einer viel umfassenderen (bäuerlichen und städtischen) Gesellschaft, die mit starken gesellschaftlichen und wirtschaftlichen Veränderungen konfrontiert war. Diese zur gleichen Zeit untersuchten Terrains (im umfassenden Sinne verstanden) ergänzen sich und haben beide Anteil an einer gemeinsamen Erfahrung und Geschichte. Ebenso verhält es sich auch mit der Beziehung zwischen ethnologischer Herangehensweise und soziologischem Ansatz, die Bourdieu zufolge faktisch nicht voneinander getrennt werden dürfen.

2 Vgl. die parallel zueinander durchgeführten Forschungen zur Welt der Bauern in der Kabylei und im Béarn.

lichen Zeit: Das wissenschaftliche Werk von Bourdieu nimmt hier seinen Ausgang, zugleich befindet sich Algerien mitten im Krieg (1958-1960). Nachdem er nicht lange vorher, nämlich 1954, die École normale supérieure verlassen hat und ihm nun eine Laufbahn als Philosophielehrer beschieden ist – er arbeitet bei Georges Canguilhem an einer Dissertation über die Zeitstrukturen des Gefühlslebens –, wird Bourdieu wie viele andere seiner Generation wider Willen zur Ableistung seines Militärdienstes nach Algerien geschickt, wo gerade der Krieg ausbricht und an Heftigkeit zunimmt. Sein wissenschaftliches Vorhaben bekommt unter diesen außergewöhnlichen Umständen eine völlig andere Ausrichtung. Zunächst bemüht er sich entschlossen um ein Verständnis der algerischen Kolonialgesellschaft und erforscht die destruktiven Wirkungen des *Sénatus-consulte* von 1863[3] auf die algerische Gesellschaft (Enteignung des Grundbesitzes und Fragmentierung der Stämme). Er stützt sich hierfür auf das in der Bibliothek des Generalgouvernements zugängliche Material sowie auf in Algier vorhandene Archivbestände. Zugleich holt er Informationen bei Spezialisten (Historikern[4] und Ethnologen) ein und beginnt eine Untersuchung über die Auswirkungen der im 19. Jahrhundert ergriffenen Maßnahmen (*Sénatus-consulte, Loi Warnier, cantonnement*[5]) auf die Lebensweise der Land-

3 [Durch den *Sénatus-consulte* vom 22. 4. 1863, einen Beschluß des *sénat conservateur* mit Gesetzeskraft, wurden »die Stämme Algeriens zu Besitzern jener Gebiete, auf denen sie einen permanenten und traditionellen Nießbrauch ausüben, gleich mit welchem Besitztitel«. Diese Garantie ging allerdings mit der Einschränkung einher, daß »frühere Erlasse, Teilungen und Zerstückelungen« nicht mehr angefochten werden konnten. Vgl. Charles-André Julien, *Histoire de l'Algérie contemporaine*, Bd. 1, Paris: PUF 1979, S. 425 – A. d. Ü.].

4 So die von dem für seine Arbeiten über das Constantinois und den algerischen Nationalismus bekannten André Nouschi erhaltenen Informationen. Vgl. die im Anhang dieses Buches, S. 489, enthaltenen Briefe.

5 Ein Gesetz von 1851 führt das Prinzip des *cantonnement* ein, dem zufolge der bisherige Gemeinschaftsbesitz von Dörfern oder einer mehrere Dörfer umfassenden Abstammungsgruppe – genannt *Aarch* – aufzulösen und strikt die Regel des Privateigentums an Boden einzuhalten sei.

bevölkerung. Im Anschluß daran erhält er eine Anstellung an der Universität Algier, wo er Soziologie und Philosophie lehrt.[6] Parallel hierzu bereist er – dank der Unterstützung durch den fortschrittlichen Demographen Jacques Breil – für die Leitung der Statistique Générale verschiedene Regionen Algeriens und vor allem der Kabylei, wo er die Informationen beschafft, die ihm als Grundlage für die im Anschluß daran publizierten Bücher dienen sollen (*Le Déracinement, Esquisse d'une théorie de la pratique* [*Entwurf einer Theorie der Praxis*] und *Le sens pratique* [*Sozialer Sinn*], um nur die in Gänze oder in Teilen diesen Forschungsfeldern ausdrücklich gewidmeten Bücher anzuführen). Er verfaßt vor Ort eine Anzahl von Texten, darunter ein Buch in der Reihe »Que sais-je?« mit dem provokanten Titel Sociologie de l'Algérie.[7]

Diese Arbeiten sind zwangsläufig alles andere als unpolitisch. Bourdieu versucht, »vor allem den Franzosen auf der Linken zu vermitteln [...], was hier wirklich vor sich ging, in einem Land, das sie oft völlig gleichgültig ließ«, und er fährt fort: »Und auch, wenn ich mir am Anfang sagte, daß dieser Ausflug in die Ethnologie und Soziologie ja nur vorläufig sei und ich, wenn dieses politische Bildungsvorhaben einmal beendet wäre, wieder zur Philosophie zurückkehren würde (während der ganzen Zeit, als ich an *Sociologie de l'Algérie* saß und meine ersten ethnologischen Untersuchungen durchführte, habe ich jeden Abend über die Struktur der Zeiterfahrung bei Husserl geschrieben), geriet

6 In seinen Vorlesungen war in erster Linie von Lévi-Strauss (dessen *Strukturale Anthropologie* gerade erschienen war), Frazer, Boas, Malinowski, Benedict, Mead, Linton usw. die Rede, sehr wenig dagegen von Durkheim, Marx, Weber oder Ibn Khaldun. Und zu den seltenen Abstechern, die er ins Gebiet der »Moral« unternahm, etwa zum Thema des Gegensatzes zwischen *shame culture* und *guilt culture*, kam es nur über den Umweg der Kulturanthropologie, erklärt Alain Accardo, damals Student von Bourdieu.

7 Algerien wird von den staatlichen Organen der Status einer Nation verweigert; die Anerkennung der Existenz einer algerischen Gesellschaft wird als Provokation empfunden.

ich doch zusehends [...] in ein Unternehmen, dessen Antriebe nicht nur wissenschaftlicher Art waren.«[8]

Das Ziel dieses Bandes ist es, den Lesern die von Bourdieu während seines Aufenthalts in Algerien geschriebenen Artikel, ebenso die Interviews, die er in der Folgezeit über diese Phase seiner Forschertätigkeit gegeben hat, zugänglich zu machen. Es handelt sich um bedeutende Texte, weil sie, verfaßt unter außerordentlichen Bedingungen – ihr Autor fragt sich gar selbst, wie man überhaupt auf die Idee verfallen kann, mitten im Krieg ethnographische Untersuchungen durchzuführen –, auch in zweierlei Hinsicht den sichtbaren Ausdruck einer Umwälzung darstellen: einmal im Hinblick auf das damals unter »Orientalisten« verbreitete Denken über Algerien und dessen »Eingeborene« wie auch die Art und Weise ihrer Darstellung, vor allem aber im Hinblick auf seinen eigenen Lebensweg, insofern Bourdieu ja eine Karriere als Philosoph in Frankreich abbricht und sich, statt einfach einer durchaus anspruchsvollen, jedoch absehbaren Neigung für philosophische Theorie und die Auseinandersetzung mit den großen Autoren nachzugeben, für das Kleinklein der ethnographischen Zählarbeit, die minutiöse Beschreibung von Heiratsstrategien und photographische wie auch statistische Erhebungen entscheidet. Aus dieser zweifachen Kehrtwende heraus wird es dann zur Erfindung und Entwicklung einer neuartigen Sicht auf die Sozialwelt kommen.

Das Interesse an der jetzigen Veröffentlichung dieser Texte liegt nun keineswegs darin, nachzuweisen, daß Bourdieu gleichsam vom ersten Tag an mit ausgefeilten und fixen theoretischen Konzepten im Kopf – Habitus, Kapital, Feld – angekommen wäre, sondern ein Licht auf die erste Etappe zu werfen, während der er seine zentralen wissenschaftlichen Konzepte und Werkzeuge entwickelt hat. Es geht darum, darzustellen, wie die damals gültigen ethnologischen Denkkategorien in der Praxis in Frage gestellt und eine Reihe neuer Lösungsansätze geboten wurden.

8 Pierre Bourdieu, *Ein soziologischer Selbstversuch*. Aus dem Französischen von Stephan Egger, Frankfurt am Main: Suhrkamp 2002, S. 48.

Dabei darf nicht vergessen werden, daß die von Bourdieu seinen eigenen Worten zufolge vollzogene »Konversion des Blicks«, eine tiefgreifende biographische wie intellektuelle Konversion des Pariser Philosophen zum Anthropologen, Ethnologen und Soziologen, sich in einem spezifischen historischen Kontext vollzieht, sich selbst auch von vornherein als eine von Engagement getragene Wissenschaftspraxis definiert, für die Bourdieu sein ganzes Leben stehen wird: Für ihn waren die Sozialwissenschaften eine politische »Waffe«, die im Dienste einer Sozialkritik an den Formen von Unterdrückung und Herrschaft stand.

Die Aktualität dieser Texte rührt aber noch von etwas anderem her. In einer Zeit, da die Themen der Kolonisierung und Dekolonisierung verstärkt in der öffentlichen Debatte präsent sind, bieten sie wichtige Anhaltspunkte für das Verständnis der verheerenden Wirkungen des Kolonialismus sowohl auf die kolonisierenden wie auf die kolonialisierten Gesellschaften. Insofern liefern sie ein auch heute noch subversives und innovatives politische Rüstzeug, um diese Fragen zu denken und – eventuell – um darüber hinauszugelangen. Gerade aus diesem Grund richtet sich die Textsammlung besonders an Algerier und hier in erster Linie an die Generation junger Menschen, denen daran gelegen ist, ihre eigene Erinnerung und Kultur besser kennenzulernen. Das ist um so nötiger, als diese Zeit in Algerien wie in Frankreich einer kollektiven Amnesie zu unterliegen scheint.

Bei der Lektüre der hier versammelten Texte sollte man vier verschiedene inhaltliche Ebenen auseinanderhalten. Die erste davon betrifft die gebotenen Informationen und Analysen über eine mitten im Befreiungskrieg verstrickte Kolonialgesellschaft, die sowohl hinsichtlich ihrer die Zeiten überdauernden Tiefenstrukturen als auch in einer akuten Krisensituation reflektiert wird (siehe die einzelnen Untersuchungen in den »Kolonisierung, Kultur und Gesellschaft« und »Arbeiter und Bauern in Verzweiflung« überschriebenen Teilen dieses Buches); eine zweite Ebene betrifft die von Bourdieu im Verlauf dieses Krieges gemachten Erfahrungen (siehe die unter der Rubrik »Krieg und gesellschaftliche Umbrüche« zusammengefaßten Untersuchungen); die dritte Ebene betrifft die für ihn charakteristische Form des Intervenierens, die seinem gesamten Werk die Richtung vorgegeben hat und illustriert wird durch eine erneute Beschäftigung mit dem Forschungsfeld Algerien (siehe auch die Artikel »Unter Freunden«, »Für Abdelmalek Sayad«, »Vom richtigen Gebrauch der Ethnologie«, »Teilnehmende Objektivierung« usw.); die letzte betrifft schließlich den Entstehungszusammenhang einer ganzen Reihe grundlegender Begriffe (siehe die unter den Rubriken »Eine reflexive Definition der Anthropologie«, »Ethnologie der Kabylei« versammelten Artikel, vor allem aber »Für eine Soziologie der Soziologen« und »Die Herstellung des ökonomischen Habitus«).

Soziologie Algeriens in Zeiten des Krieges

Zwei Themen kehren in den Arbeiten Bourdieus über Algerien ständig wieder. Da ist zum einen die Analyse einer durch den Krieg in Umwälzung befindlichen Gesellschaft. Die im Jahr 1959 veröffentlichten Artikel befassen sich mit den Querverbindungen zwischen Wirtschaft, Kultur und den für diese Zeit charakteristischen Akkulturationsphänomenen. Die Rolle des Geldes etwa erschließt sich, wenn man versteht, was solche das bäuerliche Denken strukturierenden Begriffe wie Zeitlichkeit, Räumlichkeit, Ehre, Tausch, Gabe und Kredit bedeuten. In kürzester Zeit und mit nur bescheidenen Mitteln erarbeitet sich Bourdieu, indem er Interviews, Photographie und Statistik[9] kombiniert,

9 Vgl. Pierre Bourdieu, *In Algerien. Zeugnisse der Entwurzelung*. Herausgegeben von Franz Schultheis und Christine Frisinghelli. Aus dem Französischen von Jörg Ohnacker und Daniela Böhmler, Konstanz: UVK 2009. Vgl. ebenfalls Yves Winkin, »La disposition photographique de Pierre Bourdieu«, *Contributions au colloque de Cerisy, Le Symbolique et le Social. La réception internationale du travail de Pierre Bourdieu (12. Juli-19. Juli 2001)*, Liège: Éditions de l'université de Liège 2005, S. 43-51.

eine komplexe Methodologie für die Feldforschung bei Bauern, Auswanderern sowie Arbeitslosen in der Stadt, mit der sich die dem traditionsverhafteten algerischen Wirtschaftsethos eigene ökonomische »Rationalität« rekonstruieren läßt.

Zweites Thema ist das dem Mittelmeerraum eigene mythisch-rituelle System und ganz allgemein der anthropologische Unterbau einer Gesellschaft, worauf Bourdieu bei der Ausarbeitung seines theoretischen Werkes über die »Theorie der Praxis« wieder zurückgreifen wird.[10] In zwei aus jüngerer Zeit stammenden und hier wiederabgedruckten Gesprächen mit Mouloud Mammeri sowie Franz Schultheis spricht Bourdieu von dem Bruch, den er mit den eurozentristischen Untersuchungen der Ethnologen der Schule von Algier hatte vollziehen müssen, bevor er sich dann von einer durch und durch vom Strukturalismus determinierten Perspektive abwandte.

Diese Arbeiten, die einen Beitrag zu einer Soziologie Algeriens (das damit seinen Status als ausschließlich ethnologischer Forschungsgegenstand verliert[11]) darstellen, bleiben aufgrund

10 Vgl. Pierre Bourdieu, *Entwurf einer Theorie der Praxis*. Aus dem Französischen von Cordula Pialloux und Bernd Schwibs, Frankfurt am Main: Suhrkamp 1976; ders., *Sozialer Sinn. Kritik der theoretischen Vernunft*. Aus dem Französischen von Günter Seib, Frankfurt am Main: Suhrkamp 1987.

11 Die Ethnologie hatte aufgrund ihres engen Verhältnisses zur Kolonialmacht in engagierten sozialwissenschaftlichen Kreisen nicht immer eine gute Presse. Als Beleg hierfür führt man gemeinhin die Gründung einer *Académie des Sciences coloniales* durch Daladier an, der 1924 als Kolonialminister des Linkskartells erklärte, »daß nur eine Erforschung der Rassen und Völker, ihrer Bräuche und ihrer Geschichte, wirklich die Geschmeidigkeit und Stärke unserer Kolonialverwaltung sicherstellen kann, die für ihre kolonisatorischen Bemühungen unerläßlich sind« (zit. nach Caroline Martello, »Germaine Tillion et l'Algérie: de l'ethnologie au politique«, Mémoire de Master II, département d'histoire, Université de Nice Sophia-Antipolis, 2005-2006). Diese Situation war der Ethnologie in Algerien noch lange Zeit nach der Unabhängigkeit nicht gerade förderlich. So sind die Gründe nachvollziehbar, aus denen heraus Bourdieu bewußt für die Soziologie und nicht für die Ethnologie optierte, obwohl er sie im Feld ja selbst praktizierte.

der politischen Umstände zum Zeitpunkt ihres Erscheinens teilweise vertraulich. In ihrer Fokussierung auf die Welt der Bauern und Arbeiter vollziehen diese Arbeiten einen Bruch mit der Praxis der Ethnologen der Schule von Algier, die sich überwiegend durch eine primitivistische, um nicht zu sagen rassistische Sicht auf die verschiedenen algerischen Bevölkerungsgruppen auszeichnete.

Alles in allem beschreiben die vorwiegend auf Feldforschungen fußenden Artikel, die Bourdieu während seines Aufenthalts in Algerien verfaßt, die Welt der Bauern und Arbeiter und machen die dauerhaften Herrschaftsstrukturen sichtbar, aufgrund deren das Kolonialsystem sich über 130 Jahre zu halten vermochte.

Der Algerienkrieg als historischer Augenblick und als individuelle Erfahrung

Bourdieu bleibt gefühlsmäßig und politisch[12] wie viele andere auch »geprägt« von diesem Krieg, an dem er, der junge Rekrut, als Infanterist teilnimmt und gegen den er mit der Kraft der Vernunft und der Erkenntnis ankämpft: In der Absicht, die Funktionsweise der Kolonialisierung zu dekonstruieren, entwickelt er ein wissenschaftliches Instrumentarium und unternimmt ambitionierte empirische Forschungen in einem Umfeld, das sich aufgrund von Attentaten, Mordanschlägen, Razzien und ganz allgemein dem »latenten Faschismus« als besonders schwierig erweist.[13] An der École normale supérieure gehörte Bourdieu zu jener kleinen linken Minderheit, die gegen die Rechte und zugleich gegen eine der Kolonialpolitik gegenüber aufgeschlossene

12 In dieser Darstellung werden nur die für das Verständnis des algerischen Kontexts nötigen Informationen geliefert. Eine eingehendere Untersuchung dieser Phase steht noch aus.

13 Jean Sprecher, »Il se sentait bien avec nous ...«, *L'autre Bourdieu*, *Awal*, 27-28, 2003, S. 198-300.

»Linke«[14] (Sozialisten wir Kommunisten)[15] vorging, was ihn von Anfang an in eine verzwickte Lage brachte. »Der stalinistische Druck war so stark, daß einige von uns an der École Normale Supérieure – unter anderem Derrida, Bianco, Pariente – um 1951 ein Komitee zur Verteidigung der Freiheiten gründeten.«[16] Der Bourdieu nahestehende Lucien Bianco wird später präzisieren: »Auch an der École normale waren wir außerstande, uns der einen oder anderen Strömung anzuschließen. Beispielsweise fanden wir den Artikel von Sartre ›Les communistes et la paix‹ übertrieben; der war für uns nicht nachvollziehbar, zugleich ließen wir uns jedoch von dem damals geläufigen Argument gegen Camus (die gute Seele) durchaus beeindrucken. Wir wußten wirklich nicht, welchem Heiligen wir unser Leben weihen sollten, wir waren einfach unzufrieden und unsicher. Ich möchte einmal die Widersprüchlichkeit unserer Haltung verdeutlichen: Ein Normalien hatte Titos Jugoslawien besucht, und wir ließen uns törichterweise von den Kommunisten überzeugen, daß das eine Schande wäre. Doch wenn uns bei unserem Politisieren etwas klar war, dann war es das, daß wir mit den Kommunisten Polemiken austragen müßten. Nach der Gründung eines Aktionskomitees ›Intellektuelle für die Verteidigung der Freiheiten‹ im Jahr 1952 hatte ich an der ENS eine Sektion dieses Komitees ins Leben gerufen (Bourdieu war natürlich mit dabei), und wir waren so zahlreich (sogar noch zahlreicher als die Kommunisten), daß die uns als Rivalen ansahen und permanent Krach mit

14 Vor allem unter Guy Mollet.

15 Vgl. Lucien Bianco, »Nous n'avions jamais vu ›le monde‹ …«, *L'autre Bourdieu, Awal*, 27-28, 2003, S. 267-277. S. auch Gisèle Sapiro, »Une liberté contrainte, la formation de la théorie d'habitus«, in: *Pierre Bourdieu, sociologue*, Paris: Fayard 2004, S. 61-63.

16 »Der Kampf um die symbolische Ordnung. Pierre Bourdieu im Gespräch mit Axel Honneth, Hermann Kocyba und Bernd Schwibs«, *Ästhetik und Kommunikation*, 16, 61-62, 1986, S. 142-163 wiederabgedruckt unter dem Titel »Fieldwork in Philosophy«, in: Pierre Bourdieu, *Rede und Antwort*. Aus dem Französischen von Bernd Schwibs, Frankfurt am Main: Suhrkamp 1992, S. 15-49; in modifizierter französischer Fassung in: Pierre Bourdieu, *Choses dites*, Paris: Minuit 1987, S. 13-46.

uns anfingen und uns als Sozialverräter beschimpften. Wir hielten munter dagegen und stellten ihre Unaufrichtigkeit bloß: Sie starteten eine Kampagne für die Freilassung von Duclos, nicht aber für die von Marty (beide waren im Gefängnis), wir dagegen forderten lauthals die Freilassung Martys. Am meisten fürchtete ich Le Roy Ladurie,[17] der kam mir wie eine Art Saint-Just vor. Ich habe mich immer gefragt, was für Argumente er jetzt wieder mal im Namen der Theorie losläßt. Ich spreche jetzt von mir, aber Bourdieu verfaßte mit mir zusammen die Entgegnungen auf die Kommunisten. Ich kann zwar nicht in seinem Namen sprechen, aber wir dachten das gleiche.«[18]

Wissenschaftliche Texte, politische Texte

Diese frühen Texte haben einen anderen Wert, der sich aus dem außergewöhnlichen Entstehungskontext ergibt, insofern sie zeigen, wie die politische Tragweite und der politische Wille von Bourdieus Arbeit zur Wirkung kommen. Der Algerienkonflikt ist bekanntlich für eine ganze Generation von französischen Intellektuellen bestimmend gewesen – weil er für eine entscheidende Phase ihrer Bewußtseinsbildung und ihres politischen Reifeprozesses steht[19] –, und ganz besonders für eine bestimmte Altersklasse: Zwischen Jacques Chirac, Michel Rocard, Pierre Joxe, Jacques Derrida, Olivier Todd, Yann Queffélec, Eddy Mitchell, Serge Lama und dem Bauern aus dem Béarn oder dem Berry gibt es keinerlei Gemeinsamkeiten außer der schmerzlichen Erfahrung des Militärdienstes in Algerien. Bourdieu entging wie seine Freunde von der École Normale Supérieure nicht dieser harten Prüfung, von der seine intellektuelle Konversion

17 Administrator der Nationalbibliothek, Historiker, Spezialist für Agrargeschichte des Mittelalters und der frühen Neuzeit.

18 Lucien Bianco, »Nous n'avions jamais vu ›le monde‹ …«, a. a. O.

19 Jean-Pierre Rioux und Jean-François Sirinelli, *La Guerre d'Algérie et les intellectuels français*, Brüssel: Complexe 1991.

ihren Ausgang nahm, wie einer seiner frühesten Studenten an der Universität Algier erklärt: »Mir scheint«, erklärt Alain Accardo, »daß der Algerienkrieg bei Bourdieu die Entdeckung vielleicht nicht gerade bewirkte, zumindest aber beschleunigte, nämlich, daß er sich mit der universitären Philosophie auf dem Holzweg befand und daß er sich, wenn er damit so brillant weitermachte, wie er begonnen hatte, nur mit dem Pharisäertum des neureichen Bildungsbürgertums und der Arroganz der Mandarine kompromittieren und Wasser auf die Mühlen der Herrschaft gießen konnte, deren Wirkungen er nicht nur am eigenen Leib, sondern in bezug auf eine ganze Gesellschaft ermessen konnte. Er wollte in erster Linie gegen diese Herrschaft ankämpfen, persönliche Gründe dafür, sie zu verabscheuen, hatte er schon seit langer Zeit. Und er kannte die universitäre Philosophie ja nun gut genug, um zu wissen, daß sie nichts als Schmuck und Zierat für die bürgerlich-imperialistische Ordnung war und nur noch dazu taugte, dem Marxismus einen Riegel vorzuschieben. Bourdieu bekannte sich nicht ausdrücklich zum Marxismus, aber er hatte durchaus verstanden, worin die Ideologie im allgemeinen und diese akademische Philosophie im besonderen bestand. Er war folglich auf der Suche nach einem wissenschaftlichen, also nichtphilosophischen Zugang zur gesellschaftlichen Realität. Er schlug diesen Weg um so entschiedener ein, als damit das Versprechen verbunden schien, mehrere Ziele miteinander vereinbaren zu können: rigorose Sozialkritik, ohne sich einem irgendwie gearteten Dogma zu unterwerfen, persönliche Auszeichnung, ohne einem Patron den Treueid schwören zu müssen, usw. Wie viele von uns zur damaligen Zeit war auch Bourdieu ein junger Mensch, der die Welt ändern wollte, weil er sie einfach für furchtbar schlecht gemacht hielt.«[20]

Aus diesem Grund mußte sich Bourdieu, der in Zeiten des Kriegs einem wissenschaftlichen Vorhaben nachging, zwangs-

20 Unveröffentlichtes Interview Tassadit Yacines mit Alain Accardo.

läufig über den Status der Forschung, die Rolle des Forschers in Situationen extremer Krise und über die Aufgabe der Ethnologie und der Soziologie in einer Zeit bewaffneten Konflikts Gedanken machen.[21] Indem er einen Bruch mit der Perspektive der ethnologischen Studien über Algerien vollzog, konnte er das seelische und materielle Elend eines ganzen Volkes schon in seinen 1959 veröffentlichten Artikeln vermitteln. Die Problematik findet sich in dem 1963 erschienenen Buch *Travail et travailleurs en Algérie* wieder. Es ist das Ergebnis umfangreicher, von lauter Statistikern und einem Soziologen durchgeführter Erhebungen, die mit den (durch die Kolonisierung, den Krieg und andere Formen der Ausbeutung eingeführten) Mechanismen der Herrschaft, in erster Linie in der Arbeitswelt, ein weites Feld für die Forschung erschlossen. In seiner Analyse des Zeitbewußtseins weist Bourdieu nach, wie die aus einer vorkapitalistischen Wirtschaftsweise stammenden ökonomischen Dispositionen und der »Kosmos«, den die kapitalistische Wirtschaftsweise in ihrer im Zuge der Kolonisation importierten Form mit sich bringt, auseinanderklaffen. Dadurch kann er die Abhängigkeit der »alltäglichsten« ökonomischen Aktivitäten (Sparen, Lohn, Kredit) von gesellschaftlichen und kulturellen Voraussetzungen aufzeigen, die in den traditionalen Gesellschaften so nicht gegeben sind. Auf dieses Material greift er in dem 1977 erschienenen Buch *Algérie 60* und in den Artikeln »Die ständige Angst des algerischen Arbeiters vor der Arbeitslosigkeit: Proletariat und Kolonialsystem« (1962) und »Die algerischen Subproletarier« (1962) zum Teil wieder zurück.

Elemente eines theoretischen Bruchs

Die hier wiedergegebenen Texte sind folglich von großem Interesse für all jene, die sich um ein Verständnis der Werkgenese

21 Pierre Bourdieu, Alain Darbel, Jean-Paul Rivet, Claude Seibel, *Travail et travailleurs en Algérie*, Paris/Den Haag: Mouton 1963, S. 251-262.

und der Ausarbeitung der analytischen Konzepte bemühen, die Bourdieu später in den dem Thema Algerien gewidmeten Büchern – *Le Déracinement*, *Algérie 60*, *Esquisse d'une théorie de la pratique*, *Le Sens pratique* – entwickelt und die dann ständig umgearbeitet, erweitert und auf andere Bereiche übertragen werden.[22] Eine große Zahl dieser Konzepte, um die herum sich in den sechziger Jahren die am Centre de sociologie européenne durchgeführten bildungs- und kultursoziologischen Studien organisiert haben, sind nämlich »hervorgegangen aus der Generalisierung von Befunden der ethnologischen und soziologischen Arbeiten [Bourdieus] in Algerien[23] [...]. Ihm ging es dabei insbesondere um den Zusammenhang zwischen subjektiven Erwartungen und objektiven Chancen, den er im ökonomischen, demographischen und politischen Verhalten der algerischen Arbeiter beobachtet hatte und auf den er nun bei den französischen Studenten und deren Familien erneut stieß. Doch am augenfälligsten ist der Übertragungsprozeß an seinem Interesse für die kognitiven Strukturen, Taxonomien und die klassifikatorische Tätigkeit der sozialen Akteure abzulesen.«[24]

Um sich von den Ethnologen abzugrenzen, die aus Faszination für die Archaismen primitiver Gesellschaften entweder jegliche Aktualität vermieden oder das bestehende System stützten, schob Bourdieu die Veröffentlichung seiner frühen Untersuchungen hinaus, die dann nach der Unabhängigkeit Algeriens erscheinen sollten. Das betrifft etwa den 1960 verfaßten und auf

22 Vgl. die Verbindung in *Die männliche Herrschaft*. Aus dem Französischen von Jürgen Bolder, Frankfurt am Main: Suhrkamp 2005, und *Junggesellenball. Studien zum Niedergang der bäuerlichen Gesellschaft*. Aus dem Französischen von Eva Kessler und Daniela Böhmler, Konstanz: UVK 2008.

23 Siehe insbesondere das Vorwort von *Eine illegitime Kunst. Die sozialen Gebrauchsweisen der Photographie* von Pierre Bourdieu (in Zusammenarbeit mit Luc Boltanski, Robert Castel, Jean-Claude Chamboredon, Gérard Lagneau und Dominique Schnapper). Aus dem Französischen von Udo Rennert, Frankfurt am Main: Suhrkamp 1983.

24 Pierre Bourdieu, »Fieldwork in philosophy«, frz. Fassung, S. 34.

französisch erst 1972 publizierten Text »Ehre und Ehrgefühl«. Diese noch dem Strukturalismus verhafteten Texte gehen Untersuchungen voraus, in denen Bourdieu sich – beginnend mit »Das Haus oder die verkehrte Welt« bis hin zu *Sozialer Sinn* im Jahr 1980 – von dieser Richtung absetzt, um in der Folge die Logiken der Praxis, zunächst in *Entwurf einer Theorie der Praxis*,[25] dann in *Sozialer Sinn*,[26] zu untersuchen. Dieses Buch führt die Ergebnisse sämtlicher Untersuchungen, die er zwischen 1957 und 1976 auf zwei Feldern durchgeführt hat, zusammen: der Kabylei und dem Béarn, einer Gegend, die er als eine Art reflexiven Kontrapunkt herangezogen hat, während er zur selben Zeit all die theoretischen und empirischen Resultate kumulierte, zu denen er in der Untersuchung der modernen Gegenwartsgesellschaft, ihrer Systeme gesellschaftlicher Reproduktion, ihrer Gebrauchsweisen der verschiedenen Kapitalsorten usw. gekommen war.

Selbst wenn darin ein erster Entwurf des Habituskonzepts formuliert wird, bleiben diese Frühschriften doch noch von den zur damaligen Zeit dominierenden Theorien (Kulturalismus und Strukturalismus) geprägt, und es läßt sich besser der in der Folge durchschrittene Weg bis zu dem Punkt ermessen, wo er dann jene Konzepte entwickelt, die für die Bourdieusche Soziologie stehen (das wird beispielsweise deutlich in »Die Herstellung des ökonomischen Habitus« oder in »Ehre und Ehrgefühl«, wo sich das spätere symbolische Kapital schon abzeichnet).

Die im vorliegenden Band versammelten Texte unterliegen also einem zweifachen Auswahlprinzip: Es geht zuallererst darum, verstreut erschienene und zum Teil schwer zugängliche Texte zusammenzubringen, die aber ein kohärentes Ganzes sowie eine Ergänzung zu den aus ihnen hervorgegangenen Büchern bilden; des weiteren sollen die Elemente zusammengesetzt werden, anhand deren sich, ausgehend von den materiellen wie intellektuellen Voraussetzungen, unter denen es entstanden ist, die

25 A. a. O., S. 11-47.
26 A. a. O.

Entwicklung des Bourdieuschen Werks auf algerischem Terrain nachvollziehen läßt.

Für ein adäquates Verständnis dieser Texte ist es nicht ganz unnütz, den Kontext zu kennen, in dem sie entstanden sind, und zu begreifen, was die Kolonialsituation in Algerien, insbesondere an der Universität Algier, ausmachte; ebenso sind auch bestimmte biographische Elemente unerläßlich, um ermessen zu können, von welcher Position aus und unter welchen Bedingungen Pierre Bourdieu während seines Aufenthalts in Algerien zwischen 1957 und 1960 gearbeitet hat.

Die Entstehung einer singulären Ethnosoziologie*

> Die Frage, der ich hier nachgehen möchte, hat mich schon immer beschäftigt, von meinen ersten ethnologischen Arbeiten über die Kabylei bis zu meinen jüngsten Forschungen über die Welt der Kunst und im engeren Sinne über das Funktionieren des Mäzenatentums in den modernen Gesellschaften. Und ich möchte zu zeigen versuchen, daß mit denselben Instrumenten über so unterschiedliche Dinge nachgedacht werden kann wie den Tausch von Ehren in einer vorkapitalistischen Gesellschaft, das Agieren von Stiftungen wie der Ford Foundation oder der Fondation de France in Gesellschaften wie der unsrigen, den Tausch zwischen den Generationen innerhalb einer Familie oder die Transaktionen auf den Märkten der symbolischen, religiösen usw. Güter.
>
> Pierre Bourdieu[1]

I. Der algerische Kontext

A. Das koloniale Algerien

Hier ist weder der Ort, um die Geschichte der Kolonialisierung zu schreiben noch die der Auseinandersetzung der französischen Intellektuellen mit dem im Krieg befindlichen Algerien. Dennoch ist es von Nutzen, den Prozeß, der zu der Kriegssituation, in der Pierre Bourdieu arbeitete und schrieb, geführt hat, in groben Zügen zu skizzieren. Die französische Kolonisierung Algeriens ist sicherlich die am längsten andauernde und verheerendste in ganz Nordafrika gewesen. Verantwortlich dafür war

* Eine kürzere Fassung dieses Textes ist in dem von Rose-Marie Lagrave und Pierre Encrevé herausgegebenen Sammelband *Travailler avec Bourdieu*, Paris: Flammarion 2003, S. 333-345, sowie unter dem Titel »Bourdieu in Algeria at war. Notes on the birth of an engaged ethnosociology«, *Ethnography*, 5, 2004, S. 487-509, erschienen.

1 Pierre Bourdieu, *Praktische Vernunft. Zur Theorie des Handelns*. Aus dem Französischen von Hella Beister, Frankfurt am Main: Suhrkamp 1998, S. 161.

eine Bevölkerungspolitik, die die aus Europa gekommenen Kolonisten, meistenteils Christen, gegenüber der aus Arabern und Berbern bestehenden »eingeborenen« Bevölkerung, Muslimen wie Juden, begünstigte. Zur Anlockung und Ansiedlung von Europäern hatte das Kolonialsystem die einheimische Bevölkerung sowohl ihres Eigentums an Grund und Boden (Wegnahme und Besetzung der besten Böden) wie auch ihrer natürlichen Ressourcen (Halfagras, Kork, Gruben) beraubt. Vor allem diese Maßnahmen hatten die Zerschlagung des Gesellschaftssystems eines zu mehr als 80 Prozent ländlich geprägten Algerien zur Folge. Sie unterminieren die Autorität der Stammesführer, die das Zentrum seiner politischen Verfaßtheit bilden, und führen mit Ausbruch des Krieges (1954) und der Einrichtung von Sammellagern zu deren endgültigem Zusammenbruch.[2]

Die seit mehr als einem Jahrhundert verübten Ungerechtigkeiten und Gewaltakte lösen wiederholt Revolten in der Bevölkerung aus (1871, 1881, 1945, 1954), was wiederum die Reaktionen der Kolonisten heftiger werden läßt. Statt durch Reformen einen

2 Der Beschluß zur Schaffung von Umsiedlungslagern, den sogenannten *camps de regroupement,* wird im Aurès ab Ende 1955 umgesetzt, dann auf das Ouarsenis und in der Folge ab 1956 auf ganz Algerien ausgeweitet. Ein Erlaß (vom 17. März 1956) verleiht dem residierenden Minister (es handelt sich um Robert Lacoste) sämtliche Vollmachten zur »Einrichtung von Zonen, in denen der Aufenthalt von Personen reglementiert oder untersagt ist, sowie die Möglichkeit, diese Vollmachten den Präfekten und Militärbehörden zu übertragen«. Dafür bekannt, daß er zivile Gewalten an die Militärbehörden abtritt und damit bestärkt, vermehrt dieser Erlaß überdies die Repressionsmöglichkeiten des residierenden Ministers. Es zeugt von einem ganz bewußt unternommenem Vorstoß der politischen Führung, die den Militärbehörden übertragenen Vollmachten auszuweiten, insofern das Parlament der Regierung »die weitestgehende Ermächtigung für jegliche Art von Ausnahmemaßnahmen [...] zur Wiederherstellung der Ordnung in Algerien« erteilt hat. Vgl. Michel Rocard, *Rapport sur les camps de regroupement et autres textes sur la guerre d'Algérie*, Paris: Mille et une Nuits 2003, S. 231 f. [Vgl. Moritz Feichtinger und Stephan Malonowski, »›Eine Million Algerier lernen im 20. Jahrhundert zu leben‹. Umsiedlungslager und Zwangsmodernisierung im Algerienkrieg 1854-1962«, *Journal of Modern European History* 8, 2010, 1, S. 107-135 – A. d. Ü.]

innergesellschaftlichen Ausgleich herbeizuführen, verschärfen die Kolonialpolitiker die Repression, etwa während der Vorfälle vom 8. Mai 1945 in Sétif, wo Tausende Algerier für die Forderung nach Anerkennung ihrer Rechte ermordet werden.[3] Diese Revolte gibt schon einen Vorgeschmack auf die Erhebung vom 1. November 1954, die sich zu einem blutigen Krieg auswachsen sollte, der auf der einen Seite mit »systematischem und methodischem« Zerstörungswillen geführt wird, während der Widerstand auf der anderen Seite auf Guerillakampf und städtischen Terrorismus zurückgreift. Persönlichkeiten des öffentlichen Lebens versuchen durchaus zwischen diesen beiden Richtungen zu vermitteln (auf französischer Seite Alain Savary, Gaston Defferre und Robert Verdier, auf algerischer Ferhat Abbas, Messali Hadj und Si Salah), doch die sich gegenüber jeglichen Veränderungen sperrende herrschende Minderheit beharrt auf ihren Positionen.

Die ersten Kriegsjahre sind auch jene, in denen sich die Sozialisten (SFIO) an der Macht befinden. Robert Lacoste (ein Mitglied der Résistance, Gewerkschafter bei der CGT und mehrfacher Minister unter de Gaulle von 1944 bis 1950) wird 1956[3] von Guy Mollet als dem Vorsitzendem des Staatsrats zum residierenden Minister ernannt.[4] Die Nationalversammlung räumt der

3 Jean Amrouche, »A propos des émeutes du 8 mai 1945«, in: ders., *Un Algérien s'adresse aux Français*, hg. von Tassadit Yacine, Paris: L'Harmattan 1994, S. 279-286; Marcel Reggui, *Les Massacres de Guelma*, Paris: La Découverte 2006; Annie Rey-Goldzeiguer, *Aux origines de la guerre d'Algérie*, Paris: La Découverte 2006.

4 Seine Ernennung erfolgt im Anschluß an die Durchreise Guy Mollets in Algier am vielzitierten »Tag der Tomaten«, an dem Mollet von der europäischen Bevölkerung übel empfangen wird: Das soll der Auslöser dafür gewesen sein, daß er seine Politik änderte. Robert Lacoste ergreift daraufhin scharfe Unterdrückungsmaßnahmen, die auf die städtischen Zentren ausgedehnt werden (vgl. die Schlacht von Algier im Jahr 1957). Unter seiner Verantwortung überläßt die politische Macht der militärischen Macht die Initiative. Folter und das Verschwindenlassen von Menschen werden zu einer verbreiteten Praxis (vgl. Michel Rocard, *Rapport sur les camps de regroupement et autres textes sur la guerre d'Algérie*, a. a. O., S. 220). André Nouschi und Jean Sprecher beschreiben das von Psychoterror geprägte Klima, in dem die Untersuchung in Algerien durchgeführt wird, in: An-

Regierung Sondervollmachten in Algerien ein, während die fünf Führer der Auslandsdelegation des FLN (Mohammed Boudiaf, Hocine Aït-Ahmed, Ahmed Ben Bella, Mohamed Khider und Mostefa Lachref), die am 22. Oktober 1956 von Marokko nach Tunesien reisen wollen, im Anschluß an die erste Flugzeugentführung in der Geschichte des französischen Geheimdienstes inhaftiert werden.

B. Die Universität Algier – Spiegelbild eines kolonialen Algerien

Im Algerien der fünfziger Jahre sind die im Zuge der Kolonialisierung errichteten Universitäten in ihrer überwiegenden Mehrheit weiterhin eine Inkarnation des kolonialen Systems. Die Universität Algier funktioniert wie ein Staat im Staate: »Sie verfügte mit ihren Hierarchien, ihrer lokalen Berufungspraxis und ihrer praktisch unabhängigen Reproduktion über eine Art geistiger Autonomie gegenüber den Universitäten in Frankreich.«[5] Jean Sprecher zufolge fanden sich sämtliche Erben der zur nationalistischen Rechten gehörenden Strömungen in Algier ein: »Alle Führer dieser rechten oder extrem rechten Organisationen und Grüppchen hatten in Algier ihr Lager mit Verbindungen ins studentische Milieu hinein aufgeschlagen: die Sidas-Brüder mit Jeune Nation, Biaggi mit dem Parti patriote révolutionnaire, die Erben Marcel Déats mit der Phalange française, Thomazo, Demarquet, natürlich auch Le Pen, Tixier-Vignancourt, Bernard

dré Nouschi, »Autour de ›Sociologie d'Algérie‹«, *L'autre Bourdieu, Awal*, 27-28, 2003, S. 29-35; Jean Sprecher, »Il se sentait bien avec nous …«, a. a. O., S. 295-305.

5 Pierre Bourdieu, »Entre amis«, *Autour de Pierre Bourdieu et de l'anthropologie, Awal*, 21, 2000, S. 6, wiederaufgenommen in *Awal*, 27-28, 2003, S. 83-88; In verkürzter Fassung unter dem Titel »Rückblick auf die algerische Erfahrung« in: ders., *Interventionen 1961-2001*. Bd. 1: 1961-1980. Aus dem Französischen von Franz Hector und Jürgen Bolder, Hamburg: VSA-Verlag 2003, S. 40-47; in diesem Band, S. 451-460.

Mamy und viele andere, die immer mit dabei waren, wenn irgendwo eine Verschwörung angezettelt wurde. Diesen Organisationen sollte man auch noch die damals in Algerien selbst gegründeten hinzufügen, den MPI3 von Martel, die pétainistische Bewegung des Doktor Lefèvre und den von Jo Ortiz gegründeten FNF, den Front national français; unerwähnt bleiben dürfen auch nicht die geheimen, aber virulenten Umtriebe der berühmt-berüchtigten Colonels innerhalb der Armee selbst, deren selbstauferlegte Mission die ›Verteidigung des Abendlandes‹ war und die auch Verbindungen zu den Studenten hatten bzw. solche zu gegebenem Zeitpunkt herstellen konnten.«[6]

Gleichwohl lassen sich, etwas schematisierend, zwei breite Strömungen unterscheiden: einerseits eine sich aus Algerienfranzosen und »französischen« Franzosen (die von den Pieds-Noirs marginalisiert werden) zusammensetzende extreme Rechte, die in Gestalt von Philippe Marçais,[7] der mit Roger Le Tourneau (der treibenden Kraft der aus Arabisten wie Marius Canard, Henri Pérès, Georges-Henri Bousquet, Jean Servier[8] bestehenden Kolonialclique) verkehrt, die Universität Algier beherrscht; anderer-

6 Jean Sprecher, *À contre-courant. Étudiants libéraux et progressistes à Alger, 1954-1962*, Saint-Denis: Bouchène 2000, S. 83.

7 Der Sohn von William Marçais war von 1953 an Professor für arabische Sprache und die Zivilisation Nordafrikas. Als Parteigänger eines französischen Algerien war er von November 1958 bis Juli 1962 Abgeordneter von Algier. Zurück in Frankreich, wird er später in die Partei Jean-Marie Le Pens eintreten.

8 Servier war einer der am tiefsten in den Krieg verwickelten Ethnologen, jedenfalls derjenige, der Alain Maillard de La Morandais zufolge als erster Waffen an Einheimische (die späteren Harkis) ausgegeben hat. Dieser Überlebende des »roten Allerheiligen« von 1954 hatte die improvisierte Befehlsgewalt über Arris im Aurès-Gebirge übernommen. Vgl. sein Buch *L'honneur est sauf*, Paris: Seuil 1990, S. 44. S. ebenso Camille Lacoste-Dujardin, *Opération oiseau bleu, des Kabyles, des ethnologues et la guerre d'Algérie*, Paris: La Découverte 1997, S. 254-271. [Mit dem *Toussaint rouge*, dem »roten Allerheiligen« 1954, brach der Algerienkrieg offen aus: Die algerische Unabhängigkeitsbewegung begann mit rund 70 Anschlägen auf militärische und zivile Einrichtungen gegen die französische Herrschaft aufzubegehren – A. d. Ü.]

seits eine in der Minderheit befindliche, aber straffer organisierte und von den Kommunisten des PCA dominierte sogenannte »Linke«.[9] Diese beiden Strömungen befürworten offiziell den Krieg; während andere Richtungen dagegen sind, beispielsweise die Liberalen,[10] die linken Christen und an der Basis aktive Kommunisten wie Henri Alleg, der als Folteropfer der Fallschirmjäger dafür bekannt wurde, daß er die Folterpraxis anprangerte,[11] Maurice Audin, Assistent in Fach Mathematik an der Universität Algier, der offiziell als verschollen gilt,[12] Fernand Yveton, ein Angestellter der EGA (Électricité Gaz Algérie), den man exekutierte, um ein Exempel zu statuieren,[13] sowie der Offiziersanwärter Maillot. Dieses äußerst angespannte Klima bescherte dem für seinen Einsatz zugunsten der Unabhängigkeit Algeriens bekannten Historiker André Mandouze die Entlassung von der Universität Algier, nachdem er beinahe von seinen eigenen Studenten gelyncht worden wäre. Marcel Émerit, ein Pierre Bourdieu nahestehender Historiker und Autor eines Buches über den Emir Abdelkader,[14] wurde von Pieds-Noirs-Studenten in effigie gehängt, »weil er den Nachweis erbrachte, daß die Schulbesuchsrate in Algerien vor 1830 höher gelegen hatte als in der Folgezeit«.[15]

9 Die algerische Kommunistische Partei (PCA) wurde damals als Anhängsel der Kommunistischen Partei Frankreichs angesehen.

10 Es handelt sich um die »Fédération des Libéraux«, in der Albert Camus nahestehende Intellektuelle (Emmanuel Roblès, Edmond Charlot und Mouloud Mammeri) organisiert sind. Camus veröffentlicht ab 1956 unter dem Titel *Espoir Algérie* ein Tagebuch, das 1958 verboten wird.

11 Henri Alleg, *La Question*, Paris: Minuit 1957.

12 Maurice Audin wurde am 21. Juni 1957 zu Tode gefoltert.

13 Vgl. Pierre Vidal-Naquet, *L'Affaire Audin*, Paris: Minuit 1958.

14 Vgl. Jean Sprecher, »Il se sentait bien avec nous ...«, a. a. O.; Pierre Vidal-Naquet, *La Raison d'État*, Paris: Minuit 1961.

15 Der Absolvent der Ecole Normale André Mandouze ist ein ehemaliger Angehöriger der Résistance. 1946 wird er Professor an der Universität Algier. Als dem Erzbischof von Algier Duval und den Katholiken (wie François Mauriac, Louis Massignon, Henri Guillemin und Pierre-Henri Simon) nahestehender und dem FLN gegenüber aufgeschlossener Gaullist setzt sich André Mandouze für die Unabhängigkeit Algeriens ein. Insbesondere prangert er laut und deutlich die Folter in der nationa-

Andere, weniger bekannte Wissenschaftler wie Jacques Peyrega (Professor der Rechtswissenschaft) oder Daniel Ligou (Professor für Geschichte), wagen es, sich positiv zur Dekolonisierung zu äußern. Dies war der Rahmen, in dem Pierre Bourdieu lehrte und seinen Studenten ein »gefestigtes und aufgeklärtes Bewußtsein« vermittelte, das sie in ihrer progressiven Haltung bestärkte: »Ich habe eine Diskussion über die algerische Frage noch sehr lebhaft im Gedächtnis, die wir mit Pierre Bourdieu am Strand von Stora führten. Für uns [gemeint sind die Studenten der CEALD[16]] war das zur damaligen Zeit wie Zufuhr von Sauerstoff.«[17]

Die der politischen Macht nahestehenden Orientalisten hatten sich das Monopol auf die Sozialwissenschaften allein aufgrund ihrer Kenntnis des Arabischen angemaßt. In ihren Augen war eine Beherrschung dieses Idioms ausreichend, um über die algerische Gesellschaft Bescheid zu wissen. Die Familie Marçais (William Marçais [1872-1956], sein Sohn Philippe [1910-1984] und sein Bruder Georges [1876-1962] waren alle Orientalisten) ist ein Paradebeispiel für solche Arabisten ohne spezifische Ausbildung, die »uneingeschränkt an der Universität Algier [herrschten], Forschungsthemen [vergaben] und das [repräsentierten], was man Kolonialethnologie genannt hat.«[18] Die meistenteils vor Ort praktisch ausgebildeten Soziologen und Ethnologen sind zur damaligen Zeit fast immer über das Arabische und die Bersprachen forschende Linguisten, höhere Verwaltungsbeamte, Militärangehörige oder Priester.

Die Situation wird von dem damaligen Psychologiestudenten und späteren Assistenten Pierre Bourdieus, Abdelmalek Sayad, folgendermaßen beschrieben: »Das war eine lustige Situation für eine Universität. Grob gesagt teilten sich die Professoren in

len Presse (*France-Observateur*, *Le Monde*, *Témoignage chrétien*) an und gründet die Zeitschrift *Consciences maghrébines*.

16 Comité étudiant d'action laïque et démocratique, eine Unterorganisation des einflußreichen Comité d'action laïque.

17 Jean Sprecher, *À contre-courant*, a. a. O., S. 96.

18 Pierre Bourdieu, »Entre amis«, a. a. O., S. 6; in diesem Band »Unter Freunden«, S. 452 f.

zwei Cliquen mit unterschiedlichen Machtambitionen auf: eine, die für die intellektuelle Macht optierte, und eine andere, die auf die eher politische Macht schielte. Die ersteren, eher universitär ausgerichtet, blickten vorwiegend nach Paris, auf die Sorbonne, von wo sie sich Bestätigung erhofften; die letzteren, trotz ihrer Titel eher ein Bastard aus Intellekt und Universität, vermittelten den Eindruck, sie befänden sich nur aufgrund eines üblen Kompromisses an der Universität: Sie neigten der politischen oder administrativen Macht, der Regierung und im Grunde genommen dem Kolonialsystem zu, wie es in Algier aufgefaßt und gelebt wurde (und eben nicht, wie man es sich in Paris vorstellte). Damit verzichteten sie freilich auf ihre geistige Unabhängigkeit, ihre Unabhängigkeit im Denken, und für diese Ergebenheit erwarteten sie als eine Art Ersatz oder Gegenleistung die Anerkennung durch das Kolonialsystem.«[19]

Die zweifache Abhängigkeit von der Kolonialmacht auf der einen, von der Wissenschaft des französischen Mutterlandes auf der anderen Seite macht es nicht gerade einfacher, auf »Algerien« bezogene soziologische Forschungsgegenstände zu konstruieren. Das gilt erst recht im Kontext eines Krieges, der von der kolonialen Propaganda als bloße Folge einzelner »Vorfälle« kleingeredet wird. Trotz der vielfältigen Stellungnahmen im Mutterland kann man sich hier vor Ort nicht über Algerien äußern, ohne sich damit sogleich heftigen Repressalien ausgesetzt zu sehen. Einigen gelingt es, ethnologische Studien über Algerien durchzuführen, ohne allerdings auf die politische Aktualität einzugehen, wie Germaine Tillion,[20] die sich (beim Aufbau von Sozialzentren in Algier im Jahr 1955) jedoch direkt für die Armutsbekämpfung im Aurès engagiert. Die Soziologie steht unter

19 Abdelmalek Sayad, *Histoire et recherche identitaire*, Saint-Denis: Bouchène 2000, S. 19.

20 Auch René Maunier oder Robert Montagne, beide Spezialisten für die Berberkultur, hatten umfangreiche Studien publiziert, ohne auf den Kolonialismus und seine Auswirkungen auf die untersuchte Gesellschaft einzugehen.

dem Einfluß der konservativsten Universitätslehrer wie Georges-Henri Bousquet (Professor für nordafrikanische Soziologie und führender Kopf der extremen Rechten),[21] Philippe Marçais, der sich zu einem glühenden Parteigänger der OAS wandeln sollte,[22] oder auch Jean Servier (Ethnologe, ein offen im Dienst der französischen Armee stehender Kenner der Berber-Kultur).[23]

Wenn auch Jacques Berque für seine ethnographischen und soziologischen Forschungen über Marokko und Algerien eine herausgehobene Stelle zukommt,[24] positioniert sich Bourdieu in seiner Analyse der Ursachen für die Unterentwicklung doch unter Bezugnahme auf Germaine Tillion,[25] eine General de Gaulle nahestehende ehemalige Deportierte und Angehörige des Ka-

21 Der 1900 geborene und 1978 verstorbene Bousquet war Spezialist für muslimisches Recht und die Geschichte der Berber.

22 *Organisation de l'armée secrète*: Gruppierung innerhalb der französischen Armee, die zum Zweck der Verbreitung von Angst und Schrekken gebildet worden war, um die Regierung dazu zu zwingen, die Vereinbarung hinsichtlich der Entlassung des Landes in die Unabhängigkeit rückgängig zu machen. Von ihren Angehörigen wurden sowohl in Frankreich wie in Algerien algerische und französische Prominente ermordet.

23 Jean Servier, *Demain en Algérie*, Paris: Robert Laffont 1959; *Les Portes de l'année*, Paris: Robert Laffont 1962; *Dans l'Aurès sur les pas des rebelles*, Paris: France-Empire 1995.

24 Siehe insbesondere *Structures sociales du Haut Atlas*, Paris: PUF 1955; »Cent vingt ans de sociologie maghrébine«, *Annales. Économies, Sociétés, Civilisations*, 11, 1956, S. 296-324. André Nouschi zufolge kam das Erscheinen von *Structures sociales du Haut Atlas* an der Universität Algier einer kleinen Bombe gleich.

25 Im Jahr 1955 wird Germaine Tillion zu Jacques Soustelle, dem damaligen Generalgouverneur von Algerien, abgeordnet. Sie ist die Autorin eines Berichts über die Situation im Aurès, die sie als verheerend (Armut, Unterdrückung usw.) bezeichnet. Ebenfalls unter Soustelle baut sie ein Netz von Sozialzentren auf. Die Entwicklung der politischen Situation in Algerien bewegt sie – wie auch Vincent Monteil – zum Verlassen des Generalgouvernements, ohne daß sie sich jedoch dazu durchringt, öffentlich die Handlungslogik (und damit die Verantwortlichkeit) der vor Ort residierenden Macht im Rahmen der algerischen Katastrophe einzugestehen. Für den FLN wird sie sich erst nach der Schlacht um Algier engagieren.

binetts von Jacques Soustelle.[26] Zur Veranschaulichung bezieht er sich auf die als ein geschlossenes Universum angesehene chaouïa-Gesellschaft (ein im Aurès gelegenes Forschungsfeld Germaine Tillions), deren Armut sie ausschließlich auf kulturelle Bedingungen ohne jegliche Bezugnahme auf die Kolonialpolitik zurückführt. Bourdieu spricht Germaine Tillion das »überaus große Verdienst« zu, dem heiklen Thema der algerischen Gesellschaft eine Untersuchung gewidmet zu haben (*L'Algérie en 1957*[27]), da sie dabei nachdrücklich die Auswirkungen eines raschen sozialen und ökonomischen Wandels betont. Er teilt freilich nicht ihre Ansicht, wonach sich das »Elend« durch das Aufeinanderprallen einer »modernen Ökonomie« und einer »archaischen Kultur« erklären läßt. Um Sinn zu machen, müsse diese Analyse in den Kontext des Kolonialismus eingefügt werden, dessen Maßnahmen in erster Linie darin bestanden hätten, die traditionelle Wirtschaftsweise zu untergraben. Spuren davon könne man in den folgenreichen Gesetzen des 19. Jahrhunderts (*Sénatus-consulte*, *Loi Warnier* usw.) finden.

Viele Intellektuelle und Spitzenbeamte[28] halten sich zur dama-

26 Ethnologe, Spezialist für die aztekische Kultur und Angehöriger der Résistance. 1943-1944 steht er schon der Generaldirektion der Geheimdienste (DGSS) in Algier vor (mit Unterstützung durch das *Comité français de Libération nationale*), ist Informationsminister, dann Kolonialminister in der provisorischen Regierung von 1945. Soustelle wird von Pierre Mendès France (1955-1956) zum Generalgouverneur ernannt, und unter seiner Ägide wird im Aurès und in der Kabylei der Ausnahmezustand ausgerufen, werden die ersten Lager errichtet. Sein politisches Ziel besteht in der Assimilierung der Moslems. Er gründet 1956 die *Union pour le salut et le renouveau de l'Algérie française* (USRAF), 1959 dann mit Georges Bidault, Léon Delbecque und Robert Lacoste das 1962 aufgelöste *Rassemblement pour l'Algérie française* (RAF). Sein Einsatz für die weitere Zugehörigkeit Algeriens zur Französischen Republik wird ihm eine Anklage wegen Schädigung des Ansehens des Staates einbringen.

27 Paris: Minuit 1957

28 Lucien Bianco, Jacques Derrida, François Furet, Jacques Julliard, Jean-Claude Passeron, Marc Augé leisteten zur selben Zeit ebenfalls ihren Militärdienst in Algerien ab.

ligen Zeit in Algier auf und gehen beim Generalgouvernement[29] ein und aus. Ohne im geringsten mit der verfolgten Politik einverstanden zu sein, arbeiten manche weiterhin dort, darunter beispielsweise der Linkskatholik, Archivar und Historiker Émile Dermenghem,[30] Germaine Tillion, der später ins Collège de France gewählte Orientalist Louis Massignon[31] und der Ethnologe und Islamwissenschaftler Vincent Monteil. Es herrschte dort ein Klima extremer Feindseligkeit gegenüber den Verfechtern eines unabhängigen Algerien wie gegenüber der großen Mehrheit der Bevölkerung, den Arabern, Juden, Spaniern, Sizilianern und Maltesern. Auf dem französischen Mutterland beziehen manche Intellektuelle Position gegen den Krieg, doch stellt diese Form des Eingreifens Pierre Bourdieu nicht zufrieden:[32] »Ich war betroffen über die Kluft zwischen den Vorstellungen der französischen Intellektuellen von diesem Krieg, davon, wie er zu beenden sei, und meinen eigenen Eindrücken, dem, was ich mit eigenen Augen sah: die Armee, die erbitterten *pieds-noirs*, dann alles weitere: Militärputsche, Auflehnung der Kolonisten, der unvermeidliche Rekurs auf De Gaulle usw.«[33]

29 Der Generalgouverneur, Repräsentant Frankreichs in Algerien und zugleich der Algeriens im zivilen Ressort, wurde auf Vorschlag des Innenministers per Erlaß durch den Präsidenten der Republik ernannt. Er verfügte über ausgedehnte Vollmachten bezüglich der inneren und äußeren Sicherheit sowie in Verordnungs-, Verwaltungs- und Finanzangelegenheiten. Nach der Auflösung der Nationalversammlung am 2. Dezember 1955 unterband die Regierung Guy Mollet jedoch das Zusammentreten der Kammern des algerischen Parlaments, und es wurden in Algerien zwischen 1955 und September 1958 keine Wahlen mehr abgehalten.

30 Vgl. Émile Dermenghem, *Le Culte des saints dans l'islam maghrebin*, Paris: Gallimard 1954.

31 Louis Massignon (1883-1962) hat sich ab 1945 öffentlich für Algerien eingesetzt. Vgl. seine ab 1948 in *Témoignage chrétien* veröffentlichten Artikel über die Algerienproblematik und das französische Bewußtsein.

32 Vgl. André Nouschi, »Autour de ›Sociologie de l'Algérie‹«, a. a. O.; Jean Sprecher, »Il se sentait bien avec nous ...«, a. a. O.

33 »Der Kampf um die symbolische Ordnung. Pierre Bourdieu im Gespräch mit Axel Honneth, Hermann Kocyba und Bernd Schwibs«, a. a. O., S. 146 (bzw. in: *Rede und Antwort*, a. a. O., S. 22).

II. *Die Untersuchungen Pierre Bourdieus in Algerien*

A. Sein Werdegang

Pierre Bourdieu ist gerade 25 Jahre alt, als er im Oktober 1955 algerischen Boden betritt. Er wird im Chéliff-Tal, 150 Kilometer westlich von Algier, beim Bodenpersonal einer Luftwaffeneinheit, den »Kriechern«, als Schreibkraft eingesetzt.[34] Zu Frühjahrsbeginn 1956 kehrt er wieder nach Algier zurück, wo er dem Nachrichten- und Dokumentationsdienst des Generalgouvernements zugewiesen wird, dies auf Veranlassung von Oberst Durcourneau, eines Mitglieds des Kabinetts Lacoste (er stammt selbst aus dem Béarn und ist über seine Mutter nah mit Bourdieu verwandt). Pierre Bourdieu arbeitet zunächst mit Jacques Faugères, einem liberalen Juristen, und der Lehrerin Rolande Garèse, einer Pied noir, in derselben, damals von Ducourneau geleiteten Abteilung zusammen. Das Generalgouvernement verfügt über eine der bestausgestatteten Bibliotheken Algeriens. Dort lernt Bourdieu auch Émile Dermenghem, den Historiker André Nouschi und Forscher der Universität Algier oder des *Secrétariat social*[35] wie Henri Sanson[36] kennen. Im Herbst 1957 kehrt er wieder an die Universität Algier zurück, wo er Philosophie und Soziologie lehrt, zugleich aber seinen Forschungen über die Transformationen der städtischen und ländlichen Welt nachgeht, die er von 1958 bis 1959 fortführen wird.

34 Vgl. auch Pierre Bourdieu, *Ein soziologischer Selbstversuch*, a. a. O., S. 48.

35 Auf Initiative der Kirche gegründete sozialwissenschaftliche Forschungseinrichtung mit der Bestimmung, die »muslimische« und die europäische Gemeinschaft einander näherzubringen. Die beiden ersten Artikel Bourdieus (in einem der »Unterentwicklung« gewidmeten Band) wurden mit Unterstützung von Henri Sanson, einem Priester und Forscher in derselben Einrichtung, veröffentlicht.

36 Vgl. André Nouschi, *Enquête sur le niveau de vie des populations rurales constantinoises*, Paris/Tunis: PUF 1961; Henri Sanson, »C'était un esprit curieux«, *L'autre Bourdieu, Awal*, 27-28, 2003, S. 179-186.

Beim Generalgouvernement befindet er sich zugleich als Militärangehöriger wie als Zivilist aufgrund seines Status in einer heiklen Situation und obendrein als »subversiver«[37] Militärangehöriger, insofern er eine Studierenden vorbehaltene Ausbildung an der Reserveoffiziersschule (EOR) ausschlägt.[38] Nach Angaben der Vereinigung der Anciens Combattants leisten in dieser Zeit ungefähr zwei Millionen junge Männer ihren Wehrdienst ab. Viele sind Arbeiter- und Bauernsöhne und überwiegend ohne höheren Bildungsabschluß.

Den Einberufenen ist bei ihrer Mobilmachung in der Mehrzahl nicht wirklich klar, worum es hier geht, sie glauben an eine einfache Maßnahme zur Wiederherstellung der Ordnung. Von einem Tag auf den nächsten befinden sie sich mitten im Krieg und in einem äußerst fragwürdigen Kampfgeschehen. Aus Mangel an Informationen[39] über die Lage in Algerien haben sich die Intellektuellen, sogar die der Linken, erst spät und auch dann nur allmählich der antikolonialen Sache angeschlossen. Gewiß sind seit der Einberufung der Reserve auch mehrere Dutzend mehr oder weniger informierte junge Männer wegen Ungehorsam und Nichtbefolgung des Einberufungsbefehls zu Gefängnisstra-

37 Diese Haltung zeugt von einer der herrschenden Sichtweise und besonders der Praxis der Armeeführer zuwiderlaufenden Position. Vgl. »L'autre Bourdieu: ou celui qui ne disait pas ce qu'il avait envie de cacher«, Pierre Bourdieu im Gespräch mit Hafid Adnani und Tassadit Yacine, *Awal*, 27-28, S. 232. Siehe auch Michel Froidure, *Où était Dieu en Algérie? Lettres de révolte et d'indignation d'un appelé en Algérie 1956-1958*, Paris: Mettis/Awal 2006, der von den Schikanen berichtet, die die Infanteristen über sich ergehen lassen mußten. Siehe auch Jean Ségura, *Lettres d'Algérie. La guerre d'un appelé (1956-1958)*, Paris: Nicolas Philippe 2004.

38 Siehe auch Jean Sprecher, *À contre-courant*, a.a.O., S. 67. Der Autor legt ein bestechendes Zeugnis ab: »Ich hatte die Reserveoffiziersschule abgelehnt, um nicht Gefahr zu laufen, in die gleiche Situation zu kommen [Verantwortung übernehmen zu müssen], und das nicht aus Feigheit, sondern weil ich die Legitimität des Krieges, den wir führten, bestritt.«

39 Jean-Marie Domenach und Georges Suffert, »Algérie et renaissance française«, *Esprit*, Juni 1956, S. 937-948.

fen verurteilt worden.[40] Jean-Marie Domenach berichtet damals: »Wie auch immer man den Algerienkrieg beurteilt, er wird seit fünf Jahren von den französischen Regierungen mit Billigung der gewählten Vertreter der französischen Nation geführt. Wenn es ›für einen Intellektuellen oder einen politischen engagierten Menschen relativ leicht ist, ihn zu kritisieren oder abzulehnen‹,[41] so ist es für einen frisch Gemusterten praktisch unmöglich, eine ablehnende Haltung einzunehmen. Denn mangelnder Gehorsam steht für mangelnde Anerkennung der Befehlsgewalt, für Revolte gegen die Macht. ›Wie kann man eine Haltung, die man bei einem Berufsoffizier respektiert, Soldaten oder gar – wie es bei Jean Le Meur der Fall war – wehrdienstpflichtigen Offizieren als verbrecherische Handlung [*sic*] anlasten!‹«[42]

Der Krieg, auf den sich Frankreich einläßt, wird auf dem Rücken der Wehrpflichtigen, ob als Infanteristen oder Offiziere, ausgetragen. Das ist unter anderem auch der Fall bei den Intellektuellen der Generation Bourdieus. »Wir fragten uns, ob wir überhaupt hingehen sollten. Letztlich sind wir Jasager gewesen, weil wir den Dienst nicht verweigert haben wie Le Meur, uns fehlte die Orientierung, wir waren verunsichert«, bekennt Bianco.[43] Eine bei den Wehrpflichtigen im übrigen weitverbreitete Reaktion: »Ich habe die Zeit der Einberufungen miterlebt. Ich bin im Juli [1956] zur Zeit der Einberufungen abgefahren. Es gab eine Keilerei in Nancy, als wir einstiegen. Der CRS hatte uns umstellt, damit wir in die Waggons stiegen, wir wollten ja nicht. [...] Die Züge wurden in den Bahnhöfen blockiert, aber

40 Vgl. den Film *La Guerre sans nom* (dt. *Der Krieg ohne Namen*) von Bertrand Tavernier und Patrick Rotman, 1991.

41 Diejenigen, die den Einberufungsbefehl nicht befolgen, verweigern im Gegensatz zu den Wehrdienstverweigerern, die den Dienst an der Waffe bedingungslos ablehnen, eine Teilnahme am Krieg, den sie als im Widerspruch zu ihrer moralischen und/oder politischen Überzeugung stehend beurteilen. Vgl. Jean-Marie Domenach, »Histoire d'un acte responsable: le cas Jean Le Meur«, *Esprit*, Oktober 1959, S. 675-677.

42 Ebd.

43 Lucien Bianco, »Nous n'avions jamais vu ›le monde‹ ...«, a. a. O.

von Zivilisten, die sie am Herausfahren hinderten. Einige Jungs sind sogar desertiert [...]. Die sind in die Stadt gegangen, einfach abgehauen. In dem Moment, wo der Zug blockiert wurde, sind die auf und davon.«[44]

Das einzige, was den einigermaßen Informierten übrigbleibt, ist, sich passiv zu verhalten und sich vom Kampfgeschehen fernzuhalten. So erklären sich denn auch die Bemühungen um eine Verwendung im zivilen Bereich: »Ich wurde ins Ouarsenis abgestellt, auf eine Bergspitze, wo es so gut wie nichts gab. Der Posten mußte erst einmal errichtet werden. Die Tätigkeiten sind ganz unterschiedlich. Es ist nicht dasselbe, ob man am Lenkrad des Wagens eines höheren Offiziers sitzt, ob man Formulare in einem Armeebüro in Algier ausfüllt oder an einen einsamen Posten an der tunesischen Grenze verschlagen wird.«[45] Manche Aufgaben im zivilen Bereich, wie einfach auch immer, sind daher sehr gesucht: Koch, Techniker, Büroangestellter, Lehrer, Krankenpfleger, Hilfspfleger usw. »Jedes Jahr können 700 junge Ärzte, 1 300 Pfleger für die Mitarbeit bei den SAS von den Wehrdienstpflichtigen abgezogen werden.«[46] Es wird verständlich, warum Bianco und Derrida für das Sekundarschulwesen optiert haben: »Der Oberst, der die Schule leitete, suchte einen Germanisten. Derrida hat mich netterweise empfohlen. Ich hatte seit der Khâgne[47] kein Deutsch mehr gehabt. Aber um Anfängern etwas Deutsch beizubringen, reichte es noch [...]. Und anschließend ließ mich Derrida nach Koléa kommen, wo es eine Schule für Kinder von Truppenangehörigen gab. Später ist das dann ein Versteck gewesen.«[48]

Der Umstand, nicht an einem Krieg teilzunehmen, der sie anwiderte, ersparte ihnen allerdings keineswegs ein schlechtes

44 Claire Mauss-Copeaux, *Appelés en Algérie. La parole confisquée*, Paris: Hachette Littératures 1998, S. 116-117.

45 Benjamin Stora, *Appelés en guerre d'Algérie*, Paris: Gallimard 1997, S. 45.

46 Ebd.

47 Vorbereitungsklasse zur *École normale supérieure*.

48 Lucien Bianco, »Nous n'avions jamais vu ›le monde‹ ...«, a. a. O

Gewissen: Gegen den Krieg zu sein und dennoch einem Kolonialstaat dienen zu müssen, aber »voller Entsetzen über die Anschläge des FLN« – mit diesen Widersprüchen hatten die damals als Soldaten in Algerien dienenden Intellektuellen zu leben.

B. Seine Position

In diesem Kolonialkrieg bezieht Bourdieu eine zugleich wissenschaftliche wie politische Position, die mit derjenigen bricht, die bei vielen Intellektuellen im Mutterland wie bei den Universitätslehrern in Algier verbreitet ist. Er widerlegt das Argument der kulturellen Distanz, auf das sich die Kolonisatoren stützen, um die durch und durch rassistischen Einstellungen der europäischen Elite zu legitimieren. Bourdieu beschreibt den Unterschied zwischen den beiden Welten als einen durch die Kolonisierung wissentlich provozierten veritablen »Kulturschock« und nicht als eine Konfrontation, die zwei auf gleicher Stufe befindlichen Kulturen eine echte Begegnung und wechselseitigen Austausch ermöglichte: »Für diese traditionalistische Zivilisation stellte der Einbruch der europäischen Zivilisation eine radikale Infragestellung dar.«[49]

In seinen Augen müssen die gesellschaftlichen, wirtschaftlichen und psychischen Auflösungserscheinungen als die unvermeidliche Folge »einer Wechselwirkung zwischen ›externen‹ (Eindringen der westlichen Zivilisation) und ›internen‹ Kräften (ursprüngliche Strukturen der autochthonen Bevölkerung)« analysiert werden.[50] Phänomene kultureller Anpassung und Absetzung sind nicht das Resultat einer Begegnung zweier Zivilisationen, sondern das »einer besonderen Situation, nämlich der Kolonialsituation«. Denn es steht außer Zweifel, daß das eigent-

49 Pierre Bourdieu, »Der Zusammenstoß der Zivilisationen«, in diesem Band, S. 73.
50 Ebd., S. 75.

liche Problem – vorausgesetzt, alle Kulturen sind zur Öffnung gegenüber einem Wandel in der Lage – die Art und Weise ist, in der etwas übernommen oder aufgezwungen wird: »[…] normalerweise (werden) Modifizierungen, die die Zerrüttung oder Zerstörung vitaler Grundwerte mit sich brächten, zurückgewiesen […], während solche, die mit dem spezifischen ›Stil‹ der ›Aufnahmekultur‹ konform gehen, aufgegriffen und übernommen werden können.«[51]

C. Bourdieus Stellungnahmen und die Intellektuellen im französischen Mutterland

Im Unterschied zu vielen, die über diese Zeit von Paris aus schrieben, gab sich Bourdieu nicht mit einer Verurteilung der kolonialen Gewalt rein aus politisch motivierter oder moralischer Empörung heraus zufrieden.[52] Es war ihm ein wissenschaftliches und politisches Anliegen, die durch das Kolonialsystem ausgeübte Gewalt und deren verheerende Folgen für Gesellschaft und Kultur aufzuzeigen. Die Entscheidung, »die algerische Gesellschaft zu untersuchen, war eher staatsbürgerlich als politisch motiviert«. Unabhängig davon, ob sie nun für oder gegen die Unabhängigkeit Algeriens waren, kannten die Franzosen dieses Land nur schlecht, was sich als äußerst folgenschwer erweisen sollte.[53] Zugleich führt Bourdieu seine damalige eigene Haltung

51 Ebd.

52 »Ich begann mich als Soziologe und Ethnologe für Algerien aus dem Gefühl heraus zu interessieren, daß das, was ich in Algerien sah, überhaupt nicht zu dem paßte, was man so auf der anderen Seite des Mittelmeeres darüber erzählte. Selbst die größten Befürworter der algerischen Unabhängigkeit, zu denen ich gehörte, schienen mir sehr schlecht informiert und nur eine vage Ahnung zu haben.« Pierre Bourdieu im Gespräch mit Hafid Adnani und Tassadit Yacine, in: *L'autre Bourdieu*, *Awal*, 27-28, 2003, S. 232.

53 Pierre Bourdieu, »Entre amis«, a. a. O., S. 7., in diesem Band »Unter Freunden«, S. 454.

auf eine Art »scholastischer Verantwortungslosigkeit« zurück, ohne die er seine Feldforschungen unter solch schwierigen Bedingungen gar nicht hätte durchführen können.[54]

Gestützt auf dieses Wissen und seine Erfahrung bringt er zu Beginn der sechziger Jahre sein Engagement gegen den Krieg und für die Unabhängigkeit in einer Reihe von Texten zu Papier, die in diesen Band aufgenommen sind (»Krieg und gesellschaftlicher Umbruch in Algerien«,[55] »Vom revolutionären Krieg zur Revolution«,[56] »Revolution in der Revolution«[57]).

Dadurch, daß er sich entscheidet, Wissenschaft zu betreiben, anstatt lediglich Anteilnahme zu zeigen, kann er die Situation der Kolonisierten analysieren, ohne den Illusionen der militanten Algerier und ihrer Sympathisanten (darunter auch französische Intellektuelle) zu verfallen, die nur das Positive (»eine beherrschte Nation im Aufbruch«) an der »Revolution« sehen, ohne die Bedeutung der innerhalb der nationalistischen Bewegung ablaufenden internen Kämpfe und der die algerische Gesellschaft einer inneren Zerreißprobe unterziehenden gesellschaftlichen und kulturellen Spaltungen in Betracht zu ziehen.[58] Schon seit Ende der vierziger Jahre hatten sich diese Meinungsverschiedenheiten bemerkbar gemacht, was nicht ohne Folgen für die kulturelle und politische Zukunft Algeriens blieb.[59] Von 1954 an kam es zu Auseinandersetzungen innerhalb der Nationalbewegung (FLN/MNA) und der Nationalen Befreiungsarmee (ALN) zwischen den Verfechtern eines totalen bewaffneten Kam-

54 »Bilder aus Algerien. Ein Gespräch mit Pierre Bourdieu«, in: Pierre Bourdieu, *In Algerien*, a. a. O., S. 36; in diesem Band S. 475.

55 *Études méditerranéennes*, 7, Frühjahr 1960, S. 25-37; in diesem Band S. 175 ff.

56 In: François Perroux (Hrsg.), *L'Algérie de demain*, Paris: PUF 1962, S. 5-13; in diesem Band S. 145 ff.

57 *Esprit*, Januar 1961, S. 27-40; in diesem Band S. 157 ff.

58 Vgl. Gilbert Meynier, *Histoire intérieure du FLN*, Paris: Fayard 2002.

59 Vgl. die Krise von 1949, die einen echten Schock innerhalb der algerischen Nationalbewegung auslöste.

pfes[60] und den Befürwortern einer politischen Verhandlungslösung.[61]

Bourdieus Haltung unterschied sich von der der Intellektuellen im französischen Mutterland, insofern es ihm nicht darum ging, die postkolonialen Nationalstaaten in ihrem unbewußten Vorhaben zu bestärken, ihre eigene Kultur zu zerstören, sondern ganz im Gegenteil ihnen zu helfen, ihre eigene Identität anders wahrzunehmen.[62] »Zur Untersuchung der rituellen Überlieferungen wäre ich nie gelangt, wenn nicht dieselbe ›Rehabilitierungsabsicht‹, die mich zunächst veranlaßt hatte, das Ritual aus der Gesamtheit der legitimen Forschungsgegenstände zu streichen und allen Arbeiten zu mißtrauen, die es gelten ließen, mich von 1958 an bewogen hätte, das Ritual der primitivistischen, gönnerhaften Behandlung zu entreißen. Ich wollte damit bis in den letzten Winkel jenem Rassendünkel nachspüren, der seinen Opfern durch die Selbstbeschämung, die er in ihnen erzeugt, die Erkenntnis und Anerkennung ihrer eigenen Überlieferung

60 Krim Belkacem (1922-1970), Vizepräsident des Rates der Bewaffneten Kräfte des GPRA (1985), war einer der Unterhändler mit Frankreich in Evian. Als Gegner Boumedienes wurde er 1970 ermordet.

61 Abane Ramdane (1920-1957), der verantwortliche Organisator des Kongresses von Soummam (Kabylei) 1956, skizziert die Hauptziele der revolutionären Bewegung, die in der Schaffung eines Staates bestehen, in dem der Politik die Führungsrolle vor dem Militär zukommt. Als Opfer interner Kämpfe wurde er von den eigenen Leuten 1957 ermordet.

62 Pierre Bourdieu wird in Algerien angesichts der Revolution mit den in Frankreich während der Befreiung aufgeworfenen Problemen konfrontiert: dem Zusammenhang zwischen den Idealen der Revolution und ihren historischen Anverwandlungen, der »Diktatur des Proletariats«, der Arbeiterklasse und der Partei, der Intellektuellen und der Partei …, die er durch die Lektüre Merleau-Pontys, insbesondere von *Les aventures de la dialectique* (Paris: Gallimard 1955; dt. *Die Abenteuer der Dialektik*, Frankfurt am Main: Suhrkamp 1968) hinter sich gelassen hatte. Vgl. Philippe Fritsch, »Contre le totémisme intellectuel«, in: Gérard Mauger (Hrsg.), *Rencontres avec Pierre Bourdieu*, Broissieux: Éditions du Croquant 2005, S. 92. S. auch Pierre Bourdieu, »Fieldwork in Philosophy«, a. a. O., S. 15.

versagt. Wenn ein Problem oder eine Methode in der Wissenschaft soeben als höchst legitim konstituiert worden ist, kann das bewußt oder unbewußt befreiend oder anfeuernd wirken. Doch konnte mich dies nicht vergessen machen, wie unpassend, ja sogar absurd eigentlich eine Untersuchung ritueller Praktiken unter den tragischen Umständen des Algerienkriegs war.«[63]

D. Die Rezeption seiner Forschungen

Zu Beginn der sechziger Jahre kennt man von Bourdieu nur die 1958 in der Reihe *Que sais-je?* erschienene *Sociologie de l'Algérie* sowie zwei vom Secrétariat social in einer wenig verbreiteten Zeitschrift herausgegebene Artikel. Trotz ihres wissenschaftlichen Duktus werden »Der Zusammenstoß der Zivilisationen«[64] (die einzige Untersuchung aus dieser Zeit, die vom Autor nicht mehr wiederveröffentlicht wurde) und »Innere Logik der ursprünglichen algerischen Gesellschaft«[65] vom Secrétariat social nur unter Zögern veröffentlicht. Die Nähe Bourdieus zu seinem Feld und bestimmten algerischen Intellektuellen erregt denn auch Argwohn bei Angehörigen der extremen Rechten (Ortiz, Lagaillarde und die Ultras ... rissen sich dann auch die Universität Algier unter den Nagel): Nachdem man ihn bedroht hat, verläßt er gezwungenermaßen Algerien.[66] Etwas früher war schon Raymond Aron auf ihn aufmerksam geworden, der sich vorübergehend in Algier aufhielt, um bei Abiturprüfungen den Vorsitz der Prüfungskommission zu führen. Diese Beziehung wird 1959 auf Vermittlung Clémence Ramnoux', eines Professors für griechische Philosophie, zu dem Zeitpunkt reaktiviert, als Bourdieu

63 Pierre Bourdieu, *Sozialer Sinn*, a. a. O., S. 10-11.

64 Frz. Titel »Le choc des civilisations«, in: *Le Sous-développement*, Algier: Secrétariat social 1959, S. 52-64

65 Frz. Titel »La logique interne de la civilisation algérienne traditionnelle«, in: ebd., S. 40-51.

66 Diese Information stammt von seinen Angehörigen; vgl. auch Pierre Bourdieu, *Ein soziologischer Selbstversuch*, a. a. O., S. 62f.

die Universität Algier verläßt. Raymond Aron empfiehlt 1959 Julian Pitt-Rivers, ihn zu einem internationalen Kolloquium zur Anthropologie des Mittelmeerraums[67] einzuladen, und stellt ihn Anfang 1960[68] als seinen Assistenten an der Sorbonne ein, bevor Bourdieu dann an die geisteswissenschaftliche Fakultät der Universität Lille wechselt. In dieser Zeit arbeitet Bourdieu an einer zweiten Auflage von *Sociologie de l'Algérie*, die 1961 um ein Kapitel reduziert erscheint. Als Grundlagenwerk, das im November 2001 in achter Auflage vorliegt, stößt dieser Überblick über die algerischen Kulturen und Gesellschaften im In- und Ausland bei all denen, die Algerien positiv gegenüberstehen, auf ein nachhaltiges Echo, löst jedoch auch feindselige Reaktionen bei der französischen Intelligenzija in Algerien aus (siehe die Briefe an A. Nouschi).

Dieses Eintreten für eine »engagierte« Forschung zeigt sich schon in Bourdieus frühen Arbeiten, besonders in seiner Analyse des Buchs Germaine Tillions *L'Algérie en 1957*, die ebenfalls Stellung gegen die Rassendiskriminierung bezieht. Doch im Unterschied zu Bourdieu sieht sie die Ursachen des »algerischen Unglücks« in dem in der Bevölkerung weitverbreiteten Mangel an schulischer und fachlicher Bildung, »der ihrer Modernisierung hinderlich ist«.[69]

Bourdieu äußert deutlich sein mangelndes Einverständnis mit der ethnologischen Herangehensweise an kulturelle Wandlungserscheinungen, wie sie Germaine Tillion praktiziert, wenn er schreibt: »Es scheint mir gewagt, [mit Germaine Tillion] all diese sich in Algerien vollziehenden sozialen Auflösungserscheinungen einfach als Akkulturationsphänomene begreifen zu wollen. [...] Die umfassenden Bodenreformgesetze wurden

67 Siehe Julian Pitt-Rivers, »Pierre Bourdieu: anthropologue, sociologue et philosophe«, in: *L'autre Bourdieu, Awal*, 27-28, 2003, S. 47-48, und Issac Chiva, »Pierre Bourdieu: une ethnographie particulière«, in: ebd., S. 39-46.

68 Raymond Aron hatte zur selben Zeit auch den in Tunesien ansässigen Jean Cuisenier berufen.

69 *L'Algérie en 1957*, a. a. O., S. 24.

ja von ihren Initiatoren selbst als ein Instrument zur systematischen Zerstörung der dem traditionellen Wirtschaften und der Gesellschaft zugrunde liegenden Strukturen konzipiert. Als regelrechte ›Sozialchirurgie‹,[70] die man keineswegs mit ›kultureller Ansteckung‹ als Folge eines einfachen Kontakts verwechseln sollte, sind diese Maßnahmen (im wesentlichen das *Cantonnement*,[71] der *Sénatus-consulte*[72] von 1863 und die *Loi Warnier* von 1873[73]) auf jeden Fall eine, wenn nicht gar die wesentliche Ursache für den Zerfall der traditionellen Agrargesellschaft: Man betreibt im großen Stil den Aufkauf von Böden (durch Versteigerungen [einer ungeteilten Sache zwecks Teilung], unbedachte Verkäufe usw.), die Auflösung der traditionellen gesellschaftlichen Einheiten (Sippe, Stamm), die durch abstrakte und will-

70 In der folgenden Auflage ist diese Formulierung durch »soziale Vivisektion« ersetzt.

71 Ein zur Beschaffung von Land für die Besiedlung durch Franzosen geschaffenes System, vgl. das Zirkular von Bugeaud vom 10. April 1847: »Ich meine schon mehrmals gesagt zu haben, daß mein politischer Grundsatz den Arabern gegenüber nicht darin besteht, sie zu verdrängen, sondern sie mit unserer Zivilisation zu verschmelzen; nicht, sie sämtlicher Böden zu enteignen, um sie anderswohin zu schaffen, sondern sie enger an das Territorium zu binden, das sie innehaben und dessen Nutznießer sie schon seit langem sind, wenn dieses Territorium in einem Mißverhältnis zur Größe des Stammes steht.«

72 Der *Sénatus-consulte* verkündet, daß die algerischen Stämme zu Eigentümern der Territorien erklärt werden, deren Nutznießung sie haben. Das Gesetz vom 28. April 1887 verlängert den *Sénatus-consulte*, indem es eine Beschränkung der Stämme, die Bildung der *douars* und die Eingruppierung der Böden nach den jeweiligen Eigentumsverhältnissen vornimmt, und erweist sich damit als die »effizienteste Kriegsmaschine gegen die algerische Sozialorganisation«.

73 Das Gesetz von 1873 hat unter dem Druck der Siedler beim Tod Napoleons III. die amtliche Bestätigung des Privateigentums gestattet. Es ist ebenfalls unter der Bezeichnung »Französisierung« bekannt, da es mit den aus der Zeit vor der Kolonialisierung stammenden »eingeborenen« Gesetzen und Gesetzbüchern *tabula rasa* macht und – offiziell – den endgültigen Übergang des Privateigentums der »Eingeborenen« in das gesetzliche französische System kennzeichnet. Es stellt wahrhaft eine – legale – Maßnahme der Enteignung der algerischen Bauern dar.

kürlich geschaffene soziale Einheiten, die *douars*, ersetzt werden, den Zerfall der Familieneinheit aufgrund des Aufbrechens der Gesamthandsgemeinschaft und bewirkt das Aufkommen eines ländlichen Elendsproletariats usw. Hinzuzufügen wären noch die Beschlagnahmungen, durch die die autochthone Bevölkerung ihrer besten Böden beraubt wurde, die Enteignungen und die Forstgesetzgebung; auf einem anderen Gebiet das Vorgehen der Verwaltung, die häufig ihre Vermittlerrolle vergißt; der Militärdienst, die Besteuerung usw.«[74]

Ab 1958 bestreitet Bourdieu, gestützt auf die Untersuchungen Georges Balandiers,[75] der damals wegen seiner Argumente zugunsten der Selbstbestimmung der kolonisierten Völker viel diskutiert wurde, die Akkulturationsthese. »›Der Kontakt‹ stellt sich, wie Balandier beobachtet, angesichts einer besonderen Situation, der kolonialen Situation ein: Herrschaft einer in der Minderheit, soziologisch gesehen aber in der Mehrheit befindlichen Gesellschaft über eine technisch und materiell gesehen unterentwickelte autochthone Mehrheit; Distanz zwischen den beiden Gesellschaften, die koexistieren, ohne wirklich miteinander verbunden zu sein; ›ökonomische Satellitenbildung‹; System von mehr oder weniger rassistisch gefärbten ›Rationalisierungen‹ mit dem Ziel, die privilegierte Situation der Europäer zu legitimieren; schließlich latente Spannungen oder offener Konflikt. Wenn der Kontakt zwischen einer hochindustrialisierten und ökonomisch potenten Zivilisation und einer Zivilisation ohne Einsatz von Maschinen und mit zurückgebliebener Ökonomie, wenn, um mit Germaine Tillion zu sprechen, ›ungeschickt erwiesene Wohltaten und unwissentlich begangene Übeltaten‹[76]

74 Pierre Bourdieu, *Sociologie de l'Algérie*, Paris: PUF 1958, S. 118.

75 Georges Balandier, »La situation coloniale: approche théorique«, *Cahiers internationaux de sociologie*, 11, 1951, S. 44-79; dt. Übers. »Die koloniale Situation. Ein theoretischer Ansatz«, in: Rudolf von Albertini (Hg.), *Moderne Kolonialgeschichte*, Köln, Berlin: Kiepenheuer & Witsch 1970, S. 105-134.

76 Germaine Tillion bezieht sich auf die Zunahme der algerischen Bevölkerung (als Ursache ihrer Verarmung) aufgrund einer dank der medizini-

für die Auflösung der traditionellen Gesellschaftsstrukturen ausreichten, dann muß man nichtsdestoweniger zu diesen Störfaktoren, den unvermeidlichen Folgen des Kontakts zwischen zwei in wirtschaftlicher wie sozialer Hinsicht durch einen Abgrund voneinander getrennten Zivilisationen, noch die wissentlich und absichtlich in die Wege geleiteten Umwälzungen hinzufügen.«[77]

Aufgrund ihrer früheren Aktivität in der Résistance und einer längeren Erfahrung im algerischen Feld geschützt, kann sich Germaine Tillion erlauben, das Kolonialsystem mit der ihm eigenen Logik »planmäßiger«[78] Zerschlagung der algerischen Gesellschaft in Frage zu stellen. Dagegen nimmt Bourdieu keine gehobene Position im akademischen Feld ein und genießt auch keinerlei politische Unterstützung. Er schließt sich jedoch der Position Jean Amrouches an, eines engagierten und den de-Gaulle-Unterstützern unter den Katholiken nahestehenden Intellektuellen,[79] der sich zu dieser Zeit noch als Journalist betätigt: »Germaine Tillion gründet ihre Beschreibung Algeriens«, so Amrouche, »auf soziologische Überlegungen, die aber jeder historischen Perspektive entbehren. [...] Das erspart ihr, von Aggression und kolonialem Imperialismus, von Eroberungen, Massakern usw. zu sprechen. [...] Sie fragt sich mitnichten, warum Algerien, 1830 noch ein archaisches Land wie Frankreich zur gleichen Zeit auch, in den Teilen archaisch geblieben ist, in die man die Araber und Berber abgedrängt hatte, nämlich Bergland, Steppen und Wüsten. Als ob die Algerier sich aus

schen Versorgung durch Frankreich zurückgehenden Sterblichkeit; vgl. *L'Algérie en 1957*, a. a. O., S. 13.

77 Pierre Bourdieu, *Sociologie de l'Algérie*, a. a. O., S. 117 f.

78 »Man schätzt«, so Bourdieu, »daß in der Mitidja mehr als 80% und im Sahel von Algier mehr als 90% des Bodens den Siedlern gehören. In den Ebenen von Bône und Philippeville, ebenso in manchen Regionen der Gegend um Oran ließen sich vergleichbare Prozentwerte feststellen.« *Sociologie de l'Algérie*, a. a. O., S. 109.

79 Wie Kateb Yacine war Jean Amrouche geprägt durch die blutige Unterdrückung des 8. Mai 1945. Er hat bis 1962 für die Unabhängigkeit Algeriens gekämpft und hat bis zu den Évian-Verträgen als Vermittler zwischen dem FLN und de Gaulle fungiert.

Dummheit und Verstocktheit absichtlich trockene Böden ausgesucht hätten. [...] Sie sagt nicht, daß die Eroberung eine offizielle Kolonisierung, die Überlassung der fruchtbarsten Böden an die Siedler, die Beschränkung der Araber und Berber auf die kargsten Böden zur Folge hatte. Das algerische Volk ist also nicht aus freiem Entschluß und systematisch durch das Kolonialunternehmen verarmt, für das Herr Robert Lacoste im Jahr 1957 die Verantwortung übernimmt, wenn er Franzosen unter der Voraussetzung, sich dafür in Algerien niederzulassen, Darlehen zu niedrigen Zinsen anbietet. Der Mechanismus der Pauperisierung ist fester Bestandteil des Gesamtprozesses, den der Überfall von 1830 ins Rollen gebracht hat und den als solchen anzusehen und zu beschreiben Germaine Tillion sich weigert.«[80]

E. Forschungsbedingungen in Zeiten des Krieges

Tatsächlich beruht die Stärke von Bourdieus Position im wesentlichen auf seinen Feldforschungen und Erhebungen. Mit dem Ausbruch des Krieges tritt die Gewalt, der die algerische Gesellschaft ausgesetzt ist, dort auf dem Land ganz offene zutage, wo die Armee massiv Durchkämmungsaktionen und Luftangriffe durchführt. Ab 1957 jedoch bleiben die Kampfhandlungen nicht mehr nur auf die Bergregionen beschränkt, sondern erreichen nun auch die städtischen Zentren, etwa in der »Schlacht um Algier«, wo das Leben der Bewohner Algiers von Terrorismus und Repression beherrscht wird.[81] Bourdieu stützt sich auf seine Ver-

80 Jean El Mouhoub Amrouche, »Algeria Fara da se«, *Témoignage chrétien*, 8. November 1957, wiederabgedruckt in: *Un Algérien s'adresse aux Français*, a. a. O., S. 39-48.

81 Mit dem Notstandsgesetz vom April 1955 sowie einem weiteren zu den Sondervollmachten vom März 1956 wird ein Ausnahmesystem errichtet, das ab 1958 in ganz Algerien (das integrierender Bestandteil Frankreichs ist) herrscht. Um dem FLN und dem zunehmenden Terrorismus entgegenzutreten, »überträgt die Nationalversammlung zwischen dem 8. und 12. März beinahe einstimmig und mit den Stimmen der Kom-

bindungen zu kabylischen Intellektuellen, die – ohne es zu wissen – Ethnologie in Form »ethnographischer« Romane praktizieren.[82] Der Lehrer und spätere Schriftsteller Mouloud Feraoun, den die OAS 1962 ermordete, war mit der erste, der Bourdieus Texte über die Kabylei las und kommentierte; der Romancier Malek Ouary, ein Journalist beim Radio von Algier, diente ebenfalls als Informant. Doch vor allem den für seine Arbeiten zur Berberliteratur bekannten französisch schreibenden Schriftsteller und Forscher Mouloud Mammeri verband zwischen 1962 und 1989,[83] insbesondere nach der Unabhängigkeit, eine echte geistige Freundschaft mit Bourdieu.[84]

Bourdieu arbeitet auch mit führenden Mitarbeitern des INSEE zusammen.[85] In seiner Untersuchung der strukturbe-

munisten der Regierung ›furchtbare Sondervollmachten, die jeglichem demokratischen Leben in Algerien potentiell ein Ende bereiten‹ und die psychologischen wie moralischen Hindernisse für diejenigen noch erhöhen, die weiterhin gegen den ›Wundbrand‹ der in den polizeilichen und militärischen Verhören angewandten Zwangsmethoden kämpfen wollen«, in: Alain Maillard de La Morandais, *L'honneur est sauf*, a. a. O., S. 52. Der Gewaltstreich vom 13. Mai 1958, der den Militärbehörden einen noch umfangreicheren Anteil an den Zivilgewalten überträgt, erschwert die Situation noch zusätzlich.

82 Die Liste ist alles andere als vollständig. Wir führen hier nur die wichtigsten Personen an, die ihn mit Informationen zur kabylischen Gesellschaft versorgt haben.

83 Tassadit Yacine, »Pierre Bourdieu *amusnaw* kabyle ou intellectuel organique de l'humanité«, in: Gérard Mauger (Hg.), *Rencontres avec Pierre Bourdieu*, a. a. O., S. 565-574.

84 Vgl. Pierre Bourdieu und Mouloud Mammeri, »Du bon usage de l'ethnologie«, *Actes de la recherche en sciences sociales*, 150, Dezember 2003, S. 9-18; s. auch in diesem Band, »Vom richtigen Gebrauch der Ethnologie«, S. 339 ff.

85 Unter dem Vichy-Regime wurde der ursprünglich »numéro de Français« (Franzosennummer) genannte NIR (Numéro d'inscription au répertoire national d'identification des personnes, zu deutsch etwa: Nummer der Erfassung in das nationale Personenidentifikationsregister), ein von dem 1944 während seiner Deportation ums Leben gekommenen René Camille erfundener Kode, durch General Marie in Algerien wiederaufgegriffen, um die Juden und Muslime separat zu erfassen ... In

dingten Ursachen für die verzweifelte Lage der algerischen Bauern, ein Resultat der sich insbesondere in den Sammellagern äußernden kolonialen Gewalt, bei der er mit einer aus den INSEE-Administratoren Alain Darbel, Claude Seibel und Jean-Paul Rivet bestehenden Forschergruppe zusammenarbeitet, befaßt er sich in erster Linie mit den Lebens- und Arbeitsbedingungen der algerischen Arbeiter in verschiedenen Regionen des Landes (Algier, Oran, Constantine, Sidi-bel-Abbès, Mostaganem, Tizi-Ouzou).

Bourdieu macht sich eine Konjunktur zunutze, in der der französische Staat ganz auf Pläne und Zählungen setzt, und führt zwei große Erhebungen durch. Die eine davon beschäftigt sich mit dem Arbeitsbegriff im städtischen Umfeld, und aus ihr

Wirklichkeit beabsichtigte diese Initiative, wie eine aus der Direktion für Demographie kommende und von dem beauftragten Administrator und Inspektor Marie unterzeichnete Mitteilung an den Regionaldirektor von Algier vom 31. März 1941 klar belegt, die Juden von den anderen Bevölkerungsgruppen zu unterscheiden: »Die Anwendung des Gesetzes vom 31. März 1941 über die einheimischen Juden in Algerien ist bisher noch nicht Gegenstand einer eigenen Vorschrift seitens des Generalgouvernements gewesen. Es besteht dennoch Anlaß, Vorkehrungen zu treffen, daß diese Kategorie von Einwohnern, die 1936 noch mit den Europäern vermischt war, in den zukünftigen Volkszählungen getrennt ausgewiesen wird. Ab jetzt müssen daher die vom demographischen Dienst für diese Klassifizierung zu ergreifenden Maßnahmen untersucht werden. Die Registrierung der Europäer soll durch die Aufnahme der Familiennamen, Vornamen und Geburtstage der Einwohner aus dem Zivilstandsregister erfolgen, doch sind die Juden in denselben Registern erfaßt wie die Franzosen. Die erste Aufgabe besteht nun in einer Recherche nach: 1/ Den Juden, die vom Crémieux-Erlaß profitiert haben. 2/ Ihrer Abstammung. [...] In der Folge soll es allein durch Einsicht in die Matrikel möglich sein, einen Franzosen von einem Juden und auch von einem einheimischen Moslem zu unterscheiden ...« Zitiert nach Jean-Pierre Azéma, Raymond Lévy-Bruhl, Béatrice Touchelay, *Mission d'analyse historique sur le système statistique français de 1940 à 1945*, INSEE, vervielfältigtes Manuskript. 1946 wurde das NIR dem INSEE übertragen. Diese Mitteilung ist nicht gänzlich ohne Folgen für die Situation der Juden in Algerien geblieben, denen ihre Staatsangehörigkeit aberkannt wurde.

gehen mehrere in den vorliegenden Band aufgenommene Artikel hervor sowie das 1963 im Original erschienene Buch *Algérie 60*, das sich ausführlich mit der »traditionalen Gesellschaft« (Einstellungen gegenüber der Zeit und ökonomisches Verhalten) befaßt. Die andere widmet sich den »entwurzelten« Bauern, die er in den Umsiedlungslagern beobachtet.[86] Diese Untersuchung bildet das Rückgrat des Buches *Le Déracinement*, einer Analyse der offenen oder verdeckten kolonialen Unterdrückungspraktiken. Als Fortführung von *Sociologie de l'Algérie* angelegt, behandeln diese Skizzen (1959-1964) in Wirklichkeit die Jahre von 1957 bis 1963.[87]

Parallel zu diesen Forschungen unternimmt Pierre Bourdieu auch anthropologische Forschungen, wobei freilich beides eng miteinander zusammenhängt. Wie er später schreiben soll, ging es ihm darum, die Bedingungen für die Ausbildung eines »kapitalistischen« Wirtschaftshabitus bei Menschen, die in einer vorkapitalistischen Welt aufgewachsen sind, zu verstehen: »Mir ging es um die Lösung genuin anthropologischer Probleme, die sich gerade durch den strukturalistischen Ansatz stellten.«[88] Diese Distanznahme gegenüber dem strukturalistischen Ansatz betrifft in erster Linie seine Untersuchungen zur Verwandtschaft und wird dann in *Sozialer Sinn* deutlich zutage treten.[89] Abgesehen von diesen anthropologischen Strukturen der kabylischen Gesellschaft, war er bemüht, die mit dem Krieg (und der Unabhängigkeit Algeriens) eingetretenen sozialen und kulturellen Veränderungen zu beschreiben (»Krieg und gesellschaftlicher

86 Vgl. Michel Cornaton, *Les Camps de regroupement et la guerre d'Algérie*, Paris: L'Harmattan 1998; Michel Rocard, *Rapport sur les camps de regroupement*, a. a. O.

87 Vgl. Pierre Bourdieu et al., *Travail et travailleurs en Algérie*, a. a. O., S. 13.

88 »Fieldwork in Philosophy«, a. a. O., S. 26.

89 Vgl. Pierre Bourdieu, »Die Verwandtschaft als Vorstellung und Wille«, in: *Entwurf einer Theorie der Praxis*, a. a. O., S. 66-136, sowie Alban Bensa, »L'exclu de la famille. La paranté selon Bourdieu«, *Actes de la recherche en sciences sociales*, 150, Dezember 2003, S. 19-26.

Umbruch in Algerien« 1958, die beiden Dialoge mit Mouloud Mammeri 1978 und 1985, »Für eine Soziologie der Soziologen« 1976 sowie das Interview mit Franz Schultheis 2003), die er weiterhin mit einem distanzierten Blick beobachtet hat, wobei er nun allerdings ein reflexives Vorgehen bevorzugte (»Unter Freunden« im Jahr 2000, »Für Abdelmalek Sayad« ebenfalls 2000 und »Teilnehmende Objektivierung« 2003).

Im Auftrag eines eingetragenen Vereins, der Association pour la recherche démographique économique et sociale (ARDES), und mit Finanzierung der Caisse algérienne de développement durchgeführt, greifen die umfangreichen Erhebungen über die algerischen Arbeiter auf Statistiken, offizielle Dokumente, aber auch auf Interviews, direkte und photographisch unterstützte Beobachtung zurück. Pierre Bourdieu arbeitete damals mit algerischen Studenten zusammen, wobei die Interviewer immer in Zweiergruppen zusammenarbeiteten, die aus einem Algerier und einem Franzosen bzw. einem Mann und einer Frau bestehen. Fräulein Azi, Herr Azi, Sedouk Lahmer, Ahmed Misraoui, Mahfoud Nechem, Titah und Zekkal, Marie-Aimée Hélie, Raymond Hélie, Raymond Cipolin und Samuel Guedj nahmen an der ersten Erhebung teil, während Abdelmalek Sayad, Alain Accardo, Moulah Hénine mit einigen von ihnen die Erhebungen über die Lager durchführten.

Bourdieu ist von der Notwendigkeit der Beherrschung der jeweiligen Sprache (das algerische Arabisch und die Berbersprache) überzeugt, und sei es, um Vertrauen bei einer Bevölkerung zu finden, die höchst mißtrauisch ist gegenüber jeglicher seitens der Kolonisatoren betriebenen Forschung – der Interviewer wird häufig zusammen mit dem Gendarmen oder dem Polizisten genannt.[90] Wie Alain Accardo berichtet, »hatte Bourdieu aus zwei

90 Diese Beziehung steht und fällt mit dem Vertrauensverhältnis zu den Befragten: »Alles, was bislang ein Hindernis war, wurde zu einer Hilfe. So konnten dieselben Fragen einen echten Dialog einleiten, da die Befragten in der Entscheidung, sie zu stellen, ein Anzeichen für ein wirkliches Verständnis sahen. In keinem Fall löste das Notizenmachen

Leuten bestehende Befragungsteams gebildet, in denen es immer mindestens eine Person gab, die der Berbersprache mächtig war. Er selbst schloß sich mit dem sympathischen Sayad zusammen, weil er an ihm seinen Sinn für Humor und den regen Geist schätzte.«

Hinsichtlich der Umstände bei der Durchführung dieser Forschung schreibt Pierre Bourdieu: »Die Forschung wäre ganz zweifellos nicht möglich gewesen ohne eine offizielle Bürgschaft, die unabdingbar dafür war, daß es nicht zu Nachfragen von offizieller Seite kam. Sie wurde vom Institut national de statistique et d'études économiques gegeben. Die in einer Vereinigung für wissenschaftliche Forschung versammelten Statistiker und Soziologen einte erklärtermaßen der Wille und die Entschlossenheit, alles dareinzusetzen, um die Wahrheit zu ermitteln und an die Öffentlichkeit zu bringen. Ein und derselbe Vertrag einte den verantwortlichen Soziologen mit den algerischen und den französischen Interviewern. Hatten sie sich erst einmal dazu entschlossen, diese Studie durchzuführen anstatt sie sein zu lassen – etwas anderes stand eigentlich nicht zur Debatte –, war vom ersten Tag das Problem ausgesprochen; und allen war klar, daß sie für das für ihre Realisierung unerläßliche Entgegenkommen die Untersuchung nur mit aller erdenklichen Objektivität durchführen konnten. Wenn sie trotz der Kürze ihrer Einweisung in die Erhebungstechniken und trotz der schwierigen Umstände, unter denen sie arbeiten mußten, so lebensnahe und authentische Dokumente haben sammeln können, wie sie hier zu lesen sind, dann lag das vor allem an dem leidenschaftlichen Interesse, mit dem sie sich an die Forschung machten, und der Aufmerksamkeit und Sympathie, die sie ihren Interviewpartnern gegenüber

Reserviertheit aus; war das Vertrauen erst einmal hergestellt, fanden es die Befragten völlig normal, daß man ihre Antworten aufschrieb, und insistierten gelegentlich sogar darauf, daß man dies auch tat, da sie darin zweifellos eine Bestätigung der Ernsthaftigkeit der Befragung sowie des Interesses, das man ihren Worten entgegenbrachte, sahen«, Pierre Bourdieu et al., *Travail et travailleurs en Algérie*, a. a. O., S. 261.

an den Tag legten. Nachdem sie sich dazu entschlossen hatten, ein Forschungsprojekt in einer so schwierigen und, wenn man will, ›unreinen‹ Situation durchzuführen, von dem sie alles andere als die Bestätigung naiver Ideologien erwarteten, haben sie schlicht ihre Aufgabe als öffentliche Schriftsteller erfüllt, ohne sich der Illusion hinzugeben, eine historische Mission oder eine moralische Pflicht zu erfüllen.«[91]

Unter diesen Umständen wurde die 1959 begonnene Volkszählung in Algerien durchgeführt. »Die Übertragung statistischer Erhebungskategorien«, präzisiert Claude Seibel, »die ja eigentlich für entwickelte Volkswirtschaften erarbeitet wurden, erwies sich rasch als ein Problem, weil sich die zugrundeliegenden Konzepte, die man hatte messen wollen (etwa Arbeit oder Arbeitslosigkeit), in der traditionellen algerischen Wirtschaftsweise in ganz anderer Weise darstellten.«[92] Angesichts der Schwierigkeiten, auf die sie stoßen, wenden sich die Angestellten des INSEE an Bourdieu, um von ihm eine soziologische Erklärung dafür zu bekommen. Abdelmalek Sayad zufolge ist »das Arbeiten über Zahlen oder mit Zahlen, das Herstellen von Zahlen in einer Gesellschaft, einer sozialen Wirklichkeit, einer Wirtschaft, die sich eigentlich nicht für Zahlen eignen, sich nicht leicht beziffern und entziffern lassen, ein vertracktes Unterfangen. Diese Statistiker, die keine Zahlenmagier sein wollten, beugten sich den Tatsachen. Bekanntlich sagte die Volksüberlieferung von den ›Roumi‹ – das sind Zähler (um nicht Buchhalter zu sagen), Vermesser, Kalkulierer (im doppelten Wortsinn) –: sie haben uns gezählt, vermessen, bezeichnet usw. […] Und die Statistiker passen genau zu diesem Klischee. Sie verlangten auch ständig, daß man ihnen helfen, sie informieren, ihnen die soziale Wirklichkeit Algeriens (wie aller Gesellschaften der Dritten Welt) erklären und verständlich machen solle.«[93]

Eine in großen (Algier, Oran, Constantine) und mittelgro-

91 A. a. O., S. 260.
92 Ebd.
93 Abdelmalek Sayad, *Histoire et recherche identitaire*, a. a. O., S. 70.

ßen Städten (Mascara, Bel-Abbès, Tlemcen) durchgeführte Forschung erlaubt Pierre Bourdieu, seinem Interesse für die mit der Realität des städtischen Kapitalismus konfrontierten Arbeitslosen nachzugehen und die verheerenden Folgen des Krieges für diese Gruppe, die keinerlei Verfügungsmacht über ihre Lage hat, zu analysieren. Ihre Lage verständlich zu machen verlangt, daß man »der Frage nach der Genese ökonomischer Einstellungen wie auch der nach den ökonomischen und sozialen Voraussetzungen ebendieser Genese« nachgeht.[94] Bourdieus Anliegen ist es, ihre Verzweiflung angesichts der Kluft zwischen ihren Positionen und ihren Wünschen und Hoffnungen zu verstehen und das Gefühl der Enttäuschung zu begreifen, von der sie so sehr gefangen sind, daß sie sich hoffnungslos in die Tradition flüchten.[95] Diese Bauern, die mit ihrem Bauerntum gebrochen haben – Bourdieu nennt sie »entbäuerlicht« (dépaysannés) –, bilden ein in Elendssiedlungen am Rand der großen Städte gepferchtes Subproletariat.[96] Unabhängig davon, ob sie in der Stadt geboren sind oder nicht, leben sie in unterschiedlichem Ausmaß unter prekärsten Bedingungen und ohne auf ihre Zeit oder ihr Schicksal irgendwie Einfluß ausüben zu können: »Das ganze Leben steht unter dem Vorzeichen des Provisoriums. Schlecht angepaßt der städtischen Welt, in die sie sich quasi verirrt haben, abgeschnitten von der ländlichen Welt und ihren beruhigenden Traditionen, ohne Vergangenheit und ohne Zukunft, hartnäckig bemüht, den Zufall zu bezwingen, versuchen sie, von einer Gegenwart Besitz zu ergreifen, die sich ihnen hoffnungslos entzieht.«[97]

94 Pierre Bourdieu, *Algérie 60*, a. a. O., S. 7; *Die zwei Gesichter der Arbeit*, a. a. O., S. 21.

95 Ebd.

96 Vgl. Marie-France Garcia-Parpet, »Des outsiders dans l'économie de marché. Pierre Bourdieu et les travaux sur l'Algérie«, *L'autre Bourdieu*, *Awal*, 27-28, 2003, S. 139-150; Gisèle Sapiro, »Une liberté contrainte. La formation de la théorie de l'habitus«, in: *Pierre Bourdieu, sociologue*, a. a. O., S. 61-63; Frédéric Lebaron, »Les modèles économiques face à l'économisme«, in: ebd., S. 128-130.

97 »La hantise du chômage chez l'ouvrier algérien: prolétariat et système

Bourdieu macht sich mit dem Stadtleben bekannt und entdeckt dabei die Herkunft eines Subproletariats, das überwiegend aus im Zuge des Krieges zu Städtern gewordenen Bauern besteht. Er interviewt ganze Familien aus der Kasbah oder den an Algier angrenzenden Elendsvierteln und begibt sich in die Kampfzonen, um dort auf dem Land diejenigen zu treffen, die in den Sammellagern unter militärischer Kontrolle die Katastrophe überdauern.

»Die massenhafte Zusammenlegung von Bevölkerungsgruppen in den in der Nähe von Militärposten gelegenen Lagern sollte der Armee die Möglichkeit geben, sie direkt zu kontrollieren, sollte verhindern, daß sie den Soldaten der ALN Informationen zukommen lassen, Führer zur Verfügung stellen, sie mit Nahrungsmitteln und Unterkunft versorgen; sie sollte auch die Durchführung von repressiven Operationen dadurch erleichtern, daß es so möglich wurde, jedwede Person als ›Rebellen‹ anzusehen, die sich noch in den verbotenen Zonen aufhielt.«[98] Eine folgenschwere Maßnahme, denn in der Absicht, »es dem Fellachen zu verwehren, daß er im Volk schwimmt und von ihm das Lebensnotwendige bekommt, hat man sich entschlossen, das Volk zu zerstören, wirklich jede der Einheiten zu zerstören, aus denen es sich zusammensetzt.«[99] In der Tat ging es seit 1957 darum, gestützt auf die Doktrin des »revolutionären Krieges«, wie sie auf der Basis der Erfahrung in Indochina erarbeitet und im Generalstab verbreitet wurde, das Volk auf seine Seite zu bringen. Von nun an geht es eben nicht mehr nur darum, die ALN zu bekämpfen, sondern auch auf die umgesiedelte Bevölkerung Einfluß zu nehmen, um sie für die Unterstützung Frankreichs zu gewinnen. Die Umsiedlung ist nicht mehr nur die unmittelbare

colonial«, *Sociologie du travail*, 4, 1962, S. 313-331; in diesem Band »Die ständige Angst des algerischen Arbeiters vor der Arbeitslosigkeit«, S. 274 ff.

98 Pierre Bourdieu und Abdelmalek Sayad, *Le Déracinement. La crise de l'agriculture traditionnelle en Algérie*, Paris: Minuit 1964 und 1977, S. 11.

99 Jean El Mouhoub Amrouche, »Regroupements ou génocide?«, *Démocratie 60*, 28. April 1960, in: *Un Algérien s'adresse aux Français*, a. a. O., S. 200.

Folge aus der Bildung von Sperrgebieten, sie wird selbst zu einer Kriegswaffe, da sich so ganze Bevölkerungsgruppen dadurch, daß sie in völlige Abhängigkeit von der Armee geraten, beaufsichtigen und unterwerfen lassen. Die mit der psychologischen Kriegsführung betrauten Einheiten können nun aktiv werden, insbesondere durch die Verbreitung von Mitteilungen über Lautsprecherdurchsagen. Medizinische, wirtschaftliche und soziale Unterstützung wird den durch den Krieg von ihren Wohnorten vertriebenen Algeriern nicht mehr als provisorische Versorgung aus humanitären Gründen gewährt, sie ist vielmehr Teil einer Strategie mit dem Ziel, sie auf seine Seite zu bekommen.[100]

Dennoch werden die Lager für die darin Lebenden – allein 1959 sind das mehr als eine Million Personen, die mit ihrer Umsiedlung ihr Land, ihre Herden, ihre Hühner, kurzum all das, was sie zum Überleben brauchen, verloren haben; zugleich sind sie aber ihrer gesamten Kultur, jeglicher persönlichen Initiative und jeglicher Möglichkeit, die Welt zu verstehen, beraubt – zu riesigen Sterbeanstalten: »Pro Lager stirbt alle zwei Tage fast ein Kind« bestätigt Michel Rocard (beinahe 500 Kinder pro Tag allein in den von Michel Rocard besichtigten Lagern). Jean Amrouche nennt noch höhere Zahlen (zwischen 1 500 und 2 000) für sämtliche Lager auf dem gesamten Territorium.[101]

Unter diesem Blickwinkel werden die Umsiedlungslager (während des Jahres 1959 und der Osterferien der Jahre 1960 und 1961) über mehrere Monate hin von der Forschungsgruppe untersucht. Ihr gehört auch Abdelmalek Sayad an, der, obwohl noch Student, die ethnographische Datenerhebung koordiniert. Seine Kenntnis des Feldes macht ihn zu einem exzellenten Informanten (als Bourdieu in die Region von Aghbala in der Kabylei gehen muß), weshalb Bourdieu und Sayad gemeinsam als Autoren von *Le Déracinement* fungieren.[102]

100 Michel Rocard, *Rapport sur les camps de regroupement*, a. a. O., S. 232 f.
101 In: »Regroupements ou génocide?«, a. a. O.
102 Kurz nach der Unabhängigkeit Algeriens war diese Geste alles andere als gewöhnlich. Sie war hochgradig symbolisch aufgeladen und wi-

Der in der hier vorliegenden Sammlung abgedruckte und erst später in *Le Déracinement* aufgenommene Aufsatz zum Thema »Entwurzelten Bauern – morphologische Umwälzungen« wird zwar zur gleichen Zeit wie *Le Déracinement* verfaßt, kann dann aber im Gegensatz zu den Artikeln zur Wirtschaftsanthropologie wegen seines für »explosiv« gehaltenen Inhalts zunächst nicht veröffentlicht werden.[103] Er erscheint erst 1964, also zwei Jahre nach der Unabhängigkeit Algeriens, in *Études rurales* dank der Unterstützung von seiten Isaac Chivas, des Herausgebers der Zeitschrift.

Dieser Text über die umfassende Zerstörung bzw. die »soziale Vivisektion«[104] der algerischen Gesellschaft ist grundlegend, will man die politische Tragweite eines in Kriegszeiten durchgeführten wissenschaftlichen Forschungsprojekts ermessen. In dieser Untersuchung versucht Bourdieu Licht in eine 1955 eingeleitete und 1958 systematisch ausgeweitete schreckliche politische Maßnahme zu bringen, die von der Militärmacht geheimgehalten wird. Die Militärs fordern damit die Gesetze der Republik heraus und sind nicht gerade zimperlich, wenn es darum geht, vor der öffentlichen Meinung Frankreichs die Schuld dafür der Regierung in die Schuhe zu schieben – die Einrichtung von Umsiedlungslagern spottet natürlich jeglichen Menschenrechten Hohn. Ohne Wissen der Behörden vor Ort deckt ein junger

dersprach der im wissenschaftlichen Feld Frankreichs herrschenden Vorstellung, wonach Nordafrikaner von ihm ausgeschlossen waren. In den Augen einer konformistischen Elite war die Anerkennung eines algerischen Studenten als möglicher Forscher über die algerische Gesellschaft in der Tat eine äußerst subversive Stellungnahme. Diese Sicht der Dinge hielt sich noch sehr lange, insbesondere als Sayad über die Einwanderung arbeiten wollte.

103 Moulah Henine, einer der Studenten, die an der Erhebung über die Umsiedlungslager teilgenommen hatten, wurde im übrigen von der OAS ermordet. Ihm ist *Le Déracinement* von den Autoren gewidmet. Vgl. zu den Umständen dieses Mordes Jean Sprecher, *À contre-courant*, a. a. O., S. 97.

104 Eine Formulierung, die sich in der 1970 erschienenen Ausgabe von *Sociologie de l'Algérie*, a. a. O., findet.

Finanzinspektor, Michel Rocard, ihren Daseinsgrund auf und führt zunächst noch verdeckt, später dann mehr oder weniger öffentlich seine Ermittlungen durch. Folgendermaßen gibt er die Umstände wieder, unter denen er von der Errichtung und dem Funktionieren der Umsiedlungslager erfahren hat: »Einer meiner Freunde, ein Leutnant, macht mich auf ›absolut dramatische Dinge‹ aufmerksam: ›Die Armee ist dabei, ganze Bevölkerungsgruppen schonungslos und ohne Vorankündigung umzusiedeln; das heißt, daß sie keinerlei Vertrauensbasis hat, um dies zu tun, und daß Zigtausende, wenn nicht gar Hunderttausende dabei ihr Hab und Gut verlieren [...].‹ Man muß unbedingt die Behörden und den General de Gaulle alarmieren.«[105]

Die ausschließlich der Militärverwaltung unterstehenden Lager werden bis zur Veröffentlichung von Michel Rocards Bericht geheimgehalten, von dem ein Auszug dank einer undichten Stelle in der landesweiten Presse (*Le Monde, France-Observateur*) erscheint und der Öffentlichkeit die »Deportation« mehrerer tausend ihrer gesamten wirtschaftlichen Mittel beraubter Personen aus ihrem Herkunftsmilieu enthüllt.

Ein Trugschluß, zu denken, es habe nur wenige solcher Lager gegeben und sie seien allein aus dem Grund errichtet worden, nach dem Willen übereifriger Offiziere die Ordnung wiederherzustellen. Es waren bei weitem keine Einzelfälle, vielmehr das Ergebnis eines politischen Programms – so daß der Ausdruck Genozid[106] (»Kinder gehen zu Tausenden an Nahrungsmangel zugrunde«) von Michel Rocard und Jean Amrouche, ohne zu zögern, zur Bewertung dieser Maßnahme gebraucht wurde.

»Angenommen, niemand – weder ein Individuum noch eine Körperschaft – hat das horrende Tötungsunternehmen, das diese Lager in der Summe ja darstellen, auf der Ebene eines weiten Territoriums wie dem Frankreichs geplant, gedacht, angeordnet und tatsächlich durchführen lassen, das Ergebnis bleibt das gleiche. Das Unterfangen wurde unerbittlich bis zu dem Punkt

105 Michel Rocard, *Rapport sur les camps de regroupement*, a. a. O., S. 188.
106 Ebd., S. 24-25.

vorangetrieben, den es nun erreicht hat, und alles deutet darauf hin, daß es noch nicht vollendet ist. Trotz der Anordnungen von Pontius Pilatus. Es sieht ganz so aus, als ob man sich diesbezüglich abgesprochen hat. Man tötet die Leute nicht. Man bringt sie nicht um. Man hat sie in eine solche Lage gebracht, daß sie einfach nicht mehr weiterleben können.«[107]

Das Unheil erstreckt sich über das gesamte Gebiet Algeriens: Den Angaben Agerons zufolge existieren am 1. Januar 1959 nicht weniger als 936 Lager.[108] Mit dem sich verschärfenden Krieg werden es immer mehr. Ihre Zahl steigt 1960 allein für die Departements Orléansville, Algier, Médéa und Tizi-Ouzou auf mehr als 1 200.[109] »Die Zahl der umgesiedelten Algerier erreichte 2 157 000, also ein Viertel der Gesamtbevölkerung«, schreiben Pierre Bourdieu und Abdelmalek Sayad.[110] »Nimmt man zu den Umsiedlungen noch den Exodus in die Städte hinzu, dann läßt sich die Zahl der Individuen, die sich 1960 außerhalb ihres gewöhnlichen Wohnortes aufhielten, auf mindestens drei Millionen schätzen, also auf die Hälfte der Landbevölkerung. Diese Bevölkerungsverschiebung ist eine der brutalsten der bisherigen Geschichte.«[111] General Parlange, der für diese Maßnahme mit verantwortlich ist, gesteht selbst deren verheerenden Folgen ein: »Man muß in der Tat einräumen, daß die Umsiedlung häufig auf eine ›Entwurzelung‹ hinausläuft und einer Politik der ›verbrannten Erde‹ gleichkommt – ihre Konsequenzen für die Menschen, die Wirtschaft und die Gesellschaft sind schwerwiegend

107 Jean-El-Mouhoub Amrouche, »Regroupements ou génocide?«, a. a. O., S. 199.

108 Vgl. Charles-Robert Ageron, »Une dimension de la guerre d'Algérie: les ›regroupements‹ de populations«, in: Jean-Charles Jauffret und Maurice Vaïsse (Hg.), *Militaires et Guérilla dans la guerre d'Algérie*, Brüssel: Complexe 2002, S. 359.

109 Nach den von Pierre Bourdieu und Abdelmalek Sayad angegebenen Quellen. Diese Zahl ist freilich nicht erschöpfend.

110 In *Le Déracinement*, a. a. O., S. 13.

111 Ebd. Ergänzende Hinweise zur Geschichte der Lager finden sich im Anhang des genannten Buches.

und werden nicht ausbleiben, wenn wir nicht darauf achten, daß wir eine Zukunft nicht noch unsicherer machen, als sie ohnehin schon zu sein scheint.«[112]

Diese Lager waren oft riesig, berichten Pierre Bourdieu und Abdelmalek Sayad: Tamalous, 11 306 Bewohner; Oum Toub, 8 000; Kerkera, 7 250; in ihre Untersuchung beziehen sie unterschiedliche Gegebenheiten vor Ort ein: Kerkera und Aïn Aghbel (1 500 Bewohner) auf der Halbinsel vor Collo ist eine von der Kolonisierung relativ ausgesparte, aber aufgrund der Emigration nach Frankreich stark von Akkulturation betroffene Region; Djebabra (944 Bewohner) und Matmata im Chéliff ist eine stark vom französischen Agrarkapitalismus geprägte Region; dazu kommt schließlich Barbacha, Djemaâ-Saharidj und Aghbala in der Kabylei (die Gegend, aus der Abdelmalek Sayad stammt).

Am verheerendsten wirken sich diese Maßnahmen auf die Identität der Individuen aus, indem sie insbesondere deren raum-zeitliches Koordinatensystem zerstören: »Viele sollten das Risiko eines gewaltsamen Todes dem Zusammengepferchtsein, der Unterwerfung, dem langsamen Tod in den Strohhütten, den Zelten und Wellblechhütten vorziehen [...]. Die im Zuge der Durchkämmungsaktionen zusammengetriebenen Frauen, deren *mechta*[113] zum größtenteils zerstört worden waren, hatten vier oder fünfmal unter Zwang die Reise bis zum Dorf des Bezirks unternommen; doch immer wieder machten sie sich zurück auf den Weg zu ihren Weilern.«[114]

Alain Accardo, der damals als Student an der Erhebung beteiligt war, kommt auf den wissenschaftlichen wie politischen Vorsatz der Forschergruppe zu sprechen, über das Alltagsleben der Umgesiedelten Rechenschaft abzulegen: »Ich weiß nicht genau,

112 Général Parlange, 15. Februar 1960 (S. 2, IH2574/I, SHAT), in: Amélie Okbi, »Le camp de regroupement de M'Chounèche, 1955-1962«, Master-Arbeit II, 2006-2007, Universität Nizza, Fachbereich Geschichte.

113 *Mechta*, Entsprechung von *gourbi*, zu deutsch etwa »elendes Loch«, im weiteren Sinne Kaff, Nest, Weiler oder sogar Dorf.

114 Pierre Bourdieu und Abdelmalek Sayad, *Le Déracinement*, a.a.O., S. 12.

wie die persönlichen Motive meiner Kameraden im einzelnen aussahen. Was mich betrifft, sah ich in dieser Studie die Gelegenheit, mich an einer interessanten, nützlichen und persönlich bereichernden Arbeit zu beteiligen. Mir war nicht so wirklich klar, welchen Nutzen diese Arbeit der Sache des algerischen Volkes bringen könnte, ich war aber sicher, daß es letzten Endes mehr zur Verteidigung ihrer Interessen beitrug, wenn man ein authentisches Bild der Lage der umgesiedelten Bevölkerungsgruppen gab, als der wohlmeinende, aber etwas sterile Aktionismus, auf den wir in Algier beschränkt waren. Eine getreue Darstellung der realen Lebens- und Arbeitsbedingungen der algerischen Bevölkerung stellte eine große ideologische und politische Herausforderung dar. Ohne Zweifel wären Hunderte von Untersuchungen wie die von Bourdieu nötig gewesen, um eine Bresche in die erdrückende Propaganda der Macht zu schlagen.[115] Mir war aber völlig bewußt, daß ich, indem ich Bourdieu dabei half, einen bedeutsamen Aspekt des Algerienkrieges aufzuklären, zum Auftauchen einer Wahrheit beitrug, die im vorliegenden Fall zwangsläufig revolutionär war. Seither ist mir nie der Gedanke gekommen, daß die Soziologie zu etwas anderem dienen soll.«[116]

Die unter strengster Überwachung stehenden Lager waren für die Forscher nicht offen zugänglich.[117] Sie mußten sich also notwendigerweise eine Genehmigung sowohl von der Verwaltung und dem Militär als auch von der einheimischen Bevölkerung und ihren unsichtbaren Führern besorgen. Jacques Breil, ein

115 Vgl. etwa *Algérie. Naissance de mille villages*, Algier: Baconnier ohne Jahr.

116 Interview mit Alain Accardo.

117 In dem im Anhang zu seinem *Rapport sur les camps de regroupement* abgedruckten Interview zeigt Michel Rocard, daß der Einsatzbefehl keinen Zugang zum Lager erlaubte. Es bedurfte eines offiziellen Vorwands (die Durchführung einer Erhebung zur rechtlichen Situation der Bodenbesitzverhältnisse), um die Aufmerksamkeit der Kommandanten der SAS abzulenken und den direkten Kontakt zu den Umgesiedelten aufzunehmen.

für die Leitung der Statistik zuständiger Linkskatholik, besorgte in Algier die nötigen Genehmigungen trotz der feindseligen Haltung einiger Mitglieder des Generalgouvernements und der ARDES Bourdieu gegenüber. Abdelmalek Sayad zufolge unternahm man auch in Paris Schritte, um wissenschaftliche und politische Rückendeckung zu erhalten. Ein französischer Ethnologe kann sich, selbst wenn er mit INSEE-Mitarbeitern zusammenarbeitet, nicht in sensiblen Regionen aufhalten, ohne dabei Risiken einzugehen (und andere eingehen zu lassen):[118] »Als sie da ankamen, ja, man kann sagen, daß sie zum falschen Zeitpunkt kamen, denn es ist etwas passiert, was in der Erinnerung hängenbleibt [...]. Der Direktor der Korkgesellschaft wurde am Tag ihres Eintreffens 500 Meter von der SAS entfernt getötet.«[119]

Da jegliches Interesse an der von der Armee umgesiedelten einheimischen Bevölkerung als Einmischung in die inneren Angelegenheiten des Militärs angesehen wurde, erforderte eine großangelegte Untersuchung die heimliche Mobilisierung bestimmter linker Franzosen, einiger Angehöriger der Verwaltung (wie Rolande Garèse) und der politischen Führung (auch wenn diese nur in der Minderheit waren) sowie algerischer Freunde, von denen man annehmen konnte, daß sie an einem solchen Unternehmen mitarbeiten würden[120] – und dies um so mehr, als manche Regionen (wie die um Collo) zur damaligen Zeit für undurchquerbar erklärt wurden.

Eine nicht zum Umsiedlungslager gehörige Person mußte einen Passierschein[121] vorweisen können und bei dem für die

118 Vgl. Pierre Bourdieu, *Ein soziologischer Selbstversuch*, a. a. O.

119 Interview mit Salah Bouhedja, »Il était un parmi les dix: autour de l'enquête sur les camps de regroupement dans *Le Déracinement*«, *Awal*, 27-28, 2003, S. 291.

120 Französische Ärzte, Krankenschwestern, Fürsorgerinnen beteiligten sich ebenso wie Bourdieu und seine Forschergruppe am Kampf der Algerier, indem sie ihr Wissen zur Verfügung stellten.

121 Diese Aufenthaltsbewilligung muß beim Kommissariat des Wohnortes, an dem man sich für eine bestimmte Zeit aufhält, beantragt werden.

Verwaltung des Sektors zuständigen Kommandanten der SAS[122] vorstellig werden. Er hatte Weisung, diejenigen, die das Lager betraten, und erst recht die Forscher, zu überwachen und zu schützen. Dasselbe galt für die Lagerbewohner selbst, die, wenn sie das Lager verlassen wollten, eine Genehmigung beantragen und beim Eintritt Leibesvisitationen über sich ergehen lassen mußten: »›Ich würde ja gerne auf meine Felder zum Arbeiten gehen ...‹, sagte ein Umgesiedelter, ›aber da ist ja dieser Kontrollposten! Ich muß denen, um herauszukommen, meinen Personalausweis dalassen. Und wenn ich dann auf Militärangehörige treffe, die mich nach meinem Ausweis fragen, bin ich dann nicht gleich tot?«[123]

Sympathiebekundungen für die algerische Sache waren ebenfalls unerläßlich, um an die zu beobachtenden Gruppen heranzukommen. Pierre Bourdieu hatte seine eigenen Kontakte, ohne die eine Einführung in die Familien unmöglich gewesen wäre, da die offiziellen Genehmigungen nicht ausreichend waren, um sich einigermaßen sicher zu bewegen, und erst recht nicht, um ein Vertrauensverhältnis zu den Interviewten sicherzustellen: »Nachdem unsere Arbeit von den Verwaltungsbeamten der SAS offiziell genehmigt war, wurden wir von den Vertretern der Bewohner höflich empfangen, die dann auch die Anweisung

Sämtliche Besucher des Umsiedlungslagers müssen den Militärbehörden bekannt sein.

122 Die *Sections administratives spéciales* wurden 1955 von Jacques Soustelle geschaffen und unter den Befehl General Parlanges gestellt. Sie wurden in den Gegenden eingerichtet, in denen der FLN einen großen Einfluß auf die Bevölkerung ausübte, und wurden zur Speerspitze der zur Befriedung eingesetzten psychologischen Kriegsführung. Vgl. auch Alain Maillard de La Morandais, *L'honneur est sauf*, a. a. O., S. 44. [Die *Sections administratives spéciales* waren Außenstellen der Militärverwaltung auf dem Land, die nach dem Zusammenbruch der Zivilverwaltung infolge des Krieges geschaffen wurden, um so wohl Verwaltungsaufgaben als auch Sozialarbeit und militärisch-nachrichtendienstliche Aufgaben zu übernehmen – A. d. Ü.]

123 Pierre Bourdieu und Abedelmalek Sayad, *Le Déracinement*, a. a. O., S. 47.

ausgaben, mit unserer Gruppe zusammenzuarbeiten.«[124] In der Kabylei bekam Bourdieu mehrfach Unterstützung, im einen Fall durch die Vermittlung Pater Devulders, eines Ethnologen und Sprachwissenschaftlers (in Djemâa Saharidj), von kirchennahen Forschern, im anderen Fall seitens der Angehörigen Abdelmalek Sayads (in Aghbala) oder der Familien des Dorfes Chéraia: »Ich wurde dazu ausersehen, sie dort einzuführen. Aufgrund meines Status [als Enkel eines örtlichen Honoratioren] hatten die Leute dort Vertrauen zu uns und nahmen uns auf«, erklärt Salah Bouhedja.[125] Ganz klar stellt für den Verlauf der Erhebung die implizite Unterstützung der Gruppe einen Schutz gegenüber den Verantwortlichen in der Armee dar.[126] In manchen Dörfern der Region von Collo, wo sie von keinen Familien aufgenommen werden konnten, traf die Gruppe die Entscheidung, lieber in der ehemaligen Grundschule zu schlafen als in den von der SAS angebotenen Örtlichkeiten.[127]

Die in diesen stark vom Krieg gezeichneten Gegenden (Collo, Kabylei, Ouarsenis) durchgeführte direkte Beobachtung nahm die Herausforderung an und setzte eine ausgefeilte Strategie voraus. Die Genehmigungen von wissenschaftlicher und politischer Seite waren nur eine Tarnung, um die Aufmerksamkeit der Verwaltungsbeamten vor Ort von dem eigentlichen Vorhaben abzulenken: »In Wirklichkeit waren es wahrscheinlich, wie Bourdieu uns erklärte, nicht die offiziellen Mitglieder des von der SAS eingesetzten Rates, die den Beschluß gefaßt hatten, ihre Mitbürger zur Kooperation mit uns zu bewegen. Diese von der französischen Verwaltung zugelassenen und sehr oft auch von ihr benannten offiziellen Repräsentanten, die als Vermittler zur Bevölkerung dienen sollten, waren in Wirklichkeit eine Tarnung für den geheimen Rat, die im Untergrund agierende ›djemaa‹,[128]

124 Interview mit Alain Accardo.
125 Interview mit Salah Bouhedja, »Il était un parmi dix ...«, a. a. O.
126 Ebd.
127 Ebd.
128 Traditionelle Versammlung der erwachsenen Männer.

die hier wie an vielen anderen Orten eines von der französischen Armee mit einem strengen Kontrollnetz überzogenen Landes die Zivilbevölkerung entsprechend den Vorgaben des FLN anleitete. Aufgrund des uns gegenüber an den Tag gelegten Wohlwollens – im schlimmsten Fall war es Indifferenz – kam es während des gesamten Aufenthalts uns gegenüber niemals zu irgendwelchen Feindseligkeiten. Das hinderte manche von uns, in dem Wissen, daß wir uns inmitten einer der Bastionen des ›Aufruhrs‹ befanden, nicht daran, einen Angriff der ALN auf die SAS zu befürchten. Es war, wie man zugeben muß, durchaus eine etwas ungemütliche Situation, sich im Kreuzfeuer zwischen einer *katiba* von Mudschahedin auf der einen, und der *harka* der SAS auf der anderen Seite zu befinden. Glücklicherweise blieb uns das erspart.«[129]

Die Straßenverbindungen waren aufgrund von Anschlägen (mit Ausnahme der Achse Algier–Oran) oft unterbrochen, Fahrzeuge oder Züge mußten von Militäreskorten begleitet werden. Alain Accardo, ein Mitglied der Gruppe, berichtet über die ungewöhnlichen Umstände des Zugangs zum Forschungsfeld 1960 in einem schriftlichen Dokument: »Als die Osterferien begonnen hatten, begab sich die gesamte Gruppe in die Region von Collo in der Kabylei, wo sich ein großes Umsiedlungslager mit Landbewohnern befand. Ich weiß nicht, ob die ›Operation Jumelles‹ (1959/1960), eine breit angelegte und von General Challe im vorangegangenen Sommer mit enormem Aufwand in der Kabylei durchgeführte militärische ›Befriedungsoffensive‹ auch die Region, in die wir uns begaben, ›befriedet‹ hatte. Jedenfalls mußte die ALN in der Kleinen Kabylei noch sehr aktiv sein, und Ortswechsel waren nur unter militärischem Schutz im Konvoi möglich. Bourdieu beschloß folglich, daß wir uns zuerst in Philippeville, wohin man auf einigermaßen sicheren Wegen gelangte, sammeln sollten, um dann an Bord eines großen Motorboots übers Meer entlang der Küste nach Collo zurückzukehren.

129 Interview mit Alain Accardo.

Diese Spazierfahrt zur See bei großartigem Wetter wäre unter anderen Umständen eine wahre Wonne gewesen. Aber ich glaube, daß wir alle recht angespannt waren.«

Bourdieu wird später nochmals auf die »außerordentlich schwierigen (und riskanten) Bedingungen« zurückkommen, unter denen er arbeitete, die jedoch dadurch ein wenig wettgemacht wurden, daß man die Möglichkeit bekam, »durch die dabei gebotene unausgesetzte Vorsicht [seinen] Blick [zu] schärfen«. Daher regten die absoluten alltäglichen Probleme, die von der Durchführung der Erhebung in einer solchen tragischen Situation beständig aufgeworfen wurden, zu einer andauernden Reflexion »über die Gründe und die Berechtigung der Enquete« und »über die Motive und Absichten des Durchführenden« an.[130]

Diese in Zeiten des Krieges unternommene Forschung befaßt sich mit einer tragischen Situation, über die es nur wenige Untersuchungen von Ethnologen und Soziologen gibt, die selten in die Lage geraten, derart radikal ablaufende Prozesse sozialer Zerstörung analysieren zu können. Wie schon Maurice Halbwachs schrieb, »stachelt ein Krieg nicht nur die nationalen Leidenschaften aufs äußerste an. Er transformiert die Gesellschaft von Grund auf, verlangsamt oder lähmt manche ihrer Funktionen, schafft oder entwickelt neue. Vor allem vereinfacht er die Struktur des Gesellschaftskörpers, er reduziert, wie Spencer schrieb, die Differenzierung der Teile aufs äußerste. [...] Genauso verhält es sich in Revolutionen und sogar in jenen Zeiten politischer Agitation, in denen sich von außen besehen nichts an der Struktur des Gesellschaftskörpers ändert. Ohne Zweifel bleiben die Funktionen dabei dieselben und kommen weiterhin zur Ausübung. Die Kaufleute und Arbeiter, die Beamten und Bauern, alle bleiben sie an ihrem Platz, doch in Gedanken sind sie anderswo. Ihr Familien- und Berufsleben, ihre Beziehungen, all das geht weiter, freilich mit mehr Automatismen als sonst,

130 Pierre Bourdieu, »Entre amis«, a.a.O., S. 9, in diesem Band »Unter Freunden«, S. 457 ff.

und man ist weniger als sonst bei der Sache. All diese Aktivitäten nichtpolitischer Art finden sich gleichermaßen reduziert.«[131]

Das sind die Umbrüche, die hier in diesen *Algerischen Skizzen* analysiert werden. Sie beschreiben eine Welt im Chaos, eine Gesellschaft, deren Werte und Vorstellungen auf gewaltsame Weise zerstört werden. Das macht sie zu einem bedeutenden Beitrag zur Soziologie Algeriens. Diese (mit dem Krieg und seinen Auswirkungen zusammenhängende) Ausnahmesituation hat paradoxerweise den Blick des Soziologen geschärft, der bei allen Zwängen und Risiken darauf aus war, die Strukturen einer Sozialwelt zu erfassen, der der Verlust ihres kollektiven Gedächtnisses droht.

Paris, 28. September 2007

131 Maurice Halbwachs, *Les Causes du suicide* (1930), Paris: PUF 2002, S. 9.

Pierre Bourdieu

Algerische Skizzen

Kolonisierung, Kultur und Gesellschaft

Der Zusammenstoß der Zivilisationen*

Für diese traditionalistische Gesellschaft stellte der Einbruch der europäischen Zivilisation eine radikale Infragestellung dar. Jeder kulturelle Wandel spielt sich unter spezifischen Voraussetzungen ab und folgt universellen Gesetzen. Selbstverständlich unterscheiden sich die bei den Indianern Nordamerikas und die in Schwarzafrika beobachteten Akkulturationsphänomene unter dem Aspekt ihrer spezifischen Voraussetzungen radikal voneinander: Die »ankommenden« Kulturen sind in ihrem Geist, ihrer Handlungsweise usw. nicht weniger voneinander verschieden als die »aufnehmenden« mit ihren ebenfalls spezifischen Strukturen; darüber hinaus schwankt der Stil der Beziehungen zwischen den einen und den anderen ad infinitum, reicht von der kolonialen Situation bis hin zur rein technischen Unterstützung, von der mehr oder weniger vollständig angestrebten Assimilation bis zur Politik der »Reservate«. Eines aber darf man in jedem Fall voraussetzen: die durch den Kontakt ausgelösten Phänomene folgen universellen Prinzipien.

I. Einige Bemerkungen zur Methode

Vor einer Untersuchung der Ausgangssituation (das heißt der Natur der betreffenden Zivilisationen und der Beziehung zwischen ihnen), in der die in Algerien zu beobachtenden Akkulturations- und Dekulturationsphänomene auftreten, sind die dabei verwendeten Begriffe genauer zu bestimmen.

Redfield, Linton und Herskovits schlagen folgende Unterscheidungen vor:

* In: *Le Sous-Développement en Algérie*, Algier: Sécrétariat Social 1959, S. 52-64

> Die Akkulturation schließt Phänomene ein, die auftreten, wenn Gruppen von Individuen aus verschiedenen Kulturen dauerhaft und unmittelbar (*first hand*) zueinander in Kontakt treten und daraufhin in den ursprünglichen kulturellen *patterns* (Mustern) des einen oder anderen oder der einen oder anderen dieser Gruppen Veränderungen auftreten. Dieser Definition folgend ist Akkulturation zu unterscheiden von *kulturellem Wandel* (»*cultural change*«) – sie stellt lediglich einen seiner Aspekte dar – und ebenfalls von der manchmal eine Phase der Akkulturation bildenden *Assimilation*. Akkulturation ist auch von *Diffusion* abzugrenzen, einem Phänomen, das zwar in allen Fällen von Akkulturation eine Rolle spielt, aber auch häufig unabhängig von den oben definierten Kontakten zwischen Völkern auftritt und außerdem bloß einen Aspekt der Akkulturation darstellt.[1]

Jede Kultur öffnet sich mehr oder weniger dem Wandel; die Alternativen, die der Kontakt zwischen den Zivilisationen bietet und hervorruft, werden je nach dem in der »Aufnahmekultur« etablierten Wertesystem bereinigt und gelöst, so daß normalerweise Modifizierungen, die die Zerrüttung oder Zerstörung vitaler Grundwerte mit sich brächten, zurückgewiesen werden, während solche, die mit dem spezifischen »Stil« der »Aufnahmekultur« konform gehen, aufgegriffen und übernommen werden können. Solange diese Auswahl getroffen werden kann, bewahrt die »Kultur« ihr Gleichgewicht und ihre Originalität; übernehmbare allogene Elemente werden nach ihrer Auswahl den Grundnormen entsprechend umgedeutet. Im entgegengesetzten Fall können die Grundwerte selbst zerrüttet und vitale Normen erschüttert werden, was eine mehr oder weniger katastrophische Auflösung des kulturellen Ganzen nach sich zieht – das, was wir *Dekulturation* nennen.

Die allgemeinen Gesetze der Akkulturationsphänomene (das Gesetz vom ungleichen Wechselkurs, das Gesetz von der Umdeutung entliehener Charakteristika, das Gesetz vom Wechsel

1 »Memorandum for the Study of Acculturation«, *American Anthropologist*, 1, 1938, S. 149-152.

der Stufenleiter und des Bezugsrahmens)[2] wirken sich in einem spezifischen Rahmen aus, nämlich dem einer »umfassenden und pluralen Gesellschaft«, deren Elemente (die autochthone Gesellschaft, die selbst schon plural ist, und die europäische) im Hinblick darauf zu untersuchen sind, daß sie ein und demselben Ganzen angehören, innerhalb dessen sie einer völligen Reziprozität der Perspektiven ausgesetzt sind.

Folglich sind soziale, ökonomische und psychologische Auflösungserscheinungen allem Anschein nach als Ergebnisse einer Interaktion zwischen »äußeren Kräften« (Einbruch der westlichen Zivilisation) und »internen Kräften« (ursprünglichen Strukturen der autochthonen Zivilisation) aufzufassen. Diese Interaktion vollzieht sich innerhalb eines Feldes, dessen Spezifizität nicht verkannt werden darf, will man nicht Gefahr laufen, das eigentliche Wesen der untersuchten Erscheinungen zu verfehlen. Akkulturation und Dekulturation resultieren nämlich nicht einfach aus dem Kontakt von Zivilisationen, wenn dieser Kontakt sich in einer spezifischen Situation ergibt, nämlich der kolonialen.[3]

Germaine Tillion kommt das große Verdienst zu, als eine der ersten auf dem Gebiet der Soziologie Algeriens nicht vor der Gegenwart die Augen verschlossen zu haben. Ihre Untersuchungen entfalten anscheinend aber erst dann ihr ganze Aussagekraft, wenn sie in den soeben definierten Rahmen einbezogen werden. Gewiß hat die Gesellschaft im Aurès-Massiv, auf der ihre Studie basiert,[4] nie einen Arzt, einen Kolonisten, einen Beamten gesehen, so daß die hier zu beobachtende wirtschaftliche und soziale Auflösung scheinbar als Auswirkung des Zusammenstoßes zwi-

2 In einer späteren Untersuchung werden wir versuchen, diese Gesetze genauer zu fassen.

3 Eine Definition liefert Georges Balandier in »La situation coloniale: aproche théoretique«, *Cahiers internationaux de sociologie*, XI, 1951, S. 44-79.

4 *L'Algérie en 1957*, Paris: Minuit 1957. [Dieses von einem Berberstamm, den Chaouis, bevölkerte Gebiet im Osten Algeriens entspricht dem *Aurasius mons* der Antike, einem ausgedehnten Gebirgsstock an der Grenze zur Sahara – A. d. Ü.]

schen einer archaischen und einer modernen, in hohem Maße arbeitsteiligen und wettbewerbsfähigen Wirtschaft beschrieben werden kann. Aber nicht nur gelten die für das Aurès-Massiv, ein relativ isoliertes Territorium, partiell zutreffenden Schlußfolgerungen nicht für ganz Algerien – es scheint auch unbestreitbar, daß die Gesellschaft der Chaouis – wie andere autochthone Gesellschaften – in die koloniale Situation integriert ist, so daß Germaine Tillions Untersuchung erst in diesem Kontext ihren vollen Wahrheitsgehalt gewinnt.

Rufen wir uns zunächst einmal ganz kurz diese Untersuchung in Erinnerung. Das Gleichgewicht in der Gesellschaft der Chaouis, begründet auf einem System komplexer Regulierungen (Wiederholungen desselben Strukturmodells in den unterschiedlichen Bereichen des kulturellen Systems) brach unter der Einwirkung verschiedener Ursachen zusammen: zunächst einmal der von steigender Geburtenrate bei gleichzeitiger Verlängerung der Lebensdauer hervorgerufenen Bevölkerungszunahme; sodann der Auszehrung des zur Ernährung der ständig wachsenden Bevölkerung intensiver bestellten Ackerlands; schließlich des Übergangs von der Tauschwirtschaft zur Marktwirtschaft: Die von Marc Bloch beschriebene Kipptendenz zerstört alle wirtschaftlichen Gleichgewichte; der Bauer, dessen Bedarf seine Zahlungsmöglichkeiten übersteigt, ist gezwungen, die Ernte zu verkaufen, sobald sie eingebracht ist; infolgedessen wird er Opfer des saisonbedingten Tiefstands der Preise nach der Ernte, verkauft also um so billiger, und daher um so mehr, je niedriger der Kurs steht. Somit wird er gezwungen, Getreide oder Brot im Januar oder Februar zu kaufen, das heißt dann, wenn die Kurse ihren Höchststand erreichen. Als Opfer saisonbedingter Preisunterschiede ist er gezwungen, sich zu verschulden oder sein Land zu verkaufen; sein letzter Ausweg besteht darin, sich andernorts Arbeit zu suchen. Zu diesen Ursachen ist die Rolle der Schule hinzuzuzählen, die ihre Absolventen verbittert und die Lage der anderen verschlimmert; die das Gleichgewicht in den Familien stört, da die Frau meist Analphabetin bleibt; die

Generationenkonflikte und den Bankrott der herkömmlichen Unterweisungen mit sich bringt, auf denen die althergebrachten psychologischen und sozialen Strukturen beruhen. Kurzum: Folgt man dieser Untersuchung, dann sind alle Auflösungsphänomene einzig Folgen der Gesetze der Akkulturation.

In Wirklichkeit spielten andere Gründe eine Rolle: Der Sénatus-consulte – um nur ein Beispiel herauszugreifen – teilt das Gebiet von Touaba (Oued und Abiod) in drei Siedlungsbereiche (Duars) auf (Tighanimine, Labiod, Ichmoul) und verteilt im oberen Verlauf des Tals individuellen Grundbesitz, was eine Bevölkerungswanderung nach Medina und Foum Toub auslöst, wo einige Gruppen seßhaft werden und Höfe bauen; darüber hinaus erleichtert der Senatsbeschluß die Umwandlung von Gemeineigentum in privates. Mangels technischer Verbesserungen und der Vermehrbarkeit des bebaubaren Landes bringt der Übergang vom ungeteilten zum individuellen Eigentum eine Verarmung mit sich. Seßhaftwerden und Individualisieren des Eigentums schwächen die kollektiven Bande. Der gemeinsame Speicher (*guelâa*), eine Art Symbol des Zusammenhalts mehrerer Familien (Ferka), verliert mehr und mehr seine Bedeutung; genauer gesagt, seine unterschiedlichen Bedeutungen lösen sich tendenziell auf. So wird das frühere gemeinsame Vorratshaus in Tabentut[5] weiterhin instandgehalten, und man feiert dort die Frühlingsfeste; so bewahrt es seine Bedeutung als heilige Stätte, hört aber doch auf, wie in der Vergangenheit das Vorratslager der Gruppe zu bilden. Die mit dem kollektiven Speicher verbundene Familienaufsicht belastet die Individuen, die ihre Bleibe um individuelle Vorratsspeicher erweitern und dazu manchmal Balken aus der *guelâa* verwenden. Außerdem wird das herkömmliche Maß, das im kollektiven Speicher aufbewahrt wurde und nur innerhalb der Gruppe Geltung hatte, durch den kommerziellen Dekaliter ersetzt. Die allmähliche Auflösung der gemeinsamen Vorratshaltung, der Grundlage und Gewähr wirtschaftlichen Gleich-

5 Marcelle Faublée-Urbain, »Les magasins collectifs de l'oued el Abiad (Aurès)«, *Le journal des africanistes*, 2, 1951, S. 139-150.

gewichts, das in einer geschlossenen Gesellschaft von Selbstverbrauchern nur durch eine wahrhafte Askese gesichert werden konnte, die die Bedürfnisse auf die Ressourcen beschränkte und in Zeiten guter Ernte erlaubte, Überschüsse auszuteilen, erklärt sich teilweise durch den Übergang von einer Tauschwirtschaft zu einer Geldwirtschaft, in der bedeutende Vorräte nicht mehr notwendig sind, aber auch durch das Aufkommen eines wirtschaftlichen Individualismus, der zu einem großen Teil mit dem Aufkommen von Privateigentum verbunden ist, das seinerseits aus der Anwendung des Senatsbeschlusses resultiert, sowie durch die Abschwächung kollektiver Sanktionen.

War das Aurès-Massiv darüber hinaus die Heimstatt eines auf die Spitze getriebenen Partikularismus, so bildet es doch auch, wie zu Recht bemerkt worden ist, »eine Art Resonanzboden, an dem die von irgendeinem Punkt im Berberland ausgehenden Wellen sich brachen und oft, wenn die lokale Vibrationen synchron auftraten, sich verstärkten«.[6] Daher konnte die reformistische Propaganda der Gefolgsleute von Ben Badis,[7] die in einer sich auflösenden Gesellschaft gewiß einen günstigen Nährboden fand, mit Parolen wie »Ungerechtigkeit«, »Rechte«, »Unabhängigkeit« 1938 ein wahres »Aufruhrklima« schaffen. Dies sollte als Beleg dafür genügen, daß es in Algerien kein Gebiet gab, dessen Abgeschiedenheit und Selbstgenügsamkeit es der kolonialen Situation völlig entzogen hätte.

6 »Progrès du réformisme dans l'Aurès« (anonym), France méditerranéenne et africaine, *Bulletin d'études économiques et sociales*, 1938, S. 1.

7 Abdelhamid Ben Badis (1899-1940), Vorsitzender des Verbandes algerischer Religionsgelehrter, der zu den beiden wesentlichen Wurzeln des Islam zurückkehren wollte: dem Koran und der Sunna. Von ihm stammt die Maxime: »Algerien ist unser Vaterland. der Islam ist unsere Religion, Arabisch ist unsere Sprache« (Anm. d. Hrsg.).

Aus diesen Analysen folgt: Können die Ursachen der Unterentwicklung rein natürlicher Art (ein Ungleichgewicht zwischen der Bevölkerung und ihren Ressourcen zum Beispiel) oder auch auf einen Mangel an technischer Ausstattung oder an Konzentration des Kapitals zurückzuführen sein, so ist doch nicht zu vernachlässigen, was François Perroux[8] den »Herrschaftseffekt« nennt, das heißt die Gesamtheit der durch den Kontakt zwischen zwei Wirtschaftssystemen unterschiedlicher Stärke direkt oder indirekt bestimmten ökonomischen Phänomene. Dieser Herrschaftseffekt besteht in »einem nicht oder nur partiell umkehrbaren Einfluß«, den eine Einheit auf die andere ausübt, und tendiert dazu, die beherrschte Ökonomie in eine »wirtschaftliche Satellitenposition« zu drängen, während er gleichzeitig für eine ständige Verbesserung der Situation der herrschenden Ökonomie sorgt – eine der wesentlichen Aspekte der kolonialen Situation.

Man muß sich aber davor hüten, die Ökonomie für isolierbar zu halten. Jeder Versuch, sie aus ihrem Zusammenhang zu lösen, wäre hier willkürlich: Die Phänomene ökonomischer Auflösung sind nur ein Aspekt jener großen Tendenz zur Dekulturation und Auflösung, die die algerische Gesellschaft in ihrer Gesamtheit trifft. Diese Gesellschaft, von der wir gesehen haben, daß sie eine Totalität darstellt, deren Elemente nicht voneinander trennbar sind und alle denselben, ursprünglichen »Stil« ausdrücken, hat den Zusammenstoß mit einer anderen Zivilisation erfahren, die nicht portionsweise und lokal begrenzt, sondern in ihrer *Totalität* über sie hereinbrach und Umwälzungen im

8 François Perroux (1903-1987), ein Wirtschaftswissenschaftler, der einen dritten Weg zwischen dem Sozialismus und dem herkömmlichen liberalen Kapitalismus suchte. Er beeinflußte namentlich die Soziallehre der katholischen Kirche. Veröffentlichungen: *La Coexistence pacifique*, Paris: PUF, 1958; *Dialogue des monopoles et des nations*, Grenoble: Presses universitaires de Grenoble 1982; *Aliénation et société industrielle*, Paris: Gallimard 1970 (Anm. d. Hrsg.).

ökonomischen, aber auch im sozialen, psychologischen, moralischen, ideologischen Bereich auslöste; kurz, eine totale und radikale Infragestellung.

Dies schafft eine nahezu unentwirrbare Realität, in der es – außer per Abstraktion und zu Untersuchungszwecken – unmöglich ist, Ursachen und Wirkungen voneinander zu isolieren, wird doch jede Wirkung ihrerseits zur Ursache und so fort, so daß jedes Phänomen, das als (vorübergehender) »Endpunkt« des Auflösungsprozesses beschrieben werden könnte, aus einem Bündel außerordentlich unterschiedlicher Ursachen hervorgeht, von denen jede ihrerseits den Ausgang eines Prozesses darstellt.

Ein Beispiel: Das Aufkommen eines von den Einheiten Familie und Stamm getrennten Individuums ist an deren Auflösung gebunden, die ihrerseits nicht zu trennen ist von der allgemeinen Entwicklung der algerischen Gesellschaft, von der Lohnarbeit und den Imperativen der modernen Wirtschaft, von der durch den Kontakt mit dem westlichen Wertesystem herbeigeführten Schwächung des traditionellen Wertesystems, von der Schulpflicht und dem Generationenkonflikt, von Emigration und Urbanisierung, vom neuen Status des Eigentums usw.

Die europäische Zivilisation in der Gesamtheit ihrer Aspekte ist somit in den Kern der autochthonen Zivilisation eingedrungen. Im Unterschied zu einer bloß technischen Unterstützung, die einen beschränkten und begrenzten Eingriff mit sich bringt, erzwingt die koloniale Situation ganz besonders in Algerien – aufgrund des numerischen Umfangs der europäischen Gesellschaft – das *Nebeneinander* zweier »Lebensstile«, zweier Weltanschauungen, zweier Haltungen gegenüber den Grundproblemen des Daseins: Faktisch bringt der Europäer sein Universum mit sich; er zwingt der äußeren Welt seine Ordnung auf, wie sich etwa – um nur ein Beispiel herauszugreifen – in jenen Kolonialdörfern zeigt, die die Dörfer im Mutterland nachahmen; in all seinen Verhaltensweisen, in jedem seiner Worte repräsentiert er ein ganzes Wertsystem und stellt damit die Anhänger der traditionellen Zivilisation vor eine Unzahl von Alternativen; er läßt somit als kontingent erscheinen, was notwendig schien, als Gegenstand einer Wahl, was »naturgemäß« wirkte.

III. Ein komplexes Problem

Das Problem des kulturellen Wandels »mit seinem Gefolge schmerzlicher Dramen und bitterer Enttäuschungen« (Hamza Boubekeur)[9] ist außerordentlich komplex. Das Studium der Kontakte zwischen den Zivilisationen hat übrigens erst in jüngster Vergangenheit die Aufmerksamkeit von Soziologen gefunden. In gewisser Weise wurde das Problem von den Offizieren der *Bureaux arabes*[10] aufgegriffen, die nicht in der Lage gewesen zu sein scheinen, seiner Komplexität Herr zu werden.

Daher wurde das Problem des kulturellen Wandels in seinen wesentlichen Gegebenheiten, seinen Mechanismen und Lösungen nicht erkannt. Ist dieses Unverständnis der Komplexität des Problems selbst zuzuschreiben, so kommt wohl noch ein anderes, unterschiedlichen und oft divergierenden Gründen und Motiven entspringendes Unverständnis hinzu, das sich in der praktischen Haltung und in den menschlichen Beziehungen ebenso zeigt wie in den politischen Konzeptionen und Maßnahmen hinsichtlich Algeriens. Möglicherweise beruht es auch auf der Verkennung der Tatsache, daß die maghrebinische Welt die Stätte einer urwüchsigen, von einer eigenständigen Logik getragenen Kultur ist.

Wenn der Kontakt zwischen einer hochindustrialisierten, wirtschaftlich machtvollen Zivilisation und einer nicht mit Ma-

9 Ein Vorfahre des späteren Rektors der Pariser Moschee. Seine Familie gehörte einer großen religiösen Bruderschaft an, die bei der Weitervermittlung kultureller und religiöser Werte in Algerien eine bedeutende Rolle spielte (Anm. d. Hrsg.).

10 [Diese der französischen Militärbehörde unterstellten Verwaltungseinheiten nahmen weitgehende gerichtliche, polizeiliche und fiskalische Befugnisse gegenüber der einheimischen Bevölkerung wahr – A. d. Ü.]

schinen ausgestatteten, ökonomisch archaischen Zivilisation genügen konnte, eine Auflösung der traditionellen Strukturen der algerischen Gesellschaft zu bewirken, so kommt zu diesen Störungen – einer unvermeidlichen Folge des Zusammenstoßes zweier wirtschaftlich wie kulturell abgrundtief voneinander geschiedenen Zivilisationen – hinzu, was nicht damit zu verwechseln ist: Umwälzungen, die von der Verfolgung ökonomischer Interessen oder auch der Einrichtung heterogener, der soziologischen Realitäten unkundiger Institutionen herrühren.

Einer der Urheber des Senatsbeschlusses von 1863 erklärte, diese Maßnahme verfolge das Ziel, »eine Art allgemeine Liquidierung des Grundbesitzes hervorzurufen«, wobei ein Teil »in den Händen der Araber (verbleiben solle), nicht mehr als gemeinsames Stammeserbe, sondern als persönliches, begrenztes und abgetrenntes Eigentum«, während ein anderer dazu bestimmt sei, »die Auswanderung aus Europa anzuziehen und aufzunehmen«; grundlegend gehe es darum, »den Stamm zu desorganisieren«, dieses Haupthindernis der Pazifizierung.[11] Als eine regelrechte Operation »sozialer Chirurgie« – nicht zu verwechseln mit kultureller Ansteckung, der Folge schlichten Kontakts – stellen diese Bodengesetze (die Aufteilung in Kantone, der Senatsbeschluß von 1863, das »Warnier-Gesetz« von 1873[12]) gewiß eine der Hauptursachen für die Auflösung der traditionellen algerischen Gesellschaft dar. Durch die Auflösung ursprünglicher Rechtsgemeinschaften und auch durch die Erleichterung unbedachter Verkäufe brachten sie die Enteignung von Grundbesitz auf breiter Basis in Gang: Sie lösten nicht nur herkömmliche soziale Einheiten (Bünde und Stämme) auf, um sie durch abstrakte und willkürliche Verwaltungseinheiten abzulösen – die erwähnten »Duars«, ein ungefähres Ebenbild der »Gemeinden« im Mutterland –, und zerstörten mit dem ungeteilten Eigentum, einem der

11 Alfred de Broglie, *Une réforme administrative en Algérie*, Paris: H. Dumineray 1860.

12 [Die *loi Warnier* begünstigte den Grundwerwerb durch französische Siedler – A. d. Ü.]

besten Garanten des prekären wirtschaftlichen Gleichgewichts, dieses Gleichgewicht selbst.

Die unter den Nachwirkungen zu leiden hatten,[13] waren sich bewußt, daß diese die wesentlichen Normen der Gesellschaft grundlegend beeinträchtigen mußten; hält doch das ungeteilte Grundeigentum den Zusammenhalt der Gemeinschaft aufrecht, ermöglicht es doch die Verteidigung der Identität des Familien- oder Stammeseigentums und damit die Integrität jener Gruppen selbst gegen exzessive Aufsplitterung, gegen das Eindringen von Fremden und gegen die Absorbierung kleiner Parzellen durch große landwirtschaftliche Betriebe. Als Verschmelzung aller Mittel und Kräfte, über die die Gruppe verfügt, ermöglicht es eine bessere Anpassung an die natürliche Umgebung und gewährleistet die Subsistenz von Individuen, die von einem ihnen bei der Aufteilung zufallenden Landstück nicht leben könnten. Und schließlich schützt es die Gemeinschaft gegen die Unvorsichtigkeit oder Gleichgültigkeit einzelner, da es die Produktion wie die Konsumtion einer straffen Disziplin zu unterziehen ermöglicht. Es handelt sich sehr wohl um einen Eckstein des kulturellen Gebäudes, und indem der Gesetzgeber an ihn rührte, setzte er sich unweigerlich der Gefahr aus, es in seiner Gesamtheit zu Fall zu bringen.

Das Beispiel der Landwirtschaftspolitik ist besonders aufschlußreich, weil alle Zweideutigkeiten, ja Widersprüche mancher der in Algerien getroffenen Maßnahmen hier in aller Schärfe zutage treten. Wurden die grundlegenden Gesetze (zumindest der Senatsbeschluß) nämlich als Kriegsmaschine konzipiert, die dazu bestimmt war, als gefährlich geltende politische und wirtschaftliche Einheiten aufzulösen, so ist doch nicht zu bezweifeln, daß sie auch eine andere Bedeutung erhalten und einer assimilatorischen, »großzügigen« Perspektive integriert werden konnten. Von der Logik der modernen Wirtschaft ausgehend, erscheint gemeinsames Grundeigentum ja als absurdes Relikt,

13 Capitaine Vaissière, *Les Ouled Rechaich*, Algier 1893, S. 90.

als Hindernis auf dem Weg zu Fortschritt und technischer Modernisierung, weil es den Fellachen an seine Routine kettet, jedes zukunftsträchtige Wirtschaften unterbindet und den Kredit abschreckt.

Daher gehen die Initiatoren der »politique du cantonnement«, der Kantonierungspolitik, auch davon aus, daß das Privateigentum mit seinen präzisen, klar definierten Grenzen im Gegensatz zu dem Gemeinbesitz mit seinem vagen Umfang die Grundlage des bäuerlichen Lebens darstellt, und drängen auf dessen Einführung, da sie hierin die Voraussetzung für »alle sozialen und landwirtschaftlichen Verbesserungen« sehen und »die sicherste Grundlage für die Assimilation beider Völker« (Marschall Vaillant, zitiert von Xavier Yacono[14]). Im Namen dieser Doktrin forderte Marschall Vaillant in einem Bericht vom 18. Mai 1884 die Kantonierung der auf Gemeinbesitz siedelnden Stämme. Er sieht in dieser Maßnahme eine »faire Transaktion«, da sie den betreffenden Stämmen zwar den Nießbrauch eines Teils ihres Territoriums entzieht, aber »ihr bloßes Nutzungsrecht in ein Recht auf unantastbares Eigentum auf dem ihnen zugewiesenen Territorium verwandelt«. In Wirklichkeit war nicht nur das »Übermaß an Raum«, auf das sich die Kantonierungsmaßnahme berief, um den Stämmen einen Teil ihres angestammten Eigentums zu entziehen, für die in herkömmlicher Weise betriebene Landwirtschaft gewissermaßen unabdingbar; es stellte ein Hauptelement ihres Wirtschaftssystems dar. Darüber hinaus war es auch äußerst gefährlich, Individuen Privateigentum zu geben, die nicht über die psychologischen Strukturen und »Tugenden« verfügen, die nicht nur dessen Grundlage sind, sondern die Bedingung seiner Möglichkeit. Indem man dem Fellachen Eigentumstitel nach französischem Muster ausstellt, liefert man ihm die Gelegenheit, Möglichkeit und Versuchung, sein Eigentum abzutreten. So daß

14 Xavier Yacono (1912-1990), Historiker der Kolonialisierung, Professor an der Universität Algier von 1957 bis 1962. Werke: *Histoire de la colonisation française*, Paris: PUF, 1973; *Les Etapes de la décolonisation française*, Paris: PUF, 1982 (Anm. d. Hrsg.).

diese Maßnahme – ebenso wie der Senatsbeschluß von 1863[15] oder das Warnier-Gesetz – das genaue Gegenteil dessen erreicht, was sie erreichen soll, da sie, statt individuelles Eigentum zu schaffen, ein Instrument der Enteignung wird.

IV. Die kulturelle Wirklichkeit

Unschwer ließen sich die Beispiele für solche Eingriffe vervielfachen, die mit der kohärenten und konkreten Realität aufräumen. Die Kulturanthropologie bemüht sich, die Bedingungen zu präzisieren, unter denen »kulturelle Transaktionen« stattfinden, und ihre Gesetze zu definieren, um den Gefahren von Regression, Störung und Ausartung zuvorzukommen, die das Zusammentreffen zweier Zivilisationen von ungleicher Entwicklungsstufe heraufzubeschwören droht. Sie sucht nach Mitteln und Wegen, die Kettenreaktionen, die schon die schlichte Einführung neuer Industrien oder neuer kultureller Methoden auslösen kann, zu bremsen und zu meistern.

Diese Haltung impliziert, daß man die Gesellschaft als kohärentes und praxisgerechtes System erachtet, als positive Realität,

15 Die Zweideutigkeit der Grundsätze, die den Senatsbeschluß leiteten, tritt in dem Werk Alfred de Broglies deutlich zutage, der außer den weiter oben angeführten Rechtfertigungen folgende Gründe angibt: »Auf das kommunistische Prinzip, das die Grundlage der arabischen Gesellschaft bildet, setzen, um irgendeinen Fortschritt zu erzielen, heißt sich Schimären hingeben, und daran arbeiten heißt gegen das Unmögliche kämpfen. Das Gemeineigentum ist, man kann machen was man will, die Barbarei in Permanenz und alle Ewigkeit; denn da es dem Menschen alle Hoffnung untersagt, schreckt es ihn von aller Arbeit ab, und indem es den sich abplagenden Arbeitsmann und den nichtstuerischen Verschwender an dieselbe Scholle bindet, hat es unvermeidlich zur Wirkung, das Morgen schicksalhaft an das Gestern zu ketten. Es gibt hier eine Schule der Faulheit und Trägheit, die noch die erbaulichsten Beispiele und aufgeklärtesten Instruktionen der französischen Administration unweigerlich in den Schatten stellt ... *Stets bildet die Verfassung der arabischen Gesellschaft das Hindernis*, und in ihrer Wurzel selbst müssen wir sie treffen« (*Une réforme administrative en Algérie*, a. a. O.).

statt sie auszuklammern oder zu ignorieren. In Algerien jedoch wurde in der Art des schlechten Kochs, von dem Platon sagt, daß er Fleisch zerlegt, ohne seiner natürlichen Gliederung zu folgen,[16] bisweilen versucht, eine importierte und aufgezwungene Ordnung zu errichten, ohne auf die Glieder, Muskeln und Sehnen zu achten, die der algerischen Gesellschaft Gleichgewicht und Leben verliehen. Zu oft wird vergessen oder verkannt, daß die Kultur eine spezifische Art und Weise darstellt, die Existenz ins Auge zu fassen, eine Art und Weise, die sich jedem Mitglied der Gemeinschaft von seiner Geburt an bietet und die niemand geschaffen hat, obwohl sie nur vermittels aller existiert; daß sie von einem ursprünglichen und einzigartigen »Geist« beseelt ist, an dem alle zugleich Anteil haben, während sie ihn in ihrem gemeinsamen Leben und durch es konstituieren; und daß ihr eine »Intention« (oder, wenn man so will, eine Wahl) innewohnt, die als Sediment, als vorbewußte Intention ganz wie die Sprache von den Individuen erlebt und agiert wird, noch bevor sie von ihnen als solche gedacht wird.

So ist das kulturelle System auch gleichzeitig Bedingung der Existenz und ihre Rechtfertigung. *Existenzbedingung*: Denn obschon Struktur und Bedeutung der Kultur von denen, die in ihr leben, ignoriert werden und zu Rationalisierungen und sekundären Bearbeitungen Anlaß geben können, formt die Kultur das individuelle Verhalten und gibt ihm Rahmen und »Muster« (*patterns*) vor, während sie zugleich die Bedingung für deren Verständlichkeit konstituiert; in der Folge stellt sie die Vermittlung dar, die zwei Individuen erlaubt, dieselbe Bedeutung mit demselben Verhalten zu verbinden und umgekehrt dasselbe Verhalten mit denselben Intentionen, da sie durch ein gemeinsames Netz von Bedeutungen und Bezügen eine von individuellen Unterschieden unabhängige intersubjektive Kommunikation ermöglicht. Kultur ist *Existenzrechtfertigung*: Denn jede Gruppe setzt – wie zum Beispiel aus der Unterscheidung von *in-group*

16 [Vgl. Platon, *Phaidros*, 165 d-e, und *Euthydemos*, 301, c-d – A. d. Ü.]

und *out-group* hervorgeht, dieser Grundlage des Ethnozentrismus – außer den vitalen Werten, deren Position mit der Existenz der Gesellschaft selbst zusammenfällt (man denke an die Solidaritätswerte in der nordafrikanischen Gesellschaft) ein weiteres Wertsystem (meist schlichte Rationalisierungen), ein Idealbild ihrer selbst, durch das die Gruppe erlernt und an sich appelliert, zu sein, was sie im Grunde ist, so daß jede Gesellschaft in ihrem eigenen Wertesystem sich selbst verehrt und zugleich, wie Mauss es nennt, »stets mit dem Falschgeld ihrer Träume bezahlt«. Wenn dieser Selbstrechtfertigungsmechanismus nicht mehr funktioniert, findet sich die Gesellschaft bedroht oder angegriffen in dem, was ihr das Wertvollste ist. Der Einbruch einer anderen Kultur, die ein anderes Lebensideal bietet, ein anderes Wertesystem, deckt auf, daß jener Lebensstil, jenes kulturelle System, das sich selbst als das Bestmögliche, als das Alleinmögliche erschien, das jedem Individuum die Überzeugung lieferte, daß es so zu sein hatte, wie es eben war, in Wirklichkeit nur eine Möglichkeit unter einer Unzahl anderer darstellte. Daher die Angst und Verwirrung, die vor allem den »Grenzgänger« heimsuchen: ein Opfer der Konflikte, die die Schwächung der traditionellen Sanktionssysteme und die Dualität der Lebensregeln mit sich bringen.

Kurz, das politische Handeln folgte – mehr oder weniger bewußt, mehr oder weniger blind – in Algerien *derselben Logik* wie die Gesetze der Akkulturation, deren Agieren es beschleunigte und deren Wirksamkeit es verstärkte, statt sie zu bremsen und zu zügeln. Dadurch folgte sie, wenn man so sagen darf, dem Lauf der Geschichte: Sie beschleunigte die Desintegration der herkömmlichen sozialen Strukturen und die Suspendierung der Regulierungsmechanismen, die das Gleichgewicht der traditionalistischen Wirtschaft sicherten. Was Wunder, daß die algerische Gesellschaft, die ohnehin gefährliche Transformationen durchgemacht hatte, von einer Art Taumel mitgerissen wurde, der täglich schwerer zu meistern ist?

Soll die Beschreibung dieser sich ständig weiterentwickelnden Totalität sich auf der Höhe ihres Gegenstands bewegen, dann hat sie umfassend zu sein, denn alle Auflösungs- und Reintegrationsphänomene sind untrennbar miteinander verbunden, so daß die zu beobachtenden Auflösungserscheinungen im ökonomischen Bereich nur einen Aspekt einer mehrdimensionalen Wirklichkeit darstellen. Zu den Faktoren des Ungleichgewichts zählen die Bevölkerungsexplosion, die Enteignung von Grund und Boden, die moderne wirtschaftliche Konkurrenz. Daher eine gewisse Anzahl von Aspekten, die schon so häufig beschrieben wurden, daß wir es bei einem Hinweis belassen können: Rückgang des Nomadentums und Halbnomadentums, Rückgang des Handwerks, Sinken des Lebensstandards, Unterbeschäftigung und Nichtbeschäftigung, Aufkommen eines Proletariats besonderer Art, das als »ungleich tauglich und für alle Arbeit gleich untauglich beurteilt wird« (Dresch)[17] und infolge der Zerrüttung seiner vitalen Werte, der Emigration usw. materiellem Elend und moralischer Verunsicherung anheimfiel. Zu unterstreichen ist auch, daß mit der den Verkauf begünstigenden Umwandlung des Eigentumsrechts alle dem agrarischen Gleichgewicht dienenden Regulierungen, »Regelelemente« wie der Gemeinbesitz, ihre Wirksamkeit einbüßten. Darüber hinaus erschüttert die Vorherrschaft ökonomischer, insbesondere finanzieller Werte eine auf menschlichen und persönlichen Beziehungen begründete Ordnung. Ist das alte Klientelverhältnis zerstört, das den Eigentümer mit dem *khammès* (Pächter) verband, werden die herkömmlichen Vorschüsse als Konsumkredite aufgefaßt, deren Erstattung verlangt wird, und der *khammès*, der dabei nicht mehr auf seine Rechnung kommt, zieht vor, sich als Lohnarbeiter zu verdingen – oder aber man bleibt bei dem alten System und findet doch alles verändert, obwohl die Lage objektiv dieselbe ist wie zuvor (Gesetz des wechselnden Bezugsrahmens).

Ein anderes wichtiges Phänomen ist das Aufkommen der Lohnarbeit, der unpersönlichen Beziehung zwischen Kapital

17 Jean Dresch (1905-1994), französischer Geograph, Experte für Wüstenzonen und in den antikolonialistischen Kämpfen engagierter Kommunist (Anm. d. Hrsg.).

und Arbeit. Der von Familie und Stamm losgelöste Landarbeiter, eine in der alten Gesellschaft völlig unbekannte Figur, erhält regelmäßigen Lohn, bislang eine Seltenheit. Der Kolonist und seine Techniken, sein Sinn für Arbeit und Eigentum, für den Boden als Rohstoff, für Privateigentum und den Begriff Grenze, lösen eine wahre Umwertung der Werte aus. Der Fellache sieht den Boden in dem Maße schrumpfen, in dem er seinen Preis entdeckt. Die alten Werte von Ansehen und Ehre werden vom unpersönlichen und abstrakten Geldwert abgelöst. Der Wettbewerb und die Anpassung an die moderne Wirtschaftswelt erfordern neue psychologische Strukturen (Arbeit, Geld, Spartätigkeit, Kredit usw.), deren Fehlen immense Anpassungsschwierigkeiten mit sich bringt. Der wirtschaftliche Individualismus kommt auf, der zusammen mit anderen Ursachen die alten, vitalen Bindungen aufbricht und die von der Gemeinschaft gesteckten Rahmenbedingungen tendenziell sprengt.

Die geschlossenen, fast völlig autarken Wirtschaftseinheiten brechen unter der Einwirkung unterschiedlicher Ursachen auseinander. Die Verengung des Wirtschaftsraums bringt mit sich, daß Bedürfnisse ansteckend wirken und die Wünsche wachsen, und zwar ungleich schneller als die Techniken und psychologischen Strukturen übertragen werden, auf denen die moderne Wirtschaftstätigkeit beruht, schneller auch als die Möglichkeiten, diese neuen Wünsche und Bedürfnisse zu befriedigen – und diese ungleichen Wechselkurse führen zu einer Konfliktsituation. Jenes Wachstum macht darüber hinaus Ungleichheiten bewußt und nährt einen Geist der Forderung oder der Revolte. Bleibt übrig, die Folgen der Verstädterung, Emigration, Proletarisierung, des Generationenkonflikts, der Krise der moralischen Erziehung usw. für die Phänomene sozialer Auflösung im ökonomischen Bereich zu betonen.

Sollten diese Analysen zwingend werden, bedürften sie einer sorgfältigeren Ausarbeitung. Sie veranlassen jedoch schon jetzt zu Schlußfolgerungen, von denen einige auf der Hand liegen. Es duldet keinen Zweifel, daß eine auf den Bereich der Wirtschaft begrenzte Bemühung nicht ausreichen kann, das Gleichgewicht einer Gesellschaft wiederherzustellen, in der die wirtschaftliche Deregulierung nur ein Aspekt des Zusammenbruchs des kulturellen Systems in seiner Gesamtheit ist. François Perroux hat gezeigt,[18] daß die Politik der Steigerung finanzieller Maßnahmen zur Stimulierung des Konsums und zur Finanzierung von Investitionen in den unterentwickelten Ländern nicht dieselben Ergebnisse bringt wie in einer kapitalistischen Wirtschaft. Diese Politik muß nämlich mit »Strukturfaktoren« rechnen, die von dem Stil der jeweiligen Zivilisation (zum Beispiel der Nichtbeschäftigung) nicht zu trennen sind.[19] Wie S. H. Frankel bemerkt, ist das Kapital »ein soziales Erbe, das von Institutionen, traditionellen Denkweisen und vom Handeln der Individuen in einer Gesellschaft abhängt«.[20] Entsprechend muß das von einer Gesellschaft in eine andere transferierte Kapital neuen Verhaltens-

18 François Perroux, »L'ordonnance de J. M. Keynes et les pays sous-développés«, *Bulletin de l'Union des exploitants électriques en Belgique*, Juli 1953.

19 »Wenn in den unterentwickelten Ländern 4-15% der Bevölkerung im erwerbsfähigen Alter als Lohnarbeiter tätig sind, heißt das nicht, daß die anderen arbeitslos sind. Sie arbeiten nicht, das ist etwas anderes; man findet sie in landwirtschaftlichen oder handwerklichen Produktionseinheiten oder auch in unproduktiven ›Jobs‹. Ägyptens Agrarwirtschaft zählt ein Surplus von mindestens 5 Millionen Erwerbstätigen (das Land hat 22 Millionen Einwohner). Die Arbeitslosigkeit ist überall und nirgends. Und es ist gewiß einfacher, Arbeitsämter zu eröffnen, als die Mentalität zu ändern, den Wunsch nach Arbeit zu schaffen und die Lebensgewohnheiten zu ändern«: André Plantier in *Encyclopédie française*, S. 11-12; 16.

20 S. Herbert Frankel, *The Economic Impact of Under-Developed Societies*, Oxford: Basil Blackwell 1953.

weisen angepaßt werden, und sein rationaler Einsatz setzt die Schaffung neuer Fähigkeiten und neuer Strukturen voraus.

Die soziologische Analyse unterentwickelter Länder gibt Anlaß zur Entwicklung einer nichtkeynesianischen Wirtschaftstheorie, die sich zu der für den Westen zutreffenden keynesianischen Theorie verhält wie die nichteuklidische Geometrie zur euklidischen.

Die Wirtschaft ist an eine Weltsicht und einen Lebensstil gebunden; folglich wäre es überaus eitel und gefährlich, eine Gesellschaft lenken oder ihr raten zu wollen, ohne über eine gründliche Kenntnis ihrer Sitten, ihrer Strukturen und des Geistes zu verfügen, der sie beseelt. Zweitens genügt es nicht, sich schlicht und einfach um Industrialisierung zu bemühen; ganz im Gegenteil: Die Ansiedlung von Industrien in einem wirtschaftlich unterentwickelten Land und einer traditionellen Gesellschaft läuft Gefahr, Spannungen hervorzurufen und Auflösungserscheinungen zu vertiefen. Es ist jedoch gewiß, daß der Zugang zu einem minimalen Lebensstandard, der dem einzelnen das unerläßliche Minimum an Zugriff auf die Welt gewährt, die notwendige Bedingung jenes psychokulturellen Wandels ist, der es dem Individuum ermöglicht, sein eigenes Schicksal in die Hand zu nehmen. Pierre Moussa teilt folgende Beobachtungen aus einer nordafrikanischen Fabrik mit:[21] Die Löhne werden um 20% erhöht; der präkapitalistischen Logik entsprechend wird ein Fünftel weniger gearbeitet; in der Folge werden die Löhne verdoppelt (also auf 240%) – mit genau entgegengesetzten Konsequenzen: Als wäre damit eine Schwelle überschritten (Pierre Moussa spricht von der »Schwelle der Modernität«), zeigt der Arbeiter Lust, zu arbeiten, mehr zu verdienen, die Zukunft zu planen, zu sparen usw. Ein einziger, als notwendige Bedingung aber wesentlicher Aspekt, nämlich ein Mindestmaß an Gewißheit über die nächste Zukunft, die Befreiung von der ausschließlichen, besessenen

21 Pierre Moussa, *Chances économiques de la communauté franco-africaine*, Paris: Armand Colin, 1957, S. 142. Vgl. Chellala Reibell, »La lutte des Algériens contre la faim«, Algier: Secrétariat social, S. 19-29.

Sorge um den Lebensunterhalt, kann somit das kulturelle Gesamtsystem und insbesondere das wirtschaftliche Verhalten, die ihm zugrunde liegenden Werte und mentalen Strukturen, völlig *umstrukturieren*.

Ist daraus zu schließen, daß die schlichte Verbesserung der materiellen Voraussetzungen die notwendige und *hinreichende* Bedingung für die gesamte Umstrukturierung des kulturellen Systems ist, die den Übergang vom traditionalistischen Wirtschaften zur Wettbewerbswirtschaft gewährleistet? Wir stoßen hier auf die alte Debatte zwischen Materialismus und Spiritualismus. Genügt der materielle Fortschritt, das Streben nach Fortschritt zu entfachen, oder ist das Streben nach Fortschritt die notwendige und hinreichende Bedingung für den Fortschritt? Die Antwort scheint darin zu liegen, daß der Fortschritt der materiellen Bedingungen dem Individuum erlaubt, eine Schwelle zu erreichen, von der aus es danach streben *kann*, sich seiner Zukunft zu bemächtigen; aber Möglichkeit bedeutet nicht Notwendigkeit. In Abwandlung eines Worts von Aristoteles könnte man sagen, daß »die Tugenden der Wettbewerbswirtschaft einen gewissen Wohlstand voraussetzen«.

Es springt in die Augen, daß der Übergang von einer Logik zur anderen sich nicht schon durch die bloße Aufforderung dazu und die Summierung kultureller Aspekte in der Erfahrung vollzieht, sondern daß die in der Erfahrung stattfindende Akkumulierung lediglich eine Umstrukturierung möglich macht, die das Gleichgewicht zwischen Mensch und Welt auf neuer Stufenleiter wiederherstellt. Daraus folgt, daß diese Umstrukturierung lediglich durch eine globale Hilfe gefördert werden kann, die den Bereich der Wirtschaft, des sozialen Lebens, des politischen Lebens, der Erziehung usw. gleichermaßen einbegreift. Damit dieser Übergang, mit der durch einen Farbstoff herbeigeführten »Tonung« vergleichbar, sich reibungslos und schmerzfrei vollzieht, müssen die hierzu notwendigen Bedingungen vereint sein, das heißt: Dem Menschen muß jenes Minimum an Macht gewährt sein, dessen er bedarf, um etwas zu wollen – und auch die hinreichenden Bedingungen, das heißt: die psychologischen Kräfte müssen zustande kommen und sich entwickeln, die dem Menschen den Willen verleihen, etwas zu wollen.

Die traditionale Gesellschaft: Einstellung zur Zeit und ökonomisches Verhalten*

Die Grenznutzenlehre formuliert zwar kein Universalgesetz für das Wirtschaftsleben, zeigt aber einen Grundcharakter moderner Gesellschaften auf, nämlich die alle Aspekte des ökonomischen Lebens affizierende Tendenz zur Rationalisierung. Max Weber schrieb dazu: »[...] die historische Eigenart der kapitalistischen Epoche, und damit auch die Bedeutung der Grenznutzlehre (wie jeder ökonomischen Werttheorie) für das Verständnis dieser Epoche, beruht darauf, daß – während man nicht mit Unrecht die Wirtschaftsgeschichte mancher Epoche der Vergangenheit als ›Geschichte der Unwirtschaftlichkeit‹ bezeichnet hat – unter den heutigen Lebensbedingungen jene Annäherung der Wirklichkeit an die theoretischen Sätze eine *stetig zunehmende*, das Schicksal immer breiterer Schichten der Menschheit in sich verstrickende, gewesen ist und, soweit abzusehen, noch immer weiter sein wird. Auf dieser *kulturhistorischen* Tatsache [...] beruht die heuristische Bedeutung der Grenznutzlehre.«[1]

Die jüngste Entwicklung der algerischen Gesellschaft stellt einen Aspekt dieser historisch-kulturellen Tatsache dar; der hier zu beobachtende Prozeß der Anpassung an die kapitalistische Wirtschaft ruft in Erinnerung, was die ausschließliche Betrachtung unserer Gesellschaften vergessen machen könnte: daß nämlich das Funktionieren eines Wirtschaftssystems die Existenz eines bestimmten Systems von Einstellungen gegenüber der Welt und gegenüber der Zeit voraussetzt. Braucht folglich die Beschreibung des vollendeten kapitalistischen Systems nur auf dessen

* Ursprünglich erschienen in: *Sociologie du travail*, 1, Januar-März 1963, S. 24-44. Dieser Artikel wurde teilweise in *Algérie 60. Structures économiques et structures temporelles*, Paris: Minuit, 1977, wieder aufgegriffen.

1 Max Weber, »Die Grenznutzlehre und das ›psychophysische Grundgesetz‹«, in: *Gesammelte Aufsätze zur Wissenschaftslehre*, 3. Aufl., Tübingen: J. C. B. Mohr (Paul Siebeck) 1968, S 395

objektive Eigenschaften – zum Beispiel Rationalisierung und Voraussehbarkeit – zurückzugreifen, so muß im Fall Algeriens und der Entwicklungsgesellschaften, wo dieses System vor den von ihm verlangten Einstellungen existiert, das konkrete wirtschaftliche Bewußtsein der erste Untersuchungsgegenstand sein. Da in unserer Gesellschaft Wirtschaftssystem und Einstellungen nahezu vollkommen aufeinander abgestimmt sind und die Rationalisierung sich nach und nach bis in den Bereich häuslichen Wirtschaftens erstreckt, läuft man Gefahr zu verkennen, daß das Wirtschaftssystem sich als ein Feld objektiver Erwartungen darstellt, denen nur Subjekte entsprechen können, die über einen bestimmten Typ ökonomischen und, weiter gefaßt, zeitlichen Bewußtseins verfügen. Daraus folgt, daß eine Situation, die sich als Auseinandersetzung zwischen einem angebotenen oder aufgedrängten System und Individuen darstellt, die in keiner Weise darauf vorbereitet sind, dessen Grundintention zu erfassen, zum Nachdenken über Existenzbedingungen und Funktionieren des kapitalistischen Systems, das heißt über die Strukturen des von diesem System zugleich faktisch geförderten und verlangten ökonomischen Bewußtseins einlädt. Nichts ist der Wirtschaftstheorie, die den Anspruch erhebt, auf den Einstellungen des Wirtschaftssubjekts zu basieren, im Grunde fremder als das konkrete Wirtschaftssubjekt: Weit entfernt davon, die Ökonomie als ein Kapitel der Anthropologie zu behandeln, wird die Anthropologie hier nur als Anhängsel der Ökonomie und des *Homo oeconomicus* geführt, einer fiktiven Kreatur mit Eigenschaften, die den Charakteristika des kapitalistischen Systems entsprechen – dem Ergebnis einer Art Deduktion a priori, die in der Erfahrung nur ihre Bestätigung sucht, denn das sich rationalisierende ökonomische System tendiert dazu, die Subjekte seinen Erwartungen und Ansprüchen entsprechend zurechtzumodeln. Fragt man sich also implizit oder explizit, wie der ökonomische Mensch beschaffen sein muß, damit kapitalistisches Wirtschaften möglich ist, tendiert man dazu, die Kategorien des dem Kapitalisten eigenen ökonomischen Bewußtseins als universelle, von ihren ökonomischen und sozialen Voraussetzungen unabhängige Kategorien zu unterstellen; entsprechend läuft man Gefahr, die kollektive wie auch die individuelle Genese der Strukturen des ökonomischen Bewußtseins zu ignorieren. War die von einem monistischen Rationalismus inspirierte ökonomische Theorie nicht implizit stets schon, was zu werden sie tendiert: ein Kapitel allgemeiner Praxeologie, eine formalistische Wissenschaft von der Entscheidung?[2]

In den Entwicklungsgesellschaften ist der *discord* zwischen objektiven Strukturen und Einstellungen derart gravierend, daß die Konstruktion einer angemessenen Wirtschaftstheorie möglicherweise zumindest in diesem Fall den Verzicht darauf voraussetzt, die Anthropologie von der Ökonomie abzuleiten, die Individuen vom System. Wenn wir uns dazu entschließen, den mühsamen Prozeß der Anpassung der Individuen an das kapitalistische System und die damit verbundene Assimilierung seiner Kategorien zu untersuchen, müssen wir uns natürlich davor hüten, zu übersehen, daß diese Phänomene ihren vollen Sinn nur gewinnen im Bezug auf dieses System und das, was seine Spezifität ausmacht: die Herrschaftsbeziehung, die den Kolonisierten das System des Kolonisatoren aufzwingt, mag es dabei um die Ökonomie oder gar um den Lebensstil gehen.

Die Anpassung an eine Wirtschafts- und Gesellschaftsordnung welcher Art auch immer setzt eine diffus oder gezielt übertragene Gesamtheit empirischen Wissens voraus, das wie die Beherrschung der Muttersprache eher handelnd und implizit erlernt wird als in explizit ausgearbeiteter Form, und an ein *Ethos*

2 Ludwig von Mises zum Beispiel schreibt: »Die durch widerspruch- und fehlerfreies Denken gewonnenen Sätze der Praxeologie sind nicht nur vollkommen sicher und unbestreitbar wie die Sätze der Mathematik: sie beziehen sich mit aller ihrer Sicherheit und Unbestreibarkeit auf das Handeln, wie es im Leben und in der Wirklichkeit geübt wird. Die Praxeologie vermittelt daher exaktes Wissen von wirklichen Dingen«: Ludwig von Mises, *Nationalökonomie. Theorie des Handels und Wirtschaftens*. Unveränderter Nachdruck der 1. Auflage, Genf 1940, München: Philosophia Verlag 1980, S. 20.

gebunden ist, das heißt an eine »Weisheit«, die nicht als solche konstituiert und vereinheitlicht ist. Erst diese Errungenschaft erlaubt es dem Individuum, innerhalb seiner eigenen Gesellschaft vernünftig und mit Aussicht auf Erfolg zu handeln. So macht die Anpassung an eine Wirtschafts- und Gesellschaftsorganisation, die Vorhersehbarkeit und Kalkulierbarkeit, das heißt vor allem: ökonomische Rationalität zu gewährleisten sucht, eine bestimmte Einstellung gegenüber der Zeit erforderlich, genauer gesagt gegenüber der Zukunft, da die Rationalisierung des ökonomischen Verhaltens voraussetzt, daß die gesamte Existenz sich im Hinblick auf einen abwesenden, abstrakten und imaginären Punkt hin organisiert. Die Struktur des Zeitbewußtseins und das damit korrelierende *Ethos* erscheinen im Fall der kapitalistischen Gesellschaft als Fundament wirtschaftlich vernünftigen und erfolgversprechenden Handelns. Daher scheint es notwendig, die mit der traditionalen Ökonomie verbundene Struktur des Zeitbewußseins zumindest in großen Zügen zu untersuchen. Denn dies ist nicht nur unerläßlich für das Verständnis des Prozesses der Anpassung an die kapitalistische Wirtschaft oder, genauer: für die Erklärung seines langwierigen und schwierigen Verlaufs; indem diese Beschreibung dazu zwingt, alle unsere Vorannahmen zu suspendieren, muß sie es möglich machen, die wesentliche Bedeutung des Zeitbewußtseins der Menschen zu erfassen, die in unseren vom Rationalisierungsprinzip beherrschten Gesellschaften leben.

Vorsorge und Vorausplanung

Wenn es zutrifft, daß der traditionalen algerischen Gesellschaft nichts ferner liegt als die Vorstellung von einer riesigen offenen Zukunft, die dem Menschen ein Feld zahlloser, seiner Kraft oder Berechnung zugänglicher und beherrschbarer Möglichkeiten bietet, ist daraus dann zu schließen (wie es allzuoft geschehen ist), daß der Fellache, eine der unmittelbar wahrgenommenen

Gegenwart verfallene *mens momentanea*, unfähig sei, eine entfernte Zukunft ins Auge zu fassen? Ist seine Unterwerfung unter den Lauf der Zeit als schlichte Abdankung gegenüber klimatischen Zufällen, Launen der Natur und unerforschlichen Ratschlüssen der Vorsehung zu verstehen? Wie wäre dann zu erklären, daß das Mißtrauen gegenüber jedem Versuch zur Inbesitznahme der Zukunft mit dem Weitblick einhergehen kann, der dazu notwendig ist, eine gute Ernte manchmal über mehrere Jahre zu verteilen? Wie zu erklären, daß Vorausplanen oder Projekteschmieden fast explizit als Anmaßung, Hybris und teuflischer Ehrgeiz gelten, während doch die gesamte Tradition die Vorsorge rühmt?

»Handle, als müßtest du ewig leben, handle, als müßtest du im nächsten Augenblick sterben«: dieses Sprichwort schließt einen Aspekt des Widerspruchs ein, rühmt es doch gleichzeitig die Vorsorge und die Unterwerfung unter den Lauf der Zeit. Kann die Vorsorge in ihrer Begründung und Zielsetzung mit Vorausplanung identifiziert werden? Heißt Vorräte anlegen wirklich, sich der Zukunft stellen, sie in Angriff nehmen, oder heißt es, eine Verteidigungsposition beziehen, ihr standhalten? Welches ist die Bedeutung, worin besteht die Funktion dieser Vorratsbildung? Auf Anhieb ist ersichtlich, daß die aufbewahrten Produkte vor allem Konsumgüter sind. In zweiter Linie können die Produkte der Erde, Weizen oder Gerste zum Beispiel, zwar als direkte Verbrauchsgüter, als Spender oder potentielle Spender unmittelbarer Befriedigung behandelt werden, aber auch als indirektes, keinerlei unmittelbare Befriedigung gewährendes Element zur Herstellung künftiger Verbrauchsgüter. Angesichts dieser Alternative zieht der Bauer im Fall einer überschüssigen Ernte vor, sie als direkte Konsumgüter zu behandeln und den zusätzlichen Weizen oder die zusätzliche Gerste zu akkumulieren, statt sie auszusäen und damit die Aussichten auf die zukünftige Ernte zu steigern. Die künftige Produktion wird somit dem künftigen Verzehr geopfert, die potentiellen Güter den aktuellen, die Vorausplanung der Vorsorge.

Auch gilt es deutlich zu unterscheiden zwischen einerseits der Vorratsbildung, die darin besteht, einen Teil der direkten Konsumgüter abzuzweigen, um sie künftigem Verbrauch aufzusparen, eine Praxis, die Vorsorge und Konsumverzicht einschließt, und andererseits der kapitalistischen Akkumulation, dem »schöpferischen Sparen«, das dazu führt, indirekte Konsumgüter im Hinblick auf einen produktiven Einsatz aufzusparen: Dies gewinnt seinen Sinn nur im Hinblick auf eine entfernte und abstrakte Zukunft; es macht berechnende und rationale Vorausplanung erforderlich, während die Vorratsbildung als bloß aufgeschobener, potentieller Konsum den Blick auf ein konkretes, in der Gegenwart virtuell enthaltenes »Kommendes« voraussetzt, eine greifbare Zukunft, wie die Verbrauchsgüter sie darstellen, mit denen der Bauer sich umgibt und die ihm seine Sicherheit handgreiflich garantieren. Vorsehen, sagte Cavaillès, heißt nicht im voraus sehen. Die Vorsorge des Fellachen, eine antizipierende Sicht, ja präperzeptive Antizipation, unterscheidet sich wesentlich von der rationalen Vorausplanung des kapitalistischen Unternehmers.

Sie unterscheidet sich davon zunächst einmal in ihren Motiven. Die ökonomische Entscheidung wird weder durch eine Zielvorstellung bestimmt noch durch die Suche nach dem Grund der Handlung, sondern durch das Bemühen, sozialen Geboten zu entsprechen, sich den von der Tradition überlieferten Mustern anzupassen und von der Erfahrung vorgezeichneten Wegen zu folgen. So ist es für viele reiche Bauern Ehrensache, nur Erzeugnisse ihrer eigenen Erde zu verzehren; und die Kabylen bemerken oft, daß große Häuser, die davon nicht ablassen wollen, Gerstencouscous essen, während Ärmere Weizencouscous haben. Desgleichen will der Brauch, daß beim ersten Auszug der Ochsen zum Pflügen ein Mahl angeboten wird, zu dem der *khammès* – falls es einen gibt – und einige Nachbarn eingeladen werden; dabei wird ein Couscous mit Granatapfelkernen gereicht, die man aufgespart hat, ob man Granatapfelbäume besitzt oder nicht. Weil die Ehre es verlangt, werden für festliche Gelegenheiten – das heißt für Gäste eher als für die Familie selbst – auch Konserven angelegt, zum Beispiel gesalzenes Fleisch. Daher die Verachtung für den, der keine Vorräte hat, insbesondere den Städter, von dem es heißt: »Was der Tag gearbeitet hat, hat die Nacht gegessen.« Kurzum, die Gründe für Vorratsbildung sind eher traditional als rational. Vorsorgend sein heißt sich einem von den Vorfahren überlieferten, von der Gemeinschaft gebilligten Modell anpassen und sich damit die Anerkennung der Gruppe verdienen.[3] Vorsorgliche Verhaltensweisen werden von der Nachahmung der Vergangenheit und von der Treue gegenüber überlieferten Werten diktiert, keineswegs von dem antizipierenden Blick auf eine geplante Zukunft.

Wenn der kabylische Bauer sich oft getrieben fühlt, seinen Besitzstand zu mehren oder zu wahren, um wenigstens ebensoviel zu vererben, wie er selbst erhalten hat, so ist auch dies eine Frage der Ehre, des *nif*. So kauft man das von einem Verwandten verkaufte Grundstück um jeden Preis auf, sei es auch um den, sich zu ruinieren, nur damit es nicht einer fremden Familie in die Hände fällt. Im allgemeinen nimmt der Bauer nicht wie der kapitalistische Unternehmer Kosten in Kauf, die dem erwarteten Gewinn entsprechen, sondern solche, die dem Ertrag der abgelaufenen Arbeitsperiode entsprechen, wobei der Überschuß zunächst einmal dem Kauf von Vieh gewidmet ist. Bei den Bauern des Tell zum Beispiel wächst die Herde, wenn die Ernte gut war, und dies manchmal über das Maß dessen hinaus, was an Wasser und Weide zur Verfügung steht, und nicht selten räumt ein strenger Winter unter den schlecht genährten Tieren derart auf, daß der Man-

3 In dem gemeinsamen, seinerzeit der ganzen Ferka zur Verfügung stehenden Speicher, in dem die Chaouia ihre Vorräte unterbrachten, hatte die zur Verteilung einer guten Ernte über eine gewisse Zeit, manchmal über mehrere Jahre, erforderliche Vorsorge, die dem Familienoberhaupt zustehende Kontrolle des individuellen Verbrauchs, der Verzicht, den man sich inmitten von Überfluß aus Furcht vor Lebensmittelknappheit sein Leben lang auferlegte, die Gestalt einer gemeinsamen Institution gewonnen. Ebenso stand es mit der *matmura*, einem Familien- oder Clansilo der arabophonen Bevölkerung.

gel an Zugtieren und an Möglichkeiten, Saatgut zu erwerben, das bebaute Land reduziert, so daß natürliche Wirkungen und nicht rationale Berechnung das Gleichgewicht wiederherstellen. Der kabylische Bauer, dem dies möglich ist, kauft Grundstücke. Bis in die jüngste Vergangenheit hinein waren Verkäufe jedoch selten, da wider die Ehre. Früher wurde in der schönen Jahreszeit oft ein zweites Paar Ochsen gekauft unter dem Vorwand, man brauche sie für den Gespannwechsel (womit man zu verstehen gab, daß die Ernte überreichlich ausgefallen war), in Wirklichkeit aber oft genug nur, damit die Leute am Ende des Sommers, zur Zeit der Heiraten und Feste, wenn das soziale Leben seinen Höhepunkt erreichte, sagen konnten: »Das ist das Haus mit den zwei Ochsenpaaren und dem Maultier.« In kurzer Zeit war das Futter, das kaum für ein Ochsenpaar gereicht hätte, aufgezehrt, und nicht selten mußte das zweite Ochsenpaar vor den Pflügearbeiten im Herbst verkauft werden, zu einem Zeitpunkt, an dem man es wirklich gebraucht hätte. Aber der gute Ruf der Familie war gerettet. Seit zwei Jahrzehnten – in Regionen, in denen das Emigrieren nach Frankreich schon Tradition hat, sogar seit einem halben Jahrhundert – ist ein wirtschaftlicher Wandel im Gang: Viele kaufen Ölpressen, motorgetriebene Mühlen, Lastwagen usw. Dahinter steht aber oft noch das Ehrgefühl: Bis vor kurzem führte der Wettstreit um das größere Prestige dazu, daß die beiden »Hälften« eines Dorfs oder zwei große Familien sie dazu veranlaßte, dieselben Anschaffungen zu tätigen, ohne sich um deren Rentabilität zu kümmern. So kann die wirtschaftliche Entscheidung Zielen entsprechen, unter denen das eigentlich wirtschaftliche Ziel keineswegs den Vorrang hat (jedenfalls in unseren Augen, da es niemals explizit als solches erscheint).

Darüber hinaus unterscheidet die Vorsorge sich von der Vorausplanung in dem Maße, als sie der Logik der Situation selbst entspringt und wesentlich von einem ihr äußerlichen Plan abweicht, dem das Handeln sich anpassen müßte: Die Vorsorge setzt das Ziel, dem die Handlung zustrebt, nicht als ein künftiges, sondern faßt es als ein »kommendes« auf, das mit der Gegenwart durch ein unmittelbar der Erfahrung entnommenes oder durch frühere Erfahrungen geknüpftes Band vereint ist. In einer Agrarwirtschaft, in der der gesamte Produktionskreislauf mit einem Blick überschaubar ist, da die Produkte sich generell im Zeitraum eines Jahres erneuern, trennt der Bauer seine Arbeit nicht von ihrem handgreiflichen Ergebnis, dem »Kommenden«, mit dem die Gegenwart schwanger geht. Neben anderen Ursachen erklärt dies die Schwierigkeiten, die auftauchen, wenn die Dauer des Produktionszyklus sich ändert, die Ergebnisse nicht mit gewohnter Regelmäßigkeit und Geschwindigkeit eintreffen. So stieß der DRS (*Service de la défense et de la Restauration des sols*, ein zum Schutz und der Wiederherstellung von landwirtschaftlicher Nutzfläche eingerichtetes Amt), der den Landwirten anbot, kostenlos Terrassen für den Anbau von Bäumen anzulegen, in verschiedenen Regionen Algeriens zunächst auf Widerstand beim Fellachen, während der europäische Siedler sofort zugriff. Von der konkreten, handgreiflichen Erfahrung des Erfolgs auf den europäischen Besitzungen belehrt, verlangten die algerischen Bauern (in der Region Benchicao) nach den Verbesserungen, die sie zunächst abgelehnt hatten. Wie wäre das ursprüngliche Mißtrauen zu erklären, wenn nicht durch die Weigerung, ein konkretes, handgreifliches Interesse (im vorliegenden Fall das Weideland, das die fraglichen Grundstücke darstellten) einem abstrakten zu opfern, das sich der konkreten Anschauung nicht erschloß?[4]

4 Der Widerstand gegen die Anlage jener Terrassen ließ sich in ganz Algerien beobachten. »Trotz der enormen Wertsteigerung ihrer Grundstücke und der Aussicht auf hohe Gewinne durch den späteren Verkauf von Früchten wird das Anlegen von Terrassen mit Obstbäumen auf abschüssigen und generell sehr schlechten Böden von den muselmanischen Grundeigentümern verweigert oder nur mir größter Zurückhaltung angenommen« (Bericht des Verwalters der gemischten Gemeinde Mascara, in: *L'Algérie du demi-siècle*, Algier: SLNA 1950). »Die Anlage von Terrassen quer durch Anbaugebiete schafft (für die Bauern) Unterhaltungspflichten und stört ihre Arbeit, und das bei Gewinnen, die in so weiter Ferne liegen, daß sie sie nicht erfassen« (ebd., Tenlet-el-Haad).

Die moderne Wirtschaft, in der zwischen Anfang und Ende des Produktionsprozesses eine extrem weite Spanne liegt, setzt die Bestimmung eines abstrakten Ziels und damit gleichzeitig die Konstitution einer abstrakten Zukunft voraus, wobei außerdem rationale Berechnung den fehlenden Gesamtüberblick ersetzen muß. Damit Berechnung möglich wird, muß die organische Einheit zerbrochen werden, die die laufende Produktion mit dem »Kommenden« verband – eine Einheit, die nichts anderes ist als die des Produktes selbst, wie der Vergleich einer handwerklichen, vollständige Produkte herstellenden Technik mit der industriellen zeigt, die auf Arbeitsteilung und Zerstückelung des Produkts basiert. Die Aufgaben des Bauern lassen sich nicht ebenso leicht zerlegen. Sie sind nämlich an die natürliche Welt gebunden, die ihre eigenen Teilungs- und Vereinheitlichungsprinzipien in sich selbst trägt und die, weit davon entfernt, sich nach Belieben aufteilen zu lassen, ihre eigenen Rhythmen durchsetzt.

Daraus ergibt sich, daß rein rationale Pläne und Vorhaben oft nur Skepsis oder Unverständnis hervorrufen. Der auf abstrakter Berechnung basierende, im Bereich des Möglichen angesiedelte und die Suspendierung gewohnter Gegebenheiten voraussetzende Plan gerät in den Bereich des Traums oder des Imaginären, als liege zwischen der Planung und der gewohnten Vorsorge derselbe Abgrund wie zwischen einem mathematischen Beweis und einer Beweisführung durch Zerschneiden und Falten. Damit ein Verbesserungsvorschlag Zustimmung findet, muß es konkrete Ergebnisse bieten, die die persönliche Lage des Betroffenen selbst oder einer Person aus seiner Bekanntschaft verbessern. So können Maßnahmen, die als interessant hingestellt werden, auf Ablehnung stoßen, während sie akzeptiert werden, wenn eine geachtete Persönlichkeit sie vertritt; hat der Schullehrer von einst, der *chikh el lakul*, in zahlreichen kabylischen Ortschaften nicht die Einführung von Neuerungen begünstigt, die sein Ansehen und seine moralische Autorität anregten und durchsetzten? Persönliche Loyalität gegenüber einem Mann, den man schätzt, oder, wie es auch heißt, »sein Gesicht« können den Entschluß auslösen, mit der Kontinuität und Sicherheit der Tradition zu brechen.

Gegenseitige Hilfe und Kooperation

Derselbe wesentliche Unterschied ist festzustellen zwischen der von der Tradition favorisierten und gerühmten gegenseitigen Hilfe, die stets Individuen zusammenführt, die einander durch wirkliche oder fiktive Blutsverwandtschaft verbunden sind, und der Kooperation, einer kollektiven, auf abstrakte Ziele gerichteten Arbeit. Im ersten Fall existiert die Gruppe vor der gemeinschaftlichen Verrichtung einer gemeinsamen Arbeit, mag diese ihr auch zum Anlaß dienen, die Gemeinschaftsgefühle neu zu beleben; im zweiten Fall existiert die Gruppe nur im Hinblick auf künftige Ziele, die gemeinsam anvisiert und konzipiert werden. Da sie das Prinzip, das sie vereint, außerhalb ihrer selbst, nämlich in der durch das Projekt antizipierten und durch Vertrag garantierten Zukunft findet, hört diese Gruppe mit dem Vertrag, der sie begründet, zu bestehen auf. Nichts wäre daher falscher als der Gedanke, Traditionen gegenseitiger Hilfe bereiteten die algerischen Bauern auf die Anpassung an kooperative oder kollektivistische Strukturen vor. Die ihres Bodens und ihrer Traditionen enteigneten Landarbeiter in den Zonen breiter Kolonisierung sind darauf möglicherweise eher ansprechbar als die Kleineigentümer in davon verschonten Regionen.

Tauschhandel und geldvermittelter Austausch

Wenn die algerischen Bauern lange Zeit hindurch ein lebhaftes Mißtrauen gegenüber dem Geld gezeigt haben, wenn heute noch geldvermittelter Austausch in vielen Regionen äußerst geringfügig bleibt, dann liegt das daran, daß er sich zum Tauschhandel verhält wie die Akkumulation in kapitalistischer Absicht zur

Vorratsbildung. Während man dem Tauschobjekt sofort und konkret ansieht, welchen künftigen Nutzen man daraus ziehen kann – er wohnt ihm ja inne wie das Gewicht, der Duft oder die Farbe –, ist eine derart direkte, konkrete Inbesitznahme mit dem Geld nicht möglich; der künftige Nutzen, den es verspricht, ist fern, imaginär und unbestimmt. Das Geld, das indirekte Gut schlechthin, bietet an sich selbst keinerlei Befriedigung. Daran erinnert die Geschichte von dem Fellachen, der mitten in der Wüste neben einem Schaffell voller Geldmünzen stirbt, das er soeben entdeckt hat. Sinnloses Mißtrauen, absurdes Unverständnis? Sagte Gaëtan Pirou nicht: »Ein ökonomisches Leben, das ganz um den Geldausdruck kreiste und die realen Befriedigungen durch Waren und Dienstleitungen nicht berücksichtigte, wäre in gewisser Weise irrational«?[5]

Mit dem Geldsymbol besitzt man nicht mehr die Dinge, sondern die Zeichen ihrer Zeichen. Die kabylische Weisheit sagt es so: »Ein Ding ist mehr wert als sein Äquivalent (in Geld)«, oder: »Kauf lieber Dinge als Geld.« Da jedes Geld symbolisch ist, begeht der, der ein Schaf gegen einen Geldschein austauscht, nicht anders als der Fellache, der am Fundament des zu errichtenden Hauses einen Hammel opfert, einen Glaubensakt.

Das Geld, ein Instrument, das jedermann allerorts zu jedwedem Tauschakt dient, zeichnet sich durch Unbestimmtheit aus: einerseits, als Sache, »die zu nichts dient als dazu, erhalten zu können, was zu allem dient«, schließt eine unendliche Anzahl möglicher und unbestimmter Nutzungen ein; andererseits stellt es das konkrete Symbol einer abstrakten Zukunft dar, entsprechen doch den unendlich vielen Verwendungsmöglichkeiten unendlich viele Zeitpunkte, in denen es nutzbar ist, so daß zwischen dem Augenblick, da es erworben, und dem, in dem es ausgegeben wird, ein recht großer Zeitraum verstreichen kann. In erster Linie erlaubt es also die bestimmte Vorausplanung eines unbestimmten Nutzens: »Wenn ich nicht weiß, wieviel Weizen

5 *Annales sociologiques*, 1934, S. 71.

ich damit werde kaufen können, weiß ich doch, daß ich in der Zukunft welchen kaufen kann; und wenn Weizen nicht das ist, was ich brauche, weiß ich, daß ich mich mit dem Gold ernähren, bekleiden, etwas Nützliches machen kann.«[6] Und andernorts: »Was die wesentliche Funktion des Geldes gerade in fortschrittlichen Gesellschaften ausmacht, ist ebendiese Macht, einen künftigen Wert zu antizipieren oder vorzustellen, ja antizipierend ihn zu realisieren.«[7] In zweiter Linie trifft zwar zu, daß es unendlich viele mögliche Nutzungen einschließt, da es sowohl zum Kauf einer bestimmten Menge Weizen oder Gerste wie auch jedes anderen Produkts dienen kann und damit erlaubt, Erwartungen und Hoffnungen zu quantifizieren; die unterschiedlichen möglichen Zweckbestimmungen einer gegebenen Geldsumme schließen sich jedoch gegenseitig aus, sobald man sich daranmacht, eine von ihnen zu realisieren: Die ganze Summe ist nicht für Weizen verwendbar, ohne auf Gerste zu verzichten; kurz: man muß sich entscheiden und kann nicht beides zugleich wollen. So setzt auch die Nutzung des Geldes die Aneignung einer Perspektive des Möglichen voraus, die Einstellung auf ein Projekt als Option unter unendlich vielen Möglichkeiten, die sich gleichermaßen realisieren und nicht realisieren lassen – und sich auch nur dann realisieren lassen, wenn alle anderen Möglichkeiten ausgeschlossen werden.

Der Tausch von Waren auf der Grundlage traditionaler Äquivalenzen hingegen schließt den möglichen Nutzen ein; sie beruhen auf ihrer eigenen Beschaffenheit als Gebrauchswerte, die unmittelbar genutzt werden können, und hängen – anders als das Geld – nicht von äußeren und fremden Bedingungen ab. Infolgedessen ist es sehr viel leichter, Vorräte vernünftig zu verwenden, als erhaltenen Lohn über den ganzen Monat zu strecken oder Bedürfnisse und Ausgaben rational zu hierarchisieren; die Versuchung, alles auf einen Schlag zu konsumieren, ist unendlich

6 François Simiand, »La monnaie, réalité sociale«, *Annales sociologiques*, 1934, S. 81.

7 Ebd., S. 80.

weniger groß als die Neigung, das ganze Geld auf einen Schlag umzusetzen.[8] Die Kabylen bewahren Weizen oder Gerste meist in großen Tonkrügen auf, *ikufan* genannt (Sing.: *akufi*), die im allgemeinen in unterschiedlicher Höhe mit Öffnungen versehen sind. Und die für die Vorratsbewirtschaftung verantwortliche, gute Hausfrau weiß, daß man Obacht geben und den Verbrauch einschränken muß, sobald das Korn unter eine zentrale Öffnung gerät, die *timit*, der Nabel, genannt wird. Die Berechnung ergibt sich, wie man sieht, von selbst, denn wie eine Sanduhr erlaubt der Tonkrug jederzeit zu messen, was nicht mehr da und was noch übrig ist.

Die durch die Verwendung von Geld erforderliche Umrechnung ist der in der analytischen Geometrie vollzogenen analog. An die Stelle der klaren, intuitiven Einsicht tritt die blinde, durch den Einsatz von Symbolen bedingte. Von nun an rechnet man nicht mehr mit Gegenständen, die ihre Verwendung und die davon verheißene Befriedigung nahezu anfaßbar und handgreiflich vorzeigen, sondern mit Zeichen, die an sich keinerlei Lustgewinn versprechen. Zwischen das ökonomische Subjekt und den erhofften Waren oder Dienstleistungen schiebt sich der Schleier des Geldes. Infolgedessen setzt die rationale Verwendung von Geld als universellem Vermittler wirtschaftlicher Beziehungen für Individuen, die im Hinblick auf eine in erster Linie der Befriedigung unmittelbarer Bedürfnisse dienenden Wirtschaftsweise erzogen und vorbereitet sind, zwangsläufig eine sehr langwierige und schwierige Lehrzeit voraus. Die Versuchung, den gerade erhaltenen Lohn in reale Güter – Nahrung, Wäsche, Möbel – umzusetzen, ist groß; noch vor fünfzig Jahren sah man Arbeiter einen Monatslohn in wenigen Tagen ausgeben, und es ist noch nicht lange her, daß sich bei den Nomaden im Süden analoge Verhaltensweisen beobachten ließen, als die bisher in Naturalien entlohnten Schäfer nach und nach in Geld

8 Das ist den Händlern nur zu bekannt, vor allem denen, die die Märkte im Süden aufsuchen, wo die Nomaden mit ihren Schafen geizen, aber mit ihrem Geld verschwenderisch umgehen.

ausbezahlt wurden. Bekannt ist auch, daß mangelndes Geschick von Landbewohnern im Umgang mit Geld und mangelnde Anpassung an juristische Regeln stark zu der Beschleunigung der Tendenz zur Enteignung von Grund und Boden beigetragen haben. So stellte Maurice Violette im Zusammenhang mit seiner Verurteilung der Politik, den Algeriern die Verfügung über ihre Wege zu entziehen, fest:

> Man treibt die Enteignungen wirklich zu weit [...]. Jedenfalls muß, wenn es zu einer Enteignung kommt, eine angemessene Entschädigung geleistet werden; insbesondere sollte die Verwaltung ihre Verpflichtung respektieren, die Enteigneten und insbesondere die Eingeborenen angemessen unterzubringen [...]. Eine finanzielle Entschädigung hat für den Fellachen keinen Sinn. Er wird das Geld sofort ausgeben, er wird es nicht kapitalisieren und die mageren Einkünfte nutzen können, die eine Geldanlage ihm verschaffen würde.[9]

Überdies ist bekannt, wie katastrophal sich die von den Gesetzen vom 26. Juli 1873 und vom 23. April 1897 begünstigten Auflösungen von Gemeineigentum auswirkten. Ein authentischer, leicht veräußerbarer Eigentumstitel veranlaßte viele der neuen, vom Elend bedrückten und vom Geld in Versuchung geführten Kleingrundbesitzer dazu, ihr Grundstück zu verkaufen; den Umgang mit dem früher im Maghreb so seltenen Geld[10]

9 *L'Algérie vivra-t-elle?*, Paris: Librairie Felix Alcan 1931, S. 89-91.

10 Ernest Picards summarischer Skizze des Wirtschaftslebens im vorkolonialen Algerien lassen sich einige wesentliche Züge entnehmen: »Der Tauschverkehr, zu dem die Wanderungen der Nomaden Anlaß gaben, nahm oft [...] eher die Form direkten Warentauschs als die echten kaufmännischen Handels an, der zwangsläufig auf Kredit oder auf Geld selbst zurückgreift [...]. Die Kaufleute gaben Kleinkrämern Kredit, und die Juden und Mozabiter, die beiden direkte Darlehen gaben, nahmen in gewisser Weise die Rolle von Bankiers wahr. Zu Wucher bot dies durchaus Gelegenheit« (S. 21). Die üblichsten Verträge waren Gesellschafts- und Kommanditverträge, die Verpfändung von Immobilien (*rahnia*) und die *tsenia*. »Es scheint nicht, daß Handelspapiere – ob einfach in Form schriftlich festgehaltener Schulden und Forderungen, ob in Form von Eigenwechseln oder Auslandswechseln – im Inland als Kreditinstrumente benutzt wurden. Der lokale Handel und der Austausch zwischen

nicht gewohnt, vergeudeten sie meist rasch ihr kleines Kapital und waren gezwungen, sich als Landarbeiter zu verdingen oder in die Stadt zu fliehen.[11] Die rationale Verwendung einer begrenzten Geldsumme setzt somit eine äußerst komplexe Berechnung voraus, bei der erstens der mögliche künftige Einsatz im Rahmen der zur Verfügung stehenden Mittel zu bestimmen ist, unter denen die miteinander kompatiblen vorzuziehen sind, da die Summe den Bedürfnissen einer bestimmten Periode genügen muß, und zweitens die vernünftige Entscheidung oder vernünftige Entscheidungen im Hinblick auf eine hierarchisierte Struktur von Zwecken zu treffen sind. Bekanntlich widerstrebt selbst in unseren Gesellschaften, in denen mit dem Erwerb der Kulturtechniken tendenziell die Grundsätze von Sparsamkeit, Wirtschaftlichkeit, Rentabilität eingeschärft werden, das häusliche Wirtschaften seiner Rationalisierung. Was Wunder, daß die Algerier – namentlich auf dem Lande – die größte Mühe haben, derart komplexe, mit einem *Ethos* verwachsene Techniken sich anzueignen und zu handhaben, die dem Geist ihrer Tradition dermaßen fernliegen?[12]

den Regionen waren nicht weit genug entwickelt, um zur Zirkulation von Handelspapieren zu führen. Einfacher Warentausch und Metallgeld waren die normalen Zahlungsmittel im Binnenhandel.« Ernest Picard, *La Monnaie et le crédit en Algérie depuis 1830*, Algier: Collection du Centenaire d'Algérie, S. 30.

11 Der Unfähigkeit, mit Geldsymbolen umzugehen, gesellt sich oft der Druck des Elends hinzu, das Vorausplanung und Berechnung unmöglich macht. »Wenn man ihm im Austausch für sein Grundstück eine Geldsumme gibt, die er nicht sofort reinvestieren kann, ist er gezwungen, von seinem Kapital zu leben und sich schon sehr bald nach Arbeit umzusehen, um seine Familie zu ernähren«: William Marçais, »L'exode de Tlemcen en 1911«, Rapport de la commisssion d'enquête publié par le Gouvernement général de l'Algérie en 1911, S. 41.

12 Wie die Gesellschaft das wirtschaftliche Verhalten ihrer Mitglieder von Kindesbeinen auf prägt, zeigt eine »idealtypische« Anekdote (von der die Zeitungen vom 29. Oktober 1959 berichteten): Die Schüler einer Klasse in Lowestoft (England) hatten sich gegen Strafen versichert – wer übers Knie gelegt wurde, erhielt 4 Schillinge. Angesichts mißbräuchlicher Inanspruchnahme mußte der 13jährige Präsident eine Zusatzklau-

Von allen ökonomischen Einrichtungen, die die Kolonisation mit sich bringt, ist der Kredit zweifellos am schwersten faßbar, setzt er doch voraus, daß man sein Handeln von einer abstrakten Zukunft abhängig macht, die ein durch ein ganzes System von Sanktionen und rationalen Normen garantierter, schriftlicher Vertrag definiert – und überdies, daß er mit dem Begriff Zins den Buchwert der Zeit einschaltet. Damit ist er der Logik traditionalen Wirtschaftens völlig fremd. Wohl war der Wucher, der Adolphe Hanoteau zufolge vor 1830 im Schnitt 50-60% betragen konnte und 25-30% im Jahr 1867,[13] ein normales Element in einer Gesellschaft, die zwar den Geldumlauf möglichst niedrig hielt, von Krisen aber um so weniger verschont blieb, als sie für klimatische Widrigkeiten technisch unzureichend gerüstet war. Darüber hinaus steht dem traditionalistischen Denken nichts ferner, als die Zeit zum Gegenstand von Berechnungen zu machen: So erklärt sich der Einfluß des Wuchers und auch der *rahnia*, der Verpfändung von Immobilienbesitz, die in den Händen der großen algerischen Familien ein machtvolles Enteignungsinstrument war, oder auch der *tsenia*, die die Form eines Verkaufs annehmen und dem »Käufer« das Recht über Ernten einräumen konnte, die ihm lediglich verpfändet waren.

Daß dieser Notkredit immer von den Umständen erzwungen (was eine Verhandlung über die Bedingungen ausschließt) und generell für den Konsum bestimmt ist, unterscheidet ihn von einem der Gewinnsteigerung dienenden Investitionskredit; fast immer direkt aufgenommen, läuft jener Notkredit auf Wucher hinaus. An den Wucherer wendet man sich nur im äu-

sel einführen, die die Haftung seiner Gesellschaft bei absichtlich herbeigeführten Schäden ausschloß.

13 Adolphe Hanoteau, *Poésies populaires de la Kabylie du Jurjura*, Paris: Imprimerie impériale 1867, S. 193, Anm. 1. Diese Raten, die sich vielerorts bis 1954 hielten, dürfen nicht erstaunen, erreichten sie doch im Europa des 11. und 12. Jahrhunderts manchmal 80%.

ßersten Notfall, wenn alle Möglichkeiten nachbarschaftlichen Beistands und verwandtschaftlicher Solidarität ausgeschöpft sind. Wer einen Bruder oder Neffen einem Wucherer auslieferte, obwohl er ihm helfen könnte, wäre unwiderruflich entehrt. Das Verbot, Zinsen zu nehmen, ist nur das Gegenstück zu dem Gebot brüderlicher Unterstützung. So legten die (manchmal in Regelsammlungen kodifizierten) Gemeinschaftsregeln fest, daß Witwen, Kranken und Armen Beistand gebührte und daß denen Hilfe zu leisten war, die ein Unglück traf. So entschädigte die Gemeinschaft etwa den Besitzer eines Tieres, das sich verletzt hatte und geschlachtet werden mußte, und teilte das Fleisch unter den Familien auf. Gegenseitige Hilfe, gütliche Übereinkünfte (eher als Verträge), Gaben und Gegengaben: Solche Institutionen erfüllten die Funktion, die in unseren Gesellschaften der Kredit wahrnimmt. Auch waren genuin ökonomische Zwecke hier nicht als solche konstituiert, sondern ununterscheidbar von denen, die der Ehrenkodex und das Gemeinschaftsgefühl vorsah, während eine Rationalisierung in dem Sinn, in dem wir sie verstehen, davon ausgeschlossen war – impliziert sie doch, daß wirtschaftliche Tätigkeit in einem einzigen, künftigen Ziel ihre Erfüllung findet, einem Ziel, das im Rahmen eines Plans durch Berechnung definiert wird.

Obwohl sie in den jeweiligen Systemen identische Funktionen wahrnehmen, obwohl beide Vertrauen als überwundenen Argwohn voraussetzen, da die Rückerstattung in beiden Fällen aufgeschoben wird, die Zukunft sich einschaltet und mit ihr das Risiko, trennt Einrichtungen wie den Kredit einerseits und den auf persönliche Loyalität bauenden Austausch von Gütern und Dienstleistungen andererseits ein wesentlicher Unterschied.

Bei gütlichen Übereinkünften besteht die einzige Garantie im guten Glauben, der von Ansehen (*horma*) und Ehre (*nif)* nicht zu trennen ist; die Zukunft wird nicht durch Reichtum garantiert, sondern durch den Menschen, der über ihn verfügt. Der Kredit hingegen sichert sich ab, etwa dadurch, daß er sich die Zahlungsfähigkeit des Schuldners bestätigen läßt. Darüber hinaus schließt er den Begriff Zins ein, der von der Quantifizierung des Werts der Zeit nicht trennbar ist; solcherlei Berechnung ebenso wie die dazu gehörige Buchführung sind der traditionalen Wirtschaft fremd, sei es, weil sie von der Logik sich gegenseitig übertreffender Großzügigkeit ausgeschlossen werden, sei es, weil der Preis der Güter traditionell feststeht und der Verkäufer sich darauf beschränkt, die größtmögliche Menge an Gütern zu verkaufen.

Das wichtigste aber ist, daß der Austausch der Güter oder Dienstleistungen und die gütliche Übereinkunft zwischen zwei Personen ein die Wirtschaft übergreifendes Band stiftet: Die verschobene Gegengabe ist virtuell in der zwischenmenschlichen Beziehung präsent, die zu ihr Anlaß gibt, und konkret gewährleistet durch die persönliche und persönlich empfundene Loyalität des Empfängers. Dies gilt generell für alle Verträge: Da man nur zwischen Bekannten, Verwandten, Freunden oder Verbündeten Verträge schließt, findet sich die Zukunft der Assoziation in der Gegenwart selbst durch die globale Intuition gewährleistet, die sich jeder vom anderen bildet, der als Ehrenmann und verläßlich gilt. Von wem gesagt wird: »Ein Mann, ein Wort« (*argaz d'awla*),[14] der ist die lebende Verkörperung der Zukunft, für die seine ganze Vergangenheit und sein Ruf besser einstehen als alle expliziten und formalen Kodifizierungen; der Kredit hingegen setzt die totale Unpersönlichkeit der Beziehungen und die Erwägung einer abstrakten Zukunft voraus. Was Wunder, daß unter diesen Voraussetzungen die von der Kolonialverwaltung geschaffenen landwirtschaftlichen Kreditinstitute, die dem nicht angemessen waren, auf Unverständnis und manchmal auf Feindseligkeit bei Fellachen stießen, die darin oft nur eine bürokratische und unpersönliche Reinkarnation des früheren Wucherers erblicken?

14 Oder auch *wa argaz d wawal* (»Das ist ein Mann und darüber hinaus ein Wort«). (Anm. d. Hrsg.)

So lassen die beobachteten Verhaltensweisen sich nur verstehen in bezug auf die historisch-kulturelle Struktur des Zeitbewußtseins. Ausgehend von unanfechtbaren, aber selektiven Beobachtungen schloß man im Einklang mit rassistischen Stereotypen allzuoft, der algerische Bauer und allgemeiner der traditionalistische Mensch lebe in einer punktförmigen Gegenwart, sorge nicht für die Zukunft vor und kümmere sich nicht um sie.[15] Das »Kommende«, verstanden als Horizont der wahrgenommenen Gegenwart, unterscheidet sich wesentlich von der »Zukunft« als abstrakter Serie äquivalenter, einander äußerlicher Möglichkeiten. Die *präperzeptive Antizipation* als Zielen auf in der wahrgenommenen Gegebenheit enthaltene Potentialitäten ist Bestandteil eines wahrnehmenden Bewußtseins, dessen Modalität der Glaube ist, und widersetzt sich daher dem *Projekt*, verstanden als Projektion imaginierter Möglichkeiten in ein Bewußtsein, das nichts über Existenz oder Nichtexistenz seines Gegenstands aussagt. In der präperzeptiven Antizipation ist die Zukunft nicht thematisch als Zukunft gesetzt; sie integriert sich als aktuelle Potentialität in die Einheit des Wahrgenommenen. So erschließt sich der Weizen unmittelbar nicht nur mit seiner Farbe und Form, sondern auch mit Eigenschaften, die ihm als Potentialitäten innewohnen, wie etwa »geschaffen, um gegessen zu werden«. Diese Potentialitäten werden durch ein wahrnehmendes Bewußtsein ebenso aufgenommen wie die unmittelbar aufgefaßten Aspekte; also im Modus des Glaubens. Während das Projektbewußtsein, ein imaginäres Bewußtsein, voraussetzt, daß vom

15 André Gourhan und Jean Poirier zum Beispiel schreiben: »Der Eingeborene, dem man vielleicht allzugern mangelnde Vorsorge nachsagte, der aber nichtsdestoweniger in der Gegenwart für die Gegenwart lebte, wurde dazu verpflichtet, mit der Zukunft zu rechnen; man könnte sagen, daß die zeitliche Dimension definitiv in seine Existenz eingeführt wurde« (*Ethnologie de l'Union française*, Paris: PUF 1953, Bd. 2, S. 921). Soll das heißen (und wie könnte man das behaupten?), daß er »außerhalb der Zeit« lebte?

Gegebenen abgesehen und auf Möglichkeiten gezielt wird, die eintreten können oder auch nicht, ist das Bewußtsein, das Potentialitäten als das »Kommende« auffaßt, in ein Universum eingebunden, das von Ansprüchen und Dringlichkeiten durchsetzt ist, in die Welt der Wahrnehmung selbst. Das »Kommende« ist der konkrete Horizont des Gegenwärtigen und zeigt sich daher – im Gegensatz zu der unpersönlichen Zukunft, dem Ort abstrakter und unbestimmter Möglichkeiten austauschbarer Subjekte – im Modus der Darstellung, nicht der Vorstellung. Was die Zukunft vom »Kommenden« unterscheidet und das Mögliche von der Potentialität, ist nicht, wie man glauben könnte, die mehr oder weniger große Distanz gegenüber der unmittelbar wahrgenommenen Gegenwart, da die Gegenwart Potentialitäten als gleich gegenwärtig wahrnehmen lassen kann, die in der objektiven Zeit mehr oder weniger weit auseinanderliegen können, sofern sie mit ihr durch die Einheit einer Bedeutung verbunden sind.

Das Bewußtsein erlebt und agiert diese Unterscheidung, ohne sie zu erklären – es sei denn, in selbstironischer Weise. »Wohin gehst du?«, fragte man eines Tages Djeha, eine erfundene Gestalt, in der die Kabylen sich gern wiedererkennen. »Ich gehe zum Markt.« »Wie? Du sagst nicht ›so Gott will‹?« Djeha geht weiter, wird aber in einem Wald verprügelt und ausgeraubt.« Wohin gehst du, Djeha?«, fragen ihn die, denen er jetzt begegnet. »Ich gehe nach Hause ... so Gott will.«

Diese einfache Geschichte genügt, vor Ethnozentrismus und der Neigung zu warnen, das Zeitbewußtsein des präkapitalistischen Menschen als von der des kapitalistischen substantiell geschieden aufzufassen. Tatsächlich ist das Zeitbewußtsein eng an das jeder Zivilisation eigene *Ethos* gebunden. Wenn es zutrifft, daß die Ethnologen selbst manches Mal den Abgrund, der sie in ihrer Deutung der Tatsachen von ihrem Gegenstand unterschied, selbst erst schufen, weil sie ihre eigene Erfahrung der Welt nicht der phänomenologischen Analyse unterzogen, wenn es zutrifft, daß die Erfahrung, die der Fellache mit der Zeitlichkeit macht, eine Modalität unserer eigenen Erfahrung ist, dann weist alles darauf hin, daß jede Kultur entsprechend ihrer grundlegenden Dispositionen eine besondere Erfahrung der Zeitlichkeit begünstigt und fördert.[16]

»So Gott will«: Das heißt, daß Gott auch nicht wollen kann, und zugleich, daß er wollen möge. Diese Redensart signalisiert den Übertritt in eine Welt, in der eine andere Logik herrscht als in der wahrgenommenen: in die Welt der Zukunft und des Möglichen, deren wesentliche Eigenschaft darin besteht, nicht eintreffen zu können.[17] *Azekka d azekka*, »morgen ist das Grab«: Die Zukunft ist ein Nichtsein, das erfassen zu wollen vergeblich wäre, ein Nichts, das uns nicht gehört. Von dem, der sich allzusehr um die Zukunft sorgt und vergißt, daß sie sich von Natur aus dem Zugriff entzieht, sagt man: »Er will sich zum Gesellschafter Gottes machen.«[18] Um ihn zu maßvollerem Verhalten zu mahnen, rät man ihm: »Kümmere dich nicht um fremde Dinge«, oder auch: »Geld, das du nicht im Beutel hast, ist kein Kapital.« Maßlosigkeit wäre es, zu vergessen, daß das Mögliche auch nicht eintreffen kann, oder, wie in der Wissenschaft üblich, durch Vorausplanung die unendlich vielen Möglichkeiten auf eine einzige reduzieren zu wollen. Joseph Desparmet erzählt, daß die alten Algerier vor fünfzig Jahren gern mit äußerster Ironie sagten: »Die Franzosen werden auch noch den Tod besiegen.« Kurz, Vorausplanung ist Anmaßung; und so vermeidet man allzu weitgreifende Vorhaben in Erachtung dessen, daß schon das Vorsorgen an sich eine Anmaßung gegenüber Gott darstellt. Daß – wie es oft heißt – »die

16 So entspricht zum Beispiel die in Leenhardts Untersuchungen implizit enthaltene Beschreibung des dem westlichen Menschen eigenen Zeitbewußtseins sehr genau dem Intellektualismus. Vielleicht schreibt er dem Kanaken nur deswegen eine radikale Andersartigkeit zu, weil er dessen Erfahrung besser beschreibt als seine eigene.

17 Vielleicht liegt hierin auch eine der Wurzeln der das Rechnen betreffenden Verbote: Man darf die Mitglieder einer Versammlung nicht zählen, man darf das Saatgut nicht messen; man zählt nicht die gelegten Eier, wohl aber die Anzahl der aus ihnen hervorgegangenen Küken. Die gelegten Eier zählen oder das Saatgut messen: Hieße das, die Zukunft präjudizieren?

18 *D acrik er-Rebbi* heißt im Kabylischen »Gesellschafter Gottes«.

Zukunft Sache Gottes ist«, heißt, daß jede Bemühung, sich ihrer zu bemächtigen, teuflischen Ehrgeiz verrät.

Die Weisheit

Kulturelles Lernen und kollektiver Druck entmutigen alles, wozu in unseren Gesellschaften ermutigt wird: Unternehmensgeist, Innovationswillen, Sorge um Produktivität und Ertrag und so fort. Das tiefe Gefühl von Abhängigkeit gegenüber der Natur, deren Rhythmen und Unbilden man ausgeliefert ist, disponiert zur Unterwerfung unter die Dauer, zu lässiger Gleichgültigkeit gegenüber der verstreichenden Zeit; niemand denkt daran, sie zu beherrschen, auszuschöpfen oder zu sparen.[19] Pressiert-Sein und Sich-Überstürzen zeugen von mangelndem Anstand. *El ahammhaq* ist derjenige, der sich unüberlegt in Handlungen stürzt, der pausenlos redet, hinter jemandem herrennt, aber auch der, der seine Arbeit so schnell verrichtet, daß er Gefahr läuft, »die Erde zu mißhandeln«, die »Rechenschaft von ihm fordern wird«. Da er ungeduldig, unersättlich und gierig ist, weiß er nicht Maß zu halten. Er will »die Erde umarmen« und vergißt die Lehren der Weisheit:

> Vergebens läuft man der Welt nach,
> Keiner holt sie ein
>
> O du, der du dich übereilst,
> Halt ein und laß dich tadeln:
> Der Lebensunterhalt kommt von Gott,
> Du brauchst dich nicht darum zu kümmern.
>
> (Volkslied)

19 Diese Gesellschaft entwickelt eine wahre Kunst, ihre Zeit zu verbringen, oder besser: sich Zeit zu nehmen; dabei stellen die Höflichkeit und die Kunst zu sprechen einen wesentlichen Aspekt dar. Dieselbe Gleichgültigkeit gegenüber der Zeit, dem Terminplan und der Pünktlichkeit macht sich in allen Verhaltensweisen bemerkbar.

Alle bäuerlichen Tugenden enthält das wort *niya* (oder auch *tiâuggant*), das heißt Unschuld, Naivität, Schlichtheit, Redlichkeit.[20] *Niya* schließt Gier aus, die man auch »den bösen Blick« (*thit*) nennt; sie geht einher mit Nüchternheit, das heißt der Kunst, seine Bedürfnisse zu mäßigen.[21] *Bou niya*, der schlichte und aufrichtige Mensch, kennt keine Berechnung und Vorausplanung, denn es ziemt sich nicht, die Pläne der Vorsehung durchdringen zu wollen; die Tradition achtend, hütet er sich jedoch, alles an einem Tag aufzuzehren. Einem anderen Fellachen verkauft er gewisse Produkte nicht, generell nicht die für den baldigen Verzehr bestimmten: Milch und Butter, Gemüse und Obst.[22] Er stellt nur Beziehungen her, die auf völligem Vertrauen beruhen, und im Unterschied vom Händler, dem Marktexperten, ignoriert er die Garantien, die kommerzielle Transaktionen umrahmen: Zeugen, schriftliche Urkunden. Er spricht nur von dem, was mit dem bäuerlichen und dörflichen Leben zu tun hat, und hält jedes andere Thema, etwa die von Landarbeitern oder Emigranten eingeführten, für gottlos. Mit seiner Erde und seinen Tieren, mit denen er in einer bestimmten Weise zu sprechen versteht, unterhält er eine wahre Vertrautheitsbeziehung. In Gegensatz zur *niya* stehen *tiharchi*, die Gewandtheit, Geschicklichkeit und, in pejorativer Bedeutung, die Schlauheit, ebenso wie *tahraymith*, die gottlose Bosheit (*lahram*, das Tabu), Berechnung und List.

20 *Niya* bedeutet lautere Absicht, Schlichtheit, Geradheit, Gerechtigkeit; pejorativ gewendet Dummheit. *Bab niya* oder *bou niya* ist der schlichte, unbefangene Mensch. *Aâggun* ist das Kind, das noch nicht spricht, und in erweitertem Sinn: der Unschuldige, Naive, Leichtgläubige. *Tiâuggant* bedeutet Gutgläubigkeit, Unschuld und pejorativ gewendet Dummheit.

21 In dem Dorf Aghbala, in dem diese Beobachtungen angestellt wurden, gibt es noch zwei oder drei dieser *bou niya*. Es sind zum Beispiel die einzigen, die noch barfuß gehen. Einem von ihnen wird das Scherzwort zugeschrieben: »Wozu Schuhe, wo es doch die Haut (*tamlikhth*: gegerbte Haut) Gottes gibt?« Ein anderer geht barfuß und trägt Schuhe in der Hand, die er nur anlegt, wenn er ein fremdes Haus betritt.

22 Er kann trockene Feigen und Oliven verkaufen, nicht aber Öl. (Wenn man Öl nicht verkauft, tauscht man es gegen Weizen und Feigen ... oder andere Nahrungsmittel [Anm. d. Hrsg.].)

Während die wirtschaftlichen Verhaltensweisen des algerischen Bauern nur unter Berücksichtigung seines Zeitbewußtseins überhaupt verstanden werden können, bleiben sie über das *Ethos* eng an die ökonomischen Grundlagen der Gesellschaft und der Kultur gebunden. Wenn der Bauer, der sich selbst achtet, ohne Übereilung arbeitet, wenn er auf morgen zu verschieben weiß, was er heute nicht besorgen kann, wenn er die Ängste um die Einhaltung eines Zeitplans oder um die Produktivität oder die Tyrannei der manchmal als »Mühle des Teufels« bezeichneten Uhr nicht kennt, so liegt dies daran, daß die Arbeit kein anderes Ziel hat als die unmittelbare Befriedigung primärer Bedürfnisse.[23] Da das Leben im Überleben besteht, das heißt darin, zu *dauern*, besteht das Ziel technischer Tätigkeiten darin, zu sichern, was Marx die »einfache Reproduktion« nannte: die Produktion der Menge von Gütern, die es der Gruppe erlaubt, zu subsistieren und sich biologisch zu reproduzieren und auch die Bande, Werte und Glaubensinhalte am Leben zu halten, die die Kohärenz der Gruppe sichern. Obwohl sie sich wie jede menschliche Gesellschaft im Kampf gegen die Natur befindet, begreift diese Gesellschaft sich nicht so und kann sich auch nicht so begreifen, wie unsere Gesellschaften es tun. Weit davon entfernt, sich als ein Faktor zu sehen, der von außen auf eine ihm äußerliche Natur einwirkt, fühlt der Mensch sich von ihr umfangen. Infolgedessen ist ihm der Ehrgeiz fremd, die Welt durch Arbeit zu verändern, was ja voraussetzt, die Unterwerfung unter das natürlich und sozial Gegebene zu suspendieren und sich auf eine imaginierte, erhoffte Ordnung zu beziehen.[24] Die traditionale

23 Seit einigen Jahren ist die Uhr als Luxusobjekt bis aufs Land vorgedrungen, reguliert dort aber nicht das ganze Leben, sondern liefert bloß ein präziseres Bezugssystem als herkömmliche Verfahren.

24 Das Verhalten des kabylischen Bauern und das in ihm sich enthüllende Ethos finden in dem Ritualsystem einen symbolischen Ausdruck, dessen Intention die Strukturanalyse herauszuarbeiten erlaubt: Alles deutet darauf hin, daß der Jahreszyklus der Riten den Zweck verfolgt, den

Kultur bildet nicht den Ehrgeiz aus, auf Zukunft und Zufall Einfluß zu nehmen, sie bemüht sich nur, ihnen möglichst wenig ausgeliefert zu sein. Die Furcht vor objektiver Unordnung, die die hergebrachte Ordnung erschüttern oder vernichten könnte, führt zum methodischen (dem individuellen Bewußtsein sich selbstredend entziehenden) Ausschluß aller ungewohnten Situationen, dazu, um den Preis schrumpfender Aspirationen eine Lage aufrecht zu erhalten, die mit gewohnten Mitteln zu meistern ist, dem Unbekannten zu steuern, wenn es unvermutet auftaucht, neuen Problemen mit alten Lösungen zu begegnen. Der Traditionalismus könnte das Charakteristikum von Gesellschaften sein, die sich dafür entscheiden, nicht den Kampf mit der Natur aufzunehmen, sondern sich darum zu bemühen, ihr Einwirken auf die Welt so weitgehend zu reduzieren, daß ein geordnetes, der Geringfügigkeit ihrer Möglichkeiten angemessenes Gleichgewicht entsteht. Diese unaufhörlich in ihrer Existenz selbst bedrohte Gesellschaft ist gezwungen, ihre ganze Energie dafür aufzuwenden, ein labiles Gleichgewicht mit der äußeren Welt auf möglichst hoher Stufenleiter aufrechtzuerhalten. Be-

Kernwiderspruch der Landwirtschaft zu lösen. Die sich selbst überlassene Natur verfällt, wird brach und unfruchtbar. Zwar ist das befruchtende Eingreifen des Menschen und seiner Techniken notwendig und unvermeidlich, aber es ist verbrecherisch: zunächst einmal, weil es aus Gewalt und Vergewaltigung besteht, und sodann, weil es Mittel einsetzt – nämlich mit Hilfe von Feuer produzierte Instrumente: Pflugschar, Webstuhl, Messer, Sichel –, deren Handhabung an sich schuldhaft und furchterregend ist. Die Hauptereignisse des Landwirtschaftsjahres, das Pflügen und das Ernten, stellen Gipfelpunkte einer Tragödie zwischen zwei Protagonisten dar, dem Menschen und der Natur, wobei das Drama des Bauern darin besteht, daß er gezwungen ist, der Erde Gewalt anzutun, um sie zu befruchten und ihr ihren Reichtum zu entreißen. Diese von der Analyse aufgedeckte, tief verborgene Intention kommt gelegentlich auf der Ebene der Einstellungen und Ideologien zum Vorschein. Die Erde wird niemals als Rohstoff behandelt, als vulgäres, nur der Ausbeutung dienendes Material. »Die Erde wird sich rächen«, heißt es. Sie wird zum Beispiel dem übereilten und gierigen (*el ahammaq*) oder ungeschickten Bauern die schlechte Behandlung heimzahlen, die er ihr zufügt.

herrscht von der Sorge um ihre Fortdauer, entscheidet sie sich dafür, sich eher der Welt anzupassen als die Welt ihrem Willen, zu bewahren, um sich zu bewahren, und nicht, sich verändern, um anderes zu verändern.[25]

Die traditionalistische Gesellschaft versichert sich der Zukunft, indem sie sich bemüht, sie mit den ihr eigenen Mitteln zu modeln, nämlich nach dem Vorbild der Vergangenheit; indem sie versucht, den Umfang des Möglichen, in dem alle unbekannten und ahnend vorweggenommenen Bedrohungen stecken, auf die beruhigende, da überwundene und beispielgebende Vergangenheit zu reduzieren. Die Antizipationen des Bauern stützen sich auf die Deutung der Zeichen, deren Schlüssel die Tradition liefert. »Wenn es donnert im Januar, greif zu Flöte und Tamburin; wenn es donnert im Februar, zehre dein Futter nicht auf.« Die Gegenwart und vor allem die Zukunft können nur insofern beherrscht werden, als sie an die Vergangenheit angeschlossen und auf sie reduziert werden können, nur insofern, als sie als einfache Fortsetzung oder getreues Duplikat der Vergangenheit erscheinen. »Folge dem Weg deines Vaters und deines Großvaters«, oder: »Wer seinem Vater gleicht, an dem ist nicht Anstoß zu nehmen« – so lautet die Lehre der Weisheit.

Wenn die Zukunft in einer solchen Gesellschaft nicht als Zukunft, das heißt als Ort unendlich vieler Möglichkeiten, gesetzt ist, so vielleicht deswegen, weil die vom Traditionalismus instaurierte Ordnung nur unter der Bedingung lebensfähig ist, daß sie nicht die bestmögliche, sondern die einzig mögliche darstellt, das heißt unter der Bedingung, daß alle »Nebenmöglichkeiten« ausgeschlossen oder ignoriert werden – stellten sie doch schon allein dadurch die schlimmste Bedrohung dar, daß sie die für unwandelbar und notwendig gehaltene Tradition als eine Möglichkeit unter anderen erscheinen ließen. Es geht um das Über-

25 Da die geographische Umgebung durch das unberechenbare Klima, die dünne Vegetationsdecke, die Temperaturschwankungen, die Fragilität des Bodens gekennzeichnet ist, wiegen natürliche Determinanten um so schwerer, als die Produktionsmittel ausgesprochen archaisch sind.

leben des Traditionalismus, der sich nicht als solcher erkennt, das heißt als verkannte Entscheidung.

Wie der Glaube an den Fortschritt oder das revolutionäre Bewußtsein beruht auch die Arbeit auf der Entscheidung, sich die Perspektive des Möglichen anzueignen, die passive Zustimmung und spontane Unterwerfung unter die bestehende natürliche oder soziale Ordnung zu suspendieren und in Frage zu stellen. Der Wille, die Welt zu verändern, setzt voraus, die Gegenwart zu einer rationalen, nur durch Umwandlung des Bestehenden erreichbaren Zukunft hin zu überschreiten. Im Glauben an den Fortschritt oder in der revolutionären Hoffnung leben heißt das Unmögliche als möglich ansehen, besser noch: so handeln, daß das Unmögliche möglich wird und das Unvermeidliche unzulässig.

Daß die traditionale Gesellschaft den Anspruch abweist, die Zukunft zu beeinflussen, schließt bei weitem nicht aus, daß sie sich intensiv bemüht, sich vor den Überraschungen in Sicherheit zu bringen, die die Zukunft birgt. Allzuoft wurden die präkapitalistischen Gesellschaften ex negativo beschrieben oder, wie Marx sagt, nach dem Muster jener »Theologen, die auch zwei Arten Religion unterscheiden. Jede Religion, die nicht die ihre ist, ist eine Erfindung der Menschen, während die ihre eine Offenbarung Gottes ist.«[26] Dabei wurde übersehen, daß jene Gesellschaften dem gehorchten, was man das Prinzip der Sicherheitsmaximierung nennen kann – ein Prinzip, das in allen Lebensbereichen zu beobachten ist, in denen unter anderem der Wille herrscht, den Anteil des Unerwarteten weitestmöglich dadurch zu reduzieren, daß Innovation und Improvisation, das heißt das Risiko, abgeschafft werden.[27]

26 Karl Marx, *Das Kapital*, Bd. 1, Berlin: Dietz Verlag 1969, S. 96, Anm. 33.
27 Max Webers Beschreibungen traditionalistischer Gesellschaften entgehen nicht ganz dem Ethnozentrismus, der zu einer wesentlich negativen Beschreibung führt: »Am Anfang aller Ethik und der sich daraus ergebenden wirtschaftlichen Verhältnisse steht überall der Traditionalismus, die Heiligkeit der Tradition, die Einstellung allein auf ein Handeln und Wirtschaften, wie es von den Vorvätern überkommen ist. [...] Diese Un-

Zur Absicherung gegenüber Unvorhergesehenem bei gleichzeitiger Entlastung von rationaler Vorausplanung dient jedoch die Organisation der Gesellschaft selbst, insbesondere ihre durch den Ritualkalender strikt definierten zeitlichen und räumlichen Rhythmen. Als Organisationsprinzip – seine Funktion besteht in der Anordnung einer Abfolge – wie als Integrationsprinzip – denn es garantiert die Harmonisierung individuellen Verhaltens und die gegenseitige Erfüllung der Erwartungen hinsichtlich des Verhaltens anderer – fundiert der Wechsel von Arbeiten, Festen und Riten die Kohärenz der Gruppe, indem er jeden Verstoß gegen kollektive Erwartungen untersagt und den Anteil des Unvorhergesehenen auf ein Minimum reduziert. Ganz wie der Bergsonschen Analyse zufolge die wissenschaftliche Prognose sichert sich auch die traditionalistische Gesellschaft gegen die Zukunft ab, indem sie versucht, diese in ihrem eigenen Wesen, das heißt als unvorhersehbar Neues, zu leugnen; während aber die der menschlichen Vernunft vertrauenden prometheischen Gesellschaften sich um maximale Vorhersehbarkeit bemühen, kennt die Vorsorge, besser gesagt: die Weisheit der präkapitalistischen Gesellschaften, kein anderes Bestreben als das, den Anteil des Unvorhergesehenen auf ein Mindestmaß zu reduzieren.

Der Druck der ökonomischen Notwendigkeit kann die Unterordnung unter die kapitalistische Wirtschaftsordnung erzwingen und Modelle zerbrechen lassen, an denen das wirtschaftliche Verhalten sich herkömmlicherweise ausrichtete.[28] Indem die Ar-

fähigkeit und Abgeneigtheit, sich überhaupt aus den gewohnten Bahnen herauszubegeben, ist das generelle Motiv für die Aufrechterhaltung der Tradition. […] Noch stärker wirkt die magische Stereotypisierung des Handelns, die tiefe Scheu, in der gewohnten Lebensführung irgendeine Änderung vorzunehmen, weil magische Nachteile befürchtet werden.« (Max Weber, *Wirtschaftsgeschichte. Abriß der universalen Sozial- und Wirtschaftsgeschichte*, 5. unveränderte Aufl., Berlin: Duncker & Humblot 1991, S. 302 f.)

28 Der Anpassungsprozeß an die kapitalistische Ordnung und der damit einhergehende Wandel in der Einstellung gegenüber der Zeit konnten in unserem thematischen Kontext nur umrißhaft skizziert werden.

beitslosigkeit jedoch die Entwicklung von Projekten unterbindet, verhindert sie die Rationalisierung ökonomischen Verhaltens und verurteilt zu einem Traditionalismus der Verzweiflung.[29]

Dieser der Inkohärenz verfallenen Existenz verleiht weder die Logik des Traditionalismus noch die der kapitalistischen Ökonomie wirklich Sinn. Vergeblich würde man versuchen, jede konkrete Existenz als diskontinuierliche Reihe von Handlungen zu begreifen, von denen einige traditionalistischen Mustern verpflichtet wären, andere kapitalistischen Mustern. In Wirklichkeit kann jedes Verhalten doppelt interpretiert werden, denn es bezieht sich auf zwei unterschiedliche Logiken, so daß von der Notwendigkeit erzwungene kapitalistische Verhaltensweisen sich wesentlich von solchen kapitalistischen Verhaltensweisen unterscheiden, die in einen kapitalistischen Lebensplan integriert sind; und ebenso sind erzwungene, regressive traditionalistische Verhaltensweisen von traditionellen kapitalistischen Verhaltensweisen durch einen Abgrund getrennt: durch das Bewußtseins vom gewandelten Kontext. So unterscheidet die Existenz des Subproletariers oder proletarisierten Fellachen, der von der Hand in den Mund lebt, sich vollständig von der abgesicherten Existenz des Fellachen früherer Zeiten. In dem einen Fall ist das bloße Subsistieren das einmütig gebilligte und einzige, von den üblichen Regeln garantierte Ziel; in dem anderen Fall wird einer ausgebeuteten Klasse das zum Überleben erforderliche Minimum von der ökonomischen Notwendigkeit als Ziel aufgedrungen. Da der Kontext sich gewandelt hat und alle sich dessen bewußt sind, da die einst von einer integrierten Gesellschaft und einer lebendigen Tradition gelieferten ökonomischen Garantien und die psychologische Sicherheit dahin sind, wird die gewohnheitsmäßige Vorsorge und bequeme Stereotypisierung des Verhaltens abgelöst von zufallsgesteuerter Improvisation. So bringen Arbeitslosigkeit oder zeitweilige Beschäftigung eine Desorganisierung des Verhaltens mit sich, die keinesfalls als innovatorisch angesehen

29 Vgl. Pierre Bourdieu, »La hantise du chômage chez l'ouvrier algérien«, *Sociologie du travail*, 4, 1962, S. 313-331; in diesem Band S. 274 ff.

werden darf – dies würde ja einen Einstellungswandel voraussetzen. Traditionalismus der Verzweiflung und fehlende Lebensplanung sind zwei Gesichter ein und derselben Wirklichkeit.

Läßt die Tatsache, daß die Verfügung über ein Mindestmaß an Sicherheit die notwendige Bedingung für die Rationalisierung des Verhaltens und darüber hinaus für die Systematisierung der Einstellungen und Meinungen ist, darauf schließen, daß die Befriedigung der Grundbedürfnisse die hinreichende Bedingung für die Herausbildung eines rationalen Systems der Ziele ist, deren höchstes darin bestünde, das Einkommen zu maximieren, und für die freiwillige und allgemein sich verbreitende Übernahme jenes *Ethos*, das die vom kapitalistischen System geförderte ökonomische Einstellung impliziert? Die Analyse der statistischen Daten über Verhaltensweisen, Einstellungen und Meinungen ermöglicht die Unterscheidung mehrerer Typen ökonomischer Einstellungen, die mit unterschiedlichen materiellen Lebensbedingungen einhergehen. Dauerhafte Beschäftigung und regelmäßiges Einkommen erlauben den Zugang zu dem, was man *Sicherheitsschwelle* nennen kann: Bei Individuen, die zwischen 400 und 600 *Nouveaux Francs* verdienen,[30] bleibt Bedürfnisbefriedigung das Ziel ihrer wirtschaftlichen Tätigkeit, und ihr Verhalten gehorcht dem Prinzip maximaler Absicherung. Man hüte sich davor, darin schlicht und einfach eine Fortsetzung der Logik des Traditionalismus zu erblicken. Erst die Existenz der strukturellen Arbeitslosigkeit machen dieses Verhalten und diese Einstellung verständlich: Wer sich in Sicherheit bringen konnte, empfindet diese weiterhin als bedroht und begreift sich als privilegiert; darüber hinaus verwehren ihm die objektiven Bedingungen des Arbeitsmarkts meist die Maximierung seiner Anstrengungen. Ein Familieneinkommen von etwa 800 *Nouveaux Francs* schließlich, in dem ein objektiver Indikator dessen gesehen werden kann, was als *Unternehmensschwelle* zu bezeich-

30 [1958 unter de Gaulle geschaffene neue Währungseinheit, die der fortwährenden Abwertung der französischen Währung eine Ende bereiten sollte – A. d. Ü.]

nen wäre, koinzidiert mit einem umfassenden Verhaltens- und Einstellungswandel, wobei die Rationalisierung des Verhaltens sich tendenziell auf das häusliche Wirtschaften erstreckt, den Ort des letzten Widerstands. Die Verhaltensweisen schließen sich tendenziell zu einem System zusammen, das sich auf eine abstrakte, durch Vorausplanung und Berechnung erfaßte und gemeisterte Zukunft hin organisiert.

Innere Logik der ursprünglichen algerischen Gesellschaft*

I. Die traditionale Gesellschaft als integriertes System

Gemessen an ihrer inneren Logik und nicht an einem normativen Ideal, das die westliche Zivilisation als Modell auffassen müßte, erscheint die traditionale algerische Gesellschaft als eine systematische und in sich geschlossene Totalität, deren Stil und Geist es zu erfassen gilt. Nur innerhalb des kulturellen Systems, an das diese statische, wenig arbeitsteilige, technisch nur rudimentär ausgestattete Wirtschaft gebunden ist, erschließt sie sich dem Verständnis; nur so läßt sich begreifen, daß sie sich innerhalb der Grenzen ihrer prekären Handlungsmöglichkeiten optimal in die Welt einfügt; nur so, daß sie trotz der unter anderem durch den Kontakt mit einer in hohem Maße arbeitsteiligen und industrialisierten Wirtschaft herbeigeführten tiefgreifenden Veränderungen partiell überleben konnte; nur so schließlich, daß dieser Kontakt in Verbindung mit politischen Maßnahmen das kulturelle System insgesamt zerrütten und dadurch Populationen verstören konnte, für die die alte Ordnung (die freilich auch nicht idealisiert werden sollte) nicht nur eine sogenannte Lebensweise, sondern durchaus eine Lebenskunst darstellte.

Die traditionale Wirtschaft ist durch die Vorherrschaft des primären Sektors gekennzeichnet. Die Landwirtschaft mit ihren rudimentären Methoden und Techniken liefert das Wesentliche der Ressourcen. Es läßt sich aber leicht zeigen, daß die Gesamtheit der landwirtschaftlichen Tätigkeiten trotz des Anscheins von Prekarität ein kohärentes Ganzes bildet. In seiner Beschreibung des ursprünglichen Lebensstils der »Halbseßhaften« im Westen des algerischen Tell macht Xavier Yacono ihre Kohärenz

* In: *Le Sous-Développement en Algérie*, Algier, Sécrétariat social, S. 40-51.

(die Verbindung aller Elemente miteinander) und ihre Kompatibilität (die Anpassung an die natürliche Umgebung) deutlich:

> Das Leben der Eingeborenen stellte ein Ganzes dar, das durch eine strikte Anpassung an eine bestimmte Umgebung und an begrenzte Möglichkeiten bedingt war. Der stete Wechsel des Wohnsitzes hatte seinen guten Grund: Der Eingeborene bebaute oft weit voneinander entfernte Parzellen; er mußte den sprießenden Weizen oder die Gerste vor den Zähnen seines Viehs hüten; er mußte einen Raum verlassen, den ein allzulanger Aufenthalt durch die Anhäufung von Abfall unbewohnbar machte; er brach daher auf und schlug sein Zelt dort auf, wo Gras für seine Herden wuchs. Er benutzte primitives Werkzeug? Aber warum haben die Kolonisten es ihm oft nachgetan, nachdem sie perfektere Instrumente erprobt hatten? Deswegen, weil der Fellache das unter den gegebenen Umständen immer noch ökonomisch Optimale mit den größten Einkunftsmöglichkeiten produzierte.[1]

Die in dieser Untersuchung offensichtlich werdende funktionale Interdependenz zwischen den unterschiedlichen Elementen der Wirtschaftsstruktur stellte die Offiziere der *Bureaux arabes*[2] vor äußerst schwierige Probleme:

> Den Eingeborenen raten, Unterkünfte für ihre Herden zu errichten, hieß sie auffordern, an einem bestimmten Ort Weideplätze zu finden, die ergiebig genug sind, die Tiere während eines langen Aufenthalts zu ernähren: War das möglich in Gegenden, die während eines Großteils des Jahres von der Sonne verbrannt werden? Konnte man hoffen, bei dem oft sehr dürftigen Graswuchs auf den algerischen Weideplätzen für Tausende von Tieren ausreichende Vorräte an Heu anlegen zu können? Die Entwicklung künstlicher Weiden brächte natürlich eine Lösung, aber das wäre eine totale Revolution, die die Frage des Wassers als gelöst voraussetzte … Schwierigkeiten derselben Art, wenn es darum geht, die Plantagen zu vervielfachen … Was hat man auch nicht alles gegen den völlig nutzlosen Pflug der Eingeborenen eingewandt? Aber können wir überhaupt davon ausgehen, daß die schlagartige Einführung des französischen Pflugs in allen

1 Xavier Yacono, *Les Bureaux arabes et l'évolution du genre de vie indigène dans l'Ouest du Tell algérois (Dahra, Chelif, Ouarsenis, Sersou)*, Paris: Editions Larose 1953, S. 386.

2 [Vgl. oben, Anm. 11 in Abschn. 1: Der Zusammenstoß … – A. d. Ü.]

Fällen das beste wäre? Die Offiziere der *Bureaux arabes* haben sich die Frage gestellt: Würde eine intensivere Bebauung nicht rasch den Boden auslaugen?[3]

Die weiteren Ausführungen dieser bemerkenswerten Untersuchungen, in denen Kohärenz und Kohäsion eines scheinbar inkonsistenten Wirtschaftssystems deutlich werden und zugleich die Widerstandskraft, die ein solches aus eng ineinandergreifenden Elementen zusammengesetztes Ganzes jedem Versuch einer Umwälzung entgegensetzt, ist unbedingt lesenswert; am Ende stellt man sich mit manchen Offizieren der *Bureaux arabes* die Frage, ob eine kohärente Totalität nicht durch eine andere Totalität abgelöst werden muß, soll nicht die bestehende Ordnung zerstört werden ohne Gewähr dafür, eine bessere Ordnung einrichten zu können.

Jedes kulturelle System verlangt einerseits ein Mindestmaß an Anpassung an die Welt und andererseits ein Mindestmaß an Kohärenz zwischen seinen unterschiedlichen Elementen:

- Die Anpassung an die Welt kann auf verschiedenen Ebenen erfolgen; in der traditionalen algerischen Gesellschaft wird innerhalb der Grenzen der technischen Möglichkeiten (archaische Instrumente und Methoden, Kapitalmangel usw.) ein Gleichgewicht auf höchster Stufenleiter erreicht, so daß es unmöglich scheint, mit den gleichen Mitteln erfolgreicher zu sein; das Erreichen einer höheren Anpassungsstufe würde die Verfügung über eine bessere technische Leistungsfähigkeit und eine wahre Mutation der sozialen, psychologischen und ökonomischen Strukturen voraussetzen.
- Aber eine Kultur kann auch dann, wenn ihre Anpassung an die Welt auf sehr niedriger Ebene erfolgt, ein hohes Maß an Integration und Kohärenz aufweisen; und anscheinend ein um so höheres Maß, je niedriger die Anpassungsebene ist und je prekärer das Gleichgewicht zwischen Mensch und Milieu; dies unter anderem, weil der Kampf gegen die Natur mit er-

3 Xavier Yacono, *Les Bureaux arabes*, a. a. O., S. 387.

> schreckend ungleichen Waffen erforderlich macht, alle Kräfte zu mobilisieren, angefangen bei der vollständigen Kohärenz der kulturellen Strukturen, dem unnachgiebigen Festhalten an den vitalen Normen, auf denen die Existenz der Gruppe (Solidarität und gegenseitige Hilfe) beruht, dem hartnäckigen Bewahren einer Lebenskunst, die auch eine Überlebenskunst ist, dem Widerstand gegenüber dem Eindringen gefährlicher Neuerungen, deren Neuigkeit die Gefahr darstellt und die eine Ordnung erschüttern könnten, die um so kostbarer ist, als ihre wachsende Prekarität auch mehr oder weniger bewußt wird, wobei der Traditionalismus vor allem eine Verteidigung gegen »katastrophale Situationen« darstellt, aus denen »katastrophale Reaktionen« hervorgehen könnten.

Das Bestehen einer »Kultur« schließt die Setzung eines Systems von Normen und Werten ein; wie der Organismus impliziert dieses System Regulierungs- und Auswahlmechanismen, die sein Fortbestehen auch um den Preis einschneidender Eingriffe und mit deren Hilfe zu gewährleisten suchen. Die Aufrechterhaltung der Stabilität setzt nämlich die Fähigkeit voraus, sich zu ändern, um neuen Situationen gewachsen zu sein; weit entfernt davon, die Grundwerte anzutasten, zielen diese Änderungen darauf ab, deren Stabilität zu gewährleisten. So scheint das Ausmaß an Anpassungsfähigkeit einerseits dem Anpassungsniveau umgekehrt proportional, die Rigidität (oder »Labilität«) an ein sehr hohes Integrationsniveau gebunden – jene ist um so höher, je niedriger das Anpassungsniveau; andererseits ist die Anpassungsfähigkeit direkt proportional der Deutlichkeit und Bestandskraft der Unterscheidung zwischen den grundlegenden und vitalen Werten der Kultur und den sekundären »Elementen«, die angetastet werden können, ohne daß damit das kulturelle System in seiner Gesamtheit beschädigt würde. So liegt einer der Schlüssel für das »mozabitische Wunder« in der Unterscheidung zwischen dem Bereich der gegen jede Änderung energisch verteidigten Religion und dem der Ökonomie, die den kühnsten Innovationen offensteht.

II. *Der Geist der traditionalistischen Gesellschaft*

Nachdem wir – leider nur allzu flüchtig – aufgezeigt haben, daß die unterschiedlichen Elemente dieser »Kultur«, in der eine äußerliche Beschreibung nur Inkohärenz und Improvisation zu erblicken Gefahr liefe, miteinander zusammenhängen, müssen wir einen Schritt weitergehen und zu zeigen versuchen, daß alle Glieder dieses Zusammenhangs bedeutsam sind; kurz gesagt, daß alle konstitutiven Teile des kulturellen Ganzen von ein und demselben »Geist« beseelt sind, von ein und derselben »Intention«, die einen »Lebensstil« kennzeichnet, den wir in Ermangelung eines treffenderen Begriffs traditionalistisch nennen werden.

In der traditionalen algerischen »Kultur« ist der ökonomische Bereich nicht als autonomes System konstituiert, nicht mit eigenen Gesetzen ausgestattet und von einem Ensemble eigenständiger Werte beherrscht. Im Gegenteil: Die Werte und Prinzipien, die die zwischenmenschlichen Beziehungen regeln, gelten auch für die wirtschaftlichen Beziehungen. Daher sind viele für die algerische Gesellschaft kennzeichnende Institutionen in der Logik der Ehre und des Ansehens zu verstehen und keineswegs, wie doch naheliegt, in der Logik des Interesses. Austausch von Gefälligkeiten, Gabe und Gegengabe spielen eine unendlich bedeutendere Rolle als die für die westliche Wirtschaft charakteristischen Mechanismen wie die Beziehung zwischen Kapital und Arbeit (Lohnarbeit und Arbeitsmarkt), die Kreditinstitutionen, das Geld als abstrakter und universeller Vermittler der ökonomischen und auch sozialen Beziehungen und als nahezu einziger Ausdruck von Wert.

A) Die gegenseitige Hilfe

Zwei der kennzeichnendsten Beispiele werden genügen, den ungewöhnlichen Stil dieser Ökonomie zu verdeutlichen. Die gegenseitige Hilfe spielt im traditionalen Sektor und insbesondere in den berberophonen Gruppen insofern eine grundlegende Rolle, als sie eine Reaktion auf die technologische Dürftigkeit und das Fehlen eines Arbeitsmarkts darstellt, das seinerseits mit der Seltenheit von Kapital in Verbindung steht. »Überall«, schreiben Hanoteau und Letourneux im Hinblick auf die Kabylei, »findet sich in unterschiedlichem Maße, in den geringfügigsten Angelegenheiten des Privatlebens wie in den Beziehungen zwischen Familie, Dorf und Stamm, solidarischer Zusammenhalt.«[4] So werden bestimmte Aufgaben (Häuserbau, Jäten und Hacken, Ernte, Nachlese, Olivenernte usw.) von dem gesamten Dorf gemeinsam durchgeführt. Darin ist weniger eine gemeinsame Plakkerei zu sehen als ein Austausch von Diensten: die *touiza* stellt eigentlich eine Arbeits-*taoussa* dar, das heißt eine Arbeitsgabe, die eine Gegengabe zur Folge hat. Die gegenseitige Hilfe spielt noch in der Emigration eine Rolle – sie stellt wahrhaft die Bedingung ihrer Möglichkeit dar. Kurzum, der wesentliche Grundzug dieser Ökonomie besteht darin, daß die Beziehungen zwischen den Menschen die Beziehung zwischen dem Menschen und den Dingen dominieren.

B) Das Khammessat[5]

Dieser Zug tritt auch im *Khammessat* hervor, das weit mehr einem Ehrenabkommen zwischen Eigentümer und Pächter (*khammès*) als einem Zusammenschluß von Kapital und Arbeit gleicht. Nach unseren Kriterien ähnelt dieser Vertrag stark der Leibeigenschaft. Der *khammès* ist an seinen Herrn gebunden, der ihm die Klauseln diktiert und sich allein gegen Risiken absichert; er verzichtet auf Freiheit und Eigeninitiative und erhält nur einen sehr geringen Teil der Ernte; bisweilen ist er verschul-

4 Adolphe Hanoteaux und Aristide Letourneux, *La Kabylie et les coutumes kabyles*, 3 Bde., Paris: Imprimerie nationale 1872-1873 (Anm. d. Hrsg.).

5 Herkömmliche Form der Halbpacht, bei der der Pächter ein Fünftel der Ernte behält (Anm. d. Hrsg.).

det und gezwungen, seinen Vertrag unbegrenzt zu verlängern. Weit davon entfernt jedoch, sich als Sklave oder entfremdeter Proletarier zu begreifen, nimmt der *khammès* am gemeinsamen Leben der Familien- oder Stammesgruppe teil, deren Sorgen, Mühen und manchmal auch Elend er teilt. Gegen die Ungewißheiten der Zukunft, gegen Nichtbeschäftigung und völlige Mittellosigkeit sichert ihn insbesondere das System des Vorschusses in Naturalien ab. Er ist auch vor Vereinzelung geschützt – ein beträchtlicher Vorteil in einer Gesellschaft, in der das Individuum in gewisser Weise nur durch die Gruppe existiert. Auf der anderen Seite ermöglicht das *Khammessat* ebenso wie die gegenseitige Hilfe, das Fehlen eines Arbeitsmarkts auszugleichen. Aber die Vorteile des Herrn lassen sich nicht im Rahmen einer schieren Logik des Interesses ermessen. In einem solchen Kontext gilt Reichtum nämlich weniger um seiner selbst und der materiellen Befriedigungen willen, die er verschafft, als durch die Bereicherung an Ansehen, der im Besitz einer »Klientel« liegt. Kurz, die Sorge um ökonomische Rentabilität bleibt sekundär; so würde der arme Fellache, der manchmal nicht weniger elend dasteht als sein *khammès* und der zweifellos daran interessiert sein müßte, selbst sein Land zu bestellen, um den ganzen Ertrag behalten zu können, sich damit eine enorme Befriedigung entziehen: Ansehen. Man denke an jenen Hidalgo im *Lazarillo de Tormes*, der, zu arm, um jeden Tag essen zu können, und zu edel, um zu arbeiten, nichtsdestoweniger seinen gesellschaftlichen Rang durch einen Diener zum Ausdruck bringen wollte.

In Abwesenheit einer nennenswerten Geldzirkulation stellen der *Khammessat* und die anderen Typen landwirtschaftlicher Assoziation[6] die einzig mögliche Form des Austauschs zwischen

6 Hier wären die Vertragstypen zu zitieren und zu analysieren, die stets zwei Vertreter komplementären Reichtums und komplementären Elends zusammenführen und deren Anzahl und Unterschiedlichkeit so groß sind, daß – dem Gesetz folgend, nach dem »der kulturelle Fokuspunkt« in jeder Kultur zu den zahlreichsten kollektiven Erfindungen Anlaß gibt – schon alle denkbaren Kombinationen eingetreten zu sein scheinen.

dem Besitzer von Land und Produktionsmitteln und dem Arbeiter dar. Das Geld ist weit davon entfernt, als Kaufkraft oder Spekulationsmittel verstanden zu werden; eher spielt es die Rolle eines gemeinsamen Wertmaßstabs. Der Handel mit Ansehen und Ehre stellt demnach die Form des Austauschs *par excellence* dar.

Der Primat menschlicher Beziehungen gegenüber technischem Handeln, der persönliche Charakter der wirtschaftlichen Beziehungen, die Anerkennung eines Gemeinschaftsbandes zwischen entfernten Verwandten, die grundlegende Funktion gegenseitiger Hilfe: all das muß jede ökonomische oder soziale Aktion in Rechnung stellen. Kein Zweifel, daß zum Beispiel eine überlegte und systematische Bemühung um die Entwicklung von Vereinen auf Gegenseitigkeit (ein Versuch in dieser Richtung wurde mit der Schaffung der SAR und SAP unternommen)[7] den Tiefenstrukturen der traditionalen Gesellschaft entsprechen würde, wobei die gegenseitige Hilfe zwischen Brüdern sich zu einem relativ günstigen Wechselkurs in einen Verein für technische Zusammenarbeit verwandeln ließe. Eine *conditio sine qua non* für den Erfolg wäre, daß der Fachmann (wie der Politiker) die natürlichen Bindeglieder der Gesellschaft respektiert, auf die er einwirkt, und Wege einschlägt, die ihm in einem gewissen Maße vorgezeichnet sind.

C) Die Arbeit

Ein weiterer charakteristischer Zug des traditionalistischen Geistes: Da die Arbeit nur darauf abzielt, die Grundbedürfnisse zu befriedigen und die Subsistenz der Gruppe zu gewährleisten, die autark zu leben strebt, indem sie eigene Produkte verbraucht, führt eine Lohnerhöhung zu einer entsprechenden Minderung

7 SAR: *Secteurs d'amélioration rurale* (Sektoren zur Agrarverbesserung), SAP: *Société algérienne de prévoyance* (Algerische Vorsorgegesellschaft) (Anm. d. Hrsg.).

der Arbeitsmenge.[8] Anders gesagt, die Perspektive, mehr zu verdienen ist weniger attraktiv als die, weniger zu arbeiten. Wenn der Arbeiter sich nicht fragt, wieviel er pro Tag verdienen könnte, wenn er soviel wie möglich arbeiten würde, sondern wieviel er arbeiten muß, um den bisherigen, seinen Bedürfnissen entsprechenden Lohn zu erhalten, dann liegt dies, wie Max Weber bemerkt, daran, daß »der Mensch [...] ›von Natur‹ nicht Geld und mehr Geld verdienen (will), sondern einfach leben, so leben wie er zu leben gewohnt ist und soviel erwerben, wie dazu erforderlich ist«;[9] daß im Unterschied zu unserer Zivilisation, die im Individuum von Kindesbeinen auf den Geist der Konkurrenz und der Anerkennung von Leistung als höchsten Wert entwickelt, das algerische Kind nicht nur zur Konformität mit der Tradition erzogen, sondern aufgrund der geringen sozialen Mobilität (in einer wenig arbeitsteiligen und wenig hierarchisierten Gesellschaft) im wesentlichen darauf vorbereitet wird, seinen Eltern nachzufolgen und nicht darauf, sozial aufzusteigen – was ohnehin kaum denkbar ist.

Wenn jede menschliche Gesellschaft sich ihrem Wesen entsprechend mit der äußeren Natur auseinandersetzt, so ist daraus nicht zu schließen, daß jede Gesellschaft sich – wie die unsere es tut – als im Konflikt mit der Natur stehend begreift. Die

8 Das (zur universellen Mythologie des Rassismus gehörige) »Stereotyp«, dem zufolge »der Araber faul ist«, bedeutet nicht mehr als seine schlichte Negation, die sich zwar großzügig gibt, aber die hier beschriebenen Phänomene übersieht. Stellt man sich nicht auf den Standpunkt der dem vorkapitalistischen Geist eigenen Logik und sieht man nicht, daß Gewinnsucht und Arbeitskult keine universell anerkannten, sondern unserer eigenen Zivilisation zugehörige Werte sind, dann begibt man sich in eine fruchtlose Debatte, der auch die Kompromißlösung, nach der es eben »fleißige Menschen und faule Menschen« gibt, kein befriedigendes Ende setzen kann (Michel Leiris, *Contacts de civilisation en Martinique et Guadeloupe*, Paris: UNESCO, S. 94). Die Begriffe »fleißig« und »faul« haben nämlich nur für eine »aktivistische« Weltsicht wie die unsere einen Sinn.

9 [Max Weber, *Gesammelte Aufsätze zur Religionssoziologie* I. Tübingen: Mohr 1988, S. 44 – A. d. Ü.]

vom Familienoberhaupt vorgeschriebene, mit anderen und oft mit der ganzen Familiengruppe durchgeführte individuelle Arbeit wird als Kommunion erfahren. Die Erde ist *alma mater* eher als *materies*, Baumaterial, Rohstoff. »[...] das magisch-religiöse Denken [kennt] den Angriffskrieg des Menschen gegen die äußere Natur nicht. Für es ist der Mensch nie einer ihm äußeren Natur ausgeliefert. [...] der Mensch ist in die Natur einbegriffen und steht nicht der Natur gegenüber.«[10] Er sieht sich nicht als »agierenden Faktor«. Diese Auffassung setzt voraus, daß das Bestreben des Menschen über das Notwendige hinausgeht, und entwirft eine rationale Zukunft, die nur durch die Umwandlung des aktuell Gegebenen erreicht werden kann. So setzt der Wille, die Welt umzuwandeln, eine Umwandlung des Willens und der Einstellung des Menschen gegenüber der Welt und seiner Zukunft voraus.

D) Die Zukunft

»Die moderne Gesellschaft ist im Prinzip berechnend, materialistisch und mechanistisch.«[11] Berechnend, das heißt, daß jede Entscheidung, jede Transformation der Arbeitsverfahren oder der Organisation, *jeder Einsatz* disponibler (menschlicher wie natürlicher) Kräfte durch den Nachweis gerechtfertigt werden müssen, daß die Herrschaft des Menschen über die Natur dadurch verstärkt, daß mit anderen Worten dasselbe meßbare Ergebnis mit weniger Aufwand an menschlicher Energie erreicht wird oder daß der Menschheit (oder der jeweiligen Gruppe) mehr Naturpotential zur Verfügung gestellt wird, als die bisherigen Verfahren ermöglicht hätten. Kurzum: zwei Wirtschaftstypen, zwei grundverschiedene Einstellungen gegenüber der Zukunft. So führt das Bemühen um Produktivität für den Bauern

10 Eric Weil, *Philosophie der Politik*, Neuwied am Rhein und Berlin: Hermann Luchterhand 1964, S. 70.

11 Ebd., S. 82.

zur quantitativen Evaluierung des bisher ignorierten Zeitaufwands, die zu leistende Arbeit bestimmt den Zeitplan, nicht der Zeitplan die Arbeit. Da das bäuerliche Leben aus Warten besteht und der Arbeitsrhythmus von den biologischen – animalischen und vegetalischen – Rhythmen nicht zu trennen ist, impliziert der bäuerliche Geist darüber hinaus Unterwerfung unter die Dauer. Nichts ist ihm fremder als ein Versuch, von der Zukunft (durch Erstellung eines Plans zum Beispiel) Besitz zu ergreifen. Zwar fehlt es nicht ganz und gar an ökonomischer Berechnung; davon zeugt die Vorratshaltung. Während die Anlage von Vorräten jedoch Vorsorge voraussetzt, das heißt die Vorwegnahme einer konkreten und gewissermaßen handgreiflichen Zukunft, findet die für die kapitalistische Ökonomie charakteristische »Schatzbildung« ihre Grundlage in einer berechnenden und rationalen Vorausplanung, das heißt der Konstituierung einer abstrakten Zukunft.

E) Die Spartätigkeit

Offensichtlich entspringen die Einstellung gegenüber der Arbeit und die gegenüber der Zukunft derselben Logik. Unser alltägliches Verhalten ist bis ins kleinste von einer Philosophie der Existenz geprägt, die sich von der des traditionalistischen Menschen grundsätzlich unterscheidet und die als Bedingung ihrer Möglichkeit die Konstituierung einer abstrakten und symbolischen Zukunft voraussetzt. So ist das Geld, ein »Instrument, das jedermann allerorts zu jedwedem Tauschakt dient« (Louis Bodin), durch seine »Unbestimmtheit« gekennzeichnet; es schließt unendlich viele Möglichkeiten ein; und da zwischen dem Zeitpunkt, da man es erwirbt, und dem Zeitpunkt, da man es ausgibt, immer ein mehr oder weniger langer Zeitraum verstreicht, impliziert es die Berücksichtigung der Zukunft, so daß es, wie Keynes formulierte, »eine Brücke zwischen Gegenwart und Zukunft« darstellt. Es zeigt sich somit, daß die Verwendung von Geld Strukturen voraussetzt, deren Bedeutung und selbst deren Existenz wir nicht wahrnehmen, weil wir über sie als über etwas Selbstverständliches verfügen. Faktisch gehören diese Strukturen einer bestimmten Zivilisation an, so daß die Angehörigen einer traditionalistischen Zivilisation sie erst auf einem oft mühsamen und schmerzlichen Wege erwerben müssen.

Jede Erziehungsanstrengung muß in erster Linie bezwekken, die psychologischen Strukturen zu schaffen, die Bedingung der Anpassung an die Welt der modernen Wirtschaft sind. Die schlichte Gabe (materielle Hilfe, Verteilung von Lebensmitteln und Kleidung usw.) verlangt weniger vom Geber, als es scheint, und läuft außerdem Gefahr, eine Beziehung der »Abhängigkeit«[12] zu schaffen, bei dem Empfänger Stagnation und bei dem Geber Enttäuschung hervorzurufen.

Ein erhellendes Beispiel: Ein tunesischer Arbeitgeber riet seinen Arbeitern, für den Kauf eines Aid-Lammes[13] bei jeder Lohnzahlung auf eine bestimmte Summe zu verzichten. Zwei Drittel der Arbeiter ließen sich überzeugen; der Arbeitgeber kaufte die Lämmer mehrere Monate vor dem Fest und fütterte sie auf. Während die einen ein Schaf von 30 Kilo erhielten, konnten die anderen sich beim Metzger nur wenige Kilo Fleisch kaufen. Im folgenden Jahr war das Verfahren eingeführt und griff nach und nach um sich, so daß allmählich alle Arbeiter Kreditgeber wurden.

> Unter diesen Arbeitern hatte einer, der zunächst nicht einmal an die Möglichkeit zu sparen gedacht hatte, schon drei Kühe und 18 Schafe erworben ... Er legte 20 000 bis 25 000 Francs beiseite und hob sie dann auf einmal ab, um eine weitere Kuh zu kaufen; seine kleine Herde war im übrigen gediehen und angewachsen. Kürzlich erklärte er seinem Arbeitgeber: ›Was willst du? Als ich noch nichts unter der Sonne besaß, dachte ich nicht daran, mir etwas anzuschaffen, aber jetzt, wo ich Geschmack daran gefunden habe, Eigentümer zu sein,

12 Octave Mannoni, *Psychologie de la colonisation*, Paris: Seuil 1950.

13 Bei diesem islamischen Fest wird ein Schaf geschlachtet (Anm. d. Hrsg.).

denke ich nur noch an meinen nächsten Kauf, um meinen Besitz zu ergänzen.‹[14]

An diesem Beispiel wird deutlich, daß es nicht nur darum geht, Techniken zu transformieren oder zu verbessern, sondern vor allem darum, psychologische Strukturen und Wertsysteme zu lehren, mit einem Wort: die davon nicht zu trennende Lebenskunst.[15]

F) Der Kredit

Wie die Spartätigkeit, wie die Hauswirtschaft, so setzt auch der Kredit Berechnung und rationale Planung voraus, da mit dem Zins der Buchwert der Zeit eingeschaltet wird. Eine solche Berechnung steht der traditionalistischen Wirtschaft und dem Leben von einem Tag auf den anderen fern, mit dem es der nordafrikanische Mensch hält, und dies erklärt den grausamen Zugriff des Wuchers oder auch der *rahnia* oder der *tsenia*. »Man leiht sich Geld«, schreibt Jacques Berque, »und der Gedanke an die Frist verblaßt. Deswegen haben die *rahnia* und die *tsenia* dem bäuerlichen Kleineigentum immer schon schwer zugesetzt: Die Frist läuft ab, ohne daß man sich um die Rückzahlung sorgt. Und zum festgesetzten Zeitpunkt bleibt der Kreditgeber Eigentümer. Vor allem die *rahnia*, die das Pfand zurückhält, ist nichts als eine schleichende Besitzübertragung, die meist den ehemaligen Be-

14 Jean-Gabriel Magnin, »L'épargne et l'ouvrier rural«, Tunis: Institut des Belles Lettres de langue arabe 1954, S. 93-98.

15 Die Anthropologen stellen fest, daß »nichtsymbolische« Elemente leichter vermittelbar sind als deren »Funktion«. Dieses Gesetz müssen Erzieher und Fachleute sich vergegenwärtigen, wenn sie nicht herb enttäuscht werden wollen. So wurde oft beobachtet, daß Mädchen, die in verschiedenen Techniken (Stricken, Flickarbeiten, Haushaltsführung usw.) ausgebildet wurden, diese scheinbar »vergessen«, wenn sie in ihr traditionales Milieu zurückkehren. Das liegt daran, daß diese Verhaltensweisen relativ leichter zu erlernen sind als die psychologischen Strukturen, auf denen sie beruhen.

sitzer zum schlichten Lohnempfänger des Kreditgebers macht.« Der Wucher fügt sich normal und logisch in das traditionalistische Wirtschaftssystem ein, wie er es im 13. und 14. Jahrhundert in Europa tat, wo der Zins manchmal 80% betrug. Eine Wirtschaft, die dem Geldkreislauf so wenig Platz wie möglich einräumt, ist bei weitem nicht vor Krisen sicher – und dies um so weniger, als ihre prekären Techniken nicht erlauben, klimatische Widrigkeiten zu meistern. Der Kredit, auf den sie zurückgreift, ist ein Notkredit, eine derart vital erforderliche, unvermeidliche Geldaufnahme, daß es überhaupt nicht in Frage kommt, über die Bedingungen zu verhandeln.

Ist dem Fellachen mangelnde Vorsorge vorzuwerfen? Das wäre nicht viel sinnvoller, als ihm Faulheit nachzusagen. Setzt nicht vielmehr – wie uns gerade ein Beispiel zeigte – die Planung, also die überlegte und rationale Bemühung, die Zukunft in die Hand zu nehmen, voraus, daß man bereits über ein Mindestmaß von Einfluß auf die eigene Zukunft, also auf die Welt, verfügt? Mangelnde Vorsorge kann nämlich Ausdruck eines vollständigen Vertrauens in die Zukunft, gegründet auf das Bewußtsein eigener Kraft oder auf das Verkennen der von der Welt ausgehenden Schwierigkeiten, sein – aber auch ebensogut Ausdruck eines vollständigen Mißtrauens gegenüber der Zukunft, des Bewußtseins der Unmöglichkeit, sie zu meistern und in den Griff zu bekommen. Hat der Fellache jemals über das Mindestmaß an Gewißheit gegenüber der Zukunft verfügt, über diese Bedingung der Möglichkeit aller Vorausplanung?

Die von dem Zusammenstoß mit der westlichen Zivilisation herrührenden Auflösungserscheinungen liefern eine Gelegenheit, dieses Prinzip zu überprüfen. So machte im Aurès-Massiv, wo das ökonomische Gleichgewicht nur um den Preis von Berechnungen über mehrere Jahre hinaus und dank einer strikten Vorratshaltung aufrechterhalten werden konnte, der (unter anderem durch den Vertrag mit der europäischen Ökonomie ausgelöste) Verlust des Gleichgewichts und der ihm zugrunde liegenden Minimalgarantien nach und nach die Bemühung zunichte, die Ungewißheiten der Zukunft zu meistern. Der Bauer weiß: Was immer er tun mag, er schafft es nicht, die Lücke zu schließen, und lebt schließlich in den Tag hinein.

> Wenn seine Ressourcen aufgebraucht sind (und es bleibt sich gleich, ob dieser Zeitpunkt, unvermeidlich wie er nun einmal ist, einen oder zwei Monate früher eintritt), muß er aufbrechen, in weiter Ferne Arbeit und Brot suchen – während seine Familie den Hunger mit gekochten Wacholderbeeren übertäuben wird –, aufbrechen oder versuchen, Alfagras zu pflücken oder auf eigene Gefahr Holzkohle[16] herzustellen, oder auch seine letzten Ziegen verkaufen, seinen Esel oder seinen Grund und Boden beleihen, zu welchem Zins auch immer. Auf dieser schiefen Bahn erfolgt der Abstieg rasch und unaufhaltsam.[17]

Soll der Mensch also durch Verwaltung seiner Ressourcen, Bilanzierung und Sparsamkeit, Einsatz kapitalistischer Techniken (Kredit, Investition usw.) sein Schicksal in die Hand nehmen, dann braucht er unbedingt ein Mindestmaß an Einfluß auf seine Gegenwart und seine Zukunft. Aber das ist nicht mehr als eine notwendige Bedingung. Mit der Ausdehnung seiner Macht über die Welt wachsen gewiß auch seine Bestrebungen; das Unzulässige und Unerträgliche verdrängt das Unvermeidliche aus seinem Leben; der Bereich tätigen Eingreifens den des Schicksalhaften. Die bloße Entwicklung technischer Beherrschung der Welt genügt indes nicht, in einer Gesellschaft den Kult des Fortschritts oder der Arbeit ins Leben zu rufen. Der Geist des Fortschritts ist ebenso wie der traditionalistische an eine »Weltanschauung«[18] gebunden. Die Vorstellung von Arbeit und Freizeit, die Einstellung gegenüber Zukunft und Vergangenheit, der Stil der zwischenmenschlichen Beziehungen fügen sich in eine gelebte Philosophie ein, in der die Beherrschung

16 Kohle herstellen war in den vierziger Jahren eine geläufige Praxis (Anm. d. Hrsg.).

17 Germaine Tillion, »Dans l'Aurès, le drame des civilisations archaiques«, *Annales*, 12, Juli-September 1957, S. 393-402.

18 [Im Original deutsch – A. d. Ü.]

der Welt und der irdische Erfolg nicht der Wert aller Werte ist.

Wenn zutrifft, was wir hier zu zeigen versucht haben: daß nämlich der Stil der traditionalen Wirtschaft an eine Zivilisation gebunden ist, versteht sich einerseits, daß die Anpassung an die moderne Welt nicht eine simple Umwandlung (oder, wie es auch heißt, eine »Evolution«) des traditionalen Lebensstils voraussetzt, sondern einen radikalen Wechsel der Logik, eine grundlegende Veränderung der alltäglichsten Denkweisen und eine Umwertung der Werte, die der Existenz ihren Sinn und ihren Preis verleihen, und daß andererseits angesichts der funktionalen Beziehung, die Wirtschaft und Zivilisation miteinander verbinden, die plötzliche Umwälzung der Techniken oder ökonomischen Praktiken den Zusammenbruch nicht nur eines Wirtschaftssystems, sondern auch einer Welt von Werten verursachen kann.

III. Die ursprüngliche algerische Gesellschaft und der Begriff Unterentwicklung

Zusammenfassend läßt sich feststellen, daß die algerische Gesellschaft von außen gesehen einen Anschein von Inkohärenz und Inkonsistenz erweckt: Ihre Produktion zielt fast einzig darauf ab, dem unmittelbaren Konsumbedarf zu entsprechen; angesichts des Fehlens nennenswerter Mehrerträge bedeutet eine schlechte Ernte eine Katastrophe; ein Kapitalkreislauf findet nicht statt. Kurz, am Maßstab unserer Kriterien gemessen, steckt sie im Teufelskreis von Armut und Elend: arm, weil schlecht genährt, durch Krankheit dezimiert, bedürfte sie ungeheurer Mengen von Kapital, um sich besser ernähren, pflegen und bilden zu können; das Kapital aber wandert zum Kapital. Da sie arm ist, weil einer traditionalistischen, von Gewohnheiten gelenkten Sozialordnung verpflichtet, dem Fortschritt abgeneigt, der Vergangenheit zugewandt, müßte sie, um zu dem Reichtum zu gelangen, den die Entwicklung der Techniken verschafft, radikal mit einem Lebensstil brechen, an dem sie mit allen Lebensfäden hängt, weil er ihr ein Mindestmaß an Gleichgewicht mit der Welt gewährt, und sich zu einer wahren sozialen Revolution aufraffen – undenkbar in einer Gesellschaft, in der die Treue zur Tradition und die Übereinstimmung mit sich selbst den Wert der Werte darstellt und die diese Werte nicht verleugnen könnte, ohne sich selbst zu verleugnen und zu verneinen.

Man kann dem Begriff Unterentwicklung allerdings auch eine subjektive Bedeutung geben und eine Wirtschaft »unterentwickelt« nennen, wenn sie mangels hinreichender Produktivität ihren Akteuren nicht ermöglicht, einen befriedigenden Konsumstandard zu erreichen. Dies setzt uns jedoch seltsamen Paradoxien aus: Während nämlich die höchstentwickelten Ökonomien noch Fortschritte vollziehen zu müssen meinen und sich in gewisser Weise für unterentwickelt halten, erachtet eine technisch so unentwickelte Gesellschaft wie die traditionale und ursprüngliche algerische Gesellschaft sich keineswegs als unterentwickelt, da sie ihre Bedürfnisse an ihren Ressourcen mißt und bereits angesichts des »Stils« dieser traditionalistischen »Kultur« die Möglichkeit einer besseren Ordnung, mit der verglichen die bestehende als unvollkommen erfaßt werden könnte, grundsätzlich ausgeschlossen ist. Kein Wunder, daß eine Gesellschaft, die nur im Hinblick auf einen Reichtum arm ist, den sie von außen nicht kennen und auch von innen nicht entdecken kann, nicht anerkennt, daß sie arm sei, und hartnäckig und manchmal verzweifelt an einer Sozialordnung und einem Wertesystem festhält, in denen sich eine gelebte Existenzphilosophie ausspricht.

Krieg und gesellschaftliche Umbrüche

Vom revolutionären Krieg zur Revolution*

Das Ende des nationalen Befreiungskriegs konfrontiert das algerische Volk mit sich selbst. Die Fragen, die sich jeder bislang auf abstrakte und fast imaginäre Weise stellte (weil die unmittelbaren Ziele absoluten Vorrang hatten), stellen sich nun in einem neuen Kontext. Wie können Ziele des revolutionären Krieges, die einhellige Zustimmung gefunden hatten, weil sie durch eine konkret und kollektiv erlebte Situation erzwungen waren, durch Ziele der Revolution ersetzt werden? Wie können Ziele neu bestimmt werden, die aufgrund einer völlig neuen Lage an der Tagesordnung sind?

Die Notwendigkeit der Neubewertung und des Neuerfindens machen eine schonungslose, klare Einschätzung der Realitäten erforderlich. Uns liegt es fern, ein umfassendes und systematisches Bild der Probleme vorzulegen, die sich Algerien stellen werden. Wir möchten nur den Finger auf einige neuralgische Punkte legen, versuchen, gegen die Neigung zu Vereinfachungen und Mythologien anzugehen, kurz: unter Hinweis auf die extreme Komplexität des Wirklichen an den Realismus appellieren. Einige der hier vorgelegten Analysen mögen höchst pessimistisch anmuten; tatsächlich ist eine siegreiche Revolution sich ihrer Stärke doch wohl hinreichend genug bewußt, als daß immer wieder Gründe für Hoffnung angegeben werden müßten.

Die zweifellos gefährlichste Illusion wäre eine, die man den Mythos der revolutionierenden Revolution nennen könnte, daß nämlich der Krieg wie durch Magie die algerische Gesellschaft von Grund auf verändert hätte; und darüber hinaus alle Probleme gelöst hätte, einschließlich der Probleme, die durch ihn entstanden sind. Zweifellos hat der Krieg, aufgrund seiner Form, seiner langen Dauer und seiner Bedeutung für das Bewußtsein

* In: François Perroux (Hg.), *Algérie de demain*, Paris: PUF 1962, S. 5-13. [Aus dem Französischen von Franz Hector und Jürgen Bolder; Ergänzungen von Bernd Schwibs]

aller Algerier, zu einer tiefgehenden kulturellen Veränderung geführt.[1] Zweifellos werden zahlreiche kulturelle Widerstände mit der Abschaffung des Kolonialsystems und der Einsetzung einer Regierung von Algeriern durch Algerier verschwinden. In diesem Sinne hat sich alles verändert. Aber ist auch der alte Mensch gestorben?

Zunächst gibt es neben denen, für die die Revolution eine tatsächliche gelebte Revolution bedeutete, auch noch all jene, die den Krieg durchgemacht haben, ohne zu verstehen, all jene, die aus ihren Häusern vertrieben wurden und gezwungen waren, ihr gewohntes Leben in Richtung der Bidonvilles der benachbarten Städte oder der Umsiedlungszentren[2] aufzugeben, und die nur gelitten und sich in ihr Schicksal gefügt haben.[3]

Der Krieg und die revolutionäre Situation haben sicher bei einem großen Teil der Bevölkerung und insbesondere bei denen, die lesen konnten, ein breiteres politisches Bewußtsein sowie eine tiefreichende und reale Veränderung der Weltsicht erzeugt. Die zwischen den Jahren 1958 und 1961 durchgeführten Untersuchungen belegen, daß die revolutionäre Lage und das Bemühen um politische Bildung eine Uniformität der Meinungen begünstigt haben. In so unterschiedlichen Bereichen wie der Kindererziehung oder der Zukunft Algeriens gelangen Arbeiter

1 Für eine Analyse der verschiedenen Aspekte dieses grundlegenden Wandels sei auf den Artikel Pierre Bourdieus verwiesen: »Révolution dans la Révolution«, *Esprit*, Januar 1961, S. 27-40. [In diesem Band, S. 157 ff.]

2 Es handelt sich um Umsiedlungsmaßnahmen der französischen Armee im Zusammenhang ihrer militärischen Unterdrückungspolitik (Anm. d. Hrsg.).

3 Ablesbar an diesem Zeugnis aus einer Landwirtschaftskooperative in der Ebene des Chéliff: »Hat man euch gezwungen zu kommen? – Nein, überhaupt nicht. Bestimmte Familien, das schon. Selbst mit den Militärs haben wir es abgelehnt, die alten Landwirtschaftsarbeiter ziehen zu lassen; andere (Familien) sind einfach so da, sie wissen nicht, warum, man hat ihnen gesagt, wegzuziehen, da sind sie weggezogen, und hier sind sie sehr zufrieden, ein Haus, Boden zum Beackern gefunden zu haben, sie sind da, während Väter, Söhne, Brüder in Umsiedlungslagern sind. So ist das. Wir warten. Was ich dir da sage, haben nur wenige verstanden.«

und Händler, Handwerker und Beamte, Städter und Landbewohner im wesentlichen zu der gleichen Meinung. Doch darf die Einheitlichkeit der Sprache die Verschiedenheit der Haltungen nicht verdecken. Denn der Abstand zwischen den Meinungen und den Verhaltensweisen, zwischen den imaginär formulierten und verbal konformistischen Werturteilen und dem konkreten Verhalten ist tatsächlich frappierend. Diese Abweichungen und unbewußten Widersprüche sind Zeichen einer tiefgehenden Verwirrung wie auch gleichzeitig eines nicht ausgesprochenen Bemühens, neue Verhaltensmodelle zu erfinden. Bezüglich der Frauenarbeit etwa sieht man, daß ein und dieselbe Person dem Westen entlehnte Modelle mit Argumenten rechtfertigt, die der Logik ihrer Tradition entstammen, etwa in Sprichwörtern oder Redensarten, und zugleich traditionelle Gebote mit Gründen rechtfertigt, die einer westlichen Logik entnommen sind. Dieses Hin und Her zwischen beiden Kulturen müßte bei allen Überlegungen über die Probleme der Erziehung in einem Algerien von morgen an zentraler Stelle stehen. Denn dabei handelt es sich darum, einem ganzen Volk zu helfen, für sich selbst ein System von Verhaltensmodellen zu erfinden, eine, kurz gesagt, zugleich kohärente wie eigenständige Zivilisation; dabei wäre es wichtig, neue pädagogische Techniken zu erfinden und zugleich auch neue Inhalte zu lehren.[4]

Die relative Uniformität der Meinungen beweist, wie wirksam Erziehungsanstrengung oder bewußte Propaganda sind, aber auch, wo deren Grenzen liegen. Die Durchsetzung einer gemeinsamen Sprache ist nicht geringzuschätzen. Aber man darf dabei nicht vergessen, daß sich Verhaltensweisen, Haltungen und Kategorien des Denkens nicht so leicht verändern lassen. Trotz der

4 Das algerische Volk ist sich der Notwendigkeit, sich neue Erziehungstechniken auszudenken, voll bewußt. In Algier kann man zum Beipiel hören: »Man sollte alle Cafés beschlagnahmen und daraus Schulen machen.« Gewünscht wird ein praktischer, an die konkreten Bedürfnisse der Alltagsexistenz angepaßter Unterricht, bei dem wirksame, rasche Erfolge zeitigende Methoden angewandt werden.

Überzeugungskraft, die sie besitzt, wenn sie im Auftrag anerkannter Autoritäten vorgeht, darf eine Erziehung, deren Ziel in der tiefgreifenden Veränderung von Verhaltensweisen besteht, um diese besser an eine neue Gesellschaft und neue Ziele anzugleichen, die Hindernisse nicht unterschätzen, die nur mit einem langen Atem überwindbar sind.

Durch die Tätigkeit der politischen Kommissare und den Einfluß von Radio und Presse wurde eine politische Bildung verbreitet, deren Bedeutung nicht unterschätzt werden darf. Konnten wir nicht im Sommer 1960 in einem Umsiedlungszentrum auf der Halbinsel Collo über die jeweiligen Verdienste von Politikern wie Nehru, Tito und Castro diskutieren? Generell ist man von der Breite der politischen Bildung und der Schärfe der Urteile überrascht; das Verhalten der algerischen Bevölkerung am Tage nach dem Waffenstillstand war objektiv ein Zeichen weitgehender politischer Reife. Dennoch ist diese Bildung häufig oberflächlich und nicht mit einer grundlegenden Umwandlung des Verhaltens verbunden, was jedoch angesichts der Umstände und der Art, wie sie erworben und weitergegeben wurde, ganz natürlich ist.

Sicher bildete allein schon der Krieg und das damit verbundene Leid eine Form politischer Erziehung. Aufgrund seiner Prüfungen ist sich das algerische Volk seiner Wahrheit bewußt geworden. Aber man darf nicht verkennen, daß das affektive politische Bewußtsein dem rationalen politischen Bewußtsein voraus ist. Dies gilt besonders von den Frauen, die den Krieg eher passiv und leidenschaftlich als aktiv und bewußt durchgemacht und gelebt haben. Bei ihnen steht die politische Sensibilität häufig in keinem Verhältnis zu politischem Bewußtsein und politischer Bildung. Gleiches gilt für viele junge Leute, die im Krieg groß geworden sind, und in unterschiedlichem Maß für viele Algerier.

Insbesondere kann man nur auf Kosten einer Realitätsverfälschung, die klassische Erklärungsweisen anwenden möchte, in der Bauernschaft die einzige revolutionäre Kraft erblicken. Die Bauernschaft ist zwar Kraft der Revolution, aber im eigentlichen Sinne keine revolutionäre Kraft. Gewiß haben die algerischen

Bauern einen wichtigen Anteil an dem Kampf gehabt, als Akteure wie als Opfer. Und das wissen sie. Gewiß haben sie alles zu gewinnen und nichts zu verlieren. Gewiß sind sie die ersten Opfer des Kolonialismus. Gewiß haben sie ein geschärftes Bewußtsein für die Enteignungen und Plünderungen, deren Opfer sie waren. »Sehen Sie da drüben, zwischen den beiden Bäumen, das war mein Land. Die Franzosen haben es sich nach der Revolte von 1875 genommen und es einem gegeben, der uns verraten hatte.« Die Alten, die in einer Falte ihres Burnus die Durchführungsurkunde des Senatsbeschlusses mit sich tragen, die sie nicht lesen können und die sie beraubt! Entscheidend ist vielleicht, daß die bäuerliche Welt in Algerien sicher außergewöhnlich tiefgehende Veränderungen durchgemacht hat, aufgrund der weitgehenden Landgesetzgebung, aufgrund der Enteignungen und, in neuerer Zeit, aufgrund des Krieges und der Umsiedlungen. Mit der Folge, daß die bäuerlichen Massen es nicht riskieren, die Rolle des Bremsers bei der Revolution zu spielen, wie das anderswo der Fall war.

Aus all diesen Gründen bilden die ländlichen Massen eine explosive Kraft, aber eine Kraft, die für die widersprüchlichsten Ziele zur Verfügung steht. Da sie ihre eigenen Ziele nur affektiv und negativ formulieren können, erwarten sie, daß man ihnen den Weg weist. Beseelt von einer tiefgehenden Revolte und voller Energien, die eher leidenschaftlich als rational sind, können sie eine erträumte Beute für Demagogen sein; sie können aber auch, vorausgesetzt, daß man sie zu führen weiß und der in ihnen liegenden Kraft eine Richtung geben kann, in der Revolution die treibende Rolle weiterspielen, die sie auch schon im revolutionären Krieg hatten.

Das gleiche gilt für das Subproletariat der Städte, Arbeitslose, Handlanger, Tagelöhner, Straßenhändler, kleine Angestellte, Träger, Laufburschen, Wachleute, Einzelverkäufer eines Päckchens Zigaretten oder einer Staude Bananen. Die Gewöhnung an die dauernde Nichtbeschäftigung und an eine scheinhafte Tätigkeit in Elendsjobs sowie das Fehlen einer regelmäßigen

Beschäftigung verhindern die Erarbeitung einer kohärenten Organisation von Gegenwart und Zukunft aus einem System von Erwartungen, aus dem sich jegliche Aktivität und die ganze Existenz herleiten ließe. Weil sie auf die Gegenwart nicht diesen minimalen Zugriff haben, der für die bewußte und rationale Anstrengung unabdingbar ist, die Zukunft zu meistern, sind all diese Menschen eher einem zusammenhanglosen Ressentiment unterworfen als von einem wahrhaft revolutionären Bewußtsein beseelt; das Fehlen von Arbeit oder die Instabilität der Beschäftigung gehen Hand in Hand mit der fehlenden Perspektive von Erwartungen und Meinungen, mit der Abwesenheit eines Systems von Projekten und rationalen Prognosen, zu denen als ein Aspekt der revolutionäre Wille gehört.[5] Gefangen in einer Situation, die durch Ungewißheit und Inkohärenz bestimmt wird, ist ihre Sichtweise fast immer unsicher und zusammenhanglos. Sie erleiden, erdulden und fühlen das Elend ihrer Lage eher, als daß sie es begreifen, denn dies würde einen gewissen Abstand und geistige Werkzeuge voraussetzen, die von der Bildung nicht zu trennen sind. Daher ist es ganz natürlich, daß diese als eine Prüfung erlebte Erfahrung in emotionaler Sprache ausgedrückt wird. Die häufigste Ausdrucksweise, die man die »affektive Fast-Systematisierung« nennen könnte, besteht aus einer Sichtweise der kolonialen Welt, die von Allmacht und Böswilligkeit beherrscht wird.

> ›Die Franzosen‹, sagt ein Arbeitsloser in Saïda, ›wollen mir keine Arbeit geben. Alle diese Herren an meiner Seite arbeiten nicht. Alle haben Zeugnisse, der eine ist Maurer, der andere Fahrer, alle haben einen Beruf. Warum dürfen sie nicht arbeiten? Uns fehlt es an allem. Die Franzosen haben alles, was man für ein gutes Leben braucht. Aber uns wollen sie nichts geben, weder Arbeit noch sonst was.‹

Und ein anderer, ein Getränkeverkäufer in Algier:

5 Diese Analysen sind entwickelt in dem von Pierre Bourdieu verfaßten Teil »Étude sociologigue« des Sammelwerks von Pierre Bourdieu, Alain Darbel, Jean-Pierre Rivet, Claude Seibel, *Travail et travailleurs en Algérie*, Paris/La Haye: Mouton 1963.

> Man hat den Eindruck, gegen das Schicksal zu kämpfen. Ein Freund sagte mir: ›Überall, wo ich anklopfe, geht mir ein Gott voraus, einen Sack Zement auf dem Rücken und eine Kelle in der Hand; ich öffne eine Tür und er mauert zu, was vor mir liegt.‹

Die Alltagserfahrung wird als das Ergebnis eines von einem bösen Willen erdachten systematischen Plans erlebt. Das koloniale System wird als ein böser und verborgener Gott aufgefaßt, der sich je nach Umständen und Gelegenheit in »den Europäern«, »den Spaniern«, »Frankreich«, »der Verwaltung«, »der Regierung«, »Ihnen«, »Sie«, »den anderen« verkörpern kann. Es ist das »man«, das will, wovon man sagt: »Das ist gewollt.«

Mit einer Festanstellung, geregeltem Lohn und mit dem Auftauchen realer Aufstiegsperspektiven kann ein offenes und rationales Zeitbewußtsein entstehen. Dann sieht man, wie die Widersprüche zwischen den maßlosen Erwartungen und den verfügbaren Möglichkeiten schwinden, zwischen den auf imaginärer Basis geäußerten Meinungen und den wirklichen Haltungen. Die Handlungen, Wertungen und Erwartungen ordnen sich einem Lebensplan unter. Dann, und nur dann, kann die revolutionäre Haltung die Flucht in den Traum ersetzen, die fatalistische Resignation oder das wütende Ressentiment.

Es sind daher Zweifel an der Behauptung angebracht, daß das Proletariat in den kolonisierten Ländern keine revolutionäre Kraft sei, weil es im Unterschied zu den bäuerlichen Massen als Bestandteil der kolonialen Maschinerie alles zu verlieren hat.[6] Es ist richtig, daß in einem Land mit chronischer Arbeitslosigkeit die Arbeiter mit dauerhafter Beschäftigung und geregeltem Lohn eine in mehrerer Hinsicht privilegierte Klasse bilden.[7] Zunächst können sie auf relativ kohärente Weise ihre Aspirationen

6 Aus Gründen der Vereinfachung wird hier als Proletariat die Gesamtheit der ständigen Lohnarbeiter im modernen Sektor bezeichnet, worunter auch die in Frankreich weilenden Arbeiter zu zählen sind.

7 Von einer Beschäftigung erwartet man vor allem Sicherheit; Höhe des Einkommens und Art der Arbeit sind sekundär. Am heißesten begehrt ist der Status eines Beamten.

auf eine moderne Lebensweise verwirklichen: Beschäftigungsstabilität und sicherer Lohn sind die Voraussetzung für den Zugang zu modernen Wohnformen, für die Gewöhnung an diese und für eine Lebensweise mit elementarem Komfort.[8] Weil ihr Berufsleben sie mit der industriellen Gesellschaft in Kontakt bringt, konnten sie ferner moderne Techniken, Verhaltensmodelle und Ideale übernehmen und integrieren, kurz gesagt, eine umfassende Einstellung zur Welt.[9] Da alle Aspekte dieser Weltsicht, in deren Zentrum eine bestimmte Einstellung hinsichtlich der Zukunft steht, ein kohärentes Ganzes bilden, kann die Annahme einer »rationalen Lebensführung« von der Bildung eines rationalen revolutionären Bewußtseins nicht getrennt werden.

Trotz des ökonomischen Dualismus, der die koloniale Gesellschaft kennzeichnet, partizipiert ein großer Teil vor allem der städtischen Bevölkerung Algeriens – wenngleich in unterschiedlichem Ausmaß – von den Vorteilen, die der moderne Sektor bietet: Rente, Kindergeld und andere soziale Vorteile, Schulpflicht der Kinder, feste Beschäftigung. Muß darin ein vergiftetes Geschenk des Kolonialismus gesehen werden? Muß man annehmen, daß das Festhalten an diesen »Privilegien« (die unter Bezug auf die Europäer wie Rechte eingefordert werden) und das Vorhandensein von Bedürfnissen, die durch die Vorzeigewirkung geschaffen wurden, reale Hindernisse für die Realisierung einer revolutionären Politik bilden könnten? Ganz im Gegenteil, nur Individuen mit einem kohärenten System von Aspirationen und Forderungen, die fähig sind, sich der Logik des rationalen Kalküls und der Vorhersage unterzuordnen, werden die Opfer

8 Von 70 000 Francs monatlichem Einkommen an tritt ein rationaler Umgang mit dem Budget, eine vorausschauende und kalkulierende Einstellung, Sparneigung, kurz, ein rationales Verhalten in Erscheinung. Unterhalb dieser Schwelle werden hochfliegende Aspirationen durch die Verhaltensweisen konterkariert.

9 Unter den Arbeiter – abgesehen einmal von den höheren Führungskräften und den Beamten – ist der höchste Anteil an Zweisprachigkeit und die höchste Kohärenz der Meinungen anzutreffen; bei ihnen ist auch die Kluft zwischen Meinungen und Einstellungen am geringsten.

und unvermeidlichen Versagungen bewußt verstehen und akzeptieren können. Nur Individuen, die es gewohnt sind, sich rationalen Erfordernissen zu beugen, werden in der Lage sein, nötigenfalls die falschen Wahrheiten der Demagogie zu durchkreuzen und von den Verantwortlichen Algeriens eine rationale Politik zu verlangen. Der Erfolg einer solchen Politik würde darüber hinaus voraussetzen, daß man die Bildungsanstrengungen darauf ausrichtet, die magische Ungeduld der städtischen Subproletarier und landlosen Bauern, die von der Unabhängigkeit all das erwarten, was ihnen das Kolonialsystem versagt hatte, zu befrieden oder ihr eine neue Richtung zu geben.

Die Behauptung, daß die Bauern und die städtischen Subproletarier von einem Gefühlsradikalismus durchdrungen und in die gegensätzlichsten Richtungen mobilisierbar sind, soll nicht heißen, daß sie jede beliebige Politik unterstützen würden. Es wäre gefährlich, wenn man in einen entgegengesetzten Radikalismus verfallen würde, in eine Art technokratische Hyper-Rationalisierung, die den sozialen Wirklichkeiten gegenüber blind wäre. Daraus folgt, daß das vordringliche Problem in jedem Fall in der Anleitung der Massen besteht, genauer, in dem Dialog zwischen den Massen und den Eliten.

Eine der Widersprüchlichkeiten der Situation hängt damit zusammen, daß ein Grund für die Revolte der Massen die Zerstörung der traditionellen gesellschaftlichen und kulturellen Strukturen ist. Die koloniale Politik und die Politik des Krieges, die nur mit blinder und methodischer Verbissenheit vollendet hat, was die Kolonisierung begonnen hatte, haben die ökonomischen Grundlagen der alten Gesellschaft, die sozialen Strukturen, die Systeme von Vorstellungen und Werten zerstört oder verändert.[10] Eine Politik revolutionärer Rationalisierung kann nur darauf ausgerichtet sein, die traditionelle Kultur auch weiter in Frage zu stellen; dabei könnte das schlimmste Erbe der Kolonisation sogar eine positive Funktion haben, weil die Massen

10 In diesem Kontext gewinnt die Analyse der irreversiblen Veränderungen in Folge der Umsiedlungen ihre ganze Bedeutung.

aufgrund der ständigen Manipulationen, denen sie ausgesetzt waren, den Versuchen rationaler Rekonstruktion einer neuen sozialen Ordnung weniger Widerstand entgegensetzen werden. Aber auch hier hat die Realität zwei Gesichter: Auch wenn es richtig ist, daß die aufgrund einer Erziehung zugunsten der Einführung neuer Techniken, neuer Verhaltensmodelle und neuer Werte erfolgten Veränderungen im Vergleich zu den kolonial und kriegsbedingten Umwälzungen gering sind, auch wenn es richtig ist, daß Algerien insofern ungeheuer privilegiert ist, als die Infragestellung der alten Ordnung dort schon weit gediehen war, weil die einzuführenden neuen Modelle und neuen Werte für diejenigen, die sie annehmen müssen, nie völlig neu sein werden, bleibt festzustellen, daß gesellschaftlicher Zerfall und Enttäuschung ein ideales Feld für die Entwicklung leidenschaftlicher und möglicherweise rückschrittlicher Ideologien liefern können. Kurz, es wird angesichts der zweideutigen Wirklichkeit Aufgabe der Verantwortlichen und der Eliten sein, etwas zum Guten zu wenden, was sich auch zum Bösen wenden kann.[11]

Wie kann man den Gefühlsradikalismus, eine Frucht von Erfahrung und harten Prüfungen, mit dem revolutionären Radikalismus, entstanden aus der Reflexion und der systematischen Betrachtung der Realität, in Einklang bringen? Wie kann man den Abstand zwischen den von der Zweideutigkeit und Inkohärenz des Gefühls geprägten Sehnsüchten und der revolutionären Rationalität überbrücken? Wie kann man zu einem Dialog zwischen den zu oberflächlicher Identifikation oder zu leidenschaftlichen Stellungnahmen neigenden Massen und einer Führungsspitze kommen, die die Anprangerung der Folgeerscheinungen des Kolonialismus zurückstellen und ihre Kritik und Aktivitäten

11 Der Realismus der Regierung könnte zum Beispiel daran gemessen werden, wie sie das Problem der Umsiedlungslager angeht und löst. Obwohl es gute Gründe gibt, darin eine Folge des Kolonialismus zu sehen, obwohl die meisten Umgesiedelten nichts sehnlicher wünschen, als wieder zu ihren Böden, ihrem Haus und ihrer früheren Lebensweise zurückkehren zu können, könnte es durchaus sein, daß die Umsiedlungen zur Umwälzung der Agrarstrukturen beigetragen haben.

auf die inneren Widersprüche der algerischen Gesellschaft konzentrieren würde; die die Überbleibsel des Imperialismus und alte Ressentiments nicht ansprechen könnte, ohne sich der Gefahr unkontrollierbarer Explosionen auszusetzen; die sich weigern würde, die Revolte der von den Wundern der Unabhängigkeit enttäuschten Massen auf den Kolonialismus, den bereits geopferten Sündenbock, zu lenken; die die strenge Analyse der Lage und die realistische Konfrontation mit den Realitäten der mystifikatorischen Flucht in die nationalistische Mystik vorziehen würde?[12]

Das dringendste Problem ist das der Vermittler.[13] Der Erfolg einer rationalen Politik setzt voraus, daß sie von möglichst vielen verstanden und akzeptiert wird. Wenn man tiefgehende Veränderungen vornehmen will, kann man sich nicht nur auf die elementare Disziplin der Kampfzeit stützen; man muß überzeugen und überreden, das heißt, Dialoge führen und unterrichten. Die Haltung der Masse gegenüber der Elite ist von extremem Anspruch und Selbstaufgabe geprägt. »Solange mein Sohn nicht genauso gebildet ist wie du«, sagte vor kurzem ein Arbeiter zu einem Studenten, »zählt dein Unterricht für mich nicht.« Das

12 Die Haltung der Regierung gegenüber den Europäern und ihre Ermutigung der Massen, diese Haltung auch zu der ihren zu machen, droht das Empfinden des durch jahrelangen Krieg und Leid ausgezehrten Volkes zu verletzten.

13 Es geht darum, als erste Voraussetzung für den Erfolg der Erneuerungspolitik zumal im ländlichen Bereich kleine Kader zu finden und heranzubilden. Die einstmalige soziale Hierarchie ist durch den Krieg in Frage gestellt. Die aufgrund ihrer Komplizenschaft mit der alten Ordnung entwerteten überkommenen Autoritäten haben Führungspersonen neuen Typs Platz gemacht, deren Autorität auf keinem der traditionellen Fundamente beruht: Name und Renommee, Religion oder selbst Kultur. Der Krieg hat eine reale Demokratisierung hervorgebracht; er hat die Disziplin sichergestellt. Aber werden die aus dem Krieg erwachsenden neuen Autoritäten auf die neue Funktion vorbereitet sein, die ihnen im Frieden zuwächst? Werden sie in der Lage sein, ihre Macht auf neue Grundlagen zu stellen oder auch den Platz für Menschen zu räumen, die besser die Betreuung der Massen garantieren können? Worin sollte das Auswahlprinzip liegen? Ausbildung oder Teilhabe am Milieu?

Volk erwartet von seinen Eliten, daß sie ihm seine eigene Wahrheit offenbaren, daß sie ihm sagen, was es ist und was es sein soll. Und das Volk wird sein, wozu man es herausfordert: für die Revolution verlorene Kraft der Revolution oder revolutionäre Kraft.

Revolution in der Revolution*

Die Ursachen und Gründe des Krieges, die besondere Form, die er angenommen hat, und die Konsequenzen, die sich daraus ergeben, bilden eine Bedeutungseinheit, bei der es darauf ankommt, sie ganz umfassend zu begreifen. Es genügt, jeweils einen dieser drei Aspekte aus dem Zusammenhang zu lösen, in den er eingebunden ist, um jedes Verständnis unmöglich werden zu lassen.

Zu leugnen, daß der revolutionäre Krieg auf einer objektiven Situation beruht, würde bedeuten, ihn in seiner eigentlichen Natur und Existenz zu leugnen. Zu behaupten, der Krieg sei dem algerischen Volk von ein paar Aufrührern durch Nötigung und Täuschung aufgezwungen worden, hieße verleugnen, daß der Kampf seine Lebenskräfte und seine Ziele einem weitverbreiteten Gefühl im Volk verdanken konnte, einem Gefühl, das durch eine objektive Situation bedingt ist. Denn der Krieg existiert und dauert an und kann andauern. Er existiert und dauert nur aufgrund der Umstände an, durch die und mit denen er entstanden ist; doch zugleich verändert er diese Umstände allein dadurch, daß er existiert und andauert.

Muß diese Situation nicht wenigstens summarisch umrissen werden? Die autochthone Gesellschaft ist aufgrund der Kolonialpolitik und des Zusammenpralls der Kulturen bis in ihre Fundamente erschüttert. Die koloniale Gesellschaft insgesamt ist darüber hinaus aufgrund der unterschwelligen oder manifesten Spannung zwischen der herrschenden europäischen und der beherrschten algerischen Gesellschaft gespalten. Die Entwicklung des Kolonialsystems führt dazu, daß der Abstand (und die

* *Esprit*, Januar 1961, S. 27-40; wiederaufgenommen in *Interventions (1961-2001). Science sociale et action politique.* Herausgegeben von Franck Poupeau und Thierry Discepolo, Marseille: Agone 2002, S. 21-28.
[Aus dem Französischen von Franz Hector und Jürgen Bolder; Ergänzungen von Bernd Schwibs.]

entsprechende Spannung) zwischen der herrschenden und der beherrschten Gesellschaft immer größer wird, und zwar in allen Lebensbereichen – ökonomisch, sozial und psychologisch. Das schon fast stationäre Gleichgewicht, in dem sich die koloniale Gesellschaft aufrechterhält, ist das Ergebnis immer stärker werdender gegensätzlicher Kräfte: auf der einen Seite die Kraft, die Ungleichheiten und Diskriminierung erhöhen will, weil diese in der sozialen Realität »objektiv fundiert« seien, wenn man das sagen kann, nämlich in der Verelendung und dem Zerfall der ursprünglichen algerischen Kultur, und auf der anderen Seite die Kraft, die Revolte und Auflehnung gegen wachsende Ungleichheiten und Diskriminierung bedeuten. Kurz gesagt, die innere Logik des Kolonialsystems führt tendenziell dazu, daß sich alle Konsequenzen, die in seinem Fundament enthalten sind, entwickeln und es sein wahres Gesicht zeigt. Daher sind offene Aggression und gewaltsame Repression integrale Bestandteile des Systems; und wenn die koloniale Gesellschaft so wenig integriert ist wie noch nie, ist der Krieg doch ein Teil des kolonialen Systems und der Augenblick seiner Wahrheit.

Der Krieg bringt mit einem Schlag die wahren Grundlagen der kolonialen Ordnung ans Tageslicht, nämlich das Kräfteverhältnis, mit dem die herrschende Kaste die beherrschte Kaste unter Vormundschaft hält. Daher wird verständlich, daß der Friede in den Augen bestimmter Angehöriger der herrschenden Kaste die schlimmste Bedrohung darstellte. Denn ohne die Ausübung der Gewalt gäbe es kein Gegengewicht mehr gegen die Gewalt, die sich gegen die Wurzeln dieser Ordnung richtet, nämlich die Revolte gegen die unterlegene Lage.

Daher kann das koloniale System als solches nur durch eine radikale Infragestellung zerstört werden. Alle grundlegenden Veränderungen sind hier dem Gesetz des Alles oder Nichts unterworfen. Dieser Tatsache sind sich, zumindest verworren, sowohl die Angehörigen der herrschenden als auch der beherrschten Gesellschaft bewußt. Diejenigen unter den erstgenannten, die ihre Existenz an ihre Existenz als Angehörige der herrschenden Kaste binden, malen sich keine andere mögliche Ordnung aus als die aktuelle oder aber ihr eigenes Verschwinden. Den Angehörigen der beherrschten Gesellschaft wird ihrerseits klar, daß sie von Reformen oder Veränderungen, die von innen heraus und innerhalb des Systems vorgenommen werden, nichts zu erwarten haben, weil diese Maßnahmen in Wirklichkeit das System tendenziell verstärken oder zumindest unter dem Anschein, es zerstören zu wollen, konservieren und schützen. Daher ist anzuerkennen, daß die erste und einzige radikale Infragestellung des Systems die vom System selbst ausgelöste ist, nämlich die Revolution gegen die es begründenden Prinzipien.

Hier gilt es nun in groben Zügen die besondere Form und Bedeutung nachzuzeichnen, die der Krieg dem Umstand verdankt, daß er sich in dieser originären Situation entwickelt hat. Stellt man sich, wie es häufig geschieht, auf die Ebene der formalen Legalität und akzeptiert, daß in internationalen Beziehungen Gewalt von beiden Seiten legitim ist, wohingegen unter innenpolitischen Gesichtspunkten sie lediglich für die Repräsentanten der Macht legitim ist, scheint es nur zu begründet, im Krieg nur eine Rebellion gegen die bestehende Ordnung und in den Unterdrückungsmaßnahmen nur bloße Polizeioperationen zu sehen, bei denen die Ordnungsmächte im Besitz der Legitimität gegen die Kriminellen sind. Es könnte leicht aufgezeigt werden, daß der Gesichtspunkt der formalen Legitimität das Absehen von den soziologischen Realitäten und die Weigerung beinhaltet, die Situation anzuerkennen, in der und gegen die die Revolution ausgebrochen ist.[1]

Was frappiert, läßt man einmal die falschen Fragen hinter sich, ist, daß die »feindselige Absicht« dieses Krieges etwas Abstraktes hat. Zwei Texte von vielen sind dafür beispielhaft: »Die algerische Revolution ist kein heiliger Krieg, sondern ein Versuch der Befreiung. Sie ist nicht Werk des Hasses, sondern

1 Vgl. Raymond Aron, *Esquisse d'une théorie des relations internationales* (Vorlesung an der Sorbonne, 1958).

Kampf gegen ein System der Unterdrückung.«[2] »Der Krieg in Algerien ist weder ein Krieg der Araber gegen die Europäer noch ein Krieg der Moslems gegen die Christen, und noch weniger ein Krieg des algerischen Volkes gegen das französische Volk.«[3] Man könnte meinen, diese Sätze seien lediglich Propaganda. Doch sie scheinen eines der wesentlichen Merkmale dieses Krieges auszudrücken, nämlich die Tatsache, daß er sich weniger gegen konkrete Feinde richtet (in seiner feindseligen Absicht, muß man wiederholen), als gegen ein System, das Kolonialsystem. Der Anspruch auf Würde drückt in einer anderen Sprache dieselbe Intention aus; er bildet die allererste Forderung von Menschen, die die Realität des Kolonialsystems und die Einteilung der Kolonialgesellschaft in unterschiedliche Kasten ganz konkret als Erniedrigung empfunden haben.

Daher kann die Revolution gegen das Kolonialsystem und gegen die Unterteilung in Kasten auch nicht schlicht und einfach mit einem Klassenkampf gleichgestellt werden, der sich von ökonomischen Forderungen herleiten läßt, auch wenn derartige Motive schon deshalb vorhanden sind, weil ein unterschiedlicher ökonomischer Status eines der sichtbarsten Zeichen der Zugehörigkeit zu einer der beiden Kasten ist. Auch mit einem internationalen Krieg oder einem Bürgerkrieg kann sie nicht verwechselt werden. Daß der Kampf gegen das Kastensystem die Form eines nationalen Befreiungskrieges annimmt, liegt vielleicht daran, daß die Existenz einer autonomen Nation als einziges entscheidendes Mittel erscheint, die Situation so tiefgreifend zu verändern, daß das Kastensystem endgültig aufgelöst werden kann.

Mitgerissen von seiner inneren Logik, hat der Krieg das wahre Gesicht des Kolonialsystems enthüllt. Aller Schein und alle Zweideutigkeiten fallen in sich zusammen; von daher rührt bei

2 Brief der Nationalen Befreiungsfront an die Franzosen; zitiert in: Charles-Henri Favrod, *La Révolution algérienne*, Paris: Plon 1959, S. 174.

3 Ferhat Abbas [Präsident der Provisorischen Regierung der Republik Algerien], Rede vom 17. Februar 1960.

zahlreichen Angehörigen der herrschenden Gesellschaft bewußt oder unbewußt die Angst vor dem Frieden, eine Angst, die angetrieben wird von dem Bewußtsein, daß der Krieg einen irreversiblen grundlegenden Wandel ausgelöst hat, der aber nur zu voller Existenz gelangen kann durch den Frieden; von daher auch das eingestandene oder uneingestandene Verlangen einiger nach einem in den absoluten Sieg mündenden totalen Krieg, das heiß nach Restauration der Ordnung der Kasten in unveränderter Integrität. Für die Angehörigen der beherrschten Kaste treten die Kluft und der Widerspruch zwischen dem häufig leidenschaftlich geliebten idealen Frankreich und dem kolonialen Frankreich, das seine Herrschaft auf Stärke und Diskriminierung gründet, offen zutage. So enthüllt der Krieg aus seiner eigenen Logik heraus oder, wenn man will, gleichsam zwangsläufig und oft gegen die Absicht derer, die ihn führen, sowohl seine eigenen Natur, die Natur des Kolonialsystems, als auch Frankreich als Kolonialmacht. Der Schleier ist gefallen. Der Krieg hat das Kolonialsystem an die äußersten Punkte geführt, wo alle Zweideutigkeiten sich verflüchtigen. Vor dem Hintergrund des Unterdrückungssystems hebt sich das von einer Moral der reinen Absicht gespeiste generöse Wirken als lächerliches Palliativ ab. Das trügerische Wohlwollen, mit dem die Realität der Kolonialsituation kaschiert werden soll, erscheint als Widerspruch oder zynisches Instrument der Wiedereroberung. Die Tricks und Tricksereien geben sich selbst zu erkennen. Der Krieg befördert die Bewußtwerdung.

Der Terrorismus und die Unterdrückung verschärfen tendenziell das Schisma zwischen den Kasten radikal. Die Wirksamkeit des Terrorismus liegt darin begründet, daß er, indem er zwischen den Angehörigen der zwei Kasten wechselseitiges Mißtrauen und Angst schürt, einen entschiedenen Bruch herbeiführt. Und die Unterdrückung muß zwangsläufig dieselben Effekte auslösen; denn sie kann gar nicht anders als alle Angehörigen der beherrschten Kaste als verdächtig einzustufen, ungeachtet ihrer Versuche, zwischen diesen eine Trennung vorzunehmen. Doch allein dadurch, daß sie sie global als verdächtig einstuft. trennt sie sie von den Angehörigen der anderen Kaste und entwickelt in ihnen das Bewußtsein des Schismas. Eines der Ziele des subversiven Krieges ist nun gerade, jenen Bewußtwerdungsprozeß in Gang zu setzen und zugleich die Solidarität zwischen den Angehörigen der beherrschten Gesellschaft zu verstärken. Der Terrorismus verschärft also die Spaltung und löst die Unterdrückung aus; diese verschärft weiter die Spaltung, die sie hätte verhindern sollen.[4]

Einerseits wird verkündet, der Befreiungskrieg sei die Angelegenheit einer Handvoll bewußtloser Mörder, geleitet von Zynikern, die durch List und Terror die bislang treu zum Mutterland gestandene Bevölkerung gegen Frankreich aufzuwiegeln versuchen. Andererseits wird gemäß dem gelebten Gefühl als der bewußten oder unbewußten Grundlage des Verhaltens gehandelt, wonach alle »Araber« unter sich und mit dem FNL solidarisch sind. Gerade dieses Handeln verstärkt aber wieder nur die Solidarität. Der auf alle ausgedehnte Verdacht, die methodische Durchsuchung aller Wagen, in denen sich Träger von Schleier oder Fez befinden, die tagtäglichen Schikanen (um nur die geringfügigeren Sachverhalte zu nennen): all dies sind Situationen, in denen das Vorhandensein rassischer Diskriminierung offenkundig wird und die alle Individuen der beherrschten Kaste zwingen, ihre Opposition gegenüber der herrschenden Kaste und ihre Solidarität mit den anderen Angehörigen ihrer Kaste unter Beweis zu stellen.

Darüber hinaus tendiert jeder Krieg kraft einer schwindelerregenden Spiralbewegung zum Äußersten, am Ende zum totalen Krieg. Und dies mehr als sonst bei einem Krieg, in dem die Zivilbevölkerung zugleich Einsatz und Spielzeug ist, einem Krieg, in dem es keine Front und keine Grenzen gibt, wo der Gegner überall und nirgends ist, wo Neutralität, Flucht in Abwarten oder Gleichgültigkeit unmöglich sind, wo die mit der

4 Diese Analyse verdankt sich ebenfalls der bereits erwähnten Vorlesung Raymond Arons.

Unterdrückung betraute Armee sich in der Lage von Belagerten wiederfindet und erbarmungslos die kollektive Komplizenschaft erfahren muß, gegen die sie prallt.

Der Kreislauf der Gewalt bewirkt, daß die Gegner, in eine Situation wechselseitiger Aktion und Reaktion verstrickt, unausweichlich zum maßlosen Gebrauch aller verfügbaren Mittel greifen. Als sei alles in einer Spiralbewegung gefangen, löst jede Verstärkung der Unterdrückungskräfte eine Zunahme der Spannungen und die Verstärkung der Aggressionskräfte aus, und immer so weiter. Diese Spiralbewegung hat nicht nur die quantitative Erhöhung der gegnerischen Kräfte und die Intensivierung ihres Vorgehens zur Folge; sie droht vielmehr eine qualitative Transformation in Gang zu setzen, das heiß einen grundlegenden Wandel in den Absichten und Gefühlen. Zu befürchten ist, daß die »feindselige Absicht«, das heißt das Ziel, das mit dem Krieg erreicht werden soll, und das »feindselige Gefühl«, das heißt der gegenüber dem Feind empfundene Haß,[5] sich im umgekehrten Verhältnis entwickeln. Die feindselige Absicht, nämlich die Abschaffung des Systems der Kasten, die, in ihrer reinen Abstraktheit gesehen, frei ist von jedem Haß auf jene, die, ob gewollt oder ungewollt, vom System profitieren, das zerstört werden soll, könnte einem affektiv-leidenschaftlichen Gefühl der Feindschaft weichen, das gegen jenen Feind gerichtet ist, der nicht mehr wie in früheren Kriegen fern und abstrakt ist, sondern intim, nahe und vertraut.

So verändert der Krieg, allein aufgrund seiner Existenz, aber auch aufgrund seiner Form und seiner Dauer die Situation, in der er und durch die er entstanden ist. Das soziale Feld, in dem sich die alltäglichen Verhaltensweisen abspielen, verwandelt sich radikal, ebenso wie die Einstellung der Individuen, die dieser Situation ausgesetzt sind, gegenüber der Situation selbst. Wie soll man diese ebenso unvermittelte wie umfassende und

5 Diese Unterscheidung und die entsprechenden Definitionen stammen ebenfalls aus Raymond Arons Vorlesung [und sind direkte Übernahmen aus Carl von Clausewitz' *Vom Kriege* – A. d. Ü.].

tiefgreifende Veränderung, diese Revolution in der Revolution, beschreiben und erklären?

Der Befreiungskrieg bildet also die erste radikale Infragestellung des Kolonialsystems und, das ist essentiell, die erste Infragestellung, die nicht, wie früher, *symbolisch* und in gewisser Hinsicht magisch bleibt. Das Festhalten an bestimmten Kleidungsstücken (dem Schleier oder dem Fez beispielsweise), an bestimmten Verhaltensweisen, an bestimmten Überzeugungen, an bestimmten Werten, konnte als Art und Weise erlebt werden, symbolisch – also durch Verhaltensweisen, die implizit die Funktion von *Zeichen* erhalten haben – auszudrücken, daß man sich weigert, zur westlichen Zivilisation zu gehören, die mit der kolonialen Ordnung gleichgesetzt wird, daß man den Willen deutlich macht, den radikalen und nicht mehr auszugleichenden Unterschied zu behaupten, nein zur Selbstverleugnung zu sagen, eine bedrängte Persönlichkeit zu verteidigen. In der kolonialen Situation hätte jede Verleugnung der Herkunftszivilisation objektiv bedeutet, sich selbst zu verleugnen und die andere Gesellschaft, die koloniale Ordnung also, untertänigst zu akzeptieren. Und das war gemeint, wenn die Anhänger der Kolonialordnung von »Zeichen von Entwicklung« sprachen. In der kolonialen Situation konnte die Weigerung nur symbolisch ausgedrückt werden. Die Algerier fühlten sich darüber hinaus ständig den Blicken der Europäer ausgesetzt und verhielten sich dementsprechend, wie diese üblichen Redewendungen beweisen, in denen die Sorge zum Ausdruck kommt, weder Anlaß noch Vorwand für abfällige Urteile der Europäer zu liefern: »Die Franzosen schauen auf euch« oder »Machen Sie uns nicht lächerlich«. Damit werden all die bewußten oder unbewußten und anscheinend grundlosen Widerstände verständlich, die bis heute zusammengekommen sind, all die anscheinend abwegigen und absurden Verweigerungen.

Die Existenz von Menschen, die zur etablierten Ordnung nein sagen, die Existenz einer rationalen und auf Dauer angelegten Organisation, die in der Lage ist, die koloniale Ordnung anzugreifen und ins Wanken zu bringen, kurz, die Existenz einer effizienten Negation, die sich im Innersten des Systems befindet und freiwillig oder gezwungenermaßen selbst von denen anerkannt wird, die sie zu verleugnen suchten, reicht aus, um zahlreiche Verhaltensweisen vergeblich werden zu lassen, mit denen die beherrschte Kaste die Zurückweisung der Herrschaft ausgedrückt hat. Der Krieg für sich allein bildet eine Sprache, er gibt dem Volk eine Stimme, und diese Stimme sagt nein.

Daher kann jeder Algerier auch zu den tiefgehenden Anleihen stehen, die er bei der westlichen Zivilisation gemacht hat; er kann sogar, ohne sich selbst zu verneinen, einen Teil seiner kulturellen Erbschaft verleugnen. Weil die Verneinung bleibt, fortwährend und unabänderlich, die Verneinung als Summe aller individuellen Akte der Verweigerung, kann die vom Westen eingebrachte Neuerung auch aufgenommen werden, ohne daß das Akzeptieren einen Ergebenheitsakt zum Ausdruck bringen muß. »Die Zeiten haben sich geändert«, hört man häufig; und so ist zu begreifen, daß angesichts einer veränderten Situation Verhaltensweisen, die in einem anderen Kontext durchaus ihren Sinn und ihre Funktion hatten, jetzt ihre Daseinsberechtigung verloren haben.

Diese umfassende Einstellungsveränderung zeigt sich in verschiedenen Bereichen. Die offensichtlichsten Formen des Verzichts beziehen sich auf Traditionen mit wesentlich symbolischer Bedeutung wie dem Tragen des Schleiers oder des Fez. Institutionen wie das Erziehungswesen oder die ärztliche Versorgung, die intuitiv in engem Zusammenhang mit dem Kolonialsystem aufgefaßt worden waren und von daher ambivalente und zwiespältige Haltungen auslösten, werden, da die Verbindung zwischen diesen Einrichtungen oder Techniken und dem Kolonialsystem gerissen ist, in einem anderen Licht gesehen.[6] Radikal gewandelt hat sich auch die Art und Weise, in der die Mitglieder der

6 Zu dieser Ablösung zentral beigetragen hat der Umstand, daß die ALN (Nationale Befreiungsarmee) diese Einrichtungen und Techniken gewissermaßen wieder übernommen hatte, indem sie Steuern erhob, den Personenstand kontrollierte, manchmal Schulen eröffnete usw.

herrschenden Gesellschaft von denen der beherrschten Gesellschaft wahrgenommen werden. Meistens beruhten deren wechselseitige Beziehungen auf Zweideutigkeit und Mißverständnis. Dem schützenden Paternalismus entsprach die mit Aggressivität durchtränkte Haltung der Abhängigkeit, und umgekehrt. Dem gleichen Muster folgten die Beziehungen zwischen Verwaltung und Verwalteten. Der Krieg hat vor Augen geführt, daß die Position des Herrschenden in Frage gestellt werden kann – und zugleich die des Beherrschten. Der Europäer mitsamt seinem ganzem Universum haben den Charakter des Sakralen verloren. Die Entdeckung, daß die herrschende Kaste schachmatt gesetzt und die Ordnung, auf der ihre Herrschaft beruhte, ins Wanken gebracht werden kann, läßt den Algerier seine eigene Situation aufwerten. Was er vordem manchmal als unausweichliche Notwendigkeit hinnahm, kann er nun als skandalöse Ungerechtigkeit empfinden. Selbstscham, die bei einigen auszumachen war, wird ersetzt durch Eigenstolz und Scham darüber, sich geschämt zu haben.

Auch das Verhältnis zwischen den Angehörigen der beherrschten Gesellschaft hat sich verändert. Weil er seine Lage nicht mehr als unabwendbares Schicksal begreift, sondern als widerrufliche Situation, kann der Algerier in ein und derselben Bewegung sich als Algerier akzeptieren und weigern, sich als Beherrschter zu akzeptieren. Das Gefühl, in einem gemeinsamen Abenteuer zu stecken, ein gemeinsames Los zu erfahren, dieselben Wünsche und Ideale zu teilen, denselben Gegnern zu trotzen: dies alles hat das Solidaritätsgefühl zwischen allen Algeriern erweitert und vertieft und diesem zugleich einen neuen Inhalt gegeben; der Begriff der Brüderlichkeit hat alle ethnische Färbung verloren und ist zu einem Synonym geworden für nationale Verbrüderung.

Der Krieg hat diesem lange Zeit gegängelten Volk die Gelegenheit geboten, als erwachsen, bewußt und verantwortlich in Erscheinung zu treten. Er hat ihm die Möglichkeit eröffnet, die Erfahrung der frei auf sich genommenen, weil von eigenen und frei anerkannten Autoritäten auferlegten Disziplin, kurzum: die Erfahrung der Autonomie zu machen. Der Krieg hat auf diese Weise einen grundlegenden Wandel der gesamten Situation herbeigeführt; und so gibt es keinen Aspekt des Sozialsystems, der nicht aufgrund dieser Transformation des Kontextes in Mitleidenschaft gezogen worden wäre.

Flankiert wird dieser globale Wandlungsprozeß durch Störungen und Erschütterungen als direkter Folge des ablaufenden Krieges oder infolge politischer und ökonomischer Maßnahmen, mit denen der Kriegssituation Paroli geboten werden sollte. Aufgrund seiner Form und seiner Dauer hat der Krieg alle Aspekte der Realität berührt, die Ökonomie und die Demographie etwa ebenso wie die sozialen Strukturen, die Glaubensvorstellungen, die religiösen Praktiken oder das Wertesystem.

Das algerische Volk lebt heute in einer wahren Diaspora. Die erzwungenen oder freiwilligen Wohnsitzwechsel haben ungeheure Ausmaße angenommen. Nach ernstzunehmenden Schätzungen beläuft sich die Anzahl der umgezogenen Personen auf etwa zwei Millionen Menschen, das heißt, daß einer von vier Algeriern nicht an seinem angestammten Wohnsitz lebt. Unter den Phänomenen interner Migration bilden die Umsiedlungen der Bevölkerung nur einen, aber ohne jeden Zweifel den wichtigsten Aspekt. Der Bruch mit einer vertrauten Umgebung und einer stabilen und vertrauten sozialen Welt, in der die traditionellen Verhaltensweisen als natürlich erlebt werden, führt zur Aufgabe dieser Verhaltensweisen, die von dem Boden abgeschnitten sind, in dem sie verwurzelt waren. Die Veränderung des Lebensraums führt zu einer generellen Veränderung des Verhaltens. Doch die Heimatlosigkeit ist allgemein so umfassend und so brutal, daß Verwirrung, Abscheu und Hoffnungslosigkeit unendlich viel häufiger vorkommen als innovative Verhaltensweisen, die notwendig wären, um sich an radikal neue Bedingungen anpassen zu können. Aufgrund bewußter oder unbewußter Unkenntnis sozialer und menschlicher Realitäten setzen die mit der Organisation dieser neuen Gemeinschaften betrauten lokalen Behörden häufig eine völlig fremde Ordnung durch – ohne Rücksicht auf die Wünsche und Sehnsüchte der Umgesiedelten –, eine Ordnung, für die jene weder gemacht sind noch die für sie gemacht worden ist. In diesen riesigen Siedlungen, wo die Häuser oder Hütten nach streng geometrischem Muster schnurgerade aneinandergereiht stehen, werden Gruppen unterschiedlichster Herkunft zusammengefaßt, was zur Auflösung alter gemeinschaftlicher Bindungen führt; aufgrund der Abhängigkeit von staatlicher Unterstützung können auch keine neuen Solidaritäten entstehen, die auf gemeinsamen Interessen oder einem gemeinsamen Werk beruhen. Diese Menschen teilen meist nur ihr Elend und ihre Enttäuschung. Fern von ihrer Heimaterde, versuchen diese zum Nichtstun verurteilten Bauern sich anzupassen, so gut es geht; schon sieht man, daß es hier, wie auch in den Städten, immer mehr kleine Geschäfte ohne Kunden gibt. Zahlreiche Umsiedlungsdörfer, auch die »gelungensten«, mit ihren breiten Straßen, ihrem Brunnen, ihrem Lebensmittelgeschäft und ihrem maurischen Café haben das öde Aussehen toter Städte. Wer dort wohnt, ist zutiefst unzufrieden, auch wenn er über einen bis dahin unbekannten Komfort verfügt (was manchmal durchaus der Fall ist). Vielleicht im wesentlichen deshalb, weil die fundamentalsten Strukturen zerstört worden sind, wie der Rhythmus des Tages oder die Einteilung des Raumes. Wie sollte man die tausend einzelnen Aspekte dieses existentiellen Dramas und dieser in Bruchstücke zerschlagenen Kunst zu leben in ein paar Zeilen ausdrücken und vor allem fühlbar machen können? Die materielle Misere, die den Beobachtern häufig ins Auge fällt, ist nichts gegen das moralische Elend dieser Menschen, die man aus ihrer vertrauten Welt, ihrem Boden, ihren Häusern, ihren Bräuchen, ihren Glaubensvorstellungen gerissen hat, aus allem, was ihnen zu leben half, und die sich nun mit einer Situation konfrontiert sehen, in der sie noch nicht einmal in Gedanken eine neue Lebenskunst erfinden können, in dem Bemühen, sich einer Welt anzupassen, die ihnen völlig fremd geblieben ist.

Die innere Migration hat zudem die Form eines Exodus in die

Städte angenommen, die für die Landbewohner eine Zuflucht gegen Elend und Krieg sind. Die Bidonvilles werden immer größer. Die Bewohner, die schon länger in der Stadt wohnen, nehmen ihre Eltern vom Land auf. Unter soziologischem Gesichtspunkt wichtig ist der Prozeß der »Urbanisierung«, in dem sich das gesamte ländliche Algerien befindet oder besser, falls mir dieser Neologismus gestattet ist, der Prozeß der »Bidonvillisation«. Umgesiedelte, Emigranten, Stadtflüchtlinge sehen sich unvermittelt in eine ungewisse Welt geworfen, die ihnen keine Beschäftigung und vor allem nicht diesen Komplex von Sicherheiten bieten kann, der ihrer Existenz Stabilität und Gleichgewicht verleihen könnte. Der Mensch der ländlichen Gemeinschaften, der stark in gemeinschaftliche Bande verwoben ist, eng von den Alten angeleitet und von einer Fülle von Traditionen unterstützt wird, macht dem isolierten und hilflosen Herdenmenschen Platz, der aus den organischen Einheiten herausgerissen ist, in denen und für die er existiert hatte, abgeschnitten von seiner Gruppe und seiner Heimaterde, und sich materiell in einer solchen Lage befindet, daß er sich an die früheren Ideale von Ehre und Würde nicht mehr erinnern kann.

Kurz, der Krieg und seine Folgeerscheinungen beschleunigen nur den kulturellen Zerfall, der mit dem Aufeinandertreffen der Zivilisationen und der Kolonialpolitik begonnen hatte. Mehr noch, diese Entwicklung erstreckt sich nun auch auf eine Region, die bislang relativ unversehrt geblieben war, weil sie von den kolonialen Unternehmungen verschont geblieben war, nämlich die kleinen ländlichen Gemeinden in den gebirgigen Gegenden, die heutzutage vom Krieg besonders betroffen sind; ganz auf sich selbst gestellt und in eigensinniger Treue zu ihrer Vergangenheit und ihrer Tradition, hatten sie die wesentlichen Züge einer Zivilisation bewahren können, von der man mittlerweile nur noch in der Vergangenheitsform sprechen kann.

Es gibt niemanden, dem nicht bewußt wäre, daß ein tiefer Graben die algerische Gesellschaft von ihrer Vergangenheit trennt und daß sich ein unumkehrbarer Prozeß vollzogen hat.

Was zählt, ist weniger der Bruch als das Gefühl des Bruchs. Eine Folge davon ist, daß Werte suspendiert und in Frage gestellt werden, die der Existenz von gestern noch ihren Sinn gegeben hatten. Die Erfahrung eines Lebens, das immer in Frage steht, immer bedroht ist, macht Traditionen und Glaubensvorstellungen sinnlos, die als heilig galten. Die strengsten Verbote werden übertreten. Die revolutionäre Situation bringt darüber hinaus die alten Hierarchien ins Wanken, die an das System überholter Werte gebunden waren, und ersetzt sie durch neue Männer, deren Autorität häufig anders begründet ist als durch Herkunft, Reichtum oder moralischen oder religiösen Einfluß. Die früheren Werte der Ehre zerfallen angesichts der Grausamkeiten des Krieges. Das Selbstideal und die damit verbundenen Werte werden radikal auf die Probe gestellt.

Wie eine infernalische Maschine macht der Krieg Tabula rasa mit den sozialen Realitäten; er zermalmt und zerstreut die traditionellen Gemeinschaften, das Dorf, den Clan oder die Familie. Tausende von Männern befinden sich im Widerstand, in den Internierungslagern, in den Gefängnissen oder als Flüchtlinge in Tunesien oder Marokko; andere sind in die Städte Algeriens oder Frankreichs aufgebrochen und ließen ihre Familie in den Umsiedlungszentren oder in den Dörfern zurück; andere sind tot oder verschwunden. Ganze Regionen sind fast ohne Männer. Wird in den öden Dörfern nur noch die Erinnerung an alte Traditionen bleiben? Die Weitergabe der traditionellen Zivilisation, die ohnehin in den Augen der Jugend aufgrund von deren Bindung an neue Werte ihren sakralen Charakter verloren hat, wird durch diese Trennung abgeschnitten. Die Frauen und die Alten sind zusammen mit den Kindern im Dorf geblieben. Die in das städtische Leben hineingeworfene Jugend lernt von ihren Vorfahren nicht mehr die Regeln, die Bräuche, die Legenden oder die Redensarten, die die Seele der Gemeinschaft ausmachten. Die Anleitung durch die Alten wird durch die politische Erziehung ersetzt, durchgeführt von denen, die lesen können. Der Erhalt der Tradition setzte einen ständigen Kontakt der einander nachfolgenden Generationen und einen ehrerbietigen Respekt vor den Alten voraus. Die patriarchalische Familie, die ursprüngliche Gemeinschaft, die auf dem Land weitaus besser als in der Stadt dem Zerfall entgangen war und die der Schlußstein des ganzen sozialen Gefüges geblieben war, ist durch den Konflikt zwischen den Generationen zerstreut und häufig auseinandergerissen, ein Zeichen für den Konflikt zwischen alten und neuen Werten.

Die Jugend in den großen Städten entzieht sich den herkömmlichen Kontrollen und dem Druck der Öffentlichkeit, dem eigentlichen Fundament der dörflichen Ordnung. Die Abwesenheit der Väter oder der älteren Brüder führt darüber hinaus dazu, daß sie völlig sich selbst überlassen sind. Viele Jugendliche, vor allem in den Städten, sind heute in der Situation von jemandem, den die Kabylen »Sohn der Witwe« nennen, das heißt in der Lage eines Mannes ohne Vergangenheit, ohne Traditionen, ohne Selbstideal. Die Autorität des Vaters ist zwar immer noch groß, hat sich aber oft verändert. Das Oberhaupt der Familie ist jedenfalls nicht länger Begründer aller Werte und Befehlsgeber in allen Bereichen. Denn der Krieg hat die Werteskala umgedreht, die den Alten Vorherrschaft und Autorität verschafft hatte. Die revolutionären Werte sind die der jungen Generation. Die Heranwachsenden sind im Krieg geformt worden, sie sind der Zukunft zugewandt und ignorieren alle eine Vergangenheit, in der die Älteren, was auch immer sie tun, verwurzelt bleiben, zudem sind sie häufig – und ihre Teilnahme am revolutionären Krieg ist dafür der Beweis – von einem Radikalismus und Negativismus beseelt, der sie bisweilen von ihren Vorfahren trennt.

Analysiert werden müßte auch der Wandlungsprozeß, dem das Geschlechterverhältnis unterworfen ist. Je mehr sich die Dörfer durch den Weggang der Männer leeren, um so stärker werden die Frauen in den Krieg verwickelt. In vielen Fällen kommen ihnen nun Verantwortlichkeiten zu, die früher die Männer innehatten. Sehr häufig müssen sie für den Lebensunterhalt der Familie sorgen, unterstützt von einem Bruder, einem Schwager oder Onkel. Der bislang eng beschränkte Lebensraum, der ihnen vorbehalten war, erweitert sich. Sie bewegen sich in der europäischen Stadt, betreten große Kaufhäuser, nehmen den Zug, um ihren Bruder oder ihren Ehemann zu besuchen, gehen zu Ämtern, kommen Verwaltungsformalitäten nach. Aus ihrem geschlossenen und geheimen Universum brechen sie ein in den offenen, einst den Männer vorbehaltenen Raum. Sie nehmen teil an den politischen Sorgen und Wünschen, auch dies einstiger Alleinbesitz der Männer. Direkt oder indirekt, als Akteurin oder als Opfer in den Krieg verstrickt, durch den Lauf der Dinge dazu gebracht, vollkommen neue Rollen zu übernehmen, hat die algerische Frau zugleich eine größere Autonomie erworben und ein lebendigeres und stolzeres Gefühl für ihre Aufgaben und ihre Verantwortlichkeiten gewonnen.

So hat die Kriegssituation – zusammen mit anderen Einflußfaktoren wie der Erziehung, die den Druck der Jugendlichen und deren Wunsch nach Emanzipation verstärkt, der durch die Migrationen im Inneren begünstigten kulturellen Ansteckung, der Urbanisierung und der Politisierung der Massen, die zu einer Erweiterung des »intellektuellen Raums« führt – das gesamte kulturelle System erschüttert, nicht zuletzt das System der Beziehungen zwischen den Mitgliedern der algerischen Familie. Die zerrissene Familie droht, findet sie kein neues Gleichgewicht, zu einer zerfallenen Familie zu werden. Daß die Auswirkungen des Krieges derart massiv in den Kern der algerischen Gesellschaft eindringen konnten, der aufgrund seiner funktionalen Bedeutung bislang zumindest relativ dem Zerfall entging, zeugt vom radikalen und totalen Charakter der Infragestellung.

Um die gegenwärtige Lage zu beschreiben, sagen die alten Algerier häufig: »Wir sind im 14. Jahrhundert ...«. Das 14. Jahrhundert ist das Jahrhundert des Weltendes, wo jede Regel zur Ausnahme wird, wo alles Verbotene erlaubt wird oder wo zum Beispiel die Kinder nicht mehr die Eltern respektieren, die Frau auf den Markt geht und so weiter. Das volkstümliche Bewußtsein drückt so seine Erfahrung mit einer verkehrten Welt aus, wo alles falsch läuft; es sieht in der Unordnung und dem Chaos der umgebenden Welt die endzeitliche Welt, die das Ende der Welt ankündigt. Und wir sind hier in Algerien Zeugen des Endes der Welt. Aber das Ende dieser Welt wird wie die Ankündigung einer neuen Welt erlebt.

Die algerische Gesellschaft macht seit einhundertdreißig Jahren eine tiefgehende Umwälzung durch, die auch jetzt noch anhält. Es gibt keinen Bereich, der davon ausgespart geblieben wäre. Die Säulen der traditionellen Ordnung sind durch die Kolonialsituation und den Krieg zermalmt oder niedergerissen worden. Das städtische Bürgertum ist zerfallen und zerstreut; die in ihr verkörperten und bewahrten Werte wurden durch das Eindringen neuer Ideologien und das Auftauchen neuer und häufig aus dem Volk stammender Hierarchien hinweggefegt. Die großen Feudalherren, die häufig wegen ihrer vergangenen oder gegenwärtigen Unterstützung der französischen Verwaltung kompromittiert und deswegen in den Augen der Massen mit dem Repressionssystem verbunden sind, haben in den meisten Fällen ihre materielle Macht und geistige Autorität verloren. Die bäuerlichen Massen, die den Neuerungen des Westens einen zähen Traditionalismus und Konservativismus entgegensetzten, wurden in einen Strudel von Gewalt gezogen, der auch noch die Reste von Vergangenheit vernichtet hat. Der Islam hat allmählich seine Bedeutung und Funktion verändert, weil er von Praktiken und magisch-mythischen Glaubensvorstellungen isoliert worden ist, die ihn im Heimatboden verwurzelt hatten, und weil er für einen Moment, mehr oder weniger bewußt, als revolutionäre Ideologie benutzt wurde, die fähig ist, die Massen zu mobilisieren und zum Kampf zu bewegen. Kurz gesagt, der Krieg war, aufgrund seiner Natur, seiner besonderen Form und seiner langen Dauer, mit einer radikalen Revolution verbunden. Es dürfte nicht schwerfallen vorherzusagen, daß mit dem wieder eingetretenen Frieden ein Algerien zu entdecken sein wird, das sich grundlegend von jenem unterscheidet, in dem der Krieg ausbrach: ein zutiefst revolutionäres, weil zutiefst revolutioniertes Algerien.

Von allen Ländern Nordafrikas und vielleicht ganz Afrikas stellt Algerien sicher das Land dar, in dem der kulturelle, technische und ideologische Einfluß des Westens am stärksten war. Es ist nicht gleichgültig, daß seit 5 Jahren Algerien in den französischen Zeitungen und Büchern die Antworten auf seine Fragen liest und daß es seine Probleme, Ängste und Revolten in der eigentlichen Logik des westlichen Denkens formuliert. Es ist nicht gleichgültig, daß eine immer größere Zahl von Kindern die Schule besucht und daß sich der Einfluß der Verwaltung und der Armee in allen Bereichen auswirkt, was immer man davon auch denken mag. Schließlich ist es nicht gleichgültig, daß die revolutionäre Situation das politische Bewußtsein erweckt hat, und damit zugleich das Bedürfnis, zu lernen, zu verstehen und sich zu informieren. Algerien hat sich entschieden der Welt geöffnet. Es fühlt sich berührt vom Abenteuer aller einstigen kolonisierten Länder. Das chinesische Experiment, häufig nur unzureichend bekannt, löst ambivalente Reaktionen aus, in denen Mißtrauen und Interesse sich noch die Waage halten.

Eine dermaßen radikal umgewälzte Gesellschaft macht es erforderlich, revolutionäre Lösungen zu suchen und Massen zu mobilisieren, die aus ihren Berufen und ihren traditionellen Welten herausgerissen und in eine chaotische und desillusionierende Welt geworfen worden sind, indem man ihnen ein anderes Leben anbietet: eine Lebenskunst, die nicht mehr auf der Beachtung unbestreitbarer Gewohnheitsregeln beruht, auf Werten, die von einer althergebrachten Überlieferung bereitgestellt werden, sondern auf der aktiven Teilnahme an einem gemeinsamen Werk, nämlich in erster Linie dem Aufbau einer harmonischen sozialen Ordnung.

Krieg und gesellschaftlicher Umbruch in Algerien*

Die soziologischen Konsequenzen des Krieges gehören zwei sehr verschiedenen Ordnungen an, auf deren Trennung zu achten ist: einerseits die soziologischen Veränderungen, die durch die bloße Tatsache, daß der Krieg existiert, bewirkt sind; andererseits die Transformationen und tiefgreifenden Wandlungen, die das eigentliche Kriegsgeschehen in Gestalt kultureller Erschütterungen und durch die Kriegssituation bedingter politischer oder militärischer Maßnahmen mit sich bringt.[1]

Der erste Typus von Veränderungen verdient vorrangige Betrachtung. Tatsächlich hat die bloße Existenz des Krieges eine radikale Veränderung der Situation und damit des gesellschaftlichen Feldes, in dem Verhalten stattfindet, und gleichzeitig eine Wandlung der Einstellung der in diese Situation eingebundenen Individuen zu dieser Situation selbst hervorgerufen. Darin liegt, aus soziologischer Sicht, sicher das bedeutendste Ereignis, das in den letzten 130 Jahren in Algerien stattgefunden hat. Alles deutet darauf hin, daß diese Gesellschaft, die sich, mehr oder minder bewußt, für Stagnation und den Rückzug auf sich selbst entschieden hatte, die sich gegen den Einfluß alles Neuen mit tausend unsichtbaren und unüberwindlichen Bollwerken schützte, sich plötzlich geöffnet hat und wieder in Bewegung geraten ist. Wie

* In: *Études méditerranéennes*, 7, Frühjahr 1960, S. 25-37; wiederaufgenommen in: *Images d'Algérie. Une affinité élective*, Katalog der Ausstellung des Institut du monde arabe (IMA, 2003), herausgegeben von F. Schultheis und C. Frisinghelli, Arles: Actes Sud/Camera Austria/Sindbad/Fondation Liber, Reihe »Archives privées«, 2003, S. 19-44. [Aus dem Französischen von Jörg Ohnacker und Daniela Böhmer; Ergänzungen von Bernd Schwibs.]

1 Pierre Bourdieu, der in der Reihe »Que sais-je?« eine *Sociologie de l'Algérie* veröffentlicht hat, arbeitet gegenwärtig an einer Analyse der algerischen Gesellschaft, so wie der Krieg sie umgestaltet. Wir veröffentlichen hier in einer ersten Fassung eins der Kapitel dieses Buches. (Dieses Buch wird nie publiziert, aber Pierre Bourdieu wird in der Folge eine Reihe von Arbeiten über Algerien veröffentlichen – Anm. d. Hrsg.)

ist diese Art jäher und umfassender Wandlung zu interpretieren, die sich in tausend Einzelheiten widerspiegelt?

Mit dem Krieg wird erstmals das Kolonialsystem radikal in Frage gestellt, und zwar, was noch wichtiger ist, nicht nur *symbolisch* und in gewisser Hinsicht magisch, wie dies in der Vergangenheit der Fall war, sondern real und praktisch. Man hat gesehen, daß zahlreiche kulturelle Merkmale wie etwa das Festhalten an bestimmten Details der Kleidung (wie Schleier oder Fez) sowie an bestimmten Verhaltensweisen, Glaubensüberzeugungen und Werten als Mittel dienen konnte, symbolisch, das heißt über implizit mit der Funktion von *Zeichen* versehenen Verhaltensweisen, die Ablehnung der Zugehörigkeit zur westlichen Zivilisation und den Willen auszudrücken, man selbst zu bleiben, die grundsätzliche und unüberwindbare Verschiedenheit zu bekräftigen, die Selbstverleugnung zu verneinen und eine bedrohte und bedrängte Persönlichkeit zu verteidigen. In der Kolonialsituation hätte jeder Verzicht auf diese kulturellen, mit dem Wert von Symbolen ausgestatteten Merkmale objektiv Selbstaufgabe und zustimmenden Gehorsam gegenüber der anderen Zivilisation bedeutet.

Die wesentliche soziologische Tatsache besteht vielleicht darin, daß der Krieg schon für sich allein eine Sprache bildet, daß er dem Volk eine Stimme verleiht, und diese Stimme sagt »Nein«. Auch ist zwischen den Angehörigen der herrschenden und denen der beherrschten Kaste immer noch etwas anderes gegenwärtig, das Raymond Aron als »dritten Menschen« bezeichnet hat. Der Zauber der Zweisamkeit ist somit gebrochen; die Beziehung zwischen Herrschendem und Beherrschtem kann nicht mehr in ihrer essentiellen Reinheit stattfinden. Die Logik von Erniedrigung und Verachtung ist gebrochen.

Sobald sich die radikale Negierung im Zentrum des Systems festgesetzt hat, sobald sie real, konkret und gefährlich dem großen Frankreich Sorge bereitet, die bis dahin ruhigen und unerschütterten Europäer in Unruhe und Angst versetzt, Ministerwechsel auslöst, UNO-Debatten, Programme, Konferenzen und

Diskurse bestimmt und Anlaß für Besuche von Ministern und ausländischen Beobachtern sein kann, sobald sich die übrige Welt gezwungen sieht, die Existenz dieser Negierung einzuräumen, verlieren alle magischen Negierungen und symbolischen Verweigerungen einen Großteil ihrer Funktion und Bedeutung.

Und so kann jeder Algerier sich akzeptieren, wie er ist, und zu den tiefgehenden Anleihen stehen, die er bei der westlichen Zivilisation getätigt hat, er kann sogar zugeben und sich eingestehen, wie mir einer von ihnen lächelnd sagte, »integriert« zu sein, er kann ohne Widersprüchlichkeit behaupten, der westlichen Welt und selbst ihrem Lebensstil anzuhängen, er kann sogar einen Teil seines kulturellen Erbes leugnen, ohne sich dabei selbst zu verleugnen. Die Negation bleibt dennoch dauerhaft und unabänderlich bestehen. Der koloniale Traditionalismus hatte im wesentlichen eine symbolische Funktion: Er diente objektiv als Sprache der Verweigerung. Indem die Negation in den Dingen selbst existiert und die Summe aller individuellen Verweigerungen bildet, kann die vom Westen gebrachte Neuerung angenommen werden, ohne daß diese Akzeptanz mit Unterwerfung gleichzusetzen wäre.

Zu den sichtbarsten und auch spektakulärsten Formen des Verzichts dürften jene gehören, die die Traditionen mit einem wesentlich symbolischen Wert betreffen, etwa das Tragen des Schleiers oder des Fez. Über die traditionelle Funktion des Schleiers hat sich, wie darüber kopiert, eine weitere Funktion gelegt, die auf den kolonialen Kontext verweist. Auch ohne ausführliche Analyse wird deutlich, daß der Schleier in erster Linie der Verteidigung der Privatsphäre und als Schutz gegen ihre Verletzung dient, was von den Europäern seit jeher auch vage erkannt wurde. Durch das Tragen des Schleiers schafft die algerische Frau eine Situation der Nichtreziprozität; wie ein unfairer Spieler sieht sie, ohne gesehen zu werden, ohne sich sehen zu lassen. Damit verweigert auch die beherrschte Gesellschaft als ganze mittels des Schleiers die Reziprozität, indem sie sieht, betrachtet und durchschaut, ohne sich selbst sehen, betrachten und durchschauen zu lassen. Europäer äußern sich oftmals empört über diese Art der Unfairness, über diese Weigerung, die Spielregeln zu befolgen, die dazu führt, daß die Algerier Zugang zur Privatsphäre der Europäer haben, diesen jedoch jeglichen Zugang zur eigenen verweigern. Der Schleier kann somit als Symbol der Selbstabschottung gesehen werden. Nun läßt sich seit einigen Jahren bei jungen Frauen und Mädchen eine ausgeprägte Tendenz zum Verzicht auf den Schleier beobachten, die sich zum Zeitpunkt des 13. Mai 1958 abschwächte und rückläufig war – das Tragen des Schleiers erhielt wieder seine Bedeutung als symbolische Negierung, und der Verzicht darauf konnte objektiv als Zeichen des Einverständnisses interpretiert werden. Heute ist diese Tendenz erneut stark im Steigen begriffen und kann sogar in ländlichen Gegenden beobachtet werden.

Diese umfassende Verhaltensänderung läßt sich auch in anderen Bereichen feststellen. Bestimmten Institutionen, die in den Augen der Angehörigen der beherrschten Kaste, sei es zu Recht oder zu Unrecht, mit den Kolonialverhältnissen verbunden waren, begegnete man mit vielerlei Reserven. Dies trifft etwa auf das Schulwesen und die ärztliche Versorgung zu. Die Beziehung zwischen Patient und Arzt, zwischen Schüler und Lehrer, fand im Rahmen der Kolonialsituation statt und erhielt durch sie ihre Bedeutung. Die Verschreibungen des Arztes, der Unterricht des Lehrers konnten intuitiv (ohne daß die Gründe für dieses Gefühl notwendigerweise ins Bewußtsein vordrangen) als Bestrebungen empfunden werden, die Normen einer fremden Zivilisation durchzusetzen.

Widerstände und Reserviertheit sind seit einigen Jahren einem außergewöhnlichen Wissensdrang gewichen, was sich anläßlich des Schulbeginns beobachten und aufgrund zahlreicher anderer Hinweise feststellen läßt.[2] Trotz der unternommenen

2 Eine Umfrage in einer Bibliothek im Großraum Algier hat ergeben, daß die Erwachsenen viel und vor allem Werke von hohem literarischen Niveau lesen. Die Lektüre französischer Tageszeitungen (insbesondere *Le Monde*), die ursprünglich vom Verlangen nach politischer Information

Anstrengungen zur Vervielfachung der Klassen und Lehrer bleibt die Anzahl der Kinder, die keinen Schulplatz finden konnten, beträchtlich. Vor allem in den Städten waren die Primarschullehrer dem Ansturm und der Belagerung der Eltern ausgesetzt, die eine Aufnahme ihrer Kinder verlangten. Der Unterricht für Mädchen, der bis vor kurzem noch auf starke Widerstände gestoßen war, ist heute Gegenstand ebenso starker Nachfrage wie der Unterricht für Jungen.

Wesentlich scheint hier jedoch die Tatsache, daß etwas bislang als auferlegter Zwang oder auch als großzügige Gabe Empfundenes plötzlich als rechtmäßig Zustehendes eingeklagt wird. Dies wird am Verhalten der Eltern, die eine Einschulung ihrer Kinder verlangen, ebenso deutlich wie an dem der Frauen, die allmorgendlich beim örtlichen Sozialdienst vorstellig werden. Die Haltung des Bittstellers, der bescheiden um eine milde Gabe einkommt, ist einem selbstbewußten Auftreten gewichen, mit dem die entsprechenden Dienste und Leistungen als selbstverständlich eingefordert werden.

Das unterwürfige Verhalten ging vage mit einer Verzichtshaltung einher, die durch das eingestandene oder uneingestandene Gefühl motiviert war, daß der Europäer sowohl de jure als auch de facto unnachahmlich und unerreichbar sei. Die Angehörigen der beherrschten Kaste konnten bisweilen bewußt oder willentlich, zumindest jedoch durch ihre Haltung zugeben, daß die Statusunterschiede natürliche Unterschiede zum Ausdruck brachten. Ist es, angesichts einer so beschaffenen sozialen Ordnung, nicht natürlich, daß die Erfahrung, die ein Individuum der beherrschten Kaste durch seine Beziehungen zum höher Gestellten, sei es der Arbeitgeber, der Arzt, der Lehrer oder der Polizist, macht, sich mit den Erfahrungen seiner Beziehungen zum Euro-

motiviert war, hat in hohem Maß dazu beigetragen, diesen Wissensdrang zu entwickeln, dessen Ursache man vielleicht in folgender, von Robert Davezies (*Le Front*, Paris: Editions de Minuit) wiedergegebenen Äußerung eines algerischen Kindes sehen kann: »Wenn Algerien einmal frei ist und ich dann nicht lesen kann, nutzt das gar nichts.«

päer deckt und vermengt?[3] Dementsprechend neigt der Algerier dazu, sich die Persönlichkeit des »Arabers für die Franzosen« zuzulegen. Wer um Arbeit bei einem Franzosen nachsucht, weiß, daß er sich einer bestimmten Ausdrucksweise bedienen, pünktlich erscheinen, eine bestimmte Leistung erbringen muß und so fort. Der Europäer nimmt ihn nur mit dieser Maske und in dieser Rolle wahr, die häufig schlecht gespielt wird und aufgesetzt wirkt. Der Algerier erscheint darin wie in einem schlecht geschnittenen Anzug, und sein Bestreben, mustergültig zu sein und den an ihn gestellten Erwartungen zu entsprechen, gibt Anlaß zu Vorwürfen der Heuchelei oder Unaufrichtigkeit. Diese Analyse soll durch das folgende Beispiel veranschaulicht werden: In einem französischen Haushalt ist der Sohn der algerischen Haushaltshilfe zum Essen eingeladen. Während der gesamten Mahlzeit verhält sich seine Mutter wie eine Haushaltshilfe, schweigsam, tatkräftig und dienstbeflissen. Zum Kaffee wird sie aufgefordert, bei den Gastgebern Platz zu nehmen. Ihr Verhalten ändert sich schlagartig, wie bei einem Schauspieler, der von der Bühne hinter die Kulissen zurückkehrt. Sie wirkt würdevoll und distinguiert, beteiligt sich am Gespräch; alles an ihr ist verändert, einschließlich ihrer Art zu sitzen, den Kopf zu halten oder zu lächeln.

Die übertriebene Beschützerhaltung, die eine Gesellschaft der Sorge und Verantwortung für ihr eigenes Schicksal enthebt, entwickelt tendenziell in dieser eine Haltung des Verzichts, der Selbstaufgabe und der Gleichgültigkeit hinsichtlich der eigenen Bestimmung. So hat die paternalistische Fürsorgepolitik bestenfalls zur Folge, diejenigen, an die sie sich richtet, in die Lage verantwortungsloser und unbewußter Kinder zu versetzen, die jeder Sorge über ihr eigenes Schicksal enthoben sind und sich zugleich gegenüber denen, die »so viel für sie tun«, gleichgültig oder, wenn man so will, undankbar zeigen.

3 Das Gegenteil trifft zu: Viele in Algerien geborener Europäer haben mir berichtet, wie erstaunt sie bei ihrem ersten Besuch in Frankreich darüber waren, Franzosen als Handlanger oder Straßenkehrer arbeiten und in Elendsquartieren wohnen zu sehen »wie die Araber«.

Auch hier hat der Krieg vieles verändert. Er hat diesem über lange Zeit gegängelten Volk die Möglichkeit geboten, sich erwachsen, bewußt und verantwortlich zu zeigen und zu fühlen. Er hat ihm auch die Möglichkeit geboten, eine aus freier Entscheidung angenommene Disziplin oder, kurz gesagt, Autonomie zu erfahren. Man weiß zum Beispiel, daß Verstoßungen in Algerien sehr häufig vorkamen und, laut einer offiziellen Broschüre, »in diesem Bereich behördliche Maßnahmen zu begrüßen wären, da es nicht den Anschein hat, daß die Muselmanen derzeit geneigt sind, auf dieses Privileg zu verzichten«.[4] Dann haben jedoch präzise, in bestimmten Regionen Algeriens von der Nationalen Befreiungsarmee (ALN)[5] erlassene Weisungen zu einem deutlichen Rückgang der Zahl der Verstoßungen geführt. In anderen Bereichen konnte kraft der Autorität der Befreiungsarmee in wenigen Tagen das umgesetzt werden, was in 130 Jahren »zivilisatorischer Mission« nicht erreicht wurde. Es gibt Berichte von Prozessen an verschiedenen Orten, die, nachdem sie sich, zum Selbstgefallen beider Parteien, über Jahre hingezogen hatten, innerhalb weniger Minuten mittels Schlichtung durch die ALN-Kämpfer entschieden werden konnten. Die Erfahrung einer aus freier Entscheidung angenommenen Disziplin, die im Namen des Gemeinwohls von Algeriern für Algerier aufgestellt worden war, hat auch zur Beseitigung weiterer, allgemein für unüberwindlich angesehener Widerstände gesorgt.

In diesem Zusammenhang ist der Umstand von großer Bedeutung, daß die Mehrzahl der auf diese Weise zur Anwendung gelangten disziplinarischen Maßnahmen vollkommen mit denen identisch waren, deren Umsetzung von der französischen Verwaltung immer angestrebt worden war. Die ALN erhebt

4 *La Femme musulmane* [Propagandatext], Algier 1958.

5 [Die ALN (Armée de Liberation Nationale) ist der bewaffnete Flügel der 1954 gegründeten Nationalen Befreiungsfront FLN (Front de Liberation Nationale) und führte nach Verhaftung der führenden Mitglieder der FLN (1956) den Guerillakrieg gegen die französische Armee weiter. Die FLN war 1962 Vertragspartner bei der Unterzeichnung der Verträge von Evian zur Beendigung des Krieges und wird Regierungspartei – A. d. Ü.]

Steuern, führt das Personenstandsregister, gründet Schulen usw. Zudem sind die dabei angewandten Techniken grundsätzlich westlicher Art, ob es sich nun um Bereiche des Gesundheitswesens, des Rechtswesens oder der Verwaltung handelt. Durch Übernahme von Institutionen und Techniken, die im Bewußtsein des Volkes untrennbar mit dem Kolonialsystem verbunden waren und deshalb eine ambivalente Haltung erzeugten, durch den Erlaß von Weisungen und Richtlinien, die in Wortlaut und Inhalt auch von der französischen Verwaltung hätten stammen können, scheint die Nationale Befreiungsfront (FLN) die intuitiv gefühlte Bindung dieser Institutionen und Techniken an das System kolonialer Herrschaft aufgehoben und sie allein dadurch einem Zeichenwechsel unterzogen zu haben.

Mit diesem Wandel des Kontexts hat sich auch die Beziehung zwischen den Angehörigen der herrschenden und denen der beherrschten Kaste geändert. Der Krieg hat allen offenbart, daß die Lage des Herrschenden ebenso in Frage gestellt werden kann wie die des Beherrschten. Mit dem Krieg hat auch die Entkolonialisierung begonnen.

Der Krieg war zunächst ein episodenhaftes Abenteuer, das jeder Algerier täglich aus der Perspektive seines Dorfes erleben konnte. Mit der Zeit führen Informationsaustausch und erlebte Erfahrungen zu der allgemeinen Erkenntnis, daß sich dieselben Ereignisse an unterschiedlichen Orten abspielen. Das Gefühl, an einem gemeinsamen Abenteuer teilzunehmen, ein gemeinsames Schicksal zu erleiden, dieselben Sorgen zu teilen und denselben Gegnern zu trotzen, hat zu einer Erweiterung des sozialen Raums geführt. Das auf sich selbst bezogene Dorf als geschlossener Mikrokosmos des Lebens der Landbevölkerung hat sich geöffnet; das Solidaritätsgefühl hat sich bis an die Grenzen Algeriens erweitert. Diese tief empfundene Solidarität äußert sich in unzähligen Verhaltensweisen: So sind etwa die Wucherer praktisch verschwunden, entweder in der Folge sehr populärer, gegen sie gerichteter Sanktionen oder weil, im Namen dieses neuen Gefühls, zinslose Kredite erteilt wurden. Das Einfordern einer

Schuld aus einem vor 1954 geschlossenen Vertrag gilt als ehrenrührig; diesbezügliche Konflikte können meist schon dadurch gelöst werden, daß ein Vermittler auftritt und auf die Solidarität aller Algerier verweist. Die Brüderlichkeit wurde früher als reale oder fiktive Form der Zugehörigkeit zu einer (mehr oder weniger umfangreichen) sozialen Einheit oder einer Religion empfunden. Heute entwickelt sich der Begriff Brüderlichkeit zum Synonym für nationale Solidarität und verliert jede ethnische oder religiöse Färbung.

Der Krieg hat somit, allein durch sein Bestehen und das durch ihn geweckte Bewußtsein einen wahrhaftigen soziologischen Wandel hervorgerufen. Zu diesem allgemeinen Phänomen kommen die als direkte und unmittelbare Folgen der Kriegsführung entstehenden Beeinträchtigungen und Veränderungen, von denen, in der Reihenfolge ihre Bedeutung, insbesondere die freiwilligen oder erzwungenen Migrationsbewegungen, die allgemein um sich greifende Unsicherheit, administrative und militärische Maßnahmen und schließlich die beträchtliche Intensivierung kultureller Beeinflussung hervorzuheben wären.

Das algerische Volk erfährt heute die Situation einer wahren Diaspora. Die freiwilligen oder erzwungenen Umsiedlungen haben gigantische Ausmaße angenommen. Schätzungen zufolge sind eine bis anderthalb Millionen Menschen davon betroffen, wobei letztere Zahl eher der Wirklichkeit entspricht. Es ist als sicher anzunehmen, daß jeder vierte Algerier außerhalb seines angestammten Wohnorts lebt. Die Phänomene der Binnenmigration sind sehr komplex und treten in sehr unterschiedlichen Formen auf. Umsiedlungen stellen dabei nur einen Teilaspekt dar. Es kommt zum Beispiel häufig vor, daß verlassene Dörfer, deren Bewohner in die Stadt abgewandert sind, von Menschen aus unruhigeren oder kärglicheren Regionen in Besitz genommen werden,[6] vor allem in der Großen und der Kleinen Kabylei.

6 Zwischen Vertriebenen und ehemaligen Dorfbewohnern werden Vereinbarungen getroffen, die etwa eine Teilung der Ernte vorsehen können.

Die Binnenmigration findet auch in Form eines Exodus in Richtung der großen Städte statt, in denen die Landbewohner Zuflucht vor Elend und Unsicherheit suchen. In Algier kann man oft hören: »Hier ist es wie im Paradies. Der Sturm tobt woanders.« Wer in Frankreich arbeitet und keine Möglichkeit hat, seine Familie nachzuholen, sorgt oft dafür, daß diese zu Verwandten in eine Stadt umsiedelt. Manche nehmen ein paar Tage Urlaub und kommen nach Algerien, um den Umzug zu bewerkstelligen. Die Bidonvilles wachsen unaufhörlich. Die ehemaligen Bewohner der Kasbah, die wegen ständiger Kontrollen und Haussuchungen in andere Viertel abgewandert sind, werden von der Masse der Landflüchtlinge ersetzt, die dort unter unvorstellbaren Bedingungen zusammengepfercht sind.

Die erbärmliche Lage der meisten umgesiedelten Bevölkerungsteile ist nicht minder bekannt. Viele Umsiedlungszentren sind, um eine offiziellen Studie zu zitieren, »Brutstätten des Elends« oder, wenn man so will, ländliche Bidonvilles. Laut dieser Studie sind ein Drittel dieser Umsiedlungslager (über)lebensfähig; in diesen Fällen haben die Umgesiedelten Zugang zu ihren Ländereien oder es ist ihnen Land zugewiesen worden. Es gibt kein Subsistenzproblem und die Wohnsituation ist menschenwürdig. Daraus kann man schließen, daß bei den anderen zwei Dritteln Subsistenzprobleme bestehen, die besonders schwerwiegend bei jenen Zusammenlegungen (ein Drittel) auftreten, die aufgrund operationeller Erfordernisse eingerichtet wurden und »nach Wiederherstellung sicherer Verhältnisse wieder aufzulösen sind«.

Die schlichte Tatsache eines Wohnortwechsels – ob in ein Umsiedlungslager, in die Stadt oder nach Frankreich – bewirkt eine umfassende Änderung der Einstellung zur Welt. Das Leben in einer neuen Umgebung führt zu einem Bruch mit der Tradition, der in den meisten Fällen durch die als vorläufig oder endgültig empfundene Unmöglichkeit einer Rückkehr an den angestammten Wohnort besiegelt wird. Dies zeigt das folgende Beispiel einer annähernd sechzigjährigen Frau, die seit ihrem vierzehnten Lebensjahr in der Stadt wohnt, jedoch immer enge Verbindungen zu ihrem Heimatdorf in der Kleinen Kabylei gepflegt hat, wo sie jedes Jahr mehrere Monate verbrachte. 1955 wird die Rückkehr ins Dorf unmöglich. Dieser endgültige Bruch der Verbindungen zur familialen und traditionellen Umgebung, den nicht einmal ein halbes Jahrhundert währender Aufenthalt in der Stadt vollständig bewerkstelligen konnte, ist Ursache für eine umfassende Änderung ihrer Einstellung zur Welt und, insbesondere, zu westlichen Techniken. Während sie sich zuvor mit der Erledigung grober Arbeiten begnügt hatte, die jede europäische Technik ausschlossen, begann sie nun zu bügeln und zu stricken. Zuvor hätte sie nie ein ihr unbekanntes Gericht gekostet. Sie hörte kein Radio und interessierte sich nicht für Politik. Alles deutet darauf hin, daß die bewußte Wahrnehmung des Bruchs (mehr als der Bruch selbst) ihr das Gefühl vermittelt, sich einer neuen Welt anpassen zu müssen, der sie bis jetzt hatte fremd bleiben können.

An die Stelle des dem Gemeinwesen verbundenen Menschen tritt der entwurzelte, den organischen und spirituellen Einheiten, in denen und durch die er existierte, entrissene, von seiner Gruppe und dem Ort seiner Herkunft abgeschnittene Herdenmensch, dessen materielle Lage ihm oft nicht einmal mehr ermöglicht, sich des früheren Ideals der Ehre und Würde zu erinnern. Der Krieg und seine Folgen, die Umsiedlung von Bevölkerungsgruppen und die Landflucht verstärken und beschleunigen noch den Prozeß kulturellen Zerfalls, den die Begegnung der Zivilisationen und die Kolonialsituation ausgelöst hatten. Zudem erstreckt sich dieser Prozeß diesmal auch auf einen Bereich, der bislang nicht betroffen war, da er teilweise von den Kolonisationsbestrebungen verschont wurde und die kleinen, ländlichen Gemeinschaften, die hartnäckig an ihrer Vergangenheit und Tradition festhielten, wesentliche Merkmale einer Zivilisation beibehalten konnten, von der man im Grunde nur noch in der Vergangenheitsform sprechen kann. Eine diffuse Menge kleiner, stark strukturierter Gemeinschaften weicht einer Vielzahl von bindungslosen und entwurzelten Individuen.

Die alten Ehrbegriffe zerfallen im Kontakt mit den Grausamkeiten und Greueln des Krieges. Ein alter Kabyle sagte dazu: »Kein Mann wird nach alldem noch sagen können: Ich bin ein Mann.« Das ideale Selbstbild und die ihm zugeordneten Werte werden härtesten Prüfungen unterzogen. Es kommt zu Vergewaltigungen und Frauenentführungen; es kommt zu Situationen, in denen Männer in Gegenwart von Frauen verhört, gestoßen und geohrfeigt werden. Man hat mir berichtet, daß in einem bestimmten Dorf der Großen Kabylei die Frauen bei ihrem Gang zur Quelle, die etwas außerhalb liegt, zu ihrem Schutz von Soldaten begleitet werden. Bei der Rückkehr gehen manche mit den Soldaten Kaffee trinken oder laden sie zu sich ein. »Der junge Soldat kommt ins Haus. Der Hausälteste, Verteidiger der Ehre, der vom exilierten Haushaltsvorstand den Auftrag erhalten hat, über Frau oder Tochter zu wachen, weiß, daß er nichts sagen kann. Er leidet und verzieht sich schweigend in einen Winkel. Eines Tages bringt der Soldat Nahrungsmittel mit. Er nimmt sich seinen Anteil und schweigt. Er ist zugrunde gerichtet.«

Der Krieg räumt, gleich einer Höllenmaschine, vollständig mit den soziologischen Wirklichkeiten auf; er zermalmt, zerreibt und zersplittert die traditionellen Gemeinschaften Dorf, Klan oder Familie. Tausende erwachsener Männer sind im Untergrund, in Internierungslagern, im Gefängnis oder nach Tunesien und Marokko geflüchtet; andere sind in die Städte oder nach Frankreich aufgebrochen und haben ihre Familie im Dorf oder Umsiedlungslager zurückgelassen, wiederum andere sind bei den französischen Streitkräften; viele sind tot oder vermißt. Es sind nur mehr versprengte und innerlich zerrissene Familien. Ganze Regionen sind männerlos, zum Beispiel in der Kabylei. In einem Ordenskrankenhaus bei Chabel-el-Ameur wurde seit Monaten keine Niederkunft mehr verzeichnet.

Die faktische Geschlechterbeziehung ist einem Wandlungsprozeß unterworfen. Viele Frauen, und durchaus nicht nur die Witwen, sehen sich Verantwortlichkeiten und Aufgaben ausgesetzt, die bislang dem Ehemann oblagen. Die Frau muß sehr häufig für den Unterhalt der Familie aufkommen, auch wenn sie die Hilfe eines Onkels oder Bruders in Anspruch nehmen kann. Ihr bislang extrem begrenzter Lebensraum erweitert sich. Sie bewegt sich in den europäischen Städten, geht in die großen Kaufhäuser, benutzt die Bahn, um ihren Ehemann oder einen Bruder zu besuchen, unternimmt Behördengänge und kümmert sich um Verwaltungsangelegenheiten. Sie läßt das geschlossene Universum ihres Daseins im Verborgenen hinter sich und dringt in den offenen Raum vor, der bislang den Männern vorbehalten war. Als Handelnde wie auch als Opfer ist sie direkt oder indirekt in den Krieg verwickelt und durch die Macht der Verhältnisse gezwungen, eine neue Rolle zu übernehmen. Die algerische Frau, ob verheiratet oder ledig, hat in den letzten Jahren eine größere Autonomie erworben. Der Zerfall der Familienzelle führt dazu, daß sich jedes Gruppenmitglied seiner Persönlichkeit und gleichzeitig seiner Verantwortung bewußt wird. Die jungen Stadtbewohner entgehen den traditionellen Kontrollen und dem Meinungsdruck, die als wesentliche Grundlage der Ordnung in den dörflichen Gemeinschaften wirkten. Es kommt vor, daß sie aufgrund der Abwesenheit des Vaters völlig auf sich gestellt sind. Vor allem in den Städten sind viele Jugendliche, selbst wenn ihr Vater noch lebt, heute in der von den Kabylen so bezeichneten Rolle des »Sohnes der Witwe«, das heißt ohne Vergangenheit, ohne Traditionen, ohne Selbstideal und sich selbst überlassen. Die Autorität des Vaters ist zwar noch lebendig, wird jedoch oft untergraben. Er wird nicht mehr als Maß aller Dinge und als derjenige begriffen, der Werte festlegt und alle Angelegenheiten regelt. Die Mehrheit der jungen Männer und Frauen folgt einem neuen Wertesystem, in dessen Namen die Traditionen in Frage gestellt werden. Dies gilt vor allem für die 15- bis 20jährigen: Vom Krieg geprägt, mit der jugendeigenen Radikalität ausgestattet, zukunftsgerichtet und ignorant gegenüber einer Vergangenheit, der die Älteren bei all ihrem Tun verhaftet sind, werden sie oft von einem Geist der Revolte und einem Negativismus getrieben, der sie bisweilen ihren Vätern entfremdet. Diese psychologische Kluft zwischen den Generationen wird durch die faktische Trennung oft noch vergrößert. Voraussetzung für die Wahrung der Tradition war ein ständiger Kontakt zwischen den Generationen und der ehrfürchtige Respekt vor den Ältesten. In den dörflichen Gemeinschaften ging der Einfluß der Ältesten weit über die Kindheit hinaus, und auch der Erwachsene beugte sich der Autorität seines Vaters, solange er bei ihm lebte. Mit der Zerstreuung der Familie wird auch die Kontinuität der Tradition grundlegend beeinträchtigt.

In Verbindung mit anderen Einflüssen wie dem Bildungswesen, das den Druck der Jungen und ihren Wunsch nach Emanzipation verstärkt, oder der kulturellen Nachahmung, die den Gegensatz der Generationen bezüglich Lebensstil und Wertesystem fördert, hat der Krieg das System der Beziehungen zwischen den Mitgliedern der algerischen Familie grundlegend verändert. Die im Augenblick noch zerrissene Familie wird vollends zerfallen, falls sie nicht zu einem neuen Gleichgewicht findet. Daß die algerische Gesellschaft in ihrem Kern so stark von den Auswirkungen des Krieges betroffen wurde, beweist die Radikalität und Brutalität ihrer durch den Krieg verursachten Hinterfragung.

»Wir befinden uns im 14. Jahrhundert ...«, dem Jahrhundert des Weltuntergangs, in dem alles, was als Regel galt, zur Ausnahme wird und alles zuvor Verbotene erlaubt ist. Die Kinder haben keine Ehrfurcht mehr vor den Eltern, die Frauen gehen zum Markt und so weiter. So drückt sich im Volksempfinden die Erfahrung einer verkehrten Welt aus, in der alles allem zuwiderläuft. Die allseitige Unordnung und das Chaos werden als Welt der Endzeit wahrgenommen, die den Weltuntergang ankündigt. Und in Algerien können wir den Weltuntergang erleben. Aber der Untergang dieser Welt wird auch als Ankündigung einer neuen Welt wahrgenommen.

Die algerische Gesellschaft unterliegt einem Wandel, der radikaler nicht sein könnte und keinen ihrer Bereiche verschont.

Die Stützen der traditionellen Ordnung wurden durch die Kolonialsituation und den Krieg erschüttert oder zum Einsturz gebracht. Das städtische Bürgertum hat sich aufgelöst; die Werte, die es verkörperte, wurden von der Macht neuer Ideologien hinweggefegt. Die großen Feudalherren, die meist durch ihre Unterstützung der Kolonialverwaltung kompromittiert waren und aus diesem Grund beim Volk mit dem Herrschaftssystem in Verbindung gebracht wurden, verloren in den meisten Fällen ihre materielle Macht und geistige Autorität. Die Masse der Landbevölkerung, die den vom Westen angebotenen Neuerungen einen hartnäckigen Konservatismus entgegensetzte, findet sich in einem Strudel der Gewalt gefangen, der vollständig mit der Vergangenheit aufräumt. Selbst der Islam, der mehr oder weniger bewußt als revolutionäre Idee benutzt wurde, hat nach und nach einen Bedeutungs- und Funktionswandel erfahren. Kurz gesagt: der Krieg hat durch seine Natur, seine Dauer und sein Ausmaß eine radikale Revolution bewirkt. Man kann die Vorhersage wagen, daß ein künftiger Friede ein Algerien zum Vorschein bringt, das sich gänzlich von dem unterscheidet, in dem der Krieg begonnen hat: ein Algerien, das zutiefst revolutionär ist, da es eine tiefgreifende Revolution erfahren hat.

Eine soziologische Analyse der Kriegsfolgen kann sich somit nicht in einer Begutachtung der Ruinen und Inventarisierung der Trümmer erschöpfen. Die radikale Wandlung, die derzeit in Algerien stattfindet, weist tatsächlich nicht nur negative Aspekte auf. Aus den Fakten lassen sich Elemente einer Politik ableiten, die fähig ist, diese katastrophale Erfahrung sozialer Chirurgie zum Guten zu wenden. Anders als immer behauptet wurde, zeigt sich, daß in Algerien alles möglich ist, wenn diese Massen, deren Erscheinen Kolonialsituation und Krieg durch die Zerstörung der gemeinschaftlichen Gruppierungen, in denen sie verwurzelt waren, bewirkt haben, in voller Freiheit und Verantwortung ihr eigenes Schicksal bestimmen können. Dann wird vielleicht dieses Konglomerat richtungslos umhergeworfener Atome durch eine neue Form sozialer Einheit ersetzt, die nicht auf der organischen

Bindung an Werte beruht, die eine säkulare Tradition überliefert hat, sondern auf der aktiven, schöpferischen und entschlossenen Teilnahme an einer gemeinsamen Aufgabe.

Arbeiter und Bauern in Verzweiflung

Entwurzelte Bauern: Morphologische Umwälzungen und kultureller Wandel in Algerien*

Am Tag, als uns »*bonsoir*« [Guten Abend] geoffenbart wurde,
war das wie ein Schlag aufs Kinn:
Wir wurden gesättigt mit abschließbaren Gefängnissen.

Am Tag, als uns »*bonjour*« [Guten Tag] geoffenbart wurde,
war das wie ein Schlag auf die Nase:
Die Segnungen für uns ließen nach.

Am Tag, als uns »*merci*« [Danke] geoffenbart wurde,
war das wie ein Schlag auf die Kehle:
Das Lamm flößt mehr Furcht ein als wir.

Am Tag, als uns »*cochon*« [Schwein] geoffenbart wurde,
waren wir ehrloser als ein Hund:
Der *khammès* hat ein Maultier gekauft.

Am Tag, als uns »*le frère*« [der Bruder] geoffenbart wurde,
war das wie ein Schlag gegen das Knie:
Wir waten bis zum Brustgeschirr in der Schmach.

Am Tag, als uns »*le diable*« [der Teufel] geoffenbart wurde,
bekamen wir einen Schlag, von dem wir verrückt geworden sind:
Wir sind zu Mistträgern geworden.

Adolphe Hanoteau,
Poésies populaires de la Kabylie du Jurdjura, 1867.

Wenn die Umsiedlung beschleunigte Veränderungsprozesse begünstigt, ja sie geradezu ermutigt, so vor allem deshalb, weil sie eine Schwächung der Abwehrkräfte der Gruppe nach sich zieht. Das Zusammenspiel zwischen der räumlichen Organisation, der Struktur der sozialen Gruppen und des jeweiligen Typus sozialer

* Erschienen in *Études rurales*, 12, Januar-März 1964, S. 56-94 (in Zusammenarbeit mit Abdelmalek Sayad). Die dem Originaltext beigegebenen Photographien und Graphiken sind hier nicht wiedergegeben: Siehe hierfür Pierre Bourdieu und Abdelmalek Sayad, *Le Déracinement*, a. a. O.

Beziehungen bewirkt nämlich, daß eine Umwälzung der morphologischen Grundlagen auf sämtliche Dimensionen der sozialen Wirklichkeit durchschlägt. Hier findet nun ein so plötzlicher wie totaler Wandel statt: Die solide integrierten, überschaubaren, über den Raum verstreuten und im Zentrum ihres Gebiets wohnenden Verwandtschaftsgruppen – der *zribat* in der Region um Collo bzw. die erweiterten Familien im Chéliff, aus denen sich die *farqat* zusammensetzen – werden in rücksichtsloser Weise durch auf engstem Raum konzentrierte, oftmals riesige Zusammenballungen von Bevölkerungsgruppen unterschiedlichster Herkunft ersetzt.[1] Die Zusammenführung von Bevölkerungsgruppen, die früher eine jede für sich gelebt hatten, das Größenwachstum der sozialen Einheit, die Neuorganisation des Wohnumfelds und des Wegenetzes – das sind alles maßgebliche, stetig wiederkehrende Merkmale der Umwälzung, die das morphologische Substrat der Gruppen in Mitleidenschaft zieht. Die daraus resultierenden Umwälzungen sind jedoch hinsichtlich ihrer Form, ihres Umfangs und ihrer Intensität variabel, dies je nach Form und Ausmaß der Veränderungen des morphologischen Substrats.

1 Um die Analyse nicht übermäßig kompliziert zu machen, werden hier nur die aussagekräftigsten Daten wiedergegeben. Angemerkt sei allerdings, daß die grundlegende soziale Einheit in der Region von Collo größer ist als im Chéliff. In der Region von Collo ist die *zriba* (das Strukturäquivalent zur *farqa*), die zwischen 100 und 500 Personen umfaßt, die sich als durch (reale oder mythische) verwandtschaftliche Bande geeint ansehen, eine in hohem Maße endogame, lebendige soziale Einheit mit eigenen Traditionen geblieben. Der Stamm bildet schon lange nicht mehr den Rahmen der gesellschaftlichen Aktivitäten, doch kennen alle Angehörigen die daran anknüpfenden Traditionen. Im Chéliff sind die wie der Stamm oder die *farqa* auf einer mythischen Genealogie beruhenden sozialen Einheiten in eine Vielzahl autonomer und über ein eigenes Gebiet verfügender familialer Einheiten zersplittert. Das Gefühl der Zugehörigkeit zur selben *farqa* ist zwar noch lebendig (manche *zardat* umfaßten bis vor kurzem noch sämtliche ihrer Angehörigen), der Stamm stellt für den überwiegenden Teil der Individuen freilich nur mehr eine vage Abstraktion dar, ja manche kennen nicht einmal mehr seinen Namen.

Der kulturelle Wandel wird in erster Linie durch die behördlichen Maßnahmen und die simple Tatsache des Kontakts zwischen Gruppen beschleunigt, die sich hinsichtlich ihrer jüngeren Vergangenheit und des Grads ihrer Akkulturation voneinander unterscheiden. Die Maßnahmen der Verantwortlichen waren von der impliziten oder expliziten Absicht geleitet, eine »Entwicklung« der algerischen Bevölkerung in Richtung westlich geprägter Sozialstrukturen und Einstellungen herbeizuführen. An die Stelle der auf genealogischer Basis organisierten Klans oder Familien sollte die auf räumlicher Grundlage organisierte dörfliche Einheit treten und an die mehrere Generationen umfassende und in Gesamthandsgemeinschaft lebende erweiterte Familie der Haushalt nach westlichem Muster. Entsprechend zwang man die Umgesiedelten an vielen Orten dazu, ebenso viele Häuser zu errichten, wie es Haushalte gab; manche mußten Häuser für ihre emigrierten Verwandten bauen, es kam sogar vor, daß Ausgewanderte zurückkehren mußten, um selbst dieser Verpflichtung nachzukommen.[2] Die getrennten Wohnverhältnisse verschärfen und beschleunigen die (bereits in Gang gekommene) Schwächung der Familienbande. Jede Familie verfügt von nun an über ihren eigenen Kessel und ihr eigenes Budget, wie sie zuvor meist ihr eigenes Land besaß.[3] Des weiteren tragen das enge Beieinander verschiedener Gruppen, die Zersplitterung der Gemeinschaften, der zersetzende Einfluß der Situation in den Elends-

2 Ein Umgesiedelter von Chéraïa macht folgende Aussage: »Vorher kam man aus Frankreich zurück, um beim Einbringen der Ernte mitzuarbeiten, und nach der Feldarbeit ging man wieder; jetzt kommt man hierher, um sich eine Hütte zu bauen.« Einer seiner Gesprächspartner fügt hinzu: »Vorher wohnten wir in großen Häusern, in denen jeder sein eigenes Zimmer hatte, jetzt fordert man von uns den Bau von zwei Hütten pro Familienoberhaupt. Das sind wirklich enorme Zusatzkosten für Familien, in denen es viele verheiratete Männer gibt!«

3 Die Lebensmittelzuteilungen (etwa bei den Verteilungen des geernteten Getreides) und Gaben gehen immer an den Haushalt.

vierteln sowie die prekäre Wohnsituation tendenziell noch das Ihre zur Schwächung der überkommenen Bindungen bei und lassen *neuartige Solidaritäten* entstehen, die *vor allem auf der Gleichartigkeit der Lebensumstände aufbauen.*

In diesem Bereich beschleunigt die Umsiedlung nur eine bereits in Gang gekommene Entwicklung. So hat in zahlreichen kabylischen Dörfern die geographische Einheit, nämlich das Dorf, verstärkt politische, ökonomische und rituelle Funktionen an sich gezogen, die früher jedem einzelnen Klan (*idherman*, Plural von *adhrum*) oblagen: Das kollektiv vollzogene Opfer, das jeder Klan früher für sich darbrachte, wird (seit 1950) beispielsweise vom gesamten Dorf vollzogen. Die Auflösung der Familieneinheit hatte die gleichen Ursachen: Die Rechenhaftigkeit, die mit der Verallgemeinerung der Geldwirtschaft und der Migration Einzug gehalten hat, untergräbt das Gefühl der Brüderlichkeit, das der Familiengemeinschaft zugrunde lag, und verhilft dem Individualismus auf allen Gebieten zum Durchbruch. Das ungeteilte Eigentum in jeglicher Gestalt wird von den Individuen zunehmend als Belastung empfunden, und immer häufiger wird es aufgehoben. Der gemeinschaftlich kultivierte Boden ist nicht mehr ausreichend für die Deckung des Bedarfs der Gruppe, die er früher einte, heute dagegen tendenziell spaltet.[4] Jeder würde lieber seinen Eigenanteil abtrennen, und das weniger, weil er das Gefühl hat, von den anderen ausgebeutet zu werden; vielmehr erträgt er es nicht mehr, durch den gemeinsamen Boden an die anderen gekettet zu sein. Die mit dem Einzug des neuen Geistes ins Wanken gekommene Autorität des »Hausherrn« kann die Einheit, für die sie sonst zu sorgen hatte, nicht mehr gewährleisten. Die Flucht aus der Gesamthandsgemeinschaft, eine Art Verzweiflungstat, erscheint für viele als das einzige Mittel, sich

4 *Khammès*, Landarbeiter und andere Bauern, die kein Land geerbt haben, gestehen ein, daß es in ihrem Fall weder *zaddi* (Einheit) noch *bat'tu* (Teilung) gebe; weil sie nichts haben, was sich teilen läßt, kann sie nichts teilen: »Uns eint nichts, uns teilt nichts, zwischen uns kann es nur besser werden.«

von der Gruppe zu lösen, um irgendwie selbst sein Glück zu versuchen. Hinter dem Ausbrechen aus der Gesamthandsgemeinschaft steckt die Illusion, man könne damit aus dem gemeinsamen Elend ausbrechen, während ein geteiltes Elend schlicht ein doppeltes Elend bedeute. Die Loslösung aus der bäuerlichen Gemeinschaft kommt einem Bruch mit der bäuerlichen Existenz gleich: Man verkauft seinen Anteil und zieht in die Stadt, oder man wird *khammès* in der Hoffnung, auf Dauer Arbeiter zu werden. Überlebt sie (oder überlebt sie sich), dann ist das ungeteilte Eigentum nur das Falschgeld, mit dem die Familie die Gruppe und auch sich selbst bezahlt. Genauso wie man weiterhin sein Land bebaut, weil es ein Erbe darstellt, das aufzugeben eine Schande wäre, führt man auch die Gesamthandsgemeinschaft und das Zusammenleben aller Familienangehörigen unter einem Dach weiter, weil es mit dem Ehrgefühl nicht vereinbar wäre, den Namen des Ahnen zugrunde gehen zu lassen. Wie die Landwirtschaft, für die man sich aus Gewohnheit aufopfert, schließt die erzwungene Gesamthandsgemeinschaft, die einzig um der anderen willen aufrechterhalten wird, die Absage an die »Einheit des Hauses« (*zaddi wukham*) in sich, die jeglichen Gedanken an eine Aufteilung überhaupt ausschloß. Ein Lastwagenfahrer aus Djemâa-Saharidj, der schon seit längerem die Feldarbeit aufgegeben hat, erklärt folgendermaßen, warum seine Familie zu den wenigen gehört, die die Gesamthandsgemeinschaft noch aufrechterhält:

> [...] Ich würde gern in einem Bett und nicht auf dem Boden schlafen, aber wenn ich mir ein Bett kaufe, muß ich auch eines für jeden aus meiner Familie kaufen ...; ich würde gern anders essen, zu Hause einen Gasherd haben, aber wie soll man mit Gas kochen, wenn man für 32 Personen kochen muß. Nein! Das ist alles vollkommen ausgeschlossen, wenn wir alle weiter zusammenleben wollen ... Ich bekomme es nicht mehr zusammen, wie ich mit dada DJ... verwandt bin, aber eine Aufteilung ist einfach nicht möglich. Wir sind ein großes Haus, das letzte große Haus, das in unserem Klan noch existiert; überall kann man hören: Bei den Aït M... gibt es nur noch das Haus von Aa... Wenn wir uns teilten, dann wäre das vorbei; wir wären

> nichts mehr, keiner von uns wäre mehr in der Lage, für sich allein einen Ochsen großzuziehen! Wir waren *akham* [ein Haus], wir werden wie die anderen Familien, nämlich *thikhamin* [Häuschen]. Und dann ist es vorbei mit unserem Klan, während der Klan von gegenüber immer noch zwei *izdhin* [ungeteilte] Familien zählt, und weil die schlauer sind als wir, versuchen die noch stärker zu werden.

Der Logik der Ehre gehorchend, heben manche Familien »unter der Hand« die Gesamthandsgemeinschaft auf (*bat't'u n dakhal*: die interne Aufteilung). Mittels einer Art fiktivem Arrangement erhalten sie nach außen hin den Anschein des Fortbestehens der Einheit (*zaddi n barra*) aufrecht. Obwohl neu aufgerichtete Mauern das Haus teilen, obwohl alle beweglichen Güter und Reserven aufgeteilt, das Paar Ochsen zusammen mit dem Rest der Herde geschätzt, das gesamte Eigentum unter der Hand zwischen den Erben aufgeteilt worden ist und nun nur noch aussteht, daß man auf den Grenzlinien Büschel mehrjähriger Sträucher anpflanzt, die den Bruch mit der Gesamthandsgemeinschaft offenkundig machten, verrät nach außen hin nichts, daß der Haushalt getrennt ist. Derselbe Mann spricht weiterhin im Namen der gesamten Familie, für die er vor dem *thajmaâth* und auf dem Markt verantwortlich ist; dasselbe Paar Ochsen und dieselbe Herde überschreiten die Schwelle. Doch ihrer ursprünglichen Bedeutung beraubt, erweisen sich sämtliche Manifestationen, in denen die Gemeinschaft sich immer wieder neu erschuf und festigte, als außerstande, das Gefühl oder zumindest die Illusion echter Gemeinschaft zu erzeugen.

Aufeinanderprallende Unterschiede

Ganz allgemein läuft die Umsiedlung auf eine Beschleunigung der kulturellen Ansteckung hinaus, gegen die manche Gruppen aufgrund ihrer Isolation gefeit waren. Die unter Zwang erfolgte Umsiedlung hinunter in die Ebenen hat Bevölkerungsgruppen zusammengebracht, die sich aufgrund ihres Reichtums und ihres

Status, ihrer kulturellen Traditionen, vor allem aber aufgrund ihrer jüngsten Vergangenheit und des Grades ihrer Anpassung an die moderne Wirtschaftsweise stark voneinander unterscheiden. So befinden sich die Bewohner der in den Bergen gelegenen *zribat*, Bauern, die mit der Stadt nur selten und flüchtig in Berührung kamen, in direktem und täglichem Kontakt mit den aus der *zriba* Aïn-Aghbel stammenden Menschen, die in ihren Augen Städter waren. Aufgrund seiner Lage (im Zentrum eines Ringes von isoliert liegenden Weilern und zwei Stunden Fußmarsch von Collo entfernt) stellte Aïn-Aghbel das ideale Bindeglied zwischen der ländlichen und der städtischen Welt dar. In der Tat steuerten die Einwohner der am Fuße des Berges gelegenen *zriba* zu den Produkten einer verhältnismäßig reichen (verhältnismäßig deshalb, weil die durchschnittliche Besitzgröße dort bei 75 Ar lag) Landwirtschaft noch die aus festen (als Waldhüter oder Korkarbeiter) oder saisonalen Anstellungen stammenden Löhne sowie das mit dem Verkauf von Holz, Holzkohle, Bruyèreholz und auch Gemüse verdiente Geld bei. Aufgrund seiner zentralen Lage übte Aïn-Aghbel eine Scharnierfunktion für den Handel zwischen den in der Umgebung gelegenen ländlichen *zribat* und der Stadt aus. Als in beide Richtungen tätige Zwischenhändler verkauften die Händler die in Collo eingekauften oder von den dortigen Händlern bei ihnen in Kommission gegebenen Produkte, zugleich sammelten und vertrieben sie praktisch sämtliche von den Bauern aus der Umgebung für den Verkauf produzierten Waren – für die Weide geeignetes Vieh aus den *zribat* bis hin zu Gemüse- oder Obstkörben, Krügen mit Milch und Molke, Eiern und Geflügel.[5] Bedenkt man noch, daß vielleicht zwanzig von dort stammende Menschen jeden Tag zur Arbeit in

5 Kurz vor der Umsiedlung gab es in der *zriba* von Aïn-Aghbel noch vier Lebensmittelgeschäfte, eine Metzgerei und ein maurisches Café. Eines der Lebensmittelgeschäfte diente zugleich als Brotverkaufsstelle für einen Bäcker aus Collo, in einem anderen gab es eine Mühle. Sämtliche Handwerker der Gegend waren hier konzentriert, nämlich ein Schmied, ein Schuster, ein Taxifahrer, zwei Transportunternehmer und fünf Schneider.

der Verwaltung oder in der Industrie (Weiterverarbeitung von Kork, Korkenfabrik, Sägewerk, Sardinenfabrik) nach Collo gingen, dann wird deutlich, daß die Einwohner von Aïn-Aghbel in dauerhaftem Austausch mit der Kleinstadt Collo als Markt- und Arbeitsort wie auch als Zentrum des religiösen Lebens standen, wo man auch zum Freitagsgebet und während des Ramadan zu den abendlichen Gebeten oder bei großen Feierlichkeiten in der Moschee zusammenkam. Daß sie fast schon Städter waren, hatte die dortige Bevölkerung der in einer der ältesten Schulen der Region genossenen schulischen Bildung zu verdanken.[6] »Das Dorf derer, die in die Schule gegangen sind«, konnte für sich auch die Rolle des Mittlers zur Verwaltung in Anspruch nehmen, und das in allen möglichen Belangen, bei allen Akten, die auf französisch erfolgen mußten, vor allem aber in sämtlichen Fällen, in denen Schriftlichkeit erforderlich war. Warum sollte man denn extra nach Collo gehen, um vom öffentlichen Schreiber einen Brief für seinen Sohn oder Bruder verfassen zu lassen, während man das doch auch in Aïn-Aghbel und hier obendrein noch billiger haben konnte?[7] Ungeachtet aller Unterschiede untersagt freilich das Solidaritätsgefühl jemandem, der lesen und schreiben kann, aus einer Fähigkeit Kapital zu schlagen, die er außergewöhnlichen Umständen zu verdanken hat. Auf alle Fälle greift man in einer Konfrontation mit einem »Sohn der Stadt« (*wald blad*) lieber auf die Vermittlung eines »Sohnes der Berge« als auf die eines anderen »Sohnes der Stadt« zurück.

6 Neben der 1902 eröffneten französischen Schule gab es in Aïn-Aghbel eine Koranschule für sechzig Schüler, die bis 1957, dem Zeitpunkt, zu dem der *taleb* in den Untergrund ging, geöffnet blieb (die Eltern zahlten dem *taleb* monatlich 300 Francs pro Schüler). Es gab auch eine Gebetsstätte.

7 Das Mißtrauen der Bauern gegenüber »Papieren« erreicht augenscheinlich seinen Höhepunkt in einer des Lesens und Schreibens fast vollkommen unkundigen Bevölkerung. Das Schriftstück ist die Falle, die der Städter, ein Profi in Sachen bürokratischer Tricks, dem unwissenden Bauern stellt, um ihm den Schneid abzukaufen oder ihn zu bestehlen. Weil das Papier zentral für den Verkehr mit der Verwaltung ist, besitzt es aber auch sakralen Wert.

Somit befinden sich mit der Umsiedlung die dem traditionellen Wertesystem verhafteten Bauern in permanentem Kontakt mit Bauern, die sich gegenüber der Tradition schon einige Freiheiten herausgenommen haben. Die erzwungene freie Zeit regt zu Vergleichen zwischen den Verhaltensweisen an und begünstigt die Konfrontation von Meinungen und die Entdeckung bisher nicht bekannter Vorstellungen auf wirtschaftlichem, gesellschaftlichen und politischen Gebiet: Unter dem Olivenbaum, wo die Männer sich nach der Gewohnheit ganz nahe am Grab des Marabuts, das inmitten der mit Grün überwachsenen Gräber des alten Friedhofes liegt, versammeln, reden nicht mehr wie bei den früheren Versammlungen die Ältesten und die Weisesten am lautesten, sondern eher die ehemaligen Emigranten, die aufgrund ihrer Arbeitserfahrungen in der Stadt und vor allem aufgrund ihrer Bekanntschaft mit der modernen Welt und der »Zivilisation« Bescheid wissen, oder der Gebildete, der immer eine Astrachanmütze auf dem Kopf und eine französische Wochenzeitung unterm Arm trägt und inmitten der still und beifällig nickenden »verbäuerlichten« Bauern große Reden schwingt.

Eine solche Horizonterweiterung und das zunehmende Wissen darüber, was in der Welt vor sich geht, erschüttert die Traditionsverbundenheit in ihrem Innersten, zu deren Voraussetzungen vielleicht nicht gerade völlige Unbedarftheit, zumindest aber die Ablehnung solcher Lebensweisen und Anschauungen gehört, die sich mit der bäuerlichen Existenz ganz und gar nicht vertragen. Der Kontakt mit einer anderen Welt wirkt hier hochgradig ansteckend. Die Verführungen des städtischen Lebens konnten dem Bauern, der zum Einkaufen oder zum Verkauf der Produkte seines Bodens in die Stadt ging, nichts anhaben. Es erinnerte ihn einfach alles daran, daß er Bauer war, alles löste in ihm Unbehagen und ein Gefühl der Befremdung gegenüber dieser für ihn durch und durch anderen Welt aus. Seit der Umsiedlungsaktion befindet sich nun die gesamte Gruppe in Dauerkontakt mit Menschen, die ohne Zweifel Bauern sind, jedoch mit den bäuerlichen Werten und Traditionen gebrochen haben; sie verkörpern vielleicht nicht gerade den Inbegriff städtischer Lebensart, doch mit dem Landleben haben sie jedenfalls abgeschlossen. Kommen diese Unterschiede erst einmal zu Bewußtsein, fängt man an, über sein früheres Dasein nachzusinnen.

In Kerkera etwa, wo aufgrund des schieren Ausmaßes der Umsiedlungsaktionen die Kluft zwischen den umgesiedelten Gruppen noch größer ist, sind die ehemaligen Bergbewohner, die früher nur ganz wenig mit der Stadt und sogar mit den *zribat* am Fuße der Berge zu tun hatten, nun in ständigem Kontakt mit den Städtern aus der *zriba* Kerkera.[8] Ein Bergbewohner der *zriba* el-Bir bringt den Gegensatz zwischen den »Leuten aus den Bergen« und den »Leuten aus der Ebene« treffend auf den Punkt – ein Gegensatz, der schon traditionell besteht, den er aber in neuer Gestalt just in dem Moment entdeckt, wo er sich mit seinem aus der *zriba* Kerkera stammenden Nachbarn vergleicht:

> Wir sind Leute aus den Bergen; wir können an diesem Ort [dem Tal des oued Guebli] nicht leben. Wir sind an das Wasser,[9] an den

8 Der »Kilometerstein 10«, Zielort der Umsiedlung, war ursprünglich eine einfache Zwischenstation auf der Straße von Collo nach Constantine. Von dieser Straßenkreuzung, an der es zwei Gemischtwarenladen, ein Café und eine Tankstelle gab, ging ein ganzes Netz von Wegen und Maultierpfaden aus, die zu den am Fuß der Berge und in den Bergen selbst gelegenen *zribat* führten. Weniger als einen halben Kilometer von dort, an den oberhalb des oued Lahmar (einem Zufluß des oued Guebli) liegenden Hängen, erheben sich terrassenförmig die Häuser der *zriba* Kerkera, die aus denselben Gründen wie Aïn-Aghbel (Nähe der Straße und von Collo, Existenz einer Schule, Auswanderer nach Frankreich) stark städtisch geprägt ist. So sind beispielsweise die Häuser vorwiegend aus Stein erbaut, manche von ihnen sind zweigeschossig, haben zahlreiche weite Öffnungen wie Türen und mit Fensterkreuzen versehene Fenster, Zwischendecken, ein gefliestes Erdgeschoß, einen Vieh- oder Pferdestall, der keinerlei Verbindung zu dem ganz den Menschen vorbehaltenen Haus hat. Manche haben sogar ihren eigenen Brunnen im Hof.

9 Am Vorhandensein oder Nichtvorhandensein von Wasser läßt sich der zentrale Gegensatz zwischen einem Leben in den Bergen und dem Leben in der Ebene festmachen. Das Bergwasser, das frische, »freie« und im Überfluß vorhandene Wasser ist das Eigentum jeder Familie bzw. *zriba* und wird zur Bewässerung ihrer Böden genutzt; das aus Brunnen oder

Baum gewöhnt. Wir sind Fellachen und können eigentlich nichts anderes tun als den Boden zu bearbeiten und vom Boden zu leben. Wir nähren uns von Sorghum und wohnen in armseligen Hütten aus Lehm und Geäst. Wir brauchen gar keine Häuser aus Stein [...]. Die [die Leute aus der *zriba* Kerkera und den anderen am Fuß der Berge gelegenen *zribat*] dagegen sind aus der Nähe von Collo, gehen morgens dorthin und kommen drei, vier Stunden später wieder zurück. Sie arbeiten alle [außerhalb der Landwirtschaft], sind Arbeiter in den Fabriken von Collo, sind Ladenbesitzer, sind alle Maurer. Sie wohnen in Steinhäusern, während wir Hütten aus Lehm haben. Sie bauen Weizen und Gerste an, sie haben eine Schule. Schau, in den Umsiedlungslagern gehören ihnen die Läden, die Cafés, die Plätze in den Büros, die festen Häuser, wohingegen wir auf die [von der DRS trassierten] »Bankette« abseits der Straße abgeschoben sind. Sie fahren mit dem Fahrrad nach Collo, sie haben alle Autos, Lastwägen vom Zentrum. Und wir, wir haben unsere Esel verloren [...]. Wie sollte mein Sohn eine ihrer Töchter ehelichen? [...] Sie würden ihre Frauen bei uns holen, aber niemals würde jemand von uns um eines ihrer Mädchen anhalten. Ein Junge aus den Bergen heiratet ein Mädchen aus den Bergen; ein Mädchen aus der Ebene in einer Familie von Bergbewohnern – das ist der Ruin für diese Familie. Soll man ihr etwa Sorghum zu essen geben? Ein Mädchen aus den Bergen kann dagegen bei ihnen nur gefügig sein, der Weizen wäre für es schon etwas Willkommenes, den Sorghum ist es ja gewohnt.[10]

Durch die Umsiedlung treten die Unterschiede zwischen den dabei zusammengelegten Gruppen noch deutlicher zutage. In Djebabra belegte die zuerst eingetroffene *farqa* Djebabra den am höchsten gelegenen Abschnitt des Geländes, der nicht nur äußerst vorteilhaft gelegen war, sondern auch angenehmere Wohnbedin-

Quellen geschöpfte stehende Wasser der Ebene steht im Ruf, Krankheiten wie Fieber und Durchfall zu verursachen; tatsächlich ist das Wasser in Tamalous und Kerkera stark verunreinigt, Fälle von Ruhr und Fieber sind keine Seltenheit.

10 An dieser Stelle kann nicht näher auf die Funktionslogik dieses Systems ehelicher Austauschbeziehungen eingegangen werden. Es sei nur angemerkt, daß dieser Austausch nicht unabhängig von wirtschaftlichen und sozialen Hierarchien vonstatten geht: Grundsätzlich kann ein Mann eine niedriger stehende Frau nehmen, aber nicht umgekehrt.

gungen bot (die leichte Schräglage bewirkte einen besseren Wasserabfluß) und es den Bauern möglich machte, ihre weiter unten gelegenen Felder bequem im Auge zu behalten. 1960, zum Zeitpunkt der Untersuchung, war der höher gelegene Teil des Zentrums schon aus der Ferne an den roten Dächern zu erkennen, da die Djebabra bei ihrer Umsiedlung die Ziegel ihrer nahe gelegenen früheren Häuser hatten mitnehmen können. Dagegen mußten sich die zuletzt eingetroffenen Merdja in primitiven Hütten weiter unten niederlassen. Sie hatten ihre mitten in der Sperrzone und weit vom Ort der Umsiedlung entfernt gelegenen Wohnstätten überstürzt räumen müssen und waren in der Folge von einem Übergangslager zum nächsten geschafft worden, weshalb sie nur einen Bruchteil ihres Besitzes hatten retten können.[11]

Für die Djebabra sind die Merdja Bergbewohner: ihre an die Ausläufer der Berge angrenzenden Felder sind karg und eignen sich nicht für den Getreideanbau, sondern nur für die Baumkultur (Oliven und Feigen); aus den verstreuten Waldstücken auf ihrem Territorium erwirtschaften sie durch den Verkauf von Holz und Holzkohle etwas Geld, und vereinzelte Quellen oberhalb der Parzellen ermöglichen etwas Gartenbau auf einigen bewässerten Flecken Erde. Weil die fruchtbareren und näher gelegenen Ländereien der Djebabra von dem Verbot, dem die weiter entfernt liegenden und schwer zugänglichen Länder der Merdja unterliegen, ausgenommen sind, stehen die Merdja in einem Abhängigkeitsverhältnis zu ihren »Gastgebern«, den

11 Die neue Siedlung wurde auf Privatgelände errichtet, das zum größten Teil den Djebabra gehörte (3,5 ha der Familie Haloui-Zitouni und 1 ha der Familie Merzoug). Die Familie Medjdabi aus Merdja hatte ebenfalls 1,3 ha abgetreten. Ein Enteignungsverfahren war eingeleitet worden und die Kommune hatte Kredite zur Entschädigung der Eigner vorgesehen. Von anderen Problemen abgesehen, war 1961 die Rechtslage jedoch noch nicht geklärt, da (mit Ausnahme von zwei eindeutig bezeichneten Parzellen, nämlich der Nr. 40, die im Besitz eines Europäers war, und der Nr. 42, die ihr damaliger Besitzer Haloui-Zitouni von einem französischen Militär erworben hatte) keiner der Eigentümer einen Eigentumstitel vorweisen konnte.

Djebabra. Sie müßten sich eigentlich bei diesen als Teilpächter oder Landarbeiter verdingen. Sie können praktisch nicht anders, als die gegenwärtige Situation und damit zugleich sämtliche Verhaltensweisen, die zu ihrer Sanktionierung beitragen könnten, abzulehnen. Daraus erklärt sich ihre Weigerung, den einzig verfügbaren Boden zu bewirtschaften, nämlich den, der sich im Besitz anderer befindet. Und der älteste Angehörige der *farqa*, den alle Familien durch die Anrede *Sidi* als Oberhaupt anerkennen, konnte mit einem Blick auf die Höhenzüge am Horizont, wo sich seine Felder, sein Garten und sein Haus befinden, sagen: »Wir sind hier, aber unsere Herzen sind dort drüben.«

Das unmittelbare Erleben der Unterschiede, vor allem der wirtschaftlichen und sozialen Ungleichheit, die durch die Zwangsumsiedlung noch verschärft wird, führt insbesondere bei der jüngeren Generation zur Ablehnung der früheren Lebensweise.[12]

›Wenn wieder Frieden ist‹, sagt ein aus der *zriba* Touila stammender Metzger, ›will ich nicht wieder zurück in die *zriba*, ich gehe dann lieber nach Tamalous oder in eine andere Stadt, aber nicht zurück in die *zriba*. Meine Heimat ist da, wo ich Arbeit finde. Wir haben genug vom harten Leben, wir wollen es lieber bequem und leicht. Wer in die Berge will, kann ja hingehen, sie gehören ihm.‹

12 Generell haben am meisten die Bergbewohner unter der Zwangsumsiedlung und dem Leben in den Lagern zu leiden. So befanden sich etwa in Kerkera die Unterkünfte der Umsiedler aus den *zribat* Oued-El-Afia, El-Bir und Djenan-Hadjem auf Terrassen, die von der DRS ganz oben auf dem Hügel über dem Lager angelegt worden waren. Um Wasser zu holen, mußten die Frauen eine Strecke von 4 km zurücklegen, wobei auf der Länge von einem Kilometer ein Gefälle von 45 % herrschte. »Das Wasser hier zu holen ist unstatthaft (*h'ram*)«, äußerte dazu ein Mann aus Oued-El-Aifa, nicht nur, »weil es aus dem Schweiß der Frauen besteht«, sondern weil es darüber hinaus nur durch Übertretung zahlreicher Verbote geholt werden kann: In der *zriba* hatte jede Familie ihre eigene Quelle, und der gemeinsame Brunnen war grundsätzlich auf speziell für die Frauen angelegten Wegen erreichbar, die dabei traditionell festgelegte Zeiten einzuhalten hatten. In den Umsiedlungslagern bildet der Brunnen oft den Mittelpunkt eines Bereichs, der den Männern vorbehalten ist, die sich kaum dazu durchringen, die traditionell den Frauen vorbehaltene Aufgabe des Wasserholens zu übernehmen.

Das Zusammenprallen verschiedener Erfahrungen trägt seinen Teil dazu bei, daß man die Illusionen über die Landwirtschaft in ihrer traditionellen Form verliert. Ungeachtet des durch die Umsiedlung gesunkenen Lebensstandards und der Verklärung des früheren Lebens in den Äußerungen wie im Verhalten macht sich eine ablehnende Haltung der Landarbeit gegenüber breit. Der Wunsch nach einem akzeptablen Einkommen und einem richtigen Beruf, der früher als übertriebener Ehrgeiz und als unvereinbar mit der Würde eines richtigen Bauern abgetan wurde, darf jetzt offen geäußert werden. Die bäuerliche Gesellschaft ist sich ihrer grundlegenden Werte und Normen einfach nicht mehr genügend sicher, um derartigen Abweichungen Einhalt zu gebieten oder sie zu verurteilen.

Die zerbrochene Gruppe

Nach der Umsiedlung bietet die Gruppe nun einen günstigen Nährboden für kulturelle Übertragung, sie wird zu einem Ort beschleunigten kulturellen Wandels, da ihre Auflösung und Transformation zu weit fortgeschritten sind, als daß sie noch regulierend eingreifen könnte. Der Wohnortwechsel trägt seinen Teil dazu bei, daß die alten sozialen Einheiten zerbröckeln: Die Angehörigen einer Familie oder eines Klans werden durch die Neuansiedlung auseinandergerissen und verstreut, bzw. der Wechsel bietet die Gelegenheit zur Abwanderung in die Stadt. Vor ihrer endgültigen Umsiedlung nach Draâ-Driyas (Djebabra) waren die Merdja an unterschiedliche Orte verbracht worden: Die Familien Laouad, Touafria, Abderrahman, Megran, Kharoubi sowie die Familien Aalia aus Djebabra kamen nach Sidi-Benazzous und in das Saharidj »Manival« – in die Nähe eines auf dem Gelände eines Kolonistenguts gelegenen Bassins; die Familien Zaouali-Bouzar, Bâa, Bouabdallah, Abed, Kabaïli und die Familie Athman aus Djebabra wurden auf »La Ferme« untergebracht, dem Gut eines anderen Kolonisten. Direkt auf das

Gelände des aktuellen Umsiedlungszentrums (das ursprünglich lediglich ein weiterer Sammlungspunkt war) kamen nur die Bewohner von Drâa-Driyas, das heißt die Familien Medjdabi und Rouabah von der *farqa* der Merdja sowie die Familien Merzoug, Djebouri und Haboui-Zitouni von der *farqa* Djebabra. Im Zuge dieser sukzessiven Ortswechsel wurden die Gruppen in kleinere Einheiten aufgespalten. Zum Teil sind die Familien in die Siedlungszentren der Mitidja (Bou Medfa, Meurad, Hamman-Righa, Bourkika, Marengo) abgewandert. Von den arbeitsfähigen Männern haben sich viele fest bei den Kolonisten der Ebene verdingt; andere, denen ein Ausweichen in die Städte verwehrt war, sind in den Umsiedlungslagern der Umgebung gestrandet. Dementsprechend halten sich von insgesamt 193 Haushalten der Merdja (dies entspricht zwanzig unter der Autorität eines Familienoberhaupts stehenden Familien), die in der *farqa* gelebt hatten, nur noch 110 in Djebabra auf. Lediglich fünf Großfamilien (40 Haushalte) sind als ganze im Umsiedlungslager geblieben; fünf Familien sind völlig verschwunden, zwei weitere haben zwei Drittel ihrer Mitglieder verloren, sechs mehr als die Hälfte, eine weitere knapp die Hälfte und eine letzte fast ein Viertel. Von den 30 Familien der Rouabah (aus Merdja) befinden sich nur vierzehn im Lager. Viele Familienoberhäupter wurden getötet. Von den fünf Familien der Mekki haben vier Aïn-Sidi-Mekki verlassen, wo sie 20 ha Land bewirtschaftet hatten, und haben in Hammam-Righa Zuflucht gesucht; nur eine einzige ist im Umsiedlungslager geblieben. Die aus mehreren Zweigen, den Medjdabi, den Bezzaz, den Belabbès und den Abacci bestehende Großfamilie der Medjdabi ist relativ intakt geblieben: Da das Umsiedlungslager teilweise auf ihrem angestammten Boden liegt, wurden sie in einer ihnen vertrauten Umgebung angesiedelt. Von den einst 34 Familien[13] sind noch 28 übrig: neun Familien (von dreizehn) der Kharoubi aus Aïn-Taffah und

13 Die Medjdabi unterteilten sich in sechs Gruppen von Landbesitzern, die 20 bis 25 ha Boden in Gesamthandsgemeinschaft bewirtschafteten: Nach der Umsiedlung ist nur ein einziger der Medjdabi Landwirt geblieben.

die vier Familien der Touafria; vier den Ghoraïfa zugehörige Familien, die Megran, hatten geglaubt, der Zwangsumsiedlung durch Abwandern in die Stadt entgehen zu können. Sie wurden dann nach Msissa umgesiedelt.

Bei den Djebabra ist im Zuge der Umsiedlung keine Großfamilie vollständig geblieben: drei Familien sind vollständig verschwunden; eine weitere hat drei Viertel ihres vorigen Umfangs eingebüßt, zwei weitere mehr als die Hälfte und nur zwei andere etwas weniger als die Hälfte; lediglich eine Familie zählt noch mehr als drei Viertel ihrer ursprünglichen Mitglieder. Die marabutische Familie der Sidmou, die in Guelâa-Sidi-Malek über die ertragreichsten Böden verfügt hatte, wurde zwischen Meurad, Bourkika und Bou-Medfa versprengt.[14] Die Familie Bouchrit ist mit Ausnahme von zwei Familienoberhäuptern (von insgesamt elf) nach Bou-Medfa ausgewandert.[15] Auch die Familien, die in der Nähe des Umsiedlungslagers lebten, sind der Aufsplitterung nicht entgangen: Die Hälfte der Djebouri lebt jetzt in Meurad und in Bourkika, die Hälfte der Merzoug in Marengo, und von den Dahmani ist niemand mehr übrig. Im Massiv von Collo hat die in den Distrikt Ghedir umgesiedelte *zriba* Djenen-Hadjem ein ähnliches Schicksal erlitten. Angesichts der bevorstehenden Umsiedlung haben sich 1957 300 Angehörige der 500 Personen zählenden *zriba* nach Phillipeville[16] geflüchtet, 86 (das sind 20 Familien) sind nach Kerkera gegangen und 113 (das sind 24 Familien) in den Distrikt Ghedir. Mit Ausnahme einiger Familien von Harkis[17] (insgesamt drei) und einigen anderen (insgesamt sieben), denen die Militärbehörden aufgrund von Verdachtsmomenten keinerlei Bewegungsfreiheit einräumen wollten, fin-

14 Ihre 80 bis 100 ha bebaubares Land und die 50 ha Wald liegen heute brach.

15 Im Umsiedlungslager betreibt nur noch ein Mitglied dieser Familie Landwirtschaft auf einer Fläche von ca. 1 ha, die übrigen verpachten ihr Land.

16 [Das heutige Skikda – A. d. Ü.]

17 [Der Begriff *Harki* bezeichnet Algerier, die während des Krieges in den Hilfstruppen der französischen Armee dienten – A.d.Ü]

den sich in den Umsiedlungslagern nur Familien, die keine Verwandten in der Stadt haben, bei denen sie hätten unterkommen können (insgesamt sechzehn, davon zehn ohne Oberhaupt; diese waren getötet oder inhaftiert worden), oder Familien, deren Oberhaupt aufgrund von Alter, Krankheit, Gebrechlichkeit oder Armut nicht abwandern kann. Aus der Vielzahl der Beispiele hier noch einige weitere: die Hälfte der Bevölkerung (3 986 Personen) von Aïn-Bouyahia (in der Gegend von Carnot) wurde in drei verschiedene Umsiedlungslager verbracht (975 nach Aïn-Tida, 1 234 nach Louroud und 1 777 nach Bouarous). Dazu kommen noch die Familien, die sich in der Stadt angesiedelt haben sowie viele Männer, die es vorgezogen haben, die *farqa* zu verlassen. Die ehemals in der Ebene neben der Straße ansässige *farqa* Chemla wurde zur Hälfte (385 Familien) in weiter Entfernung von ihrem Land und zu einem Drittel in Carnot (285) angesiedelt. Die große Marabut-Familie der Ouaïl, die über riesigen Landbesitz auf dem Gebiet der Kommune Cherchell verfügt hatte, wurde vollständig aus ihrem zur Sperrzone erklärten Gebiet vertrieben und zwischen den Umsiedlungslagern Dar-el-Caïd (22 Familien, 124 Personen), Sidi-Lakhedal (27 Familien), den Liegenschaften der CAPER[18] von Lavarande (13 Familien) und den umliegenden Städten Duperré, Marengo und Affreville[19] verstreut angesiedelt. Die Umsiedlung hat überall zur Zersplitterung der Familien und Klans geführt, und überall sind die arbeitsfähigen Männer, sobald sie dazu in der Lage waren, in die Städte geflüchtet. Um es mit den Worten eines alten Mannes aus Matmata zu sagen: »Wer noch gesunde

18 [Die »Caisse pour l'accession à la propriété et à l'exploitation rurale« bildete ein zentrales Element der 1955 in Angriff genommenen Bodenreform und wurde ins Leben gerufen, um Böden anzukaufen, für die landwirtschaftliche Nutzung zu erschließen und einheimischen Bauern die Möglichkeit des Erwerbs von Eigentumsrechten an den von ihr verwalteten Liegenschaften zu bieten. Allerdings war der Erfolg nur begrenzt, nicht zuletzt, weil der FLN dagegen vorging – A. d. Ü.]

19 Den heutigen Sidhi-Lakhdar, Aïn-Hadjout und Khemis-Miliana (Anm. d. Hrsg.).

Flügel hatte, ist fortgeflogen; geblieben sind nur die Vögel mit gebrochenen Flügeln.«[20]

Von der Vertrautheit in die Anonymität

Die Zusammenführung ehemals getrennter Gruppen an einem Ort und die Vergrößerung der elementaren sozialen Einheit haben direkte Auswirkungen auf das gesellschaftliche Leben und die Vergesellschaftungsformen. Als immense auf dem Land gelegene Elendsquartiere fassen die Umsiedlungslager von Kerkera oder Matmata Individuen zusammen, die sich zuvor nicht völlig fremd waren. Die Bewohner desselben *âarch* hatten bei Märkten, Pilgerfahrten, Hochzeitsfesten und Reisen hin und wieder miteinander zu tun, wobei sich das mittelbare und sachkundige klassifikatorische Wissen, das sie voneinander hatten, völlig von dem (im eigentlichen Sinne) familiären Umgang unterschied, den die Mitglieder eines Klans und, in geringerem Maß, eines Dorfes (zum Beispiel in der Kabylei) miteinander hatten.[21] Die wachsende Gruppenstärke fördert neue Formen des Umgangs

20 »Hier bleiben nur die Toten, die Lebendigen sind fortgegangen«, sagt ein alter Mann aus Matmata; und ein aus Bekoura stammender Umgesiedelter in Aïn-Aghbel, der über eine Auswanderung nach Frankreich nachdenkt, meint: »Hier bleiben nur die Alten und die Frauen, die weder hier noch anderswo mehr zum Arbeiten taugen.«

21 Die Merdj und die Djebabra etwa waren vor ihrer Zusammenführung durch die Umsiedlung gut miteinander bekannt: begegnen konnten sie sich beispielsweise in einem maurischen Café an der Kreuzung der Pfade, die in die jeweilige *farqat* führten, was zunächst an den Markttagen (Montag und Freitag) geschah, später dann immer häufiger auch an den Sonntagen. Wenn die Djebabra im Winter ihren (2 km von Sidi-Moussa entfernt gelegenen) Friedhof nicht erreichen konnten, bestatteten sie ihre Toten auch auf dem im Gebiet der Merdja gelegenen Friedhof von Sidi-Abdeslam. Auch war der Markt von Matmata seit jeher ein Treffpunkt für die Bauern der Béni-Fathem und die Bergbewohner des Djebel Louh und aus Tighzirt, die ebenfalls an denselben Ort umgesiedelt wurden.

miteinander.[22] So grüßt man sich auf der Straße nun wie in der Stadt aus der Entfernung durch ein Kopfnicken oder mit einem einfachen Grußwort: *s'ah'a, s'ah'it* – sei gegrüßt! Der ehrerbietige Gruß an die Gesamtheit der Männer (*salam âalaykum*) ist unüblich geworden. Dieser an *thaj-maâth* gerichtete Gruß bezeichnete den Eintritt des Jünglings in die Welt der Erwachsenen, ebenso wie die Teilnahme an bestimmten landwirtschaftlichen Arbeiten (die Bestellung der Felder) und die Ausübung bestimmter religiöser Praktiken (Fasten). Es war demnach folgerichtig, daß er ausschließlich an die Männer gerichtet war und nicht an Frauen oder Kinder.[23] Heute hört man anstelle des *salam* so barbarische Grußformeln wie *bunjur âalik, bunswar fellak, adyu* und sogar *tchaw*.[24] Der Handschlag, der in der traditionalen Gesellschaft unüblich war, wo ja die gesamte Gruppe jederzeit für jedes ihrer Mitglieder präsent ist, eröffnet und beschließt jetzt fast jedes Treffen. Die Höflichkeitsbezeugungen schließen nun auch zunehmend die Frauen ein, zumindest die älteren. Man sieht heute nur noch in den seltensten Fällen, daß eine alte Frau einem Mann die Hand oder den Kopf küßt, wie es früher der Brauch war; sie gibt ihm statt dessen die Hand und bedient sich der unter den Männern üblichen Grußformeln.

Ebenso ist das Kaffeehaus (mit der ihm eigenen Form von

22 Es hat den Anschein, als hinge die Wahrnehmung der Gruppe (und ihrer Größe) durch die Individuen mit einer sprunghaften Vermehrung kleiner Ladengeschäfte zusammen: jenseits eines bestimmten Schwellenwertes wird aus einzelnen Kunden eine Kundschaft. Die Zunahme von Ladengeschäften ist ein untrügliches Zeichen für die Entstehung von Elendsvierteln.

23 Die Rolle der Frauen während des Krieges und die Verantwortung, die sie aufgrund der Abwesenheit der Männer, aber auch aus taktischen Erwägungen heraus sowohl offen wie auch insgeheim zu übernehmen hatten, haben eine Veränderung der traditionellen Höflichkeitsbezeigungen und das Aufkommen eines neuen Typus gesellschaftlichen Umgangs bewirkt.

24 [*Bunjur – bonjour* (guten Tag), *bunswar – bonsoir* (guten Abend) *adyu – adieu, tchaw – ciao*: Arabisierung französischer bzw. italienischer Grußformeln – A. d. Ü.]

Geselligkeit) an die Stelle der *jamâa* getreten. Die Gäste und das Personal der Cafés von Kerkera (insgesamt elf an der Zahl), die sich wie in der Stadt entlang der Hauptstraße angesiedelt haben, orientieren sich in Verhalten und Einstellungen an den Städtern: man spielt Domino oder Karten, und wenn man etwas zu sich nehmen möchte, nimmt man auf einer der Sitzbänke Platz. Will man nichts bestellen, setzt man sich auf den Boden, jedoch ohne sich mit dem Rücken an eine Wand zu lehnen. Die traditionelle *jamâa* ist zwar noch nicht vollständig vom maurischen Café verdrängt, das lange Zeit als mehr oder weniger skandalöser Ort galt und nur dann bestenfalls toleriert wurde, wenn es außerhalb des Dorfes unter freiem Himmel lag und ausschließlich am Vorabend der Fastenzeit oder von Feiertagen besucht wurde. Man findet jedoch nie dieselben Personen an beiden Orten. Die Gespräche im Café unterscheiden sich von denen an der *jamâa*: Die traditionelle Konversation ist eine Art ritueller Austausch, dessen Form und Inhalt durch die *Gebote* von Schicklichkeit und bäuerlicher Moral bestimmt werden, die es untersagen, bestimmte Themen anzusprechen, die städtische Frivolitäten zum Inhalt haben und nur als Kaffeehausgeschwätz taugen. Schließlich ist das Café vor allem eine Art neutrales Terrain, wo im Gegensatz zur ausschließlich den Angehörigen des Klans oder des Dorfes vorbehaltenen *jamâa* jedermann einen Platz findet: Junge und Alte, Reiche und Arme, Fremde wie »Landessöhne«.[25]

Ein weiteres Zeichen für die Veränderung des Stils sozialer Beziehungen ist das Aufkommen des Schleiers bei den Frauen. In der einstigen ländlichen Gesellschaft mußten die Frauen sich nicht vor den Angehörigen ihres Klans verhüllen, sie waren nur

25 Der Anteil der Ausgaben für Tabak am Budget liegt in Djebabra (im Verhältnis zu den Gesamtausgaben) bei nur 1,3 % gegenüber 9,9 % in Kerkera; ebenso beträgt der Anteil für auswärts (das heißt im wesentlichen im Café) getätigten Konsum ca. 0,8 % in Djebabra und etwa 3,5 % in Kerkera: Der Besuch von Cafés und die dort gepflegte Geselligkeit scheinen mit der Größe des Umsiedlungslagers und dem Grad der Ausbildung von Elendsvierteln zusammenzuhängen.

gehalten, beim Gang zum Brunnen (und auch auf die Felder) abseits gelegene Wege und bestimmte, traditionell festgelegte Zeiten einzuhalten: Vor fremden Blicken geschützt, hatten sie keinen Schleier nötig, und die *alh'ujba*, eine Existenz ausschließlich innerhalb des Hauses, war ihnen fremd. Im Umsiedlungslager ist, wie in den Städten auch, nicht mehr genug Raum für jede soziale Einheit; zudem überschneiden sich die den Männern und Frauen jeweils vorbehaltenen Räume; schließlich zwingt die teilweise oder vollständige Aufgabe der landwirtschaftlichen Tätigkeiten die Männer dazu, den ganzen Tag im Dorf oder im Haus zu bleiben. Es ist somit ausgeschlossen, daß die Frau sich weiterhin so frei bewegen kann, da dies für die männlichen Familienangehörigen Verachtung nach sich ziehen und einen Ehrverlust bedeuten würde. Die in die Stadt verpflanzte Bäuerin, die den Schleier der Städterin nicht tragen kann, ohne damit ihre bäuerliche Herkunft zu verleugnen, darf sich nicht einmal auf ihrer Türschwelle zeigen. Durch die Schaffung eines sozialen Felds nach urbanem Muster sorgt die Umsiedlung notwendigerweise für die Verbreitung des Schleiers, mit dem es nun möglich wird, sich unter den Augen Fremder zu bewegen.

Längerfristig muß die Umsiedlung zwangsläufig zu einer Neuinterpretation der traditionellen Frauenrolle führen. Bereits vor ihrer Durchführung gab es unter den Frauen eine starke Tendenz, im Haus zu bleiben und sich anstelle der Feldarbeit ausschließlich den dort anfallenden Arbeiten zu widmen; genauer gesagt, orientierten sich immer mehr Bauern am städtischen Vorbild und lehnten zunehmend eine Beteiligung ihrer Frauen an der Feldarbeit ab, die sie dann gezwungenermaßen selber verrichteten. Bei der CAPER von Aïn-Sultan sind die Bauern, die eine Beteiligung ihrer Frauen und Kinder an den Arbeiten ablehnen (95% der ehemaligen Landarbeiter, die nebenher Boden auf eigene Rechnung bewirtschafteten, und 70% der ehemaligen Fellachen) mit ihrer Arbeit überlastet, da man bei der Festlegung der Anbaufläche von der Annahme ausgegangen war, daß sich die Familienmitglieder an den Arbeiten beteiligen würden (460 Manntage, von denen ein Drittel von den Frauen und Kindern geleistet werden soll, was 120 Frauenarbeitstagen und 300 Kinderarbeitstagen entspricht). Das Bewußtsein der Lohnabhängigkeit und die veränderte Einstellung zu Grund und Boden haben einen Wandel der Einstellung gegenüber der Frauenarbeit zur Folge.[26] In diesem Zusammenhang erscheint die Beteiligung der Frau an der Landarbeit als schlechter Handel: »Ich bin Lohnarbeiter«, sagt einer der Männer, »und ist es schon genug, wenn einer für diesen Lohn arbeitet. Dafür werde ich nicht auch noch meine Frau arbeiten lassen!« Es stellt sich die Frage, ob diese Einstellung nicht zwangläufig mit der Erkenntnis der geringen Rentabilität der Landwirtschaft verbunden ist.

Die Umsiedlung hindert die Frauen an der Ausführung eines Großteils ihrer traditionellen Aufgaben. Das liegt zunächst daran, daß sich die Maßnahmen der Behörden vor allem auf sie richteten, da nach Meinung des Militärs und der meisten naiven Beobachter die Stellung der algerischen Frau der offensichtlichste Ausdruck einer »Barbarei« war, die es mit allen direkten oder indirekten Mitteln zu bekämpfen galt. So richtete das Militär zum einen fast überall Frauenzirkel und Nähstuben ein, zum andern wurde brutal gegen alles vorgegangen, was den Anschein hatte, der »Befreiung der Frau« im Weg zu stehen. In Kerkera (und auch in vielen anderen Lagern) hatten die Häuser keinen Innenhof; Brunnen und öffentlicher Waschplatz befanden sich fast überall im Zentrum des *Quadrivium*. Ganz allgemein haben Militäraktionen und Repression die der Arbeitsteilung und dem Geschlechterverhältnis zugrunde liegende Moral der Ehre einer furchtbaren Belastungsprobe unterzogen.[27] Diese Politik stößt

26 Drei Viertel der im Rahmen der CAPER tätigen Befragten hatten früher ihre Frauen an den Arbeiten beteiligt. Traditionell wurden nicht zur Familie gehörige Frauen, die für bestimmte landwirtschaftliche Arbeiten angeworben wurden, in Naturalien entlohnt; eine Entlohnung in Geld war nur für moderne handwerkliche Tätigkeiten (Näharbeiten, Aufarbeitung von Matratzen etc.) vorgesehen.

27 Ein französischer Interviewer, der zögerte, den Hof zu betreten, in dem

allerorten auf heftigen Widerstand: In Matmata findet der im Januar 1959 gegründete Frauenzirkel nicht in den dafür ursprünglich vorgesehenen Räumen im Dorfzentrum statt, sondern im »weitab von den Blicken der Männer« gelegenen Ambulanzgebäude; die einzigen regelmäßigen Teilnehmerinnen sind drei junge Mädchen, denen diese Rolle zugewiesen wurde. Überall sind es die Frauen, die besonders unter der Umsiedlung zu leiden haben. Sie bleiben den ganzen Tag in feuchten Hütten eingeschlossen. Einkäufe und der Gang zum Brunnen werden von den Männern oder den Kindern erledigt. In Kerkera benutzen die Männer Esel, um das Wasser in Eimern und Fässern, manchmal auch in Krügen zu transportieren, die von den Frauen an der Hausecke bereitgestellt und wiedereingesammelt werden, ohne daß sie dafür die Straße überqueren müßten. Unterhalb des Lagers, fernab der Hauptstraße, den Blicken der Männer entzogen und auf Umwegen zu erreichen, treffen sich jedoch die Frauen noch immer am traditionellen Brunnen von Aïn-Boumaala, der einst der Versorgung der *zriba* Kerkera diente, um Kleider, Dekken und Schaffelle zu waschen. Obwohl der Weg zu den neuen Brunnen kürzer ist, holen manche Frauen dort nur deshalb noch immer ihr Wasser, weil sie so Gelegenheit für einen kurzen Schwatz finden. In Djebabra äußert sich die Sehnsucht nach der alten Heimstatt und dem einstigen sozialen Leben auf andere Weise: Die Frauen begeben sich in Gruppen zu ihren ehemaligen Häusern, deren nächstes in einer Viertelstunde, das am weitesten entfernte in einer halben Stunde Fußmarsch zu erreichen ist, und verbringen dort den Nachmittag. Das Bemühen, die ehemalige Lebensweise fortzuführen, ist ein Beleg dafür, wie verzweifelt die Frauen in den Umsiedlungslagern sind. Wenn man bedenkt, daß zu diesen spezifischen und direkten Einflüssen auch noch diejenigen hinzukommen, die sich auf das gesamte ökonomische und soziale Leben der Gruppe auswirken, kann man ermessen,

die Frauen des Hauses versammelt waren, bekam von einem älteren Mann in Aïn-Aghbel zu hören: »Also nein! Das Militär ist da hineingegangen, und du willst da nicht hinein!«

wie sehr sich die traditionell von der Gruppe zugeteilte Rolle der Frauen verändert hat.

Zugleich entwickelt sich eine *neue Art von Solidarität*, die nicht mehr auf Verwandtschaftsbeziehungen, sondern ähnlich wie in den städtischen Elendsvierteln auf dem Gefühl beruhen, die *gleichen Lebensbedingungen* zu teilen, und auf dem *Bewußtsein des gemeinsamen Elends und der gemeinsamen Auflehnung gegen das Elend.* Die daraus resultierenden Verhaltensweisen und Einstellungen gleichen denen, die man bei den Primärgruppen, dem Klan oder dem Dorf, beobachten konnte, ihnen kommt nun jedoch eine völlig andere Bedeutung und Funktion zu. In Djebabra etwa unterstützt die als am wohlhabendsten geltende *farqa* der Djebabra die Angehörigen der *farqa* der Merdja, und in Kerkera bereitet jede Familie, die es sich leisten kann, große Mengen von Couscous zu und schickt die Kinder damit zu bedürftigen Nachbarn. Die gegenseitige Hilfe folgt dabei nicht mehr den herkömmlichen Imperativen: Die hier gezeigte Solidarität zwischen Armen, die im gleichen Unglück in unterschiedlichem Maße unglücklich sind, hat sich aus dem Traditionszusammenhang gelöst, in dem die frühere, auf das Gefühl der Brüderlichkeit gegründete Solidarität eingewoben war. Das Bewußtsein, ein gleiches Schicksal zu teilen, reicht aus, um im Café oder auf dem Dorfplatz fast schon persönliche Beziehungen knüpfen zu können: Die Gemeinschaft der Erfahrung tritt an die Stelle der Erfahrung der Gemeinschaft.[28] Der andere wird nicht mehr unbedingt als Angehöriger einer Abstammungslinie, als Sohn dieses oder jenen Vaters wahrgenommen: »Heute sind sich alle gleich. Man macht keinen Unterschied mehr zwischen denen von hier oder von dort, zwischen den Söhnen dieser oder jener Familie. Wir sind alle in der gleichen Lage und erleben das gleiche« (ein Umgesiedelter aus Kerkera). Es wird zunehmend zur Gewohnheit, andere, Verwandte und Freunde eingeschlossen, mit dem vor nicht allzulanger Zeit erst eingeführten Familiennamen an-

28 Man stößt auf dieses Phänomen sowohl in der Stadt wie auch bei den geflüchteten Bauern, den *rifi* (Flüchtlingen) (Anm. d. Hrsg.).

zureden, der nur selten den Namen des Klans enthält, und dies oft auch mit einem ironischen Unterton. Wenn der Gegensatz zwischen Verwandten und Fremden verschwunden ist, kann der Nachbar gleichzeitig vertraut und fremd sein – freilich ist diese Vertrautheit bedeutungsleer geworden.

›Früher‹, sagt ein 75jähriger aus Djebabra, ›war jeder für sich und hat sein Land bestellt. Heute sind wir alle zusammen, und wenn es bei einem von uns brennt, dann steht alles in Flammen. Wie die Garbe, so der Haufen [Garben]. Keiner kann den anderen retten. Sobald eine Garbe brennt, brennt der ganze Haufen. Früher hat ein einzelnes Haus gebrannt, heute greift das Feuer auf alle über, weil wir alle zusammenleben müssen.‹

In der Zweideutigkeit der Aussage spiegelt sich genau die Zweideutigkeit der Erfahrung wider: Die enge Verbundenheit mit der überschaubaren und nach außen hin geschlossenen Gruppe von Familienangehörigen (Hausgemeinschaft oder *farqa*) wird wehmütig als Für-sich-Sein beschrieben, insofern sie den genauen Gegensatz zu dem widersprüchlichen Gefühl des Erdrücktwerdens und der gleichzeitigen Vereinsamung in der anonymen Masse darstellt. Jedes umgesiedelte und damit inmitten von Fremden (das heißt nicht von Verwandten) befindliche Familienoberhaupt verstößt gegen die traditionelle Regel, die es dem »Einzelgänger« (das heißt einem einzelnen Mann, der sich ohne einen männlichen Verwandten in einer Gruppe Fremder aufhält) verwehrt, eine Familie zu haben.[29] Die ehemals von der Gemeinschaft der Verwandten auf Gedeih gewährleistete Solidarität ist einer Solidarität auf Verderb gewichen (wie sie im Bild des Feuers zum Ausdruck kommt): einer Solidarität des Elends, die sich zwangsläufig aus dem engen Aufeinander ergibt. Das Zusammengepferchtsein in den Umsiedlungslagern oder den Elendsvierteln der Kleinstädte bringt bislang getrennt

29 »Dem Einzelgänger ist es von Rechts wegen nicht erlaubt, ein Haus zu haben« (in den Märchen und Sagen ist der Schakal zum Umherirren verdammt, da er zur Gründung eines Hausstands nicht in der Lage ist: *ad iâmer axxam* (Anm. d. Hrsg.).

lebende Verwandte zusammen. In Carnot [dem heutigen El Abadia], wo fast die Hälfte der verstreuten Bevölkerung der Kommune Zuflucht gesucht hat (44 % der verschiedenen *farqat*: Ababsa, Chekaknia, Cheurfa, Harartha, Mehabile und Ouled Aïssa), lebt ein Fünftel der geflüchteten Landbewohner auf Kosten von Familien, die sich bereits früher in der Stadt niedergelassen haben. Dabei handelt es sich in fast allen Fällen um relativ entfernte, angeheiratete oder verschwägerte Verwandte (was gegen das traditionelle Denken verstößt) oder sogar um Freunde, von denen die Flüchtlinge, die sie unter ihrem Dach aufgenommen haben, mit dem Notwendigen versorgt werden. Diese rein aus der Not geborene Solidarität reicht über die traditionellen Grenzen der Familie, des Klans oder des Dorfes hinaus und hat somit einen Bedeutungswandel erfahren. Sämtliche Beteiligten sind sich freilich über den provisorischen Charakter dieser Verbindungen im klaren, einem jeden ist mehr als bewußt, daß er Hilfeempfänger oder Wohltäter ist: Das Teilen von Dach und Tisch, ohne an den kollektiven Arbeiten und Aufgaben mitzuwirken, verstößt eigentlich gegen die Ehrenmoral, die der einstmaligen Bewirtschaftung in Gesamthandsgemeinschaft zugrunde lag. Auch können diese aus der Not heraus neu entstandenen Gruppen dem einzelnen gar nicht das Gefühl von Sicherheit vermitteln, das die traditionale bäuerliche Familie ihren Angehörigen zu bieten vermochte. Das als reine Willkürmaßnahme erlebte und bisweilen auch schlicht für widerrechtlich gehaltene permanente Zusammenleben mit »Fremden« wird weniger als Zugehörigkeit zu einer neu gebildeten Gemeinschaft empfunden, in der man halt enger zusammenrücken muß, sondern vielmehr als bloßes Aufeinanderhocken. Daraus erklärt sich, daß die Zunahme der materiellen Dichte (um mit Durkheim zu sprechen) paradoxerweise nicht mit einer steigenden »moralischen Dichte« einhergeht, vielmehr ist das Gegenteil der Fall.

Die Umsiedlung wie auch die wirtschaftlichen Maßnahmen der Armee weichen den früher herrschenden Gemeinschaftsgeist wie auch die traditionellen Gegensätze auf, sie leisten aber auch auf wirtschaftlichen Unterschieden sich ergebenden Antagonismen Vorschub. In einem mehr oder weniger städtisch geprägten Umfeld haben zunächst solche Gruppen oder Individuen Startvorteile, die aufgrund ihrer Vorgeschichte bereits Kontakt mit der modernen Gesellschaft und Wirtschaft hatten. Eine minimale Schulbildung sowie eine gewisse, durch Emigration oder Erfahrungen als Lohnarbeiter gewonnene Vertrautheit mit dem städtischen Leben bieten enorme Wettbewerbsvorteile. Getreu dem auf die Arbeit übertragenen Grundsatz »Wer hat, dem wird gegeben«, ist die Stellenvergabe im modernen Sektor das Monopol einiger weniger Familien, deren Oberhäupter bereits dort angestellt sind. Dementsprechend gibt es in Kerkera (unter den Befragten) fünf Arbeiter, vier davon Familienoberhäupter, die in Unternehmen in Collo (Brücken- und Straßenbau, Hochbau) oder im lagereigenen Dienstleistungsbereich in Vollzeit angestellt sind. Zu dieser Kategorie kann man auch die festangestellten Teilzeitarbeiter rechnen, die vor allem von ihren ehemaligen Arbeitgebern beschäftigt werden. Neben dieser privilegierten Gruppe gibt es solche, die im Lager selbst oder in Collo zeitweise Beschäftigung finden. Das sind vor allem im traditionellen Sektor (im Kleinhandel, in Metzgereien, Cafés, Handwerksbetrieben etc.) angestellte Gehilfen, die oft mit den Arbeitgebern verwandt sind und als schlechtbezahlte Handlanger der Familie betrachtet werden können. Dazu zählen auch die Maurer und Hilfsarbeiter, die als Gelegenheitsarbeiter von der SAS[30] oder der Gemeindeverwaltung herangezogen werden. Da der öffentliche Dienst als einziger Arbeitgeber in Frage kommt (private Bauherren errichten ihre Häuser selbst), sind sie vom guten Willen der SAS oder der Gemeindeverwaltung abhängig, wobei die Erfahrung unregelmäßiger Lohnarbeit bei ihnen letztlich nur das Gefühl aufleben läßt, arbeitslos zu sein.[31]

30 *Section administrative spécialisé* [Vgl. Anm. 122 in dem Kapitel »Die Entstehung einer singulären Ethnosoziologie«, S. 64 – A. d. Ü.]

31 So berichtet etwa ein 62jähriger Hilfsarbeiter, der am Tag der Befragung

Die Unterschiede zwischen diesen Kategorien sind markant: Die Löhne sowohl der festangestellten Arbeiter wie auch der Gelegenheitsarbeiter in Collo sind doppelt so hoch wie die der festangestellten Arbeiter in Kerkera, die wiederum über ein achtmal höheres Einkommen verfügen als die Gelegenheitsarbeiter am gleichen Ort.

In Aïn-Aghbel gibt es ebenfalls signifikante Unterschiede zwischen den dort zusammengelegten *zribat*. Aufgrund der hohen Emigrationsrate und der intensiven Kontakte zur Stadt finden sich in den am stärksten akkulturierten *zribat* mehr – und vor allen Dingen festangestellte – Arbeiter, die in Collo tätig sind, als in den *zribat* der Bergbewohner, die immer noch eher an der bäuerlichen Tradition hängen und weniger Erfahrung mit wirtschaftlichem Wettbewerb haben. Sämtliche in Collo beschäftigten Arbeiter stammen aus (in dieser Reihenfolge) Aïn-Aghbel, Lahraïch und Mekua; Arbeiter aus Bekuar und Yezzar sind nur in Aïn-Aghbel selbst tätig. Aus den übrigen *zribat* (Beni-Bellit, Bourarsen, Yersan usw.) stammt (in unserer Stichprobe) kein einziger Arbeiter. Wie bereits erwähnt, sind sowohl die festen als auch die unsteten Beschäftigungsverhältnisse (manche Arbeiter werden seit mehreren Jahren immer wieder einmal von den gleichen Firmen beschäftigt) in Collo beständiger, und die Entlohnung beträgt das Doppelte.

Die im Zuge der Emigration oder eines früheren Beschäftigungsverhältnisses erworbene Offenheit gegenüber der mo-

von der SAS entlassen wurde, daß er im letzten Monat neun Tage gearbeitet und dafür einen Lohn von 45 Francs erhalten hat; zwei seiner Kinder sind in Frankreich, das dritte, 17 Jahre alt, hat die Primarschule durchlaufen und würde gerne eine Ausbildung beginnen. Ein 34jähriger Hilfsarbeiter bezeichnet sich selbst als solchen, obwohl er angeblich entlassen worden sei und gegenwärtig Melonen auf dem Dorfplatz von Kerkera verkaufe (womit er bestätigt, daß ihm das Illusorische an dieser Tätigkeit bewußt ist). Ein ehemaliger Fellache, der im Duar Tokla Land besitzt, gibt sich als Hilfsarbeiter aus, obwohl er lediglich ein paar Tage bei der SAS beschäftigt war und ansonsten als Saisonarbeiter in der Landwirtschaft tätig ist.

dernen Welt und Schulbildung[32] sind keineswegs die einzigen Vorteile im wirtschaftlichen Wettbewerb. In diesem Zusammenhang spielen auch die Aktivitäten der Behörden eine wichtige Rolle. Im Zuge der Ausweitung des Verwaltungsapparats wurde eine relativ große Zahl neuer Stellen geschaffen. Es sind sehr oft dieselben Familien, die die Verwaltungsangestellten stellen oder die wichtigen wirtschaftlichen Funktionen, etwa den Handel, unter sich aufteilen. Für die SAS und die Gemeindeverwaltung als einzigen Institutionen, die vor Ort feste Arbeitsplätze zu vergeben haben, gelten als Auswahlkriterien die Vergangenheit der Bewerber, ihr Verhältnis zu den Behörden und die Dienstleistung, die sie erbringen können. So wird etwa in Kerkera ein ehemaliger *ouaqaf* (ein Angehöriger der traditionellen Honoratioren, der die Dorfbevölkerung vor dem *caïd*[33] vertritt) bei der Gemeindeverwaltung beschäftigt, wo er kleinere Aufgaben zu erledigen hat. Sein ältester Sohn ist ein Harki; ein weiterer, Maurer von Beruf, hat eine Festanstellung als Vorarbeiter bei der Gemeinde. Die aus Ghedir stammende Familie K. zählt in ihren Reihen einen *sécretaire de la mairie*[34] (der frühere *khodja*[35] des *caïd* von Kerkera), einen Schreiber bei der SAS, einen Postangestellten, einen Lebensmittelhändler (der als Grossist die Händler der Region beliefert) und einen Bäcker. Der Bürgermeister, ein ehemaliger Bediensteter der Straßenbahnbetriebe in Constantine, hat den Hang, die Angelegenheiten der Gemeinde mit seinen eigenen Interessen zu verbinden: Er setzt sich zum Beispiel eifrig für ein geplantes Umsiedlungslager bei »Kilometer 19« ein, das in nächster Nähe der *zriba* liegt, aus der er stammt, und in dem er und seine Familie dann die Herrschaft übernehmen könnten. Außerdem hält er Beteiligungen an fast allen Geschäften (genau-

32 In Barbacha ist die Mehrzahl derer, die eine Primarschulbildung genossen haben, außerhalb der Landwirtschaft als Arbeiter beschäftigt (16 von 25).

33 [Im muslimischen Nordafrika fungiert der *caïd* in Personalunion als Richter, Verwalter und Polizeichef – A. d. Ü.]

34 [Etwa: Gemeindebeamter – A. d. Ü.]

35 [Koranlehrer – A. d. Ü.]

er gesagt an 26): Ihm obliegt die Zuständigkeit für die Vergabe der von der SAS errichteten Geschäftsräume und den Eintrag ins Handelsregister. Bewerber, die den Bürgermeister nicht an ihrem Unternehmen beteiligen, werden abgewiesen.

Auch in Barbacha erfolgt die Vergabe von Stellen im öffentlichen Dienst (Gemeinde, SAS, Bauverwaltung, DRS[36] usw.) als Belohnung für geleistete Dienste. Ein ehemaliger Bergarbeiter aus Draâ-Larbâa mit einer monatlichen Rente von 130 Francs erhält unter anderem zusätzlich ein Gehalt von 160 Francs als Polier bei der örtlichen Abteilung des Tiefbauamtes, weil er sich bereit erklärt hat, als Gemeinderat recht gefügig zu sein. Der Sohn eines anderen Gemeinderats verdient im Monat 200 Francs als Gemeindearbeiter. Bestimmte Familien, die mit den Behörden auf gutem Fuß stehen oder mit ihnen kollaborieren, monopolisieren tendenziell die Arbeitsplätze und eine ganze Reihe weiterer Vorteile. Und tatsächlich werden die kleinen Betriebe (Transport- und Taxiunternehmen, Bäckereien, Lebensmittelläden usw.) oft von den Behörden unterstützt und von Inhabern öffentlicher Ämter geleitet (wie in Kerkera).[37]

36 Service de la Défense et de la Restauration des sols (Anm. d. Hrsg.).

37 Neben den umzugsbedingten Verlusten hat die Umsiedlung zusätzliche, bisweilen beträchtliche Kosten verursacht, die von den verschiedenen Bevölkerungskategorien in unterschiedlichem Maß getragen werden. So mußten zum Zeitpunkt der Umsiedlung abwesende Familienoberhäupter, die in erster Linie zur Gruppe der in Frankreich tätigen Arbeiter gehören (und nicht zur Rückkehr gezwungen wurden), 300 Francs für die notwendigen Umzugsarbeiten für eine einzige in Lehmbauweise errichtete Hütte (*gourbi*) mit Strohdach (*diss*) bezahlen. Da gleichzeitig der Zugang zum Wald schwierig war, bestand ein Mangel an Material, so daß man gezwungen war, Holz (der Firstbalken bis zu 100 Francs), Lehmziegel (0,13 Francs/Stück) und Dachziegel (0,37 Francs/Stück) zu kaufen. Die Kosten für ein kleines, gemauertes Wohnhaus mit Ziegeldach belaufen sich auf annähernd 1000 Francs, die für ein 2 m hohes *gourbi* mit einer Grundfläche von 5 x 3,5 m in Lehmbauweise mit Strohdach (*diss*) auf 600 Francs. Wenn es nicht möglich war, die Ziegel des aufgegebenen Hauses in der *zriba* mitzunehmen, behalf man sich mit Blechplatten, da man dies für billiger hielt: Man benötigte jedoch mindestes 22 Tafeln zu einem Stückpreis von 10 Francs. Die den Um-

Der Mangel an Barmitteln und, genauer gesagt, regelmäßigen Geldeinkünften sowie der Umstand, daß die meisten wirtschaftlichen Vorteile, insbesondere die Arbeitsplätze im modernen Sektor, zum Monopol einiger weniger werden, führt dazu, daß sich im ländlichen Umfeld zwei (in sich selbst wieder stratifizierte) soziale Schichten ausbilden. Diese unterscheiden sich nicht nur durch ihre jeweiligen Arbeitsbedingungen und ihr Einkommen, sondern auch durch ihre Konsumgewohnheiten, über die ihre Haltung gegenüber der Welt zum Ausdruck kommt.

Trotz der offensichtlichen Uniformisierung der Lebensbedingungen könnten die Unterschiede in diesem Bereich kaum ausgeprägter sein: In Djebabra schwankt beispielsweise der täglich (für Nahrungsmittel) ausgegebene Betrag zwischen einem Minimum von 0,40 und einem Maximum von 6 Francs, wobei der Dispersionskoeffizient bei 75 % liegt.[38] Der Verzicht auf das früher in der Gesellschaft vorherrschende asketische *ethos* und die Übernahme städtischen Konsumverhaltens zeigen sich natürlich in erster Linie bei den neu zu Wohlstand gekommenen Beamten und Verwaltungsangestellten, Gemeindebediensteten, Feldhütern oder Postbediensteten, die in den meisten Fällen das aus ihrer eigentlichen Tätigkeit bezogene Einkommen noch anderweitig aufstocken und ihr Leben im Umsiedlungslager an städtischen Mustern ausrichten: Sie tragen dieselbe Kleidung, bewohnen ähnlich komfortable Häuser und pflegen die gleiche

gesiedelten gewährte Unterstützung ist auch hier wie in anderen Bereichen *selektiv*: Die Wohnungen in den Siedlungen sind in erster Linie den Harkis, *mokhazni* [algerische Soldaten im Dienst der französischen Armee, A. d. Ü.] sowie einigen anderen Privilegierten vorbehalten. Eine Maisonette mit einem Zimmer und Küche in der »cité des *mokhazni*« kostete 400 Francs bzw. 200 Francs und 21 Tage Arbeitsleistung auf der Baustelle. Ladengeschäfte werden gegen eine Zahlung von 450 Francs abgegeben. Man kann sich mühelos vorstellen, daß angesichts des herrschenden Mangels an Barmitteln diese Vorteile nur einer Minderheit gutsituierter Familien zukamen.

38 Nach den Daten der Erhebung zu den Konsumgewohnheiten der Familien.

Küche.[39] Diese Minderheit von Privilegierten wirkt wie ein Spiegel, in dem die überwiegende Mehrheit das Bild ihres eigenen Elends reflektiert sieht; das Gefühl, dasselbe Unglück wie alle anderen erlitten zu haben, in dem materielles Elend nur einen Aspekt darstellt, verleitet dazu, in der Armut alle Ungleichheiten zu ignorieren, freilich mit Ausnahme derjenigen, die die Profiteure von allen übrigen trennen.[40] Ein Umgesiedelter aus Kerkera bemerkt dazu: »Es gibt keine Armen mehr und auch keine Reichen; es gibt nur noch Arme und halt ein paar wenige, die vom Elend aller profitieren.«

Städtische Verhältnisse und bäuerliche Werte

Die Veränderung des morphologischen Substrats, genauer gesagt, die Zunahme der Gruppengröße schafft mehr oder weniger städtische Verhältnisse, die die Bedeutung jeglichen Verhaltens nicht unberührt lassen. Dieser Umstand kommt den »entbäuerlichten« Bauern zugute, da sie sich als einzige mehr schlecht als recht anzupassen verstehen, wohingegen die »verbäuerlichten« Bauern, die an den bäuerlichen Werten festhalten wollen, einfach als verstockt gelten oder gar belächelt werden. Das Umsiedlungslager wird ja auch als *blad* bezeichnet, als Stadt, und nicht etwa als *âarch, farqa* oder *zriba*. Die Umsiedlung ist eine Emigration ohne richtigen Ortswechsel, sie macht den »verbäuerlichten« Bauern

39 Die Häuser dieser Amtspersonen verfügen über jeglichen modernen Komfort (Wasser- und Gasanschluß usw.). Der Bürgermeister führt Besucher gern in sein Schlafzimmer, sein mit Büffets, Anrichten und Kommoden vollgestelltes Eßzimmer und in seinen Salon.

40 Für die wenigen Familien, die es vor der Umsiedlung durch die Zugewinne emigrierter Mitglieder zu einem gewissen Wohlstand gebracht und die kleine Ladengeschäfte oder Handwerksbetriebe gegründet hatten (Getreide- und Ölmühlen, Transportunternehmen usw.), zog die Umsiedlung eine weitgehende Verarmung und, wenn sie die Zusammenarbeit mit den Behörden oder dem Militär verweigerten, bisweilen auch den vollständigen Ruin nach sich.

auf seinem eigenen Land zum Exilanten, zum »Auswanderer daheim«.[41] Der veränderte Kontext zieht eine Entwertung der bäuerlichen Werte nach sich, die nun nutzlos und irgendwie abwegig erscheinen. Am meisten vom Ortswechsel betroffen sind die Alten, die Wahrer der Tradition, die aufgrund des Alters und ihrer Verbundenheit mit der traditionellen Ordnung kaum mit der ungewohnten Situation klarkommen und entsprechend wehrlos sind. Die stadtähnliche Situation im Lager sorgt für eine völlige Umkehrung der überkommenen Hierarchien: die Jüngsten, die man einst schützen mußte, werden jetzt zu Beschützern. Der revolutionäre Kontext trägt ebenfalls sein Teil zur Abwertung des sonst an das Alter geknüpften Ansehens bei: Bei einer Diskussion unter dem Olivenbaum der *jamâa* von Aïn-Aghbel erwidert ein junger Mann unter dem Beifall der Versammlung einem der Alten, der bislang geschwiegen hatte und nun das gegenwärtige Elend auf die Abkehr von den Traditionen zurückführt:

> Ach ja, ihr, die Alten, wir wissen schon, was ihr getan habt! Nichts! Ihr seid doch verantwortlich für das, was heute mit uns passiert.

Ein alter Mann aus Djebabra erzählt:

> Ein Vater, der seinem Sohn befohlen hatte, er solle arbeiten und nicht untätig herumsitzen, bekam zur Antwort: ›Ihr da, ihr Alten, ihr habt doch schon bei der Geburt das Elend [*miziriya*] mit euch herumgetragen.‹

Und der 85jährige Patriarch der Familie der Merzoug beschreibt den Autoritätsverlust der Alten folgendermaßen:

> Wenn früher ein Kind eine Dummheit begangen hat, verwies man auf das Vorbild des Großvaters und forderte es auf, ihm nachzueifern und genauso gut zu sein, wie dieser gewesen war. Das war nicht so wie heute, wo jeder macht, was er will. Die Jungen denken, die Alten seien blöde. Vor zwanzig Jahren hatten die Älteren noch Autorität, und man befolgte ihren weisen Rat. Es herrschte noch Respekt. Als ich schon verheiratet und mein jüngster Bruder bereits erwachsen

41 »Das Exil ist zu Hause«; »unser Heim ist uns fremd geworden«.

war, kam mein ältester Bruder – er ist 1926 gestorben – und hat mich geohrfeigt, und ich habe aus Respekt nichts gesagt. Wenn ich heute ein Kind ein wenig schimpfe, bekomme ich Probleme mit ihm und muß nachgeben. Es heißt dann, die Zeiten haben sich geändert. Man kann nicht mehr so wie früher leben.

Alles deutet darauf hin, daß die mit der Umkehrung der Situation konfrontierte Gruppe ihre Normen nicht mehr durchzusetzen vermag. Zuvor konnte die bäuerliche Gesellschaft im Fall von Normverstößen die Einhaltung der Vorschriften rasch einfordern, vor allem bei den zurückgekehrten Emigranten. Freilich kamen der Mehrheit als der Hüterin der Tradition damals gewissermaßen die Verhältnisse zugute, durch die sie sich heute permanent auf die Probe gestellt und herausgefordert fühlen.

Ganz viele Neuerungen, die zugleich eine Überschreitung der traditionellen Normen darstellen, zeugen von der zunehmenden Schwächung der kollektiven Kontrollmechanismen, die mit der wachsenden Gruppengröße einhergeht. In den größten Lagern (Tamalous, Kerkera, und in geringerem Maß auch in Matmata) steigt ständig die Zahl der *Profiteure*, die aufgrund ihrer Komplizenschaft mit den Militärbehörden die durch die Umsiedlung entstandene Krisensituation ausnutzen: Die unumstößliche Regel, die den Gruppenangehörigen verbot, sich durch ihren Reichtum von der Gruppe abzuheben oder, genauer gesagt, ihren Reichtum zu nutzen, um sich abzuheben, ist zu einem leeren Wort geworden. Die Mißbilligung und die Verachtung, die man denjenigen entgegenbringt, die sich nicht scheuen, das Elend und die Unterdrückung anderer auszunutzen, indem sie sich zu Komplizen der Unterdrücker machen, verliert angesichts der herrschenden Verhältnisse jegliche Wirkung: Die Zeiten sind längst vorbei, in denen die Furcht vor der öffentlichen Meinung den Auswanderer bei seiner Rückkehr ins Dorf dazu brachte, den Burnus anzulegen.[42]

42 Der wohlhabende Bauer von einst, der seinen Reichtum dem Boden verdankte und für ihn lebte, stellte seinen Reichtum in den Dienst der bäuerlichen Werte: Prestigeausgaben wie die Verteilung von Getreide

Die gesamte Situation vermittelt den Eindruck, daß der Bruch mit der Vergangenheit endgültig und der Zerfall der Traditionen unausweichlich ist: Die Neuerungen und Normverletzungen lösen bei den Ältesten lediglich Resignation und ohnmächtige Empörung aus. Für die exzentrischen Kleidungsgewohnheiten der zurückgekehrten Emigranten (den Verzicht auf die traditionelle Kopfbedeckung oder das Tragen einer Krawatte) haben sie nicht einmal mehr ein Lächeln übrig: So kann man etwa inmitten der Versammlung der Männer einen ehemaligen Emigranten im Unterhemd und einem Tropenhelm auf den Kopf sehen.[43] Eine so bedeutsame Neuerung wie das Tragen des Schleiers, die als Zeichen der Verbürgerlichung und der Absicht gesehen werden kann, sich aus der Masse herauszuheben, findet mit der Zeit kaum noch Beachtung.[44]

Das Abgeschnittensein vom früheren Umfeld und den damit verbundenen Gewohnheiten, die Ausweitung des Feldes sozialer Beziehungen und die Struktur des Wohnumfeldes selbst, sei es nun das Lager oder das Haus, leisten der Übernahme städtischer Verhaltensweisen Vorschub und führen dazu, daß man die gleichen Sorgen, Interessen und Erwartungen hat wie die Stadtbewohner. Wenn nach der Beschaffung des Lebensnotwendigen noch Geld übrig ist, wird es für Komfortgüter wie (in willkürlicher Reihenfolge) Betten, Schränke, bisweilen auch Tische und Stühle, Petroleumlampen mit Textildocht als Ersatz für die

in Mangeljahren, das Ausrichten üppiger Festlichkeiten und *zardat*, die Spenden für die *zawiyat* usw. standen im Einklang mit den bäuerlichen Moralerfordernissen. Die neuen Emporkömmlinge, die ihren Reichtum nur in den seltensten Fällen dem Boden verdanken, setzten alles daran, den Städtern nachzueifern und den Unterschied zu den Bauern zu betonen.

43 Man wirft ihm lediglich vor, die Frauen der anderen zu hofieren.

44 Es wurde bereits auf zahlreiche Beispiele für Verletzungen der bäuerlichen Moral hingewiesen, insbesondere im wirtschaftlichen Bereich: Konsumgewohnheiten, Einkäufe auf dem Markt, Verhalten bei Krankheiten sowie sämtliche Verhaltensweisen im Zusammenhang mit wirtschaftlichem Kalkül, etwa die Überweisung eines Gehalts an einen Sohn oder Bruder usw.

herkömmlichen Öllampen, Petroleumkocher, Gasherde, Radioapparate usw. ausgegeben. Die Ernährung wird vielseitiger, und neue, auf dem Markt eingekaufte Lebensmittel kommen auf den Tisch: Der Weizengrieß ersetzt die Gerste, das Brot den Fladen, überhaupt nimmt der Verzehr von Fleisch und Obst zu. Die Kleidungsausgaben steigen: Man kauft Jacketts für die Männer, Schuhe für die Kinder und Frauen usw. Diese aus der direkten Beobachtung stammenden Angaben werden von den Statistiken zum Familienkonsum belegt.

Zwischen Djebabra, wo die bäuerlichen Wertvorstellungen noch relativ hoch im Kurs stehen, und Kerkera, das alle Zeichen einer vermeintlichen Urbanisierung aufweist, bestehen weitreichende Unterschiede, die alle in dieselbe Richtung weisen. Obwohl der Index der Gesamtausgaben in Djebabra 194 im Vergleich zum Basiswert 100 für Kerkera beträgt,[45] liegt der Anteil der Ausgaben für Nahrungsmittel in Kerkera aufgrund der

45 Der Lebensstandard in Djebabra ist deutlich höher: der jährliche Verbrauch einer Familie liegt hier bei 5 492 Francs (845 Francs pro Person), in Kerkera beträgt er nur 2 290 Francs (350 Francs pro Person); in Matmata sind es 4 260 Francs. Der Mittelwert für ganz Algerien liegt bei 3 750 Francs. Die Familien der Leiter der landwirtschaftlichen Betriebe haben einen jährlichen Verbrauch von 4 150 Francs, die Familien der landwirtschaftlichen Angestellten von 3 320 Francs. Weitere Anhaltspunkte liefert der Verbrauch von Fleisch und Getreideprodukten: Wenn man davon ausgeht, daß in beiden Fällen auf dem Markt eingekauft wird (wobei der Anteil der Getreideprodukte in Djebabra 29,9 % und in Kerkera 26,7 % des Haushaltsbudgets beträgt), ist der für den Einkauf aufgewendete Betrag in Djebabra (1 644 Francs pro Familie) wesentlich höher als in Kerkera (612 Francs). Dabei ist zu berücksichtigen, daß der Anteil der Selbstversorgung in Djebabra (wo noch mehr Landwirtschaft betrieben wird) allgemein höher ist, da die landwirtschaftliche Produktion dort verhältnismäßig umfangreicher ist und das Gebot der Selbstversorgung (mit dem das entsprechende Verbot des Einkaufs auf dem Markt einhergeht) in höherem Maße gültig geblieben ist als in Kerkera. Der Anteil der Selbstversorgung am Verbrauch beträgt bei Getreideprodukten 15 % in Djebabra und 1,8 % in Kerkera, bei der Milch sind es 74 % in Djebabra gegenüber 45 % in Kerkera, und bei Obst und Früchten liegt das Verhältnis bei 21 % (Djebabra) zu 12 % (Kerkera).

ungleich höheren Ausgaben außerhalb des Lebensmittelbereichs um einiges niedriger als in Djebabra (59,6 % gegenüber 66,4 %). In qualitativer Hinsicht fallen die Unterschiede ebenso deutlich aus: Sie äußern sich zwar nicht im Fleischverbrauch, der als Indikator wirklichen Wohlstands gelten kann, jedoch ist der Anteil der Ausgaben für Milch, Butter und Käse in Kerkera doppelt so hoch (2,8 %) wie in Djebabra (1,4 %). Der Budgetanteil für Obst und Früchte liegt bei 7,4 % in Kerkera gegenüber 2,6 % in Djebabra. Das ist darauf zurückzuführen, daß die vielen kleinen Lebensmittelläden in Kerkera Kaktusfeigen, Feigen, lose Datteln sowie kleine Honig- und Wassermelonen zum Stückpreis anbieten, während der einzige Lebensmittelhändler in Djebabra ausschließlich »richtige« Früchte und nur nach Gewicht verkauft: Wassermelonen, Honigmelonen und Trauben. Zudem ist der Konsum bestimmter Güter, die sich als typische Merkmale der Verstädterung ansehen lassen, in absoluten und vor allem relativen Zahlen in Kerkera wesentlich höher. Dabei handelt es sich zunächst um den Konsum außer Haus, vor allem im Café, der in Kerkera 3,5 % der Ausgaben beträgt, in Djebabra dagegen bei null liegt. Die Arzt- und Arzneimittelkosten machen in Djebabra 8,44 % aus (464 Francs pro Jahr und Familie) gegenüber 10,4 % (233 Francs pro Jahr und Familie) in Kerkera. Der Tabakkonsum in Kerkera schlägt mit 9,9 % zu Buche (das ist der höchste Anteil der Ausgaben neben den Lebensmitteln), in Djebabra sind es lediglich 1,3 %.

Die Struktur des Budgets der Umsiedler in Kerkera kommt somit derjenigen der Subproletarier in den Elendsvierteln nahe. Eine ganze Reihe neuer Ausgaben steht im Widerspruch zum bäuerlichen *Ethos*, das Anspruchslosigkeit und die Einfachheit wertschätzt und die Unterordnung des Konsums unter die Produktion verlangt. Für viele stehen nun die Annehmlichkeiten des Lebens im Vordergrund; und sie sind mehr darauf bedacht, daß es den Ihren den Erfordernissen des modernen Lebens entsprechend gutgeht, statt wie früher üblich durch den Erwerb von Vieh Kapital anzuhäufen (und sei es aus Prestigegründen). Für die alte bäuerliche Moral hat wohl endgültig das letzte Stündlein geschlagen, wenn ein Umgesiedelter aus Kerkera sich laut zu äußern traut: »Ich hatte einen Ochsen, den habe ich für 40 000 Francs verkauft und statt dessen ein Mofa angeschafft.« Die Konsumgewohnheiten haben eine gewisse symbolische Bedeutung und stellen sicher das beste Indiz für den Bruch mit dem traditionellen *Ethos* dar, das jegliche Form »ostentativen Konsums« unnachgiebig verbot. So wie es einst als eine Schande galt, Verbrauchsartikel und darüber hinaus auch noch so unnötige, städtischen Luxus verheißende Lebensmittel wie Brot vom Bäcker, Gemüse und Obst von außerhalb zu kaufen, so gilt es heute in den Umsiedlungslagern, die aufgrund ihrer Morphologie den Elendsvierteln am ähnlichsten sind, und den Dörfern der CAPER oder der SCAPCO[46] fast als Ehrensache, sich aus der Stadt zu versorgen. Um es treffend mit einem Mitglied der CAPER zu sagen: »Wir leben in Zeiten des Einkaufskorbs.«

Für die Ärmsten übernimmt die *gargote*[47] die Funktion des Einkaufskorbs der Gutsituierten: Beide sind die offenkundigsten Symbole der tatsächlichen oder vermeintlichen Verstädterung und des Wertewandels in bezug auf die Ernährungsgewohnheiten. In Kerkera sind zwei dieser Lokalitäten fest etabliert, wobei die eine relativ groß ist, drei weitere bieten an manchen Tagen der Woche Gerichte wie gebratene Sardinen (3 Stück für 20 Francs), Krapfen, gebratene Paprikaschoten (10 Francs pro Stück), Brot oder hausgemachte Brotfladen an.[48] Der Betreiber der größten *gargote* des Lagers, dem durchaus klar ist, daß seine Tätigkeit in Widerspruch zum Geist der bäuerlichen Gesellschaft steht, beschreibt seine Kundschaft wie folgt:

46 Section coopératives agricoles du Plan de Constantine – etwa: Verband landwirtschaftlicher Kooperativen in der Planungsregion Constantine [Anm. d. Hrsg., A. d. Ü.].

47 [Etwa: billige Imbißbude, eigentlich ein französischer Ausdruck für ein schlechtes Restaurant – A. d. Ü.]

48 Von den untersuchten Umsiedlungslagern verfügt nur Kerkera über solche *gargotes*.

Ich betreibe eine *gargote*, aber *es gibt hier keine Kunden*. Es kommen keine *Fremden* oder *Durchreisende*, die hier etwas essen möchten. Den Leuten von hier fehlt einfach das Geld, um etwas essen zu können. Manchmal kommen welche zum Essen, wenn sie hungrig sind, aber das geht dann auf Kredit. Das sind meistens Jugendliche, die sich den ganzen Tag hier herumtreiben. Sie wollen nicht nach Hause gehen und dort um Essen bitten; die kommen hierher, setzen sich an einen Tisch und verlangen einen Teller *chorba* [traditionelle Suppe] oder *batata* [Kartoffelragout] und ein Stück Brot. Soll ich ihnen das verweigern? Nein. Sie essen dann und denken bei sich: ›Irgendwann hab' ich mal 150 Francs übrig, die ich ihm dann geben kann.‹ Aber ich muß daran denken, das Geld auch einzufordern. Im Café machen sie das genauso, wenn sie Karten oder Domino spielen, und auch beim Tabakverkäufer. Jetzt gib erst mal her, wir erledigen das dann später! [...] Außer denen habe ich noch zwei oder drei Stammkunden, die hier täglich ein- oder zweimal essen. Die arbeiten hier vor Ort oder im Straßenbau, wohnen aber nicht in der Gegend. Es gibt die Harkis, die hier keine Familie haben. [...] Und die Leute von hier? Warum sollten die bei mir essen? Für die 250 Francs, die sie mir für ein Essen bezahlen müßten, kaufen sie sich lieber zwei Brote, die sie dann mit ihren Kindern teilen [...]. Manchmal kommt auch einer, der ›sich selbst am nächsten‹ ist, aber nicht genügend Geld hat, um Kartoffeln, Fleisch und Brot für die ganze Familie zu kaufen, der ißt dann ganz allein etwas bei mir. Aber das kommt nur sehr selten vor [...]. So habe ich einen oder zwei Kunden am Tag. Alles übrige [er zeigt auf Brotscheiben – Stückpreis 20 Francs –, portionierten Käse, hartgekochte Eier, gebratene Paprikaschoten usw.] wird von Kindern gekauft. Ein Kind hat Hunger, es weint, es ist nichts im Haus, was man ihm geben könnte, man kann auch kein Brot für 65 Francs kaufen, weil man dann gleich vier oder fünf oder sechs kaufen müßte, damit alle etwas abbekommen: der Vater oder Bruder gibt ihm dann 20 oder 30 Francs; damit kommt es zu mir, das reicht für ein *kaskrut*.[49] Manche Kinder haben sich daran gewöhnt, zum Beispiel der Enkel von *âmmi* Ahmed [ein alter Mann, der gern Domino spielt]: Sobald der sieht, daß sich sein Großvater zu einem Spiel hinsetzt, stößt er ihn so lange mit dem Ellbogen an, bis ihm *âmmi* Ahmed ein 20-Francs-Stück zuwirft! Aber es sind hauptsächlich die Jugendlichen, die sich hier und da ein wenig Geld verdienen,

49 [Casse-croûte, etwa: kleiner Imbiß – A. d. Ü.]

> indem sie Besorgungen erledigen oder irgendwas verkaufen … Sie kommen dann zum Essen hierher, weil sie zu Hause nichts zu essen finden und man ihnen dort auch nichts geben kann.

Die leichtfertige Inanspruchnahme von Kredit für Ernährungszwecke, das Aufkommen eines ökonomischen Individualismus und der Verstoß gegen die Pflicht zur familiären Solidarität sind Facetten des Prozesses, der zur Demoralisierung der Subproletarier in den Elendsvierteln führt. Man ißt jetzt allein, jeder für sich und »für den eigenen Bauch«. Mit dem Gemeinschaftssinn ist auch der Sinn für das gemeinsame Am-Tisch-Sitzen verschwunden. Ein *bou niya* (Bauer) wickelte in das Taschentuch, in dem er auch sein Geld aufbewahrte, das Stück Fleisch, das er als Gast eines Festessens bewußt nicht aß, denn er mußte es mit nach Hause nehmen, wo es für die Kinder, einen Kranken oder eine betagte Person bestimmt war; damit bewies er ostentativ nicht nur sein Ehrgefühl und seine Selbstlosigkeit, sondern würdigte auch den festlichen Anlaß und das angebotene Essen, das man »nicht alle Tage« bekommt: das Fleisch.[50] Heute gilt ein solches Verhalten als ungehobelt und albern: Es gehört sich, das Fleisch mit dem Couscous zusammen zu essen, um zu beweisen, daß man den Couscous genau so essen *kann* wie die als Vorbild dienenden Städter; zudem will man zeigen, daß die anderen Familienmitglieder genügend Fleisch zu essen haben und nicht auf eine außergewöhnliche Gelegenheit angewiesen sind, um in den Genuß davon zu kommen.[51]

50 Dieses Wertesystem führt auch dazu, daß Emigranten das bei ihnen übliche reichhaltige Essen als »ungehörig« (*h'ram*) empfinden, da sie es nicht mit ihren Angehörigen *teilen*. »Wir essen hier Fleisch, und unsere Kinder haben vielleicht nicht einmal Brot! Unsere Arbeit wird nicht aufgehen (im Sinn von Hefeteig), weil wir im Vergleich zu unseren Frauen und Kindern ›Weißbrot‹ [*thaâzults*: Privileg, Vergünstigung] essen.« In dieser Logik erscheint die Arbeit, die ihren ersten und zunehmend auch einzigen Zweck nicht erfüllen kann, nämlich allen Familienmitgliedern denselben Wohlstand zu gewährleisten, den sie üblicherweise in Frankreich mit sich bringt, als vergeblich und absurd. Dies ist einer der Gründe für die seit 1956 steigende Tendenz zur Emigration ganzer Familien.

51 Traditionell bedarf der Fleischverzehr einer besonderen Begründung;

Früher gingen die Fellachen meist zu Fuß zum Markt und nahmen ein Stück Fladenbrot und eine Handvoll Feigen als Proviant mit, den sie unterwegs bei einer Rast im Schatten neben einer Quelle verzehrten.[52] Wenn sie ausnahmsweise in der Stadt einkauften, etwa Brot oder Früchte, wurden diese Waren nicht auf dem Weg verzehrt, sondern für das gemeinsame Nachtessen mit der Familie aufbewahrt. Heutzutage fahren die Bauern mit dem Lastwagen zum Markt und brechen erst am späteren Morgen auf, nachdem sie ihren Kaffee getrunken haben; sie kämen sich mehr als lächerlich vor, wenn sie eine Wegzehrung mitnehmen würden, wo es doch die Möglichkeit gibt, sich in der Stadt zu verpflegen.[53] Es kommt sogar vor, daß man auf den Markt

ausgenommen sind bestimmte Anlässe, etwa religiöse oder profane Feste (Hochzeiten, Beschneidungsfeiern, Bestattungen, Besuch vornehmer Gäste) (Anm. d. Hrsg.).

52 Die *bou niya*, naive, »verbäuerlichte« Bauern, die den Besuch einer *gargote* noch immer ablehnen, sich aber zugleich nicht dadurch dem Gespött aussetzen wollen, daß sie ihren Proviant mit sich tragen, nehmen auch dann, wenn sie zu Fuß zum Markt gehen, keinerlei Nahrung zu sich.

53 Tatsächlich hat sich die Einstellung des Bauern zur Stadt und zum Städter von Grund auf geändert. In Collo war früher jeden Freitag Markttag: Die Bauern aus der Gegend kamen in Scharen, um zu verkaufen und zu kaufen, Bekannte zu treffen, persönliche oder öffentliche Angelegenheiten zu regeln, einen Streitfall vor einer größeren *jamâa* vorzubringen usw. An den übrigen Wochentagen gehörte die Stadt ihren Bewohnern, die sich auf dem »überdachten Markt« eindeckten, den die Bauern nicht besuchten. Durch den Umzug der Bergbewohner in die Ebene, den Bau neuer Pisten und Straßen und das Entstehen neuer Bedürfnisse wird der Besuch der Stadt einfacher und erfolgt regelmäßiger. Durch die Umsiedlung wird der Weg zum wöchentlichen Markt (der an die bäuerliche Tätigkeit und die Notwendigkeit gebunden war, die landwirtschaftlichen Erzeugnisse zu verkaufen) überflüssig. Da man keine Produkte mehr zu verkaufen hat, geht man jetzt nicht mehr auf den Markt, sondern in die Stadt, und man kann dies an jedem beliebigen Tag der Woche tun. Der Wochenmarkt ist kein fester Bestandteil des Lebensrhythmus der Fellachen mehr, er hat auch nicht mehr soviel Zulauf; bestimmte Lebensmittel, etwa Getreide und Hülsenfrüchte, werden nicht mehr dort angeboten, sondern in Läden verkauft, und Vieh findet man nur noch selten.

geht, um eine *chorba* oder ein gebratenes Hähnchen zu essen. Man lädt zum Essen ins Marktrestaurant ein oder läßt sich selbst einladen. Wenn man jemanden mit einer Besorgung beauftragt oder ein Familienmitglied zum Markt schickt, fühlt man sich verpflichtet, ihm ein Essen im Restaurant zu spendieren. Manche prahlen bei der Rückkehr ins Dorf auch damit, zwei oder drei Gerichte in der *gargote* gegessen zu haben.[54] Die Schamhaftigkeit (das Wort ist nicht zu stark gewählt), mit der alles belegt war, was mit Ernährung zu tun hat, gehört der Vergangenheit an. Selbstverständlich ist das Verhalten derer, die ostentativ einen vollen Einkaufskorb nach Hause tragen (was die bäuerliche Moral explizit untersagte, die auch verlangte, daß eingekauftes Fleisch zu verbergen war), empörender als das der Unglücklichen, die aus Not die Pflicht zur familiären Solidarität verletzen und heimlich eine Mahlzeit in der *gargote* zu sich nehmen. Die Zurschaustellung von Überfluß wird als Herausforderung nicht nur der Tradition, sondern auch all derer empfunden, die aus Not heraus gegen die Tradition verstoßen.

> Heute kann man täglich Kotelett essen, während der eigene Vater betteln geht. In diesen Zeiten kann alles durchgehen. Man schämt sich nicht, und niemand findet etwas dabei. Man darf jede Tätigkeit ausüben, man darf stehlen oder betteln, wenn man nur Geld damit verdient (ein nach Kerkera umgesiedelter Händler aus Outaït Aïcha).

»Es gibt keine Schande [*âib*] mehr«: Man scheut sich nicht mehr, sein Land aufzugeben oder an Fremde zu verkaufen; man schämt sich nicht mehr, den Vater oder die Mutter dem Elend zu überlassen; sämtliche Schliche und Tricks sind gut genug, um seinen Lebensunterhalt zu verdienen. Indem man sagt, es gäbe keine

54 Ein Mann von Ehre kann (aus Prestigegründen) zwar beträchtliche Summen für Kleidung ausgeben, jedoch nicht für Essen. Man sagt: »Wenn er gut angezogen ist, hat er sich schön gemacht; alle haben ihn gesehen, und er hat damit auch seine Familie geschmückt. Wenn er aber gut gegessen hat, weiß das niemand.« Oder auch: »Ein zu großer Magen hat noch nie etwas Ehrenhaftes vollbracht.«

Schande mehr, um damit auszudrücken, daß es keine Ehre und keine Ehrensache mehr gibt, wird darauf verwiesen, daß über Ehre wie Schande nur das Meinungstribunal einer ihrer Normen und Werte sicheren Gruppe befinden kann. Die Krise des Wertesystems ist eine direkte Folge der Krise der Gruppe als Hüterin der Werte: Durch die Zersplitterung der sozialen Einheiten, die Lockerung der überkommenen sozialen Bindungen und die Schwächung der Kontrollfunktion der öffentlichen Meinung wird die Regelverletzung immer mehr selbst zur Regel. Dem mit der modernen Wirtschaft einhergehenden Individualismus steht nichts mehr im Wege. In den enormen, aus isolierten Individuen zusammengewürfelten Konglomeraten der Umsiedlungslager fühlt sich jeder durch seine Anonymität geschützt; jeder fühlt sich für sich selbst verantwortlich, aber eben nur für sich und vor sich selbst.

> Heute muß jeder selbst zurechtkommen. Man kann nur auf die eigenen Fähigkeiten zählen. Jeder sitzt in seinem eigenen Boot und muß auf eigenen Füßen stehen. Man kann nicht mehr nach dem Onkel oder dem Bruder rufen. Heute heißt es: ›Jeder für den eigenen Bauch‹ oder ›Jeder für sich‹, wo es vorher ›Jedem sein eigenes Grab‹ hieß, weil nur dort (im Jenseits) jeder mit seinen eigenen Taten konfrontiert wird: An diesem Tag kann ich nichts mehr für dich tun und du nichts mehr für mich, aber hier kann man eigentlich ohne gegenseitige Hilfe nicht leben. Wer kann heutzutage schon von sich behaupten, daß er niemanden bräuchte? Es heißt doch auch: ›Ein Mensch [wird erst Mensch] durch die Menschen‹ [*rajal b erjal*].

Ob es um sein Auskommen oder um seine Ehre geht, der einzelne weiß, daß er nur auf sich selbst zählen darf und nur sich selbst gegenüber Rechenschaft ablegen muß. »Ehre dir und Schande über dich« (*rejala lik u el âib lik*), sagt man. Jedes Subjekt ist frei in seinem Handeln, aber die Schande, die ihm das einbringen könnte, muß es allein auf sich nehmen: Wie der Boden und der Kessel ist auch die Ehre nicht mehr ungeteilt.

Die kollektive Melancholie ist Ausdruck von Ratlosigkeit, ja Angst, und ein Zeichen für das Schwinden der ehemals geltenden Solidaritätsbeziehungen. Das materielle Elend kann den einzelnen in seinem tiefsten Innern so sehr treffen, weil es den Zusammenbruch des Wertesystems beschleunigt, das die Identifikation des Individuums mit der gesamten Gruppe erforderte und es damit vor der Entdeckung seines Alleinseins schützte. Die Gruppe ist nicht nur allein deshalb nicht mehr in der Lage, regulierend einzugreifen, weil sie sich ihrer aufgrund der äußeren Umstände kraftlos gewordenen Normen und Werte nicht mehr sicher ist, sondern auch, weil ihre grundlegendsten Strukturen zerschlagen wurden. Die Zwangsumsiedlung hat im Verbund mit den sonstigen Willkürmaßnahmen das Substrat des sozialen Lebens nicht nur in seiner Ausdehnung und seinem Umfang verändert, sondern auch in der Form. Die Umsiedlung mag zwar nur eine Emigration über geringe Distanz sein, da sie aber aus ökonomisch nicht nachvollziehbaren Gründen[55] der gesamten Gruppe aufgezwungen wurde, zieht sie doch das gesamte soziale Leben in Mitleidenschaft. Denn mit der Organisation des Siedlungsraumes wird auch das auf den Boden projizierte Schema der sozialen Strukturen komplett verändert und die Vertrautheit der Individuen mit ihrer Umwelt zerstört. Der entwurzelte Bauer, für den die Umgebung, in der er geboren wurde, die einzig vertraute Umgebung ist, und dessen ganzer *körperlicher Habitus* dem Raum »angepaßt« ist, in dem er sich gewöhnlich bewegt, ist zutiefst in seinem *Wesen* getroffen, so tief, daß er seine Verzweif-

55 Die Umsiedlung bringt rein gar nichts, weder mehr Land noch mehr Arbeit, ebensowenig eine Neuausrichtung des Lebens. Die Revolte wird von ihr noch zusätzlich angestachelt: »Anfangs, als wir noch in der *zriba*, mehrere Kilometer von der Schule entfernt waren, dachten wir gar nicht daran, unsere Kinder dort hinzuschicken. Jetzt, wo wir ganz in der Nähe sind, würden wir sie schon hinschicken, aber dort ist kein Platz« (ein nach Aïn-Aghbel umgesiedelter Bergbewohner).

lung gar nicht in Worte fassen, geschweige denn Gründe dafür angeben kann.[56]

Aus diesem Grund lassen sich beispielsweise die Unterschiede zwischen Aïn-Aghbel und Kerkera nicht allein an der Personenkonzentration und der Größe des Lagers festmachen. In Aïn-Aghbel wurden die *zribat* der Umgebung auf einem Raum zusammengezogen, der nach traditionellem Muster organisiert war: Der im alten Friedhof, in der Nähe des Marabut angesiedelte männliche Bereich mit dem Versammlungsplatz ist klar abgesetzt gegenüber dem um den Brunnen herum organisierten weiblichen Raum, zu dem einige Nebenwege hinführen. Das in geometrischen Kategorien denkende Militär hat dem Gelände und dem früheren Wohnort gegenüber so große Zugeständnisse machen müssen, daß die schnurgerade Linienführung der neu angelegten Wohnanlagen in Abständen immer wieder durch ein Haus, einen Baum oder eine Unebenheit des Geländes unterbrochen wird. In Aïn-Aghbel, wohin sie schon seit jeher gekommen sind, finden die Bergbewohner aus Yersan oder Béni-Bellit etwas von dem ihnen vertrauten Raum wieder. Auch ist ihre Verzweiflung weniger groß als diejenige der von Oued-el-Afia und El Bir nach Kerkera umgesiedelten Bergbewohner. Dort ist die Raumaufteilung nach einem der Tradition vollkommen fremden, ja sogar völlig widersprechenden Muster erfolgt: Die Anlage der Läden oder die Breite der Straßen, der Grundriß der Häuser (die keine Innenhöfe haben) und die Lage der Brunnen sind eine

56 »Ich bin der Raum, wo ich bin«, sagt Noël Arnaud, den Gaston Bachelard zitiert, der wiederum schreibt: »Doch über die Erinnerungen hinaus ist das Elternhaus physisch in uns eingezeichnet. Es besteht aus einer Gruppe von organischen Gewohnheiten. Aus einem Abstand von zwanzig Jahren, allen anonymen späteren Treppen zum Trotz, würden wir noch die Reflexe jener ›frühesten Treppe‹ wiedererkennen, über eine bestimmte, etwas zu hohe Stufe würden wir nicht stolpern. Das ganze Sein des Hauses würde sich entfalten, unserem eigenen Sein treu geblieben. [...] Das Wort Gewohnheit wird allzu häufig gebraucht, um diese passionierte Bindung unseres Körpers, der nicht vergißt, an das unvergeßliche Haus zu bezeichnen.« (*Die Poetik des Raumes*. Aus dem Französischen von Kurt Leonhard, München: Hanser 1960, S. 184f.)

herbe Enttäuschung, ja das glatte Gegenteil von allem, was man erwartet hatte.

Statt der strukturalen Uniformität der Behausungen und noch mehr des *h'awch* oder *alh'ara*,[57] der auf den Boden projizierten Vorstellung der Welt, herrscht nun die rein aufs Funktionale reduzierte Einförmigkeit einer aus »Zwei-Zimmer-Zellen mit Küche« bestehenden Standardwohnung. In der *zriba* verfügten alle Häuser nicht nur über einen Innenhof, sondern auch über einen weiten, von Akazien eingehegten und geschützten Raum; im Umsiedlungslager dagegen liegen die Unterkünfte direkt zur Straße hin. Diese hat weder einen Namen, noch läßt sie sich vernünftig nutzen; bald wird sie als bloßer Übergang zwischen den Häusern angesehen, bald als ein »Hof«, den sich mehrere einander gegenüberwohnende Familien teilen: Der *kanun* erscheint zaghaft auf der Schwelle; in einem schattigen Winkel bindet man die Ziege und die Geißlein, manchmal auch den Esel an. Die Veränderungen der Wohnverhältnisse, die sich normalerweise an eine schrittweise Veränderung der Lebensweise und der kulturellen Normen anschließen, erfolgen hier auf äußeren Druck hin, aufgezwungen von Behörden, die sich gegenüber den das bäuerliche Leben beherrschenden Modellen und Werten, wie sie in der traditionellen Wohnungsanlage zum Ausdruck kommen (Abgeschlossenheit, Hof, Nichtvorhandensein von Öffnungen usw.), völlig ignorant zeigen. Demnach geht der Anstoß zu den gesellschaftlichen Wandlungen von den veränderten Wohnverhältnissen aus und nicht umgekehrt wie sonst üblich. Die Rigorosität, mit der man die geringsten Veränderungen und Umgestaltungen zu unterbinden sucht, beweist, daß man mittels der Organisation der Wohnverhältnisse eigentlich die Normen, Werte und den Lebensstil einer anderen Zivilisation durchsetzen will.

Und in der Tat kommen durch die Umsiedlung auf diesem wie anderen Gebieten zahlreiche Neuerungen in Gang: Wie in den städtischen Elendsvierteln gibt es immer mehr aus Metall

57 Traditionelles Familienhaus mit Innenhof (Anm. d. Hrsg.).

oder aus auf Böcken gelagerten Brettern gefertigte Betten (um nicht auf dem feuchten Boden schlafen zu müssen und um etwas Stauraum zu schaffen); einige moderne Möbelstücke tauchen auf wie das Küchenbüffet oder der Schrank. Anstatt der traditionellen Gerätschaften (mit Ausnahme des Holzbretts, auf dem man die Fladen knetet und den Couscous reibt, oder der tönernen Platte, auf der man die Fladen bäckt) hat man nun einen Haufen recycelter, ebenso einfallsreich wie bunt zusammengewürfelter Gegenstände wie Konservendosen, Kartons, Holz- oder Metallkisten, Emaillegefäße usw. Die früher ganz stereotyp vorgenommene Raumaufteilung ist aufgegeben, statt dessen versucht man mehr schlecht als recht, die Einrichtung moderner Häuser nachzuahmen: An der Wand oder auf Bruchsteinen unmittelbar über dem Boden befestigte Bretter dienen als Regale; zu einer Art Schrank zusammengestellte Kisten treten an die Stelle der Staulöcher des *dukan*,[58] einer Art in Reihe aufgestellter Urnen, die an die Giebelwand angelehnt waren; Säcke, Kisten und Fässer ersetzen nun die Öl- und Getreidekrüge, Lederschläuche und Silos; anstelle der irdenen Teller, die die Hausfrau früher an der Wand gegenüber der Tür aufstellte, benutzt man nun emaillierte Blechteller. Ebenso ist durch das Fehlen eines Hofes, besser gesagt, einer den Hof nach außen hin abschließenden Mauer, der Gebrauch von Vorhängen an den Türen und sogar an den Fenstern notwendig geworden. In vielen Fällen nimmt man dafür noch einen Sack oder eine alte Decke, manche verwenden dafür aber schon spezielle Gewebe.

An zahlreichen Verhaltensänderungen zeigt sich, daß man sich, so gut es geht, an einen ungewohnten Raum anzupassen

58 In den *zribat* der Gegend um Collo ist der *dukan* (der in der Kleinen Kabylei *lakdhar* genannt wird) der wichtigste Einrichtungsgegenstand des Hauses: Da er, wie die Mauern auch, aus Lehm hergestellt und aus einem Stück geformt war, mußte man ihn zusammen mit den Häusern zurücklassen, bisweilen auch zerstören. Das gilt ebenso für die meisten Getreidekrüge. Der *dukan* funktionierte ähnlich wie ein Fliegenschrank: man stellte die Fladen, den Couscous und die anderen Lebensmittel hinein, vor allem aber sämtliche Geräte, den Kessel und die Fladenplatte.

sucht, der gerade aufgrund seiner Struktur die Erfindung neuer Verhaltensweisen objektiv erforderlich macht. Das Mißbehagen bleibt freilich:

> Unter Verwandten dürfen die Türen ruhig einander gegenüberliegen, aber wenn Fremde da sind, dann besser nicht. Hätte man es uns überlassen, das Dorf aufzubauen, dann hätten wir für jede Familie eine *mechta* gemacht; gegenwärtig sind die Familien über das ganze Dorf verstreut. Sogar Geschwister können nicht näher zusammenziehen. Wenn die neuen Häuser [die sich zum Zeitpunkt der Erhebung noch im Bau befinden] vergeben werden, muß darauf geachtet werden, daß alle Verwandten in der Nachbarschaft unterkommen. Wer will, kann dann einen Durchbruch zwischen den Häusern machen (ein Umgesiedelter aus Djebabra).

Wen wundert es, daß die Bauern von Kerkera, wenn sie über ihre Erfahrungen reden, insbesondere drei Bilder benutzen: das Bild des Gefängnisses, wenn sie das Gefühl des Erstickens und der Unterdrückung aufgrund der Restriktion ihres Wohnumfeldes zum Ausdruck bringen wollen; das Bild der Nacktheit, um das Gefühl widerzugeben, den Blicken aller ausgesetzt zu sein, ohne die Barrieren (*zruba*), mit denen man die Intimität des häuslichen Lebens abschirmt; das Bild des nächtlichen Dunkels, in dem man sich mangels gewohnter Orientierungspunkte leicht verlaufen kann?[59]

Letztlich läßt sich jedoch an der Körpersprache, der Kopfhaltung oder dem Gang der Menschen besser als an Worten das Gefühl der Ausweglosigkeit und des Verlorenseins ablesen. Auf den breiten Straßen der neu errichteten Dörfer laufen nur Kinder, vielleicht einmal jemand, der ein Brot oder einen Wasser-

59 »Wir sind in Käfigen aus Schilfrohr eingesperrt« (eine nach Béni-Mansour umgesiedelte alte Frau). »Wir sind eingepfercht wie die Ölsardinen« (ein nach Kerkera Umgesiedelter). »Wir müssen mit unseren Händen unser eigenes Haus bauen. Warum verpflegt man uns nicht auch noch, so wie man es mit Gefangenen macht?« (Ein nach Kerkera Umgesiedelter) »Wir wissen nicht, wo wir sind, wir wissen nicht, wohin wir gehen, wir sind wie Leute, die durch die Nacht gehen« (ein nach Kerkera umgesiedelter ehemaliger Händler).

kanister trägt; hin und wieder werden sie von Frauen in großer Hast überquert. Während unter den früheren Wohnverhältnissen das gesamte soziale Leben nach innen gewandt, zum Hof hin verlief und die Straße, von der Fremde ausgeschlossen waren, noch eine Verbindung zwischen vertrauten Nachbarn herstellte, nimmt die neue Raumaufteilung dem Haus jeglichen Schutz: durch die Straße werden die Frauen ins Innere des Hauses abgedrängt, Städterinnen sind es, die verstohlen hinter den einen Spaltbreit geöffneten Türen oder den angehobenen Vorhängen hervorblicken.

Am Eingang des am Abhang eines Hügels errichteten Umsiedlungslagers von Djebabra war am Boden bereits ein Fußweg erkennbar, der sich von der Hauptstraße aus in Richtung des höhergelegenen Teils des Dorfes hinzog, wo der Versammlungsort der Männer lag. Folglich überlagerten sich zwei Organisationsweisen des Raums und zwei Typen von Haltung gegenüber der Welt: zum einen das *castrum*, durch das sich zwei breite Straßen zogen, die, indem sie den Fremden direkt ins Zentrum des bewohnten Universums führten, dessen Intimität preisgaben; zum andern die geschlossene Welt, ein Refugium der *h'urma* (Ehre), um die wie in der Kabylei die nach draußen führenden Wege einen Bogen machten, damit ein Fremder, ohne einzudringen, seines Weges gehen konnte. Als ob sie in ihrem Körper das Schema der ihnen vertrauten Wege mit sich trügen, schlugen die Menschen beim Nachhausegehen niemals den kürzeren Weg ein, der über die eine oder andere der großen Straßen führte: Sie gingen zunächst den ums Lager führenden Pfad entlang, machten dann einen Umweg über die kleinen, von den Häuserzeilen gebildeten Gäßchen und gingen dabei fast schon verstohlen nahe an den Mauern entlang.[60]

60 Die Metaphern, mit denen sie den Schwindel ausdrücken, den sie angesichts weiter leerer Räume empfinden, sind äußerst vielsagend: »Ich war wie ein Getreidekorn« (*gad h'abba*), was soviel heißt wie: verloren in einem riesigen Raum; oder: »wie ein Mensch, der von einer großen Wassermasse verschlungen wird« (*ghamaq*).

In dem durch das Gefühl des *Verlorenseins* ausgelösten Mißbehagen spiegelt sich wider, wie sehr die bis ins Mark getroffene Gruppe in zeitlicher wie räumlicher Hinsicht aus dem Takt geratenen ist. Dadurch, daß die Umsiedlung die räumliche Organisation, das Feld technischer und ritueller Betätigung völlig durcheinanderwirbelt, bringt sie zugleich die damit zusammenhängenden zeitlichen Rhythmen durcheinander; dazu kommen noch die Einführung willkürlicher Zwänge und die Störung der Rhythmen der Alltagsbeschäftigungen, worunter die gesamte Zeiterfahrung zu leiden hat. In der traditionellen Gesellschaft spielt der Rhythmus des sozialen Lebens, dem die periodische Wiederkehr der von allen Angehörigen der Gruppe gleichzeitig verrichteten technischen und rituellen Handlungen den Takt vorgibt, die Rolle eines Organisationsprinzips und auch einer integrierenden Kraft.[61]

Bei den Fellachen gab es schon immer mehr oder weniger ausgedehnte Phasen verminderter Aktivität; sie waren jedoch fester Bestandteil des gewohnten Zyklus, durch die Tradition festgelegt, und hingen aufs engste mit den natürlichen Rhythmen zusammen. Mit der Umsiedlung haben sich diese Zyklen und Rhythmen nun aufgelöst. In der Folge findet sich nicht nur die objektiv meßbare Höhe des Arbeitsaufwands in Frage gestellt, sondern die Verteilung von Arbeit und Nichtarbeit im Zeitverlauf. Der Bauer macht die Entdeckung, daß Zeit etwas ist, was man auch verlieren kann, und damit wird ihm der Gegensatz von verlorener Zeit bzw. Leerlauf und genutzter bzw. erfüllter Zeit bewußt – all das Begriffe, die der Funktionsweise vorkapitalistischen Wirtschaftens vollkommen wesensfremd sind. Die als Langeweile erlebte »leere« Zeit läßt sich nun nicht mehr nur negativ in Abgrenzung zur Freizeit oder zur Arbeitszeit be-

61 Die Einheitlichkeit der Rhythmen bildet eines der Fundamente der Gruppenkohäsion. Heftige Mißbilligung trifft diejenigen, die dem zuwiderlaufen; sie gewährleistet auch eine gewisse Vorhersehbarkeit der technischen und sozialen Verhaltensweisen, die Grundlage für das Gefühl von *Vertrautheit*.

stimmen. Sie ist keine Zeit mehr, die einfach vergeht, sondern schlicht verlorene oder verausgabte Zeit. Und als solche wird sie nun auch empfunden, da die Erfahrung von Dauer beim Arbeitslosen explizit oder implizit immer eine Bezugnahme auf die kapitalistische Auffassung von Arbeit und Zeit als die Bedingung für das Bewußtsein von Arbeitslosigkeit impliziert. Arbeitslos verbrachte Zeit bedeutet Leerlauf, und das sowohl im Gegensatz zur Zeit, die die auf Produktivität getrimmte Ökonomie für gut genutzt hält, als auch im Gegensatz zur Zeitauffassung der traditionalistischen Wirtschaftsweise. Letztere konnte, da sie ja keinen anderen Zweck hat, als der Gruppe Dauer zu verschaffen, eine Erfahrung der Dauer, die sich selbst ihr eigener Maßstab war, nicht als »leer« hinstellen.[62]

Die neuen Rhythmen, denen sich die Bauern zusätzlich zur Ausgangssperre und den langen Wegstrecken unterziehen müssen, verdrängen tendenziell die traditionellen Rhythmen. Zeitliche Orientierungsmarken wie die den Tag unterteilenden Öffnungs- und Schließzeiten der Büros, Schulbeginn und Schulende, das in regelmäßigen Abständen ertönende Telefonklingeln im Kontrollturm, die Kontrollgänge der Wachen und der *harka*, das Erscheinen des Postboten, die Öffnung der Krankenstation und, wie etwa in Matmata, das Anstellen des Brunnens, treten an die Stelle der traditionellen Zeitmarker wie der fünf Gebete und vermitteln eine neuartige Erfahrung von Dauer: Die skandierte Zeit weicht vor der gemessenen Zeit, und bestimmte Gruppen von Menschen geraten unter das Zeitdiktat der Uhr.[63] Die Freiheit, seine Arbeit einzuteilen und deren Rhythmus selbst festzulegen,

62 Ein mangelndes Verständnis für ökonomisches Kalkül, Gewinnerwartung und die Wirtschaftlichkeit von Arbeit ist Bestandteil der unhinterfragten Unterwerfung unter das der traditionellen Routine eigene Zeitregime.

63 Die Vervielfachung bürokratischer Beziehungen hat alle Individuen mit der Bedeutung von Datum, Jahr und Monat vertraut gemacht, die nun an die Stelle der Jahreszeiten und sonstigen Unterteilungen des traditionellen Kalenders getreten sind. Es gibt kein Familienoberhaupt mehr, das sein Alter und das der Seinen nicht weiß.

ist quasi identisch mit dem Gefühl der Vertrautheit, die zwischen dem Bauern und seinem Land herrscht. Als beispielsweise die Militärbehörden, um die Wiederbebauung der in der Sperrzone gelegenen Felder der *farqa* Merdja zu ermöglichen, beschlossen, jeden Morgen nach dem Ende der Ausgangssperre die Fellachen in Lastwagen dorthin zu transportieren, stießen sie auf heftigen Widerstand. Der Grund dafür ist, daß eine Landarbeit, die sich einem von außen auferlegten Rhythmus unterwerfen läßt, die völlige Infragestellung der früheren Landwirtschaft darstellt: »Auf meinem eigenen Hab und Gut, dem meines Vaters und meines Großvaters, bin ich ein Fremder! In meinem eigenen Haus gebe ich nicht mehr den Ton an, ich bin nicht mehr der Herr im Haus!« Bauer zu sein heißt auch, *Herr über seinen Boden*, also *Herr über sein Verhältnis zum Boden* zu sein: das heißt, frei zu sein, die Bedingungen seiner Tätigkeit festzulegen, den geeigneten Augenblick und das Tempo zu bestimmen, über sämtliche Gänge, ihre Dauer und die entsprechende Wegstrecke zu entscheiden.[64] Das leidenschaftliche Gefühl des Fellachen für seinen Boden duldet keinerlei Hinderungsgrund: Was bringt es, »Herr über seinen Boden« zu sein, wenn man ihn nicht mehr »aufsuchen« kann, wann man will, sondern nur zu festgesetzten Zeiten und auf vorgegebenen Wegen?[65] Die Bauern von Djebabra wußten, daß sie, wenn sie ihre Verrichtungen in regelmäßige Zeitpläne und feste Daten einzwängen lassen, ihr Bauerntum nur scheinbar wahren, um es dann um so leichter verlieren zu können. Sobald es näm-

64 Angesichts des fehlgeschlagenen gemeinsamen Transports beschlossen die Behörden, täglich individuelle Passierscheine auszugeben. Diese Maßnahme stieß jedoch gleichermaßen auf Mißtrauen, so daß man sie schließlich wieder einstellen mußte. Die Bauern der CAPER oder der SCAPCO revoltierten dagegen, daß sie *wie Frauen* nichts selbst entscheiden durften.

65 Um den Ärger oder die Empörung der Fellachen in der CAPER oder den SCAPCO wie auch in manchen Verwaltungsausschüssen nachvollziehen zu können, muß man sich nur bewußtmachen, daß *die Freiheit, seine Arbeit nach Belieben zu organisieren*, den Bauern mehr wert ist als das Eigentum an Grund und Boden.

lich kein Stand mehr ist, bleibt vom Bauerntum nicht mehr übrig als eine Summe aus zeitlich und räumlich umschriebenen Tätigkeiten, vergleichbar der Tätigkeit des Arbeiters.

Schließlich setzt die Diversifizierung der Tätigkeiten eine Vielfalt von Rhythmen, die der Alltag in voneinander getrennten Berufen mit sich bringt, an die Stelle der früher für die ganze Gesellschaft einheitlichen und stets gleichbleibenden Zeit. Während früher die Arbeit des Handwerkers oder des Händlers demselben Rhythmus unterlag wie diejenige des Bauern, da sie nur die Momente des bäuerlichen Arbeitstages, in denen der Betrieb ruhte, einnahm (etwa während der warmen Jahreszeit, am Morgen, vor dem Gang auf die Felder, während der Mittagspause und am Abend nach dem Heimkommen von den Feldern), löst sie sich heute zunehmend davon ab, da sie diejenigen, die ihr nachgehen, vollkommen in Beschlag nimmt.[66] Ebenso überlagert seit kurzem der Rhythmus der saisonalen Arbeiten bei den Siedlern im Chéliff allmählich den Rhythmus der traditionellen Landwirtschaft: Die Ärmsten arbeiteten früher bei der Weinlese mit, während die übrigen sich erholten und es sich gutgehen ließen, sobald das Getreide eingebracht war. Damit ist es aufgrund der Identifikation des Individuums mit der kollektiven Zeiteinteilung und zugleich mit der Welt und der Gruppe nun endgültig vorbei. Aus dem überkommenen Zyklus, in dem er sich bewegte, ist der Bauer nun brutal vertrieben.[67]

66 Die Händler geben ihre Landwirtschaft zunehmend auf. Sie überlassen ihre Felder einem Bruder, einem Sohn oder einem *khammès*. Sie bleiben auch »den ganzen Tag über auf ihrem Stuhl im Schatten sitzen«, was von den Bauern, die sie für Müßiggänger halten, mit Ironie quittiert wird (»die plagen sich nicht«, »die haben keinerlei Schwielen an den Händen«). Das Ladengeschäft ist zunehmend von der Wohnung getrennt, so daß der Kaufmann nicht mit der Hilfe seiner Familie rechnen kann und sich an regelmäßige Öffnungszeiten gewöhnen muß. Das ist der Rhythmus der kleinen Geschäfte in den Außenvierteln oder den großen Städten. Manche essen gleich dort, lassen die Tür einen Spaltbreit offen und machen in der größten Hitze ihr Nickerchen. Andere gehen zu sich nach Hause und schließen solange den Laden.

67 Ist es nicht bezeichnend, daß er nun Ausdrücke gebraucht wie »die Zeit

Die Gruppen der auf den landwirtschaftlichen Gütern der Kolonisten tätigen Landarbeiter lassen sich als das vorläufige Endergebnis einer Auflösungsbewegung ansehen, die durch die Umsieldung zwar beschleunigt, aber nicht zu Ende geführt wurde; erstens hat der Entwurzelungsprozeß noch nicht lange genug gedauert, damit die tiefgreifenderen Umwälzungen[68] greifbar wurden; zweitens hatte das sehr lebendige Gefühl, daß es sich wohl nur um eine vorübergehende Prüfung des Schicksals handele, die verunsichernde Wirkung der Maßnahme abgeschwächt. Als Symbol für die Geschichte der algerischen Bauernschaft während der vergangenen zehn Jahre kann auch das Abenteuer der Arbeiter der CAPER von Aïn-Sultan gelten, die als langjährige Beschäftigte des Gutes bei ihren Schicksalsgenossen aus den Bergen die Erinnerung an ihre Vergangenheit wiederfinden konnten, und zwar zu einem Zeitpunkt, zu dem das kollektive Gedächtnis aufgrund der Entwurzelung, der Zersplitterung und der Deregulierung der Gruppe zu verlöschen drohte.[69]

totschlagen«, »seine Zeit vergeuden« oder »die Zeit verbringen«, und daß die einzigen, die keine Langeweile haben, *bou niya* sind, also Leute, die damit beschäftigt sind, »auf den Boden zu schauen«?

68 Das gilt beispielsweise für die Ausweitung des Kreises potentieller Ehepartner, für die die Zusammenführung von bis dahin entfernt voneinander lebenden Gruppen (will man den äußeren Anzeichen Glauben schenken) durchaus hätte förderlich sein können. Die statistische Analyse (am Beispiel der nach Matmata und nach Djebabra umgesiedelten *farqat*) widerlegt jedoch diese Annahme.

69 Nach eigener Aussage trennte die Landarbeiter einfach alles von den »Leuten der *farqa*«: die von entlehnten Begriffen überquellende Sprache, die Gesprächsthemen und was einen sonst so beschäftigte, die von magischem Formalismus geprägten religiösen Traditionen. Daß die Einheit der Gruppe sich nicht mehr über räumliches Zusammenleben und identische Arbeits- und Lebensbedingungen definierte, belegte das Heiratsverhalten zwischen Mitgliedern der Landarbeitersiedlungen. Zwischen Mitgliedern selbst weit entfernter Siedlungen kam es häufiger zu Eheschließungen als zwischen den Landarbeitern und Mitgliedern der Gemeinschaft, aus der sie ursprünglich stammten.

Die algerischen Subproletarier*

Dieser Text wurde einem 1963 erschienenen Werk[1] entnommen, das die Ergebnisse einer 1960 in den algerischen Städten durchgeführten Umfrage vorlegt. In dem Kapitel, dem diese Seiten entstammen, geht es darum, ein Modell des Prozesses zu entwickeln, der von der traditionalistischen ökonomischen Einstellung zur kapitalistischen führt, und zugleich darum, die materiellen Existenzbedingungen, Einstellungen und Ideologien der verschiedenen Klassen objektiv zu definieren und damit eine Typologie der Anpassung an die durch die Kolonisierung importierte Wirtschaftordnung zu erstellen. Die tiefste Spaltung in der städtischen Gesellschaft verläuft zwischen den dauerhaft beschäftigten Arbeitern und den zeitweise beschäftigten – Arbeitslosen, Tagelöhnern, Kleinhändlern –: drei untereinander austauschbare Lebensbedingungen, die oft genug demselben Individuum nacheinander zufallen. Die Analyse der Statistiken erlaubt nämlich, die Arbeiter in zwei Gruppen zu unterteilen: Die Arbeitssituation der fest Beschäftigten ist äußerst sicher, die der nicht fest Beschäftigten (1960 jeder dritte) äußerst unsicher. Arbeitslosigkeit und schwankende Beschäftigung versetzen die Subproletarier in eine Situation ständiger Unsicherheit, die das Gleichgewicht der Familie bedroht, die Eingliederung des Individuums in die Gesellschaft gefährdet, »eine systematische funktionelle Desintegration« (Goldstein) von Verhalten, Einstellung und Meinung mit sich bringt und die klare Wahrnehmung einer inkohärenten Lage verbietet. Von solchen Analysen ausgehend, wird es der Forschung zu einem späteren Zeitpunkt möglich sein, eine Gesamtsicht der algerischen Gesellschaft zu entwerfen, wie sie von 130 Jahren Kolonisierung geschaffen – oder vielmehr zerstört – wurde, und damit gleichzeitig die Zwänge zu definieren, denen die Führer des unabhängigen Algerien sich stellen müssen, und die Möglichkeiten, die sich ihnen bieten.

Die Bewußtwerdung der Arbeitslosigkeit stellt sich zusammen mit einer neuen Erfahrung von Dauer ein, einer Erfahrung, die ihrerseits nicht von der neuen Bedeutung zu trennen ist, die der Arbeit beigemessen wird.

* *Les Temps modernes*, 199, Dezember 1962, S. 1030-1051.

1 Gemeint ist *Travail et travailleurs en Algérie*, a. a. O. (Anm.d.Hrsg.).

Der Übergang zur Geldwirtschaft geht mit der Entdeckung einher, daß Zeit verloren werden kann, das heißt mit der Entdekkung des Gegensatzes von leerer oder verlorener Zeit und ausgefüllter oder vollwertiger Zeit. Das sind der Logik der vorkapitalistischen Ökonomie faktisch und substantiell fremde Begriffe. In ihr läuft Zeit im Rhythmus des technischen und rituellen Kalendariums ab, das jeder Tätigkeit einen besonderen Zeitpunkt, eine besondere Dauer und einen besonderen Rhythmus zuweist. Wenn – wie oft gezeigt wurde – die rhythmisierte Zeit nicht die gemessene Zeit ist, so deswegen, weil die autistisch erlebten Intervalle nicht gleich und einförmig sind. Die Zeit wird in ihrem Ablauf über Kennmarken erfaßt, die Erfahrungen entsprechen: sei es der impressionistischen Erfahrung qualitativer Nuancen in der Welt, »wenn die Sonne die Erde berührt«, sei es einer körperlichen Erfahrung, etwa dem Zeitpunkt des *thaoulasth*, das heißt der Stunde, da die Kälte des frühen Morgens frösteln läßt wie das Fieber (*thaoula*). Diese Kennmarken sind keine Trennstriche, was ja den Begriff regelmäßiger und gemessener Intervalle voraussetzte; die von ihnen bezeichneten kleinen Inseln der Dauer werden nicht als Segmente einer kontinuierlichen Linie aufgefaßt, sondern bilden in sich selbst geschlossene, nebeneinander bestehende Einheiten. Beispielsweise wird die Woche oft als *es-suq* bezeichnet, das heißt als Zeitraum zwischen zwei Märkten.

Die von der Erfahrung der Tätigkeit nicht zu trennende Erfahrung der Dauer hat nie einen anderen Bezugspunkt als sich selbst. Wenn zum Beispiel die Einheit, in der sich die Dauer mißt, in der Zeit besteht, die zur Durchführung einer genau definierten Arbeit – zum Beispiel zum Pflügen einer Parzelle mit einem Ochsengespann oder zum Gang auf den nächsten Markt – erforderlich ist, so wird umgekehrt der Raum als Zeitdauer taxiert, oder genauer: durch den Bezug auf die während einer bestimmten Zeit vollbrachte Tätigkeit, sei es Pflügen oder Gehen. Als Grundlage aller Äquivalenzen kann die einheitliche Erfahrung der Tätigkeit aber nur zu sich selbst in Beziehung gesetzt werden; da sie die Zeit als Zwang und Grenze nicht kennt, ist sie ihr eigener Maßstab. Erscheint uns folglich diese Zeit als leer oder schlecht ausgefüllt, so deswegen, weil wir sie auf einen ihr völlig fremden Maßstab beziehen. Erscheint sie uns als Zeit, in der sich nichts oder wenig ereignet (und ist es nicht ebendies, was wir unter versteckter Unterbeschäftigung verstehen?), so schlicht deswegen, weil sich nichts von dem ereignet, was wir erwartet haben, weil Natur und Anzahl der Ereignisse, die für uns zeitliche Sequenzen und also ihr Tempo ausmachen, von dem Auswahlprinzip abhängen, das wir implizit anlegen – hier von der Vorstellung, die wir uns von der Arbeit und damit von der Existenz machen. Wir gleichen dem Städter, für den in kleinen Dörfern nichts passiert, weil er das, was das Leben der Dorfbewohner ausfüllt, als uninteressanten Kleinkram abtut.

Gilt all dies nicht auch für die Zeit des Arbeitslosen oder allgemeiner des Subproletariers? Wenn sie uns als leere Zeit erscheint, liegt dies nicht auch daran, daß wir sie einem fremden Maßstab unterwerfen? Die der Arbeitssuche gewidmete Zeit, die Wartezeit vor den Arbeitsämtern läßt sich nur negativ definieren, im Gegensatz zu Freizeit und Arbeitszeit. Sie wird nicht verbracht, sondern verloren oder vergeudet. Dieses Mal wird sie aber als solche erlebt: Schließt doch die Erfahrung des Arbeitslosen mit der Dauer ein, daß er sich explizit oder implizit auf die kapitalistische Sicht von Arbeit und Zeit bezieht, die Voraussetzung für das Bewußtsein von Arbeitslosigkeit. Als Grenzfall ist die Einstellung jener Bauern aufschlußreich, die angeben, daß sie arbeitslos sind, ohne daß ihre objektive Lage sich entscheidend geändert hätte: Angesichts der Dualität der Bezugssysteme zu Reflexivität neigend, entdecken sie die traditionelle Tätigkeit als undurchschaute Arbeitslosigkeit. Die arbeitslos verbrachte Zeit ist leere Zeit im Gegensatz zu der, die der produktivistischen Ökonomie als ausgefüllt gilt, und auch im Gegensatz zu der Zeit der traditionalistischen Ökonomie, die kein anderes Ziel kannte als die Erhaltung der Gruppe und die daher eine Erfahrung der

Dauer nicht als leer begreifen konnte, die keinen Maßstab kannte außer sich selbst.[2]

Die Arbeitslosigkeit als Bewußtsein, nicht zu arbeiten, ist somit das widersinnige Produkt einer ökonomischen und sozialen Ordnung, die nicht allen die Möglichkeit gibt, das Ziel zu erreichen, das sie als absolute Notwendigkeit durchsetzt, nämlich den Bezug eines Geldeinkommens, und die tendenziell jede Tätigkeit, die dieses Ziel nicht erreicht, selbst in den Augen derer, die ihr nachkommen, als schlecht genutzt erscheinen läßt. Weil sie nicht jenes Mindestmaß an Sicherheit und Garantien hinsichtlich der Gegenwart und der unmittelbaren Zukunft liefern können, die dauerhafte Anstellung und regelmäßiger Lohn verschaffen, verbieten Arbeitslosigkeit, unregelmäßige Arbeit und Arbeit als bloße Beschäftigung darüber hinaus jede Bemühung darum, das wirtschaftliche Verhalten mit Bezug auf ein künftiges Ziel rational zu gestalten, und schließen die ganze Existenz in die Angst vor der Zukunft ein, bannen sie in das unmittelbar Gegebene.

Arbeitslose, illegale Kleinhändler, Wiederverkäufer, die eine Bananenstaude oder ein Päckchen Zigaretten stückweise verhökern, Kleinhändler, traditionelle Handwerker und all die, deren Verdienst ebenso ein Almosen ist wie ein Trinkgeld (Wachleute, Träger, Laufburschen): Fühlen sie sich in der Gegenwart sicher genug, um zu versuchen, sich der Zukunft zu vergewissern? Sind sie nicht dazu verurteilt, in ihrem vom Bewußtsein der Ohnmacht gegenüber der Gegenwart genährten, totalen Mißtrauen gegenüber der Zukunft auf Vorsorge fatalistisch zu verzichten? »Wenn du dir des Heute nicht sicher bist«, sagt ein Arbeitsloser aus Constantine, »wie wirst du dir des Morgen sicher sein?« Und ein Fischer aus Oran: »Je mehr ich verdiene, desto mehr esse ich;

2 Ist es nicht bezeichnend, daß – wie im Sommer 1962 in Aghbala angestellte Beobachtungen bezeugen – die Dorfbewohner heute die Langeweile entdecken, daß Ausdrücke aufkommen wie »die Zeit totschlagen«, »die Zeit herumkriegen«, während die einzigen, die sich nicht langweilen, jene »bou niya« sind, Überbleibsel der Vergangenheit, die sich damit beschäftigen, »die Erde zu betrachten«?

je weniger ich verdiene, desto weniger esse ich.« Diese beiden ergreifenden Formeln umfassen das Wesentliche der Existenz der Subproletarier. Einziger Zweck der Tätigkeit ist die Befriedigung unmittelbarer Bedürfnisse. »Ich verdiene mein Stück Brot, das ist alles.« »Was ich verdiene, esse ich auf.« »Ich verdiene gerade einmal das Brot für meine Kinder«. Mit den alten Traditionen der Vorsorge ist es aus. Der Städter macht sich dem Bild ähnlich, das der traditionelle Bauer von ihm hatte: »Was der Tag gearbeitet hat, hat die Nacht aufgezehrt« ... Bisweilen sieht man traditionsgeprägte, im neuen Kontext völlig widersinnige Verhaltensweisen auferstehen, die die Angst um die Subsistenz eingibt: »Ich halte Vorräte bereit«, sagt ein kleiner Lebensmittelhändler in Oran, der 400 bis 500 Francs am Tag verdient. »Wenn ich nichts verdiene, esse ich trotzdem.« Ein Traditionalismus der Verzweiflung, ebenso inkonsequent wie das Leben von der Hand in den Mund. Aber wie soll man etwas jenseits der Gegenwart, jenseits des täglichen Brots erhoffen, wenn dieses vorrangige Bedürfnis kaum gestillt wird? »Der Lohn reicht gerade für das Brot. Aber nicht um hochzukommen« (Hilfsarbeiter in einem Fischgeschäft, Constantine). Da in erster Linie der Konsum eingeschränkt wird, können die Einkommen steigen, ohne daß das Sparen (oder auch nur die Vorstellung zu sparen) aufkommen kann: so sehr gehen die Bedürfnisse über die Mittel hinaus.[3] Wenn man sie fragt, ob sie Ersparnisse haben, lachen die meisten Subproletarier oder reagieren empört: »Ersparnisse?« antwortet ein Chauffeur aus Orléansville lächelnd. »Wenn ich meinen Lohn bekomme, werde ich krank, ich weiß nicht, wie ich es anstellen soll. Ich lebe von der Hand in den Mund.« Man gibt sich Mühe, die Ausgaben zu senken, so gut es geht, ohne aber je wirklich darüber Buch zu führen. »Ich selbst gehe auf den Markt«, erklärt ein Schneider aus Oran. »Ich habe kein Ausgabenbuch. Jedesmal wenn etwas fehlt, kaufe ich es, ich führe nicht Buch

3 Die Analyse der Familienbudgets zeigt, daß der auf Lebensmittel entfallende Anteil bis zu einer bestimmten Schwelle parallel zu den Einkommen steigt.

und weiß nicht, wieviel ich ausgebe. Ich habe keine Ersparnisse, wenn ich welche hätte, hätte ich einen Basar eröffnet (Lachen). Alles kann teuer sein und alles kann billig sein, je nachdem, ob man gut verdient oder nicht; wenn man Geld hat, scheint alles billig zu sein und man gibt es aus, es ist wurst, *on s'en fout* (auf französisch).« Allzusehr in einem Teufelskreis des Elends befangen, der sie zwingt, von der Hand in den Mund zu leben, denken diese Menschen nicht im Traum an das Sparen, das allein ihnen ermöglichen würde, diesen Teufelskreis zu durchbrechen.[4]

Besonders bei Tagelöhnern, ob zeitweiligen oder regelmäßigen, steht der Modus der Lohnauszahlung der Rationalisierung des ökonomischen Verhaltens im Wege. »Es ist besser, monatlich bezahlt zu werden als täglich«, bemerkt ein Gelegenheitsdocker aus Algier. »Bei täglicher Bezahlung hat man nie etwas im voraus. Man kommt von der Arbeit zurück, man kauft Nahrung, und alles geht drauf. Es ist, als hätte man nichts verdient. Wenn man monatlich bezahlt wird, kann man etwas beiseite legen, Dinge kaufen, man ist beruhigt.« Selbst wenn es sich hier um eine psychologische Illusion handeln sollte, verdient diese Einstellung untersucht zu werden, und dies um so mehr, als die von der täglichen Bezahlung geschaffene Unsicherheit nur noch zunimmt, wen es sich um eine zeitweilige Tätigkeit handelt. Indem die tägliche Bezahlung den Lohn in kleine, sofort gegen Güter des Tagesbedarfs austauschbare Summen zerstückelt, schließt sie

4 Schumpeter hat die Funktion des Sparens gut verdeutlicht: »[...] die Funktion seines Sparens [es handelt sich um den Unternehmer] ist die, daß es ihn der Notwendigkeit enthebt, sich um seines täglichen Brotes willen einer täglichen Plackerei zu unterwerfen und daß es ihm den Atemraum gibt, um sich umzuschauen, seine Pläne zu entwickeln und die Zusammenarbeit zu sichern« (Joseph Schumpeter, *Kapitalismus, Sozialismus und Demokratie*, München: Leo Lehnen Verlag 1950, S. 35). Es darf aber keinesfalls vergessen werden, daß das Sparen wiederum voraussetzt, daß man der »täglichen Plackerei« nicht völlig ausgeliefert ist. Von drei Ausnahmen abgesehen – einem Hilfsarbeiter, der nur 213 Nouveaux Francs verdient, und zwei Wirten, die 300 bis 400 Nouveaux Francs angeben –, haben alle, die über Ersparnisse zu verfügen behaupten, einen festen Arbeitsplatz und ein Einkommen über 500 Nouveaux Francs.

praktisch Güter aus, deren Anschaffung nur über einen langen Zeitraum hinweg zu planen (und nur so zu amortisieren) ist, und zwingt den Arbeiter dazu, von der Hand in den Mund zu leben, was jede Berechnung unmöglich macht.[5]

Faktisch können die Subproletarier nur leben und überleben, wenn sie Kredite aufnehmen. Trotz ihrer tiefen Abneigung gegen Schulden – einem Relikt ihrer bäuerlichen Vergangenheit – haben sie alle welche, zumindest beim Lebensmittelhändler und beim Bäcker.[6] Dieses Phänomen tritt so generell auf, daß es als Korrelat der Verstädterung und unerläßliche Bedingung der Anpassung an das Leben in der Stadt angesehen werden kann.[7] Es sieht ganz so aus, als übernehme der auf Vertrauen begründete Kredit die Funktion, die in der dörflichen Gesellschaft ei-

5 Man begegnet auch Protesten gegen den Wochenlohn. Daß in Algerien die Stabilität des Arbeitsplatzes mit dem Abstand zwischen den Lohnzahlungen schwankt, verstärkt die Präferenz für den Monatslohn.

6 Die Aversion des Bauern gegenüber Krediten – nicht zu trennen von seinem Wertsystem und insbesondere der Moral der Ehre – bezeugt ein Bauer der *ferka* Ouled Hamida (Affreville) folgendermaßen: »Ich komme mit meinem Geld nicht aus ... Jetzt stellt sich das Problem des Kredits: Ich mag mir nichts leihen, denn das nimmt mir die Ruhe, und wenn ich etwas schulde, erröte ich vor demjenigen, dem ich es schulde, und außerdem geben die Leute hier den neu Angekommenen keinen Kredit, weil sie keinerlei Garantie bieten: weder irgendein festes Einkommen noch Lohn. Der Lebensmittelhändler will nicht anschreiben: Er fürchtet, daß alle weggehen, sobald wieder Friede herrscht, und daß er keine Möglichkeit hat, die Rückzahlung durchzusetzen. Er gibt nur denen Kredit, die Vieh haben, und auch seinen Vettern von derselben *ferka*, die kennt er nämlich.«

7 Diese Schulden erreichen manchmal einen hohen Betrag. So hat eine Putzfrau aus Oran, die 18 000 Francs im Monat verdient, 60 000 Francs Schulden beim Lebensmittelhändler; ein Angestellter eines Textilhändlers in Tlemcen 50 000 Francs Schulden beim Lebensmittelhändler. »Ich habe mindestens 65 000 Francs Schulden«, erklärt ein Anstreicher aus Saida, »zwei Arbeitsmonate ... Ich habe wegen der Hochzeit meiner Tochter Schulden gemacht. Zu einer islamischen Hochzeit gehört die Aussteuer, Schmuck. All das ist teuer. Ich spare an allem, um meine Schulden zurückzuzahlen. Ich esse nicht gut. Sogar die Zigaretten kaufe ich beim Lebensmittelhändler auf Kredit.«

nerseits der Vorratsbildung, andererseits dem Gabentausch und den durch die Solidarität auferlegten Diensten vorbehalten war.[8] Ohne ihn könnten die Mittellosesten nicht jeden Tag essen, obwohl sie nur nicht alle Tage über Geld verfügen. Kommt aber der Händler dabei auf seine Kosten? Hier sind die Erklärungen eines Chauffeurs der RSTA zu zitieren, der die Lage des ganz kleinen Kaufmanns gut kennt, da er jahrelang als Milchhändler gearbeitet hat: »Der Kaufmann liefert weiter und liefert sogar mehr, und wenn man ihm für 20 000 Francs Waren abgenommen hat, bezahlt man ihm nur 15 000; im nächsten Monat gibt man ihm kaum 10 000. Das sind schon 15 000 Francs Schulden bei ihm. So haben manche Händler Millionen, die nicht hereinkommen; sie können nichts machen. Wenn er sich weigert, seine Kunden weiter zu beliefern, verliert er sie und bekommt doch nicht die Schulden bezahlt, und das wenige, was man ihm bezahlt hatte,

8 Warum die Kreditaufnahme fast unvermeidlich geworden ist, geht aus dem Zeugnis eines Fellachen hervor, der sich kürzlich in die Kleinstadt Carnot abgesetzt hat: »Hier habe ich größere Ausgaben als im Duar. Die Kinder, die zur Schule gehen, verursachen zusätzliche Ausgaben für Kleidung, Unterhalt, Schulbedarf. Ich kaufe Brot, ich habe viele Unkosten und Ausgaben, die ich vorher nicht hatte. Mein Bedarf ist in jeder Hinsicht gewachsen: Gemüse und Obst, Milch und Fleisch usw.; ich habe auch neuen Bedarf: Miete, Kleidung, Schule. Man ist gezwungen zu leben, wie es in der Stadt Brauch ist, und das ohne die erforderlichen Mittel. Meine einzige Zuflucht ist der Kredit; glücklicherweise kannte mein Vater viele Leute. Ich kaufe auf Kredit bei einem Händler, den wir seit langem kennen, er stammt aus demselben Dorf wie wir. Ich habe bei ihm 3500 bis 4000 Francs Schulden, die ich nicht aufbringe. Wenn ein Händler Ihnen Kredit einräumt, ist das ein Gefallen, es heißt, daß er Vertrauen in Sie hat; er muß ein Freund sein oder aus demselben Ort, dann kann er es nicht verweigern. Aber die Kaufleute können nicht jedem Kredit geben, man müßte dann der ganzen Bevölkerung Kredit geben. Keiner hat heute die Möglichkeit, alles bar zu bezahlen, der Reiche wie der Arme. Der Arme ist jetzt mittelloser denn je; er hat nicht mehr die Hilfe, die er früher bei einem fand, der reicher war als er, und ist jetzt, wo er in der Stadt ist, gezwungen, auch das wenige zu kaufen, das ihm früher gegeben wurde. Wer gestern reich war, ist verarmt und lebt im Unglück wie der Arme. Keiner mag den Kredit, aber jeder freut sich, wenn er einen findet, der ihn ihm einräumt.«

kommt nicht mehr herein. Außerdem kann er gar nicht ablehnen, die Familie lebt davon. Übrigens hält es der Kaufmann mit seinem Lieferanten ebenso. Das alles bringt die Buchführung durcheinander, und überhaupt sind die Kaufleute selten, die eine Buchführung haben, viele können gar nicht schreiben.«[9] Kleine Kaufleute und Subproletarier sind gewissermaßen aneinandergekettet; der eine, weil er, wenn er verkaufen will, auf Kredit verkaufen muß, der andere, weil er nur auf Kredit kaufen kann. Die Gründe, die den kleinen Kaufmann bewegen, Kredit einzuräumen, haben nicht nur mit seinem Interesse zu tun: Wer einem bedürftigen Familienvater den Kredit verweigern würde, wäre in den Augen der Leute entehrt, weil der Kredit bis zu einer bestimmten Schwelle von Nachbarschaftshilfe und Beistand nicht zu unterscheiden ist und auch, weil die Kasbah oder das Elendsviertel eine Gruppe darstellt, deren Mitglieder einander durch eine Art Brüderschaft verbunden sind, also zu Solidarität verpflichtet. Aus welchen subjektiven Gründen auch immer: Objektiv erfüllen die Kaufleute eine herausragende soziale Funktion. Da sie akzeptieren, in Notzeiten Nahrung vorzuschießen und erst Geld zu erhalten, wenn es vorhanden ist, gewähren sie ihren mittellosesten Kunden ein Minimum an Sicherheit in einer von Unsicherheit beherrschten Existenz. Der Kredit erlaubt es, sich die Buchführung zu ersparen, da er fast automatisch ermöglicht, die durch ihren unregelmäßigen Eingang gekennzeichnete Einkommen ohne irgendein Kalkulieren zeitlich zu strecken. Ein um so paradoxerer Mechanismus, als die Kleinhändler fast niemals Buch führen und für Familienbedarf direkt in die Kasse greifen, da sie den Begriff Gewinn oft nicht kennen und von ihrer Tätigkeit nur erwarten, daß sie sie am Leben erhält. »Wo ist jetzt der Gewinn?« fragt ein Kaufmann aus Sidi-Bel-Abbès. »Heute

9 78,5 % der Kaufleute haben keinen Schulabschluß, 20,3 % einen Primarschulabschluß und 1,1 % den Mittelschulabschluß. Eine feinere Analyse der Erhebungen (auf der Ebene der kleinen Stichprobe) ermöglicht, den Anteil an Analphabeten auf über 70 % zu schätzen. Es ist anzunehmen, daß diese Quote bei den ganz kleinen Kaufleuten noch höher liegt.

arbeite ich auf Kredit […].[10] Ich nehme die Ware auf Kredit ab, und erst wenn ich sie verkauft habe, bezahle ich den Großhändler. Manchmal bleibt mir ein wenig Geld und manchmal nicht, ich bin gezwungen, es mir anderswo zu leihen.« Vermöge des Kettenkredits – vom Großhändler zum Einzelhändler, der nicht kalkuliert, vom Einzelhändler zum Kunden, der auch nicht kalkuliert – bringt eine Summe von Inkohärenzen schließlich eine Art Gleichgewicht zuwege, die den mittellosesten Schichten, Kaufleuten wie Kunden, erlaubt, sich am Leben zu erhalten.[11]

Dieser quasi automatische Ausgleich ist einer der komplexen Mechanismen, die den Ärmsten erlauben, ohne jedes Kalkulieren und ohne jede Rationalisierung der häuslichen Wirtschaft ein prekäres Gleichgewicht auf niedrigster Stufe herzustellen. So können zwar beispielsweise die Gebote der Solidarität im weiten Sinne des Wortes manchmal die Herausbildung einer Kapitalistenklasse behindern, indem sie den Erfolgreichen auferlegen, den anderen zu helfen; den entwurzelten Landbewohnern aber ermöglicht die gegenseitige brüderliche Hilfe, durch Gewährung einiger unerläßlicher Sicherheiten – direkte oder finanzielle Unterstützung, die ihnen helfen, die Zeit der Arbeitssuche und Perioden der Arbeitslosigkeit durchzustehen, manchmal der Arbeitsplatz selbst, oft die Wohnung – Elend und Orientierungslosigkeit zu überwinden. Auch verbietet die mit freiwilligem oder erzwungenem Zusammenwohnen verbundene Unteilbarkeit

10 In diesem Text findet sich dieser Hinweis vielfach: […] Diese Hinweise stehen im Original, da dessen Text bei seinem ersten Erscheinen als »Auszug aus einem in Vorbereitung befindlichen Werk« vorgestellt wurde (Anm.d.Hrsg.).

11 Die Kleinhändler erwarten von ihrer Tätigkeit nichts anderes, als was sie zum Überleben brauchen. »Ich führe nicht Buch«, sagt einer von ihnen. »Was ich verdiene, verfresse ich.« Auch folgen sie dem traditionalistischen Prinzip maximaler Absicherung. Daß sie auf Spezialisierung verzichten, ist von der Sorge darum eingegeben, Risiko und Zufall auf ein Minimum zu reduzieren, indem sie gewissermaßen auf alle Zahlen zugleich setzen. So erklären sich auch die Öffnungszeiten. Je mehr der Handel wächst und sich modernisiert, um so mehr spezialisiert er sich, und seine Öffnungszeiten werden präziser.

des Wohnungseigentums oft die Modernisierung und langfristige Investitionen, sichert aber die Subsistenz der am wenigsten Bemittelten, denn unterschiedliche Einkünfte für eine einzige Ausgabe kompensieren unregelmäßig gezahlte und geringfügige Löhne. Kurz, es sieht ganz so aus, als konstituierten Inkohärenz und Unsicherheit ihre eigene Grenze: Unter anderem läßt das generalisierte Fehlen von Regelmäßigkeit und Rationalisierung in den Ausgaben wie in den Einkünften einen gewissen Spielraum; daß die Einführung einer einzigen regelmäßigen Ausgabe, der Miete zum Beispiel im Fall von Familien mit schwachem Einkommen, die in Sozialwohnungen untergebracht werden, oft genügt, dieses prekäre Gleichgewicht zu zerstören oder zu gefährden, stellt einen Beweis *a contrario* dar.

Diese der Inkohärenz anheimgegebene Existenz ergibt Sinn weder in Hinsicht auf die Logik des Traditionalismus noch auf die der kapitalistischen Wirtschaft. Der Versuch, jede konkrete Existenz als eine diskontinuierliche Reihe von Akten zu verstehen, von denen die einen sich auf traditionalistische, andere auf kapitalistische Modelle beziehen, wäre zum Scheitern verurteilt. In Wirklichkeit kann jedes Verhalten wie eine doppelsinnige Form in zweierlei Hinsicht interpretiert werden, weil es den Bezug auf beide Logiken in sich trägt: So daß von der Not auferlegte kapitalistische Verhaltensweisen sich wesentlich von solchen kapitalistischen Verhaltensweisen unterscheiden, die in einen kapitalistischen Lebensplan integriert sind, ebenso wie traditionalistische Verhaltensweisen, die erzwungene Regressionen darstellen, von traditionellen Verhaltensweisen durch den Abgrund geschieden sind, den das Bewußtsein vom veränderten Kontext schafft. So unterscheidet sich die Existenz des Subproletariers oder des proletarisierten Fellachen, die von der Hand in den Mund leben, unbedingt von der mit Sicherheit umgebenen Existenz des Fellachen früherer Zeiten. Im einen Fall ist der Versuch zu subsistieren der einhellig gebilligte und einzige Zweck, den die gewohnten Regeln zulassen; im anderen Fall ist das Erringen des zum Überleben unerläßlichen Minimums der einer ausgebeuteten Klasse von der ökonomischen Notwendigkeit auferlegte Zweck. Da der Kontext gewechselt hat und alle sich dessen bewußt sind, da die von einer integrierten Gesellschaft und einer lebendigen Tradition gelieferten ökonomischen Gewißheiten und die psychologische Sicherheit aufgehoben sind, tritt an die Stelle von gewohnheitsmäßiger Vorsorge und bequemer Stereotypie von Verhaltensweisen die riskante Improvisation. So bringen Arbeitslosigkeit oder zeitweilige Beschäftigung eine Desorganisation des Verhaltens mit sich, in dem eine Innovation (die eine Veränderung der Einstellung voraussetzte) zu sehen man sich hüten muß. Traditionalismus der Verzweiflung und Abwesenheit einer Lebensplanung sind die beiden Gesichter ein und derselben Wirklichkeit.

Arbeitslosigkeit und zeitweilige Beschäftigung entfalten keine Wirksamkeit, die nicht destruktiv wäre. Sie räumen mit Traditionen und Traditionalismus auf, verbieten aber eine rationale Lebensplanung – die Bedingung der Anpassung an die kapitalistische Wirtschaft. »Ich lebe davon, daß ich Schwein habe«, sagt ein Arbeitsloser; und tatsächlich ist die Existenz der meisten Subproletarier, die über den heutigen Tag nicht hinausschauen, ein ständiges Wunder. Es sieht ganz danach aus, als hindere das Fehlen eines festen Arbeitsplatzes und des von ihm gewährten regelmäßigen Einkommens daran, das eigene ökonomische Verhalten und genereller die Lebensführung rationalem Kalkül zu unterziehen; es sieht so aus, als könne der Ehrgeiz, etwas zu unternehmen, das heißt vorauszuplanen, sich nicht herausbilden, solange die Sorge um das Überleben, das heißt das Dauern, nicht abzuschütteln ist.

»Von der Hand in den Mund leben« – was heißt das eigentlich? Es heißt, daß der gegenwärtige Tag – weit davon entfernt, im gegenwärtigen Verhalten die Zukunft spürbar werden zu lassen, weit davon entfernt, die Gegenwart in Hinblick auf eine abstrakte, kalkulierend gesetzte und durch eine Vernunftbeziehung mit der Gegenwart verbundene Zukunft zu strukturieren – ohne irgendeine intuitive oder rationale Beziehung zum kommenden Tag erlebt wird. Der Tagelöhner kauft von seinem Tageslohn auf dem Heimweg das Brot oder den Grieß, die er am selben Abend ißt, ohne sich darum zu kümmern, was morgen sein wird, weil seine Lage ihm dies nicht gestattet. Die Zerstükkelung der Zeitdauer in diskontinuierliche Einheiten verurteilt das Individuum tendenziell zur unmittelbaren Stillung seiner unmittelbaren Bedürfnisse. Das von der Ungewißheit eines morgigen Tages geplagte Bewußtsein ist wie gebannt, von einem Ziel beschlagnahmt, das sich mit absoluter Dringlichkeit stellt. Daher ist die Unterwerfung der unmittelbaren Reaktion unter objektive Angebote und Forderungen und damit die Aufopferung unmittelbarer und dringlicher Ziele zugunsten von rationalem Kalkül erfaßter und erwählter Ziele undenkbar: Die primären Bedürfnisse gehören nicht zu denen, deren Stillung verschoben oder aufgeopfert werden könnte. Somit ist auch ausgeschlossen, daß die rationale Hierarchisierung der Ziele – Voraussetzung utilitaristischen Kalküls, Grundlage vernünftigen Verhaltens nach kapitalistischen Maßstäben – Platz greifen könnte. Sparen als Investition oder die schlichte zeitliche Streuung der Ausgaben setzen nämlich die Perspektivierung sämtlicher Ziele des Handelns voraus, oder genauer: eine Lebensplanung, das heißt ein kohärentes und hierarchisiertes System vorgesehener oder projektierter Ziele, das die Gegenwart einschließt – so daß das gegenwärtige Handeln nur im Hinblick auf eine konzipierte und gewollte Zukunft Sinn annimmt und umgekehrt die projektierte Zukunft in dem gegenwärtigen Tun wurzelt, das darauf hinarbeitet, sie herbeizuführen.

[...] Zwar sind die Modalitäten der die Zukunft betreffenden Äußerungen stets auf einer Skala zu hierarchisieren, die von der bloßen Träumerei bis hin zum im gegenwärtigen Verhalten verankerten Projekt reicht; dabei darf aber nicht vergessen werden, daß das Ausmaß der Zukunftsbindung in solchen Äußerungen von der Erreichbarkeit der anvisierten Zukunft abhängt. Diese Erreichbarkeit wiederum hängt aber von den materiellen Existenzbedingungen und dem sozialen Status jedes Individuums einerseits, andererseits von dem betroffenen Existenzbereich ab: So sind die Ansichten über die Zukunft der Kinder noch wirrer als die Einschätzung von Bedürfnissen, weil sie eine sich über zwei Generationen erstreckende Lebensplanung voraussetzen.

Natürlich sind die Ansichten über die Zukunft bei Arbeitslosen, kleinen Kaufleuten und Hilfsarbeitern am wenigsten kohärent. So veranschlagt ein Arbeitsloser aus Constantine, der über keinerlei Ressourcen verfügt, das Einkommen, das er braucht, um den gesamten Bedarf seiner Familie zu befriedigen, auf 2000 Nouveaux Francs im Monat. Nach der Zukunft befragt, die er für seine Kinder wünscht, erklärt er: »Sie werden zur Schule gehen, und wenn sie genug gelernt haben, entscheiden sie selbst. Aber ich kann sie nicht in die Schule schicken. Ich möchte sie lange unterrichten, wenn ich könnte, damit sie Doktoren oder Rechtsanwälte werden. Aber ich erhalte keine Unterstützung. Ich darf träumen.« Derselbe Bruch zwischen imaginärem Bestreben und wirklicher Situation ist bei jenem Arbeitslosen aus Saida zu beobachten, der zuerst fürchtet, angesichts fehlender Ressourcen seine Kinder aus der Schule nehmen zu müssen, und dann seiner Tochter wünscht, »daß sie bis zum Ende drin bleibt, bis sie Erfolg hat, bis zu ihrem Abi, wenn sie kann, oder bis zum Schulabschluß; dann kann sie als Lehrerin arbeiten.« Ein anderer Arbeitsloser aus Constantine sagt einerseits: »Man braucht Unterricht, aber um Unterricht zu bekommen, braucht man Geld«, und andererseits zur Erziehung seiner Töchter: »Ich werde sie nach Algier schicken, nach Paris und sogar noch weiter; sie werden einen Abschluß machen«; schließlich ein dritter: »Man kann seine Kinder nicht unterrichten. Wenn man 400 Francs am Tag verdient, was kann man da machen? Ich habe meine Tochter in die Ferienkolonie geschickt. Ich mußte sie einkleiden, um sie hinzuschicken. Und ich kann Ihnen sagen, das hat mich was gekostet.«[12] Dieselben Individuen antworten oft

12 Ein weiterer Arbeitsloser aus Constantine stellt über die Zukunft seiner Töchter die widersprüchlichsten Behauptungen auf. »Ich werde nur die Jungen in die Schule schicken. Die Töchter brauchen jede einen Auf-

auf die Frage, ob sie wünschen, daß ihre Kinder nach dem Primarschulabschluß weiterlernen: »Ja, bis zum Ende«, oder wie ein Hilfsarbeiter aus Oran: »Kreuzen Sie an, was am besten ist.« Dieselbe Undifferenziertheit, derselbe Irrealismus in den Ansicht zur Frauenarbeit.[13] Tatsächlich ist bei den Individuen mit dem schwächsten Einkommen die höchste Quote radikaler und absoluter Antworten zu verzeichnen, gleich ob positiver oder negativer Art. Auf die Frage nach den Gründen der Arbeitslosigkeit geben die Arbeitslosen oft keine Antwort oder äußern pauschale oder widersprüchliche Ansichten: »Ich bin nicht gebildet«, »Komische Fragen stellen Sie da«, oder auch: »Es gibt überall zuviel Leute. Alle suchen Stellen. Wenn ich gebildet wäre, könnte ich Ihnen sagen ... Aber ich kenne leider nicht einmal die Zahlen auf dem Metermaß. Warum fragen Sie mich so etwas?« (Arbeitsloser, Constantine) Diese Menschen, auf die die Arbeit in einem modernen Unternehmen oft nicht weniger ängstigend und verstörend wirkt als die Arbeitslosigkeit, diese Landbewohner, die ihr Land verloren haben, ohne verstädtert worden zu sein, die vom technischen wie vom städtischen Universum noch alles zu entdecken und alles zu erlernen haben (die französische Sprache, Arbeitsdisziplin, Handgriffe, Meßinstrumente), diese ewigen Handlanger, von denen nicht erwartet wird, daß sie verstehen, was sie zu tun haben, die nie irgendeiner Sache sicher sein können, weder heute zu arbeiten noch morgen, diese Menschen, die von allen Determinierungen erdrückt werden und weder in sich selbst noch in ihrer Arbeit noch im Unternehmen Gründe finden, sich an eine Stelle zu binden, die sie morgen vielleicht

passer«, und später: »Ah! Wenn es eine Ausbildung hat, muß es (das Mädchen) arbeiten; es kann sich durchsetzen, das ist seine Sache. Aber jetzt werde ich es nicht arbeiten lassen, auch wenn ich mit meiner Frau an Hunger krepiere.«

13 Arbeitslose und Hilfsarbeiter, deren Frauen arbeiten, bilden eine Ausnahme insofern, als sie Vorbehalte einführen: der kategorische Imperativ, der Frauenarbeit verbietet, nuanciert sich zum hypothetischen Imperativ: »Sie sollen nicht arbeiten«, sagt beispielsweise ein (arbeitsloser) Hilfsarbeiter aus Constantine, »wenn ihr Mann niemanden braucht.«

nicht mehr haben – ist es eigentlich erstaunlich, daß sie auf der Grundlage derart tief von Instabilität und Inkohärenz markierter Lebensbedingungen kein kohärentes System von Ansichten zusammenzimmern können?

[…] Die Existenz der Subproletarier kann nur so beschrieben werden, wie sie erlebt wird, nämlich als Mangel: die fehlende Stabilität des Arbeitsplatzes und Unregelmäßigkeit der daraus resultierenden Einkünfte, der Mangel an Gewißheit selbst in bezug auf die nächste Zukunft, das Bewußtsein, aller Mittel zu ermangeln, die sie der Inkohärenz und Kontingenz entreißen könnten, verurteilen zu Resignation und Verzweiflung; jeder Hoffnungsschimmer wird von der Unerbittlichkeit der Welt ausgelöscht. Die Subproletarier beabsichtigen nicht, ihrer Lage zu entrinnen; wenn man sie fragt, antworten sie meist mit einem Lachen: »Ich hoffe auf nichts«, sagt ein Tagelöhner aus Tlemcen, »für mich gibt's nur Schaufel und Hacke.« Nicht nur jede vernünftige Aussicht auf sozialen Aufstieg ist ihnen verwehrt, sondern noch der Gedanke an eine solche Hoffnung: »Ich arbeite das ganze Jahr für 9 000 Francs die Woche und 2 000 Francs Prämie im Monat. Das macht 40 000 Francs. Wie soll ich mit neun Personen davon leben? Ich schiebe Wagen, wir dürfen sie nicht anlassen. Ich bewache sie. Es ist jeden Tag dasselbe, seit langem. Mich hocharbeiten? Sie träumen, oder Sie wollen mich dazu bringen, daß ich träume! Ich habe keinen Beruf, und bei dem, was ich mache, werde ich auch keinen erlernen. Ah! Wenn ich auf der Schule gewesen wäre, hätte ich eine andere Arbeit gefunden … Ich hätte hoffen können …« (Wachmann in einer Garage, Philippeville).

Wenn sie über ihre eigene Zukunft sprechen und die Gegenwart dabei zu drückend wird, um vergessen zu werden, können sie, dazu aufgefordert, sich vorübergehend von ihr lösen: Geschieht dies jedoch, um echte Projekte aufzubauen, die realitätstüchtig sind und in der gegenwärtigen Lebensführung einen Ansatz zur Realisierung finden?

[…] Handelt es sich um eine reale Entscheidung, dann schließt das Projekt einen Ansatz zu seiner Realisierung ein: Es setzt sowohl voraus, daß das angestrebte Ziel erst zu verwirklichen, also entfernt ist, als auch, daß es erreichbar ist, sofern einige Hindernisse überwunden werden. Das träumerische Bewußtsein hingegen kann das Ziel nur erreichbar machen, indem der Abstand und die vor ihm liegenden Hindernisse geleugnet werden, indem also der Widerstand des Gegebenen durch Zauber aus dem Weg geräumt wird. Faktisch wird die Ideologie des Subproletariers von magischem Denken beherrscht.

Weil er der Welt nicht auf Augenhöhe begegnet und seine unaufhörlichen Anstrengungen, die Unsicherheit zu überwinden, auf unüberwindbare Hindernisse stoßen, weil die Wahrscheinlichkeit, durch eine aktive und rationale Haltung die vitalsten und am intensivsten begehrten Ziele zu erreichen, stets außerordentlich schwach ist, nimmt er das Universum durch die Kategorien des Zaubers wahr. Das als Glücksspiel, als *qmar* erfahrene Leben weckt personifizierte Kräfte, etwa »gute Beziehungen«, diese *baraka* des Subproletariers. Ob sie symbolische und träumerische Befriedigungen gewährt oder die Welt mit freundlichen und feindlichen Kräften bevölkert: Die magische Wahrnehmung der Welt – weit davon entfernt, von einem freien Projekt auszugehen – ist der Rekurs eines Individuums, das mit einer Welt konfrontiert ist, die jedes vernünftige Erfolgsaussichten gewährende Projekt verwehrt. Dazu verurteilt, sich selbst dann, wenn es um vitale Werte geht, den willkürlichen Dekreten der Welt anheimzugeben, erfaßt der Subproletarier das Universum als von Kräften bevölkert, die einen Konflikt austragen, in dem es um sein eigenes Schicksal geht. Die »guten Beziehungen« sind keine Gegebenheit der Erfahrung, sondern mythischen Denkens, das heißt eine allgegenwärtige Macht und zugleich ein universelles Erklärungsprinzip. Dafür spricht die Beobachtung, daß dieser Begriff meist so vage wie möglich gehalten wird. Diejenigen, die ihre Wirkung nie verspürt haben, sprechen nämlich am meisten davon und sprechen den »Beziehungen« eine ungeheure Rolle zu; diejenigen, die noch am besten abgeschnitten haben und von denen sich annehmen läßt, daß ihnen »Beziehungen« zugute kamen, leugnen oft deren Existenz und schreiben den Erfolg, vorab den eigenen, allein dem Verdienst zu.

Wären die »guten Beziehungen« nur mit exakt umrissenen Fähigkeiten ausgestattet wie der, Arbeit zu verschaffen, dann wären sie mit jenen – Usener zufolge – für die römische Religion charakteristischen »funktionalen Göttern« auf eine Stufe zu stellen, da auch sie ihre Wirkung im Alltag und innerhalb einer vertrauten Umgebung ausübten.[14] Faktisch treten sie aber, eine Art *mana* oder *baraka*, als zugleich unpersönliche und personengebundene, allgegenwärtige und lokalisierte Kraft in Erscheinung, die das ganze soziale Universum bewegt und beseelt. »Heute gehen Beziehungen vor! So sieht's aus. Aus eigener Kraft kommt keiner hoch. Ich sehe es so, so läuft es, direkt durch Beziehung« (Lastträger, Oran). »Wir leben in einem Sonderfall, wo die Beziehungen die Maschine antreiben« (kaufmännischer Angestellter, Algier). »Jetzt läuft alles über Beziehungen, sogar die Maschinen« (Hilfsarbeiter in einer Tabakfabrik, Constantine). So erscheinen, grundsätzlicher gesehen, »Beziehungen« als die angemessene Sprache einer Existenz, deren Grund sich jedem Verstand entzieht, weil sie nur aus Schicksal, Zufall und Willkür besteht: Ganz als bliebe dem Menschen, der nicht darauf verzichten will zu entschlüsseln und zu klären, zu begründen und zu folgern, gegenüber einer Welt, die sich als offen für deutende

14 Dafür spricht übrigens eine ganze Reihe von Aussagen: »Nur durch Beziehungen bekommen die Leute Arbeit. Wie soll ein Mensch ohne Beziehungen Arbeit finden?« (Garagenwachmann, Oran) »In Nordafrika braucht man wirklich gute Beziehungen, um eine gute Stelle zu kriegen, [...] ohne Beziehungen schafft man es nicht« (Hilfsarbeiter, Oran). »Um eine gute Stelle zu finden, braucht man Beziehungen. Mein Sohn kann lesen und schreiben, aber ohne Beziehungen kann er keine Stelle finden« (Polsterer, Sidi-Bel-Abbès). »Ohne Beziehungen findet man keine Stelle« (Arbeitsloser, Tlemcen). »Ohne Beziehungen ist nichts zu machen« (Lastträger, Philippeville, das heutige Skikda). »Ich schwöre dir, ohne Beziehungen kann man sich die Füße ablaufen und findet nichts« (Arbeiter, Constantine). »Was in Algerien zählt, das sind vor allem die Beziehungen, selten, daß einer ohne Beziehungen hochkommt« (Händler, Oran).

Klärung darbietet, aber jeden Erfolg eines solchen Versuchs durchkreuzt und verrät, kein anderes Auskunftsmittel als leere Worte, diese letzte Zuflucht des Verstandes, der sich der Selbstaufgabe widersetzt.

»Was man zuerst einmal braucht [um eine Stelle zu bekommen]? Ah! Beziehungen! Und das hängt davon ab, wie es gerade kommt. Wenn zum Beispiel zwanzig Arbeit suchen und einer sie kriegt, dann hat er Beziehungen. Der Rest, Kinder und alles, das zählt nicht. Sicher, wer auf der Schule war, der findet was, das ist nicht dasselbe; den Kumpeln geht es wie mir, sie arbeiten, wenn sie was finden, wenn sie Glück haben« (Vulkaniseur, Oran). Sobald man zu verstehen versucht, lassen sich »Beziehungen« anführen, eine fiktive Erklärung dessen, was sich begibt, zugleich notwendig, da unumgänglich, und kontingent, denn nichts trennt die, die arbeiten, von denen, die nicht arbeiten. Folgt man einer Logik, die den Satz vom Widerspruch nicht kennt und sich der Reihe nach mehrere Erklärungssysteme zu eigen macht, kann man auch unterschiedliche Meinungen aneinanderreihen. Da es nicht darum geht, richtig oder wirksam zu argumentieren und sich mit dem anderen zu einigen, sondern darum, einen Anschein von Rationalität zu retten, kann man sich mit halber Kohärenz und halber Übereinstimmung mit den Gegebenheiten begnügen. Das Stereotyp ist ein Diskurs, der auf halbem Wege zwischen Fiktion und Erfahrung, Konstruktion und Zufall angesiedelt ist: Als leere Intentionalität scheint es sich auf die Gegebenheit zu beziehen, während es gänzlich fiktiv ist, und erscheint als *flatus vocis*, selbst wenn es der Erfahrung Ausdruck verleiht, da automatische Aneinanderreihungen von Worten hier die Stelle authentischer Bedeutungen einnehmen.

[...] Gewiß, diese Subproletarier haben weder als Subproletarier noch als Algerier den Rückgriff auf den leeren Diskurs, die tönende Abwesenheit von Sinn, die sich der Abwesenheit von Sinn zu widersetzen vorgibt, für sich gepachtet. Während aber die geschwollene, verquollene Sprache von Kleinbürgern oft nur ausdrückt, daß sie nicht einmal wissen, daß sie nicht wissen, bewahrt sie bei den Subproletariern eine Form von Wahrheit und Fülle, weil sie von Angst und Verzweiflung gefärbt ist, weil der sinnentleerte Klang als Schrei eine dramatische Erfahrung in dramatischer Weise zum Ausdruck bringt, weil er sich weder als hinreichende Erklärung einer unerklärlichen Existenz gibt noch auch nur als adäquater Ausdruck einer nicht ausdrückbaren Erfahrung, sondern als inkohärentes Geständnis unüberwindlicher Inkohärenz.[15]

Die unheilvollen »Beziehungen«, das heißt die Diskriminierung, die Siedler, die Spanier oder die Italiener, der Einsatz von Maschinen: all diese personifizierten und feindlichen Mächte, hervorgegangen aus konkretester Erfahrung, verklärt die mythische Vernunft. So wird die Maschine als Arbeit vertilgender Moloch beschrieben: »Es gibt zuviel Maschinen! Die Maschinen nehmen uns die Arbeit weg!« (Kellner, Abboville [heute Sidi Daoud]). »Die Maschine hat den Leuten das Brot weggenommen!« (Hilfsarbeiter, Constantine). »Die Maschinen müssen abgeschafft werden. Die Maschinen bringen die Arbeit um!« (Wachtmann, Tizi-Ouzou). Ob Zwischenruf oder Ausruf: Die magisch-mythologische Sprache hat nicht etwa die Funktion, die Welt darzulegen, und nicht einmal die, auf sie hinzuweisen – ihre Funktion besteht darin, dem Gefühl Ausdruck zu verleihen.[16] Daher beruht dieses ideologische Universum nicht auf

15 Die luzidesten unter den Subproletariern sind sich im Unterschied zu den Kleinbürgern ihrer Ideologie explizit bewußt.

16 Die Wörter *mana, manitu, mulungu* werden bekanntlich als Ausruf angesichts von Ungewohntem, Erstaunlichem, Wundervollem oder Erschreckendem verwendet. Es wird aufgefallen sein, daß »Beziehungen« meist in Form von Ausrufen erwähnt werden. Der Begriff – ob substantivisch im Sinne von Macht, ob adjektivisch im Sinne einer manchen zugesprochenen Eigenschaft verwendet – bleibt in der überwiegenden Mehrheit der Fälle so unscharf wie möglich (meist geht dem der unbestimmte Artikel voran) und verweist auf unterschiedliche, aber nicht voneinander getrennte Bedeutungen: Diskriminierungen, Bakschisch und »Bekannte«, wobei die von Verwandten oder einem Freund geleistete Unterstützung entweder als Bekundung traditioneller Brüderlichkeit oder als Verteidigung gegen koloniale Unterdrückung verstanden wer-

logischen Regeln, sondern auf gefühlsmäßigem Einklang: Was sollen diese hilf- und mittellosen Menschen einer feindseligen, von magischen Kräften beherrschten Welt auch entgegensetzen außer dem Glauben an Magie? Das Gefühl systematischer und methodischer Tücke der Welt wird häufig mit dem Glauben an die Allmacht der Beziehungen assoziiert: »Hier«, sagt ein Gemüsehändler in Oran, »herrschen Beziehungen [er schlägt mit dem Stock auf den Boden]! Nichts anderes! ›Sie‹ nehmen keine Rücksicht ...« Und ein Garagenwachmann in Oran: »Man verlangt Bakschisch, sonst geben ›sie‹ keine Arbeit. Nichts! Man braucht Beziehungen! Es gibt Arbeit, die Leute können lesen und schreiben, man gibt ihnen alle möglichen Gründe an, daß sie alt sind [Mimik] und so ... Die Europäer, unter denen gibt es welche, die sind schwach, mager wie Katzen, und man gibt ihnen Arbeit. Wir sind stark, und doch geben die Regierung und die Gemeinde nichts.« An wen kann ein Gefangener der Kolonialordnung – die als diabolisches Werk eines bösen Geistes aufgefaßt wird, der darauf versessen ist, menschlichen Absichten zuvorzukommen und sie zu durchkreuzen – sich auch wenden, wenn nicht an eine Macht gleicher Natur und Größenordnung? Worauf soll er rechnen, wenn alles rationale Verhalten zum Scheitern verurteilt und sich dessen bewußt ist, außer mit einem Wunder? Individuell wie auch kollektiv fällt das Warten auf ein Wunder oft mit der Abdankung gegenüber der Gegenwart zusammen. »Dort«, sagt ein Lastenträger aus Oran, »in einem muselmanischen Staat, da gibt es kein Bakschisch, keine Beziehungen mehr. Man geht aufrecht. Erst einmal wird die Bettelei abgeschafft, die Regierung kümmert sich darum.« Auch der Mythos vom verlorenen Paradies, die Kehrseite des Hoffens auf künftige Paradiese, scheint

den kann. Ein Anstreicher aus Oran resümiert nacheinander die unterschiedlichen Bedeutungen, ohne sie klar voneinander abzuheben: »Um eine gute Stelle zu kriegen, braucht man Beziehungen [er macht eine energische Handbewegung]! Man braucht harte Schultern [er faßt seine Schultern an]! [...] Übrigens, es gibt eine zweite Möglichkeit, wenn man einen Kumpel kennt, einen Verwandten, der kann dabei helfen. Aber das Stärkste, das ist die Beziehung Geld, die zählt.«

bisweilen auf: »Es gibt viel Arbeitslosigkeit, weil viele von beiden Seiten verfolgte Flüchtlinge in die Städte gezogen sind. Vor den Ereignissen kostet alles nichts« (nach Saida umgesiedelter Fellache).

Aus diesem Grund stellt die affektive Quasisystematisierung eben den Typus von Verständnis dar, das der Subproletarier von der ökonomischen und sozialen Welt erringt. Das Gefühl ist nämlich das einzige Vereinheitlichungsprinzip einer von Inkohärenz beherrschten, dramatischen Erfahrung. Leid und Verzweiflung werden niemals in voller Klarheit erfaßt, sie stellen allein die affektive Färbung des Bewußtseins dar, das auch die natürliche und soziale Welt, die von der wissenschaftlichen Vernunft als allgemeinen Gesetzen folgend begriffen wird, als Trägerin emotionaler Qualitäten, Bedrohungen oder Zurückweisungen, als von Intentionen belebt und von Willensbekundungen beseelt auffaßt. Weil der zum Beispiel in Form von Arbeitslosigkeit auftretende Mißerfolg nicht durch notwendige und objektive Gründe erklärt werden kann, scheint er einer objektiv in der Sozialordnung verkörperten feindlichen Absicht zurechenbar. Diese magisch-mythische Sicht nährt sich von der Konfrontation mit dem europäischen Vorgesetzten, Vorarbeiter oder Siedler, die der objektiven Tücke ein Gesicht, eine Physiognomie und auch eine vollkommen adäquate Sprache verleihen.

Die von der unmenschlichsten Situation auferlegten Leiden sind keine hinreichenden Motive, eine andere Wirtschafts- und Sozialordnung ins Auge zu fassen, im Gegenteil: Es sieht ganz danach aus, als könnten erst von dem Moment an, in dem die materiellen Existenzbedingungen eine andere Wirtschafts- und Sozialordnung ins Auge zu fassen erlauben, die Leiden einem explizit als ungerecht und indiskutabel begriffenen System zugerechnet werden. Da sie diesen Schritt nicht vollziehen können, neigen die Subproletarier dazu, ihre Leiden als normal, ja sogar als natürlich zu erleben, als unvermeidliche Komponente ihrer Existenz. Das Elend lastet nämlich mit derart unerbittlicher Zwangsläufigkeit auf ihnen, daß es keinen vorstellbaren Ausweg gibt, und dies um so weniger, als es ihnen als ein Schicksal erscheint, das alle Algerier oder zumindest all die teilen, die sie kennen;[17] da sie darüber hinaus nicht über das unerläßliche Minimum an Sicherheit und Bildung verfügen, können sie den umfassenden Wandel der Sozialordnung, der die Ursachen ihrer Lage zu beseitigen vermöchte, nicht klar ins Auge fassen. Ein Chauffeur aus Oran, der uns seine Elendsbaracke besichtigen und die Armut seiner Kinder feststellen ließ, bemerkte dazu: »Das ist mein Leben. Nur der Lohn ist nicht in Ordnung. Der Rest, dafür sind wir geschaffen.« »Jedem sein Schicksal«, »Jedem seine Chance«, »Das ist der Anteil, den Gott für mich übrig hat«, »Mektoub«: Diese oft gehörten Formeln drücken nicht mehr wie in der althergebrachten Tradition vertrauensvolle Hingabe aus, sondern eine mit Verzweiflung oder Empörung einhergehende Abdankung. Die Subproletarier *sind* Elend und Mittellosigkeit, Leid und Unglück; sie haben nicht genug Abstand von ihrer Lage, als daß sie sie objektivieren könnten.

Infolgedessen verfügen sie über eine zwangsläufig verstümmelte Wahrnehmung, ganz als könne ihre Lage ihnen nur in Umrissen bewußt werden. Dies erklärt, daß sie versuchen, ihre Mängel den Mängeln ihres Seins anzulasten statt denen der objektiven Ordnung: »Jedem seine Chance«, sagt ein Hilfsarbeiter aus Constantine. »Wer nicht gebildet ist, hat nichts. Man läßt ihn sich abplagen, bis er auf den Knien ist. So ist das Leben für den, der nicht lesen kann.« Ein Maurer aus Saida erklärt: »Jetzt leben wir nicht wie vor vierzig Jahren. Wir leben im Fortschritt. Mit Bildung geht alles und findet sich alles. Wenn ich gebildet wäre, würde ich nicht unter diesen Verhältnissen leben. Ich bin nur ein armes Eselchen, *je ne suis qu'un pauvre bourricot*«; und seine

17 Allen ist mehr oder weniger deutlich bewußt, daß dieselbe Zwangsläufigkeit auf der großen Mehrheit ihrer Gefährten lastet. Fragt man sie, ob sie jemanden kennen, der Erfolg hatte, antworten sie meist: »Nein, kenne ich nicht.« »Nein, ich kenne niemanden.« »Niemand, den ich kenne.« »Wir sind alle in der gleichen Lage.« »Alle, die ich kenne, sind wie ich.« »Kenne ich nicht; keiner in meinem Beruf ist weit gekommen«, und so fort.

Frau wiederholt den letzten Satz auf französisch. Das Bewußtsein objektiver Hindernisse für die Erlangung einer Arbeitsstelle oder eines ausreichenden Einkommens verweist sie auf das Bewußtsein ihrer Unfähigkeiten, etwa des Mangels an Schulbildung und beruflicher Qualifizierung; nie gelangen sie bis zum Bewußtsein dessen, daß das System auch für ihre mangelnde Schulbildung und Berufsausbildung verantwortlich ist, das heißt für ihre Mängel und die Mängel ihres Seins. Da sie das System, von dem ihre Lage einen Aspekt darstellt, nicht als solches wahrnehmen, können sie die Verbesserung ihrer Lage nicht mit einem radikalen Wandel des Systems in Verbindung bringen; ihre Bestrebungen, ihre Forderungen und sogar ihre Empörung äußern sich im Rahmen und in der Logik des Systems. So werden die »Beziehungen«, dieses Produkt des Systems, für das einzige Mittel gehalten, die systematische Unbeugsamkeit des Systems abzumildern. Kurz, wird das Elend nicht als durch Ausbeutung bedingt, sondern tendenziell als unvermeidliche Komponente der den Individuen eigenen Lage erlebt, so deswegen, weil die absolute Entfremdung nicht zuläßt, daß das Individuen sich der Entfremdung bewußt wird.

Auch muß man sich davor hüten, in der Auflehnung der Subproletarier den Ausdruck wahren revolutionären Bewußtseins zu sehen. Der empörte Protest gegen die objektive Tücke kann nämlich mit der Zustimmung zur bestehenden Ordnung zusammenfallen. Sich gegen die bestehende Tücke auflehnen heißt nicht notwendig, die Ordnung in Frage zu stellen, auf der die Tücke beruht. Auflehnung und Protest können ein Modus sein, Unterlegenheit hinzunehmen und zuzugeben. Liegt darin nicht der tiefere Sinn des Verhaltens von Antragstellern, die sich auf Unerreichbares kaprizieren, als wollten sie eine grundsätzlich anerkannte Unterlegenheit durch eine Ersatzhandlung tarnen oder kompensieren? Der »Miserabilismus«, die Stilisierung des Elends, fußt nämlich auf derselben Logik wie die affektive Quasisystematisierung. Indem man Zwangsläufigkeit mit Absicht verwechselt, setzt man sich willkürlichen Dekreten ebenjener

Macht aus, deren Opfer man ist und von der man trotz allem die Befriedigung vitaler Hoffnungen wie ein Almosen erwartet. »Sie wollen uns keine Arbeit geben« und: »Sie geben uns nicht genug«, sagen dieselben Sprecher. Die wütende, von Gefühl und Ressentiment zugleich genährte Auflehnung geht meist einher mit resigniertem Verzicht.[18] Statt des Bewußtseins der Entfremdung, der Grundlage revolutionärer Einstellung, herrscht bei ihnen ein Gefühl von Abhängigkeit, das ambivalente Haltungen hervorbringt.[19] Weil ihnen jedes individuelle oder kollektive Projekt versagt ist, tendieren die Subproletarier dazu, von sich selbst dasselbe Bild zu hegen wie die Mitglieder der herrschenden Kaste. »Wir sind dafür geschaffen«, sagen sie mehr oder weniger explizit; und die anderen: »Sie sind daran gewöhnt.« Wie der Rassismus, so ist auch der Miserabilismus ein Essentialismus.

Sich fragen, unter welchen Bedingungen die Individuen auf-

18 Allgemein ist das affektive politische Bewußtsein dem rationalen politischen Bewußtsein voraus; und dies insbesondere bei den Frauen, die den Krieg eher passiv und gefühlsmäßig als aktiv und rational erlebt haben. Bei ihnen entspricht das politische Gefühl oft nicht dem politischen Bewußtsein und der politischen Bildung. Da sie im allgemeinen weniger gebildet sind als die Männer und mit der modernen Wirtschaft und dem modernen Leben weniger in Kontakt stehen, sind sie weniger darauf vorbereitet, ihre Lage rational zu reflektieren. Wenn sie beispielsweise in die Gespräche eingreifen, beschwören sie sehr oft die »Beziehungen« oder das Glück, während ihre Männer den Erfolg weniger selten auf Bildung oder Verdienst zurückführen.

19 Zwar ist die bei vielen Subproletariern manifeste Erwartung von Beziehungen paternalistischen Typs wohl von dem der traditionalen Gesellschaft eigenen Modell zwischenmenschlicher Beziehungen her zu verstehen; aber sicher wird sie bei den Subproletariern auch von den materiellen Bedingungen gefördert, unter denen sie leben und die das Abhängigkeitsgefühl begünstigen. Generell liefert die kulturelle Tradition dem Miserabilismus oft Rationalisierungen und Sprache. »Es gibt nicht viele Stellen, die Bevölkerung hat sich verdoppelt, und die Leute aus den *duars* sind in der Stadt; wenn nicht alle diese Menschen da wären, gäbe es vielleicht Arbeit. Wer lügt, wird in seinem Leben überhaupt nichts machen, es ist nicht schön zu lügen. Gott will die Wahrheit« (ehemaliger ambulanter Kohlenhändler, Sidi-Bel-Abbès). »Ein ordentlicher und höflicher Mensch findet Arbeit« (Lebensmittellieferant, Algier).

hören können, ihr Leid bloß zu erleiden, um es zu reflektieren und zu verstehen, heißt nach den Bedingungen der Möglichkeit der Position des Möglichen fragen. Wenn kein Zweifel daran besteht, daß die materiellen Lebensbedingungen nicht allein über die Bewußtwerdung und das Begreifen des Gegebenen als unerträglich und empörend entscheiden und dies tendenziell sogar verbieten, so ist nicht weniger gewiß, daß die Konstituierung des gegenwärtigen Stands der Dinge als Träger irgendeines Sinns etwas ganz anderes voraussetzt als eine Art revolutionäres Cogito, durch das das Bewußtsein sich der Welt entziehen und sich damit als revolutionäres hervorbringen würde – einer Welt, in der es vorhanden ist, die es aber nicht in die Hand bekommt, weil es in ihr eingeschlossen und ihr nicht gewachsen ist. Wenn zutrifft, daß die Konstituierung des aktuell Gegebenen als unerträglich und empörend die Position eines anderen, sowohl fernen als auch erreichbaren Standes der Dinge als Zielvorstellung voraussetzt, so setzt doch schon die Position des Möglichen die Möglichkeit voraus, sich von der Welt in gewissem Maße zu distanzieren. Anders gesagt, die Bewußtwerdung besteht nicht nur in der Einführung einer neuen Beziehung zu sich selbst, sondern, grundlegender, in der Einführung einer neuen Beziehung zwischen sich selbst und der Welt. Als Distanzierung von sich und der Welt, die sich in der reflexiven Konstituierung seiner selbst und seiner Lage vollendet, setzt Bewußtwerdung die Möglichkeit voraus, sich wenigstens ein Stück weit von dem Bann zu lösen, den die Welt verhängt. Die Distanzierung setzt voraus, daß tatsächlich Distanz gewonnen wurde. Kurz, Reflexion setzt eine gewisse Ungezwungenheit voraus; paradoxerweise ist das Bewußtsein der Entfremdung ein Privileg, das denjenigen zufällt, die nicht mehr so vollständig entfremdet sind, daß sie sich nicht lösen und neu beginnen könnten.

Somit können diejenigen, die sich in der Lage von Subproletariern befinden, sie nicht als solche begreifen, weil dies voraussetzte, daß sie die Möglichkeit entwerfen könnten, darüber hinauszugelangen. Weil der Traum, ihr zu entkommen, unvermeidlich als solcher durchschaut wird, bietet er nur Anlaß, das Gewicht der Zwangsläufigkeit noch grausamer zu verspüren. Alle diese im Exil der Gegenwart gefangenen Menschen können sich ihm bloß durch den Traum entziehen, der unmittelbare, das heißt magische Befriedigungen nur dadurch verspricht, daß er zwischen der Gegenwart, der Ungerechtigkeit und dem Leid und der Zukunft der Utopie, die alle Wohltaten in ihrem Schoß birgt, scharf trennt. »Ich bin nicht damit einverstanden, daß Frauen und Mädchen jetzt arbeiten. Später ja, wenn das vorbei ist, wenn der Geist des Bösen verschwunden ist und die Louis d'or auf der Straße liegen, wenn es einen muslimischen Staat gibt; an dem Tag darf sie ausgehen; ich werde nichts dagegen haben« (Altkleiderhändler, Oran).

Die ständige Angst des algerischen Arbeiters vor der Arbeitslosigkeit. Proletariat und Kolonialsystem*

Die Algerier haben ein derart stark ausgeprägtes Bewußtsein von der Arbeitslosigkeit, daß ihre ganze Existenz und die ganze Sicht ihrer Existenz dadurch modifiziert wurden.[1] Dieses Bewußtsein kann nämlich Verhaltensweisen auslösen und Meinungen lenken, ohne denen, die es umtreibt, deutlich zu werden und explizit formulierbar zu sein. Bevor jedoch die Formen und Stufen des Bewußtseins der Arbeitslosigkeit (und des damit verbundenen Bewußtseins der Kolonialherrschaft) beschrieben werden, ist zu definieren, wie es implizit oder explizit das Verhalten beherrscht und das Denken lenkt.[2]

* Erschienen in *Sociologie du travail*, 4, 1962, S. 313-331. Dieser Artikel stellt einen Teil der Ergebnisse einer Untersuchung dar, die während des Sommers 1960 in Zusammenarbeit mit den algerischen Zweigstellen des *Institut national de statistique et d'études économiques* [Staatliches Statistikamt] durchgeführt wurde (vgl. *Travail et travailleurs en Algérie*, a. a. O.). Die soziologische Auswertung bezog sich auf 150 Personen, die einem von A. Darbel erstellten Befragungsplan folgend nach dem Zufallsprinzip aus der Stichprobe von 3 000 Probanden ausgewählt wurden, auf die sich die statistische Untersuchung bezog.

1 Von den Algeriern über 14 Jahren waren 57 % am Tag der Untersuchung erwerbstätig. Bei den Befragten ist eine sehr starke Tendenz zur Überschätzung der Anzahl von Unbeschäftigten feststellbar: »Von zehn Männern sind acht arbeitslos« (Schuhmacher, Algier). »Ich sage Ihnen: Seit es Maschinen gibt, sind von zehn Männern acht arbeitslos« (Arbeitsloser, Saida). Diese Überschätzung erklärt sich teilweise dadurch, daß alle möglichen Teilbeschäftigten wie kleine Hausierer, Wachmänner usw., spontan den Arbeitslosen zugerechnet werden.

2 Obwohl die Untersuchung umgekehrt vorging und die Existenz eines geschärften Bewußtseins von Nichtbeschäftigung als Grundlage von Einstellungen und Ansichten induktiv ermittelt wurde, erschien es angemessener, hier deduktiv vorzugehen und zu zeigen, wie das Bewußtsein, das die Personen von den subjektiven und objektiven Hindernissen bei der Stellensuche entwickeln, ihre Einstellungen und Meinungen bestimmt.

I. Die persönliche Abhängigkeit

Der Druck der »industriellen Reservearmee« wird stets nachdrücklich empfunden und findet bisweilen explizit Ausdruck, sei es in vagen und allgemeinen Urteilen wie »es gibt viele Hände«, »es gibt zu viele Menschen«, »die Bevölkerung hat sich verdoppelt«, sei es in konkreteren, lebensnaheren Formulierungen: »Geh einmal morgens auf die Kais und schau um dich: Hunderte, Tausende warten auf Arbeit, auf Arbeit für einen Tag, darauf, Brot für ihre Kinder zu verdienen« (Hilfsarbeiter, Algier).

Ein Glücksspiel

In einem solchen Kontext ist die Konkurrenz um den Arbeitsplatz die erste Form des Kampfs ums Dasein, eines Kampfs, der für manche jeden Morgen in Angst und Ungewißheit von neuem beginnt. Und wenn diese Konkurrenz wenigstens Regeln folgen würde … Aber Regeln sind ihr ebenso fremd wie einem Glücksspiel: »Siehst du, wir stehen zum Beispiel vor einer Baustelle; das ist wie beim *qmar* (Glücksspiel). Wen werden sie nehmen?« (arbeitsloser Hilfsarbeiter, Constantine). Die Konkurrenz ist ungeregelt und ungezügelt, denn objektive Einstellungsmethoden sind auf diese Armee aus Hilfsarbeitern, von denen einer so wehrlos ist wie der andere, nicht anwendbar. Hilfsarbeiter stellen aber einen sehr erheblichen Prozentsatz der manuellen Arbeitskräfte dar.[3] Darüber hinaus erhielt nur eine geringer Teil der Arbeitermasse eine wirkliche Berufsausbildung. Infolgedessen ist der ungelernte Hilfsarbeiter »für alles gut, das heißt für nichts«

3 Die im April 1960 angestellte halbjährliche Erhebung über die Beschäftigung in einigen Unternehmen zeigte, daß die Algerier 94 % der gewöhnlichen und 96 % der angelernten Hilfsarbeiter darstellten, 82 % der Halbarbeiter, 76,5 % der Arbeiter erster Kategorie, 69,5 % der Arbeiter zweiter Kategorie, 60,5 % der Arbeiter oberhalb dieser Kategorien. Die Erhebung bezog sich auf 48 483 Arbeiter, von denen 7 234 Europäer und 41 159 Algerier (85 % der Gesamtzahl) waren.

(Handelsangestellter, Constantine). »Das ist kein Arbeiter, das ist ein Mädchen für alles« (Schankwirt, Algier). »Jedem seine Chance [*Koul ouah'ad zarou*], jedem sein Geschick [*Koul ouah'ad bi maktoubou*]«: Diese stereotypen, fast rituellen Formeln spiegeln die Erfahrung der Willkür, die den einen zum Arbeitslosen und den anderen zum Arbeiter macht.

Der für alle Arbeiten disponible, da zu keiner wirklich taugende Hilfsarbeiter ist den Zufällen von Anstellung und Entlassung ausgeliefert. Folglich wird neben der Notwendigkeit der Entwicklung der Berufsausbildung bisweilen auch eine vernünftige Organisation der Rekrutierung von Arbeitskräften gefordert. Dies um so stärker, als die Konkurrenz um die Einstellung erbitterter geworden ist, seit der Krieg den Zustrom von Landbewohnern beträchtlich beschleunigt hat.

So hat der Arbeitsuchende das Gefühl, dem Zufall ausgeliefert zu sein. Mehr noch, ihm ist oft bewußt, daß das Spiel, von dem er das Brot für seine Kinder erwartet, falsch läuft:

> Man hat den Eindruck, gegen das Schicksal zu kämpfen. Ein Freund sagte mir: ›Überall, wo ich anklopfe, geht ein Gott vor mir her mit einem Sack Zement auf dem Rücken und einer Kelle in der Hand; ich öffne eine Tür, und er mauert mir die nächste zu‹ (Schankwirt, Algier).

Die unpersönliche Macht, auf die man stößt, ohne zu verstehen und zu wissen, wem man die Schuld geben soll, nimmt manchmal persönliche Züge an. Die Empörung über Diskriminierung gewinnt dann Ausdruck, und zwar oft einen gewaltsamen, ohne daß es immer möglich wäre, zwischen Erfahrung und Stereotyp zu unterscheiden.

> Der Europäer ist hier bevorzugt; während es für die einen natürlich ist, arbeitslos zu sein, ist es für einen Europäer ein Skandal, den keiner aushalten könnte, weder die Verwaltung noch die anderen Europäer. Man tut alles, um etwas für ihn zu finden: Man findet Qualitäten, Qualifikationen – auch wenn es sie in Wirklichkeit nicht gibt, man findet sie an ihm. So daß er, wenn er eine Stelle bekommt,

automatisch mindestens knapp über dem ganzen muslimischen Personal steht. Er kann kein schlechterer Arbeiter sein als sie! Das sind die Beziehungen, ohne daß man weiß, zu wem – alle spielen da mit (Kunsttischler, Algier).

Das Bakschisch

Nicht nur den Arbeitern ist der Überschuß an Arbeitskräften in aller Schärfe bewußt, sondern auch manchen Unternehmern, die diese Lage ausbeuten (oder ausbeuten lassen).

Um eine gute Stelle zu kriegen, braucht man Beziehungen [macht eine energische Handbewegung]! Man braucht harte Schultern [faßt seine Schultern an]! Man muß 40 000 oder 20 000 Francs Bakschisch aufbringen; ich sage das nur so, ich weiß es nicht genau. Übrigens, es gibt eine zweite Möglichkeit. Wenn man einen Kumpel kennt, einen Verwandten, der kann dabei helfen. Aber das Stärkste, das ist die ›Beziehung Geld‹, die zählt (Anstreicher, Oran).
Zum Leben braucht man ›Kaffee‹,[4] ›Schultern‹. Es gibt Typen, die wollen sich anstellen lassen. So einer wird gefragt, ob er fünf Kinder hat, das heißt 5000 Francs. Wenn er sie nicht hat, kann er warten. Man sagt ihm: ›Wir ziehen bald um‹! Wenige finden eine Anstellung, und dann auch nur, wenn dringende Arbeit anliegt. Und sobald das aus ist, werden alle gefeuert; genauer: die, die nicht geschmiert haben (Tagelöhner, Constantine).
Man muß 5 000 Francs hinlegen, um eine Stelle zu finden (Arbeiter in einer Tabakfabrik, Constantine). Mit 5 000 Francs finde ich Arbeit (Lebensmittelhändler, Oran). Eines Tages bitte ich den Chef, zwei Schalungssetzer zu schicken. Sie kommen am nächsten Tag: ›Wo sind eure Werkzeuge?‹ ›Wir haben keine.‹ ›Holt euch welche im Lager.‹ Sie wissen nicht einmal, welche Werkzeuge sie nehmen sollen. Ich mußte ihnen alles beibringen; ich war ständig hinter ihnen her. Die armen Teufel hatten keine andere Möglichkeit, Geld zu verdienen. Es war nicht ihre Schuld. Am nächsten Tag ist der Baustellen-

4 *El kahwa*, ein anderes Wort für Bakschisch, die Summe, die man hinlegt, um eine Stelle zu bekommen; einer der Befragten verwendet das französische Wort »pourboire« [Trinkgeld] in derselben Bedeutung.

leiter gekommen und hat mich gebeten, nichts zu sagen. Das ist die allgemeine Regel. Man stellt einen Hilfsarbeiter an, trägt auf seinen Lohnzettel Schalungssetzer oder Facharbeiter ein. Der Typ wird als Hilfsarbeiter bezahlt, 1 200 Francs am Tag statt 2 400 für einen Fachmann, und die Differenz verschwindet. Wenn er sich in einer anderen Firma vorstellt und man seine Papiere sieht, gibt man ihm eine Arbeit, die er nicht machen kann, und er wird gefeuert; und so fort, bis er für eine andere Stelle bezahlt hat. Es gibt auch den Fall, wo der Arbeiter wirklich Facharbeiter ist, aber als Hilfsarbeiter bezahlt wird. Allgemein gilt, daß man jemanden bezahlen muß, um eine Stelle zu finden, um auf dem Bau angestellt zu werden. Im allgemeinen den Vorarbeiter. Es gibt viele Typen, die kommen für 7 oder 8 Monate Geld verdienen, um Weizen zu kaufen, Saatgut. Sie müssen zwei Arbeitswochen drangeben, entweder am Anfang oder am Ende des Vertrags. Die die Stelle wiederhaben wollen, müssen Honig, Butter mitbringen, oder sie schmieren. In der Zwischenzeit wird ein Typ angestellt, und er wird weggeschickt, wenn der Vorgänger zurückkommt. Und er muß bezahlen, um eine andere Stelle zu bekommen. Die Leute verdoppeln so ihr Einkommen (Fahrer, Algier).

Bei uns gibt es für ›Trinkgeld‹ alles, sogar das, worauf man vollen Anspruch hat (Angestellter in einem Gymnasium, Algier).

Die Bekanntschaften

Willkürlich und diskriminierend: so ließe sich die Meinung der unterprivilegiertesten Klassen über die Einstellungsprozeduren zusammenfassen, spielten nicht die »Bekanntschaften«, die Beziehungen eine immense Rolle. Der Begriff »Protektion« schließt drei ganz unterschiedliche Dinge ein: erstens die Diskriminierung oder das, was ein Befragter »die Begünstigung der Europäer« nennt (Maschinist, Algier); zweitens das Bakschisch, »der Kaffee«; drittens »die Bekanntschaften« (*el madrifa*), »die Schultern«.

Der Rückgriff auf Beziehungen wird vor allem begünstigt und gefördert durch das kulturelle Herkommen, das den »Nepotismus« im weiten Sinne des Wortes zu einer wahren Verpflichtung macht, und zwar im Namen des Prinzips, daß der Erfolgreiche seinen Erfolg dafür zu verwenden hat, um anderen, angefangen bei den Mitgliedern seiner Familie, zu helfen. Jedes Individuum begreift sich als für mehrere mehr oder weniger nahe Verwandte verantwortlich, für die er unter anderem Arbeit zu finden hat, und dies unter Ausnutzung seiner Position oder seiner persönlichen Beziehungen.[5]

> ›Der Erfolgreiche‹, sagt ein Befragter, ›kann sich immer durchwursteln, und wer in der Verwaltung ist, kann Mitgliedern seiner Familie ›helfen‹. Wer keine ›Schultern‹ hat, dem bleiben Schaufel und Hacke, das heißt der Tod‹ (Bonbon- und Erdnußhändler, Philippeville).

Darüber hinaus muß die persönlichen Beziehungen und »Bekanntschaften« zugesprochene Bedeutung vielleicht vor dem Hintergrund einer allgemeinen Konzeption der menschlichen Beziehungen verstanden werden, die die Algerier in gewisser Weise mit den Europäern Algeriens gemeinsam haben.[6]

5 Da er verpflichtet ist, zu ihrem Unterhalt beizutragen, wenn sie keine Arbeit haben, kommt es oft vor, daß er ein ebenso großes Interesse wie sie daran hat, daß sie Arbeit finden.

6 Im Fall der Europäer erklärt diese Haltung sich zunächst durch die Tatsache, daß sie eine durch ein gegensatzgeprägtes Solidaritätsband geeinte Gesellschaft darstellen. Diese Solidarität kommt in allen Lebenslagen und natürlich auch bei der Einstellung zum Tragen. Ein diffuses Mißtrauen bringt dazu, Vertrauens- und Verantwortungsposten Europäern vorzubehalten; die »Kastensolidarität« dazu, ihnen Führungspositionen zu geben, wobei der Begriff »arabische Arbeit« ein übriges tut. Somit sind die Europäer untereinander spontan solidarisch – nicht gegen die Algerier, sondern »vor dem Hintergrund« der Algerier. Hinzu kommt, daß die Europäer in einer Stadt (vor allem in einer weniger großen) eine Gruppe bilden, deren Mitglieder sich unmittelbar oder zumindest mittelbar kennen; das bedeutet, daß jeder Europäer jeden anderen Europäer (zumindest die aus einer äquivalenten sozialen Kategorie) annäherungsweise in einem Bekanntschafts- und Beziehungsnetz situieren kann. Bedenkt man, daß praktisch das gesamte Verwaltungspersonal des Landes in dem von 350 000 Europäern bewohnten Algier konzentriert ist, so gibt es keinen Europäer, der nicht auf irgendeiner Stufenleiter der Hierarchie jemanden kennt. Daher wendet man sich nur in den seltensten Fällen ohne Mittels-

Ständig scheint man sich darum zu bemühen, formale und mittelbare Beziehungen in persönliche und unmittelbare umzuwandeln. Diese »Personalisierung« erscheint um so unerläßlicher, als die Stellensuche, wie wir gesehen haben, als Begegnung mit einer gesichtslosen Bürokratie erfahren wird.

> Er muß jemanden aufsuchen, denn wenn er allein hingeht, wird er nicht genommen, auch dann nicht, wenn es Arbeit gibt (Kellner, Constantine).

Der Rückgriff auf persönliche Beziehungen wird als eine Art kollektive Verteidigung gegen eine insgesamt beungünstigende Ordnung erfahren; auf eine faktische, offensichtliche und anerkannte Solidarität reagiert eine andere, unterirdische und geheime Solidarität, der der Begriff »Brüderlichkeit« eine Sprache und eine Stütze verleiht:

> Wenn wir uns nicht untereinander helfen, wer hilft uns dann? Hier ist der größere der Bruder des kleineren, weil der größere im Grunde im selben Boot sitzt wie der kleinere (Lehrer, Algier).

Der Glaube an die Wirksamkeit von Protektionen und Beziehungen liegt in der Realität begründet. 47,25 der Befragten geben an, ihren Arbeitsplatz durch einen Verwandten (27 %) oder Freund (19,2 %) erhalten zu haben, nur 14,5 % durch direkte Stellensuche, 6,1 % durch die Institution, in der sie eine Ausbildung absolviert haben, und 3,4 % durch eine Arbeitsvermittlungsstelle. Gewiß sind diese Zahlen für die unterschiedlichen Berufskategorien nicht gleich aussagekräftig. Unter den Handwerkern und Kaufleuten gibt es einerseits welche, die ihr Geschäft oder ihre Werkstatt von einem Verwandten übernommen haben, andererseits welche, denen ein Verwandter oder ein Freund finanziell geholfen hat. Ebenso bestellt ein großer Teil der Bauern das Land

mann oder Fürsprecher an die Verwaltung. Noch der einfachste Schritt, etwa die Verlängerung eines Passes oder das Erlangen eines Flugtickets, läuft über die Vermittlung eines Bekannten. So entwickelt sich der Glaube, daß Beziehungen alles vermögen.

ihrer Väter. Aber, und das ist das Wesentliche: 62 % der Arbeiter, Hilfsarbeiter und kleinen Angestellten geben an, ihren Arbeitsplatz durch einen Verwandten (30 %) oder Freund (32 %)[7] erhalten zu haben, nur 16% durch direkte Stellensuche, 8 % durch eine Arbeitsvermittlungsstelle und 4 % durch die Ausbildungsinstitution. Es scheint daher nicht übertrieben zu behaupten, daß eigentlich nicht die Unternehmen einstellen, sondern daß Einstellungen das Ergebnis einer Art *spontaner Kooptation* unter den Arbeitern ist:

> Ich arbeite hier, weil ein Freund mir gesagt hat: ›Es sind Plätze frei, komm und versuch es.‹ Sie waren mit mir zufrieden, also haben sie mich behalten (Arbeiter in einem Holzunternehmen, Oran).
> Ich habe meine Arbeit durch einen Vetter bekommen; er kannte den Chef der Garage, weil er einen Lastwagen dort hatte, er machte Transporte. Da habe ich den Beruf gelernt, und jetzt bin ich da (Vulkanisateur in einer Garage, Oran).

Abgesehen von dieser Einstellung durch Kooptation auf der Grundlage von Empfehlungen und Informationen durch die im Unternehmen beschäftigten Arbeiter, die spontan als Vermittler zwischen Arbeitgeber und eventuellem Arbeitnehmer auftreten, finden sich nur so rudimentäre Einstellungsprozeduren wie der Vertragsabschluß am Fabrik- oder Werkstattor oder auch Kleinanzeigen; woraus zu schließen ist, daß Hilfsarbeiter, Arbeiter und kleine Angestellte in der überwältigenden Mehrzahl der Fälle weit eher vor dem Hintergrund ihres Status (Familie, Beziehung usw.) ausgewählt werden als in Abhängigkeit von ihren Fähigkeiten oder ihrer Qualifizierung.

Eine offensichtliche Bestätigung dieser Analysen ist darin zu sehen, daß 45,2 % der Befragten (52,8 %, wenn wir isolierte Arbeiter, Hausierer, kleine Handwerker und Nichterwerbstätige ausschließen) Mitglieder ihrer Familie oder ihrer Herkunftsgruppe (Dorf oder Region) zu Arbeitskollegen haben; bei Hilfsarbeitern und Arbeitern erreicht diese Quote 52 % (bzw. 55,3 %),

7 Bei Führungskräften und Beamten liegt dieser Anteil noch bei 21 %

bei Handwerkern und Kaufleuten 45 % (bzw. 55,3 %). Neben großen Berufsgruppen, die bisweilen eine lange Tradition haben (mozabitische Händler, Lastträger und Gemüsehändler aus der Region Djidjelli, Müllmänner [ehemalige Wasserträger] aus Biskra, Kellner aus der Region Michelet [heute Ain-El-Hammam], Wasserträger aus der Region Sidi Aich usw.), existiert somit ein ganzes Netz kleiner, aus gegenseitiger Hilfe und Kooptation hervorgegangener Berufsgruppen, die fragmentarisch und partiell innerhalb der Arbeitswelt einen Typ sozialer Beziehungen aufrechterhalten, die für ein auf Verwandtschaftsbeziehungen und gegenseitiger Bekanntschaft beruhendes kulturelles System charakteristisch sind.[8]

Grundlage und Folge dieses Stands der Dinge ist der fast bedingungslose Glaube an die Wirksamkeit der »Schultern« und »Bekanntschaften«.

Auf die Frage: »Was braucht man unbedingt, um eine Stelle zu bekommen?« antworteten:

Antworten (in Prozent)	*Protektion*	*Schulbildung*
Hilfsarbeiter und Arbeiter	44	40
Handwerker und Kaufleute	29,5	56,8
Führungskräfte und Beamte	26,3	63,1
Insgesamt	30,8	55,4

Daß Arbeiter die Schulbildung besonders hochschätzen, gibt der Bedeutung, die sie der Protektion beimessen, noch mehr Gewicht. Das ist leicht zu verstehen. Stärker als die Mitglieder anderer sozialer Kategorien (Kaufleute zum Beispiel und Füh-

8 Diese kleinen (5 bis 10 Personen zählenden) Berufsgruppen finden sich bis in die öffentlichen Verwaltungen hinein; beispielsweise gibt es kleine Gruppen, die aus Sidi Aich stammen, beim Crédit municipal, bei der staatlichen Altersversorgung, bei der für den Lastenausgleich zwischen Departements und Kommunen zuständigen Caisses de solidarité, bei der für Kindergeld zuständigen Caisse des allocations familiales.

rungskräfte) erfahren und erfuhren sie die Wirksamkeit persönlicher Beziehungen, des einzigen Mittels, die Willkür bei der Arbeitsplatzvergabe zu reduzieren. Die Mißlichkeit der Rekrutierungsmethoden, die Seltenheit qualifizierter und vor allem hochqualifizierter Arbeiter, der Überschuß an Arbeitskräften: all dies schafft eine Grundlage für den Glauben an die Allmacht der Protektion – nicht so sehr als willkürliche Unterstützung (dann würde es sich um etwas anderes handeln) und ungerechtfertigte Vergünstigung, sondern als für den Erfolg unerläßliches Hilfsmittel und als Auswahlprinzip, das mangels anderer eingesetzt wird.

Bisweilen freilich findet sich die Allmacht der Protektion unbarmherzig bestätigt: 66,75 % der Befragten denken, daß sie genügt, um erfolgreich zu sein (gegenüber 32 %, die meinen, daß sie nicht genügt), und 62 % urteilen, daß das Verdienst nicht genügt; zwei Drittel derer, für die Protektion genügt, um Erfolg zu haben, erklären, daß das Verdienst nicht genügt. Ein Drittel denkt indessen, daß Protektion, aber auch Verdienste ausreichen können, um Erfolg zu sichern – eine nuanciertere Sicht der Dinge. Diese Befragten zitieren dann im allgemeinen andere Erfolgsfaktoren wie Bildung oder – bei den Kaufleuten – den Besitz eines Kapitals. Abgesehen von denen, die denken, daß das Verdienst genügt, um erfolgreich zu sein, während Protektion nicht genügt (das sind zwei Drittel von denen, die geantwortet haben, daß die Protektionen nicht ausreichen), erachtet die große Mehrheit Protektion für eine notwendige, aber nicht hinreichende, also allein schon den Erfolg oder die Erlangung eines Arbeitsplatzes gewährleistende Bedingung.

Der Paternalismus

Die Verbundenheit mit einem Beruf ist auch abhängig von dem Stil der sozialen Beziehungen innerhalb des Unternehmens. Angesichts der hervorragenden Bedeutung, die in dieser Gesellschaft den Beziehungen von Mensch zu Mensch beigemessen wird, ist leicht zu ermessen, wie groß das Bestreben nach wahrhaft humanen Arbeitsbeziehungen sein kann. Die aus der Kenntnis der Arbeitslosigkeit hervorgehende, allgegenwärtige Angst vor der Entlassung ist oft der Hintergrund für die Autoritätsverhältnisse. Ein Gymnasialangestellter aus Algier erklärt: »Persönlich lasse ich mir nichts gefallen; die anderen sind überwiegend Hilfskräfte und haben Angst, bei der geringsten Meckerei entlassen zu werden.« Meist sind die Beziehungen zu Vorgesetzten auf das unerläßliche Minimum reduziert: »Der Chef ist der Chef, sonst nichts« (häufige Antwort):[9]

> Ich komme rein. Ich binde die Schürze um. Guten Tag, guten Tag. Guten Abend, guten Abend (Arbeitsloser, Saida, über seine frühere Beschäftigung). Wir sagen uns Guten Tag, wie geht es Ihnen?; manchmal berühren wir uns mit der Hand [...]. Als der Chef sagte ›Ich habe keine Arbeit mehr‹, habe ich gesagt: ›Nicht schlimm, das macht nichts‹ (Arbeitsloser, Tlemcen).

Neben den Beziehungen vom Schlage »Guten Tag, guten Abend« – sie sind die häufigsten – kommt auch intensiver, im allgemeinen freilich asymmetrischer Austausch vor:

9 Das Ressentiment gegenüber dem Vorarbeiter findet oft heftigen Ausdruck. Oft handelt es sich dabei um einen »armen Weißen«, dessen Aufgabe darin besteht, unmittelbar Autorität auszuüben, während der Chef oder der Ingenieur sich im Hintergrund halten. Er zieht alle Unzufriedenheit auf sich, und dies um so mehr, als seine Bestallung für diesen Posten als schlagendster Beweis für die Diskriminierung gilt. »Ah, der Vorarbeiter (*akantr'mitr*)! Das hätte er gerne, daß ich ihm Geschenke mache! Aber da kann er lange warten! Er sitzt auf seinem Stuhl, und ich arbeite, und dann ist er noch nicht einmal zufrieden!« (Arbeiter in einem Holzunternehmen, Oran). »Ein Schichtleiter verdient 240 bis 260 Francs die Stunde. Er tut nichts, und manchmal kommt er auf 300 Francs, das kommt darauf an, wie lang er bei der Firma ist. Offen gesagt: ein Algerier kann nicht so viel verdienen wie ein Europäer. Und doch! Wenn er den Kopf nicht hebt (von der Arbeit) wie ich, verdient er 180 Francs, sogar weniger« (Anstreicher, Oran).

Als ich einen Chef hatte, bat ich ihn um Rat. Ich lud ihn zu den Festen ein, aber er wollte nicht kommen. Das war ein Flüchtling, ein Spanier. Er machte mir nie Geschenke, nichts zu Weihnachten, gar nichts (Nichterwerbstätiger, Oran). Herr T., der Chef, ist ein Freund, wir duzen uns sogar; manchmal fragt er nach meiner Ansicht, wenn er etwas zu tun hat. Früher kam er zu mir, wenn ich müde war zum Beispiel; aber seither ist er zu reich geworden, er rührt sich nicht mehr. Er macht mir Weihnachtsgeschenke, na ja, er gibt mir ein bißchen Geld. Ich bringe ihm auch Kuchen für die Feste. Manchmal besuche ich ihn mit meiner Familie, manchmal allein, aber seine Familie ist nie zu mir gekommen (Kommissionsagent, Oran).

Die Mehrzahl der Arbeiter und Angestellten von Kleinunternehmen des Handwerks oder Handels, in denen sich berufliche Beziehungen patriarchalischer (oder paternalistischer) Art halten, gibt an, ihren Beruf zu lieben, selbst wenn sie mit ihrem Lohn unzufrieden ist.

Man arbeitet besser nicht in einem Unternehmen. Man arbeitet besser bei einem Handwerker, denn er kennt seinen Arbeiter, und dieser ist ihm lieb und wert. Mein Chef ist zu mir wie ein Freund oder wie ein Vater. Ich bitte ihn in schwierigen Augenblicken um Rat, ich lade ihn zu den Geburten ein und bringe ihm Geschenke, Kuchen. Er umgekehrt auch. Das ist besser als in einem Unternehmen, wo man den Chef nicht kennt (Tagelöhner bei einem [algerischen] Anstreicher, Médéa).

Wenn sie erklären, warum sie die Stelle nicht wechseln wollen, um mehr zu verdienen, führen die Angestellten oft ihre Verbundenheit mit dem Chef an:

Ich weigere mich zu wechseln. Ich kann auf einen Chef stoßen, mit dem ich mich nicht verstehe. Mein Chef ist ein Chef, aber auch ein Freund. Wir reden miteinander. Er hat mich schon zu sich nach Hause eingeladen (Fahrer, Algier).
Mein Chef (ein Vetter) ist sehr nett zu mir. Ich kann nicht weggehen, um 5 000 Francs mehr zu verdienen. Es gibt bösartige Chefs, die 20 000 Francs zahlen, aber man bleibt da nicht, weil sie bösartig sind. Es freut einen, wenn einem einer vertraut [...]. An den freien Tagen kann man so einem Chef nichts abschlagen, wenn die Arbeit drängt (Metzgergehilfe, Philippeville).

Ich habe für ein und dasselbe Schiff gearbeitet; wir haben es beladen, der Chef des Schiffs war immer derselbe; es gab einen Chef an Bord und einen Vorarbeiter. Oh! Ich verstand mich gut mit dem Chef, deswegen hat er mich zweiundzwanzig Jahre lang behalten! Ich bin zu ihm gegangen, wir haben Kaffee getrunken, und er ist zu mir gekommen; das war ein Franzose aus Frankreich, Herr R... junior, Verfrachter. Er hat mir Geschenke für die Kleinen gegeben (Nichterwerbstätiger, Oran). Ich kann nicht weg von hier wegen demjenigen, bei dem wir wohnen. Er ist zu alt; manchmal, wenn er sich ein bißchen müde fühlt, bleibe ich die ganze Nacht an seinem Bett. Er ist ein zweiter Vater für uns. Sogar mein Vater hat nicht soviel für uns getan wie der Chef für uns tut. Er teilt sogar sein Essen mit uns. Ich könnte nicht weg und ihn sitzenlassen. Mein Gewissen würde es mir mein Lebtag lang vorwerfen [...]. Er ist sehr nett zu mir und meiner Frau. Er ist tapfer. Ein echter Franzose. Sogar wenn ich nicht arbeite, gibt er mir zu essen. Vor kurzem hat das Finanzamt mir alles wegnehmen wollen, was ich habe, weil ich nicht bezahlen konnte. Dank meinem Chef haben sie es nicht getan. Er hat für mich bezahlt (Anstreicher im Tagelohn, Saida).[10]

II. Die erzwungene Arbeit

Die mangelnde Instabilität

Trotz einer hohen Unzufriedenheitsquote bezüglich der Arbeit und vor allem des Lohns ist die berufliche Instabilität folglich sehr gering: Zwischen Anfang 1959 und Mitte 1960 hatten lediglich 6,3 % der Befragten drei Arbeitsplätze und 3,1 % zwei Arbeitsplätze, wobei ein solcher Wechsel in mehr als der Hälfte der Fälle auf Entlassungen zurückzuführen war. Mehr als ein Drittel derer, die angeben, ihre Arbeit nicht zu lieben, erklären auch,

10 Der Paternalismus als Mischung aus Vertrautheit und Distanz ist nicht den europäischen Chefs vorbehalten. Dies zeigt folgende Antwort eines algerischen Chefs aus Tlemcen: »Meine Angestellten sind mehr als Freunde, sie sind wie Söhne. Nein, ich treffe sie nie außerhalb der Arbeit.«

keine andere zu suchen: die einen, weil sie »keine Zeit haben«, die anderen, weil sie angesichts der höchst unsicheren Aussicht auf einen anderen Arbeitsplatz nicht Gefahr laufen wollen, den zu verlieren, den sie haben.

> Ja, alle Jahre mache ich zwei oder drei Bewerbungen, aber ich bekomme nie direkt eine Antwort, und dann will ich auch meine Stelle nicht verlieren, ohne eine andere zu haben; ich schreibe einen Brief, wenn es kommt, dann kommt es, ich bin [...]. In diesem Augenblick – wenn man eine Stelle aufgibt, ist man geliefert. Es ist schwer, eine andere zu finden (Angestellter in einer Behälterfabrik, Oran). Mein Beruf gefällt mir nicht, aber ich habe Angst zu wechseln. Ich arbeite für 25 000 Francs im Monat, das ist besser, als nichts zu verdienen (Mechaniker bei der Handelsmarine, Algier).

Das Bewußtsein vom Überschuß an Arbeitskräften bewirkt, daß derjenige, der eine Stelle hat, vor allem Wert darauf legt, sie zu behalten. Die meisten Hilfsarbeiter, Arbeiter und kleinen Angestellten wissen, daß sie aufgrund ihrer geringen Fachkenntnisse und des Überflusses an möglichen Bewerbern für ihre Nachfolge äußerst leicht ersetzbar sind, und sind daher vor allem anderen um ihre Stelle besorgt. Dies macht ein Beispiel ganz deutlich:

> ›Ich arbeite zuviel‹, sagt ein Laufbursche aus Oran, ›ich habe nicht genug Ferien; das ist anstrengend. Ich kann keinen Urlaub bekommen, weil ich keinen Stellvertreter bezahlen kann; der Chef müßte ihn bezahlen, ich ihn ausbilden, ihm beibringen, die Margarine und die Hefe auszuliefern.‹

Diese Erklärungen klingen wirr und verlegen. Aber etwas später fügt er im Hinblick auf Überstunden hinzu:

> Ich arbeite sogar sonntags, manchmal kommen Bäcker mich wekken; die Ware bleibt in dem verschlossenen Wagen vor der Tür. Ich habe nie Urlaub. Wenn einer mich vertritt, arbeitet er womöglich für den halben Preis, da sieht der Chef dann sein Interesse und nicht, daß ich vierzehn Jahre für ihn gearbeitet habe.

Wer sich freiwillig für Instabilität entscheidet, wählt einen Luxus, den nur sehr wenige Arbeiter sich leisten können, ein Privileg, das denen vorbehalten ist, die aufgrund ihrer Qualifikation mit Sicherheit leicht eine Arbeit finden. Den anderen bleibt lediglich die erzwungene Instabilität.[11]

Der mangelnde Aufstieg

Die vertikale berufliche Mobilität ist ebenfalls sehr gering. Die meisten Handarbeiter sind angesichts der Konkurrenz und fehlender Berufsausbildung zum Stagnieren verurteilt und kennen nicht einmal die Hoffnung auf Aufstieg. Dazu befragt, antworten sie sehr oft mit einem Lachen, da die Frage für sie nicht den geringsten Sinn ergibt. »Ich werde noch tagweise bezahlt. Da gibt es keine Staffelungen (Lachen)« (Tagelöhner, Constantine). Es gibt nicht nur keinerlei vernünftige Aufstiegshoffnung, auch der Gedanke an eine solche Hoffnung fehlt und ist fast unfaßbar.[12]

> Hoffen Sie, in Ihrem Beruf aufzusteigen?
>
> Ich hoffe auf nichts. Für mich gibt es nur Schaufel und Hacke (Maurer im Tagelohn, Tlemcen).
>
> Diese Frage ist dumm, wer möchte nicht aufsteigen! Wenn es möglich wäre, möchte ich Abteilungsleiter werden (Präfekturangestellter, Médéa).

Es ist aufschlußreich, daß zwei Personen aus völlig entgegengesetzten Gründen bei derselben Frage auflachen können: Jede faßt als unvorstellbar auf, was die andere natürlich findet.[13] Es ist

11 Eine große Beschäftigungsstabilität wurde auch von der auf 3 000 Personen bezogenen statistischen Untersuchung festgestellt.

12 Die statistische Untersuchung hat gezeigt, daß die Einkünfte mit dem Alter nicht spürbar schwanken.

13 Lediglich 5,3 % der Hilfsarbeiter und Arbeiter, aber 55,2 % der Führungskräfte und Beamten erklären, daß sie beruflich aufzusteigen hoffen.

ebenfalls aufschlußreich, daß die Hoffnung ein Privileg ist, das wenigen vorbehalten bleibt.

Mehr oder weniger deutlich ist zumindest den Unterprivilegiertesten bewußt, daß die Mauer, die den Horizont ihrer Zukunft versperrt, auch die Zukunft ihrer Schicksalsgefährten verstellt. »Kennen Sie jemanden, der es geschafft hat?« »Nein, kenne ich nicht.« »Niemand, den ich kenne.« »Wir sind alle gleich.« »Diejenigen, die ich kenne, sind wie ich.« »Kenne ich nicht; keiner in meinem Beruf ist weit gekommen«, und so fort. Das Bewußtsein der Nichtbeschäftigung vollendet sich hier im Bewußtsein einer gemeinsamen Lage. Darin drückt sich oft die Vorstellung aus, daß das Los des Arbeitslosen nicht individuellen Unzulänglichkeiten oder Unfähigkeiten zuzuschreiben ist, sondern durchaus einer objektiven Situation. Dies ist die Grundlage einer neuen Solidarität, ganz verschieden von der alten und unlösbar mit der Empörung über eine gemeinsame Lage verbunden.

> Sehen Sie, ich kenne Nachbarn, die mir sagen: ›Ich bin den ganzen Tag nach Arbeit herumgerannt, ich habe nichts gefunden.‹ Und ich, wenn ich 1000 Francs am Tag verdiene, bin ich verpflichtet, mit ihnen zu teilen, und wir sind allesamt unglücklich […]. Wenn die Arbeit zu Ende ist, diskutiere ich mit meinen Kameraden, wir sprechen über unsere Sorgen, über unser Elend, und dann geht jeder nach Hause, weil wir ›kaputt‹ sind (Arbeiter in einer Holzfabrik, Oran).

Die »Beschäftigungen«

Alle früheren Analysen finden eine konkrete Illustration in der Lage bestimmter ambulanter Händler, einem echten und daher höchst aufschlußreichen Grenzfall. Denn wie läßt sich die außerordentliche Ausbreitung dieses Kleinsthandels erklären? Wie läßt sich unter dem Gesichtspunkt bloßer Rentabilität das Verhalten dieser Menschen erklären, die den ganzen Tag ihren kleinen Karren vor sich herschieben, um zwei oder drei Wassermelonen, eine gebrauchte Hose, ein Päckchen Erdnüsse zu verkaufen? Auch hier ist es der Imperativ der Arbeit um jeden Preis, die dazu führt, zu arbeiten, um irgend etwas zu machen, irgend etwas statt gar nichts.

> Wenn Arbeit heißt einen Beruf haben, ihn dauerhaft ausüben und anständig davon leben, dann ist das was anderes und nicht für alle. Wenn Arbeit heißt etwas machen, irgend etwas machen, um nicht herumzuhängen, um sein Brot zu verdienen – ja, da arbeiten nur die Faulpelze nicht.

So bleibt denen, die nichts haben, immer noch dieser letzte Ausweg.

Aber was kann die Arbeit für die bedeuten, die diesen Weg einschlagen? Zunächst einmal ist dieser ganze Kleinsthandel die einzige Beschäftigung, die kein Anfangskapital verlangt, weder einen »Beruf« noch Schulbildung, noch Geld, noch Räumlichkeiten. Die reale Bedeutung von Einkünften, die uns als miserabel erscheinen mögen, sollte man zwar nicht unterschätzen, aber es scheint doch auf der Hand zu liegen, daß die Ausübung solcher Berufe – sie sollten besser »Beschäftigungen« genannt werden – sich nicht durch bloß materielle Erwägungen erklären läßt. Diese Arbeit ist nicht lediglich ein Broterwerb: ihre materiellen Resultate, die Gewinne, die sie abwirft, stellen nicht ihre gesamte Bedeutung dar. Vielleicht ist darin eine Analogie zur Einstellung des Fellachen zu sehen, der nach dem Pflügen im Frühjahr in einem schlechten Jahr aussät, obwohl er weiß, daß er sehr wenig Aussichten hat, etwas zu ernten. »Wenn der Fellache zählen würde, würde er nicht säen«, sagt ein kabylisches Sprichwort. Eine solche Arbeit trägt in gewisser Weise ihr Ziel in sich, denn in Wahrheit hat sie kein adäquates Ziel außerhalb ihrer selbst. Nicht als ob die Arbeit als letztes Ziel des Lebens aufgefaßt würde. Arbeiten, um zu arbeiten, heißt weder: leben, um zu arbeiten, noch: arbeiten, um zu leben. Es sieht ganz danach aus, als gelange derjenige, dem die Arbeit als Mittel zur Erlangung eines Lohns oder Einkommens verwehrt bleibt, zwangsläufig dahin, die Arbeit von ihrem ökonomischen Resultat zu trennen und sie weniger als an ihr Produkt gebunden zu begreifen als vielmehr als Gegensatz zu Nichtarbeit. Arbeiten, sei es auch für nichts, sei es auch für winzige Einkünfte, heißt in den eigenen Augen wie in denen der Gruppe alles in seiner Macht Stehende tun, um sein Brot durch Arbeit zu verdienen, um sich aus der Lage des Arbeitslosen zu lösen. Zu arbeiten versuchen (mehr noch als wirklich zu arbeiten) genügt als Rechtfertigung in den Augen der Gruppe, in den Augen der Schutzbefohlenen, der Gattin und der Kinder, auch in den Augen derer, bei denen man Zuflucht sucht, um zu überleben. Vielleicht stellt jeder Anschein von Beschäftigung den letzten Schutzwall vor dem äußersten Abstieg zur Lage dessen dar, »der sich von den anderen durchfüttern läßt«, der auf Kosten seiner Verwandten oder Nachbarn lebt. Das wahre Motiv scheint weniger in der Hoffnung auf Gewinn als in der Verteidigung von Würde und Selbstachtung zu bestehen. Denn »ein würdiger Mann, der nicht auf Kosten anderer lebt, *muß* arbeiten, auch wenn er sich damit nur durchschwindeln kann. Wenn er keine Arbeit findet, kann er immer noch Straßenhändler werden« (Koch, Algier). Die Rechtfertigung, die der Versuch zu arbeiten verschafft, ist von höchster Bedeutung in einer Gesellschaft, in der gegenseitige Hilfe so intensiv geleistet wird und Arbeitslose von den anderen – Verwandten, Nachbarn oder Freunden – unterstützt werden. Durch ihre Arbeit, wie symbolisch sie auch sein mag, bezeugen all diese Verkäufer, die mit Nichts handeln und ein Nichts verdienen, daß sie Opfer einer objektiven Notlage und nicht ihrer Unfähigkeit, Trägheit oder Faulheit sind.

III. Die Desorientierung

Das ganze Leben der unterprivilegiertesten Schichten steht unter dem Vorzeichen von Zwang und Unsicherheit. Dies gilt insbesondere für die Tagelöhner und, genauer genommen, für Gelegenheitsarbeiter und Arbeitslose.

Für diese Menschen, die bereit sind, alles zu tun, und sich bewußt sind, daß sie nichts können, die stets zur Verfügung stehen und sich jedem Druck unterwerfen, die dazu verurteilt sind, von der Hand in den Mund zu leben und nach Stabilität dürsten, die keinen echten Beruf haben und deswegen so tun müssen, als könnten sie alles – für sie gibt es nichts Solides, nichts Stabiles, nichts Sicheres, nichts Dauerhaftes. Der Tag teilt sich auf in Arbeitssuche und Gelegenheitsarbeit, die Woche oder der Monat zerfallen je nach zufälliger Beschäftigung in Arbeitstage und arbeitsfreie Tage; alles trägt den Stempel der Prekarität. Keine regelmäßigen Zeiten, kein fester Ort. Zeitlich wie räumlich dieselbe Diskontinuität. Die einzige Konstante dieser vom Zufall hin und her geschleuderten Existenz ist die Arbeitssuche; und auch deren tägliches Scheitern. Man sucht Arbeit, »wie es gerade kommt«, man leiht sich Geld, »wie es gerade kommt«. Man leiht Geld bei dem einen, um es dem anderen zurückgeben zu können. »Ich leihe, wie es gerade kommt, und treibe wie ein Stück Schale auf dem Wasser« (Arbeitsloser, Constantine).

Das ganze Leben steht unter dem Vorzeichen des Provisoriums. Schlecht angepaßt der städtischen Welt, in die sie sich quasi verirrt haben, abgeschnitten von der ländlichen Welt und ihren beruhigenden Traditionen, ohne Vergangenheit und ohne Zukunft, hartnäckig bemüht, den Zufall zu bezwingen, versuchen sie, von einer Gegenwart Besitz zu ergreifen, die sich ihnen hoffnungslos entzieht.[14]

Die ganze Existenz entbehrt dessen, was normalerweise ihr

14 Ein aufschlußreiches Indiz für diesen Bruch mit der Vergangenheit und den Familientraditionen: Während die Bauern in relativ unbehelligt gebliebenen Regionen ihre Genealogien bis zur fünften Generation zurückverfolgen können (und manchmal bis zur sechsten oder siebten), können 50 % der Hilfsarbeiter und Arbeiter nicht sagen, was ihre Großväter beruflich gemacht haben. Bei Arbeitslosen, Straßenhändlern, Tagelöhnern, Hilfsarbeitern ohne ständige Beschäftigung erreicht diese Quote 82 % (gegenüber 25 % bei mittleren und höheren Führungskräften). »Sie übertreiben«, sagt einer von ihnen, »mein Großvater, an den erinnere ich mich nicht. Das ist aus dem anderen Jahrhundert.«

Gerüst darstellt, nämlich des Berufslebens mit seinen zeitlichen und räumlichen Rhythmen, seinen Zwängen, den Sicherheiten, die es bietet, der Zukunft, die es ins Auge zu fassen oder zu verhindern erlaubt. Oder wie ein Befragter es ausdrückt: »Man kann sagen, was man will, es ist die Arbeit, die einen Menschen ausmacht.« Wenn man die Folgen der Arbeitslosigkeit oft unterschätzt, so deswegen, weil man Arbeit als bloßes Mittel auffaßt, seinen Lebensunterhalt zu verdienen, während sie doch wohl wenn nicht die Grundlage einer Lebenskunst, so zumindest die notwendige Bedingung einer bewußten oder unbewußten Lebensplanung ist. Das Drama des ungelernten Hilfsarbeiters ohne dauerhafte Beschäftigung, des Arbeitslosen und des Straßenhändlers, all der jungen Leute, die man so oft um Spielautomaten oder Musikboxen herumlungern sieht, besteht nicht nur im Fehlen objektiver Möglichkeiten zu arbeiten, sondern im Entzug eines regelmäßigen Arbeitslebens und der Stabilität, die der sichere Arbeitslohn gewährt.[15]

Die Suche nach Sicherheit

Verständlicherweise ist die Stabilität des Arbeitsplatzes der größte Wunsch von Angehörigen der unterprivilegiertesten Schichten. Immer wenn Bestrebungen artikuliert werden, tauchen Wörter und Bezeichnungen auf, die Sicherheit und Stabilität ausdrükken. Der Wunsch nach Stabilität, den Hilfsarbeiter, ungelernte Arbeiter, Angestellte, kleine Handwerker und Kaufleute miteinander teilen, nimmt die Form des Bestrebens nach einem echten *Beruf* (im Gegensatz zur »Beschäftigung«) an, in dem die Bedingungen von Einstellung und Entlassung, Beförderung und Rente garantiert und geregelt sind; in dem man vor den unheilvollen Auswirkungen zügelloser Konkurrenz geschützt ist, in dem Re-

15 Arbeitsloser, Hilfsarbeiter, Straßenhändler können aufeinanderfolgende berufliche Situationen desselben Individuums sein; in jedem Fall sind sie austauschbar.

gelungen für Hygiene und Sicherheit, Arbeitszeiten, Einstellungen, Kriterien der Qualifizierung, die Lohnzahlungen und deren Raten, Modi, Typen bestehen und tatsächlich auch angewandt werden. Wenn die meisten im öffentlichen Dienst eine Art berufliches Paradies sehen, so deswegen, weil alle diese Garantien gegen Unsicherheit und Willkür hier auftauchen – und das sogar ohne gewerkschaftliche Kontrolle.

Das Nichtvorhandensein einer regelmäßigen Beschäftigung bedroht vor allem das psychologische und insbesondere affektive Gleichgewicht, das zu einer authentischen Eingliederung in die Gesellschaft gehört. So stellt die Arbeitslosigkeit zum Beispiel die soziale Funktion des Familienoberhaupts und die davon nicht zu trennende Autorität und Achtung in Frage, und zwar innerhalb wie außerhalb der Familiengruppe, unter Nachbarn und Freunden. Kann die Selbstachtung vor allem in einer Gesellschaft wie dieser die Zerrüttung der sozialen Achtung überleben? Der von der Not ausgehende Druck setzt die striktesten kulturellen Normen außer Kraft.

> Meine Frau hat als Dienstmädchen gearbeitet. Ja, während ich nicht arbeitete (achtzehn Monate), hat meine Frau gearbeitet, um die Familie zu ernähren (Polstereiarbeiter, Sidi-Bel-Abbès).

Die Umkehrung der Mann und Frau traditionell zugewiesenen Funktionen wird vom Individuum wie von der Gruppe als äußerste Verkommenheit erfahren.

> Angesichts so vieler Anstrengungen für nichts bricht der gute Wille zusammen, man wird mutlos, läßt sich gehen, verzweifelt, wird verrückt, manche versinken im Alkohol, andere in Resignation: Man gibt sich keine Mühe mehr, übrigens geht es auch gar nicht mehr; man läßt sich gehen, man verkommt. Dann arbeitet die Frau, und die Kinder putzen. Man bettelt. Man reagiert nicht mehr; wozu auch? Man ist besiegt. Der Staat muß für solche Leute etwas machen; denn niemals werden sie sich ganz allein durch Arbeit aus der Affäre ziehen; das wird nie reichen. Der Staat muß akzeptieren zu verlieren, um sie zu retten (Schankwirt, Algier).

So richtet man sich nach und nach schicksalsgläubig in Apathie und Resignation ein. Es kommt vor, daß die Straßenhändler das, was nur ein provisorischer Notbehelf sein sollte, zu ihrem Beruf machen. »Viele fühlten sich verpflichtet, das zu machen, um davon zu leben, und jetzt würden sie um nichts in der Welt etwas anderes machen. Das ist schlecht, weil das, was anfangs eine Not war, eine Form von Faulheit wird« (Koch, Algier). Man nimmt vorlieb und gewöhnt sich unwiderstehlich an eine vegetative und parasitäre Existenz. Völlig von der Welt an den Rand gedrängt, gewöhnt man sich an den Beruf des Arbeitslosen oder des falschen Arbeiters und begnügt sich dabei. Die objektiven Hindernisse liefern eine Entschuldigung für die Selbstaufgabe.

Beschäftigung und Lebensplanung

Fehlt eine regelmäßige Beschäftigung, so fehlt nicht nur ein Arbeitsplatz und eine tägliche Aufgabe, sondern eine kohärente Organisation der Gegenwart und Zukunft, ein System von Erwartungen und ein Feld konkreter Ziele, auf das alle Tätigkeit sich ausrichten kann. Nur von einem strukturierten und beherrschten Gegenwartsfeld aus kann eine zugleich entfernte und erreichbare Zukunft anvisiert und in einen Entwurf oder eine vernünftige Vorausplanung eingebaut werden. Arbeitslose, Träger, Laufburschen, Straßenhändler, Wachmänner, von denen keiner weiß, was sie eigentlich bewachen, Wiederverkäufer, die ein Päckchen Zigaretten oder eine Staude Bananen stückweise verhökern, und überhaupt alle, deren Verdienst ein Almosen und zugleich ein Trinkgeld ist, erfahren die Gegenwart nicht als hinreichend sicher, um sich auch nur versuchsweise der Zukunft zu versichern, haben die gegenwärtige Welt nicht so weit im Griff, daß die Bedingung der Möglichkeit gegeben wäre, sich überlegt und rational um die Gestaltung der Zukunft zu bemühen. Unbekümmertheit und fatalistische Hinnahme des Zufalls sind der Ausdruck eines umfassenden Mißtrauens gegenüber der Zukunft, die auf dem Bewußtsein gründet, die Gegenwart nicht meistern zu können.

Der Perspektive einer regelmäßigen und ständigen Arbeit entspricht die Herausbildung eines offenen und rationalen Zeitbewußtseins; das Fehlen eines Arbeitsplatzes oder einer stabilen Beschäftigung hingegen geht mit fehlender Perspektivierung von Bestrebungen und Ansichten einher, mit dem Fehlen eines Systems von Projekten und rationalen Vorausplanungen. Angesichts fehlender sozialer Aufstiegsaussichten zum Beispiel überläßt die Mehrzahl der Arbeitslosen und unbeschäftigten Hilfsarbeiter sich überzogenen, den realen Möglichkeiten widersprechenden Wünschen. Die Kluft zwischen Wunsch und Erfüllung, Phantasie und Erfahrung ist meist riesig, unüberschreitbar.[16] Auf die Frage nach der Zukunft, die er für seine Kinder erhofft, erklärt ein Arbeitsloser aus Constantine: »Sie werden zur Schule gehen, und wenn sie genug gelernt haben, entscheiden sie selbst. Aber ich kann sie nicht in die Schule schicken. Ich möchte sie lange unterrichten, wenn ich könnte, damit sie Doktoren oder Rechtsanwälte werden. Aber ich erhalte keine Unterstützung. Ich darf träumen.« Obschon er gegenwärtig nichts verdient, schätzt dieser Arbeitslose die Einkünfte, die den Bedürfnissen seiner Familie entsprechen würden, auf 200 000 Francs im Monat. Dieselbe Kluft zwischen imaginärem oder traumhaftem Bestreben und wirklicher Lage findet sich bei jenem Arbeitslosen aus Saida, der zuerst fürchtet, angesichts fehlender Ressourcen seine Kinder bei der Schule abmelden zu müssen, und dann für seine Tochter wünscht, »daß sie bis zum Ende drin bleibt, bis sie Erfolg hat, bis zu ihrem Abi, wenn sie kann, oder bis zum Mittelschulabschluß; dann kann sie als Lehrerin arbeiten«. Ein anderer Arbeitsloser aus Constantine sagt einerseits: »Man braucht Bildung, aber um Bildung zu bekommen, braucht man Geld«, und andererseits zur Erziehung seiner Töchter: »Ich werde sie nach Algier schicken, nach Paris und sogar noch weiter; sie werden weitermachen bis

16 Diese Analyse wird dadurch bestätigt, daß die Wünsche mit stabilerem Arbeitsplatz realistischer werden.

zum Abschluß«; schließlich bei einer dritten Gelegenheit: »Man kann seinen Kindern keine Bildung verschaffen, wenn man 400 Francs am Tag verdient. Was kann man schon machen? Ich habe meine Tochter in die Ferienkolonie geschickt. Ich mußte sie einkleiden, um sie hinzuschicken. Und ich kann Ihnen sagen, das hat mich was gekostet.« Ein weiterer Arbeitsloser aus Constantine stellt über die Zukunft seiner Töchter die widersprüchlichsten Behauptungen auf. »Ich werde nur die Jungen in die Schule schicken. Die Töchter brauchen jede einen Aufpasser«, und später: »«Ah! Wenn es eine Ausbildung hat, muß es (das Mädchen) arbeiten; es kann sich durchsetzen, das ist seine Sache. Aber jetzt werde ich es nicht arbeiten lassen, auch wenn ich mit meiner Frau an Hunger krepiere.« Dieselben Widersprüche und dieselben Inkohärenzen bei den kleinen Handwerkern und Kaufleuten. »Ich möchte, daß meine Söhne und Töchter weiterlernen; daß sie Ingenieur werden, Direktor; wenn möglich Lehrer. Da ich keinerlei Berufsausbildung hatte, bin ich unglücklich; ich will nicht, daß es meinen Kindern genauso geht [...]. Aber ich will sie nicht in die Schule schicken, ich fürchte, ich kann sie nicht hinschicken, weil ich ihnen nicht die Bücher bezahlen kann. Ich glaube, ich muß meine Tochter abmelden« (ambulanter Gemüsehändler, Tlemcen). So bleibt dem, der eine vernünftigerweise erreichbare Zukunft vernünftigerweise nicht ins Auge fassen kann, nur übrig zu träumen.

IV. Formen und Abstufungen des Bewußtseins der Arbeitslosigkeit

Die schlichte Tatsache, daß man sich arbeitslos nennt oder Arbeitslosigkeit als solche wahrnimmt, markiert einen radikalen Wechsel in der Einstellung gegenüber der eigenen Lage. Was kann der Begriff Arbeitslosigkeit für die Masse der Un- und Unterbeschäftigten, die außerhalb des Kreislaufs der modernen Wirtschaft bleiben und Lohnarbeit nicht kennen, tatsächlich besagen? Bei real spürbar analogen Beschäftigungsquoten neigen Bewohner kabylischer Schichten dazu, sich als arbeitslos zu bezeichnen, wenn sie ihre Tätigkeit als unzureichend empfinden, während Bewohner des Südens sich eher beschäftigt nennen. Dies ist dadurch leicht zu erklären, daß erstere aufgrund einer langen Tradition der Migration nach Frankreich und in die Städte Algeriens unmittelbar oder mittelbar mit der modernen Ökonomie in Berührung gekommen sind,[17] die letzteren relativ fremd blieb. Im traditionalen ländlichen Milieu wird Nichtarbeit nicht als Arbeitslosigkeit aufgefaßt, und erst recht nicht als Freizeit. Ackerbau und Viehzucht haben ihre Rhythmen, ihren Wechsel von Perioden, in denen voll gearbeitet wird, und solchen, in denen sich der Arbeitsrhythmus verlangsamt. Alle Familienmitglieder, vom Patriarchen bis hin zum ganz jungen Heranwachsenden, nehmen auf unterschiedlichen Stufen und in unterschiedlichen Funktionen an den landwirtschaftlichen Arbeiten teil, und so begreifen sie sich als beschäftigt und dauerhaft beschäftigt, weil es stets für alle etwas zu tun gibt, so wenig es auch sein mag. Daß die Beschäftigungslosigkeit bewußt wird, markiert einen völligen Wandel in der Einstellung gegenüber der Arbeit und der Welt. Die natürliche Unterwerfung unter eine natürliche, weil traditionale (das heißt sich von selbst verstehende) Ordnung wird abgelöst von einer fordernden, ja revolutionären Haltung. Wer sich nicht mehr als beschäftigt, sondern als arbeitslos bezeichnet, begreift und beurteilt seine Lage im Hinblick auf ein neues Bezugssystem; er begreift sich als beschäftigungslos, weil er sich implizit oder explizit auf den aus der Erfahrung der modernen Ökonomie und der Arbeit in europäischer Umgebung bezogenen Begriff der Vollbeschäftigung bezieht.[18] Dies

17 Die Umsiedlung von Bevölkerungsteilen rief dieselbe Wirkung hervor. Ob sie nun ein objektives Anwachsen der Arbeitslosenquote bewirkte oder nicht: jedenfalls begünstigte sie ein Bewußtwerden der Nichtbeschäftigung.

18 »Alle Europäer haben Arbeit«: Diese hundertfach wiederholte Behauptung bezeugt eine konkrete Bewußtwerdung vom Begriff Vollbeschäftigung. Form und Inhalt dieses Bewußtseins können nur vor dem

zeigt sich auch darin, daß die der modernen Welt gegenüber aufgeschlosseneren jungen Menschen zwischen 14 und 25 Jahren sich vom ersten Tag ihrer Beschäftigungslosigkeit an als arbeitslos erklären. In diesem Bereich wie auch sonst war die von der europäischen Gesellschaft ausgehende demonstrative Wirkung immens. Folglich liegt der Beweggrund für die Forderungen der algerischen Massen nicht so sehr im abstrakten und formalen Bewußtsein abstrakter und universeller, als Menschenrechte verstandener Ansprüche, als in der Empörung über Ungleichheit und Privileg, im Willen, dieselben Vorteile zu genießen wie die Europäer. Die Forderung nach dem Motto »Warum sie und nicht wir?« geht der Behauptung der Rechtsgleichheit aller Menschen voraus, nicht umgekehrt.

Je nach Individuen und sozialen Kategorien ist das Bewußtsein der Arbeitslosigkeit mehr oder weniger ausgeprägt, mehr oder weniger rational. In der puren Feststellung des Gegebenen, dem schlichten Aussprechen der Existenz der Arbeitslosigkeit, mangelnder Arbeitsplätze oder überschüssiger Arbeitskräfte findet das Bewußtsein der Arbeitslosigkeit zu seiner elementarsten (und gewöhnlichsten) Ausdrucksform; diese koexistiert im allgemeinen mit jenem agierten Bewußtsein, das sich lediglich in Haltungen äußert. Darüber hinaus stößt man auf zwei Ausdruckstypen des Bewußtseins der Arbeitslosigkeit, die keinesfalls miteinander verwechselt werden dürfen. Die Angehörigen der unterprivilegiertesten Schichten äußern und erleben die Erfahrung der Arbeitslosigkeit und der kolonialen Situation in der Logik der Affektivität. Die Empörung richtet sich stärker gegen eine personifizierte Autorität als gegen wirtschaftliche Ausbeutung, gegen einzelne Personen oder Situationen und nicht gegen

Hintergrund der Lage und des Anlasses verstanden werden, aus dem es hervorging. Die Vollbeschäftigung der Europäer wird vergleichend als Überbeschäftigung und als Privileg aufgefaßt; daher das im Verlauf der Befragung rekurrente Thema: Bei den Europäern arbeiten alle Familienmitglieder einschließlich der Frauen, während algerische Männer und Familienoberhäupter arbeitslos sind.

eine Organisation, die vollständig umzuwandeln wäre.[19] Indessen wird der systematische Charakter der disparatesten Erfahrungen – von der Schikane bis zur Arbeitslosigkeit – sehr lebhaft empfunden. So entwickelt sich der Glaube, daß all diese Erfahrungen Ergebnis einer Art *von einem bösen Willen gefaßten, systematischen Plans* sind.[20] »Die Franzosen«, sagt ein Arbeitsloser aus Saida, »wollen mir keine Arbeit geben. Alle diese Herren, die da um mich herum sind, arbeiten nicht. Sie haben alle Zertifikate, der eine ist Maurer, der andere Fahrer, alle haben einen Beruf. Warum haben sie also nicht das Recht zu arbeiten? Uns fehlt alles. Die Franzosen haben alles, was man braucht, um gut zu leben. Aber uns wollen sie nichts geben, keine Arbeit, nichts.« Und ein Lebensmittelhändler aus Algier: »Wer Arbeit hat, muß sie hergeben, darf sie nicht verstecken.« Arbeitslosigkeit wird hier keineswegs als Aspekt einer wirtschaftlichen und sozialen

19 Um auszusprechen, daß ihr Chef sie ausbeutet, sagen Arbeiter und Angestellte oft: »Er pflügt auf mir« (*yahrath, ali-ia*).

20 Das Bedürfnis, geachtet zu werden, und der Anspruch auf Würde äußern sich stark und häufig über dieses Motiv, das unterschiedliche Formen annehmen kann:

- Wir leben wie Tiere (»Sehen Sie mein Haus. Das ist kein Haus. Das ist ein Stall.«)
- Nicht gebildet sein heißt einem Tier gleichen.
- Man behandelt uns wie Tiere (*Zayla*, Plural: *Zouail*. Zugtiere).
- In Frankreich wurde ich wenigstens wie ein menschliches Wesen behandelt.
- Indem sie uns keine Bildung geben, indem sie uns keine Arbeit und keine Wohnung geben, machen sie Tiere aus uns, um uns wie Tiere behandeln zu können.

Obschon der Gedankengang weder vollkommen klar noch auch völlig ausgearbeitet ist, findet sich selbst bei den Ungeschliffensten und am wenigsten Unterrichteten eine affektive Quasi-Systematisierung, die einer dialektischen Beschreibung der kolonialen Situation ähnlich sieht. Hier zwei weitere Beispiele dafür: »Man hat sie [die Muslims] dazu gedrängt zu stehlen, um sie dann ins Gefängnis zu stecken« (Rentner, Öffentliches Transportunternehmen, Algier); »Früher lebte Algerien hauptsächlich vom Lande; man hat es uns genommen und nichts getan, um uns bei der Entwicklung zu helfen; und zwar, um uns besser zu beherrschen« (Arbeitsloser, Kerkera).

Konjunktur verstanden, die zumindest partiell aus der kolonialen Situation heraus zu erklären ist, sondern durchaus als Resultat eines Willens. Zwangsläufigkeit wird durch Absichtlichkeit ersetzt. Das Kolonialsystem wird als eine Art böse, verborgene Gottheit erlebt, die sich je nach Gelegenheit und Umständen in »den Europäern«, »den Franzosen«, »Frankreich«, »der Verwaltung«, »der Regierung« verkörpern kann.

Dieser böse Gott übernimmt im Denken vieler die Stelle des Gottes der Tradition. Und gleichzeitig damit wird der optimistische Fatalismus, das Gefühl des *mektoub* (»Es steht geschrieben«), in dem sich vor allem Schicksalsergebenheit und vertrauensvolle Unterwerfung unter den göttlichen Willen bekundeten, durch pessimistischen Fatalismus ersetzt, der auf der innigen Überzeugung gründet, daß es absurd und vergebens sei, gegen allmächtige Bosheit zu kämpfen. An die Stelle des »Es ist geschrieben« tritt ein »Es ist gewollt«. Und parallel dazu äußert sich eine tiefe Empörung, eine »Empörung der Gefühle« eher als wahres revolutionäres Bewußtsein, denn sie richtet sich weniger gegen das System als gegen seine Ausprägungen, und die sie beflügelnden Energien sind weniger rationaler als leidenschaftlicher Natur.

Mit dauerhafter Beschäftigung und regelmäßiger Entlohnung, mit Bildung und gewerkschaftlicher Schulung, mit realen Perspektiven für sozialen Aufstieg stellt sich eine kohärente und rationale Sicht des Kolonialsystems ein. Die Lohnempfänger im modernen Sektor, die Beamten, die Chefs rationalisierter Unternehmen können ihre Erlebnisse und die damit verbundene Leidenschaftlichkeit ausklammern und daher auch über die bloßen Erscheinungsformen des Kolonialsystems hinausgehen, bei denen manche Geister stehenbleiben, weil sie offenkundiger und emotionsgeladener sind. Bei Personen, die mit den für eine »rationale Lebensführung« unerläßlichen materiellen und geistigen Ressourcen versehen und dazu fähig sind, sich die Logik des rationalen Kalküls und der Vorausplanung zu eigen zu machen sowie über ein kohärentes System von Bestrebungen und Forderungen verfügen, verankert das revolutionäre Bewußtsein sich in der täglichen Existenz.

Die Subproletarier der Städte wie die proletarisierten Landbewohner indessen, die von gefühlsmäßigem Radikalismus bewegt sind und nur von einer vollständigen Umwälzung der Gesellschaftsordnung eine Verbesserung ihrer Lage erwarten können, laufen Gefahr, Demagogen und ihren Verheißungen radikaler und magischer Lösungen zum Opfer zu fallen, es sei denn, sie finden in einer radikalen Gewerkschaftsbewegung nicht nur die rationale Hoffnung auf einen realen Wandel ihrer Lage, sondern auch eine durch Erziehung bewirkte Umwandlung ihrer Lebensweise und ihrer Vorstellungen.

Die Herstellung des ökonomischen Habitus*

In den frühen 60er Jahren habe ich in Algerien ein, wie es mir im Rückblick erscheint, regelrechtes gesellschaftliches Experiment miterlebt. Dieses Land, in dem sich bestimmte isolierte und abgelegene Bergvölker wie diejenigen, die ich in der Kabylei erforschen konnte, noch mehr oder minder intakte Traditionen einer vorkapitalistischen Ökonomie bewahrt hatten, der die Marktlogik völlig fremd war, hat mit dem Befreiungskrieg eine enorme historische Beschleunigung erfahren. Diese historische Beschleunigung, zu der auch bestimmte repressive militärische Maßnahmen wie die von der französischen Armee bewerkstelligte Zusammenführung ganzer Bevölkerungsgruppen in Umsiedlungslagern einen Beitrag leisteten, brachte vor meinen Augen zwei Typen von Wirtschaftssystemen mit völlig konträren Anforderungen zur Koexistenz (bzw. zum Zusammenprall), die gewöhnlich durch einen Zeitraum von mehreren hundert Jahren voneinander getrennt sind.[1]

* In: *Actes de la recherche en sciences sociales*, 50, Dezember 2003, S. 79-90. [Aus dem Französischen von Franz Schultheis; Ergänzungen von Bernd Schwibs]

1 Die Orte, Bedingungen und Ziele der Untersuchungen, auf die der Artikel rekurriert, sind im einzelnen in zwei Anfang der 60er Jahre kurz nacheinander erschienenen Büchern ausgewiesen: *Travail et travailleurs en Algérie* (Pierre Bourdieu, zusammen mit Alain Darbel, Jean-Pierre Rivet und Claude Seibel, Paris-La Haye: Mouton 1963), über die grundlegende Veränderung der wirtschaftlichen Einstellungen und sozialen Strukturen im Gefolge der wachsenden Emigration, Urbanisierung und der Einführung der Lohnarbeit in ganz Algerien; und *Le Déracinement. La crise de l'agriculture traditionelle en Algérie* (Pierre Bourdieu und Abdelmalek Sayad, Paris: Minuit 1964), über die Erschütterungen der ländlichen Gesellschaft hauptsächlich in der Kabylei als Folge der Kolonisierung und vor allem der Zwangsumsiedlungen, mit denen die französische Armee die sozialen Basen des bewaffneten Flügels der nationalistischen Bewegung zu zerstören suchte. Die Hauptergebnisse dieser Forschung sind im ersten Kapitel von *Algérie 60*, »Le désenchantement du monde«, in gedrängter Form zusammengefaßt.

Ich möchte hier kurz auf das zu sprechen kommen, was sich mir in dieser Art Laborsituation in voller Klarheit zu Bewußtsein brachte, wobei ich mich hauptsächlich auf bestimmte bisher unveröffentlichte Informationen aus meinen ethnographischen Aufzeichnungen konzentrieren werde und nur am Rande auf die hier vorgestellte Studie selbst eingehe: Die *Diskrepanz* zwischen den in einer vorkapitalistischen Ökonomie geformten Einstellungen und dem importierten und oft auf brutale Weise durch die Kolonialisierung aufgezwungenen ökonomischen Kosmos führte unabweislich zu Bewußtsein, daß der Zugang zu den elementaren ökonomischen Verhaltensweisen (Lohnarbeit, Sparen, Kredit, Geburtenplanung etc.) sich keineswegs von selbst versteht und daß der »rational« genannte ökonomische Akteur das Produkt ganz besonderer historischer Umstände ist. Genau dies aber ignorieren die ökonomische Theorie wie die sogenannte »neue Wirtschaftssoziologie«[2] gleichermaßen. Erstere übersieht diesen Zusammenhang, weil sie unter dem Label »Theorie des rationalen Handelns« einen spezifischen historisch verorteten und datierten ökonomischen Habitus einfach registriert und be-

2 Für eine repräsentative Auswahl dieser Strömung der nordamerikanischen Soziologie, die, hervorgegangen aus der Wiederaneignung Polanyis und Webers sowie der Entwicklung der Netzwerkanalyse, mit der atomisierten Auffassung der Wirtschaftsakteure zu brechen sucht, siehe Richard Swedberg (Hg.), *Explorations in Economic Sociology*, New York: Russel Sage Foundation 1993; und Mark Granovetter, »The old and the new economic sociology: A history and an agenda«, in: Roger Friedland und A. F. Robertson (Hg.), *Beyond the Marketplace*, New York: Aldine de Gruyter 1990, S. 89-112; »Economic institutions as social constructions: A framework for analysis«, *Acta Sociologica*, 35-I, 1993, S. 3-12. Für einen Ansatz, der die Wirtschaftssoziologie in die »Theorie der rationalen Entscheidung« einführen will, wobei letztere so eng definiert ist, daß sie die ihnen gemeinsam zugrunde liegende Philosophie des individualistisch-utilitaristischen Handelns sichtbar macht, siehe James S. Coleman, »A rational choice perspective on economic sociology«, in: Neil J. Smelser und Richard Swedberg (Hg.), *The Handbook of Economic Sociology*, New York: Russell Sage Foundation 1994, S. 166-180. Als Kontrast zur gleichen, aber ethnologisch formulierten Thematik, siehe Stuart Plattner (Hg.), *Economic Anthropology*, Stanford: Stanford University Press 1989.

stätigt, ohne im entferntesten die Frage zu stellen, welche ökonomischen und gesellschaftlichen Voraussetzungen diesen überhaupt ermöglichen. Er wird also schlicht als selbstverständlich angesehen. Die neue Wirtschaftssoziologie wiederum übersieht diesen Zusammenhang, weil sie mangels einer echten Theorie des ökonomischen Akteurs die *rational action theory* einfach übernimmt und darauf verzichtet, die *Einstellungen*, die ja ebenso wie das ökonomische Feld eine soziale Genese aufweisen, *in eine historische Perspektive zu rücken*. Sicherlich wurde mir die Idee, die Möglichkeitsbedingungen dieser historisch hervorgebrachten Verhaltensdispositionen statistisch zu analysieren, dadurch nahegelegt, daß ich mich in eine Situation hineingeworfen sah, in der ich die Verstörtheit und die Not wirtschaftlicher Akteure *vor Augen hatte*, die über die uns selbst völlig vertrauten bzw. selbstverständlich, natürlich und universell erscheinenden und von der Wirtschaftsordnung stillschweigend vorausgesetzten Verhaltensdispositionen schlichtweg nicht verfügten.

Einige Eigenschaften der vorkapitalistischen Ökonomie

Alle zentralen Charakteristika vorkapitalistischer ökonomischer Praktiken finden ihren gemeinsamen Nenner darin, daß die von uns als ökonomisch angesehenen Verhaltensweisen noch nicht als solche konstituiert und verselbständigt sind, das heißt noch nicht als aus einer besonderen Ordnung stammend betrachtet werden, einer Ordnung, die von Gesetzen anderer Art beherrscht wird als jene, die die alltäglichen sozialen Beziehungen, insbesondere zwischen Verwandten, bestimmen.

In der kabylischen Gesellschaft am Ende der kolonialen Ära gehorcht der Austausch zwischen Verwandten oder Nachbarn der Logik von Gabe und Gegengabe. Ehrenhafte Personen verkaufen weder Milch (»Na hör mal! Der hat Milch verkauft!«) noch Butter, noch Käse, auch nicht Gemüse oder Früchte, sondern »lassen es Nachbarn zugute kommen« ... Ein Müller, der einen Überschuß an Mehl erzielt, wird erst gar nicht auf den Gedanken kommen, ein Gut wie das Mehl, das ein Grundnahrungsmittel darstellt, zu verkaufen. Die Logik des Gabentausches vereint sich mit der mythisch-rituellen Logik zu einem Verbot, ein Utensil leer zurückzugeben: Was man zurückgibt, heißt *el fel*, genau wie das, was man dem Maurer mitgibt, zum Beispiel Eier und Geflügel, wenn er außerhalb des Dorfes tätig ist. Gleiches gilt für alle Dienste, die ebenfalls streng nach den Regeln der Reziprozität und der Unentgeltlichkeit geleistet werden; was übrigens auch für das Ausleihen gilt. So wird etwa die *charka* eines Ochsen (bei der ein Bauer sein Zugtier für einen bestimmten Zeitraum für ein bestimmtes Maß Getreide vermietet) nur unter quasi fremden Personen praktiziert (also bei Ausfall der allernächsten Personen) und dabei von einer ganzen Reihe an Euphemisierungen und Verschleierungen begleitet, die darauf abzielen, mögliche merkantile Implikationen zu kaschieren oder zu verdrängen. Meistens sind beide »Vertragspartner« einvernehmlich daran interessiert, ihren Handel nicht in aller Öffentlichkeit zu schließen. Der Ausleihende versucht seine Mittellosigkeit zu verdecken und spiegelt vor, es handle sich um seinen Ochsen, während der Besitzer das Spiel mitspielt, da es angeraten ist, eine Transaktion geheimzuhalten, die nicht ganz mit dem Gerechtigkeitssinn in Einklang steht – Kapital darf niemals als solches wahrgenommen und behandelt werden. Übrigens scheint es ganz so, als ob eine solche Transaktion um so stärker auf ihre ökonomische »Wahrheit« zurückgeführt würde, je ferner sich die betreffenden Partner stehen, also je unpersönlicher und neutraler die Beziehung zwischen ihnen ist. In diesen strukturell ambivalenten Beziehungen nimmt dann das relative Gewicht der Großzügigkeit und des Gerechtigkeitssinns zunehmend ab, das des Interesses und des Kalküls dagegen zu.[3]

3 Ich habe andernorts gezeigt, daß eine ähnliche Verdrängung des strikt »ökonomischen« Interesses im Zuge seiner historischen Ausbildung auch im Feld der künstlerischen Produktion mehr und mehr an Terrain gewinnt (Pierre Bourdieu, *Die Regelns der Kunst. Genese und Struktur des*

Beziehungen, die auf ihre rein »ökonomische« Dimension reduziert sind, werden als feindselige wahrgenommen und können sich nur zwischen Fremden ergeben. Der Ort, an dem sich solche kriegerischen ökonomischen Praktiken prototypisch zum Ausdruck bringen, ist der Markt, allerdings nicht so sehr der Dorfmarkt oder der Markt des Stammes, wo man es noch mit Bekannten zu tun hat, sondern die größeren Märkte der ferneren Kleinstädte (unsere ethnographischen Informanten nennen spontan Orte wie Bordj bou Arreridj, Akbou oder Maison-Carrée [das heutige El-Harrach]), wo man auf Unbekannte trifft und es mit dem Schlimmsten von allen, dem Schacherer, zu tun bekommt und mit der Hinterlist und den Betrügereien eines gnadenlosen Krieges rechnen muß. Aus den zahllosen Berichten der Glücklosen des Marktes lassen sich durchaus einige Verhaltensregeln und Vorsichtsmaßnahmen ableiten. Wenn der Gegenstand einer Transaktion wohlbekannt und wie im Falle von Grund und Boden keine bösen Überraschungen zu erwarten sind, ist eine anonyme Tauschbeziehung möglich und wird sich hauptsächlich, wenn nicht sogar ausschließlich, vom Kaufobjekt leiten lassen. Ist der Gegenstand des Tausches wenig bekannt und risikobehaftet, das heißt auch für Betrügereien geeignet – wie etwa im Falle eines störrischen Mulis oder eines künstlich und vorübergehend zum Schwergewicht getrimmten Ochsen –, wird sich die Wahl der Tauschbeziehung hauptsächlich an der Person des Verkäufers selbst orientieren, und man wird auf jeden Fall einem bekannten Tauschpartner den Vorzug geben. Auch wird man versuchen, alle denkbaren Arten an Garantien zu mobilisieren, persönliche »Bürgen« und Zeugen, die die Beziehung zwischen den Tauschpartnern in ein Netz von Vermittlern und Zwischengliedern einbetten sollen.[4]

literarischen Feldes. Übersetzt von Bernd Schwibs und Achim Russer, Frankfurt am Main: Suhrkamp 1999).

4 Für eine zu gleichen Ergebnissen kommende Analyse aus der Sicht der Informationstheorie, siehe Clifford Geertz' sezierende Darstellung des Funktionierens des Bazars von Sefrou (Marokko): »The bazar economy:

Die Strategien der Ehre, die die alltäglichen Tauschprozesse regeln, sind auch beim außeralltäglichen Tausch auf dem Markt nie völlig abwesend. So gibt etwa, ähnlich wie beim Beschließen einer Heirat, der Verkäufer nach der mündlichen Aushandlung und Festlegung des Preises dem Käufer einen recht beachtlichen Teil der Kaufsumme ostentativ zurück, »damit dieser seinen Kindern Fleisch kaufe«. Und man berichtet immer wieder von Situationen, in denen der Erwerb von Grund und Boden primär, wenn nicht ausschließlich, dadurch motiviert ist, daß der Käufer einem Verwandten oder einer Verwandten helfen und einer erzwungenen Abgabe des Bodens in fremde Hände zuvorkommen will, eine Praktik, die auch durch eine andere Logik motiviert sein kann und dann darauf abzielt, die Ehre der eigenen Gruppe gegenüber einer rivalisierenden anderen Gruppe zu verteidigen. Kurzum: die Marktlogik im Sinne eines unverhohlenen Kampfes wird niemals wirklich als solche akzeptiert und anerkannt, und jene, die sich so wie die Schacherer, Pfandleiher oder Wucherer dennoch mit ihr arrangieren, sind der sozialen Verachtung ausgesetzt.[5]

Noch ein kurzer Abstecher zu den Beziehungen zwischen Bauern und Handwerkern, insbesondere den Schmieden und Müllern, und deren Veränderungen im Gefolge des Auftauchens echter Handelsberufe. Hier bewahrheitet es sich, daß die im eigentlichen Sinne ökonomische Logik nie unabhängig von der

information and search in peasant marketing«, *American Economic Review*, 68, Mai 1968, S. 28-32. Einen ähnlichen Mechanismus der Reduktion von Ungewißheit im Zusammenhang mit wirtschaftlichem Austausch beschreibt Charles W. Smith in seiner Ethnographie der Auktionen: *Auctions. The Social Construction of Value*, Berkeley: University of California Press 1990.

5 Eine ähnliche Analyse der Faktoren, die verhindern, daß Grund und Boden im Béarn nicht zur bloßen Ware wird, und die mir damals geholfen hat, die Logik der bäuerlichen Ökonomie in Algerien zu entziffern, findet sich in meinem Artikel »Célibat et condition paysannes«, *Études rurales*, 5-6, April 1963, S. 32-136; siehe Pierre Bourdieu, *Junggesellenball. Studien zum Niedergang der bäuerlichen Gesellschaft*. Aus dem Französischen von Eva Kessler und Daniela Böhmler, Konstanz: UVK 2008.

Logik sozialer Beziehungen, sondern immer darin eingebettet ist. So war etwa die Arbeit der Schmiede in der Kabylei der 50er Jahre Gegenstand nichtmonetärer Transaktionen, die meistens vom Gewohnheitsrecht geregelt wurden. Der Dorfschmied ist verpflichtet, allen Bauern die zum Unterhalt ihres Arbeitsmaterials nötigen Reparaturen zu leisten. Im Gegenzug erhält er einen Anteil an der Ernte, der sich nach der Zahl der vorhandenen Ochsengespanne richtet. Anhand der gemeinsam mit Abdelmalek Sayad erforschten Wassermühlen von Aghbala konnte ich die wechselseitige Verschränkung ökonomischer und sozialer Beziehungen näher untersuchen, denn im Gegensatz zu den stark stigmatisierten Schmieden waren die Müller, obwohl sie zu den Mittellosesten zählten, nicht von der Gemeinschaft ausgeschlossen. Jede Mühle war über das Spiel des Austauschs von Dienstleistungen und das Hin und Her der Beziehungen und Allianzen mit einem festen Klientel verbunden. Dieses wurde mit ganz besonderer Aufmerksamkeit und Zuvorkommen behandelt, so wie man Gäste behandelt, und lieferte im Gegenzug ein Zehntel des verarbeiteten Getreides für die empfangenen Dienste ab.

Aber mit dem Niedergang der Landwirtschaft, einhergehend mit der Einführung neuer Tätigkeiten (Handwerk, Handel etc.) und der Verbreitung von nichtlandwirtschaftlichen Einkünften (etwa im Gefolge der Auswanderung)[6], ging die Nutzung der traditionellen Mühlen zurück. Man versorgt sich jetzt direkt mit Hirse, anstatt sein geerntetes Getreide mahlen zu lassen, und schließlich nimmt die Motormühle den Platz der wasserbetriebenen Mühle ein und zerstört auf einen Schlag und wie von Geisterhand das gesamte System an Konventionen, das die traditionelle Solidarität rund um das Mahlen regelte.

So war es zuvor etwa Brauch, gratis und vorrangig alle jene zu bedienen, die ihr Getreide mit eigener Muskelkraft, ohne Nutzung eines Lasttiers, zur Mühle schafften. Hierbei konnte es sich ja doch nur um den Vorrat eines Armen handeln, der aus der

6 Pierre Bourdieu und Abdelmalek Sayad, *Le Déracinement*, a. a. O.

Nachlese am Dreschplatz, aus Gaben, der Zehntsteuer, Unterstützung wohlhabenderer Verwandter oder schlicht dem Betteln am Dreschplatz stammte. Auf jeden Fall ging es um ein Quantum, das man nicht noch um ein Zehntel beschneiden konnte und das wohl auch so dringend erwartet und benötigt wurde, um eine vorrangige Verarbeitung zu rechtfertigen. Mit der Motormühle, meistens durch mühsames Zusammensparen erworben, nicht einfach von der vorausgehenden Generation ererbt und im übrigen auch wie ein einfaches Produktionsmittel (im ökonomischen Sinne) benutzt, tritt auch die Logik der Investition und der doppelten Buchführung auf den Plan und an die Stelle der zuvor noch wirksamen Befriedigungen, die dem Bauern und Besitzer (bzw. Anteilseigner) einer Mühle aus der relativen Autarkie, dem Umstand, das eigene Getreide selbst verarbeiten zu können, erwachsen mochten. Ein alter Fellache erinnert sich, die Mühle, die ihm zu drei Vierteln gehörte, während einer Dauer von 35 Tagen, also rund eines Viertels des agrarischen Produktionszyklus, ununterbrochen in Betrieb gehabt zu haben. Der Nutzer einer Motormühle, wie arm er auch immer sei, sieht sich jetzt plötzlich in der Rolle eines Kunden wieder, gegenüber dem sich der Müller wie ein Geschäftsmann verhält, dem es primär um die Abdeckung seiner Betriebskosten zu tun ist.

Diese Transformation »handwerklicher« Aktivitäten, die zuvor immer den landwirtschaftlichen Tätigkeiten untergeordnet und meistens von stigmatisierten Gruppen von Individuen wie Farbigen oder den Mittellosesten in Ergänzung des *khammessat* (traditionelle Form der Pacht) ausgeübt wurden, in selbständige »Berufe«, findet sein Gegenstück auf der Ebene des Handels. Dieser konnte einst nur eine die landwirtschaftliche Produktion ergänzende Aktivität darstellen; man hätte denjenigen, der »auf dem Stuhl sitzen bleibt«, »tagelang«, »im Schatten«, einen »Faulenzer« geschimpft. Auch achtete man darauf, den Laden nur am Morgen, vor dem Aufbruch zur Arbeit auf den Feldern, zu öffnen, und während der schönen Jahreszeit nochmals abends nach der Heimkehr. Der hierfür reservierte Raum gehörte zur

Wohnung, und die Vertrauten – oder, wenn man zu derartiger Vertrautheit nicht berechtigt war, die Älteste des Hauses – zögerten nicht, in den Wohnraum selbst einzutreten, um vom Besitzer oder einer der Frauen bzw. einem hierfür angestellten Knaben ein Paket Kaffee oder Zucker zu verlangen.

All dies ändert sich, sobald mit den 60er Jahren der Vollzeit-Händler auf den Plan tritt, der nicht mehr Bauer sein will und seinen Grund und Boden seinem Sohn (falls vorhanden) oder seinem Bruder bzw. einem *khammès* überläßt. Von nun an ist er während klar festgelegter Zeiten in seinem Laden ständig präsent, und dieser ist jetzt auch räumlich klar von der Wohnsphäre getrennt. Oft anders gekleidet als der Fellache, hat dieser hauptberufliche Kaufmann nun das Gefühl, »etwas zu tun« und nicht etwa »seine Zeit zu verlieren«, wenn er den Laden öffnet. Und dies Gefühl bewahrt er, selbst wenn sein Geschäft in den Umsiedlungslagern, dieser durch die Armee bewerkstelligten Schein-Urbanisierung, nur sehr bescheiden ist. Häufig wird der Laden nur zu einem Treffpunkt, zu dem man sich begibt, um zu schwätzen, ohne dabei irgend etwas zu konsumieren. Dieser »Aufstieg« der Kaufleute ist für die an der Ökonomie »auf Treu und Glauben« (*niya*) gewohnten Bauern eines der Zeichen des Zusammenbruchs der alten Welt. Treffend schildert das ein Informant aus der Siedlung Aïn Aghbel:

> Sogar die Metzger machen sich heute über die Landwirte lustig. Sie brauchen nur einen Laden und ein besonderes Arbeitshemd zu haben, abends die Kleider zu wechseln, Arbeiter für das Schlachten des Viehs und den Verkauf auf dem Markt anzuheuern, um sich auf einen Schlag vom Metzger [einem traditionell verachteten Handwerk, P.B.] in einen ›Reichen‹ zu verwandeln. Heutzutage ist alles ein ›métier‹, ›Beruf‹. Was bist du von Beruf? fragt man ständig. Und jeder sucht sich seinen Beruf. Ja, sobald man nur drei Päckchen Zucker und zwei Pakete Kaffee in einem Raum lagert, nennt man sich schon ›Händler‹. Wer vier Bretter zusammennageln kann, ist bereits ein Schreiner. Die Zahl der Fahrer läßt sich schon gar nicht mehr überschauen, selbst wenn es kaum Autos gibt. Es reicht ja, wenn man den Führerschein in der Tasche hat! Kann man denn davon leben? Die

[französische] Armee trägt dafür teilweise die Verantwortung, da sie den Leuten einfach so einen Beruf gab. Zunächst gab es die Selbstverteidigung, der erste Beruf [...]. Dann gabs die *harkis*, die *goumiers*, die *moukhazni*, die *sardjan* [Sergeant], *cabran* [Gefreiter], es gab den *sakritir* und den *khodja* [Kader]; ganz zu schweigen vom Bürgermeister (*el mir*) und seinen Beratern (*iqounsayan-is*). Ein Leutnant braucht nur zu erfahren, daß dieser oder jener dieses oder jenes zu tun versteht, um diesen dann mit einer Berufsbezeichnung zu versehen. Nach und nach hat dann keiner mehr gemerkt, daß man die Feldarbeit vernachlässigte. Bei der Volkszählung hörte ich Mohand L. meckern, weil man ihn als Landwirt eingeordnet hatte, während man seiner Meinung nach für alle anderen einen echten Beruf gefunden habe: ›Ihr verachtet mich! Den wirklichen Landwirten habt ihr einen echten Beruf zugestanden, aus mir, der ich keinen einzigen Morgen Land (*thamtirth*) besitze, macht ihr aber einen Fellachen. Die Landwirte sind die dort. Ihr Grund reicht bis zur Türschwelle und dennoch heißen sie ›Fahrer‹ oder ›Kaufmann‹. Ich spreche erst gar nicht von Hocine M., der sagt, er sei *elkhodja gel biro* (*khodja* im Büro). Auch ich habe einen Beruf!

Und er schildert dann ausführlich, wie sich jene andere Person zum Roßhändler (*tadjar)* und dann zum Zwischenhändler wandelte, der den gesamten Holzhandel organisiert und das gesamte Dorf mit Stroh beliefert.

Auch die Arbeit in Frankreich hat uns Schweißer, Anstreicher, Maschinenarbeiter usw. beschert. Die Minen brachten uns Häuer, Zimmermann, Verschaler. Jetzt fehlen nur noch die Ingenieure. Alle diese Leute arbeiten heute längst nicht mehr, behalten jedoch ihren Beruf, solange der im Personalausweis genannt wird: Das ist der unschlagbare Beweis. Denen, die noch keinen Beruf haben, bleibt nur die Möglichkeit, sich *antriti* [Rentner, in Rente) oder *anfaliditi* [Invalide] zu nennen.

Die ökonomischen Bedingungen des Zugangs zu den ökonomischen Praktiken

Dieser ausführliche und ausschmückende Monolog nennt uns ungeordnet eine Vielzahl an Faktoren wie die Emigration, die

Klassifikationsmaßnahmen des Militärs, diesem großzügigen Spender von Scheinaktivitäten, die gemeinsam mit der Verallgemeinerung des monetären Tauschs und der Einführung technischer Innovationen die Logik der Geldwirtschaft und des als rational bezeichneten wirtschaftlichen Kalküls bis in die agrarische Lebenswelt einfließen ließen. Wählt man sich diesen Prozeß zum Gegenstand der soziologischen Analyse, so kann man über die hiervon ausgehenden Transformationen ökonomischer Praktiken im ländlichen Milieu besser das damit einhergehende System an Glaubensüberzeugungen begreifen und erfassen, was dies alles an Veränderungen im Hinblick auf den gesamten Lebensstil mit sich bringt. Hier schlicht von Anpassung zu sprechen, wäre unpassend. Es handelt sich in Wirklichkeit um eine *Konversion*, eine *Umwandlung*.[7]

Um aber auch jene Leser davon zu überzeugen, die zum Lager der Ökonomen und der Wirtschaftssoziologen gehören und sich in der als rational bezeichneten Ökonomie wie die Fische im Wasser tummeln, daß der Begriff der Konversion hier keineswegs überzogen ist, und um in ihnen jene Konversion ihres gesamten Denkens auszulösen, deren es bedarf, um mit dem Universum all der eingefleischten Vorannahmen zu brechen, die uns gerade die in unserer Wirtschaftswelt üblichen Praktiken als rational erscheinen lassen, müßte ich hier von jener langen Kette häufig kleiner, marginaler Erfahrungen berichten können, die es mir ermöglichten, den zufälligen und willkürlichen Charakter jener Alltagsverrichtungen auf sehr handfeste und sinnliche Weise zu *erleben*, die, versehen mit dem Siegel größter Selbstverständlichkeit und Natürlichkeit, wir Tag für Tag in der Routine unserer ökonomischen Praktiken vollziehen. Zum Beispiel die

7 Kommt es nicht zu einer solchen Umwandlung, werden die Reproduktionsstrategien in ihrer Gesamtheit gebremst und schließlich blockiert; damit wird auch die Umstellung unmöglich, was die Gruppe zu Demoralisierung, ja zur Selbstauslöschung führen kann, wie an der französischen Bauernschaft klar sichtbar. Vgl. dazu Sylvain Maresca, *Les Dirigeants paysans*, Paris: Minuit 1983.

Gewohnheit, sich in einem Geschäft das Wechselgeld auszahlen zu lassen, anstatt beim »Händler« wie in der Kabylei schon mit dem peinlich genau abgezählten Kleingeld anzukommen und dieses für die gekaufte Ware auf den Tisch zu legen.

Ich erinnere mich daran, einen kabylischen Bauern stundenlang mit Fragen bombardiert zu haben, als dieser mir zu erklären versuchte, worauf denn eine traditionelle Form des Viehverleihs eigentlich beruhe. Mir war einfach nicht klargeworden, daß der Eigentümer des Zugtieres sich entgegen aller »ökonomischen« Vernunft dem Mieter verpflichtet fühlen konnte, da er anscheinend davon ausging, daß dieser ja für das Tier sorgte und er es ja sonst hätte selber füttern müssen. Ich erinnere mich an all die anekdotischen Beobachtungen und statistischen Hinweise, die ich zusammentragen mußte, bis ich die implizite Philosophie der modernen Idee der Arbeit durchschaute, jene Philosophie, die, beruhend auf dem Äquivalent der Arbeit bzw. der Entlohnung in Geldform, in meiner spontanen Interpretation dieser fremden Welt zur Anwendung kam und die mich daran hinderte, bestimmte Verhaltensweisen oder ein bestimmtes Erstaunen meiner ethnographischen Informanten vollumfänglich zu begreifen (etwa das des bereits erwähnten alten Kabylen, der entdecken mußte, wie sich die »métiers«, die Berufe, vervielfachten): Das im höchsten Maß als skandalös bewertete Verhalten des Maurers, der nach einem längerem Aufenthalt in Frankreich verlangte, man solle ihm zusätzlich zu seinem Lohn auch eine Summe in Höhe des Preises der Mahlzeit auszahlen, die zum Abschluß der Arbeiten aufgetischt wurde und an der teilzunehmen er in einem unerhörten Verstoß gegen die guten Sitten sich geweigert hatte. Oder die Tatsache, daß die Bauern aus Regionen des südlichen Algeriens, die von der Emigration (und der militärischen Umsiedlungspolitik) weniger betroffen waren, in bezug auf eine bestimmte, objektiv identische Anzahl von Arbeitsstunden oder Arbeitstagen erklärten, als Bauern stärker beschäftigt zu sein als die Kabylen, die stärker dazu neigten, sich einen »Beruf« zuzuschreiben oder sich als arbeitslos zu deklarieren. Diese Philosophie schien mir so selbstverständlich, daß es mir gar nicht bewußt wurde, wie sehr sie mich daran hinderte zu verstehen, welche Mühe es den von mir beobachteten Menschen bereitete, sich von dem von mir nur unter größten Schwierigkeiten nachvollziehbaren Verständnis von Aktivität als einer von aller materiellen Sanktion unabhängigen *gesellschaftlich anerkannten gesellschaftlichen Beschäftigung* zu lösen, die sich im Grenzfall auf die schlichte Ausführung der Aufgabe des Mannes beschränken konnte, der auch dann seine Zeit nicht verliert, wenn er bei einer Versammlung mit anderen Männern spricht oder den Angehörigen der Hausgemeinschaft die Arbeit zuteilt.

Ebenso mußte ich mich ausgiebig mit der Logik des mythisch-rituellen Systems der Kabylen vertraut machen, um in der Lage zu sein, bewußt und gewollt in meine Fragen verschiedene barbarische Übertretungen einzuflechten (indem ich zum Beispiel einen feuergefertigten Gegenstand wie einen Kamm zur Wollverarbeitung in ein Ritual einbaute, bei dem man eigentlich weibliche Objekte wie Wasser oder Wolle erwartete hätte), um eine Widerlegung oder ein Lachen seitens meiner Informantinnen zu provozieren, die wie wir in Sachen Sprache fähiger waren, Fehler auszumachen, als Regeln zu nennen – was ja Angelegenheit der Grammatiker und nicht der schlichten Sprecher ist. Genauso hatte mich nichts darauf vorbereitet, die Ökonomie, und erst recht nicht die eigene, als ein Glaubenssystem zu denken, und so mußte ich nach und nach auf dem Wege der ethnographischen Beobachtung und verstärkt durch meine statistischen Untersuchungen die praktische Logik der vorkapitalistischen Ökonomie erlernen, während ich gleichzeitig damit befaßt war, deren Grammatik mehr schlecht als recht zu beschreiben.

Sicherlich war es die quasi »eingeborene« Vertrautheit mit der praktischen Logik vorkapitalistischer Ökonomie, die ich auf dem Wege der ethnographischen Forschung schrittweise gewinnen konnte und die durch eine Art methodischer Anamnese[8] tief

8 Eine analoge Anamnese kann durch die historische Wiederaneignung der durch die Wirtschaftsgeschichte ausgelöschten ökonomiespezifischen

vergrabene Erinnerungen an meine Kindheit auf dem Lande in mir »wachrief« (ich bin selbst mehr als einmal mit dem genau abgezählten Kleingeld in der Hand zum Lebensmittelladen gelaufen und habe durch Rufen im Flur auf mich aufmerksam gemacht), die es mir gestattete, das historisch Außergewöhnliche an einer scheinbar völlig banalen Geschichte wie der zu erkennen, die in den Tageszeitungen des 29. Oktober 1959 berichtet wurde. Kinder des Dorfes Lowestoft in Großbritannien hatten eine Versicherung gegen körperliche Bestrafungen erfunden, die vorsah, daß ein Versicherter im Falle einer körperlichen Züchtigung vier Schilling Wiedergutmachung für den erlittenen Schmerz erhalten sollte. Angesichts einiger Versuche des Mißbrauchs dieser Versicherung hatte man einen Passus eingeführt, in dem es hieß, die Versicherungsgesellschaft übernehme im Falle bewußt herbeigeführter Schäden keine Haftung.

Es ist auch dieses praktische Verständnis einer geradezu exotisch gewordenen Ökonomie ökonomischer Praktiken, die es mir erlaubte, zu entdecken und zu verstehen, daß es, wie Henri Bergson es ausdrückte, »einige Jahrhunderte braucht, um einen Utilitaristen wie Stuart Mill zu produzieren«, oder, anders gesagt, daß das, was sich die gesamte Wirtschaftswissenschaft als eine unhinterfragbare Tatsache vorstellt, das heißt das Ensemble

Glaubensüberzeugungen und Praktiken ausgelöst werden, zum Beispiel die Umwandlung der für uns buchstäblich undenkbar gewordenen Einstellungen und kollektiven Vorstellungen, eine Umwandlung, die ausgelöst worden war durch die symbolische Revolution – im Bereich der Religion, der Statistik, der Familie und des Unternehmens –, die Ende des 19. Jahrhunderts in den USA den »Tod auf den Markt gebracht« und die Erfindung der Lebensversicherungsindustrie ermöglich hat (Viviana Zelizer, *Morals and Markets. The Development of Life Insurance in the United States*, New York: Columbia University Press 1979). Sie kann ebenfalls in Gang gesetzt werden durch jene Art brutaler ökonomischer Involution, die den formal rationalen ökonomischen Habitus eines geordneten Wirtschaftkosmos urplötzlich obsolet werden läßt. Siehe dazu Burawoys Analyse zum Fall des postkommunistischen Rußlands (Michael Burawoy, Pavel Krotov und Tayana Lytkina, »Involution and destitution on postcommunist Russia«, *Ethnography*, I-1, Sommer 2000, S. 43-66).

der Einstellungen des ökonomischen Akteurs, die die Illusion einer ahistorischen Universalität der von dieser Wissenschaft verwandten Kategorien und Konzepte begründet, sich in Wirklichkeit als das Produkt einer langfristigen kollektiven Geschichte darstellt und im Rahmen der Individualgeschichte durch eine zu leistende Konversionsarbeit angeeignet werden muß, die nur unter bestimmten Bedingungen Erfolg hat. Nachdem dieser »Utilitarismus« auf diesem Wege wieder in all seiner Exotik sichtbar wurde, wollte ich, wie viele vor mir, man denke nur an Weber,[9] Sombart[10] oder Tawney,[11] die ich mit Leidenschaft las, zu einem besseren Verständnis der Art und Weise beitragen, in der dieser sich im Laufe der Geschichte Schritt für Schritt selbst erfand. Hierbei verfolgte ich das explizite Vorhaben, die Aneignungsprozesse all jener Verhaltensdispositionen zu beobachten, die den kleinen Schülern aus Lowestoft mit ihrem spontanen »Stuartmillismus« wie in die Wiege gelegt schienen: Kosten und Gewinnberechnung, Sparen, Kredit, Investition oder gar Arbeit. Des weiteren ging es mir bei diesem Projekt darum, mittels Statistik die ökonomischen und kulturellen Bedingungen des Zugangs zu einem rational genannten ökonomischen Verhalten systematisch zu erfassen.

Grundprinzip aller genannten Verkehrungen des Weltbilds ist nichts anderes als die Entwicklung und Aneignung von Rechenhaftigkeit bzw. eines kalkulierenden Denkens. Man muß sich davor hüten, letzteres mit der sicherlich universellen menschlichen Fähigkeit des Rechnens und Berechnens zu verwechseln. Alle Handlungsweisen unserer Existenz einer kalkulierenden Vernunft unterwerfen zu wollen, wie die Ökonomie es will, heißt mit der Logik der *philia*, von der Aristoteles sprach, heißt mit

9 Max Weber, *Gesammelte Aufsätze zur Sozial- und Wirtschaftsgeschichte*, Tübingen: Mohr 1924.

10 Werner Sombart, *Der Bourgeois: Zur Geistesgeschichte des modernen Wirtschaftsmenschen*, München/Leipzig: Duncker & Humblot 1913.

11 Richard Henry Tawney, *Religion and the Rise of Capitalism*, London: John Murray 1926.

dem Prinzip von »auf Treu und Glauben«, des Vertrauens und der Gerechtigkeit zu brechen, die die Beziehungen zwischen Verwandten prägen müssen und die gerade auf der Verdrängung bzw. besser auf der Verleugnung des Kalküls beruht. Es sich im Austausch zwischen Verwandten zu verbieten, zu rechnen und berechnend zu sein, heißt sich weigern, dem Prinzip der Ökonomie als Neigung und Fähigkeit, »hauszuhalten« oder zu sparen (Anstrengung, Mühe, Arbeit, Zeit, Geld etc.), anstatt zu geben, ohne zu rechnen, zu gehorchen. Eine solche Weigerung kann sicherlich auf die Dauer mit einem Schwinden kalkulierender Einstellungen einhergehen. Dies heißt auch, sich zu weigern, aus einer Welt hinauszutreten, in der die Familie und die sich um sie herum organisierenden Tauschbeziehungen das Modell für alle Formen des Austauschs abgeben, sogar für diejenigen, die wir heute als »ökonomisch« ansehen, und in eine Welt einzutreten, in der die Ökonomie, jetzt schon als solche mit den ihr eigenen Prinzipien wie dem des Profits und des Kalküls konstituiert ist und den Anspruch erhebt, Grundprinzip aller Praktiken und allen Austauschs zu sein, und das selbst noch innerhalb der Familie, wie jener kabylische Vater entrüstet feststellen mußte, als sein Sohn ein Gehalt verlangte. Aus einer solchen Umwertung der Werte ist die uns heute bekannte Ökonomie erwachsen, deren Logik von ausnehmend kühnen Autoren – wie Gary Becker – nur konsequent zu Ende gedacht wird, wenn sie sie auf Gegenstände wie Familie, Heirat oder Kunst Modelle anwenden, die entsprechend dem Postulat der kalkulierenden Rationalität konstruiert sind.[12]

Es versteht sich, daß die Aneignung der modernen Ökonomie sich nicht, wie man versucht sein könnte zu glauben, auf ihre rein technische Dimension beschränkt, selbst wenn diese zweifellos von großer Bedeutung ist. Der »utilitaristischen« Sicht anhängen heißt auch mit einer ganzen Lebenskunst brechen und

12 Gary S. Becker, *The Economic Theory of Human Behavior*, Chicago: The University of Chicago Press 1976; ders., *A Treatise on the Family*, Cambridge: Harvard University Press 1984.

gleichzeitig mit all jenen, die diese noch teilen und sich durch das, was ihnen als eine Verleugnung erscheint, direkt betroffen fühlen. Sie läßt sich am deutlichsten beobachten, wenn sich diejenigen, die es schaffen, sich von der Last der Notwendigkeit zu befreien, durch ihre Familienmitglieder in die Solidaritätspflicht genommen werden. Der schreckliche dauerhafte Druck, den diese dabei auszuüben imstande sind, ist einer der Faktoren, die soziale Aufstiegsbemühungen so schwierig und riskant machen (viele maghrebinische Immigranten in Frankreich lassen ihre Telefonanschlüsse nicht ohne Grund geheimhalten!). Und gleiches gilt in genereller Hinsicht für die Anpassung an die Erfordernisse der modernen Ökonomie. Solange die Ökonomie des Auf-Treu-und-Glauben intakt ist, legt sie der ganzen Gruppe Ehrenpflichten auf, die mit dem kalten Gesetz des eigennützigen Kalküls völlig unvereinbar sind.

In den kabylischen Dorfgemeinschaften, aber auch in den neuen Siedlungen und in den Elendsvierteln haben die Beziehungen zwischen den Händlern und ihren Kunden nicht die Einfachheit und Transparenz von Tauschgeschäften im Supermarkt oder in den kleineren Geschäften, die einfach ankündigen können und müssen: »Das Haus schreibt nicht an.« Paradoxerweise setzt der Kredit eine Vertrauensbeziehung voraus. Man fragt nicht irgendwen bzw. man wendet sich an jemanden, der verpflichtet ist, der Erwartung zu entsprechen, das heißt ein Mitglied der Gruppe, in deren Binnenraum eine bestimmte Form der Solidarität eingespielt ist. Innerhalb dieser Gruppe wendet man sich ebenfalls nur an Gleichgestellte, die das Recht und die Pflicht haben, Reziprozität zu wahren. So bittet man anläßlich von Feldarbeiten (*twiza*) Besitzer von Ochsengespannen um Unterstützung, und nicht etwa Tagelöhner, die, ob sie nun aus eigener Initiative kommen oder geholt werden, auf jeden Fall bezahlt werden müssen. Genauso geht man denjenigen um einen Kredit an, der gehalten ist, ihn zu gewähren. Der Kaufmann, den man um Stundung einer Schuld bittet, ist es sich schuldig, diese zu gewähren, weil er nicht verkennt, welch extrem harte Prüfung der Bittsteller seiner Ehre auferlegt, indem er sich einen für sich selbst wie auch für seine ganze Familie (die ihm dies nicht ersparen kann ...) ehrverletzenden Schritt zu unternehmen gezwungen sieht, um die vitalsten Bedürfnisse befriedigen zu können: »Entehre mich nicht!«, »Ich belade mich mit Schande, entehre mich nicht auch noch!« Außerhalb dieses sozialen Rahmens verletzt eine Weigerung nicht das Gesetz des Austauschs und nimmt eine positive Reaktion entweder die Gestalt einer milden Gabe an, einer Gabe ohne Gegengabe oder aber die eines regelrechten Kredits in der modernen Bedeutung des Wortes, der eine Rückgabe, also die sie ermöglichenden Bedingungen, voraussetzt.

Der Eintritt in die urbane Lebenswelt und in die ökonomische Ökonomie nun erzwingt den Bruch mit dieser Form hochambivalenter Beziehungen, die die traditionellen solidarischen Verhaltensweisen zutiefst prägt – einen Bruch, der eine tiefgehende Transformation der grundlegenden Verhaltensdispositionen voraussetzt, die das gesamte Verhältnis zur ökonomischen Welt bestimmen. Es ist eine Welt der Bedürfnisse und Wünsche, die jedoch untrennbar mit Pflichten und ethischen Prinzipien verwoben sind, Prinzipien, die sich in der Sprache etwa der Ehre, der Schuld, der Hingabe, der Anerkennung zum Ausdruck bringen.

Nachdem ich derart die Einbettung der ökonomischen Gegenstände in das Universum von Glaubensüberzeugungen und obersten Werten in Erinnerung gerufen hatte, die sich Frau oder Mann von sich selbst und von den anderen machen, galt es noch, die Variationen der ökonomischen Praktiken und Strategien in Zusammenhang mit verschiedenen, hauptsächlich ökonomischen Variablen zu analysieren und auf diesem Wege zu zeigen, daß die berechnenden Einstellungen gegenüber der Zukunft mit ökonomischen und gesellschaftlichen Bedingungen im Sinne ökonomischer und gesellschaftlicher Möglichkeitsbedingungen einhergehen. Unterhalb einer gewissen Schwelle, definiert bzw. identifiziert als ein bestimmtes ökonomisches und kulturelles Niveau, können sich rationale Verhaltensdispositionen nicht ausbilden. Inkohärenz ist das Organisationsprinzip der hier angesiedelten subproletarischen Existenz, die bis in ihr Verhältnis zu Raum und Zeit hinein grundlegend desorganisiert ist. In allgemeiner Hinsicht unterliegt der Zugang zu einem aufgeklärten ökonomischen Urteil, sei es beim Akt des Kaufs, Entleihens oder Sparens, ökonomischen und gesellschaftlichen Möglichkeitsbedingungen. Tatsächlich konnte ich empirisch nachweisen, daß unterhalb eines gewissen Niveaus ökonomischer Sicherheit, beruhend auf der Sicherheit des Arbeitsplatzes und der Verfügung über ein Minimum an regelmäßigen Einkünften, die ökonomischen Akteure nicht imstande sind, die meisten jener Verhaltensweisen sich vorzustellen oder zu vollziehen, die eine Anstrengung hinsichtlich einer Bemächtigung von Zukunft implizieren, wie etwa im Falle der kalkulierten Verwaltung von Ressourcen über die Zeit hinweg, Sparen, Kreditaufnahmen oder auch im Bereich der Geburtenkontrolle.[13] Das heißt, daß es ökonomische und kulturelle Bedingungen des Zuganges zu jenem Verhalten gibt, das man allzu voreilig als für jedes menschliche Wesen normal anzusehen bzw., schlimmer noch, als natürlich zu erachten tendiert. Dadurch, daß sie die doch eigentlich typisch wirtschaftswissenschaftliche Frage nach diesen Bedingungen einfach nicht stellt, behandelt die Wirtschaftswissenschaft die vorausschauende und kalkulierende Einstellung gegenüber der Welt und gegenüber der Zeit wie einen natürlichen Tatbestand bzw. wie eine universelle Gabe der menschlichen Natur, obwohl doch bekannt ist, daß es sich um das Produkt einer ganz spezifischen kollektiven und individuellen Geschichte handelt. Und so werden diejenigen, die von der ökonomischen Ordnung faktisch bereits verurteilt und bestraft wurden, seitens der Wirtschaftstheorie, die deren Vorannahmen registriert, gewissermaßen stillschweigend auch noch moralisch verurteilt.[14]

13 Pierre Bourdieu, *Algérie 60*, a. a. O.

14 Dieselbe moralische Verurteilung im pseudotechnischem Idiom der »underclass« in den Vereinigten Staaten und der »Exklusion« in Europa ist in zahlreichen dem Anschein nach einwandfrei positivistischen Ana-

Ich hatte die Äußerungen des kabylischen Kochs aus Algier im Sommer 1962, als ich gerade die statistische Datenanalyse und die Interviews beendet hatte, die meinem Buch *Travail et travailleurs en Algérie* als Grundlage dienen sollten, mit bewunderndem Staunen gehört. Brachte doch dieser Mann mit geringer elementarer Schulbildung auf französisch oder in der Berbersprache das Wesentliche in Sachen Tradition zum Ausdruck, was ich nur durch langwierige Entzifferungsarbeit hatte entdecken können: den neuen der Arbeit zugeschriebenen Sinn, mit der »Entdeckung« der Lohnarbeit und der damit einhergehenden Entwertung landwirtschaftlicher Betätigungen, den Erwerb neuer zeitbezogener Gewohnheiten, die ökonomische Logik der dem Anschein nach antiökonomischen Verhaltensweisen der ambulanten Kleinhändler, die enormen Auswirkungen der Lohnarbeit auf die häusliche Sphäre und das Verhältnis Mann–Frau, der Zusammenhang zwischen wirtschaftlichen Bedingungen und dem wirtschaftlichen Ethos der unteren Klassen, des Kleinbürgertums und der Bourgeois, die ständige Suche nach materieller Sicherheit in einer von Unsicherheit und unterschwelliger Unvorhersehbarkeit geprägten ökonomischen Welt, das komplexe Ineinander von Heirats-, Erziehungs- und wirtschaftlichen Strategien, die Abhängigkeit der Aspirationen zumal im Hinblick auf die Erziehung der Kinder von objektiven Möglichkeiten sozialen Aufstiegs und von der Struktur des zu vererbenden oder zu erwerbenden Kapitals usw.

Nach Art eines Spontan-Ökonomen legte dieser Koch in wenigen Stunden eine wissenschaftlicher Diskussion durchaus

lysen zur Zukunft der absteigenden Fraktionen der Arbeiterklasse in den fortgeschrittenen Gesellschaften virulent, deren zu den Anforderungen der polarisierten neuen Ökonomie der Dienstleistungen querliegende Einstellungen auf unterschiedlichen Stadien der Entwicklung die Erfahrung des ländlichstämmigen urbanen Subproletariats innerhalb der Kolonialwelt des Westens wiederholen.

würdige globale Sicht eines Universums dar, auf das er einen gleichermaßen tiefen wie distanzierten Blick hatte werfen können, und dies dank der Stellung, die er innerhalb der Kolonialgesellschaft einnahm: eine zugleich zentrale – anders als die meisten Arbeiter und Angestellten sah er die Welt der Europäer von innen – und dennoch marginale Stellung, denn er hatte die Bande zu all den Gefährten im Unglück, denen er im Verlauf eines abenteuerlichen Lebens begegnet war, nie abreißen lassen.

Die Veröffentlichung des transkribierten Interviews (das zu Hause bei vertrauenswürdigen Mittelsmännern aufgenommen worden war) ermöglicht dem Leser 40 Jahre später, den wirtschaftsspezifischen praktischen Sinn zu erfassen, der das Handeln und die Vorstellungen eines ungemein rezeptiven Mitglieds der algerischen Arbeiterklasse zum Zeitpunkt ihres Auftretens zu Beginn der Unabhängigkeit des Landes orientiert. In sehr lebendigen biographischen Wendungen zeichnet dieses Interview den Prozeß der kollektiven Aneignung eines wirtschaftlichen Habitus nach, eines Prozesses, den jene Algerier der Kriegsgeneration durchlaufen mußten, die gerade über das notwendige Minimum an wirtschaftlichem und kulturellem Kapital verfügten, um dahin zu gelangen.

»Ich hab versucht, irgendwie überall zu arbeiten und irgendwas zu tun«

Ich war dreizehn, als ich von zu Hause und aus meinem Dorf abgehauen bin. Ich ging noch zur Schule, mein Vater war Arbeiter in Frankreich. Also war ich allein. Das war 1928. Ein Verwandter (der Sohn der Schwester meiner Mutter), der in Algier bereits eine Beschäftigung gefunden hatte, versprach mir, mir eine Arbeit zu besorgen. So wurde ich Laufbursche in einem Textilgeschäft, einem Laden für gehobene Frauenmode. Ich bekam 200 Francs im Monat, eine Monatskarte und eine Livree aus dunkelblauem Stoff mit Mütze und dem Signet des Hauses. Das Haus gehörte drei Schwestern, und es beschäftigte 23 Arbeiterinnen. Ich lieferte die Kleider aus. Als ich zum ersten Mal das Hotel Aletti betrat, traute ich meinen Augen nicht. Ich stamme aus den Bergen und sah zum ersten Mal ein Grand Hotel, wurde zum ersten Mal von einem Portier empfangen und stieg zum ersten Mal in einen Aufzug. Ich hatte ein Abendkleid abzuliefern, hatte den Namen der Kundin und die Nummer ihres Hotelzimmers. Sie gab mir 100 Francs Trinkgeld, die Hälfte meines Monatslohns. Ich verdiente recht gut, das Geschäft arbeitete saisonabhängig: Sommer, Herbst und Winter. Das Frühjahr war Ruhezeit, die Chefinnen fuhren nach Paris, wo sie nach neuesten Schnitten und Modellen suchten. Ich bekam mein Gehalt trotzdem und machte nebenbei noch was anderes. Mein ganzes Geld schickte ich nach Hause. Solange ich ihnen Geld schickte, lief alles gut, und man wollte mich nicht im Dorf festhalten.

Zu Beginn wohnte ich bei jenem Cousin, mit dem ich nach Algier gekommen war, danach wohnte ich mit einer der Arbeiterinnen zusammen. Sie war sehr nett. Sie machte Überstunden und arbeitete oft bis 23 Uhr oder gar Mitternacht. Danach begleitete ich sie nach Hause. Ihr Vater war Bäcker. Ich verbrachte zwei Jahre in diesem Modegeschäft. Dann begann ich größer zu werden und konnte diese Arbeit nicht mehr länger machen; man lernt nichts dazu, wenn man nur Kleider austrägt. Ich wollte etwas für die Zukunft. So fing ich bei diesem Bäcker an. Nachts war ich Bäckerlehrling, morgens lieferte ich aus. Um 7 Uhr zog ich mit einem Korb voller Brot los, stieg bis in die vierte, fünfte oder sechste Etage der Häuser. Damals war ich schlecht bezahlt, man wurde noch nicht wie heute nach Stücklohn bezahlt. Ich erlernte den Beruf, aber das begeisterte mich nicht. Ich liebte das Kino. Den ganzen Tag verbrachte ich im Kino, ich liebte das moderne Leben. Nachts schlief ich nicht, das konnte ich nicht durchhalten. Ich blieb insgesamt zwei Jahre bei diesem Bäcker.

Danach habe ich versucht, irgendwie überall zu arbeiten und irgendwas zu tun. Im Jahre 1935 war ich Tellerwäscher in einem Restaurant. Nach und nach lernte ich beim Zusehen und durch Ausprobieren kochen. Mein erster Arbeitgeber sah, daß mich das interessierte, und hat mich unterstützt ... Zunächst war es ein kleines Restaurant, wo ich gelernt hab, einfache Mahlzeiten herzurichten, die große Küche war das noch nicht! Mein Handwerk hab ich dann in den großen Restaurants gelernt, wo ganze Brigaden am Werke sind: ein Chefkoch, ein Maitre d'Hôtel, ein Ranghöchster, ein Saucenkoch, Vorspeisenkoch, ein Bratenkoch, ein Gemüsekoch, ein Fischkoch usw. Das ist ein Handwerk, wie ich es liebe, aber es hat auch große Nachteile. Die Arbeitszeit: sehr früh am Morgen und spät am Abend, denn die Kundschaft ist nicht gleichmäßig verteilt. So kommt es etwa vor, daß zwischen 19 und 21 Uhr niemand kommt, aber dafür um 23 Uhr kein Tisch mehr frei ist. Man arbeitet nahe beim Feuer und trinkt ungeheure Mengen. In diesem Beruf habe ich mir das Trinken angewöhnt. Dann bin ich aus dem Restaurantgewerbe ausgestiegen. Ich hatte vor allem im Kasino an der Corniche gearbeitet. Ich wollte beides: mein Handwerk und den Beamtenstatus. Ich arbeitete in Maison Blanche in einem öffentlichen Unternehmen. Meine Stelle habe ich dann anläßlich des Streiks von 1957 verloren. Trotz aller Versprechungen wurde ich nie wieder eingestellt. Dann habe ich einen kleinen Laden für 1 100 Francs im Monat angemietet. Ich verkaufte Gemüse. Das Geschäft hat mir mein ganzes Geld weggefressen. Ich habe den Laden geschlossen und das Lokal in eine Wohnung verwandelt. Seit sieben Monaten bin ich krankgeschrieben.

»wenn es auch dafür nicht mehr reicht, kauft man für 10 Francs Erdnüsse«

[...] Während des Krieges, im Jahre 1942, machte ich sogar den Straßenhändler. Ich verkaufte Eisblöcke mit einem Handwagen. Ich kam ganz gut durch, denn zu dieser Zeit gab es noch nicht soviel Strom für Kühlschränke. Es gab noch nicht soviel Kühlschränke wie heutzutage. Man hatte Eistruhen.

In diesem Metier fällt es schwer, sich durchzubringen. Einigen gelingt es, auf ihre Kosten zu kommen, anderen reicht es gerade, um sich mehr schlecht als recht zu ernähren. Die Unglücklichsten, die das der Not gehorchend machen, sind die Händler, die gefärbtes Wasser anbieten. Sie kaufen Farbstoff und Eis und bieten gelbes, grünes oder rosafarbenes Wasser zu 5 Francs das Glas oder 20 Francs die Flasche an. Wer auch nichts verdient, das sind die Merguez- und Fleischspieß-Verkäufer. Ich spreche nicht von den Händlern, die fest in Cafés zugange sind, die machen gutes Geld, 60 Francs je Spieß, 40 Francs für Merguez, nein ich spreche von den Typen an der »Place du Gouvernement«. Die braten Därme oder Lunge, also ungenießbare Innereien, die man noch nicht mal für Merguez kleinhacken kann. Sie braten auch Sardinen. Denen ist auch die Polizei ständig auf den Fersen. Wenn sie etwas verdienen, dann allein mit dem Brot. Sie kaufen Brötchen zu einem Stückpreis von 35 Francs, manchmal auch nur 30 oder gar 28 Francs ein und verkaufen sie in sechs kleinen Stücken zu je 10 Francs. Kürzlich hat die CRS,[15] durch einen Artikel im *Journal d'Alger* alarmiert, eine Razzia gemacht. Das waren bestimmt die Monatskartenbesitzer der öffentlichen Verkehrsbetriebe, die da ihre Abos erneuern wollten und Angst hatten, beschmutzt oder angerempelt zu werden, oder aber es wurde ihnen bei all den Dämpfen und Gerüchen einfach schlecht. Jedenfalls hat man der Zeitung geschrieben. Diese hat dann einen wirklich aggressiven Artikel mit Photos bebildert gegen diese Straßenverkäufer vom Stapel gelassen, und in diesem wurde nicht nur gefordert, ihr ganzes Material zu konfiszieren, sondern sie darüber hinaus zu bestrafen. In dem Artikel war von Hygiene und abscheulichem Anblick die Rede und von der Peinlichkeit für die ganze Stadt, daß hier ein solch trauriges Schauspiel zu sehen sei. Also alles Dinge, die für uns keinen Sinn machen und erst recht nicht für die Betroffenen. [...] Am Tag nach der CRS-Razzia waren die Händler wieder genauso zahlreich dort wie zuvor.

Aber es gibt auch Gemüse- und Früchte-Händler, die Geld verdienen, ja sogar Erdnuß-Verkäufer. Denn wenn es an Geld mangelt, kriegt dies zunächst einmal der Handel mit nicht eßbaren Gütern zu spüren, danach erst das Lebensmittelgeschäft. Hier sind es erst die teuersten Läden mit ihren Luxusgütern, dann, und hier wird es denn katastrophal, auch der Handel mit dem Lebensnotwendigen: Brot, Hirse und was es sonst noch gibt. Unter diesen Umständen verkaufen sich kleine Portionen am besten, Sachen, die nicht viel kosten, alles, was man für 10 oder 15 Francs kaufen kann, besonders wenn man hungrig ist. Wenn man zu Hause nichts zu essen hat, ißt man für 150 Francs in einer billigen Imbißbude. Kann man sich das nicht leisten, ißt man eine Kleinigkeit an der Place du Gouvernement für 60 oder 80 Francs. Und wenn es auch dafür nicht mehr reicht, kauft man für 10 Francs Erdnüsse. Die sind immer ein sicheres Geschäft: man kauft das Kilo Erdnüsse zu 150 Francs und verkauft es für 500 Francs.

»Natürlich hängt das davon ab, was man unter Arbeit versteht«

Den Gemüsehändlern geht es genauso, weil sie gut organisiert sind. Sie stammen alle aus der gleichen Region Djidjelli, Taher, Collo, El-Milia. Das ist kein Zufall. In den Markthallen kommen alle Händler

15 [Compagnies républicaines de sécurite = mobile Polizeitruppe – A. d. Ü.]

ausnahmslos aus dieser Region, ich konnte das mit eigenen Augen sehen, als ich noch Gemüse verkaufte. Da liegt ein wenig Betrug in der Luft. Diese Händler geben ihre Ware jenen Händlern zum halben Preis ab, die aus der gleichen Gegend stammen und das Gemüse auf der Straße weiterverkaufen. Das machen sie entweder aus Solidarität oder weil sie dabei selbst etwas verdienen. Der Auftraggeber hat davon natürlich überhaupt keine Ahnung. Auf diese Weise bleibt den Verkäufern eine gewisse Gewinnspanne, die es ihnen ermöglicht, Tomaten zu 40 Francs das Kilo zu verkaufen, während ein normaler Gemüsehändler gezwungen ist, 75 Francs zu nehmen, und der Kaufmann an der Ecke sogar 120 Francs. Übrigens haben sie schnell ihre Stammkundschaft, sobald sie ein wenig dauerhaft etabliert sind. Hierbei handelt es sich vor allem um Arbeiter, die weit entfernt wohnen und einmal die Woche kommen, um ihre gesamten Vorräte einzukaufen. Für sie ist das so billiger.

Es ist eigentlich ganz einfach: Man beginnt bei Null. Mit 500 Francs kauft man irgendeinen Fetzen, eine Hose zum Beispiel, und verkauft sie 100 Meter weiter für 550 Francs, 600 Francs oder 700 Francs. Das ist besser als nichts, 100 oder 150 Francs. Und für jemanden, der noch nicht einmal zwei Francs in der Tasche hat, ist diese Summe ganz beachtlich, ich weiß nicht, ob Sie das schon einmal selber erfahren mußten. Wenn ich 1000 Francs habe, sind 100 Francs für mich der Preis eines Kaffees, für 100 Francs kaufe ich die Tageszeitung und soviel gebe ich einem bettelnden Kind. Aber wenn ich keine 100 Francs habe, dann ist es verdammt schwierig, diese Summe aufzutreiben, und 100 Francs sind dann mehr als 1 000 Francs, mehr als 5 000 Francs, mehr als 10 000 Francs. Und so geht es auch diesem Mann. Wenn er nur das hat, dann sind 100 Francs für ihn ein Vermögen. Wem es nie an Geld gefehlt hat, kann das nicht wissen, kann das nicht verstehen.

Ich habe schon einige in dieser Situation erlebt. In Wirklichkeit sind sie sehr zahlreich, denn es gibt viele Flüchtlinge ohne Arbeit und die dennoch Geld heimbringen müssen. Da bleibt ihnen nichts anderes übrig. Auf die eine oder andere Art kommt man immer in Kontakt zu einem Händler, der einem ein wenig Ware zur Verfügung stellt, die man auf den Plätzen verkaufen kann. Hierbei kann man ein bißchen Gewinn machen. Ich habe Leute gesehen, die damit begannen, für eine Bäckerei einen Korb Croissants und Brötchen zu verkaufen, andere verkauften ein wenig Geschirr, wieder andere einige Meter

Stoff von Tür zu Tür in den Vierteln der einfachen Leute. Irgendwie kann man immer arbeiten.

Natürlich hängt das davon ab, was man unter Arbeit versteht. Wenn Arbeit heißen soll, ein Handwerk auszuüben, und das noch dauerhaft und so, daß man regelrecht davon leben kann, dann ist das nicht für jeden zu haben und steht auf einem ganz anderen Blatt. Aber wenn Arbeit heißt, etwas zu machen, egal was, um nur nicht müßig dazustehen und um sein Brot zu verdienen, ja, da sind es nur die Faulenzer, die nicht arbeiten. Ein Mann von Würde, der nicht auf Kosten anderer leben will, muß arbeiten, selbst wenn er sich irgendwie durchschlagen muß. Wenn er keine Arbeit findet, kann er immer noch Straßenhandel betreiben. Viele sahen sich dazu gezwungen, um zu überleben, und haben sich nun hierbei so gut eingerichtet, daß sie um nichts in der Welt mehr etwas anderes tun möchten. Das aber ist schlecht, denn was zu Beginn ein notwendiges Übel war, wird nun zu einer Form von Faulheit. [...]

Die Kabylen, die lösten das Problem auf ihre Weise: Sie suchten erst gar nicht nach Arbeit vor Ort, sondern sind einfach so und oft ohne die geringste Erfahrung nach Frankreich abgereist. Ich erinnere mich an zwei Krisen, wo es echte Arbeitslosigkeit gab: 1936 und die jüngsten Ereignisse seit Dezember. Über 1936 erzähle ich dir nichts, damals bereitete man den Krieg vor. Heutzutage aber ist die Situation sehr schlimm, eben wegen dieser Armee an Bauern, die jetzt in der Stadt nach Arbeit suchen. Diese Leute merken jetzt, was Arbeit bedeutet und daß das, was sie vorher machten, nämlich die Erde beackern, keine Arbeit in diesem Sinne war. So kommt es, daß heute viele Arbeit fordern und es zugleich immer weniger davon gibt.

»Der Beamte ist König«

[...] Worauf es bei der Arbeit zuallererst ankommt, ist, ob sie anstrengend ist oder nicht. Die am wenigsten anstrengende Arbeit haben vor allem die Beamten, die Freiberufler, wobei die Ärzte allerdings eine psychisch sehr aufreibende Arbeit ausüben. Der Beamte hingegen leistet seine acht Stunden, geht nach Hause, hat seine festen Bezüge, also ein gesichertes Leben. Nach dieser Berufsgruppe folgen die Händler. Je größer ihr Geschäft, desto weniger anstrengend ist es. Dann kommen die Handwerker, die selbst arbeiten: Ihnen geht's wie den mittleren Angestellten, Facharbeitern und Technikern. Nach diesen kommen dann die Arbeiter. Die Fellachen sind entweder wie die größten Handwerker, die in der Regel nicht selber Hand anlegen, oder wie die Landarbeiter, wenn sie gezwungen sind, selber zuzulangen. Am schlimmsten aber sind die landwirtschaftlichen Arbeiter dran, die viel und sehr lange arbeiten und dabei nichts verdienen. Bei uns gibt es zwei Ausdrücke, die das genau auf den Punkt bringen, also zunächst *aqabach* (das Aufreißen des Bodens: die Landarbeiter) und dann *albala dou ouabiouch* (Pickel und Schaufel: die Hilfsarbeiter).

Wenn es jetzt um Vorlieben geht, dann will jeder Beamter werden. Es gibt nichts Vergleichbares, egal um welche Berufsgruppe es sich handelt. Auf gleicher Stufe ist es immer besser, Beamter zu sein, wenn man nichtgerade wie der Arzt in der Lage ist, beides gleichzeitig zu sein: Freiberufler und Beamter. Sie arbeiten alle im Krankenhaus und haben noch ihre private Praxis; niemals kann ein Beamter, und mag er auch noch so hoch plaziert sein, soviel verdienen wie der geringste Arzt. Und obendrein hat der Arzt auch noch das höchste Prestige. Sogar mehr als der Ingenieur zum Beispiel. Übrigens ziehe ich den Arzt vor, das ist eine Frage der Verantwortung.[…] Ingenieur, Arzt, das sind schöne Berufe; Anwalt auch … ja vielleicht nicht ganz, die Anwälte sind momentan alle arbeitslos. Besser ist man auf diesem Niveau dann doch ein Friedensrichter: der Richter ist Beamter, der Beamte ist König. Früher war es das Letzte, Kontrolleur beim öffentlichen Transportwesen zu sein: Man mußte sich von vorn bis hinten durch die Wagen kämpfen, den Ellbogen gebrauchen, kontrollieren und sich oft mit den Passagieren herumstreiten. Jetzt, wo die Kontrolleure zu Beamten gemacht wurden, sind sie Könige. Sie werden besser bezahlt als die Fahrer, haben einen schönen Lohn, bleiben auf ihren Sitzen hocken und streiten sich kaum mehr mit den Fahrgästen herum. Manche verdienen 100 000 Francs im Monat. Schau, M., der Kellner, der uns bedient, verdient, das Kindergeld eingerechnet, seine 120 000 Francs monatlich. Er hat sechs oder sieben Kinder (aber was heißt das schon; du weißt ja, was die Kinder hier bei uns schon so essen; sie kosten erst Geld, wenn sie einmal krank sind oder Kleider brauchen). […]

Der hinterletzte Beamte hat sein Auto und sein Eigenheim, und das dank der Kredite, die der Staat ihm gewährt. Schau mal, du denkst doch wohl nicht, daß M. mehr Bildung hat als ich, ja, und dennoch hab ich Gemüsehändler gespielt und dabei mein ganzes Geld aufgebraucht. Denn die Ärmsten sind nun einmal die Kleinhändler. Sie verdienen viel weniger als die Arbeiter und zehren meistens ihr Kapital auf. Ein Gesetz des Handels ist, daß Geld allein Geld einbringt; aber unsere Händler verfügen nun einmal über kein beachtliches Kapital, haben wenig Geld beim Start, und somit ist es klar, daß sie wenig verdienen. Sie können sich gerade so am Leben halten und haben außerdem gegenüber einem Arbeiter noch viele Sorgen: Kunden auftreiben, Vorräte heranschaffen, ständiges Rechnen und die Angst vor dem Ruin, während der Arbeiter bei gleichem Einkommen einfach sein Tagwerk erledigt und von allen Sorgen befreit ist, vor allem, wenn er wie ein Beamter am Ende des Monats entlohnt wird. Für den Beamten ist die Arbeit ein Kapital, nicht so aber für den Händler. Dem Beamten gesteht der Staat einen Kredit zu, zum Beispiel für den Bau eines Hauses, der Händler jedoch kann nur dann einen Kredit oder eine Überbrückung bei einer Bank bekommen, wenn er solvent ist, das heißt wenn er Immobilien besitzt. Der Beamte wird auf Regierungskosten gepflegt, wenn er krank wird, ja, und wie steht es mit dem Händler? Nichts! Und was bringt ihm all das schon ein? Den sogenannten Status des Selbständigen? Das stimmt doch gar nicht. Ein Beruf ist selbständig, wenn er einem etwas einbringt, wenn er es einem erlaubt, sein Leben zu bestreiten, und von da an sind dann alle Berufe selbständig. Ein Händler, dem es theoretisch freisteht, seinen Laden nach Lust und Laune zu eröffnen und zu schließen, verliert seine Freiheit, wenn er auf Kunden warten muß, und kann sich diese Freiheit an den Hut stecken, weil er sie nicht nutzen kann. Selbst ein Arzt ist gar nicht so frei. Er ist gezwungen, sich, wenn es sein muß, auch um Mitternacht noch zu einem Patienten zu begeben, aber mit dem Händler ist das natürlich immer noch nicht vergleichbar: Der Händler wartet auf den Kunden, während der Kunde seinen Arzt aufsucht.

»Auch wenn sie täglich ein frisches weißes Hemd anlegen können, sind sie deshalb noch keine Bourgeois«

[...] Bei uns existiert noch keine Bourgeoisie. Man wäre es gerne, ist es aber nicht. Wie viele große Vermögen gibt es denn bei den Moslems? Ein paar Namen: Tchkikene, Bensiam, Bellounich mit seinem Holz- und Eishandel, Tamzali, der Öl, Seife und Feigen vertreibt, Tiar, ein wichtiger Unternehmer und Händler, Ben Turki, Mouhoub ben Ali usw. Das sind schon die größten und die einzigen Bourgeois. Aber man darf nicht vergessen, daß alle diese Leute in Industrie und

Handel Vermögen gemacht haben, und wenn sie heute über Häuser und Ländereien verfügen, so haben sie das alles erworben. Es sind somit nicht Bourgeois, die einfach schon über Ländereien, Herden und Menschen, die sich darum kümmern, verfügen. Eine solche Bourgeoisie gibt es bei uns in Algerien überhaupt nicht, und wenn es sie denn einst gegeben haben mag, ist sie heute ruiniert und hat ihren Grund und Boden eingebüßt.

Ich habe zu Hause ein Buch, ich kann es Ihnen zeigen, in dem genaue Zahlen stehen. Ich erinnere mich nicht mehr ganz genau, aber noch nicht einmal einer von zehn, einer von vierzig, ja noch nicht einmal einer von hundert Großgrundbesitzern ist Moslem, und man kann ja auch nicht gut einen Hektar steinigen Boden am Berghang, den man von Hand bestellen muß, weil ein Paar Ochsen schnell zusammenbrechen würde, mit einem Hektar im Flachland vergleichen, wo man Wasser hat und den Traktor einsetzen kann. Ja, und welche bourgeoisen Landbesitzer gibt es da? Man kann Sayah, Bengana, Ben Ali Cherif nennen. Es sind vor allem Oran und Constantine, wo man diese wenigen reichen muslimischen Landeigner findet. In Algier gibt es eine sich aus Händlern und Industriellen zusammensetzende Bourgeoisie. Das müssen Neureiche sein, denn unser Sprichwort »Der Reichtum ist Kind der Feldarbeit oder des Erbes« läßt sich nicht auf sie anwenden. Sie arbeiten nicht auf dem Feld und können auch nichts geerbt haben, denn die einzigen Reichtümer der vorausgehenden Zeit waren Boden und Herden.

Was die Ärzte, Anwälte, Großhändler angeht, so handelt es sich hier nicht um Bourgeois im engeren Sinne. Auch wenn sie täglich ein frisches weißes Hemd anlegen können, den Anzug wechseln, in einer Villa wohnen, im Auto herumfahren, gut essen und so viel ausgeben können, wie sie wollen, sind sie deshalb noch keine Bourgeois. Bourgeois sein heißt, den Beruf des Bourgeois auszuüben, also über Kapital verfügen, das Gewinn abwirft, oder eine Fabrik leiten oder ein Unternehmen besitzen, Aktien auf der Bank haben. Der Bourgeois hat Geld, aber dieses Geld muß Gewinn bringen und helfen, andere arbeiten zu lassen. Ein Arzt, ein hoher Beamter oder ein Anwalt sind selbst dann noch keine Bourgeois, wenn sie Geld haben. Bourgeois wird es in Algerien erst geben, wenn es hier Fabriken, sehr große Vermögen und Typen geben wird, die Schiffe, Flugzeuge und Eisenbahnen besitzen. Die Busse allein genügen heute nicht mehr. Wenn ich Bourgeois sage, dann denke ich eher an Gesellschaften, an »Konzerne«. Eines zeigt sehr gut, daß unsere hiesigen Bourgeois noch nicht den echten Geschäftssinn der richtigen Bourgeois haben, nämlich daß es sich nur um persönliche Vermögen handelt und sie noch keine einzige Gesellschaft gegründet haben. Sie haben sich noch nicht organisiert, ja machen sich statt dessen untereinander Konkurrenz und rivalisieren miteinander. Sie versuchten es kurz vor dem Ausbruch der politischen Ereignisse. Nachdem diese ausgebrochen waren, bekamen sie Angst, ihre Geschäfte liefen nicht mehr gut. Und sie hatten auch Angst, ihre Vermögen offen anzuzeigen, denn es gab Forderungen und Neid. [...]

»Moral, die der Hunger lehrt«
Heutzutage haben die Kleinen begriffen, woher der Wind weht, die kleinen Vermögen, das heißt mit weniger als zehn Millionen Kapital, schließen sich zusammen, aber es sind leider Kabylen. Sie investieren eben in Cafés, nachdem sie sich schon auf die Restaurants und Hotels gestürzt haben, das ist schon Gewohnheit. Wenn man im Bereich Restauration anfängt, selbst auf dem Niveau der Garküchen, wenn man sich daran bereichert, was kann man denn da schon groß machen, außer ein noch größeres Restaurant eröffnen? Nun haben aber die Kabylen genau so angefangen: als Bedienung in Cafés und Kellner in Restaurants.

Ein Familiensohn aus Algier käme erst gar nicht auf die Idee, einen Saal zu mieten, um den Koch zu spielen und Essen zu servieren. Er würde nicht einen einzigen Teller voll verkaufen; es ist ein mißachteter Beruf. Man muß aus den kabylischen Bergen stammen, um das zu machen, so wie man ein Dunkelhäutiger aus Biskra sein muß, um den Wasserträger zu spielen. Oft bereichern sich die Kleinen, weil sie die Mentalität der Muttersöhnchen und Erben nicht teilen und nicht zögern, wirkliche Geschäfte zu machen. Deshalb haben sie einen Vorsprung; die sagen nicht: »Ich bin der Sohn von dem und dem«, oder: »Mein Großvater war der und der«. Ganz wie die Marabouts in meiner Heimat, leben sie sozusagen vom Betteln, das ist eine Schande. Übrigens ist damit jetzt Schluß: Niemand gibt ihnen mehr etwas, sondern man sagt ihnen: »Euer Vorfahre war ein Heiliger, ja er würde sehr wohl unser Geschenk verdienen, ihr aber seid Diebe, und wenn Euer Großvater könnte, würde er Euch verdammen und sagen: ›Geht arbeiten!‹« All das sind Vorurteile: es gibt keine Berufe, deren man sich schämen müßte. Man muß sich anstrengen und alles versuchen, und die Eltern muß man vergessen, denn die haben alles mit sich genommen, das Baraka, den Namen, die guten und schlechten Merkmale. Das haben die Kleinen, mittlerweile aus Erfahrung klug geworden, begriffen. Deshalb sind die Kleinen heutzutage, gerade in diesen Kriegszeiten, den alteingesessenen Reichen der Städte voraus. Diese Kleinen sind entschieden, vorwärts zu machen, alles über den Haufen zu werfen und die Traditionen, an die die Reichen sich noch klammern, über Bord zu werfen. Die Kleinen brauchen nur wenig Unterstützung auf dem eingeschlagenen Weg. Sobald sie die ersten Schritte getan haben, gehen sie diesen Weg auch ohne Zögern bis ans Ende.

[...] Ich hatte angefangen, in den Familien Algiers zu verkehren, die nur etwas auf ihren Namen und ihre Herkunft geben, sogar verheiratete Frauen. Unter uns gesagt, betrügen diese ihre Männer viel leichter und öfter als die Frauen der Arbeiter, denn mit all dem Schmuck, den sie haben, Geld, Kleider usw., langweilen sie sich viel mehr als diejenigen, die sich um ihre Kinder kümmern und ihren kleinen Haushalt versorgen und diesen immer reinlich halten. Augenblicklich bin ich mit einer Frau aus diesem Milieu zusammen – wir haben eine Beziehung. Deshalb weiß ich sehr viel über die Mentalität dieser Leute da; sie ist verdorben! Die Moral, die findet man bei den Kleinen, das ist die Moral der Arbeit, Moral, die der Hunger lehrt. Wenn man hungrig ist, kommen einem tausenderlei Sachen erst gar nicht in den Sinn.

Ein konkretes Beispiel: Nimm einmal die Töchter eines Facharbeiters von heute, der seinen Lebensunterhalt anständig verdient, eine feste Stelle hat, einen sicheren Beruf, seine Kinder korrekt kleiden kann – zum Beispiel ein Postangestellter, ein Angestellter des Krankenhauses, ein Kassierer bei den städtischen Transportunternehmen. Ja nun! Die Töchter dieser Leute besuchen die Schule, und wenn sie da erfolgreich sind, strengen sich die Eltern an, sie so weit wie möglich vorankommen zu lassen, genauso wie bei Knaben. Auch wenn das Mädchen zwanzig, ja zweiundzwanzig Jahre alt ist, denkt der Vater ausschließlich an seine Tochter. Er weiß: je gebildeter sie ist, um so mehr wird sie verdienen, in ihrem Haushalt glücklich sein, wo sie ihrem Ehemann zur Hand gehen kann, ein Ehemann, den sie sich selbst aussucht, denn wenn er dem Mädchen Bildung zuteil werden läßt, dann weiß er auch, daß sie sich später gegenüber seiner Autorität Freiheiten herausnehmen wird. Der Reiche dagegen argumentiert

ganz anders. Er sagt sich: das Glück meiner Tochter mache ich mit meinem Geld. Wer sie heiraten will, will dies meines Vermögens wegen, weil sie meine Tochter ist, meinetwegen, ich der Soundso. Aber ich will nicht, daß mein Vermögen, also meine Tochter, egal wohin gehen: Also muß ich den Ehemann meiner Tochter aussuchen. Und deshalb muß meine Tochter im Alter von 15 Jahren im Haus bleiben, den Schleier tragen und von mir bewacht werden, damit ich sie so verheiraten kann, wie ich es mir wünsche.
Solche Eltern sorgen sich um ihr Geld und nicht um ihre Kinder. Konsequenz: die Tochter des Arbeiters wird Professor, Primarlehrer, Krankenschwester, vielleicht sogar Ärztin, oder aber einfache Büroangestellte. Und in Algerien brauchen wir all das! Die Tochter des reichen Mannes hingegen, die eigentlich die besseren Karten hat, um sich zu bilden, wird bis zum Hauptschulabschluß gerade noch lernen, einen Brief zu schreiben, und wird eine Müßiggängerin, die fordert, mit Schmuck überhäuft zu werden, sich mit Kuchen mästet und Kinder in die Welt setzt. Mit 30 ist sie schon alt, denn sie hat mit 17 Jahren geheiratet. Sie wiegt 160 Pfund, weil sie gut ißt und sich nie vom Sofa erhebt, und geht sie einmal zum maurischen Bad, dann nimmt sie ein Taxi. Auch das ist so ein »Algerien der Erben«, das wir loswerden müssen. Die Zukunft hängt davon ab. Was Algerien retten kann, ist folgendes: Man muß dieser Masse an Unglücklichen ohne Hab und Gut, die nichts anderes tun können als Hilfsarbeiter zu spielen, eine solche feste Stelle geben, wie sie diejenigen haben, die nicht zögern, ihre Töchter aufs Gymnasium und an die Uni zu schicken. Die Kleinen werden moderner, fortschrittlicher als die Reichen.

»Das moderne Leben fordert, daß alle arbeiten: der Mann, die Frau, auch die Kinder«

Schulbildung kann nicht schlecht sein. Ganz im Gegenteil: Der Sohn eines Habenichts ist keiner, wenn er gebildet ist, ohne Schulbildung aber wäre er es doppelt. Ich sage das, weil man lange Zeit behauptete, die Schule sei der Untergang für ein Mädchen. Da habt ihr es! Ein Mädchen zur Schule schicken, ihm Französisch beibringen, heißt ihm zeigen, was alles bei den Europäern los ist, heißt es in Versuchung bringen und ihm den Geschmack und die Möglichkeit dafür zu bereiten, sich der Autorität der Eltern, des Ehemannes zu entziehen, und all das natürlich im schlechten Sinne. Das hat man lange

Zeit gesagt, und daran halten sich die Reichen immer noch, wenn es um ihre Töchter geht, denn ihnen geht es vor allem um diejenigen, die einmal ihre Vermögen erben werden.
Heute beginnt man endlich einzusehen, daß die Schulbildung im Leben unabdingbar ist und daß es neben der auch Erziehung gibt; mit Erziehung kann man einer Frau Vertrauen schenken, während es früher schon ausreichte, daß eine Frau mit einem Mann sprach oder ihm ein Lächeln schenkte, um sie sofort zu verdammen. Nun heißt aber mit einem Mann sprechen und lachen, ihm zuzulächeln, doch wohl noch lange nicht, auch mit ihm zu schlafen. Nur weil soviel Haß in uns war, haben wir unseren Frauen immer böse Absichten unterstellt. Glücklicherweise beginnt dies alles jetzt zu verschwinden. Der Krieg hat es weggeschwemmt. Frauen, die noch nie aus den eigenen vier Wänden herausgekommen waren, fanden sich plötzlich Angesicht in Angesicht mit Soldaten, sei es in den Büros, sei es auf dem Markt. Schluß damit! Niemand kann sie deswegen heute noch verdammen, ja, man sollte sie im Gegenteil sogar beglückwünschen, wenn sie es schaffen, ihre Männer zu unterstützen und ihre Kinder zu versorgen. Mädchen dürfen deshalb nicht von der Schulbildung ausgeschlossen werden.
Auch die Frau soll arbeiten, und die Mädchen müssen dafür erzogen werden und nicht einfach nur, um zu Hause zu leben wie zuvor. Wir leben heute im Atomzeitalter, wir müssen die Zivilisation auch bei uns durchsetzen. Die Frau muß immer auch in ihrem Haushalt gesehen werden, darauf muß man immer wieder zurückkommen. Die Frau kann nicht wie der Mann arbeiten, denn der Mann hat ja nur diese Aufgabe, während die Frau noch Haushalt und Kinder zu versorgen hat. Man darf aus ihr, da sie arbeitet, keinen Mann machen. Nach dem heutigen Stand der Zivilisation kommen Schneidern, Pflegen und andere Berufe der Frau entgegen.
Deshalb muß man das schnell entwickeln, denn in Algerien fehlt es an allem, wir haben nichts (nicht einmal Krankenschwestern), wir benötigen alles, von A bis Z. Und wie steht es mit uns? Das moderne Leben fordert, daß alle arbeiten, und nicht wie bisher: einer arbeitet und zehn essen. Der Mann bei der Arbeit, die Frau auch, die Kinder ebenso, in der Schule, in der Lehre oder einer Anstellung (Büros, Werkstätten u.s.w.). Disziplin ist nötig, man muß die Anweisungen der Regierung befolgen. Ja es braucht sogar eine Diktatur, um alle zum Arbeiten zu zwingen.

Ethnologie der Kabylei

Vom richtigen Gebrauch der Ethnologie*

Gespräch mit Mouloud Mammeri

Mit Mouloud Mammeri, dem kabylischen Schriftsteller, führt Bourdieu 1985 anläßlich der ersten Nummer der Zeitschrift *Awal* ein Gespräch. Sie kommen dabei sowohl auf die Wichtigkeit eines realen Bezugs zum Forschungsterrain und die Schwierigkeiten der Gegenstandserfassung als auch auf Fragen der Taxonomie zu sprechen, die mehr die Ethnologen als die untersuchte Gruppe beschäftigen. Denn benennen, klassifizieren hat die Funktion, eine Hierarchie einzuführen und definitorisch eine Identität zuzuweisen, die mit der »Wahrheit« der Sozialwelt, die aufgrund ihrer Elastizität zugleich Wille und Vorstellung ist, übereinstimmen kann oder auch nicht. Die teilnehmende Beobachtung macht zahlreiche Hindernisse im Zusammenhang mit den Benennungen sichtbar, die je nach Gruppe, politischer Situation und Akteur variieren, während viele Ethnologen gerade zur Reifizierung neigen. Das Gespräch kommt darauf zurück, daß benennen auch »existent werden lassen« bedeutet, woraus sich die Bedeutung der Sprache und deren Bezeichnungsmacht in den krisenhaften Gesellschaften ergeben. Bourdieu kann aus seinen kabylischen Erfahrungen den Schluß ziehen, daß eine richtig betriebene Ethnologie an die Stelle einer Sozialpsychoanalyse tritt, wenn Gegenwart und Vergangenheit sich überlappen, wie dies mit der Kolonisierung Algeriens der Fall ist, und daß die Projektion in die Zukunft unmöglich ist ohne Rückwendung auf die Geschichte, zu deren Verdrängung die Akteure neigen. Durch das Spiel der Selbstenthüllung ermöglicht der Dialog dem Ethnologen – der aus einer dominierten Region eines dominanten Universums stammt –, dem anderen wissenschaftliche und intellektuelle Instrument an die Hand zu geben. Unter diesem Gesichtspunkt ist die Ethnologie die angemessene Disziplin: Sie hat teil an der Selbstreflexion, die zur Erkenntnis des anderen unabdingbar ist.

Mouloud Mammeri: Vielleicht erinnern Sie sich noch an unser Gespräch über kabylische Dichtung, das Sie 1978 in *Actes de la*

* *Awal. Cahiers d'études berbères*, I, 1985. [Der Vorspann stammt von der Herausgeberin T. Y.]

recherche en sciences sociales veröffentlicht haben. Es ging dabei um ein präzises Thema. Wenn ich daran zurückdenke, scheint mir, daß dabei eine Reihe allgemeinerer Fragen aufgeworfen wurden – wobei ich nicht die klassischen Fragen meine, die sich dem Ethnologen stellen; ich denke an einen präziseren Punkt. Es gibt mittlerweile eine algerische und, eingeschränkter, eine kabylische, eine Berber-Ethnologie oder -Anthropologie. Für einen, der selbst aus der kabylischen Gesellschaft hervorgegangen ist, stellt sich allerdings selbstredend ein ganz besonderes Problem. Angesichts der Tatsache, daß es seine eigene Gesellschaft ist, die er untersucht, frage ich mich, wie gültig eigentlich die Schlußfolgerungen sind, die er ziehen kann?

Pierre Bourdieu: Ich könnte auf zwei Arten antworten: zum einen, indem ich mich auf die genuin epistemologische Ebene begebe; zum anderen, und das werde ich hier tun, indem ich einen soziologischen Gesichtspunkt einnehme. Ich kenne die Widerstände gegenüber der Ethnologie und den Ethnologen, und ich bin zutiefst überzeugt, daß der Versuch es wert ist, sie zu untersuchen und zu überwinden. Deshalb antworte ich zunächst auch in Analogie mit meiner eigenen Erfahrung.

Im Grunde habe ich etwas recht Ähnliches wie Sie gemacht, nämlich über eine Gesellschaft gearbeitet, die übrigens sehr der kabylischen ähnelt: die Gesellschaft des Béarn. Worin besteht das Spezifische einer Situation, in der man eine Gesellschaft mit Instrumenten zu verstehen sucht, die von einer ganzen anthropologischen Tradition in bezug auf höchst unterschiedliche Gesellschaften, insbesondere die Melanesiens oder Amerikas, entworfen wurden? Zunächst einmal muß ich ganz ehrlich sagen, daß ich nie auf die Idee gekommen wäre, eine Reihe von Fragen an die Gesellschaft des Béarn zu stellen, hätte ich vorher nicht Anthropologie betrieben: Selbst was die Verwandtschaftsfragen anbelangt, die doch für die Akteure selbst von größter Wichtigkeit sind – in diesen Gesellschaften ist praktisch nur davon die Rede, vermittels der Probleme der Weitergabe des Besitzes, des

Erbes, der Beziehungen zu und der Konflikte zwischen Verwandten usw. –, also ich bin nicht sicher, daß ich all das neu erfunden hätte, was die Tradition der Verwandtschaftsuntersuchungen und die darin implizierte Problematik an Befunden bereitstellt. Mit anderen Worten, ein gewisses technisches Wissen ist vonnöten, soll vermieden werden, lediglich Daten etwas naiv in ihrer kruden Äußerlichkeit zu registrieren. Aus dem Import fremder, internationaler Problemstellungen erwachsen Distanz und Freiheit: Er ermöglicht es, nicht an der Realität, den Evidenzen, der indigenen Intuition zu kleben, die bewirkt, daß man gleichzeitig alles und nichts versteht. Darin besteht der ganze Unterschied zwischen der Spontan-Ethnologie der Amateure und der professionellen Ethnologie.

Nehmen wir das Beispiel Kabylei: Es ist verblüffend zu sehen, daß bis in die jüngere Zeit, aus komplizierten historischen Gründen, die Studien zur Kabylei nahezu völlig (mit wenigen Ausnahmen) außerhalb aller intellektuellen Strömungen verblieben sind. Es gibt eine Art Spontan-Ethnologie aus der Feder sei es von zivilen Administratoren, sei es von Militärs; sie wandten jene Kategorien an, die ihnen nun mal im Kopf steckten, das heißt häufig juristische Kategorien (im Fall von Hanoteau und Letourneux liegt das auf der Hand). Da diese Kategorien sehr unangemessen waren, sahen sie häufig nichts oder, genauer, sahen sie nicht wirklich, was sie sahen, weil sie, um hier in einem Bild Heideggers zu bleiben, die Brille nicht sahen, die auf ihrer Nase saß und die sie sehen ließ, was sie sahen – *und nur das*.

Im Fall der Kabylei wie im Béarn gab es auch eine Art Spontan-Literatur, häufig hervorgebracht von Primarschullehrern, die aus dem Land selbst stammten: So hatte ein gewisser Tucat eine Monographie seines Dorfes in Béarn verfaßt, und für Jahre war das alles, was es über das Béarn gab; die wenigen Ethnologen, die sich in Fragen der europäischen Ethnologie auskannten (worunter es sehr gute gab, wie Marcel Maget, vor dem Neuaufschwung in den 1960er Jahren), sprachen von *besiat* (der Gesamtheit der Nachbarn, *lous besis*) als einer typischen Struktur der Gesellschaft des Béarn.

Literatur dieser Art, die übrigens nicht die schlechteste war und zumindest gute Beschreibungen lieferte, gibt es in der Kabylei zuhauf. Aber die Vertrautheit bewirkt, daß man bei bestimmten Fragen nicht einmal auf die Idee kommt, sie zu stellen, so selbstverständlich sind sie. Ein Beispiel: Angesichts der Rolle des Schmieds im System der rituellen Praktiken und Vorstellungen in der Kabylei – mich bewegte die Frage nach dem Unterschied zwischen der räumlichen Struktur einer Schmiede und der eines Hauses – war ich auf der Suche nach einer guten Beschreibung einer früheren Schmiede. Ich habe sage und schreibe *eine* einzige gefunden, bei Boulifa,[1] weil sich die Leute mangels Fragestellung nicht dafür interessierten. Und ich bin mir sicher: Wenn Boulifa für die Lehrer der Bouzaréa[2] in seinem Lehrbuch der kabylischen Sprache eine Beschreibung der Schmiede bietet, dann deshalb, weil er die französischen Schulbücher im Kopf hatte, wo immer eine Schmiede und ein Schmied auftauchten …

M. M.: Das glaube ich auch. Nur frage ich mich, ob wir einigen dieser spontanen Ethnologen nicht doch Gerechtigkeit angedeihen lassen sollten. Ich glaube, daß keiner von ihnen (mit Ausnahme vielleicht von einem, Masqueray, dem von *La Formation des Cités* eher als dem der *Souvenirs et visions d'Afrique*) …

P. B.: Masqueray war sehr gelehrt, aber sein Wissen war natürlich sehr zeitgebunden.

1 Er war Grundschullehrer und einer der ersten bekannten kabylischen Forscher Ende des 19. Jahrhunderts. Ihm ist insbesondere ein *Recueil de poésies kabyle* (Algier: Awal, Neuaufl. 1990), ein *Cours de deuxième année de langue kabyle* sowie eine Geschichte der Kabylei zu verdanken. (Anm. d. Hrsg.)

2 [Gemeint ist die École Normale d'Instituteur de Bouzaréa, eine Ausbildungsstätte für Lehrpersonal im Grundschulbereich (1865-1962) – A. d. Ü.]

M. M.: Ich glaube, daß keiner von ihnen wirklich das Projekt hatte, die kabylische Gesellschaft zu erklären. Sie wollten sie vor allem bekannt machen, und was den dokumentarischen Teil anbelangt, muß ich sagen, daß ich den von Hanoteau und Boulifa recht umfassend und oft sehr genau finde. Was zum Beispiel die Dichtung betrifft, da haben sie eine Reihe von Hervorbringungen gerettet, über die sich jetzt eine kritischere oder wissenschaftlichere Reflexion hermachen kann. Ein anderes Beispiel sind die Pères blancs[3] …

P. B.: Was die meisten Arbeiten der Pères blancs so interessant macht, ist paradoxerweise der Umstand, daß sie keine genuin ethnologische oder soziologische Fragestellung hatten. Natürlich übertreibe ich das Paradox da etwas, aber ich habe häufig bedauert, wenn ich ihre Mitschriften las, daß sie nicht wenigstens über ein Mindestmaß an ethnologischer Bildung verfügten, das ihnen ermöglicht hätte, bei den Befragungen und Beschreibungen etwas tiefer zu gehen (etwa in bezug auf das Haus oder andere Rituale), statt sich mit der Registrierung dessen zufriedenzugeben, was man ihnen sagte. Ungeachtet dessen: In ihrem Wunsch, Gesprochenes zu sammeln und es so umfassend wie möglich zu transkribieren, haben sie alles unterschiedslos aufgesammelt, ohne sich nach der ethnologischen Relevanz zu fragen, und daher liefern sie einen regelrechten Schatz an Unerforschtem, aus dem alle Berufsethnologen, ich an erster Stelle, eine Menge geschöpft haben.

Das erklärt, warum ich den Zugang zu einer internationalen theoretischen Problemstellung so wichtig finde. Ich meine – und ich erlaube mir dies zu sagen, weil ich es zutiefst glaube –, daß Sie im unabhängigen Algerien eine äußerst bedeutsame Rolle gespielt haben, indem sie die Schaffung einer nationalen wissen-

3 [Deutsch: Weiße Väter – eine 1868 gegründete römisch-katholische Ordensgemeinschaft, die die Missionierung Afrikas zum Ziel hatte. Der Name bezieht sich auf die weiße Ordenskleidung (weiße, nordafrikanische Gandura und Burnus) – A. d. Ü.]

schaftlichen Ethnologietradition fortgesetzt und dabei ausgewiesene Methoden und Konzepte zur Anwendung gebracht haben. Aus gleichermaßen wissenschaftlichen wie politischen Gründen ist das von großer Bedeutung: Unter Berufung auf die Vertrautheit mit dem Indigenen oder die Anprangerung des Kolonialismus die gesamte wissenschaftliche Überlieferung zurückzuweisen hat katastrophale Folgen. Was mich angeht, daß ich etwas von der Gesellschaft im Béarn begriffen habe, liegt daran, daß ich, als ich mit ihrer Untersuchung begann, sehr allgemeine Probleme im Kopf hatte, wie die Frage nach den Beziehungen zwischen Verwandtschaft und wirtschaftlichen Grundlagen, oder auch meine kabylischen Geschichten: Ich wollte zum Beispiel sehen, ob die Heiratsstrategien abhängig von der Art der Erbfolge variierten, mit dem Erstgeborenenrecht auf der einen Seite und Teilung zu gleichen Teilen bei gemeinschaftlichem Eigentum auf der anderen.

M. M.: Im Béarn haben Sie das Erstgeborenenrecht …

P. B.: Ja. Weil ich den Vergleich im Kopf hatte, konnte ich Dinge sehen, die ich nicht gesehen hätte, wäre ich bei der Haltung des indigenen Vertrauten stehengeblieben. Zugleich konnte ich durch diese Vertrautheit auch wieder Dinge sehen, die ich außerhalb meiner vertrauten Welt nicht sah.

M. M.: Ich frage mich manchmal, ob für den Ethnologen, der seine eigene Gesellschaft untersucht, diese Vertrautheit nicht bereits seit längerem erschüttert ist. In der Mehrzahl der Fälle mußte er sehr früh die Gesellschaft, aus der er kommt, verlassen und sich an die neue Welt, in die er eintritt, das heißt die westliche Welt, gewöhnen, in der Regel über die Schule. Sehr früh lernt er, daß die Dinge, die ihm an vertrautesten schienen, dies gerade nicht waren. Es ist erstaunlich festzustellen, daß dieses Phänomen des Bruchs mit einer traditionellen Vertrautheit in einem ganz anderen Bereich, dem der Fiktion, sowohl auf englisch wie auf französisch eine ganze Literatur-, Roman-, Theater-Produktion ausgelöst hat, natürlich immer in einer westlichen Sprache.

P. B.: Einheimischer zu sein – vorausgesetzt, man weiß, was das alles impliziert, das heißt alles, was das kaschiert (und es kaschiert eine ganze Menge: alles was selbstverständlich ist) – bringt außergewöhnliche Vorteile mit sich. Zu einem der schwierigsten Dinge für einen Ethnologen gehört zum Beispiel, zu wissen, was wichtig und was unwichtig, was ernst oder unernst ist, also die richtige Gewichtung der Dinge.

M. M.: Ich glaube, das ist aus konkreten Gründen sehr schwierig, denen der Sprache, der kulturellen Gewohnheiten usw.

P. B.: Ich meine, manchmal stellt sich die Frage gar nicht. Während meiner Arbeit über die Kabylei habe ich mir immer wieder gesagt: »Was würde das bedeuten, wenn das mir ein Bauer aus dem Béarn sagen würde?« Ich konnte mir mühelos vorstellen, was ein Bauer aus dem Béarn von einem etwas naiven Ethnologen denken würde, dem dieser für seinen Beruf typische lächerliche gute Wille förmlich im Gesicht steht: ein Typ aus der Stadt, freundlich, sympathisch, er hört mir zu, ist höflich ... und dann ist er auch noch Franzose ... In einer kolonialen Situation achtet man diese Art von Achtung ... Man verhält sich ein bißchen gönnerhaft: Man erklärt ihm freundlich die offiziellen Werte der Gruppe, die Ehre, all das ... Die Anekdoten allerdings, die doch das Wesentliche sind, wird man ihm nicht erzählen. (All das habe ich wiederentdeckt, als ich mich an die universitäre und intellektuelle Welt gemacht habe: Das Wichtigste offenbart sich in den besonderen kleinen Affären, die nahe am Klatsch sind ...) Mit anderen Worten, in aller Aufrichtigkeit flunkert man ihn ein bißchen an.

M. M.: Vielleicht schafft die Tatsache, daß er Ethnologe ist, also einer, der nicht unmittelbar betroffen ist und der auf jeden Fall von außen kommt, eine ganz besondere Beziehung zwischen ihm und denjenigen, die er seine Informanten nennt. Er konditioniert den Informanten gleichsam, versetzt ihn in die Stellung desjenigen, der »Rede und Antwort steht«; mir scheint, daß er das, was er einem fremden, ausländischen Forscher, den er natürlich als fremd und sympathisch empfindet, sagt, niemals einem anderen Bauern aus der Kabylei oder einem aus dem Béarn sagen würde, weil er nicht dasselbe hervorheben würde. Das verfälscht sicherlich erheblich die Kommunikation.

P. B.: Mit Sicherheit! Und wäre es nur, weil der andere ihm sagt: »Hör mal, genug, erzähl mir keine Geschichten!«

M. M.: Zumindest dem Anschein nach liegt das Paradox darin, daß er, während er den Informanten »spielt«, er doch gleichzeitig aufrichtig ist usw.

P. B.: Ja, und das teilweise aus Respekt …

M. M.: Er systematisiert, glaube ich, etwas, was in Wirklichkeit keinen systematischen Charakter hat, weil er sich sagt: »Ich muß ihm Sachen sagen, die stichhaltig sind, die in sich stimmig sind, usw.« Häufig hält er auch, ob bewußt oder unbewußt, ein Plädoyer: Dem Fremden muß man sich immer stellen, und sei es, wie hier, in einer Art friedlicher Komplizenschaft.

P. B.: Genau! Wobei das auch mit einem städtischen Einheimischen passieren kann, das klappt da auch … Ich bin in Algerien häufig auf Jungen und Mädchen gestoßen, die irgendwie Schuldgefühle gegenüber dem Volk hatten, vor allem in der revolutionären Periode, und die solche Geschichten brauchten und sie dann plötzlich für bare Münze nahmen. Ich glaube, es gibt eine Art Austausch, einen wechselseitigen Betrug, bei dem keiner zu betrügen sucht. Die interviewte Person macht sich zum Ethnologen, stellt sich auf eine Ebene, auf der sie sagt: »Ehre, ich werde Ihnen erklären, was das bedeutet …« Sie sucht dann die Sprichwörter, Redewendungen, Definitionen, die herkömmliche Geschichte dessen, der zu seiner Frau gesagt hatte: »Wenn ich entehrt werde, dann …« Kurzum, die Erhebungssituation an sich bringt einen ganzen Rattenschwanz an konventionellen Redensarten hervor, die nichts mit dem zu tun haben, was man zu hören bekommt, wenn man sagt: »Erzählen Sie mir doch mal die Geschichte der Heirat von X, die soviel Staub aufgewirbelt hat. Mal eine wahre Geschichte!« Bei den Bauern im Béarn gibt es die Tradition der belehrenden Reden, eine Tradition, die durch die »Besinnungsaufsätze« in den Primarschulen noch verstärkt wird und das Herz der (heideggerschen) Gras- und Bodenphilosophen höher schlagen läßt. Diese Art offizieller Diskurs, für offizielle Begegnungen bestimmt, ist nicht falsch. So muß in repräsentativen Situationen geredet werden; das gehört zu den Strategien der Selbstdarstellung.

Das trifft auf alle Milieus zu. Doch das Spezifische der populistischen Haltung – der ethnologische Erguß ist einer ihrer Aspekte – liegt darin, daß sie dazu verleitet, sich mit diesem Redepomp zufriedenzugeben. Was ist denn ein Informant, wenn nicht diese äußerst geachtete Person, zu der man Sie schickt? Sie werden immer an sehr würdige alte Personen verwiesen, die »sich gut auskennen«, die als Weise gelten, die beim Sprechen ernst mit dem Kopf nicken, die eine gute Figur abgeben wollen, für sich selbst und die ganze Gruppe, deren Wortführer sie ein wenig sind. Alles wird anders, sobald man diese offizielle Rede unterbricht und sich auf konkrete Fälle bezieht oder spüren läßt, daß man die kleinen Geschichten kennt. Was darauf hinausläuft, das Ganze auf die gewöhnliche, nichtoffizielle Weise, von den Dingen des Lebens zu sprechen, zurückzuführen. Das heißt mit Eigennamen, konkreten Sachen und nicht den vagen großspurigen Erläuterungen über Ehre und Unehre im allgemeinen. Damit wird alles anders.

M.M.: Was die kabylische Gesellschaft anbelangt, da läßt sich, glaube ich, sagen, daß die beiden Reden, die beiden Diskurse gleichermaßen wahr sind, aber gewissermaßen nicht auf derselben Ebene der Wahrheit funktionieren. Die ganz einfache Realität ist natürlich die des gewöhnlichen, des Alltagsdiskurses, aber unter bestimmten Umständen weiß und fühlt sich gerade der normalste Mensch von der gesuchten Rede, dem offiziellen Diskurs in die Pflicht genommen. Er ist in die Falle gegangen, könnte man sagen. »Du erkennst den Wert dieser Rede, das Aufgeputzte daran, das Offizielle? Dann hast du keine Wahl mehr, richte dein Handeln danach.« Im allgemeinen endet das in der Tragödie (selten, aber das gibt es), und möglicherweise hängt die Häufigkeit, mit der der eine oder der andere Fall auftritt, unabhängig vom jeweiligen individuellen Temperament (was natürlich so nicht berücksichtigt werden kann) von Parametern ab, die durch die Analyse aufgedeckt werden können.

Ich glaube, daß der soziale Status, die Stelle, an der man in der gesellschaftlichen Hierarchie angesiedelt ist, einer der wichtigsten ist: Je mehr Ansehen (die großen Familien), um so mehr Einschränkungen. Auch die Epoche: Vor der Kolonisierung war der Kodex des *nif*, der Ehrenkodex, absolutes Gebot, das heißt Realität und Diskurs lagen nicht so weit auseinander. Während der Kolonialperiode bewirken das Exil der Männer, die Existenz von Gerichten, der bloße Kontakt mit einer Gesellschaft, deren Gebote anders sind, daß die Kluft zwischen den hergebrachten Grundsätzen und den tatsächlichen Verhaltensweisen größer wurde. Der Befreiungskrieg und die Unabhängigkeit haben den *gap* noch erweitert: Der aufgeputzte Diskurs wird seltener, mutet immer anachronistischer an; er wird zwar immer noch gehalten, aber nur deshalb, wie ich denke, weil die Sprache noch keine anderen Formen entwickelt hat, die ihn ersetzen könnten. Es bildet sich gegenwärtig eine aus im Umkreis von Werten wie der Forderung nach Identität, aber es braucht natürlich seine Zeit, bis sie soweit ist und die andere Diskursform ersetzen, übernehmen oder mit ihr koexistieren kann:

Dem Stamm gehen die Worte häufig sehr viel später verloren als die Sache selbst.

Damit will ich sagen, daß der Diskurs noch des sachkundigsten Informanten dekodiert werden muß; was, wie ich denke, auch für den Bauern aus dem Béarn gilt, dieses gewissermaßen autorisierten Wortführers, der, qua Position und durch die anderen mit der Aufgabe betraut ist, für sie zu sprechen, man könnte fast hinzufügen: für sie zu ihrem Besten zu sprechen, wenn er etwa die feierliche Version des *besiat* zum Besten gibt.

P. B.: Ja, Sie haben völlig recht: Beide Diskursmodi gehören zur Realität. Und es wäre absurd, wollte man den Alltagsdiskurs, den man hält, wenn man unter sich ist, für wahrer, authentischer halten als den formellen, formvollendeten Diskurs der außergewöhnlichen Situationen, wozu auch die Interviewbeziehung als Beziehung zu einem Fremden gehört. Beide sind wahr. Aber wenn der Ethnologe nicht auf der Hut ist, dann kann ihm blühen, daß er nur eine Form kennenlernt. Deshalb ist es so wichtig, sich vorzubereiten, vorher Material zu sammeln, um dem moralisierenden Geschwätz über *ânaya* (die Ehre) oder *nif* zu entkommen. Dann werden einem auch die Schwierigkeiten, die Konflikte, aber auch Dinge von manchmal enormer Brutalität sichtbar. Ein älterer Informant, den ich gebeten hatte, mir etwas über einen dramatischen Vorfall zu erzählen, von dem ich gehört hatte, ein Familienkonflikt wegen der Heirat eines Erstgeborenen, sagte mir, der Vater habe seinem Sohn, der »seinem Stand zuwiderhandeln« und ein ärmeres Mädchen heiraten wollte, gesagt: »Aber was bringt die denn mit? – Ihr Geschlechtsteil!« Er hätte mir das nie erzählt, hätte ich ihn nicht auf den Boden der alltäglichen Realitäten gestellt. Ich glaube, es gibt Platz für eine außergewöhnliche Ethnologie, betrieben von Leuten, die in der Lage sind, über die normativen Allgemeinheiten hinauszugehen und die Untersuchung unter natürlichen Bedingungen und in normalen Beziehungen zu führen, ohne daß sie auch nur Befragungen durchführen müssen.

M. M.: Um an das anzuknüpfen, was Sie sagten: Im Fall des einheimischen Berichterstatters gibt es noch ein zusätzliches Hindernis: Wenn die anderen nämlich merken, daß der Kerl dabei ist, so was wie eine Studie darüber zu machen, sind sie geneigt …

P. B.: Ihn auf den Arm zu nehmen …

M. M.: Sind sie geneigt, ihn auf den Arm zu nehmen, wobei ihnen durchaus bewußt ist, daß er aus demselben Nest stammt, daß er sich mit den Sachen auskennt, die man ihm berichtet. In diesem konkreten Fall ist man der Ansicht, daß er die Rollen getauscht hat, und man erzählt ihm die Geschichte so, wie sie ihm erzählt werden muß.

P. B.: Eine Art offizielle Version …

M. M.: Genau. Ich kenne Beispiele mit derselben Geschichte, die man mir erzählte, in Kenntnis dessen, wer ich war usw., und dann wird mir zufällig in einem Bus dieselbe Geschichte erzählt, von einem, der nicht wußte, daß ich … Zwischen beiden lag eine Welt!

P. B.: Und was war das für eine Geschichte?

M. M.: Eine Ehebruch-Affäre, etwas sehr Tragisches in der Kabylei, jedenfalls nach dem alten Kodex. Die erste Version war einwandfrei, entsprach den alten Gesetzen: Es muß hart durchgegriffen werden, die Ehre erfordert, daß usw. Aber als mir einer, der unmittelbar damit zu tun hatte (er war nicht direkt betroffen, aber doch fast), das unwissentlich ausplauderte, es war so während des Gesprächs aufgetaucht, trat zutage, daß es doch eine Menge Arrangements, Kompromisse usw. gegeben hatte. Der Ehrenkodex, das ist sehr schön, aber man riskiert Kopf und Kragen, vielleicht muß man sich ein wenig vorsehen. Es ist ein Spiel …

P. B.: Ich denke, der Ethnologe kann nur dann einigermaßen der Naivität entgehen, wenn er sich klar darüber ist, daß die Realität unendlich viel komplexer ist, und wenn er dann, mit dieser Erkenntnis im Kopf, in der Lage ist, die nützliche Information zu bekommen und damit umzugehen. Was nicht so einfach ist, weil so komplizierte Geschichten wie Verwandtschaftsbeziehungen in der Kabylei oder im Béarn mitverfolgen zu können verdammt viel Arbeit kostet: Die relevanten Informationen stecken in Andeutungen, in Kleinigkeiten, die man selbst im eigenen Land nur schwer versteht ... Was mich auf den Gedanken bringt, daß eine Ethnologie, die neben einer theoretischen Tradition auch noch über jenes Gespür für Feinheiten, Subtilitäten, Kompromisse verfügte, eine regelrechte Revolution darstellte; sie würde zeigen, daß der Unterschied, den man zwischen Ethnologie und Soziologie macht, gar nicht besteht. Meiner Meinung nach liegt der Unterschied im wesentlichen an der jeweils anderen Beziehung zum Objekt.

M. M.: Das zeigt ja in etwa Ihre eigene Arbeit, Ihr eigener Werdegang. Nicht zuletzt die Tatsache, daß Sie das Problem der Beziehungen zwischen Soziologie und Ethnologie, das auf den ersten Blick als Thema reiner akademischer Debatten anmuten mag, selbst durchlebt haben, hat Ihnen bei den Lösungen, die Sie dazu beigetragen haben, sicher geholfen.

P. B.: Ja, das glaube ich auch. Ich habe vorhin den Diskurs über den Begriff *besiat*, die Gesamtheit der *besis*, der Nachbarn, erwähnt. Man sprach darüber, als handele es sich um eine klar abgegrenzte soziale Einheit. Ich selbst hatte noch nie von etwas Ähnlichem gehört. *Lous besis*, das sind die Nachbarn. Bei bestimmten Gelegenheiten ist das ein bißchen formalisierter, weil es Protokollprobleme gibt, etwa bei Beerdigungen. Um Konflikte zu vermeiden, wird es formeller. (Ähnlich ist es in der Kabylei; wo Risiken bestehen, zum Beispiel bei großen Heiraten außerhalb des engeren Rahmens, geht man formeller vor, damit keine

Konflikte auftreten.) Es heißt: »Der erste Nachbar ist der von Gegenüber, der zweite der von rechts, der dritte der von links«; ungefähr so. Trotzdem, das existiert auf dem Papier. Zunächst einmal ist man häufig mit den Nachbarn zerstritten, dann gibt es die Hausnachbarn und die Grundstücksnachbarn (überhaupt nicht das gleiche). Und dann gibt es noch eine ganze Kasuistik. Zu bestimmten Gelegenheiten kann man den Nachbarn einladen, zu anderen jenen.

Hinsichtlich der Kabylei habe ich mich auch gefragt, wie das Dorf organisiert ist; mir wurden unterschiedliche Aufteilungen geliefert, mit jeweils anderen Namen: Hier hieß es *adrum*, dort *taxerrubt*; manchmal umgreift *adrum taxerrubt*, dann wieder ist es gerade andersherum. Angesichts dieser Unstimmigkeiten habe ich gedacht: »Ich habe mir das wohl falsch notiert.« Ich wollte ein sauberes, eindeutiges Schema hinkriegen, in dem alle Einheiten sich ineinanderfügen, perfekt vom »Haus« bis zum »Stamm«, wie es General Hanoteau gemacht hatte. Es gab einen Artikel von Jeanne Favret in *L'Homme* ... Tadellos! Hanoteau, neu verputzt! Und bei mir im Kopf spukte noch immer *lou besiat* herum und ich sagte mir: »Die fallen darauf rein, die reifizieren Gelegenheitseinheiten, das gibt's, aber nicht so, wie man glaubt.« Das knüpft an das an, was Sie vorhin sagten: Alles ist verhandelbar, kann diskutiert werden. Eine Heiratsgeschichte kann auf zig verschiedene Weisen erzählt werden, je nachdem, wem man sie erzählt. Das haben wir mit Sayad in bezug auf Heirat zu zeigen versucht: Die Heirat mit der Kusine ersten Grades ist häufig eine Katastrophe, weil das Mädchen nicht gut gebaut ist, verwachsen ist, also muß sich einer um jeden Preis aufopfern; aber die Heirat wird als hervorragend präsentiert, weil den Regeln gemäß. Anders gesagt, da steckt eine Menge Arbeit, genuin politische Arbeit drin. Das genau habe ich in der Kabylei gelernt: Die Menschen, und ich glaube, das gilt universell, manipulieren die Realität. Diese Realität existiert in großen Teilen im Diskurs.

M.M.: Ich glaube, das Problem läßt sich beheben, indem man sich klar wird (und damit anerkennt), daß in all diesen Gruppenbenennungen eine Art nominalistische Inflation herrscht. Etwas einen Namen geben: Das vereinfacht und beruhigt zugleich. Zentral ist, zu wissen, was diesen Benennungen eigentlich jeweils entspricht. Persönlich habe ich den Eindruck – wie soll ich es sagen –, daß sie alle existieren, aber gewissermaßen virtuell, oder vielmehr: manche fast immer und in Wirklichkeit ... Ich weiß nicht, zum Beispiel *axxam*, *taddart*, *laârc* (Familie, Dorf, Stamm) ... nicht wenige andere, aber eher noch im Werden, sie sind wie in Erwartung zu existieren, in Erwartung wessen ... Eben genau der Gelegenheit, bei der sie Sinn gewinnen und möglicherweise funktionieren: *adrum*, *taxerrubt*, *ssef*, *taqbilt* gehören ein bißchen zu solchen Begriffen. Selbst ihre Bedeutung ist ungenau, labil, und just in diesem Augenblick hier merke ich, müßte ich übersetzen und genau angeben, was ein *adrum* von einer *taxerrubt* unterscheidet, ich ganz schön ins Schleudern käme; und schließlich: Ein Kabyle kann sein ganzes Leben nie mit diesen Wesenheiten in Berührung kommen, und wenn die Gelegenheit kommt und einen auffordert – oder zwingt –, sie zu reaktivieren, ist das Gefühl (aufgrund des Nichtgebrauchs) dermaßen flau, daß man sich völlig unschlüssig ist und als *adrum* bezeichnet, was nebenan *taxerrubt* genannt wird.

P.B.: Ganz richtig, die Gruppen existieren zunächst einmal im Diskurs, in der Rede. Sobald man »Kabylen« sagt, existiert das ein wenig. Und darüber kann dann auch manipuliert werden. Verändere ich ein bißchen die Art und Weise, Dinge zu benennen, ändere ich ein wenig die Dinge selbst. Von den Dingen anders berichten heißt, andere Dinge zu berichten. Damit knüpfen wir an unser Gespräch von damals an, als wir von jenen Dichtern sprachen, die im Grunde Spezialisten in Sachen Manipulation der Sozialwelt waren.

M.M.: Vollkommen richtig! ... Spezialisten der Manipulation des Worts – und damit der Gesellschaft. Auf derselben Ebene der Gedanken, ich weiß nicht, was Sie davon halten, aber es erscheint mir schwierig, dieser nahezu immer unbewußten Versuchung des Manipulierens zu entgehen. Ich frage mich, ob ich das aktuelle Beispiel einiger kabylischer Intellektueller zitieren darf, die die kabylische Gesellschaft umzufunktionalisieren suchen zu einer, wie soll ich sagen: idealen, mythischen Gesellschaft? ... Es ist nicht mehr ganz klar, ich denke, selbst ihnen nicht ... ich weiß um die gewiß sehr komplexen Probleme, die diese ganz einfache Frage aufwirft. Denn man kann immer sagen: Dieses Bild der kabylischen, béarnesischen, griechischen Gesellschaft ist eher ideal als real, aber wer definiert denn die Realität? In der Praxis wird aus einsichtigen konkreten – politischen, sozialen, kulturellen – Gründen ein kabylischer Intellektueller unserer Tage eben immer wieder gedrängt zu einer idealen Neuerschaffung seiner eigenen Gesellschaft, nicht zuletzt als Reaktion auf das entwertende Bildnis, das jene zu vermitteln suchen, die sie negieren.

P.B.: Ich denke, richtig betrieben, ist die Ethnologie ein äußerst wichtiges Selbsterkennungsinstrument, eine Art soziale Psychoanalyse, mit der sich das kulturelle Unbewußte erfassen läßt, das alle, die in einer bestimmten Gesellschaft geboren sind, im Kopf haben: mentale Strukturen und Vorstellungen, die Phantasmen, Phobien, Ängsten zugrunde liegen. Und zu diesem kulturellen Unbewußten sind auch all die Spuren der Kolonisation, der Effekt der Demütigungen zu zählen ... Die Aussage, die Ethnologie sei eine Kolonialwissenschaft, also ab auf den Misthaufen, zeugt von großer Dummheit. Als ich nach Algerien zurückkam und sah, was ihr gemacht habt, habe ich zu mir gesagt: »Was für ein Wunder, daß Algerien dieser Art stupider Abreaktion entgeht!«

M.M.: Das war eher isoliert und mehr geduldet als wirklich akzeptiert oder gar zu eigen gemacht. Die offiziösen Ideologen, die bei Gelegenheit den offiziellen Diskurs duplizieren, verurteilen, ohne zu verstehen. Auf dem 24. Internationalen Kongreß für Soziologie, der im März 1974 in Algier stattfand, hat der damalige Minister für Erziehung und Wissenschaft eine regelrechte Attacke auf die Ethnologie geritten, nach dem Modell des manichäischen Gegensatzes: Soziologie = entwickelte Gesellschaften; Ethnologie = koloniale Gesellschaften, also a priori zu verwerfen. Nun kann man allerdings nicht minder sagen, daß diese Haltung erstaunlicherweise auch die des Bauern aus der Kabylei oder aus dem Béarn ist, von dem vorhin die Rede war. Wobei ich sagen muß, daß ungeachtet dieser Grundsatzerklärung, ungeachtet dieser Rede des bestallten Wortführers der Minister nie etwas unternommen hat, um die in Gang gekommenen ethnologischen Forschungen zu behindern. Wir konnten uns zum Beispiel dem Problem, das Sie gerade erwähnt haben, eingehend widmen.

P. B.: Ja, Um auf unsere Problem zurückzukommen: Ich denke, worum es geht, das ist die Fähigkeit, die Realität frontal anzugehen, der Wahrheit ins Gesicht zu sehen. Was kann für diese Jugendlichen die ursprüngliche Kabylei vorstellungsmäßig bedeuten? Eine Art Phantasma der Rückkehr zum Ursprung, der ursprünglichen Demokratie?

M. M.: All das ist meiner Ansicht nach wahr und falsch zugleich. Ich weiß nicht, wie Sie darüber denken …

P. B.: Ja, einmal mehr kann die Analogie zwischen Béarn und der Kabylei hilfreich sein. Im Béarn gab es in jedem der kleinen Täler richtige kleine autonome Republiken, mit ihrem jeweiligen eigenen Brauchtum usw. Es gab Sammlungen der Gewohnheitsrechte und Weisheiten, das Äquivalent zum kabylischen *kanoun*. Es gibt noch viele weitere Analogien: dieselben männlichen Werte, dieselben Ehrbegriffe, sehr demokratische Versammlungen, bei denen die Entscheidungen einstimmig getroffen werden usw. Und zugleich waren diese Gesellschaften von unglaublicher Härte und Gewalt! Man mußte verdammt zäh sein, um da zu leben und immer wieder zu überleben. Ein Wort konnte das Leben kosten ... ein falsches, unglückliches Wort. Die vorkapitalistischen Gesellschaften sollen entweder das verlorene Paradies oder die ursprüngliche Barbarei sein. Tatsächlich ist das höchst kompliziert: Das sind Gesellschaften, die einen unerhörten Reiz ausüben, die recht ungewöhnliche Menschen hervorbringen, die in vielerlei Hinsicht vornehmer und sympathischer sind als unsere Zeitgenossen. Zugleich sind es Gesellschaften, in denen das Leben sehr hart ist, in denen es Formen extrem harter Ausbeutung und von ungewöhnlicher physischer und symbolischer Gewalt gibt. Deshalb ist diese Art populistischer Begeisterung für die Vergangenheit zugleich nachvollziehbar und sehr gefährlich.

M. M.: Aber haben Sie nicht auch den Eindruck, daß dies alles noch dadurch kompliziert wird, daß diese Gesellschaften, die der Kabylei wie die des Béarn – das gilt auf jeden Fall in Algerien für die kabylische Gesellschaft –, in einem Zustand totaler Krise stecken? Also wirklich, alles das, das man geneigt war zu systematisieren, zu strukturieren, das geht weg oder ist bereits verschwunden. Und damit wird das Forschen schwieriger.

P. B.: Sie haben recht, mich zu korrigieren ... Dieser sicher ein wenig mythische Urzustand ist gänzlich abgeschafft; ihn heute wieder zu neuem Leben erwecken zu wollen ist mystifikatorisch. Zum Beispiel war eine Basis dieser Gesellschaft die Gesamthandsgemeinschaft; gemeinsames Eigentum zwischen Brüdern war, glaube ich, Grundlage des gesamten Systems. Erste Risse in diesem System traten zwischen den Weltkriegen auf; und es gab vielfache Strategien, um das zu kaschieren. Diese Gesellschaft war seit längerem schon in ihren Grundfesten beeinträchtigt, denn ohne Gesamthandsgemeinschaft klappt die Beziehung zwischen den Brüdern nicht mehr richtig, zwischen den Eheleuten, funktioniert die Einheit des Hauses nicht mehr, nicht die Autorität des Familienoberhaupts, nicht die Ehre und alles andere. Und dann hat der Krieg mit den Umsiedlungen und all der Gewalt die sozialen und mentalen Strukturen vollends zerrüttet. Mit anderen Worten, die Hoffnung ist völlig naiv oder gefährlich, die alte soziale Ordnung wiederherzustellen, wo doch die Voraussetzungen ihres Funktionierens überhaupt nicht mehr vorhanden sind.

M. M.: Stellt sich damit nicht auch für Sie das Problem der Gültigkeit der Resultate? Es war zweifellos einfacher, dem alten System eine Reihe stichhaltiger Schlüsse zu entnehmen; diese Gesellschaft da war kohärent. Und zum jetzigen Zeitpunkt, in diesem Übergangsstadium, ist die kabylische Gesellschaft oder die des Béarn noch nicht wirklich eine oder vielleicht überhaupt keine moderne Gesellschaft; aber auch nicht mehr die, die sie einst war.

P. B.: Ich bin der Ansicht, eine bestimmte Anzahl wichtiger Dinge muß weiter nach den alten Überlieferungen funktionieren. Was zum Beispiel den Heiratstausch angeht, da muß sich vieles geändert haben (ich würde nur allzugern sehen, wie das jetzt vor sich geht). Aber ich denke, das ist ein Bereich, wo man, zumindest auf der Ebene des Diskurses, zumindest zur Rechtfertigung oder zur Beschreibung, sich noch der alten Terminologie und der entsprechenden Vorstellungen bedienen dürfte. Auch die mythisch-rituellen Strukturen, die Gegensätze trocken–feucht, männlich–weiblich, funktionieren zwar nicht mehr wie zu den Zeiten, als die bedeutsamen kollektiven Riten praktiziert wurden; dennoch existieren sie noch in den Köpfen, in der Sprache, vermittels der Sprichwörter ... Wie Sayad etwa anhand von *el ghorba* gezeigt hat, greifen noch die Emigranten selbst auf die Ressourcen des traditionellen Denkens wie den Gegensatz zwischen Osten und Westen zurück, um ihre völlig neuartige Situation zu begreifen. Ich denke, man muß diese Logik kennen, sich dabei im klaren sein, daß sie mitnichten wie früher funktioniert, daß man eine Art ambivalenter Struktur vor sich hat, zwischen der Logik der Klassentrennung und dem alten Gemeinschaftsgeist. Man müßte den Zusammenhang zwischen Familienstrukturen und sozialen Strukturen untersuchen ... Wie die durch Ungleichheiten zerrissenen Familien dennoch überleben können. Es wäre faszinierend, eine große kabylische Hochzeit heute zu untersuchen, mit dem Zusammentreffen zwischen den Emigrierten und den Dagebliebenen, den wohlhabend gewordenen Familienzweigen und den Zweigen, die im Dorf geblieben sind, usw.

Dies alles hat mit der Berbergesellschaft, wie einige sie sich vorstellen, gewiß nicht viel zu tun ... Es ist aber verständlich, daß diese Leute sich eine Berbergesellschaft ausdenken, wie sie sie aufgrund ihrer gegenwärtigen Bedürfnisse gerne hätten.

M. M.: Ich denke auch. Es gibt eine Art Projektion der Aspirationen der Gegenwart auf die Realität der Vergangenheit. Die Berber sind marginalisiert, Minderheit geworden, nicht anerkannt und nicht legitim. Sie neigen dazu, der alten Berbergesellschaft all die Attribute zuzuschreiben, von denen nur allzu klar ist, daß sie aktuell fehlen. Hier ist mir nicht ganz klar, ob ich ergänzen darf, daß diese Sicht nicht zwangsläufig falscher ist als die anderen. Natürlich kenne ich die Argumente, die man mir entgegenhalten kann. Ich neige zu der Überzeugung, daß es einen anthropologischen Blick gibt, der die Welt entzaubert, indem er sie blank scheuert; aber wenn die verzauberte Welt eine Erweiterung ist, dann die blankgescheuerte Welt eine Beschränkung. Zwei Formen der Entstellung, die vielleicht gleichermaßen etwas offenbaren. Die verzauberte Kabylei ist immer noch die Kabylei, weil ich denke, auf Nichtssagendes kann man absolut nicht bauen – es braucht einen Prätext, vielleicht schlicht einen Text. Es ist zu vermuten, daß einem Soziologen wie Ihnen das überhaupt nicht stichhaltig erscheint. Ich wollte das hier nur mal formulieren, um Ihre Meinung dazu zu hören.

P. B.: Ja. Die Sozialwissenschaften stoßen auf höchst schwierige Probleme, zumal dann, wenn sie sich Gesellschaften zuwenden, deren Existenz bedroht ist. Wie die Kanaken heute, die Berber usw. Die in kritischen Situationen stecken, in denen ihre kollektive Identität in Gefahr ist, und natürlich werden die Intellektuellen dieser Gruppen zu mehr oder minder phantasmagorischen Projektionen verleitet. So wie ihre Intellektuellen sie erträumen, gemahnt die Berbergesellschaft an das, was Feuerbach über Gott gesagt hat: Wie Gott all das zugesprochen wird, was uns fehlt – wir sind endlich, er ist unendlich, wir sind unvollkommen, er ist vollkommen –, so wird der Berbergesellschaft von einst all das zugesprochen, was die heutige Berbergesellschaft nicht hat, was ihr fehlt. Und innerhalb dieser phantasmagorischen Rekonstruktion kann noch die beste Ethnologie als ideologisches Instrument der Idealisierung benutzt werden. Es ist eine Form des Chiliasmus ..., der nur zu verständlich ist, aber nichtsdestotrotz höchst gefährlich, weil er zu Problemen wie dem der Einheit der Berber führt.

Ich sagte vorhin, daß die Kabylen mich gelehrt hatten, daß die Sozialwelt zu einem Großteil das ist, was man möchte, was sie ist. Ein Kapitel meines Buches *Entwurf einer Theorie der Praxis* (ich glaube, es ist das über die Heirat) habe ich betitelt: »Die Verwandtschaft als Vorstellung und Wille«, in Anlehnung an Schopenhauers *Die Welt als Vorstellung und Wille*. Das ist der Grenzfall des idealistischen Nominalismus. Wenn es um die Sozialwelt geht, ist der Ausspruch: Die Welt ist meine Vorstellung und mein Wille, nicht gänzlich verrückt, weil es eine Elastizität der Sozialwelt gibt, nämlich dadurch, daß die Sozialwelt in Teilen durch die Vorstellung der in ihr Lebenden existiert, und weil die Berber oder früher der Clan der Aït Abdeslam oder der Stamm der Aït Menguellat oder wer auch immer, also wenn die Menschen glauben, daß das da existiert, dann existiert es auch schon ein wenig. Woraus folgt, daß dem Akt, Vorstellungen zu entwickeln, und seien sie auch etwas verrückt und von mythischem Chiliasmus geprägt, durchaus ein politischer Wert eignen kann.

Deshalb kann der Soziologe auch ein wenig zwischen Utopismus und Soziologismus in der Klemme stecken. Er kann sagen: »Die Berber gibt es nicht. Die Mozabiter, die Kabylen, die Chaouïa, die Tuaregs: das hat alles damit nichts zu tun.« Das sind unterschiedliche soziale Strukturen, ganz andere Verwandtschaftsstrukturen, ganz abgesehen von den jeweiligen wirtschaftlichen Grundlagen und religiösen Traditionen. Sicher, sie haben eine gemeinsame Sprache, und selbst da, usw. Das ist Soziologismus, und der wurde von der Kolonialmacht sehr oft mißbraucht, deren Devise ja lautet: Teile und herrsche! Nichtsdestotrotz ist der Tatbestand, daß Menschen sagen: »Berber sind Berber« oder »Berber aller Länder, vereinigt euch!«, eine soziale Tatsache: Indem sie das sagen, können sie es herbeiführen. Allerdings ist die Chance dafür um so größer, je stärker das, was sie sagen, in der Realität begründet ist, je mehr ihr Utopismus soziologisch geerdet ist, je mehr die erträumten Berber oder das erträumte Berberreich in der Realität wurzeln, durch einen Namen, eine Sprache, den Glauben an die ursprüngliche Einheit usw. Das gleiche gilt für die sozialen Klassen: Auch die Klasse ist Vorstellung und Wille, hat aber nur Aussichten, eine reale Gruppe zu werden, wenn Vorstellung und Wille nicht völlig verrückt sind und eine objektive Basis in der Realität haben.

M. M.: Ich denke, müßte man ein Beispiel nennen, wäre das beste wohl die Demokratie. Es heißt: Die kabylische Gesellschaft – oder die Berbergesellschaft im allgemeinen – war demokratisch. Ich glaube, das stimmt, aber zugleich tut man so, als sei diese Demokratie ein unabtrennbares und zwingendes Attribut dieser Gesellschaften gewesen oder, was auf dasselbe hinausläuft, Ergebnis einer im Empyreum vollzogenen Entscheidung, ohne Zwang noch Determiniertheit. Was jedoch zumindest die Kabylei anbelangt, da war die türkische Macht so gut wie inexistent, wie übrigens jede andere staatliche Form. Was bedeutet, daß, wer wirklich die Demokratie als essentielles Attribut der kabylischen oder Berbergesellschaft im allgemeinen bewahren will, auch die Bedingungen wollen muß, ohne die sie nichts anderes ist als eine bloße Vorstellung oder bestenfalls eine mobilisierende Utopie.

P. B.: Jedenfalls trägt die Tatsache, daß Menschen an die Existenz einer Gruppe glauben, dafür kämpfen, daß sie existiert, dazu bei, daß sie Existenz gewinnt. Ich könnte erneut einen analogen Fall zitieren und auf Okzitanien verweisen. Okzitanien hat nicht viele Fundamente in der Realität. Um gegen die Dominanz der französischen Sprache zu kämpfen, schaffen die Okzitanisten eine künstliche Sprache, die die Menschen nicht verstehen.

M. M.: Menschen, das heißt alle oder einige?

P. B.: Die »normalen« Okzitanen verstehen ihre eigene Sprachen nicht (die des Béarn, der Landes, von Bigorra usw.), wenn sie sie in den vereinheitlichten Transkriptionen der lokalen Gelehrten lesen. Können Sie sich die Berbertranskriptionen der Pères blancs vorstellen? ... Wer könnte die in der Kabylei lesen? Man fabriziert eine neue gelehrte Sprache. Das wirkliche Fundament der Einheit Okzitaniens liegt darin begründet, daß es eine dominierte Region ist, die Menschen umfaßt, die stigmatisiert sind, weil sie nicht den richtigen Akzent haben. Darin liegt schon einmal eine reale Basis der Vereinigung

M. M.: Das ist eine negative Definition.

P. B.: Ja. Es gibt sicherlich auch noch einige spezifische kulturelle Traditionen. Trotz allem, wenn die Menschen beginnen, daran zu glauben, wenn sie anfangen, die Plakette »Oc« an ihren Wagen zu kleben usw., ist es durchaus möglich, daß eines Tages ein okzitanischer Staat entsteht ... Darin besteht die Elastizität des Sozialen.

M. M.: Das erinnert mich an unser Gespräch, das in den *Actes de la recherche en sciences sociales* erschien. Sie erinnern sich vielleicht, daß wir dabei irgendwann von *tamusni* gesprochen haben, der kabylischen Weisheit. Für mich gab es den *tamusni*, weil ich als Jugendlicher in dieser Atmosphäre gelebt habe.

Danach sind einige Kabylen, die den Artikel gelesen hatten, zu mir gekommen und haben gesagt: »Was *tamusni* ist, wissen wir ja, aber alles das, was du darum herum gesponnen hast …?« Für mich gab es all diese Dinge. Doch angesichts der Reaktionen habe ich mich fragen müssen, ob ich von *tamusni* nicht ein Bild vermittelt habe, das sicher getreu, aber doch etwas …

P. B.: Etwas schwärmerisch war?

M. M.: Etwas schwärmerisch war … vielleicht entsprechend meinen Hoffnungen, ich weiß nicht. Dennoch glaube ich immer noch, daß das Bild im Grunde wahrheitsgetreu ist. Denn in der Folge hat sich etwas ziemlich Erstaunliches ereignet. Dieselben, die mir meine Darstellung des *tamusni* vorgeworfen hatten, sind nämlich wenig später gekommen und haben erklärt: »Du hast nicht alles erzählt: Du hast das und das und das vergessen …« Das heißt, was ich gesagt hatte, stimmte mehr oder minder, aber sie hatten vielleicht nicht ausreichend daran gedacht. Einer mußte all die Dinge sagen, damit es ihnen schließlich zu Bewußtsein kam.

P. B.: Worten kommt in diesen Angelegenheiten eine entscheidende Bedeutung zu. Ich muß keinen Kabylen beibringen, daß es Gruppen gibt, die nur kraft des Wortes, das sie bezeichnet, existieren. In der westlichen Tradition trifft das auf die adligen Familien zu. Da der Namen über den männlichen Vertreter weitergegeben wird, kann eine Linie aussterben, wenn der letzte männliche Vertreter ohne Nachkommen stirbt. In der Kabylei ist es genauso. Es ist also kein Zufall, daß den Worten in den Kämpfen um Unabhängigkeit, das heißt um »Anerkennung«, eine solche Bedeutung zuwächst … In bezug auf die Canaques wird um die Schreibweise gekämpft – darum, ob man »Canaque« oder »Kanak« schreibt: Kanak ist nationalistisch, Canaque kolonial.

M. M.: Das erinnert mich an einen etwas ähnlich gearteten Fall in Algerien. Bis in allerjüngste Zeit hat sich der offizielle Diskurs geweigert, auch nur das bloße Wort »Berber« zu verwenden. Presse, öffentliche Reden und Ansprachen, die Medien haben sich förmlich überschlagen, um sich Adjektive auszudenken: maghrebinisch, traditionell, ursprünglich, afrikanisch, lybisch ... nur um ja den wirklichen Begriff zu vermeiden. Eine Art Rückkehr zum magischen Denken im 20. Jahrhundert: die – vom Verstand her, nicht an sich – unsinnige Angst, Angst, daß das Wort am Ende Sein stiftet ...

P. B.: Sobald die Menschen daran glauben, daß die Gruppe existiert, beginnt sie auch schon zu existieren ... das große Paradoxon der Sozialwelt. In der traditionalen Gesellschaft ist es genauso: Die Verwandtschaftsbegriffe und politischen Taxonomien (*axxam*, *adrum*, *taxerrubt* usw.) strukturieren die Wahrnehmung der Sozialwelt, die der Mitmenschen und damit die Beziehungen, die man zu ihnen haben kann. Nun kann man diese Strukturen allerdings auch, wie am Gebrauch der Höflichkeitsbegriffe erkennbar, für unterschiedliche Zwecke benutzen. Darin beruht eben, wie schon gesagt, die Elastizität des Sozialen; und *tamusni* – darin beruht, scheint mir, eine seiner Stärken – ist genau die Kunst, mit Möglichkeiten zu spielen, die sich aus der Elastizität der Worte und der Strukturen ergibt, Worte, die diese Strukturen zugleich bezeichnen und hervorbringen.

M. M.: Flexibel damit zu spielen, das heißt, im Spiel zu bleiben, den Normen zu folgen, aber doch auch mit einem gewissen Spielraum, sich dem ein wenig zu entziehen, aber nur ein wenig, gerade so viel wie nötig ... Es darf nicht abreißen ... Gespielt wird bis zum Limit, bis zum Risiko, daß nicht nur die Spielregel sich ändert, sondern das ganze Spiel kippt.

P. B.: Für die Berber ist es ähnlich. Es muß eine Basis geben, also eine Grenze. Ohne Basis funktioniert es nicht. Wer heute etwa sagen würde: »Wir einen Bürger und Proletarier«, dürfte wenig Erfolg haben. In Kriegszeiten kann das funktionieren, wie 1914 zu sehen war. Aber in normalen Zeiten hat man mehr Erfolg mit dem Slogan: »Poletarier, vereinigt euch!« Darin beruht das Problem der sozialen Einheiten: Damit sie existieren, muß es objektive Grundlagen dafür geben; aber objektive Grundlagen allein genügen nicht, damit sie existieren. Die Berber lassen sich zigfach in Gruppen einteilen. Wenn eine Gruppierung die Oberhand gewinnt, dann teilweise deshalb, weil die Menschen sie haben existieren lassen.

M. M.: Oder aber – das passiert, wie ich glaube, häufig –, weil diese Gruppierung zu einem bestimmten Augenblick und aus bestimmten historischen Gründen ein Projekt trägt und mit Leben erfüllt, in dem die anderen sich wiedererkennen …

Damit will ich sagen, daß ganz besondere historische Bedingungen eine einzelne Gruppe zu einer intensiveren Reaktion treiben, ja förmlich zwingen können … Dann entsteht der Eindruck, als existierte sie … wie soll ich sagen … auf eine gefestigtere, gestärkte Weise. Die anderen, die im Grunde in derselben Lage sind wie sie, haben den Eindruck, sie seien mitgemeint. Ich habe Angst, mich zu weit vorzuwagen, aber ich bin doch geneigt zu glauben, daß, sind einmal bestimmte objektive Bedingungen vereint, es notwendig eine Gruppe geben wird, die die anderen berücksichtigt, sich deren Anliegen zu eigen macht, und diese Gruppe wird dann, ob zu Recht oder zu Unrecht, den Eindruck vermitteln, sie existiere in gewisser Weise mehr als die anderen.

Dialog über die mündliche Dichtung der Kabylei

*Ein Gespräch mit Mouloud Mammeri**

»Den Wörtern des Stammes einen reineren Sinn geben.«
Mallarmé

Für Pierre Bourdieu und Mouloud Mammeri ist schon allein der Ausdruck »mündliche Literatur« ein Paradox, das auf die Kategorien verweist, über die das europäische scholastische Denken die mündlichen Werke der kolonisierten Völker wahrnimmt. Das europäische Verständnis von Kultur ist selbst das Resultat einer langen Geschichte, in deren Verlauf die Existenz von Städten und die Schriftlichkeit prägend dafür gewesen sind, wie Literatur gedacht und gemacht wird – und das auch bei den Unterschichten, die unter dem Einfluß der symbolischen Herrschaft seit langem auf ihr mündliches Erbe verzichtet haben.
Der selbst mit der kabylischen Weisheitslehre, der *tamusni*, vertraute Schriftsteller und Wissenschaftler Mouloud Mammeri gibt Pierre Bourdieu Gelegenheit zu einer Reflexion der Möglichkeitsbedingungen einer zugleich mündlichen und doch gelehrten Dichtung wie jener der kabylischen *Aoiden* oder eines Homer.
Die beiden Autoren bemühen sich um eine Einordnung dieser Zuständigkeit für das Wort und die Spiele mit dem Sinn, die in der Tradition der griechischen Antike darin inbegriffen sind, wo der Dichter den Namen *demiergos* (bzw. *demiurgos*, der Handwerker, den man mit esoterischen und sogar magischen Praktiken in Verbindung bringt) trug.
Über die Rolle und die Funktion dieser in die Kunst des Redens eingeweihten Personen hinaus macht dieser Dialog den hohen Stellenwert deutlich, den die Berber der Rede und den Bedingungen ihrer Äußerung, Vermittlung und Verstetigung sowie ihrer Kodifizierungen beimessen.

* Dialogue sur la poésie orale en Kybalie. Entretien avec Mouloud Mammeri, in: *Actes de la recherche en sciences sociales*, 23, 1978, S. 51-66.
[Aus dem Französischen übersetzt von Andreas Gipper; Ergänzungen von Andreas Pfeuffer]

Tikkelt-a ad heǧǧγ asefru	Diesmal werde ich endlich das Gedicht beginnen
ar Lleh ad ilhu	Vielleicht wird es gut
ar-d inadi deg lweḍyat	Und wird über die Ebenen dahinfliegen
Win t-issnen ard a-t-yaru	Wer immer es hört, wird es aufschreiben
ur as iberru	Und es nie mehr vergessen.
w'illan d lfahem yezṛa-t …	Einem gewitzten Kopf wird sein Sinn aufgehen …
Si Muhend-u-Mhend	Si Mohand-Ou-Mhand (Zweite Hälfte des 19. Jahrhunderts)

Aaniγ d bab'i-y-idaan	Ist es die Verwünschung durch meinen Vater,
iffγ-ed felli leḥdit llil	Die mich zu nächtlichen Reden verdammt?
Ibbwḍ-ed yiḍ medden akw ttṣen	Wenn die Nacht kommt, schlafen alle,
ger w'idlen ḍ w'ur-endil	Ob sie eine Decke haben oder nicht.
Ar nek imi d bu ineẓman	Außer mir, der ich gehe, unter einer Decke von Unruhe
armi-diy'âabbans s-elmil	Und gebeugt unter der Last.
Lḥaǧ L Moextaṛ At-Sâid	Hadj Mokhtar Ait-Saïd (Erste Hälfte des 19. Jahrhunderts)

Pierre Bourdieu: Die mündliche Dichtung und generell das, was man bisweilen mit einer merkwürdigen Wortzusammensetzung als »mündliche Literatur« bezeichnet, konfrontiert die Forschung mit einem scheinbaren Paradox, das sich wohl zu einem Großteil den Wahrnehmungskategorien verdankt, mit denen das europäische Denken, seit langem bis in seine als »volkstümlich« bezeichneten Formen von der Stadt, der Schrift und der Schule beherrscht, die mündliche Produktion und die Gesellschaften, die sie hervorbringen, in den Blick nimmt: Wie ist eine gleichzeitig mündliche und gelehrte Dichtung wie die der kabylischen Dichter oder Homers möglich? Man kennt die Antinomie, in die sich die Homerforschung seit ihren Anfängen verstrickt hat: Entweder ist die Dichtung Homers gelehrt und kann sich dann nicht einer oralen Tradition verdanken oder aber sie verdankt sich einer solchen Tradition und ist dann nicht gelehrt. Wenn man davon ausgeht, daß es sich um eine mündlich tradierte Dichtung handelt, wie dies die sogenannte Lord/Parry-Theorie tut, dann verhindern die Vorurteile gegenüber dem »Primitiven« und »Volkstümlichen« tatsächlich, daß man ihr die gleichen Eigenschaften zuerkennt, die man der schriftlichen Dichtung zugesteht. Man vermag sich einfach nicht vorzustellen, daß *mündliche Dichtung* oder *Volkspoesie* sowohl in formaler als auch in inhaltlicher Hinsicht das Produkt eines Kunststrebens sein kann. Man kann nicht zugestehen, daß sie für den öffentlichen Vortrag vor einem gewöhnlichen Publikum verfaßt sein soll und trotzdem einen esoterischen Sinn enthalten kann, der folglich dazu bestimmt ist, bedacht und kommentiert zu werden. Es ist unnötig hervorzuheben, daß man so die Möglichkeit ausschließt, daß das Werk das Produkt einer bewußten Bemühung ist, die die kodifizierten und objektivierten Verfahren, die für die mündliche Improvisation als Iterationsform am meisten charakteristisch sind, auf einer höheren Stufe verwendet. Aber vielleicht sollten Sie damit beginnen, ihre eigene Beziehung zur *tamusni*, zur Berberphilosophie zu erläutern und uns zu erklären, wie sie Ihnen »vermittelt« worden ist und vor allem wie Sie sie »aufgegriffen« und »begriffen« haben.

Mouloud Mammeri: In der Ahnenreihe der *tamusni* ist mein Vater glaube ich der Vorletzte gewesen. Er hat noch einen Schüler gehabt, der ebenfalls gestorben ist, und nach ihnen hat etwas Neues begonnen: Das wird von der ganzen Gruppe anerkannt und stellt keine persönliche Sicht der Dinge dar. Die Leute sagen:

»Erst kam der und dann kam der«; sie zählen die ganze Ahnenreihe der *imusnawen* (*amusnaw*, Plural *imusnawen* – der Weise, der Dichter) auf, die sich die *tamusni* weitergeben. Und als der letzte, der sich Sidi Louenas nannte, gestorben ist, da war es vorbei … Mit ihm ist diese Form der *tamusni* gestorben, und man geht nun zu etwas anderem über. Selbst wenn man äußerlich einige oberflächliche Formen bewahrt hat, weiß doch in Wirklichkeit jeder, daß diese Art, die Dinge zu begreifen und auszusprechen, mit diesem Mann gestorben ist. Das war übrigens wirklich ein kollektives Drama: Als er starb, wußte man, daß mit ihm etwas definitiv zu Ende gegangen war. Ich bin also nicht der Sohn des letzten, sondern des vorletzten, und ich glaube, daß mir das insofern geholfen hat, als es mich sehr für diese Dinge sensibilisiert hat.

Ich selbst konnte nicht der Nachfolger meines Vaters sein, da ich ganz und gar nicht das gleiche Leben geführt habe; ich war an der Universität und hatte infolgedessen bereits ein anderes Bezugssystem. Das ändert aber nichts daran, daß er sein ganzes Leben lang bemüht war, mich, soweit er konnte, einzuweihen. Ich frage mich sogar zur Zeit, ob nicht die Liebe zur Literatur, die ich sehr früh entwickelt habe, aus diesem Ambiente herrührt, in dem ich mich als Kind bewegte, ohne darüber nachzudenken. Während mein Vater es vernachlässigte, mir die praktischen Dinge des Lebens beizubringen, deren ich dringend bedurft hätte, ließ er mich immer überall suchen, wenn er Leute empfing, mit denen er voraussichtlich über interessante Dinge reden würde. Ich war noch ein richtiges Kind, und er wußte natürlich, daß ich drei Viertel des Gesprochenen nicht verstehen würde. Trotzdem führte er mich in diese Atmosphäre ein …

Ich muß sagen, daß ich das als Jugendlicher heiß geliebt habe: Da brauchte er mich nicht mehr im Dorf suchen zu lassen; da war ich es, der wissen wollte, mit wem er wohl zusammensein würde …

P. B.: Sie haben somit gleichzeitig die Ausbildung des »Literaten« und die systematische und unsichtbare Ausbildung des *amusnaw* genossen?

M. M.: Ich habe sehr früh begonnen, kabylische Gedichte zu transkribieren.

P. B.: Wußte Ihr Vater davon?

M. M.: Er muß es geahnt haben. Ich habe unter seinen Papieren transkribierte Gedichte gefunden, die ich ihn mündlich habe rezitieren hören. (Er besaß eine gewisse Bildung und war bis zum Primarschulabschluß in die Schule gegangen. Er gehörte zur ersten Generation von Algeriern, die die Schule der 3. Republik besucht haben.) Ich hatte im übrigen einen Großonkel, der selbst eine Sammlung kabylischer Gedichte zusammengestellt hat (er selbst war auf dem Gymnasium gewesen). Davon abgesehen, hat mir mein Vater viele Mitglieder seines Standes vorgestellt, und zwar nicht nur innerhalb des Stammes der Aït Yenni, zu dem ich gehöre, sondern auch außerhalb, weil diese *imusnawen* sich stammübergreifend Besuche abstatten. Als ich noch ein Kind war, nahm mich mein Vater systematisch auf die Märkte mit, weil diese einen bevorzugten Treffpunkt darstellen. Der Marktbesuch meines Vaters dauerte eine halbe Stunde, und den Rest der Zeit verwandte er darauf, Leute zu treffen und sich mit ihnen zu unterhalten; diese machten es genauso. Das war gewissermaßen Weiterbildung am Arbeitsplatz, gleichzeitig bewußt und diffus.

Eine Kunst und eine Lebenskunst

Gelernt wurde durch die Praxis. Es handelte sich nicht um ein abstraktes Lernen. Es galt gleichzeitig, sein Handeln an einer gewissen Anzahl von Vorschriften und Werten auszurichten, ohne die die *tamusni* nicht existieren kann. Eine *tamusni*, die nicht vollständig angenommen, die nicht gelebt wird, ist nur ein Code. Die *tamusni* ist eine *Kunst* und eine *Lebenskunst*, das heißt eine Praxis, die durch Praxis erworben wird und praktische Funktionen hat. Die Produktion, die sie ermöglicht, Gedichte und Sentenzen, sind kein l'art pour l'art, selbst wenn ihre bisweilen sehr kunstvolle und raffinierte *Form* das glauben machen kann …

P. B.: Vielleicht sollte man ein bißchen genauer erläutern, worin das Besondere des Stammes der Aït Yenni sowie der konkreten Situation Ihrer Familie in ihm bestand.

M. M.: Wir sind Handwerker seit ich weiß nicht wieviel Jahrhunderten: Waffenschmiede, gelegentlich Goldschmiede, aber vor allem Waffenschmiede. Das ist eine Funktion, die sich sehr gut für die *tamusni* eignet, weil der Handwerker über Freizeit verfügt, über Freiheiten und Arbeitsbedingungen, die unendlich viel günstiger sind als die eines Bauern. Wenn der Bauer auf dem Feld ist, dann ist er allein mit seinen Tieren und mit der Erde. In die Werkstatt eines Waffenschmiedes hingegen kommen viele Menschen: nicht nur diejenigen die ihr Gewehr nachsehen lassen, sondern auch die, die zum Reden kommen: Es handelt sich um einen Begegnungsort. Vor allem im Winter, wenn es kalt und in der Werkstube eines Waffenschmieds gemütlicher ist als auf dem Versammlungsplatz. Eine Menge Leute besuchten die Werkstatt meines Vaters. Mein Großvater hat meinem Vater bewußt alles, was er in der *tamusni* wußte, weitergegeben. Er hat das ganz bewußt getan, weil er diejenige Person war, die in seiner Generation über diese Kompetenz verfügte. Sie stellte so etwas wie ein Erbe dar, das auf meinen Großvater übergegangen war, der es an meinen Vater weitergab und der wiederum an einen Marabut aus unserem Dorf. Aber das war nicht nur in unserer Familie so, sondern in vielen anderen auch, und lag gewiß an der Handwerksdichte innerhalb unseres Stammes. Normalerweise sind die kabylischen Stämme Bauern; auch in unserem Stamm gab es natürlich Bauern, aber es gab sicher einen weit höheren Prozentsatz von Handwerkern als bei anderen Stämmen. Vor allem kam man von weit her, um hier die Sachen zu besorgen, die man brauchte: Waffen, Schmuck, Eisengeräte.

P. B.: Wie Sie wissen, wird bei Homer der Dichter an einer Stelle in der *Odyssee* mit dem Ausdruck *Demiergos*, das heißt *Demiurgos* bezeichnet, was man mit Handwerker übersetzt und was wohl eher mit »Initiierter« übersetzt werden müßte. Viele Indizien sprechen dafür, daß es sich um einen Spezialisten handelt, der manchmal ein Fremder ist. In seinem Kapitel über die religiösen Gemeinschaften erwähnt Max Weber im übrigen, daß dem Handwerker ein Sonderstatus zukommt und er in die Netze der Magie verstrickt ist, einfach deshalb, weil alle Künste mit außeralltäglichem, esoterischem Charakter als Gabe, als magisches Charisma, als Begabung persönlicher und meist vererbbarer Art betrachtet werden, die einen von den gewöhnlichen Menschen, das heißt von den Bauern, trennt. Ist der *amusnaw* nicht ein *Sophos*, der Meister einer durch und durch praktischen Technik im Gegensatz zu einer abstrakten und zweckfreien Weisheit?

M. M.: *Tamusni* ist nichts anderes als der Handlungsbegriff, der dem Verb *issin* »wissen« entspricht, aber es handelt sich um ein Wissen, das zunächst eine Praxis und eine Technik darstellt. Der *amusnaw* ist also nichts anderes als der ursprüngliche *Sophos*.

P. B.: Kommt es nicht bisweilen vor, daß man vom *amusnaw* praktische Kenntnisse und Kompetenzen zum Beispiel medizinischer Art erwartet?

M. M.: Das kommt vor, aber auch wenn er keine Rezepte und keine Kuren empfiehlt, bleibt er doch ein *amusnaw*.

P. B.: Übte er nicht auch die Funktion eines Spezialisten in Fragen von Ackergrenzen und Problemen des landwirtschaftlichen Kalenders usw. aus?

M. M.: Ganz genau. Man erwartete von ihm, daß er sich darin besser auskennt als die anderen; er wußte, wie die Arbeit über die zwölf Monate des Jahres verteilt war, was man zuerst und was man später machen mußte, wie man Pflanzen veredelt usw. Der letzte unter ihnen war berühmt dafür, daß er eine Menge medizinische Rezepte kannte, welche Pflanze welche Krankheit heilt …

Der Sonderstatus des Handwerkers

P. B.: Was waren das für Leute, die in die Werkstatt kamen? Kam es auch vor, daß andere Spezialisten kamen? Wie spielte sich das ab?

M. M.: Es kamen Leute von ganz unterschiedlichem sozialem Status. Sie kamen, weil sie wußten, daß es sich um einen bevorzugten Ort für diese Art der Unterhaltung handelte. Es konnte auch vorkommen, daß Leute kamen, die ebenfalls in der Lage waren, die *tamusni* weiterzugeben, und in diesen Fällen fand zwischen ihnen ein wechselseitiger Austausch mit gleichen Waffen statt.

P. B.: Ein Wettkampf?

M. M.: Nicht ganz. Es gibt eine gängige Redewendung, die besagt: »Jeder lernt beim anderen« (*Wa iḥeffeḍ γef-fa*). Es fand ein Austausch von Sprichwörtern, von Parabeln statt, die sich die *Imusnawen* gegenseitig wie Bälle zuwarfen, wobei ein jeder versuchte, sich auszuzeichnen. Andere waren als Zuschauer oder gewissermaßen als Lehrlinge dabei. Sie kamen um der Weisheit willen. Ansonsten handelte es sich eigentlich nicht um einen Vergnügungsort, sondern allenfalls um einen Ort der Unterhaltung, aber einer gewählten und gehobenen Unterhaltung.

Der Vorteil ist, daß diese Unterhaltung das ganze Jahr über möglich ist, weil der Handwerker immer, den ganzen Tag und das ganze Jahr über ohne Unterbrechung arbeitet. Der Bauer hingegen ist von den Jahreszeiten abhängig und auf den Feldern allein.

P. B.: Eine andere Eigenschaft dieser Handwerkergruppen bestand darin, daß sie bisweilen ihr Dorf verließen, um zu kaufen oder zu verkaufen. Sie hatten mehr Kontakt zur Stadt und zur Außenwelt.

M. M.: Ganz richtig, und dafür gibt es ganz präzise Beispiele. Gewöhnlich liest man in der ethnologischen Literatur, daß die kabylischen Stämme vor der französischen Eroberung voneinander abgeschnitten waren, daß sie nur feindselige Beziehungen untereinander hatten und daß es der *Anaya* bedurfte, um von einem Stamm zum anderen zu reisen. Da ist etwas Wahres dran, aber im Grunde existierte eine große Mobilität durch wandernde Händler, Dichter und Frauen, durch *imusnawen*, Marabuts und einfache Leute. Es gab einen Freundschaftskodex, der die Beziehung zu stammesfremden Freunden regelte, man konnte zu diesen ganz normal hingehen.

In meiner eigenen Familie gab es in der zweiten Hälfte des 18. Jahrhunderts einen Vorfahren, der Waffenschmied war und der ganz selbstverständlich an die kabylische Küste reiste, um dort seine Waffen zu verkaufen. Wenn man an die Umstände denkt, unter denen solche Reisen in jener Zeit unternommen wurden – es gab keine Straßen und war wohl auch nicht ungefährlich –, dann ist das bemerkenswert: Er mußte nämlich ich weiß nicht wie viele Gruppen, Stämme und Dörfer durchqueren. Auf der anderen Seite will die Familientradition, daß er einmal einen Türken aufgenommen habe, der aus Algier hatte flüchten müssen, weil er jemanden getötet hatte und von der Justiz gesucht wurde. Wenn jener Türke bis zu uns gekommen ist, dann, weil er wußte, daß er dort Aufnahme finden würde … Die Isolation war also ganz relativ, und die Handwerker hatten zweifellos mehr Öffnung nach außen, als ein Bauer haben konnte, der womöglich sein ganzes Leben innerhalb seines Dorfes zubrachte.

P. B.: Sie waren dazu prädestiniert, die Rolle des Botschafters, des Mittlers und Vermittlers zu spielen …

M. M.: Botschafter, soweit würde ich nicht gehen …

P. B.: Träger von Neuigkeiten, von Gedanken …

M. M.: Das ganz gewiß. Sie waren als Überbringer von Neuigkeiten die berufenen Männer der Rede. Jedenfalls mußten sie ein Interesse daran haben, die Männer der Rede zu sein. Jener, von dem ich spreche, war berühmt dafür. Man erzählt sich darüber eine Menge Anekdoten: Wie er sich gerade durch die Rede aus schwierigen Situationen befreit hat, weil die Rede in seinen Händen wirklich eine Waffe war.

P. B.: Gingen sie selbst ihre Waren verkaufen?

M. M.: Im allgemeinen kam man zum Kauf zu ihnen.

P. B.: Auch das ist eine Gelegenheit zum Kontakt mit der Außenwelt …

M. M.: Gewiß, man kommt von überall zu einem, und so ist man gezwungen, eine ganze Reihe Beziehungen zu unterhalten, die über das Dorf und den Stamm hinausgehen.

P. B.: Um noch mal einen Moment zurückzugehen, es gab also eine Art informellen Unterricht, der dem entspricht, was Sie selbst erhalten haben. Aber gab es keine expliziteren, spezifischeren Formen der Unterrichtung?

M. M.: Ich glaube, es gab zweierlei Dinge. Es gab zunächst jenen informellen Unterricht. Eine wichtige Rolle kam dabei den Dorfversammlungen zu, die in regelmäßigen Abständen, zum Beispiel jeden zweiten Donnerstag im Monat stattfanden und wo man alle vergangenen oder kommenden Angelegenheiten des Dorfes regelte. Diese Versammlungen waren ausgesprochene Schulen der *tamusni*, weil diejenigen, die sich dort am meisten hervortaten, natürlich die waren, die über die größte Sprachgewandtheit verfügten und denen das Wort am meisten zu Gebote stand. Aber jeder konnte dort hingehen, sogar Kinder. Ich selbst habe schon als Kind an einer Menge Dorfversammlungen teilgenommen, und ich erinnere mich gut daran, wie es dabei zuging. Es gab also zunächst einmal diese in gewisser Weise reguläre Schule. Aber dann waren da auch noch die Märkte und die Wallfahrten, die besonders wichtig sind, weil sie sowohl in bezug auf die Zahl als auch auf die unterschiedliche Herkunft der Anwesenden beachtliche Menschenversammlungen hervorrufen. Nun gibt es neben dieser Unterrichtung, die sich gewissermaßen von selbst ergibt, eine Initiation im eigentlichen Sinne, die ihrerseits bewußt vollzogen und von einem Meister gewollt wird. Diese richtet sich nur an zwei Arten von Personen: an den Dichter oder an den *amusnaw*, und zwar an ersteren noch eher als an letzteren, der zumindest die Möglichkeit hat, die *tamusni* auch auf informelle Weise zu lernen (auch wenn er an einem bestimmten Punkt der Initiation gezwungen ist, bewußt auf den persönlichen Kontakt mit »Initiierten« zurückzugreifen, die ihm vorangegangen sind, und zwar freiwillig). Aber für den Dichter ist es fast eine Notwendigkeit.

P. B.: Mit anderen Worten, die *imusnawen* bilden sich dadurch heraus, daß sie sich einem Meister weihen, der sie seinerseits auswählt. Es handelt sich gewissermaßen um die Wechselwahl zweier Charismen.

M. M.: Ja, die Kandidaten bitten um Initiierung, und unter denen, die mit dem Meister Umgang haben, wählt dieser diejenigen aus, die er für begabt hält und die es verdienen, weiterzumachen.

Die Funktion des Dichters

P. B.: Können Sie vielleicht den Unterschied zwischen einem *amusnaw* und einem Dichter präzisieren?

M. M.: Zunächst braucht der *amusnaw* im Extremfall überhaupt keine Verse zu machen, er kann für die Poesie ganz unbegabt sein und dabei durchaus eine Begabung für die Rede, die Rede in Prosa haben. Das ist schon mal ein erster Unterschied. Dann gab es unter den Dichtern diejenigen, die nur die mechanische Weitergabe gewährleisteten, die Gedichte rezitierten, die sie nicht selbst gemacht hatten.

P. B.: Sie machten das also berufsmäßig. Gab es einen speziellen Namen für diese Art von Rezitatoren, die von Dorf zu Dorf wanderten, um sie von den wirklich schöpferischen Dichtern zu unterscheiden? So etwas wie die Unterscheidung zwischen dem *Rhapsoden*, der rezitiert, und dem *Aeden*, der dichtet, oder zwischen dem *Joglar*, der vorträgt, und dem *Trobador* als Autor?

M. M.: Tatsächlich gab es zwei Ausdrücke in der Sprache der Initiierten: *Ameddah* und *afsih*, der *afsih* ist derjenige, der nicht nur zu rezitieren vermag, sondern auch zu produzieren, und der geradezu per definitionem *amusnaw* ist.

P. B.: Während der *ameddah* nur ein Rezitator ist …

M. M.: Der *ameddah* kann sehr gut Tausende von Versen kennen und sie rezitieren, ohne deshalb selbst dichterisch begabt zu sein; er hat ein gutes Gedächtnis. Aber er erfüllt dennoch eine unverzichtbare Funktion im Bereich der mündlichen Dichtung.

P. B.: Er diente gewissermaßen als Bibliothek, als Konservatorium: Er kannte Dinge, die alle anderen ungefähr kannten, aber er kannte mehr als die anderen.

M. M.: Er kannte sie besser, und er kannte eine größere Anzahl von ihnen. Im allgemeinen kannten die anderen sie in Bruchstücken, in Teilen.

P. B.: Konnte er von dieser Kompetenz leben?

M. M.: Ja sicher. Er war ein Profi, und er machte nichts anderes. Er zog von Dorf zu Dorf und von Markt zu Markt, besonders zur Zeit der Öl-, der Feigen- oder der Getreideernte und so praktisch das ganze Jahr über.

P. B.: Und bei Festen?

M. M.: Nein, bei Festen weniger. Bei Festen kann jeder rezitieren.

P. B.: Und beim *afsih* dagegen verhält es sich nicht so?

M. M.: Nein, er produziert sich nicht in dieser Weise. Er sucht sich seine Gelegenheiten aus. Wenn er auftritt, dann ist das ein Ereignis … Er kommt nicht, weil die Ölernte gut ist.

P. B.: Und er wird selbstverständlich auch nicht direkt und offen »bezahlt« …

M. M.: Natürlich nicht. Der Autor, der im 18. Jahrhundert sozusagen unser Nationaldichter war, heißt Yusef u Kaci und ist wirklich ein großer Dichter im alten Stil. Man gab ihm Öl, und zwar in beträchtlichen Mengen und nicht für einen Auftritt, sondern als eine Art Tribut. Es hieß: »An diesem oder jenem Tag müssen wir Öl für Yusef u Kaci sammeln.« Die Leute kamen dann alle mit der Menge, die sie geben wollten, und man brachte es zu ihm nach Haus.

P. B.: Und er ging keiner Arbeit nach?

M. M.: Nein, er ging keiner Arbeit nach. Das war seine Funktion. Außerdem war er nicht von unserem Stamm, sondern von einem von uns weit entfernten, den At Djenad an der Küste. Es hat sich so etwas wie eine Erwählung vollzogen. Ich habe nie richtig herausbekommen können, wie er als jemand, der aus At Djenad kam, so sehr zu unserem Dichter werden konnte, daß bei uns jeder Verse von ihm auswendig kann, während sie in At Djenad weniger gut bekannt sind, obwohl die Leute ihn auch dort für einen großen Mann halten. Die At Djenad wohnten am Rande der unabhängigen Kabylei, das heißt zwischen dem vom Dey unabhängigen Gebiet und den dem Dey direkt untergebenen Ländereien. Diese Situation brachte Spannungen mit sich, Kriege mit den Truppen des Dey, und stets war er es, den man zu den Verhandlungen mit dem Kalifat schickte.

P. B.: Da erfüllte er die Rolle eines Botschafters.

M. M.: Ja, da hatte er wirklich die Rolle eines Botschafters, eine politische Rolle, er traf Entscheidungen. Im Laufe einer Auseinandersetzung zwischen den At Djenad und den Türken zum Beispiel fragte er die At Djenad, was er denn dem türkischen Kaid sagen solle? Und die Leute antworteten ihm: »Sag ihm, was du für richtig hältst, wir stehen hinter dir.« Er hatte also eine gewisse Autorität inne. Es handelte sich wirklich um eine politische Rolle.

Esoterischer und exoterischer Diskurs

P. B.: Das entspricht genau der Logik dessen, was Sie vorhin gesagt haben, als Sie davon sprachen, daß für Ihren Vater das poetische Wort stets eine praktische, eine ethische Funktion hatte. Mit anderen Worten, wie man auch immer diese Kompetenz verwenden mochte, ihre Anwendungen waren stets praktischer Natur …

M. M.: Jedenfalls ist sie stets praktisch und aufs Leben bezogen, ohne deshalb utilitär zu sein. Ich sage nicht, daß die *imusnawen* sich nicht untereinander auch jenen zweckfreien Übungen hingaben, die an reine Poesie erinnern. Aber eben nur unter sich: »Jetzt, wo wir unter Kennern sind, laßt uns nach Herzenslust schwelgen.«

P. B.: Und in diesen Fällen wurden die Reden esoterischer?

M. M.: Ja, es handelte sich ein bißchen um einen Initiiertendiskurs. Sie verstanden sich sehr gut untereinander. Es gab sogar Sequenzen und Themen, eine Ritualisierung. Ich erinnere mich sehr gut an die Gelegenheiten, an denen sich mein Vater gegen Ende seines Lebens mit seinem Schüler traf – das hatte geradezu etwas Dramatisches, denn sie waren auf sich verwiesen und isoliert … Etwas ging zu Ende, und sie wußten es … Was für ein Feuerwerk! Das war wunderschön, und doch hatte ich bereits das Gefühl, daß es zu Ende war. Niemand konnte mehr folgen, und sie hätten sich eine solche Virtuosenübung vor den anderen nicht erlaubt, denn sie wußten genau, daß das nicht angekommen wäre. Daher behielten sie sich das für untereinander vor. Sie benutzten eine eigene Sprache (aber ich konnte sie nicht anhalten und sagen: »Schön, aber was bedeutet das?«). Doch sie verstanden sich.

P. B.: Diese Art esoterische Kultur wurde also gerade bei solchen Initiiertentreffen dank der Anstrengung des Dichters entwickelt?

M. M.: Das kann ich nicht mit Sicherheit sagen, aber ich vermute schon, daß sie sich so entwickelte. Ich habe den Eindruck, daß jeder das Seine dazu beitrug.

P. B.: Gab es nicht immer auch Rangunterschiede unter den Virtuosen selbst, neben den Rangunterschieden, die Sie zwischen den Dichtern und den bloßen Rezitatoren hergestellt haben?

M. M.: Ja, ich glaube es gab eine Hierarchie, die sich, wenn schon nicht auf die absolute, so doch auf die allgemein anerkannte Qualität eines Dichters gründete. Man sagte: »Dieser oder jener ist an diesem oder jenem Punkt in der *tamusni*; er ist auf dem Gipfel der Leiter; jener andere nähert sich ihm an, aber es fehlt noch irgend etwas; ein anderer wiederum lernt noch ...« Da es Gelegenheiten zur Begegnung und zum Auftritt gab, mußte sich der *amusnaw* praktisch sein ganzes Leben lang ständig unter Beweis stellen. Da konnte man sich nicht täuschen.

P. B.: Es war ein Urteil des Volkes, aber auch der Initiierten.

M. M.: Ja, aber das eine ging ins andere über. Das Urteil der Initiierten konnte nur in dem Maße vom Urteil des Volkes abweichen, als ein falscher Schein beim Volk eher eine Rolle spielen kann als bei den Profis. Unter »Initiierten« muß man lachen, wenn man sich ansieht; wenn jemand blufft, wissen das die anderen. Im übrigen mag man zwar gegenüber dem Volk bluffen, aber lange geht das nicht gut.

P. B.: Wenn ich richtig verstehe, war die *tamusni* eine Form der Weisheit, die sich im Wort nur ausdrücken konnte, wenn sie gleichzeitig auch in der Praxis zum Ausdruck kam.

M. M.: Die Leute lassen Übertretungen zu, aber nur unter bestimmten Bedingungen. Sie sagen: »Wenn ein gewisser *amusnaw* dieses oder jenes getan hat, dann kann er sich das eben erlauben, ich aber kann das nicht. Ich kann es mir nicht erlauben, die *taqbaylit*, den Ehrenkodex, zu übertreten, ich kann mich nur an ihn halten. Er hingegen kann ihn übertreten: Er steht über ihm. Wenn ich ihn verletze, dann aus Mangel heraus, dann bedeutet das, daß ich nicht auf der Höhe der Opfer bin, die die *taqbaylit* verlangt. Wenn er es tut, obwohl er sie glänzend erfüllen könnte, dann deshalb, weil er weiter sieht.« Im übrigen wußten sie ganz genau, daß ein Mensch ein Mensch bleibt und daß ein *amusnaw* wie jeder andere Mensch auch in eine ganze Reihe von Fehlern verfallen kann. Die Gruppe gesteht ihm eine Schwäche zu.

P. B.: Sie stehen über den Regeln, aber sie erfüllen sie, gerade indem sie über ihnen stehen, als höchste Verwirklichung kabylischer Exzellenz.

M. M.: Ja, ich glaube, so ist es. Man sagt: »Das ist völlig in Ordnung, er übertritt die Regel, aber in der richtigen Richtung«, das heißt nach oben, zum Besseren, und nicht nach unten, zum Schlechteren.

P. B.: Er ist derjenige, der die Wahrheit des Spiels ausdrückt, indem er mit den Spielregeln spielt, anstatt nur nach den Spielregeln zu spielen.

M. M.: Ein Kabyle versteht das so: »Er hat gut gespielt, er hat das Problem in einer Weise gestellt, die es ihm erlaubt, so zu handeln; ich hingegen bin verpflichtet, mich strikt an die Regel zu halten; sie ist für die gewöhnlichen Leute gemacht, er aber steht darüber.« Die *tamusni* im engsten Sinne ist die Kenntnis eines Korpus von Rezepten, Werten etc. Aber es gibt etwas, was darüber hinausgeht. Ein Dichter hat einmal mit einem Gedicht geantwortete, das so anfängt: »Die Kenntnis der Dinge steht über der *tamusni*« (»*Lefhem yeγleb tamusni*«, Si Mohand). Das ist kein Widerspruch. Tatsächlich heißt das, daß die *tamusni*, wenn man sie als eine bloß mechanische Summe von Vorschriften betrachtet, erlernbar ist, es genügt, zu einem *amusnaw* zu gehen, der einem die ganzen Regeln beibringt. Aber wenn man ein wirklicher *amusnaw* sein will, dann gibt es ein Jenseits der Regeln, das sie überschreitet oder vielmehr transzendiert.

Der Initiationsparcours

P. B.: Im Anschluß an das, was Sie eben über die Ausbildung der Spezialisten gesagt haben, darf man vermuten, daß, wo Initiationsgrade existieren, es wahrscheinlich auch eine Art von Initiationsparcours mit aufeinanderfolgenden Prüfungen gibt?

M. M.: Ich glaube, es gibt eine Art zweistufigen Lernprozeß. Die erste Stufe verläuft unter den gleichen Bedingungen wie bei der *tamusni*: Ein erstes Lernen der Poesie erfolgt dadurch, daß man den ganz normalen Versammlungen beiwohnt, bei denen ständig die Dichtung bemüht wird, um Aussagen zu veranschaulichen oder konkrete Situationen zu erläutern (der Berbersprache fehlen eine Reihe von abstrakten Ausdrücken, die jedoch in der Alltagssprache mit Hilfe der Poesie oder mit Hilfe von Parabeln wiedergegeben werden können). Deshalb kann in der kabylischen Gesellschaft jeder in dem einen oder anderen Moment seiner Existenz Dichter sein, weil er ein Gefühl intensiver erlebt hat als gewöhnlich. Der Spezialist ist derjenige, von dem man das ständig erwartet. Falls jemandem bei einem Ereignis etwas Gutes einfällt, kann dies in den Korpus integriert werden. Der Unterschied zum Spezialisten besteht darin, daß diesem stets etwas einfällt.

Um zu dieser Art von Meisterschaft zu gelangen, muß man eine zweite Phase der Lehre durchlaufen, die sehr viel formalisierter und institutionalisierter ist. Man folgt einem Dichter über lange Zeit, und dieser bringt einem die verschiedenen Verfahren bei. Es gab sogar so etwas wie ein Examen, mit dem der Lehrer die Erlaubnis, die Investitur (*issaden*) erteilte. Diese Prüfung bestand darin, daß man ein Gedicht von einer bestimmten Verszahl, das heißt von ungefähr hundert Versen, verfassen mußte. Hundert Verse sind viel für eine mündliche Produktion. Man sagte: »Er hat bis (*issefra-ḍ*) ...« gedichtet, und dann gab man eine Zahl an, normalerweise hundert. Nehmen wir ein Beispiel: Der Dichter, der in gewisser Hinsicht der Lehrer aller anderen war, Mohammed Said Amlikec, hatte ziemlich viele Schüler, und er war es auch, der die Investitur erteilte. Zu einem seiner Schüler, El Hadj Rabah, sagte er eines Tages: »Wenn du willst, daß ich dir die Erlaubnis erteile, Dichter zu sein, dann mach ein Gedicht von 100 Versen.« Der Bewerber sagte: »Hundert Verse, das ist nichts ...«, und er machte 150, viel mehr also als vorgesehen, und man erzählt sich, daß er dann irgendwann kein Reimwort mehr auf den vorangegangenen Vers fand. Da sagte er: »Hier entschuldige ich mich, ich finde keinen Reim« (*»dag'ur as ufiγ ara lemǧaz is«*), und er fuhr fort. Der Meister aber sagte zu ihm: »Das ist sehr gut. Du hast die hundert Verse weit überschritten«, und er gab ihm die Erlaubnis, Verse zu machen. Im Gegenzug mußte der Schüler jedesmal, wenn er irgendwo etwas vortrug, mit einem Versgebet beginnen, welches von seinem Meister stammte; er begann mit: »Wie mein Meister Mohammed Said gesagt hat ...« (*akken i-s inna wemγar Si Muhend Ssâid ...«*). Das war eine Art Ehrbezeugung, eine Referenz: »Wie mein Meister gesagt hat ...«, das bedeutete nicht, daß er nicht in der Lage gewesen wäre, selbst ein paar Gebetsverse zu machen. Nein, es handelte sich ganz einfach um eine Gegenleistung, um eine Hommage an den Meister. Bis eines Tages El Hadj Rabah in einem Anflug von Maßlosigkeit fand, daß er von nun an genauso kompetent, wenn nicht kompetenter sei als sein Meister. Er trat irgendwo auf und sagte: »... wie das Kind El Hadj Rabah gesagt hat« (*»akken i-s inna weqcic Lḥağ Rabeḥ ...«*). Und er sagte ein sehr schönes Gebet auf, eines, das genauso schön war wie das des Meisters. Aber die Leute waren schockiert: »Wie, er wagt es, sein eigenes Gebet vorzutragen, er ist ein Usurpator! Das ist Frevel!« Und die Legende will, daß seine Inspiration von diesem Tag an versiegte, weil er die Spielregel mißachtet hatte. In gewissem Sinne hat er einen Verrat begangen. Er hat die Kette gesprengt. Er hat zwar weiter Verse gemacht, aber niemand hörte ihm mehr zu, sein Charisma war dahin.

P. B.: Das bestätigt im Prinzip, daß die Kunst des Dichters, wie Weber sagt, als magisches Charisma aufgefaßt wird, dessen Erwerb und Bewahrung auf magische Weise gewährleistet wird. Aber ist das alles? Es gibt auch eine technische Dimension, Kompositionsregeln, Verfahrensweisen etc.

M. M.: Es gab sehr präzise Regeln. Nur am Maßstab dieser Regeln konnte man das mehr oder minder große Geschick eines Dichters beurteilen. Der Dichter, von dem ich vorhin sprach, Yusef u Kaci, der größte Dichter der Zeit vor der französischen Besatzung, verfaßte seine Gedichte nach einer gewissen Anzahl von Kanons. Ich erinnere mich an eine Anekdote: Eines Tages kam ein Mann der Aït Yenni zu ihm. Er kam also von ziemlich weit her, um den Meister um Hilfe bei der Vervollkommnung seiner Dichtkunst zu bitten. Er kommt also an, sieht den Dichter und wendet sich mit den folgenden Versen an ihn:

A dadda Yusef ay ungal
ay ixf l-lehl is
Tecbiḍ ṭṭaleb l-lersal
iɣran di Wedris
Ul-iw fellak d amaâlal
awi-k isâan d ccix is.
(Muḥ At-Lemsaaud)

O Dadda Yusef, großer Bruder,
Herr Deinergleichen
Wie der gesandte Rechtsgelehrte,
der in Oudriss den heiligen Text liest
Mein Herz ist mit Trauer erfüllt,
Daß ich dich nicht als Lehrer habe.
Muḥ At-Lemsaaud

Die Reime enden auf »is« und »al«. Yusef u Kaci antwortete, ohne nachzudenken, mit sechs Versen in gleicher Form und gleichem Reimschema:

Cebbaɣ w'ur nekkat uzzal
îcmet wagus is
Am-min irefden uffal
d win i d leslaḥ is
Neɣ afṣiḥ deg imital
ur nessefruy seg-gixf is.
(Yusef u Kaci)

Derjenige, der das Eisen scheut,
hat eine häßliche Rüstung
Er ist wie derjenige, der ein Stäbchen
Als seine Waffe hält
Oder etwa der Dichter
Der selbst keine Verse schmiedet.
Yusef u Kaci
(Übersetzung aus dem Kabylischen:
M. Tilmatine/Berlin)

Das soll heißen: »Es gibt Dinge, die ich dir beibringen kann, aber was man lernen kann, kann dir jeder andere auch beibringen. Es lohnt sich nicht, deshalb zu mir zu kommen.«

Was der Meister auch sagen mochte, es gab eine Technik, und es gab Regeln. Aber darüber hinaus gab es eben auch eine Weisheit. Das drückt der Meister mit seiner Antwort aus: »Du willst Technik? Nun gut, ich antworte dir mit dem gleichen Rhythmus und dem gleichen Reimschema, aber hinzukommt eine Lehre, eine Weisheit.«

»Den Wörtern des Stammes einen reineren Sinn geben«

P. B.: Das ist der Grund, weshalb die Berberdichtung keine »reine« Kunst in der Tradition des »l'art pour l'art« ist: Sie liefert die

Mittel, um schwierige Situationen und Erfahrungen auszudrükken und zu denken.

M. M.: Genau das ist die Funktion der Metapher und der Parabel: In wenigen Worten und mit Hilfe von Kontrasten, die sich einprägen und deshalb leicht zu behalten sind, eine abschließende Lehre zusammenzufassen. Und Verse sind in dieser Hinsicht wunderbar, denn erstens prägen sie sich besser ein und zweitens vermag der Dichter, wenn er begabt ist, mit Hilfe gewisser Assoziationen und Stilmittel Dinge zu sagen, die normale Prosa nicht ausdrücken kann.

P. B.: Die Dichtung verleiht auch die Freiheit, die Sprache aufzubrechen.

M. M.: Ja, zu den dichterischen Verfahren gehört der Kontrast, das heißt die Technik, einem Wort einen etwas anderen Sinn zu geben als den, den es im normalen Sprachgebrauch hat, eine leichte Verschiebung, die es erlaubt, mit ihm etwas zu sagen, etwas, das es normalerweise nicht in der Lage wäre zu sagen.

P. B.: Diese intensive Verwendung der gewöhnlichen Sprache erlaubt es, die Sprache optimal zu nutzen, »den Wörtern des Stammes einen reineren Sinn zu geben«.

M. M.: Ja, und das geht in Versen leichter als in Prosa. In der Prosa gibt es Verständnisgrenzen. Ich habe Jahre gebraucht, um bestimmte Verse zu verstehen, die ich seit langem kannte. Eines Tages habe ich gedacht: »Ja, das ist eigentlich wahr.« Irgend etwas war in mir gereift.

P. B.: Diese nachträgliche Erleuchtung rechtfertigt das alte Rezept der meisten traditionellen Unterrichtsverfahren, die auf dem Auswendiglernen beruhen: »Erst lernen, dann verstehen« ... Es gibt so etwas wie die Vorstellung, daß der kondensierte, intensivierte Sinn lange braucht, um sich Ausdruck zu verschaffen und hervorzutreten, daß er Besinnung verlangt und dem Verständnis Widerstand leistet.

M. M.: Jedenfalls kann der tiefere Sinn in der Dichtung auf den ersten Blick verschlossen bleiben. Bei der Prosa hingegen muß der Kommunikationspartner verstehen.

Die Verflachung des Sinns

P. B.: Das Streben nach einer solchen Intensivierung der Sprache bedingt eine zunehmende Dunkelheit: Das Streben nach Assonanz, nach Alliteration, die Sinnverschiebung der Wörter, all das führt dazu, daß die Sprache dunkel wird.

M. M.: Das ist zweifellos richtig, aber es gibt auch eine Art gegenläufigen Effekt zu dem, was Sie gerade sagen. Ich hatte zum Beispiel ein Gedicht transkribiert, das mein Vater rezitierte. Viel später habe ich bei einem Marabut, der inzwischen gestorben ist, den Text des gleichen Gedichtes gefunden … Ich hatte ihn gefragt, ob er nicht irgendwelche Manuskripte habe: Er brachte mir einige Blätter. Ich sehe Zeilen, die nicht über die ganze Seite gehen. Ich habe mir gedacht, das könnten Verse sein. Tatsächlich waren es Verse, die in arabische Buchstaben transkribiert waren. Es war das Gedicht, welches mein Vater mündlich vortrug, aber es war länger, und selbst in den Teilen, die beiden Versionen gemeinsam waren, war die Sprache schwieriger, es gab auch Wörter, die ersetzt worden waren.

P. B.: Ersetzungen geschehen nicht zufällig; tendieren sie zum banaleren Sinn?

M. M.: Ja, zum banaleren Sinn. Es handelt sich um einen Verlust und absolut nicht um eine Bereicherung.

So war es auch bei der mündlichen Version des fraglichen Gedichts. Tatsächlich kannte man zwei verschiedene. Man stellt eine deutliche (aber nachträglich eingeführte) Symmetrie zwischen beiden Gedichten fest: klassische Sechszeiler mit Kreuzreimen, die aus zwei Distichen bestehen, von denen der letzte (wie immer in diesen Fällen) einen Siebensilber enthält, während die anderen beiden variabel sind. Die Reime haben in beiden Gedichten ein »i« als Stützvokal in den ungeraden Versen und einen anderen Vokal in den geraden Versen. Der erste Vers hat überdies in beiden Gedichten die gleiche Form, mit dem feinen Unterschied, daß sich der Tag (Dienṣtag, Donnerstag) und vor allem die Tageszeit (der Abend der Niederlage und der Morgen des Sieges) ändert.

Erstes Gedicht: mündliche Version

Win ur neḥdiṛ ass-n ṭṭlata tameddit	Derjenige, der abwesend am Dienstag nachmittag war
mi-d čuddu	Als es ernst wurde
Kul azniq la-d iṭṭeggiṛ kul tiγilt la-d tfurru	Jede Gasse spuckte, jeder Hügel wimmelte [von Soldaten]
I tin ur ibγi R̥ebbi	Aber wenn Gott eine Sache nicht will
âaddik m'atneghḥeḍ azṛu.	Dann kann auch kein Felsen bewegt werden

Zweites Gedicht: mündliche Version

Win ur neḥdiṛ ass l-lexmis taṣebḥit	Derjenige, der abwesend am Donnerstag morgen war
mi tembweṭṭaj	Als es stürmte

Ibda lbaṛud l-lexzin
l a yeṭṭenṭaj

Und das alte Pulver
knatterte

Xemsa-u-sebâin ay geɣlin
as ɣef Tewrirt l-Lḥeǧǧaǧ

Fünfundsiebzig fielen
Allein für Tewrirt al-Haggag*

[* Das Dorf, um das sich die beiden Gegner stritten]

Das schriftliche Gedicht ist länger. Ich habe es im Moment nicht zur Hand. Aber ich kann versuchen, es mir wieder ins Gedächtnis zu rufen. Ich erinnere mich an 12 Verse (wenn ich mich recht entsinne, hatte das Gedicht insgesamt 35). Letztlich passiert mir jetzt genau das, was über Jahrhunderte den Übermittlern der mündlichen Tradition hat passieren müssen. Hier sind also aufs Geratewohl die Verse, an die ich mich erinnere:

A ṭṭir yufgen iâalla
Ifer huzz-it

Vogel in den Höhen,
Laß deine Flügel schwingen

Ḥebsen leǧwad la âaḍla
ḥed ma n zeṛṛ-it

Die Edlen sind still und liegen
Von ihnen sehen wir nun keinen

Tlatin ḥesbeɣ kamla
ssarden semmḍit

Ganze dreißig habe ich davon gezählt
Gewaschen und kalt

ay geɣlin deg ṭṭwila
ɣef teqbaylit

Gefallen mit ihren langen Gewehren
Für die kabylische Ehre

Kra bbwi iḥuz ḥed lɣila
iċċa ten ttṛad msakit!

Wer im kritischen Augenblick erwischt
Vom Krieg, Armer, gefressen wird

A ttiṛ azegza yemrin
ddu deg llyaǧ

Blauer, glänzender Vogel
In den Himmel fliege

ɣer tâassast ggaren aâwin
kulyum d asraǧ

Zu den Wächtern, die ihren Proviant holen,
Jeden Tag ihre Pferde satteln

Ulac tifrat, yiwen ddin	Keine Lösung, nur einen Weg
γas ma texla neγ atteggağ	Sei es Verwüstung oder Exil!
Ass l-lexmis may sen zzin	Am Donnerstag, als sie belagert wurden
ikker waâjaj	Wirbeln und Aufflammen
ibda lbarudl-lexzirn	Als das alte Pulver
la yeṭṭenṭaj	Knatterte
Xemsa-u-sebâin ay geγlin	
γas γef Tewrirt l-Lḥeğğağ	Die allein für Tawrirt el-hadjadj fielen
(Yusef u Kaci, 2. Hälfte des 18. Jahrhunderts)	(Yusef u Kaci; Übersetzung aus dem Kabylischen: M. Tilmatine/Berlin)

Nachfolgend der vollständige Text des Gedichts entsprechend dem Manuskript. Die Übersetzung der neuen Verse lautet:

Belleh a ṭṭiṛ ma d w'iserrun	3-6: Bei den Ait-Yenni, der Ehre der Dörfer
ddu deg llyağ	Trage meinen Gruß zu den Männern, deren Gürtel
At Yanni laaz n tudrin	garniert ist mit Pulver.
Sellem at wagus meḥřağ	Als sie Donnerstag die Belagerung begannen
Ass-l-lexmis mi yasen zzin	hat sich Staub erhoben
ikker waâjaj	
Ibda lbarud l-lexzin	
la yeṭṭenṭaj	
Xemsa-u-sebâin ayg-geγlin	
γas γef Tewrirt l-l heğğağ	
Ariḍa mazal-ten din	11 und 12: Noch diese Nacht sind sie dort
i tembwṭṭağ	inmitten des Gewehrfeuers
γer tâassastr ggaren aâwin	
kulyum d asrağ	
Ulac tifrat yiwen ddin	

yas ma texla neγ atteggağ	
A ṭṭiř yufgen iâalla	
ifer huzz-it	
Ḥebsen legwad lemḍilla	
ḥed manzeṛṛ-it	
Assen ur irbiḥ sslam	21 und 22: Dieser Tag war unheilvoll
mi myugen ṭṭrad n-twaγit	Da sie sich einen verhängnisvollen Krieg lieferten
Tlatin ḥesbeγ kamla	
ssarden ṣemmḍit	
ay-d iqqimen deg ṭṭwila	
γef teqbaylit	
Kra bbwi γeṭṭef ḥed l-lγila	
ičča-tenṭṭṛad msakit	
Ttṛeγ-k a waḥed lewḥid	29 bis Ende: Einziger, ohne Zweiten, ich flehe dich an,
a Lleh ur neṭṭis	im Schlaf nicht zugänglicher Gott
dâaγ-k s-eṣṣḥaba laâyan	Ich flehe dich an mit den berühmten Gefährten des Propheten
Aali d irfiqn-is	Mit Ali und seinesgleichen
Tegḍ a deg lğennet amkan	Gewähr uns Platz im Paradies
jmâa akka-d neṭ ḥessis	Uns allen, solange wir hier sind und zuhören.

Letztlich besteht gar nicht so viel Unterschied: Die sechsversige letzte Strophe (29-34) ist die in dieser Art Gedicht notwendige »Zueignung«. Es ist ein immer passendes Stereotyp (an jedwedes Gedicht anpaßbar: Ein Merkzeichen hier ist der Reimwechsel). Tatsächlich vermute ich, daß im ersten Teil des Gedichts (1-16) ein Distichon fehlt, denn das Ganze besteht klassisch aus einer Reihe von Sechszeilern (einer für den letzten Teil, zwei für den zweiten und normalerweise drei für den ersten Teil); was bedeuten würde, daß bereits bei der ersten Abschrift ein Verlust eingetreten war.[1]

1 Brief von Mouloud Mammeri an Pierre Bourdieu vom 22. April 1978.

P. B.: Kennen Sie andere ähnliche Fälle der Reduktion der dichterischen Sprache hin zur alltäglichen Sprache?

M. M.: Gewiß, aber dieser ist einigermaßen bezeichnend. Es handelt sich um einen Kampf zwischen zwei Stämmen. Es handelte sich im Grunde um zwei Angriffe, von denen der eine an einem Dienstag gescheitert und der andere zwei Tage später an einem Donnerstag gelungen war. Das erste Gedicht (sechs Verse) war ad hoc improvisiert worden: Die Krieger kehrten zurück, aber sie hatten das Dorf nicht eingenommen und waren geschlagen worden … Am nächsten Tag beschließt man einen Angriff für den Donnerstag. Der Dichter macht ein neues Gedicht, das der mündlichen Tradition zufolge auch sechs Verse hatte. Dort heißt es lediglich, daß der Angriff diesmal erfolgreich war und daß man das Dorf eingenommen hat etc.

Die schriftliche Version des zweiten Gedichts ist länger und von der Form her ganz verschieden. Nun gibt es aber über das gleiche Thema noch ein sechszeiliges Gedicht, das ich von meinem Vater kenne und das nach dem Modell des ersten sechszeiligen Gedichts gebaut ist. Was ist geschehen? Sechs Zeilen sind leicht zu behalten. Man hat also das zweite Gedicht in die Form des ersten gepreßt und es dabei völlig umgestaltet, um aus ihm ein Gegenstück zum ersten zu machen: Es gibt einen Angriff, der zunächst scheitert und dann gelingt. Es gab also eine regelrechte Umformungsbemühung, die aber nicht nur auf Kosten der Länge, sondern auch des Sinnes und der Bedeutung ging. Die schriftliche Fassung ist stoffreicher und menschlicher. Beim Ursprungsgedicht, das ich in schriftlicher Version wiedergefunden habe, hatte ich große Mühe, es zu entziffern. Ich bin an zwei oder drei Stellen nicht einmal sicher, ob ich es richtig verstanden habe, während das andere, das man mir diktiert hat, verständlich und im Vergleich zum ersten sehr ausgewogen ist. Es handelt sich um keine reine Umgangssprache, aber es ist leicht verständlich. Es ist also wahrscheinlich so, daß sich die Entwicklung, wo sie stattfindet, in Richtung »Banalisierung« vollzieht. Mein Vater hat mir eine Reihe von Versen rezitiert, die ich transkribiert habe und von denen ich später bei anderen blassere Versionen gefunden habe. Sie waren blasser, weil man bestimmte Dinge nicht verstanden und es vorgezogen hatte, sie in der Alltagssprache wiederzugeben.

P. B.: Ja, was wohl vor allem verschwindet, ist das Spiel mit dem gewöhnlichen Sinn, die Sinnverschiebungen, die Archaismen, ungewöhnliches Vokabular und ungewöhnliche Syntax. Aber gibt es nicht auch eine exegetische Bemühung, in der Art, wie Sie sie haben leisten müssen, um den Sinn der alten Gedichte zu verstehen? Gibt es keinen Kampf um den Wortsinn, durch den man sich die Autorität anzueignen sucht, die in einer Redensart, in einem Sprichwort oder einem zum Sprichwort gewordenen Vers beschlossen liegt? Ist nicht eine der Dimensionen der dem Dichter zugestandenen *Freiheit* gerade das Spiel mit den Worten des Stammes?

M. M.: Ich glaube ja. Es gibt so etwas wie einen gewöhnlichen Gebrauch, aber es gibt auch höhere Ebenen der Initiation, auf denen man den tieferen Sinn analysiert. Außerdem erkennen die »Weisen«, wenn sie unter sich sind, den verschiedenen Beispielen nicht denselben Wert zu.

P. B.: Ausgehend vom gewöhnlichen Sinn produzieren sie einen esoterischen Sinn, den die scheinbare exoterische Banalität vor den einfachen Laien verbirgt. Ergibt sich daraus nicht, daß sie selbst vor einem Laienpublikum eine Sprache mit doppelter Absicht, doppeltem Sinn und *doppelter Verständnismöglichkeit* sprechen können: Gibt es nicht zwangsläufig mehrere *Interpretationsebenen*, wie es mehrere *Ausdrucksebenen* gibt.

M. M.: Da fällt mir ein Erlebnis wieder ein. In einem Dorf gab es einmal zwei *imusnawen*, die die Wortführer zweier gegnerischer *soffs* (»Parteien«, »Ligen«) waren. Sie hatten ihre Kindheit zusammen verbracht und zusammen die *tamusni* gelernt. Später dann hatten politischen Verwicklungen sie entzweit. Über Jahre hinweg blieben sie voneinander getrennt, jeder an der Spitze eines der beiden *soffs*. Ich bin bei der Wiedervereinigung des Dorfes dabeigewesen. Der erste, der eine größere »Registerweite« hatte, ergriff das Wort. Der andere antwortete. Ich nahm an einem außergewöhnlichen dichterischen Gesang teil. Die Leute hörten zu und hatten den Eindruck, genau zu verstehen, was gesagt wurde. Aber das war nicht der Fall. Was sie verstanden, war der nächstliegende, der augenscheinliche Sinn der Rede, aber der ganze Rest entging ihnen. Die beiden Meister bereiteten sich offensichtlich ein großes Vergnügen. Endlich konnten sie mit jemandem sprechen, der verstand und der mit den gleichen Worten antworten konnte ... Das wurde fast zu einem Wortwechsel zwischen Spezialisten.

P. B.: Eine der besonderen Fähigkeiten dieser Eingeweihten war wohl die Kenntnis der Referenzen, die Fähigkeit, zu sagen: »Wie schon jener gesagt hat ...«

M. M.: Ganz genau. Es gab eine Korporation und einen Korpus der *tamusni*. Darüber war man sich bewußt; man sagte: »Ich werde bei dem oder dem in die Lehre gehen.« Es gab Schulen, die ihre Gleichnisse, ihre Verse, ihre dichterischen Verfahren, ihren Stil und vor allem ein Ensemble von Werten und Referenzen hatten, die man beherrschen mußte. Und je mehr man sie beherrschte, desto weiter war man in der *tamusni* fortgeschritten. Um diesen Unterricht bemühten sich die *imusnawen* ganz bewußt: Sie wanderten von einem Stamm zum nächsten. Nur um irgend jemand zu besuchen, um die Nacht bei ihm zu verbringen und von ihm zu lernen.

P. B.: Waren die großen transtribalen *imusnawen* nicht jene, die in sich das Ganze der verschiedenen Korpora vereinigten?

M. M.: Es gab einen, der diesbezüglich außergewöhnlich war. Man wandte sich an ihn, um eine Menge Probleme zu lösen, schwierige Probleme, kritische Fälle. Er hatte eine gewisse Autorität ... Er verstand es, seinen Vortrag dem Stamm und dem Ort, an den er sich begab, anzupassen, und sagte: »Den Soundso muß man dieses oder jenes sagen, man muß sich so oder so verhalten.« Er hatte ein »Gespür« für sein Publikum. Das ist kein Opportunismus. Man überlegt sich einfach, wem man was sagt. Wenn deine *tamusni* im Einzelfall wirksam sein soll, dann mußt du sie deinem Publikum anpassen.

P. B.: Das ist zweifellos eine der wichtigsten Eigenschaften der mündlichen Rede, daß sie sich einer Situation, einem Publikum, einer Gelegenheit anpassen muß. Die wahre Kunst der mündlichen Rede ist auch ein Wissen um den geeigneten Augenblick, um den *kairos*. Der *kairos* ist bei den Sophisten der günstige Augenblick, derjenige, den man ergreifen muß, um angemessen zu sprechen und den Worten ihre ganze Wirksamkeit zu verleihen; aber das Wort meint ursprünglich, wie Jean Bollak gezeigt hat, das Schwarze in der Zielscheibe, und derjenige, der ein Gespür für den *kairos* hat, ist derjenige, der ins Schwarze trifft ...

M. M.: Ich glaube, es ist kein Zufall, daß die beiden griechischen und kabylischen Ausdrücke sich treffen. Wenn man auf einer Versammlung die Lösung für ein schwieriges Problem sucht, dann sagt man in der Sprache der *tamusni*: »Die richtige Entscheidung ist wie eine Zielscheibe, du weißt nicht, wer ins Schwarze trifft ... (*ṛṛay am lɣerḍ, ur teẓriḍ w'aa-t iḥazen*).« Das soll eine Ermutigung für diejenigen sein, die in einer Versammlung zögern, das Wort zu ergreifen, um zu unterstreichen, wie sehr jede Leistung zwangsläufig relativ ist. Um dieses »Gespür« für die Situation zu verdeutlichen, hat mir der gleiche *amusnaw* die Geschichte von zwei zum gleichen Stamm gehörigen Dörfern erzählt, die im Streit miteinander lagen. Man ruft ihn, um die Angelegenheit zu bereinigen. Bei seiner Ankunft im Dorf geht er nicht zu den Urhebern des Konflikts, sondern zu den Dorfmarabuts. Und er sagt zu ihnen: »Ihr müßt mit mir kommen. Ich möchte euch bitten, bei euren Leuten zu intervenieren und ihnen dies und jenes zu sagen, aber ihr müßt es ihnen selbst sagen, mit euren eigenen Worten.« Die Marabuts willigten ein, weil sie wußten, daß sie es mit einem bemerkenswerten *amusnaw* zu tun hatten. Es wurde bis Mitternacht gesprochen. Als er anschließend das Wort ergriff, hörte er erst gegen drei Uhr morgens wieder auf: Er hat sie alle beeindruckt. An einem anderen Ort hätte er sich anders verhalten, aber es war klar, daß er die gleichen Werte verteidigt hätte und es bloß die Form jedesmal dem Publikum anzupassen galt.

Die Macht der Worte

P. B.: Das Fundament seiner Autorität ist tatsächlich seine außergewöhnliche Sprachbeherrschung.

M. M.: Ja. Die Tatsache, daß die *imusnawen* fast über eine eigene esoterische Sprache bzw. zumindest über einen besonderen, tieferen Sprachgebrauch verfügen, muß in dieser Logik verstanden werden. Ich denke da an einen Fall, der mich frappiert hat: Er hat sich noch vor der französischen Besatzungszeit zugetragen, zu einer Zeit also, als die *imusnawen* tatsächlich in der Lage waren, wirksam öffentlich zu intervenieren, als sie eine effektive Macht besaßen. Es handelt sich um eine ganz gewöhnliche Geschichte. Es ging um einen Mann, der eine Frau aus einem Nachbarstamm geheiratet hatte und der seinen Stamm, was damals selten war, hatte verlassen müssen. Er hatte den Stamm verlassen, und keiner wußte, wohin er gegangen war; er hatte nie wieder ein Lebenszeichen von sich gegeben. Seit fast sieben Jahren war er weg. Eines Tages kommen die Eltern der Frau zu den Eltern des

Mannes und sagen zu ihnen: »Unsere Tochter hat jetzt lange genug gewartet: fast sieben Jahre. Sie müssen selbst zugeben, daß diese Situation nun lange genug währt. Entweder sind Sie also sicher, daß ihr Mann bald zurückkommt, dann bleibt seine Frau weiterhin hier, oder aber er gibt kein Lebenszeichen von sich, dann nehmen wir unsere Tochter wieder mit zu uns.« Die anderen antworten, daß der Mann vielleicht doch noch irgendwo lebe …

Es hat zahlreiche Begegnungen gegeben. Da die Frau von einem anderen Stamm war, war das Problem nicht so einfach zu regeln. Bei einem der Treffen trieb der sehr eloquente Vertreter des Stammes der Frau – ein großer *amusnaw* – die anderen mit einer ganzen Reihe von scheinbar unwiderlegbaren Argumenten in die Enge. Am Ende sagte er: »Wenn ihr einverstanden seid, laßt uns zum Schluß kommen. Diese Frau kommt wieder mit zu uns.« Aber einer von der anderen Gruppe, der wußte, daß einer ihrer bemerkenswertesten Sprecher abwesend war, antwortete, daß es nicht eile und daß man sich in einer Woche noch einmal treffen solle, um zusammen die *fatiha* (das Gebet) zu sprechen. Man trennte sich. Dann kommt man in der nächsten Woche wieder zusammen; diesmal ist der andere *amusnaw* dabei. Kaum angekommen, sagt der Sprecher der Gruppe der Frau: »Da die Angelegenheit geregelt ist, laßt uns das Gebet sprechen und sagen: Gebe Gott, daß wir nicht vom Fluch verfolgt werden« (*Awer nawi daâussu*). Der andere antwortet: »Laßt uns das Gebet sprechen, aber ich schlage vor, daß wir statt dessen darum bitten, daß wir uns nicht vom Weg Gottes entfernen mögen« (*Awer necceḍ deg-gwebrid ṛ-Ṛebbi*). Da sagt der erste: »Erhebt euch, es ist nichts entschieden, wir brechen auf.«

Als sie wieder zu Hause sind, fragen ihn die anderen: »Was soll das heißen?«, und er erklärt ihnen folgendes: »Als ich gesagt habe: »Mögen wir nicht vom Fluch verfolgt werden«, da sollte das heißen, daß ein Mann, der seine Frau so lange verläßt, verflucht ist, wenn er nicht zu ihr zurückkommt. Als der andere mir geantwortet hat: »Gebe Gott, daß wir uns nicht vom Weg Gottes entfernen«, das heißt von der Regel, vom Recht Gottes, da bedeutete das: Das Recht Gottes sind sieben Jahre, und die sieben Jahre sind noch nicht vergangen. Als er diesen Satz gesagt hat, habe ich sofort verstanden, was er sagen wollte: »Ihr habt nicht das Recht, diese Frau wieder mit zu euch zu nehmen, solange die sieben Jahre nicht vergangen sind.« Selbst wenn es sich hier um einen Grenzfall handelt, ist er dennoch insofern interessant, als sich ein Wortwechsel wie aus dem vorliegenden, eher unbedeutenden Anlaß auch bei wichtigeren Ereignissen zutragen konnte.

Die Grundantinomien der Existenz

P. B.: Die Geschichte, die Sie erzählen, stellt die höchste Ausprägung einer Form von Beziehungen dar, wie sie sich auch zwischen gewöhnlichen Leuten vollzogen, zum Beispiel bei Hochzeitsverhandlungen, die, mit einem geringeren Maß an Raffinesse, Anlaß zu ähnlichen Rededuellen gaben.

M. M.: Zweifellos. Aber ich glaube, daß es fast einen Wesensunterschied und nicht nur einen Gradunterschied gibt.

P. B.: Es gewinnt, wer die Kultur »für sich« hat, wer die allgemein akzeptierten Regeln besser als der andere beherrscht …

M. M.: Ja, aber dabei ist das Wort nicht von der Sache, das Wie des Gesagten nicht vom Was zu trennen. Im Fall der Hochzeit, den Sie erwähnen, »sprechen« die Leute die Kultur so »aus«, daß sie für beide Parteien verständlich ist. Im anderen Fall wechselt man das Interpretationsniveau: Das ist wie bei Antigone und Kreon. Der andere hätte durchaus gegen das Gesetz das menschliche Recht der verlassenen Frau geltend machen können, aber nur unter der Bedingung, daß er den passenden, richtigen, sprachlich exemplarischen Ausdruck findet. Es stellte sich für sie ein grundsätzliches Problem, während es sich für die anderen nur um ein Rededuell handelte. Mit Hilfe der Gegenüberstellung von zwei Formeln hatten die *imusnawen* den Finger auf ein Problem gelegt, das ein allgemein menschliches Problem ist. Was hat Vorrang: das geschriebene Gesetz oder das »menschliche« Recht etc.? Ich bin sicher, daß sie auch, ohne Sophokles und die Philosophen gelesen zu haben, von dieser Anekdote aus zur Frage nach den Grundantinomien der menschlichen Existenz gelangt wären.

P. B.: Und weil man ihre Fähigkeit ahnte, sich auf diesem äußersten Niveau zu bewegen, räumte man ihnen das Recht ein, sich jenseits der Regeln von Moral und gewöhnlicher Sprache zu bewegen.

M. M.: Ja, ich glaube, daß dies der Grund dafür ist, daß man ihnen das Recht einräumte, den Code, zumindest äußerlich, zu verletzen.

Ich erinnere mich an eine weit zurückliegende, noch vor der Eroberung spielende Begebenheit mit einem bekannten *amusnaw*. Ein Stamm, der mit einem gegnerischen Stamm im Krieg lag, wendet sich an einen dritten, die Aït Yenni, damit sie ihm gegen ersteren helfen. Nach der Regel des *nif* (Ehrenkodex) ist es unerheblich, ob die Bittsteller recht oder unrecht haben. Haben sie einmal um Hilfe gebeten, bedeutet es ein schweres Vergehen, ihnen diese nicht zu gewähren. Jemand geht zum *amusnaw* der ersten Gruppe und sagt zu ihm: »Jetzt haben wir nicht nur den Nachbarstamm gegen uns. Die Aït Yenni kommen ihnen zu Hilfe. Wir müssen also unsere Kräfte zweiteilen und die Hälfte unserer Männer gegen die Aït Yenni schicken.« Der *amusnaw* antwortet: »Nein, ignoriert die Aït Yenni. Wenn sie zusammen mit den anderen kommen, werden wir gezwungen sein, sie zu bekämpfen, aber greift sie um Gottes willen nicht an!« Man hält ihm entgegen: »Wie! Man wird uns für Feiglinge halten!« Der *amusnaw* erklärt: »Wenn ihr spürt, daß ihr unterlegen seid, dann zwingt euch der *nif* nicht, euch ins Verderben zu stürzen.« Und seine Verse sind zu einem Sprichwort geworden:

Treγ at tezmert meqqwqṛet	Allmächtige und heilige
d ṣṣalḥin Igawawen	Kräfte der Zwawa [Konföderation der Kabylen]
Uḥeq Jeddi Mangellat	Bei Jeddi Manguellat [Heiliger]
lawleyya widen i-s inuḍen	Und den Heiligen, die ihn umgeben,
Imi d Amejjuḍ nsaâ-t	Da wir nun den Amjjud [Feind] besitzen,
ur-d nerni lhem iḍen	Soll kein weiteres Übel auf uns kommen.

(Laarbi At Bjaaud; 18. Jahrhundert)

(Übersetzung aus dem Kabylischen: M. Tilmatine/Berlin)

Von jemand anders vorgebracht, wäre dieser Vorschlag skandalös erschienen, denn es gilt das Prinzip: »Du wirst vielleicht geschlagen werden, aber du mußt kämpfen.« Ein bekanntes Sprichwort sagt: »Fällst du, fällt auch die Schande (*Mi teghli ighli lâaṛ*).« Aber als *amusnaw* genoß er eine Form der Freiheit, die den anderen verwehrt war.

Der Dichter, der Gelehrte und der Bauer

P. B.: Aber mit der Geschichte, die sie gerade erzählt haben, von dem *amusnaw*, der zu den Marabuts geht und ihnen sagt, was sie zu tun haben, und der die Lösung durchsetzt, indem er sich ihrer Autorität bedient, stellt sich die Frage nach dem Verhältnis zwischen der *tamusni* und der mit der Autorität der Schrift und des Heiligen ausgestatteten Korantradition. Wie muß man diese Art Dreieck beschreiben, das aus dem *amusnaw* besteht, dem beispielgebenden Statthalter kabylischer Tugenden, *taqbaylit*, dem Marabut, dem mit der religiösen Autorität ausgestatteten Gelehrten, und dem einfachen Bauern, der zweifellos den einen wie den anderen in unterschiedlicher Weise und aus unterschiedlichen Motiven anerkennt? Welche Formen nimmt die Konkurrenz an? Man könnte sich vorstellen, daß sie Auswirkungen sowohl auf den Inhalt der *tamusni* als auch auf den Inhalt der Botschaft des Korans hat, so wie er faktisch von den Marabuts vermittelt wird. Wie gelingt es diesen beiden auf sehr unterschiedliche Prinzipien gegründeten »Mächten«, sich zu verständigen? Ist es nicht so, daß diese Konkurrenz zwar im Grunde unvermeidlich, aber gleichzeitig uneingestehbar ist, das heißt, daß sie nicht gedacht werden kann und daher stets maskiert und in wechselseitigem Einverständnis verdrängt wird?

M. M.: Obwohl ich genau weiß, daß derartige Klagen überflüssig sind, habe ich dennoch oft bedauert, daß die Entwicklung der *tamusni* der Berber nicht, wie dies in Griechenland der Fall war, die Form einer autonomen und fortschreitenden Entwicklung ohne Traumata und ohne äußere Autoritätseinwirkung hat nehmen können. Ich habe oft bedauert, daß die *imusnawen* nicht die Möglichkeit hatten, den Übergang zur Schrift zu vollziehen, ohne mit einer Art Konkurrenz und Herrschaft von außen rechnen zu müssen. Die islamische Kultur ist bei allen ihren Qualitäten sehr fundamentalistisch. Sie gestattet keine Varianten. Sie hat die Autorität Gottes auf ihrer Seite, sie ist offenbart worden und findet sich im Text des Korans. Und das war's auch schon, es bleibt nichts zu tun, als diesen zu kommentieren.

P. B.: In mehreren der Beispiele, die Sie angeführt haben, sieht man, wie der Laie, der *amusnaw*, sich auf Gottes Wort, die religiöse Norm beruft: Vom Standpunkt der Priesterschaft aus ist das fast eine Usurpation. Wie stellt sich das problematische Verhältnis zwischen der profanen Weisheit, der *tamusni*, als dem grundlegenden Ausdruck der nationalen Kultur und der eigenen Werte und der religiösen Kultur mit ihrem universalen Anspruch, ihrem geoffenbarten Charakter und der Autorität der Schrift konkret dar?

M. M.: Ich glaube, daß diese Beziehungen über Jahrhunderte hinweg eigentlich immer als ambivalent erlebt worden sind, selbst wenn dies niemand gesagt hat, weil es ein Skandal und einfach undenkbar gewesen wäre. Man wollte sich um jeden Preis einreden, daß beides dasselbe sei. Gottes Wille und die Texte des göttlichen Gesetzes können der *tamusni* nicht widersprechen, und die *tamusni* muß sich umgekehrt notwendig am Leitfaden der geoffenbarten Wahrheit orientieren. Das ändert nichts daran, daß es in der Praxis Fälle handfester Konkurrenz gegeben hat, auch wenn diese nicht gewollt war und schon gar nicht offen vertreten wurde. Ich glaube, daß man vom Primat der religiösen Wahrheit ausging: Der Koran ist der Koran, niemand kann das Wort Gottes anzweifeln. Die *tamusni* säkularisiert die Wahrheit des Korans oder verlängert sie in die Praxis, in die Realität, ins tägliche Leben hinein. Dessen ungeachtet konnte es zu Widersprüchen zwischen den beiden kommen. Meistens überging man sie: Die Marabuts, die einzigen, die im Korangesetz bewandert waren, waren durch ihre Situation gezwungen, eine Reihe von Kompromissen zu schließen, sie lavierten, sie konnten aus dem Koran nur das wiedergeben, was mit den Regeln der Gesellschaft vereinbar war, andernfalls hätten sie sich selbst verurteilt. Sie fanden einen »Dreh«: Sie sagten, daß die Gebote Sitte und Brauch stützen, was meiner Meinung nach nicht immer stimmt: Als die Kabylen die Frauen vom Erbe ausschlossen, da verstießen sie gegen die Gebote der Religion … Es gab also effektive Widersprüche. Der *amusnaw* war derjenige, der ihnen am stärksten ausgesetzt war und der am meisten unter ihnen litt, denn er hatte viel Kontakt mit den Marabuts, die in der Lage waren, aus den Büchern Dinge zu ziehen, zu denen er keinen Zugang haben konnte.

P. B.: Der beste Beweis dafür ist die Menge von Berbergedichten, die Sie bei Marabuts wiedergefunden haben.

M. M.: Ja, wahrscheinlich hatte der Gelehrte diesen rein instrumentellen Wert desjenigen, der über eine Aufbewahrungstechnik verfügt. Aber darüber hinaus wußte der *amusnaw*, daß in den Büchern eine andere Weisheit steckte, über die er nicht verfügte. Die *imusnawen* hatten viel Umgang mit den Marabuts. Aber gleichzeitig lebten sie mit jedermann zusammen. Sie befanden sich also gewissermaßen am Kreuzungspunkt zweier Welten. So wie die Marabuts auch, nur anders. Denn auch der Marabut befindet sich an einem Kreuzungspunkt zweier Welten, aber auf der Seite der religiösen Gebote, während der *amusnaw* auf der Seite der Laien steht. Er ist zunächst ein Vertreter der *taqbaylit*, die auf jene höhere Stufe gehoben worden ist, die die *tamusni* bildet.

P. B.: Der *amusnaw* ist ein Spezialist in der Formulierung der eigenen Werte. Eine Art Experte der *taqbaylit*, des Kabylentums.

M. M.: Ein Experte des Kabylentums, und zwar in allen Bereichen des Lebens: im sozialen, moralischen und psychologischen Bereich. Der Marabut hingegen ist zunächst der Interpret des Korans, der Korankommentatoren, des Koranrechts. Der Marabut ist Marabut durch seine Geburt; der *amusnaw* hingegen ist *amusnaw* durch eine Wahl; er ist gezwungen, sich eine Reihe von Werten und Techniken anzueignen, um *amusnaw* zu werden. Der Marabut hat keine Wahl; er ist der Sohn seines Vaters, er hat die Pflicht, Recht zu sprechen. Er kann beides kumulieren: Es gibt viele Marabuts, die gleichzeitig *imusnawen* sind. Es ist hingegen selten, daß ein *amusnaw* Arabisch studiert hat; das folgt nicht der gleichen Logik, man tat das einfach nicht.

Die Zensur durch den herrschenden Diskurs

Es ist also klar, daß hier ein Problem liegt, und ich würde sagen, daß die Konsequenzen eher verhängnisvoll für die *tamusni* sind. Zweifellos kann die *tamusni* eine gewisse Anzahl von Dingen nutzen, die sich in den Büchern finden, Entlehnungen, die sie säkularisiert. Aber ich glaube, daß sich auf einer allgemeineren

Ebene die Entwicklung, die sich in der griechischen Gesellschaft vollzogen hat, in der kabylischen Gesellschaft niemals vollzogen hätte, weil sie, sobald sie bestimmte Dinge zu sagen hatte, sobald sie zu einem anderen Register übergehen wollte (zum Beispiel dem der Kosmologie), mit etwas zusammenstieß, das bereits da war und das aus diesem Grunde einen *Zensur*effekt ausübte. So wurden die Kabylen daran gehindert, die Antworten aus ihrem eigenen Fundus, aus ihrer *tamusni* selbst zu gewinnen. Einer der großen Unterschiede zwischen der griechischen und der kabylischen Zivilisation besteht zweifellos darin, daß die *tamusni* der Berber sich in einer für sie ungünstigen Umgebung entwickelt hat. Es handelt sich um eine starken Zwängen ausgesetzte Kultur. Der Islam genießt eine Art symbolisches Privileg, das ihm auch von der anderen Seite zugestanden wird. Aufgrund der bloßen Existenz dieser herrschenden Kultur rührt die *tamusni* sehr schnell an ihre Grenzen. Ibn Khaldun sagt, daß bei den Berbern soviel Gedichte rezitiert wurden, daß sie Bibliotheken füllen würden, wenn man sie aufschreiben wollte. Man darf also davon ausgehen, daß es eine Glanzzeit gegeben hat, in der diese mündliche Kultur noch wesentlich weiter entwickelt war; und zwar bevor ab dem 16. Jahrhundert die Kabylei von den Marabuts erobert wurde und damit von Leuten, die eine Zivilisation des Sakralen, der Internationalität, der Stadt und der Schrift mitbrachten, die an den Staat gebunden war.

P. B.: Die Existenz einer Gebildeten- und Gelehrtenkultur führt dazu, daß in bestimmten Bereichen der Kultur der Platz bereits besetzt ist.

M. M.: Der Dualismus von Gelehrten- und Volkskultur ist für die Berberkultur seit sehr langer Zeit charakteristisch.

P. B.: Gerade darin besteht das ganze Problem der Berberkultur …

M. M.: Ja, und dieses Problem ist stets spürbar gewesen, vor allem im Bereich des Rechts, weil dort der Widerspruch und die Konkurrenz besonders deutlich sind. In dem Text vom 1748, der die Frauen vom Erbe ausschließt, gibt es, glaube ich, eine Präambel oder eine Schlußformel, ich weiß es nicht mehr, in der es heißt: »Die Marabuts und die *imusnawen* haben sich versammelt und haben, da sie die Situation so und so befunden haben, beschlossen ... Und Gott strafe jeden, der gegen diese Entscheidung verstößt ...« Die Leute waren nicht blöd, sie wußten genau, daß das den Geboten der Religion widersprach, und trotzdem haben sie diese, wenn ich mich so ausdrücken darf, antiklerikale Entscheidung getroffen, indem sie sich nicht nur auf Gott berufen, sondern auch noch um seinen Beistand bitten. Das steht so wortwörtlich im Text.

Das Innen und das Außen

P. B.: In der Alltagserfahrung hat der Bauer ein sehr ambivalentes Verhältnis zum Marabut, der gleichzeitig anerkannt und abgelehnt wird (ich denke da an die Sprichwörter über die Marabuts, die wie Flüsse bei einem Gewitter, das heißt einem Konfliktfall, anschwellen). Wenn der Marabut nicht diese Art von gleichzeitig transzendenter und äußerer Macht darstellte, die eben kein wahrer tiefer Ausdruck der Kultur ist, dann hätte die *tamusni* nicht über diese Form von Freiheit verfügt, die ihr als weltlicher, das heißt zwar esoterischer, aber eben weltlicher Weisheit gewährt wurde. Was ich sagen will, ist, daß die *tamusni* nicht lebbar gewesen wäre, hätte sich die Beziehung zum Marabut einfach und weniger ambivalent gestaltet.

M. M.: Ich glaube, so ist es. Der Marabut ist kein *amusnaw*. Er steht zum Teil außerhalb der Gesellschaft.

P. B.: Die Marabuts heiraten untereinander, sie leisten keine Handarbeit, sie brauchen die kabylischen Werte nicht zu praktizieren; sie sind davon befreit.

M. M.: Er steht außerhalb, was es erlaubt, ihn auszustoßen. Aber es ist gerade dieses Außenstehen, das ihn nützlich macht und das bewirkt, daß er als Vermittler dienen kann.

P. B.: Dennoch braucht man weiterhin den, der sich innerhalb bewegt, um die Gruppe mit sich selbst und nicht nur mit den anderen Gruppen zu versöhnen.

M. M.: Und der, der innerhalb der Gruppe steht, das ist der *amusnaw*.

P. B.: Das ist zweifellos auch der Grund dafür, daß sie sich begegnen müssen, wie in dem Fall, den Sie vorhin zitiert haben, wo sie gezwungen sind, sich gewissermaßen zu verbünden. Aber meistens sind ihre Handlungssphären unabhängig voneinander.

M. M.: Wesentlich ist, daß eine gewisse Unabhängigkeit existierte. Natürlich konnte man Überschneidungen nicht vermeiden; sie waren sogar zahlreich. Aber ich glaube, daß sie im Grunde in zwei verschiedenen Bereichen arbeiteten. Ihnen wurde Unterschiedliches abverlangt. Ein *amusnaw* konnte sehr wohl als Vermittler dienen. Aber diese Funktion fiel ihm nicht per Delegation, per göttliche Berufung als Nachkomme des Propheten zu, wie das bei dem Marabut der Fall ist, selbst wenn er geistig sehr durchschnittlich ist. Der *amusnaw* hingegen muß sich mit seiner ganzen Person einsetzen.

P. B.: Die Rolle des *amusnaw* hat etwas Prophetenhaftes. Sie beruht darauf, daß die Leute ihn wählen, wohingegen der Marabut nicht gewählt wurde.

M. M.: Auch innerhalb des religiösen Lagers kann es prophetische Personen geben: Ich denke da zum Beispiel an Scheich Mohand, der mit dem großen Scheich, dessen Mitarbeiter er war, gebrochen hat, weil er ihm vorwarf, die Gebote wortwörtlich zu nehmen und so einem reinen Ritualismus zu huldigen, ohne ein wirklich spirituelles Leben zu führen. Der Gegensatz Prophet–Priester existiert also bereits innerhalb der Gruppe der Marabuts. Das ändert nichts daran, daß am *amusnaw* etwas Prophetisches ist, er hat einen prophetischen Stil.

P. B.: Er ist der Mann der Krise, der kritischen Situationen, derjenige, der in der Lage ist, zu sprechen und zu sagen, was zu sagen ist, wenn alle anderen sprachlos sind.

Die Tradition erneuern, um sie zu bewahren

M. M.: Er hat die Fähigkeit einzugreifen, sowohl in Krisenzeiten als auch in gewöhnlichen Zeiten. Er ist derjenige, der einen Schritt vorwärts, einen Schritt seitwärts, einen Schritt nach rechts und nach links, einen Schritt nach vorn oder einen Umweg machen kann. Er spricht nicht nur aus, was ist, sondern auch, was ihm auf der Grundlage seiner Erfahrung und eigenen Reflexion einfällt. Die *tamusni* ist kein vom Leben abgeschnittener Korpus von Kenntnissen, den man »um des Vergnügens willen« weitergibt, sondern eine praktische Wissenschaft, eine Kunst, die die Praxis stets neu belebt und die von der Existenz stets aufs neue herausgefordert wird. Das ist der Grund, warum das Erbe nur überlebt, wenn es sich ständig verändert. Die Weitergabe formt das Erbe ständig um und aktualisiert es. Die Rolle des *amusnaw* besteht darin, zum einen die Tradition mittels der gegenwärtigen und allein wirklich gelebten Situation zu erklären und umgekehrt der gegenwärtigen Situation mittels der Tradition einen Sinn zu geben und die Tradition in die Praxis der Gruppe zu integrieren. Es gibt die gewöhnlichen Antworten der kodifizierten Routine, das Brevier der Gebräuche und Gewohnheiten, der geltenden Werte, das eine Art totes Wissen darstellt.

Darüber aber gibt es eine Ebene der Kreativität, die die Domäne des *amusnaw* darstellt, der nicht nur in der Lage ist, den akzeptierten Code in die Praxis umzusetzen, sondern auch ihn anzupassen, ihn zu modifizieren oder gar, wie im Fall der beiden Mohand, zu revolutionieren, ihn zu sprengen und zu durchbrechen. Wobei selbst dieser Bruch noch dem Geist der überkommenen *tamusni* entspricht, denn das Oberflächengebilde der *tamusni* zu verraten heißt, ihr in tieferem Sinne treu zu bleiben. Das geht nicht ohne Risiken und bisweilen Schrecken ab; ein bekanntes Sprichwort besagt: »Die *tamusni* ist Angst (*tamusni d aγilif*).«

P. B.: Somit ist die *tamusni* die Fähigkeit, der Gruppe zu sagen, was sie nach der Tradition, die sie sich gegeben hat, ist. Durch eine Art Definition, durch eine Begriffskonstruktion, die ihr gleichzeitig sagt, was sie ist und was sie sein muß, um wirklich sie selbst zu sein. Und das alles ad hoc, auf der Stelle, in genau dem Augenblick, wo es sich ergibt, nach einer Niederlage oder vor einer Schlacht und überhaupt zu jeder Zeit. Was zur Folge hat, daß der *amusnaw* ständig gefordert und ständig im Einsatz ist. Die *tamusni* ist also auch die Kunst, im Kontakt mit einer Situation oder einem Publikum zu improvisieren. Wie wirkt sich der Kontakt mit dem Publikum, seine Reaktionen und seine Zustimmung auf die Dichtung selbst aus? Gibt es nicht Fälle, wo alles von einem unglücklichen Wort abhängt und wo der Dichter darauf achten muß, daß er das passende Wort findet, daß er das Richtige sagt?

Gibt es nicht auch eine Theatralisierung, die darauf abzielt, den Worten ihre ganze Kraft zu verleihen, indem man das Außergewöhnliche der Rede und desjenigen, der sie hält, betont?

M. M.: Die Beziehung zum Publikum ist im Fall des Dichters unmittelbar und ohne Vermittler: Das Publikum ist da, der Dichter auch, in Fleisch und Blut, sie sind miteinander konfrontiert. Es handelt sich um eine unmittelbare Produktion und um eine unmittelbare Zustimmung. Ich glaube, das trägt dazu bei, eine Produktion um der Produktion willen, ein autonomes und rein formales Kunstwollen zu verhindern.

P. B.: Bedeutet das, daß die Anzeichen, die auf ein formales Kunstwollen hinweisen, die Dunkelheiten, die Archaismen, die an die elaboriertesten Formen der Dichtung erinnern, trügerisch sind? Es wäre ebenso falsch, diese Dichtung wie Mallarmé zu lesen, wie es falsch wäre, in ihr nur eine »primitive« Form des dichterischen Ausdrucks zu sehen.

M. M.: Wir können noch einmal auf das vorhin angeführte Beispiel von dem Dichter-Lehrling zurückkommen, der sich zu einem Meister begibt, um von ihm initiiert zu werden. Das sechszeilige Gedicht, mit dem sich der Meister unmittelbar antwortend an ihn wendet, ist an die rein zufällige Gelegenheit gebunden, aus der es hervorgegangen ist. Was den Dichter auszeichnet, ist seine Fähigkeit, eine exemplarische Antwort, das heißt eine allgemeine Antwort aus Anlaß eines besonderen Falles zu geben und ein partikulares Problem, eine besondere Situation auf eine allgemeine Ebene zu heben. Aber der Umstand, daß diese allgemeine Antwort das Produkt eines sehr präzisen Anlasses gewesen ist, verleiht ihr eine Wirklichkeit, die sie von einer rein intellektuellen Beschäftigung innerhalb eines bestimmten Milieus unterscheidet.

P. B.: Der Dichter ist derjenige, der das Partikulare zu universalisieren und das Universelle zu partikularisieren versteht. Er ist in der Lage, auf eine besondere Situation und auf ein besonderes Publikum zu reagieren und so die symbolische Wirksamkeit seiner Botschaft zu garantieren. Sie erwähnten vorhin, daß der Dichter vorab sein Publikum kennen muß, wenn sein Wort greifen, wenn es *wirksam* sein soll.

Das Rätsel der Welt

M. M.: Die Beziehung zwischen Publikum und Dichter ist so geartet, daß ein dichterischer Vortrag wirklich zu einer Art Zwei-Personen-Stück zwischen dem Dichter und seinem Publikum werden kann. Der Dichter dichtet nicht allein. Ich glaube, daß er von seinem Publikum durch eine Art Zuruf angefeuert wird, auf den er reagiert. Ich gebe ihnen ein Beispiel: Eines Tages kommt der Dichter Yusef u Kaci, von dem ich vorhin bereits gesprochen habe, zu einem Stamm und besingt die drei Dörfer des Stammes. Dieser bestand tatsächlich aus drei Dörfern, hatte aber gerade im Krieg drei weitere erobert. Er beendet sein Gedicht und die Zuhörer spüren, daß das Gedicht sich seinem Schluß zubewegt. Da verläßt einer den Kreis, der den Dichter umgibt, geht auf ihn zu und sagt zu ihm: »Dadda Yusef, das ist sehr schön, aber ich glaube, daß du zum Schluß kommen willst; bedenke, daß wir nicht mehr allein sind, da sind auch noch die anderen.« Der Dichter stand auf einer Matte und hatte ein dreieckiges Tamburin in den Händen, das er nur von Zeit zu Zeit anschlug. Er geht einmal um die Matte herum, fährt fort und besingt aus dem Stegreif die anderen drei Dörfer. Die Zuhörer waren voll Bewunderung. In diesem Fall kann man sagen, daß die Zuhörer Yusef die Hälfte seines Gedichtes diktiert haben. Ein andermal kommt ein Dichter in ein Dorf und merkt, daß die Zuhörer während seines Vortrags zerstreut sind und untereinander flüstern; er hält inne und trägt ihnen ein Ad-hoc-Gedicht vor, dessen Schluß zu einem Sprichwort geworden ist: »Ich singe, und der Fluß trägt es hinweg – *kkateγ iteddem wassif*« (Aali Aamruc, 1. Hälfte des 19. Jahrhunderts). Wieder hat der Dichter aus einer kleinen Begebenheit etwas Allgemeines gewonnen.

P. B.: Auch wenn er nicht von Grund auf neu schafft, wie in den Fällen, die Sie anführen, tut der *amusnaw* immer das Notwendige, um das Gedicht der Situation anzupassen. Da der Schaffensprozeß in der jeweils einmaligen Anwendung traditioneller und daher allgemeiner Erzeugungsschemata besteht, ist jede Produktion de facto gleichzeitig traditionell (auf der generativen Ebene) und einzigartig (auf der Ebene des Vortrags). Solange es keinen Text und mithin keinen festgelegten und ein für allemal fixierten Diskurs gibt, gibt es letztlich so viele Varianten, wie es verschiedene Produktionssituationen und damit Anpassungen an Situation und Publikum gibt.

M. M.: Was die Anpassungen ans Publikum anbelangt, so habe ich ein langes Gedicht transkribiert, das vom Anfang der französischen Besetzung datiert, das heißt aus den Jahren 1856-1857, kurz bevor die Franzosen in der Kabylei einmarschiert sind. Die Kabylen hatten einen ersten Angriff geführt, der aber nicht ausreichend vorbereitet gewesen war und der in der Gegend von Drâa-el-Mizan unentschieden endete. Vor den zurückkehrenden Kämpfern improvisiert ein Dichter (von dem ich vorhin bereits gesprochen habe und der als der Dichter schlechthin galt) ein kurzes Gedicht, das gefällt und das er in der Folge ausbaut. Dort zitiert er die Namen der Stämme, der Dörfer und der Männer, die sich im Kampf besonders ausgezeichnet haben. Das richtete sich an die Stämme, die tatsächlich am Kampf teilgenommen hatten. Aber der Dichter trat an verschiedenen Orten auf. Und so habe ich denn drei Versionen des gleichen Gedichts gefunden, in denen die Namen der Stämme, der Dörfer und der Personen sich geändert hatten.

P. B.: Haben Sie die in mündlicher Version gefunden?

M. M.: Ich habe eine schriftliche und zwei mündliche gefunden. Die, die ich als Niederschrift gefunden habe, fand sich in einem Heft, in dem sie ein Volksschullehrer, der sie hat rezitieren hören, aufgeschrieben hat. Die Anpassungen betrafen Details: Zum Beispiel gab es ein Dorf, das sich nicht am Krieg hatte beteiligen wollen, da es ihn von vornherein als chancenlos betrachtete. Es war nicht leicht, einen solchen besonderen Umstand einzubauen, aber dem Dichter war es gelungen, sagen wir, ein Arrangement zu finden …

P. B.: Aber war es der Dichter selbst, der sich die Varianten ausgedacht hat, oder haben sich die Leute diese Mühe gemacht, um sich das Gedicht anzueignen?

M. M.: Das kann ich Ihnen nicht sagen. Aber ich glaube, daß entweder er es war oder beide gleichzeitig. Zumindest eine der Veränderungen muß er selbst vorgenommen haben, denn ich weiß, daß eine der Versionen direkt aus dem Munde des Dichters stammt. Die andere mag eine Nachschöpfung der Leute vor Ort sein, die die Verse schön fanden und sie verändert haben, um sie auf sich beziehen zu können.

P. B.: Aber diese Adaptationen und Anpassungen werden von der *Polysemie* des Gedichts begünstigt, die dazu führt, daß die gleiche Rede mit zweierlei (oder dreierlei) Sinnebenen je nach Publikum auf ganz unterschiedliche Weise verstanden werden kann. Wir haben dafür eben das Beispiel der beiden *Imusnawen* gesehen, die in gewisser Weise über die Köpfe ihres Publikums hinweg sprachen.

M. M.: Einer der Namen für die kabylische Dichtung (in den anderen Berberdialekten ist es ein bißchen anders) ist *asefru* (Plural: *isefra*) und kommt von *fru*, was soviel wie klären, etwas Dunkles erleuchten bedeutet. Ich glaube, daß es sich um eine sehr alte Bedeutung handelt. Im Lateinischen heißt das Gedicht

Carmen, was, soviel ich weiß, Zauberspruch bedeutet, die Wirkformel, die die Tore öffnet. Das ist die gleiche Bedeutung wie *asefru*, und vielleicht ist diese Parallele kein reiner Zufall bei jenen Mittelmeervölkern, für die das Wort zunächst ein Mittel zur Erklärung ist, eines, das die Dinge für unsere Vernunft zugänglich macht.

P. B.: Heißt *fru* nicht auch Kornlese? Dann wäre der Dichter derjenige, der unterscheiden und unterscheidbar machen kann: derjenige, der durch seine *Urteilskraft* eine *Diakrisis* erhofft, der die gewöhnlich vermischten Dinge trennt?

M. M.: Derjenige, der aufklärt, was dunkel ist. Ein Gedicht von Yusef u Kaci beginnt folgendermaßen:

<table>
<tr><td>Bismilleh annebdu lḥaṣun
a lḥadeq ṭḥessis
kkateγ lmaani s-eṛṛzun,
sakwayeγ lğis</td><td>Im Namen Gottes werde ich also beginnen,
Daß mir der Weise zuhöre,
Mit Kunst, in Gleichnissen reden,
Das kämpfende Volk damit wecken.
Ich liefere Beispiele und erkläre sie, ich halte eine Rede, die eine Lehre enthält, und ich erwecke das Volk; man könnte auch sagen: Ich mobilisiere das Volk (djis bedeutet Armee, Leute, die kämpfen). Der Dichter ist derjenige, der das Volk mobilisiert; er ist derjenige, der es aufklärt.</td></tr>
<tr><td>Ad awen-d berrzeγ lumuṛ</td><td>Ich werde euch die Dinge so klar auseinanderlegen</td></tr>
<tr><td>am-m idrimen di sselfa,</td><td>Wie Goldstücke in einer Geldbörse,
sagte der Berühmteste von ihnen</td></tr>
</table>

(Übersetzung aus dem Kabylischen: M. Tilmatine/Berlin)

Eine reflexive Bestimmung der Anthropologie

Teilnehmende Objektivierung*

Ich brauche Ihnen nicht mitzuteilen, wie glücklich, stolz und geehrt ich mich fühle, eine so hochstehende Auszeichnung wie die Huxley Medal verliehen zu bekommen und mich in dieses durch die früheren Preisträger repräsentierte Pantheon der Anthropologie einreihen zu dürfen. Da Sie mich mit derartiger Autorität ausgestattet haben, will ich, wie etwa ein alter Magier, der seine Geheimnisse weitergibt, versuchen, eine Technik, eine Methode oder, bescheidener formuliert, eine »Vorgehensweise« vorzustellen, die ich *teilnehmende Objektivierung* nenne und die mir in meiner langjährigen Forschungstätigkeit überaus nützlich war. Ich sage ausdrücklich teilnehmende Objektivierung und nicht, wie allgemein üblich, teilnehmende Beobachtung. Teilnehmende Beobachtung beinhaltet, wie mir scheinen will, das Verhalten des Ethnologen, der in ein fremdes gesellschaftliches Universum eintaucht, um es zu beobachten, oder der eine Handlung, ein Ritual oder eine Zeremonie beobachtet und im Idealfall daran teilnimmt. Die Schwierigkeit eines solchen Vorgehens, die eine schwer aufrechtzuerhaltende Spaltung des Bewußtseins erfordert, wurde schon häufig angesprochen. Wie kann man zugleich Subjekt und Objekt, also Handelnder und gleichzeitig derjenige sein, der das eigene Handeln beobachtet? Eine tatsächliche Teilnahme an fremden Praktiken, inkorporiert in Tradition und Lernstrukturen einer anderen Gesellschaft als der, die den Beobachter und dessen Dispositionen hervorbrachte, und die demnach grundverschiedene Formen des Seins und des Lebens von Erfahrungen darstellen, kann mit Fug und Recht bezweifelt werden.

* *Actes de la recherche en sciences sociales*, 150, Dezember 2003, S. 43-57. »Participant Objectivation. Breaching the Boundary Between Anthropology and Sociology: How?« (Rede anläßlich der Verleihung der Huxley Memorial Medal for 2000, London, Royal Anthropological Institute, 6. Dezember 2000). Erstveröffentlichung in: *The Journal of the Royal Anthropological Institute*, 9-2, Juni 2003, S. 281-294. [Aus dem Französischen von Jörg Ohnacker]

Unter teilnehmender Objektivierung verstehe ich die Objektivierung des Subjekts der Objektivierung, das heißt des analysierenden Subjekts – kurz, des Forschers selbst. Dies könnte so verstanden werden, als ob ich mich auf Praktiken bezöge, die vor einigen Jahren vor allem von bestimmten amerikanischen Anthropologen lanciert wurde, welche sich darauf konzentrieren, sich beim Beobachten zu beobachten, also den Beobachter bei seiner Tätigkeit des Beobachtens oder der Verschriftlichung seiner Beobachtungen und Felderfahrungen zu beobachten, also auch seiner Informantenkontakte und, *last but not least*, der Darstellung all dieser Erfahrungen, was oft zu der enttäuschenden Schlußfolgerung führt, daß dies alles letzten Endes lediglich Diskurs, Text oder, schlimmer noch, Vorwand für einen Text ist.

Wie man sieht, habe ich wenig Sympathie für die *diary disease*, wie Geertz[1] im Anschluß an Roland Barthes das nennt, jenen explosiven, gelegentlich an Narzißmus grenzenden Exhibitionismus, der auf eine jahrelange positivistische Verdrängung folgte: Reflexivität, wie ich sie verstehe, hat wenig mit »textueller Reflexivität« oder trügerisch subtilen Betrachtungen über den »hermeneutischen Prozeß kultureller Interpretation« und der Konstruktion der Wirklichkeit mittels ethnographischer Aufzeichnung zu tun. Sie steht grundsätzlich im Gegensatz zur naiven Beobachtung eines Beobachters, der, wie im Fall von Marcus und Fisher,[2] Rosaldo[3] oder auch Geertz dazu tendiert, die kleinen Freuden der Selbsterforschung an die Stelle einer Konfrontation mit der rauhen Wirklichkeit des Feldes zu setzen. Diese vorgeblich radikale Anprangerung ethnographischen Schreibens als »poetisch und politisch«, wie Clifford und

1 Clifford Geertz, *Die künstlichen Wilden: Anthropologen als Schriftsteller*. Aus dem Amerikanischen von Martin Pfeiffer, München: Hanser 1990.

2 George E. Marcus und Michael M. Fischer, *Anthropology as Cultural Critique*, Chicago: University Press 1986.

3 Renato Rosaldo, *Culture and Truth: The Remaking of Social Analysis*, Boston: Beacon Press 1989.

Marcus[4] es titulieren, führt zwangsläufig zum »interpretativen Skeptizismus« Woolgars,[5] wenn nicht zu dem von Gupta und Ferguson[6] diagnostizierten knirschenden Abbruch des anthropologischen Unternehmens.

Es genügt jedoch auch nicht, wie dies Alvin Gouldner[7] fordert, die »gelebte Erfahrung« des wissenden Subjekts, das heißt die biographischen Eigenheiten des Forschers oder den *Zeitgeist*,[8] der seine Arbeit beeinflußt (derselbe Gouldner über Talcott Parsons in *Die westliche Soziologie in der Krise*), deutlich zu machen oder wie die Ethnomethodologie die *folk theories* aufzuzeigen, die die Akteure in ihre Praktiken einbringen. Daher kann sich die Wissenschaft genausowenig auf die Protokollierung und Analyse der »Vorbegriffe« (im Durkheimschen Sinn) beschränken, die soziale Akteure bei der Konstruktion der gesellschaftlichen Wirklichkeit anwenden, wie sie die sozialen Bedingungen der Produktion dieser Präkonstruktionen und der sozialen Akteure ignorieren darf, die sie produzieren.

Kurz gesagt, handelt es sich nicht um die Wahl zwischen der teilnehmenden Beobachtung, einem notwendigerweise fiktiven Eintauchen in eine fremden Umgebung, und dem Objektivismus des »Blicks aus der Ferne« eines Beobachters, der sich selbst und seinem Objekt gleichermaßen distanziert gegenübersteht. Teilnehmende Objektivierung hat als Forschungsgegenstand nicht die »gelebte Erfahrung« des erkennenden Subjekts, sondern die

4 James Clifford und George E. Marcus (Hg.), *Writing Culture: The Poetics and Politics of Ethnography*, Berkeley: University of California Press 1986.

5 Steve Woolgar, »Reflexivity ist the ethnograper of the text«, in: ders., *Knowledge and Reflexivity: New Frontiers in the Sociology of Knowledge*, London: Sage 1988, S. 14-34.

6 Akhil Gupta und James Ferguson (Hg.), *Anthropological Locations: Boundaries and Grounds of a Field Science*, Berkeley: University of California Press 1997.

7 Alvin Gouldner, *Die westliche Soziologie in der Krise*. Aus dem Amerikanischen übersetzt von Ernst v. Kardorff und Michael Kohlhammer, Reinbek b. Hamburg: Rowohlt 1974.

8 [Im Original deutsch – A. d. Ü.]

sozialen Bedingungen, die diese Erfahrung (also deren Wirkungen und Grenzen) und, präziser ausgedrückt, den Akt der Objektivierung, ermöglichen. Sie zielt auf eine Objektivierung der subjektiven Beziehung zum Objekt ab, die nicht etwa in einen relativistischen und mehr oder weniger unwissenschaftlichen Subjektivismus mündet, sondern vielmehr eine der Voraussetzungen wissenschaftlicher Objektivität darstellt.[9]

Gegenstand der Objektivierung ist also nicht etwa der Anthropologe, der die anthropologische Analyse einer fremden Welt erstellt, sondern die Sozialwelt, die den Anthropologen sowie die bewußte oder unbewußte Anthropologie, deren er sich in seiner anthropologischen Praxis bedient, hervorgebracht hat. Dies beinhaltet nicht nur sein Herkunftsmilieu, seine Stellung und seinen Werdegang im Sozialraum, seine soziale und religiöse Zugehörigkeit und Affinität, sondern auch und vor allem seine spezifische Position im Mikrokosmos der Anthropologen. Es ist wissenschaftlich erwiesen, daß seine ausschlaggebenden wissenschaftlichen Entscheidungen (hinsichtlich Thema, Methode, Theorie usw.) sehr eng an die Position gebunden sind, die er in seinem beruflichen Universum einnimmt, das ich als anthropologisches Feld bezeichne, mit all seinen nationalen Traditionen und Eigenarten, seinen Denkgewohnheiten, seinen zwangsläufigen Problemstellungen, übereinstimmenden Überzeugungen und Evidenzen, seinen Ritualen, Werten und Konsekrationsinstanzen, seinen Zwängen bei der Publikation von Ergebnissen und seinen spezifischen Mechanismen der Zensur, aber auch seinen der organisatorischen Struktur dieser Disziplin, das heißt der kollektiven Geschichte des Fachs inhärenten Tendenzen und allen unbewußten Voraussetzungen, die in den (nationalen) Kategorien des wissenschaftlich-gelehrten Verstehens enthalten sind.

Die Eigenschaften, die mittels dieser reflexiven Analyse, die nichts mit einer intimen und selbstgefälligen Hinwendung zur

9 Pierre Bourdieu, *Science de la science et reflexivité*, Paris: Raisons d'agir (Cours et travaux) 2001.

privaten Individualität des Anthropologen zu tun hat, zutage treten, sind weder einzigartig noch außergewöhnlich und, da sie zu einem wesentlichen Teil ganzen Gruppen von Wissenschaftlern gemein sind (etwa der Umstand, eine bestimmte Schule oder Universität absolviert zu haben), für eine naive Neugier wenig »aufregend«. (Hier kann man mit Wittgenstein sagen: »Was wir liefern, sind eigentlich Bemerkungen zur Naturgeschichte des Menschen; aber nicht kuriose Beiträge, sondern Feststellungen, an denen niemand gezweifelt hat und die dem Bemerktwerden nur entgehen, weil sie ständig vor unsern Augen sind.«)[10] Dennoch erscheint das simple Faktum ihrer Aufdeckung und Veröffentlichung oft als Sakrileg, weil hierdurch die bei kulturellen Produzenten verbreitete charismatische Dar- und Vorstellung ihrer selbst und ihr Hang, sich frei von jeglicher sozialen Determination zu denken, in Zweifel gezogen wird.

Homo academicus[11] ist daher zweifellos, trotz allen Bemühens um Objektivität, das am stärksten ätzende und *Kontroversen auslösende* meiner Bücher: Objektiviert es doch diejenigen, die normalerweise objektivieren; enthüllt und verbreitet es doch durch einen an Verrat grenzenden Verstoß die objektiven Strukturen eines sozialen Mikrokosmos, dem der Forscher selbst angehört, das heißt die Strukturen des Raums der Positionen, von denen die universitären und politischen Stellungnahmen der Professoren der Universitäten von Paris bestimmt sind und die, beispielsweise zum Zeitpunkt der Untersuchung, die gegensätzlichen Haltungen von Roland Barthes und Raymond Picard begründen, das heißt eine vermittels ihrer Personen als Avantgarde wahrgenommene »literarischen Semiologie« und eine traditionelle Literaturgeschichte in der Art Lansons. Bezüglich dieser Gewalt der teilnehmenden Objektivierung kann man so-

10 Ludwig Wittgenstein, »Philosophische Untersuchungen«, *Schriften* 1, Frankfurt am Main: Suhrkamp 1969, S. 431 (§ 415).

11 Pierre Bourdieu, *Homo academicus*. Übersetzt von Bernd Schwibs, Frankfurt am Main: Suhrkamp 1988.

gar noch weiter gehen: Charles Soulié,[12] einer meiner Schüler, hat beispielsweise gezeigt, daß philosophische und soziologische (und zweifellos auch anthropologische) Themenstellungen (in Memoiren, Dissertationen etc.) statistisch an soziale Herkunft und Werdegang sowie an den absolvierten Schulzweig und die schulische Laufbahn gebunden sind. Dies bedeutet, daß unsere scheinbar persönlichsten, intimsten und daher uns am stärksten am Herzen liegenden Entscheidungen wie diejenigen hinsichtlich der Wahl unserer Disziplin, unserer bevorzugten Themenstellungen (sei es ökonomische Anthropologie oder das Studium von Verwandtschaftsverhältnissen, sei es Afrika oder Osteuropa) oder unserer theoretischen und methodologischen Orientierung auf sozial konstituierten Dispositionen gründen, in denen noch immer in mehr oder minder verklärter Form banal soziale und nüchtern unpersönliche Eigenschaften zum Ausdruck kommen.

Man wird feststellen, daß ich bei meinen Ausführungen über die teilnehmende Objektivierung unmerklich von der Anthropologie zur Soziologie, genauer gesagt: zu einer Soziologie der akademischen Institutionen übergegangen bin, wie ich sie in *Homo academicus* praktiziert habe. Ich muß wohl nicht weiter ausführen, daß in diesem Fall die französische Universitätslandschaft lediglich als Demonstrationsobjekt dient und als tatsächlicher Forschungsgegenstand das eigentliche Subjekt der Objektivierung (in diesem Fall ich selbst), seine Position in diesem relativ autonomen Sozialraum der akademischen Welt mit ihren eigenen, auf die der Umgebung nicht zurückführbaren Gesetzen und ihrer einzigartigen Sicht der Dinge zu gelten hat? Hierbei wird jedoch allzuoft vergessen oder ignoriert, daß ein Standpunkt genaugenommen lediglich eine von einem bestimmten Punkt aus getätigte Sichtweise ist, die sich nur dann als Standpunkt erweisen und ihre Wahrheit als Standpunkt, oder als besonderer, eventuell auch einzigartiger, nicht auf einen anderen rückführbaren Standpunkt, preisgeben kann, wenn man – so paradox es

12 Charles Soulié, »L'anatomie du goût philosophique«, *Actes de la recherche en sciences sociales*, 109, Oktober 1995, S. 3-21.

scheinen mag – in der Lage ist, den Raum zu rekonstruieren, der (wie Strawson sagen würde) als Gesamtheit koexistierender Punkte zu verstehen und Teil dessen dieser Standpunkt ist.

Um eine Ahnung davon zu vermitteln, was sich hinter dem Anschein der Banalität an Ungewöhnlichem und Verblüffendem verbirgt, und die Verkehrung aufzuzeigen, die darin besteht, einen Standpunkt bezüglich des eigenen Standpunktes und somit auch zur Gesamtheit der Standpunkte einzunehmen, zu denen er in Beziehung steht und die ihn als solchen definieren, möchte ich die Novelle *A Man in the Zoo* von David Garnett[13] anführen, an die ich bei meiner Arbeit am *Homo academicus* oft denken mußte: Sie handelt bekanntlich von einem jungen Mann, der sich anläßlich eines Zoobesuchs mit seiner Freundin überwirft und der in seiner Verzweiflung an den Zoodirektor schreibt, um ihm ein Säugetier anzutragen, das in seiner Sammlung fehle, nämlich den Menschen, das heißt ihn selbst. Er wird daraufhin in einen Käfig neben dem der Schimpansen gesteckt, dessen Schild folgende Aufschrift trägt: »Homo sapiens. Exemplar gestiftet von John Cromantie, Esquire. Die Besucher werden gebeten, den Menschen nicht durch persönliche Bemerkungen zu reizen.« Hätte ich doch meinem *Homo academicus* eine gleichlautende Instruktion beigefügt, um wenigstens einige der nicht immer sehr freundlichen »persönlichen Bemerkungen« zu vermeiden, die er mir eingebracht hat …

Die aus der teilnehmenden Objektivierung resultierende Reflexivität ist also keinesfalls vergleichbar mit der, die in aller Regel von »postmodernen« Anthropologen oder von der Philosophie und bestimmten Richtungen der Phänomenologie praktiziert wird. Mit der schonungslos objektivistischen Anwendung der Instrumente der Objektivierung, über die Soziologie und Anthropologie verfügen, insbesondere der statistischen Analyse (die stillschweigend aus dem Arsenal der anthropologischen Waffen verbannt wurde), auf das erkennende Subjekt soll, wie

13 [Deutsch: David Garnett, *Frau oder Füchsin. Ein Mensch im Zoo*. Aus dem Englischen von Fritz Güttinger, Zürich: Manesse 1973 – A. d. Ü.]

ich bereits erwähnt habe, alles erfaßt werden, was im Denken des Anthropologen aus dem Umstand resultieren kann, daß er Teil eines nationalen wissenschaftlichen Feldes, eines Gefüges von Traditionen, Denkmustern, Fragestellungen und geteilten Überzeugungen ist, in dem er eine ganz bestimmte Position einnimmt (als Neuankömmling, der sich beweisen muß, oder als bereits etablierte Koryphäe) und besondere »Interessen« verfolgt, die unbewußt seine wissenschaftlichen Entscheidungen beeinflussen können (die Wahl seiner Disziplin, Methode, seines Forschungsgegenstands usw.).

Kurz gesagt, wissenschaftliche Objektivierung kann nur dann als vollkommen gelten, wenn sie auch die Objektivierung des Wissenschaftlers einbegreift, der sie betreibt: Dies beinhaltet nicht nur die Objektivierung des Standpunktes, von dem aus er sie betreibt, oder der Interessen, die er an einer Objektivierung haben könnte (vor allem, wenn er sein eigenes Universum objektiviert), sondern vielmehr auch die Objektivierung des historischen Unbewußten, das unvermeidbar in seine Arbeit einfließt. Unter historischem oder, genauer, akademischem Unbewußten (oder Transzendentalem) ist die Gesamtheit der kognitiven Strukturen zu verstehen, die auf Bildungserfahrungen zurückzuführen und daher den Absolventen desselben – nationalen – Bildungssystems oder, spezifischer, den Angehörigen derselben Disziplin zu einem gegebenen Zeitpunkt weitgehend gemeinsam sind. Daher verfügen alle Absolventen desselben nationalen Bildungssystems, trotz aller Konkurrenzen und disziplinbedingter Differenzen, über einen Fundus gemeinsamer, häufig auf einen spezifischen »Nationalcharakter« zurückgeführter Dispositionen, die dafür sorgen, daß sie sich ohne viel Worte verstehen und vieles als selbstverständlich begreifen, etwa das, was zu einem gegebenen Zeitpunkt als der Diskussion würdig oder unwürdig, als wichtig oder interessant erscheint (ein »schönes Thema« oder, im Gegenteil, »triviale« oder »banale« Themen und Ideen).

Bei der Erforschung dieses akademischen Unbewußten (oder Transzendentalen) geht es im Grunde um nichts anderes, als die Anthropologie auf sich selbst anzuwenden und die wichtigsten theoretischen und methodologischen Erkenntnisse der Anthropologie in die reflexive Selbstanalyse des Anthropologen einzubeziehen. Ich habe immer bedauert, daß die Urheber der bedeutendsten Weiterentwicklungen der kognitiven Anthropologie, etwa Mauss und Durkheim und ihre Analyse der »primitiven Formen der Klassifikation«[14] oder auch Lévi-Strauss und die Mechanismen des »wilden Denkens«,[15] abgesehen von *L'Evolution pédagogigue en France*[16] und einigen programmatischen Anmerkungen von Maurice Halbwachs, kaum einmal einige der von ihnen bezüglich räumlich und zeitlich entfernter Gesellschaften gewonnenen wissenschaftlichen Erkenntnisse auf ihr eigenes Universum angewandt haben. Die Erwähnung von Durkheim und Mauss geht mit dem Hinweis einher, daß sie explizit das Ziel verfolgten, in ihre Forschung das Kantsche Konzept der Erkenntnis des Erkennens einfließen zu lassen, das auch ich im Begriff des »akademischen Transzendentalen« evoziert habe. Dieser Hinweis scheint mir vor allem deshalb nützlich und notwendig, da eine der gravierendsten Verständnisbarrieren, die »kontinentale« Anthropologen und Soziologen von ihren angelsächsischen Kollegen trennen, genau in dieser Distanz zwischen den jeweiligen, ihrer Immersion in zutiefst unterschiedliche akademische und philosophische Traditionen zugrunde liegenden Forschungs-»Programmen« und dem entsprechenden akademischen Unbewußten – oder Transzendentalen – besteht, das sich in ihnen ausbildete.

14 Emile Durkheim und Marcel Mauss, »Über einige primitive Formen von Klassifikation«, in: Emile Durkheim, *Schriften zur Soziologie der Erkenntnis.* Übersetzt von Michael Bischoff, Frankfurt am Main: Suhrkamp 1987, S. 169-256.

15 Claude Lévi-Strauss, *Das wilde Denken.* Aus dem Französischen von Hans Naumann, Frankfurt am Main: Suhrkamp 1968.

16 [Deutsch: Emile Durkheim, *Die Entwicklung der Pädagogik. Zur Geschichte und Soziologie des gelehrten Unterrichts in Frankreich.* Aus dem Französischen von Ludwig Schmidts, Weinheim/Basel: Beltz 1977 – A. d. Ü.]

Ein entsprechendes Forschungsprogramm in reflexiver kognitiver Anthropologie habe ich beispielsweise mit dem Projekt der Objektivierung der Kategorien der Urteilskraft bei Lehrern zu realisieren versucht. Hierzu benutzte ich ein Korpus von Listen, auf denen ein Französischlehrer über ein Schuljahr hinweg Noten und Beurteilungen seiner jeweils mit Alter, Geschlecht und dem Beruf der Eltern vermerkten Schüler eintrug. Mittels einer der graphischen Semiotik entlehnten Technik konnte ich dann die Klassifikationsmuster oder unbewußten Prinzipien von Wahrnehmung und Trennung aufdecken, die von französischen Lehrern (und zweifellos auch englischen oder Lehrern anderer Herkunft) – wobei sie nicht anders vorgehen als afrikanische oder ozeanische Eingeborene bei der Klassifikation von Pflanzen oder Krankheiten – unwissentlich zur Einstufung und Bewertung herangezogen werden. Dem lag die Hypothese zugrunde, daß – analog zu den Klassifikationsmustern oder kognitiven Strukturen, die, wie Durkheim, Mauss oder Lévi-Strauss gezeigt haben, das »primitive« oder »wilde« Denken strukturieren – auch im wissenschaftlichen Denken ebenso unbewußte Klassifikationsschemata vorhanden sind, die, falls nicht explizit darauf geachtet wird, in vielen der alltäglichen Aussagen der Ethnologen und Soziologen über alle möglichen Bereiche des Lebens zur Anwendung kommen. Dies gilt insbesondere für den Bereich der Ästhetik, wo sich laut Wittgenstein Urteile oftmals auf Adjektive reduzieren, es gilt für den Bereich der Gastronomie und sogar hinsichtlich der Arbeit von Kollegen oder der Kollegen selbst – ich denke hier vor allem an die Antonyme brillant/seriös, oberflächlich/tiefschürfend, schwer/leicht etc. Vermutlich ziehen Sie selbst in diesem Augenblick dieselben klassifikatorischen Dichotomien zur positiven oder negativen Wahrnehmung und Beurteilung dessen, was ich Ihnen gerade erzähle, heran.

Es wird nun, wie ich hoffe, immer deutlicher, daß die Objektivierung des Subjekts der Objektivierung weder ein rein narzißtischer Zeitvertreib noch eine epistemologische Dreingabe um der Ehre willen ist, sondern vielmehr sehr reale wissenschaftliche Auswirkungen hat. Sie dient nicht nur dem Aufspüren aller möglichen, mit der Position im wissenschaftlichen Raum verbundenen »nichtintendierten Folgen«, etwa den künstlichen theoretischen Brüchen, denen sich heutzutage (zweifellos in der Folge dessen, was mein Freund E. P. Thompson als »French flu« bezeichnete) gewisse junge Ethnologen hingeben, die es allzu eilig haben, sich einen Namen zu machen, oder auch dieser Versteinerung von Forschung und Denken, die als Folge eines Rückzugs auf eine von der Logik universitärer Reproduktion perpetuierte akademische Tradition entstehen kann. Sie erlaubt zudem eine durchgängige kritische Wachsamkeit bezüglich aller »ersten Schritte« (in der Terminologie der Stoa) des Denkens, über die das mit einer Epoche, einer Gesellschaft, einem Staat oder der Beschaffenheit eines (nationalen) anthropologischen Felds verbundene Ungedachte sich in die Arbeit des Denkens einschmuggeln kann und angesichts deren die Warnungen gegen Ethnozentrismus nicht ausreichen. Ich denke hier vor allem daran, was man als Lévy-Bruhls Irrtum bezeichnen könnte, der darin besteht, eine unüberwindliche Distanz zwischen dem Anthropologen und demjenigen, den er zum Objekt wählt, also zwischen seinem und dem »primitiven Denken« zu schaffen, weil er es versäumt hat, mittels Objektivierung eine Distanz zu seinem eigenen Denken und seinen indigenen Praktiken herzustellen.

Ein Ethnologe, der sich selbst nicht kennt und sich seiner Primärerfahrung der Welt nicht genau bewußt ist, schafft Distanz zum Primitiven, weil er das Primitive, das prälogische Denken bei sich selbst nicht erkennt. Da er eine scholastische und damit intellektualistische Sicht seiner eigenen Praxis hat, kann er die universale Logik der Praxis in den Formen des Denkens und des (zum Beispiel magischen) Handelns, die er als vorlogisch oder primitiv bezeichnet, nicht erkennen. Zusätzlich zu den Mißverständnissen hinsichtlich der Logik der Praxis, die ich im *Entwurf einer Theorie der Praxis*[17] analysiere, könnte ich mich hier auf

17 Pierre Bourdieu, *Entwurf einer Theorie der Praxis auf der ethnologischen Grundlage der kabylischen Gesellschaft.* Aus dem Französischen von

Wittgenstein berufen, der bezüglich des *Golden Bough* anmerkt, daß die mangelnde Selbstkenntnis Frazers der Grund für dessen Unfähigkeit ist, im sogenannten primitiven Verhalten das Äquivalent derjenigen Verhaltensweisen zu erkennen, denen er (wie wir alle) in vergleichbaren Umständen selbst folgt. »Wenn ich auf etwas wütend bin, schlage ich manchmal mit meinem Stock auf den Boden oder gegen einen Baum usw. Aber deshalb glaube ich doch nicht, daß der Boden verantwortlich ist oder das Schlagen zu irgend etwas führt. ›Ich lasse meiner Wut freien Lauf.‹ Und von dieser Art sind alle Riten. Man kann solche Handlungen als instinktive Handlungen bezeichnen – und eine historische Erklärung, die zum Beispiel sagte, daß ich früher glaubte oder daß meine Ahnen früher geglaubt haben, das Schlagen auf den Boden führe zu etwas, sind Scheinerklärungen, denn es sind überflüssige Hypothesen, die *nichts* erklären. Wichtig ist die Ähnlichkeit dieser Handlung mit Bestrafung, aber außer dieser Ähnlichkeit ist nichts weiter festzustellen. Ist einmal ein derartiges Phänomen in Zusammenhang gebracht mit einem Instinkt, den ich selbst besitze, dann stellt das die gewünschte Erklärung dar, das heißt die Erklärung, die diese besondere Schwierigkeit löst. Und eine tiefergehende Untersuchung der Geschichte meines Instinkts schlägt dann andere Wege ein.«[18] Und Wittgenstein kommt der Wahrheit noch näher, wenn er sich einmal mehr, aber diesmal stillschweigend, auf seine persönliche Erfahrung beruft – von der er annimmt, daß sie vom Leser geteilt wird – und auf sogenannte primitive Verhaltensweisen hinweist, deren Zweck – wie bei unseren eigenen in vergleichbaren Situationen – lediglich in der Ausführung selbst und der »Befriedigung« liegt, die dem zuteil wird, der sie ausführt. »In effigie verbrennen. Das Bild des

Cordula Pialoux und Bernd Schwibs, Frankfurt am Main: Suhrkamp 1976.

18 Ludwig Wittgenstein, *Remarques sur le »Rameau d'or« de Frazer*, Paris: L'Âge d'Homme 1982. [Diese Passage ist in den vorliegenden deutschen Ausgaben der »Bemerkungen über Frazers *Golden Bough*« nicht enthalten; aus dem Französischen übersetzt – A. d. Ü. (Bernd Schwibs)]

Geliebten küssen. Das basiert *natürlich nicht* auf einem Glauben an eine bestimmte Wirkung auf den Gegenstand, den das Bild darstellt. Es bezweckt eine Befriedigung und erreicht sie auch. Oder vielmehr, es *bezweckt* gar nichts; wir handeln eben so und fühlen uns dann befriedigt.«[19] Es genügt, einmal die gleichermaßen psychologisch notwendigen und völlig verzweifelten Gesten vollzogen zu haben, die man am Grab einer geliebten Person macht, um zu wissen, daß Wittgenstein in seiner Ablehnung der Frage sowohl nach der Funktion als auch nach Sinn und Zweck bestimmter ritueller oder kultischer Praktiken recht hat. Und er hat ebenso recht, wenn er sagt, »Frazer ist viel mehr savage, als die meisten seiner savages«,[20] weil er aufgrund einer mangelnden »Einsicht« in seine eigene spirituelle Erfahrung nicht erkennt, daß er von den spirituellen Erfahrungen, die er um jeden Preis erklären will, nichts versteht. Und abschließend möchte ich noch – unter tausend anderen möglichen – eine Bemerkung Wittgensteins zu jenem Brauch zitieren, »den Körper der Personen vollständig zu rasieren, die der Hexerei angeklagt sind«: »Es besteht kein Zweifel, daß eine Verstümmelung, die uns in unseren eigenen Augen als unwürdig oder lächerlich erscheinen läßt, uns allen Willen nehmen kann, uns selbst zu verteidigen. Welche Scham empfinden wir – oder zumindest viele Menschen (ich) – nicht manchmal aufgrund unserer körperlichen oder ästhetischen Unterlegenheit.«[21] Der einem Geständnis gleichkommende Bezug des Analytikers auf sein individuelles und privates Selbst steht in diametralem Gegensatz zu bestimmten narzißtischen Bekenntnissen der Apostel postmoderner Reflexivität; zudem ermöglicht seine extreme Schlichtheit die Auflösung des Schleiers aus falschen Erklärungen, den der sich selbst nicht

19 Ludwig Wittgenstein, »Bemerkungen über Frazers *Golden Bough*«, in: ders., *Vortrag über Ethik und andere kleine Schriften*. Herausgegeben und übersetzt von Joachim Schulte, Frankfurt am Main: Suhrkamp 1989, S. 32.

20 Ebd., S. 36.

21 Ludwig Wittgenstein, *Remarques sur le »Rameau d'or« de Frazer*, a. a. O.

kennende Anthropologe entwirft, und erlaubt die Annäherung an fremde Erfahrungen durch das Verständnis dessen, was ihnen gleichermaßen an Vertrautem und Tiefgründigem eigen ist.

Obgleich die Kritik des Ethnozentrismus (oder Anachronismus) zunächst einmal legitim ist, da sie vor ungerechtfertigten Projektionen des erkennenden Subjekts im bekannten Objekt warnt, kann sie, auf einer anderen Ebene, den Anthropologen (wie auch den Soziologen oder den Historiker) daran hindern, rationalen Gebrauch von seiner inhärenten, jedoch im Vorfeld objektivierten und analysierten Erfahrung zu machen, um fremde Erfahrungen zu verstehen und zu analysieren. Ich erachte nichts als falscher, als die in den Gesellschaftswissenschaften verbreitete Maxime, der Forscher dürfe nichts von sich selbst in seine Arbeit einfließen lassen. Man sollte sich im Gegenteil permanent auf seine eigene Erfahrung beziehen, jedoch nicht, wie dies selbst bei den besten Forschern bisweilen der Fall ist, in einer verschämten, unbewußten und unkontrollierten Manier. Ob mein Interesse nun einer kabylischen Frau oder einem Bauern aus dem Béarn, einem algerischen Immigranten oder einem Angestellten, einem Grundschullehrer oder einem französischen Arbeitgeber, einem Schriftsteller wie Flaubert, einem Maler wie Manet oder einem Philosophen wie Heidegger gilt – die größte Schwierigkeit besteht paradoxerweise darin, zu keinem Zeitpunkt zu vergessen, daß sie alle insoweit Menschen wie wir sind, als sie ihr eigenes Tun nicht vom Standpunkt eines Beobachters aus betrachten: Wenn sie einen Initiationsritus vollziehen, einen Leichenzug begleiten, Verträge aushandeln, ein Bild malen, einen öffentlichen Vortrag halten, an einem akademischen Ritus oder einer Geburtstagsparty teilnehmen, sind sie sich ihres Tuns nicht bewußt (zumindest nicht so, wie ich als Beobachter und Analytiker mir darüber bewußt zu sein versuche). Sie denken nicht an die wissenschaftliche Wahrheit ihrer Praxis, die ich aus der Beobachtung dieser Praxis herleiten will. Außerdem stellen sie sich, von Ausnahmen einmal abgesehen, keine der Fragen, die ich mir unweigerlich stelle, wenn ich sie vom Standpunkt des

Anthropologen aus betrachte: Warum diese Zeremonie? Wozu die Kerzen? Warum der Kuchen? Warum Geschenke? Warum diese Einladungen und diese Gäste? etc.

Die größte Schwierigkeit besteht also nicht so sehr darin, sie zu verstehen (was allein schon nicht einfach ist), sondern darin, nicht zu vergessen, was ich bereits, allerdings lediglich in der Praxis, weiß, nämlich daß sie keinesfalls das Bestreben nach Verständnis und Erklärung teilen, das ich als Forscher habe; dementsprechend ist auf jeden Fall zu vermeiden, ihnen die von mir in bezug auf sie konstruierte Problematik und mein theoretisches Konstrukt zur Handhabung dieser Problematik zu vermitteln. Nach dem Muster des Ethnologen frazerscher Prägung, der es versäumt, sich der Wahrheit seiner gewöhnlichen Erfahrung der eigenen, gewöhnlichen wie außergewöhnlichen, Praktiken zu bemächtigen, weil er sich gewissermaßen von sich selbst distanziert und somit eine unüberwindliche Distanz zwischen seiner Erfahrung und der Erfahrung seines Objekts schafft, wird deshalb der Soziologe oder Ökonom, der – mangels der Fähigkeit, mit den ungedachten Prämissen des denkenden Denkens (das heißt dem *scholastic bias*) zu brechen – nicht in der Lage ist, sich der eigenen, präreflexiven Erfahrung zu bemächtigen, mittels des Mythos vom *homo oeconomicus* und der »Theorie des rationalen Handelns« dem Verhalten der gewöhnlichen ökonomischen Akteure ein wissenschaftliches Denken zugrunde legen.[22]

Im Hinblick auf die nicht weiter reduzierbare Spezifität der Logik der Praxis darf meiner Meinung nach keinesfalls auf die durch nichts zu ersetzende wissenschaftliche Ressource *einer im vorab der soziologischen Kritik unterzogenen sozialen Erfahrung* verzichtet werden. Es ist mir sehr früh bewußt geworden, daß ich bei meiner Feldforschung in der Kabylei aus zwei Gründen permanent den Bezug zu der von mir in der Kindheit erfahrenen

22 Pierre Bourdieu, »Über die ›scholastische Ansicht‹«, in: Gunter Gebauer und Christoph Wulf (Hg.), *Praxis und Ästhetik. Neue Perspektiven im Denken Pierre Bourdieus*, Frankfurt am Main: Suhrkamp 1993, S. 341-356.

Gesellschaft des Béarn hergestellt habe: einerseits, um die von mir beobachteten Praktiken zu verstehen, und andererseits, um mich vor spontanen, eigenen oder seitens meiner Informanten gegebenen Interpretationen dieser Praktiken zu schützen. So habe ich mich etwa hinsichtlich der Auskünfte eines Informanten über die Gliederung seiner Gruppe, die er mit verschiedenen Termini erklärte, die jeweils mehr oder weniger große Einheiten bezeichneten, gefragt, ob die eine oder andere der von ihm erwähnten »sozialen Einheiten« – *adrum, thakharrubth* etc. – mehr »Realität« aufweise als die von den Bewohnern des Béarn bisweilen für die Gesamtheit der Nachbarn umfassende soziale Einheit verwendete Bezeichnung *lou besiat*, der einige französische Ethnologen einen wissenschaftlich anerkannten Status verliehen haben. Ich hatte hier die – in späteren Untersuchungen dann mehrfach bestätigte – Intuition, daß der *besiat* nicht mehr und nicht weniger darstellt als eine gelegentliche, gewissermaßen »virtuelle« Gruppierung, die nur zu bestimmten Gelegenheiten, etwa einem Leichenzug, ihre »Effektivität«, Existenz und Handlungsfähigkeit offenbart, um die Teilnehmer einer umständebedingten Handlung und deren jeweiligen Rang zu definieren.

Dies ist lediglich einer der vielen Fälle, in denen ich meine indigenen Kenntnisse eingesetzt habe, um mich vor den *folk theories* meiner Informanten oder der ethnologischen Tradition zu schützen. Und um diese spontanen Werkzeuge der Kritik selbst einer Kritik zu unterziehen, habe ich in den 1960er Jahren, parallel zu meinen Forschungsarbeiten in der Kabylei, eine direkte Untersuchung der Gesellschaft des Béarn unternommen, weil ich spürte, daß diese, trotz aller sichtbaren Unterschiede, viele Analogien mit der kabylischen agrarischen Gesellschaft aufwies. Das eigentliche, über den erklärten und sichtbaren Gegenstand dieser Untersuchung hinausgehende Thema dabei war jedoch, wie auch bei meiner Studie über die Professoren der Pariser Universtäten, die Objektivierung oder, genauer, die sich aus der objektivierenden Haltung ergebende Erkenntnis, das heißt die Transformation, der die Erfahrung der sozialen Welt (in diesem Fall ein Universum, in dem mir, ohne Befragungen durchführen zu müssen, alle Personen, ihre persönliche sowie die kollektive Geschichte vertraut waren) unterliegt, wenn sie nicht mehr einfach miterlebt, sondern als Objekt gesehen wird. Dieses erste, durchdachte und methodische Einüben in Reflexivität war zweifellos der Ausgangspunkt für ein ständiges Hin und Her zwischen dem reflexiven Moment der Objektivierung der Primärerfahrung und dem aktiven Moment des Einbringens der so objektivierten und der Kritik unterzogenen Erfahrung in ständig weiter von dieser Erfahrung entfernte Akte der Objektivierung. Aus dieser doppelten Bewegung hat sich dann mit der Zeit ein wissenschaftliches Subjekt herausgebildet, das gleichermaßen ein »anthropologisches Auge« mit der Fähigkeit, unsichtbare Zusammenhänge zu erkennen, und eine (praktische) Selbstbeherrschung darstellt, die etwa auf die fortschreitende Entdeckung des von Austin nebenbei erwähnten *scholastic bias* und seiner Effekte gegründet ist.[23]

Mir ist durchaus bewußt, daß all dies einerseits sehr abstrakt und andererseits ziemlich arrogant erscheinen mag. (Steckt darin nicht tatsächlich etwas Verrücktes: die Fortschritte, die man während eines ganzen Forscherlebens gemacht hat, als Weg einer allmählichen Initiation zu empfinden und der Überzeugung zu sein, daß man die Welt in dem Maße immer besser versteht, in dem man sich selbst erkennt, daß wissenschaftliche Erkenntnis, Selbsterkenntnis und die Erkenntnis des eigenen sozialen Unbewußten in gleicher Geschwindigkeit voranschreiten und daß die von der wissenschaftlichen Praxis transformierte Primärerfahrung die wissenschaftliche Praxis transformiert und umgekehrt?) Ich beziehe mich jedoch in Wahrheit auf sehr einfache und konkrete Erfahrungen, die ich exemplarisch im folgenden darstellen möchte. Als ich an einer Untersuchung über die Frage der Ehelosigkeit im Béarn arbeitete, für die ein Gespräch mit einem Kindheitsfreund über ein Klassenphoto den Anstoß gab, auf

23 John L. Austin, *Sinn und Sinneserfahrung (Sense and Sensibilia)*. Aus dem Englischen von Eva Cassirer, Stuttgart: Reclam 1975.

dem auch ich posierte, und versuchte, ein formales Modell der Eheschließungen (man war damals auf dem Zenit des Strukturalismus à la Lévi-Strauss) zu konstruieren,[24] plauderte ich eines Tages mit einer Person, die zu meinen konstantesten und intelligentesten Informantinnen gehörte (meine Mutter). Ich dachte in diesem Augenblick überhaupt nicht an meine Untersuchung, die mich aber doch vage beschäftigt haben muß, als sie mir nebenbei erzählte: »Also, die sind plötzlich *furchtbar verwandt* mit den Soundsos (einer anderen Familie aus dem Dorf), seit sie einen Polytechnicien[25] in der Familie haben ...« Diese Bemerkung war der Ausgangspunkt für eine Überlegung, die mich dazu geführt hat, die Heirat nicht mehr in der Logik der Regel zu denken (deren Unzulänglichkeit ich bereits in der Kabylei festgestellt hatte), sondern, entgegen der strukturalistischen Orthodoxie, als eine von bestimmten Interessen geleitete Strategie: Dazu zählen das Bestreben nach Erhalt oder Vermehrung des ökonomischen Kapitals durch die Zusammenführung des Erbes der verbundenen Familien und des sozialen und symbolischen Kapitals durch Umfang und Qualität der durch die Verbindung geschaffenen »Beziehungen«.[26]

Auch meine gesamte Konzeption der Existenz von Gruppen, Clans, Stämmen, Regionen, Klassen oder Nationen hat sich allmählich vollständig verändert:[27] Sie erscheinen mir nicht mehr als »reale«, in der Realität wie in der ethnologischen Beschreibung klar voneinander abgegrenzte Entitäten oder ge-

24 Pierre Bourdieu, »Ehelosigkeit in der bäuerlichen Gesellschaft«, in: ders., *Junggesellenball. Studien zum Niedergang der bäuerlichen Gesellschaft*. Aus dem Französischen von Eva Kessler und Daniela Böhmler, Konstanz: UVK 2008, S. 15-161.

25 [Absolvent der ingenieurwissenschaftlich ausgerichteten französischen Eliteschule Ecole Polytechnique – A. d. Ü.]

26 Pierre Bourdieu, »De la règle aux stratégies« (Gespräch mit Pierre Lamaison), *Terrains*, 4, März 1985, S. 93-100.

27 Pierre Bourdieu, »Sozialer Raum und Klassen«, in: ders., *Sozialer Raum und Klassen. Leçon sur la leçon. Zwei Vorlesungen*. Übersetzt von Bernd Schwibs, Frankfurt am Main: Suhrkamp 1985, S. 7-46.

nealogische, das heißt *auf dem Papier* gemäß einer genauen genealogischen Metrik definierte Ensembles, sondern als soziale Konstrukte, als mehr oder weniger künstliche Artefakte, die durch fortgesetzten Austausch und eine oft den Frauen obliegende Arbeit gewollt unterhalten werden. (Als Beispiel für das oben erwähnte Hin und Her führe ich hier die Arbeit einer amerikanischen Soziologin an, die nachweist, daß die Amerikanerinnen von heute ausgiebig viel telefonieren – was ihnen den Ruf großer Geschwätzigkeit eingebracht hat –, weil ihnen die Aufgabe obliegt, die Beziehungen zur eigenen Verwandtschaft wie auch zu der ihres Ehemanns zu pflegen). Ich könnte ebenso zeigen, wie meine Analyse des béarnschen »Hauses« als Erbgut und Ort der Familiengemeinschaft sowie sämtlicher Strategien, mit denen es sich gegenüber rivalisierenden »Hausgemeinschaften« behauptete und verteidigte, mir die Möglichkeit geboten hat, auf eine – wie mir scheint, vollkommen neue Art und Weise – das zu verstehen, was man als »Hofstaat« bezeichnete und wie, vor der progressiven Entdeckung der spezifischen, als »Staatsraison« bezeichneten Logik, die »Königshäuser« sich zum Erhalt oder zur Vermehrung ihres Erbes bestimmter Reproduktionsstrategien bedienen konnten, die bezüglich ihres Prinzips und ihrer Logik denen der Béarner »Häuser« und ihrer »Haushaltsvorstände« gleichwertig waren. Es handelt sich dabei natürlich um matrimoniale Strategien, die zur Vermehrung oder zum Erhalt des Erbes beitragen, aber auch um Angelegenheiten der Ehre zur Vermehrung des symbolischen Kapitals der Familie oder um Nachfolgekriege.[28]

Ich habe von Ehre gesprochen und könnte versuchen, Ihnen die langfristigen Beobachtungen, empirischen Untersuchungen und die Überlegungen darzustellen, die mich vom Begriff der Ehre, dem Gegenstand meiner ersten ethnologischen Forschungsarbeiten, die ich denen vorgelegt habe, die meinen Ein-

28 Pierre Bourdieu, »De la maison du roi à la raison d'État: un modèle de la genèse du champ bureaucratique«, *Actes de la recherche en sciences sociales*, 118, Juni 1997, S. 55-68.

tritt in dieses Tätigkeitsfeld schützend begleitet haben und zu denen Julian Pitt-Rivers, Julio Caro Baroja und John G. Peristiany zählen, zum Konzept des symbolischen Kapitals geführt haben, das sich meiner Meinung nach sehr gut dazu eignet, einige der typischsten Phänomene der Ökonomie der symbolischen Güter zu analysieren, die auch in der heutigen, aktuellen Ökonomie fortbestehen wie etwa, um nur ein Beispiel zu nennen, die von den großen Stiftungen betriebene, sehr spezielle Politik symbolischer Investitionen, oder auch bestimmte Formen des Mäzenatentums. Anstelle dessen will ich ihnen kurz ein anderes, besonders aufschlußreiches Beispiel für das genannte Hin und Her liefern: Nachdem ich in Virginia Woolfs *Zum Leuchtturm*[29] mythologische Strukturen ausmachen konnte, die ich ohne meinen durch die Vertrautheit mit der kabylischen und, allgemeiner, mediterranen Sichtweise der Arbeitsteilung zwischen den Geschlechtern geschärften Blick nicht wahrgenommen hätte, war es mir dank der außerordentlich raffinierten Analyse, die Virginia Woolf in ihrem Roman darüber liefert, wie der dominierende Mann von seiner Domination dominiert wird, und die mich dazu veranlaßt hat, die Reflexivität noch weiter zu treiben, möglich, im Gegenzug die Grenzen des Durchblicks des Anthropologen zu entdecken, der es nicht vermochte, die Anthropologie vollständig gegen sich selbst zu wenden. Dies war insbesondere mittels der gleichzeitig überaus grausamen und feinfühligen Woolfschen Evokation der *libido academica* möglich, einer der spezifischen Formen des Männlichkeitswahns, die ihren Platz in einer weniger kühlen und objektivistischen, das heißt vom Objekt und Subjekt der Objektivierung weniger distanzierten Fassung des *Homo academicus* hätte finden können und müssen.

Ein letztes Beispiel für eine kontrollierte Anwendung der Anthropologie (die in völligem Gegensatz zu dem wilden Gebrauch steht, den heutzutage einige, insbesondere französische Ethnologen mangels exotischer Forschungsfelder von der ethnologischen

29 Virginia Woolf, *Zum Leuchtturm*. Deutsch von Karin Kersten, Frankfurt am Main: Fischer 1991.

Analogie machen): Ausgehend von einer Neubestimmung der »Übergangsriten« als Institutionsriten, konnte ich eine der (vor allem durch die Funktion von Ausbildung und Selektion) am effektivsten verborgenen Funktionen der »Eliteschulen« beobachten und analysieren, die darin besteht, die ihnen Überantworteten zu *konsekrieren*, indem sie diesen aufgrund des Umstands, daß sie von der Allgemeinheit durch eine unüberwindliche Barriere getrennt und unterschieden instituiert werden, ein *überlegenes Wesen* zusprechen.[30] Darüber hinaus habe ich eine ganze Reihe von Riten der akademischen Tradition gründlicher und wohl auch tiefer verstanden, die die Funktion und den Effekt haben, die von der Kollektivität gleichermaßen herbeigeführte und geforderte Wiedergeburt durch die versammelte Gemeinschaft feierlich zu sanktionieren: Dazu gehören etwa das *Commencement* an englischen oder amerikanischen Universitäten, eine Zeremonie, die feierlich das Ende einer langen, vorbereitenden Initiation markiert und durch einen offiziellen Akt die langsame Transformation ratifiziert, die in Erwartung der Konsekration stattgefunden hat, dazu gehören Antrittsvorlesungen, und letztlich auch, wenn Sie gestatten, ein Ritus zur Aufnahme in das unsichtbaren Kolleg kanonisierter Anthropologen, den ich hier gerade vor Ihnen und gemeinsam mit Ihnen begehe.

Zum Abschluß würde ich gerne auf einen anderen, sicherlich eher persönlichen, aber meiner Meinung nach für den Fortschritt wissenschaftlicher Forschung sehr wichtigen Effekt der Reflexivität zu sprechen kommen, von der ich, trotz anfänglicher Widerstände und entgegen meiner ursprünglichen Sicht der Welt mehr und mehr denke, daß sie eine Art Initialforschung darstellt. Auf jedem von uns, und das ist kein Geheimnis, lastet die eigene Vergangenheit: Und diese soziale Vergangenheit, die – ob sie nun die Herkunft aus den unteren Volksschichten oder dem Bürgertum oder auch die geschlechterspezifische Sozialisa-

30 Pierre Bourdieu, »Les rites d'institution«, *Actes de la recherche en sciences sociales*, 43, Juni 1982, S. 58-63; »Verstehen«, in: Pierre Bourdieu et al., *Das Elend der Welt*, Konstanz: UVK 1997, S. 779-803.

tion betrifft – immer eng mit derjenigen verbunden ist, die von der Psychoanalyse ergründet wird, erweist sich als besonders gewichtig und hinderlich, wenn man Sozialwissenschaften betreibt. Ich habe bereits meine grundsätzliche Meinung geäußert, daß der Forscher, entgegen der methodologischen Orthodoxie, die sich hinter der Autorität Max Webers und seinem Prinzip der *Wertfreiheit* verbirgt, seine Erfahrung, das heißt seine Vergangenheit, in all seine Forschungsakte einbringen kann und muß. Hierzu ist er aber nur unter der Bedingung berechtigt, daß er jeden Rückgriff auf die Vergangenheit einer rigorosen kritischen Prüfung unterzieht. Dabei geht es jedoch nicht nur darum, die reaktivierte Vergangenheit zu hinterfragen, sondern auch jeden Bezug zu ihr, der im Fall unbewußten Handelns zu einer systematischen Verzerrung des Erinnerns und damit auch der wachgerufenen Erinnerungen führen kann. Nur eine regelrechte Sozioanalyse dieses ihm selbst verborgenen Bezugs kann, über eine befreiende Anamnese, dem Forscher die Aussöhnung mit sich selbst und seinen sozialen Eigenschaften ermöglichen.[31]

Ich weiß, daß ich wieder einmal riskiere, gleichzeitig arrogant und abstrakt zu wirken, auch wenn ich lediglich eine sehr einfache Erfahrung im Sinn habe, die wohl jeder Forscher zum beträchtlichem wissenschaftlichen wie auch persönlichen Nutzen nachvollziehen kann. Das reflexive Dispositiv, das ich durch annähernd gleichzeitig in der Kabylei und im Béarn – in einer fernen Kolonie und in meinem Heimatdorf – durchgeführte Studien in Gang gesetzt hatte, führte dazu, daß ich das rückständige – von manchen als archaisch bezeichnete – Milieu meiner eigenen Herkunft aus den unteren Volksschichten der Provinz, das ich, in der Phase meiner von Ungeduld (vielleicht auch Begierde und Eifer) geprägten Integration ins Zentrum und den damit verbundenen zentralen Werten, geringzuschätzen, zu verleugnen oder, noch schlimmer, zu verdrängen begonnen hatte (oder dazu getrieben worden war), als Ethnologe betrachtete, das heißt

31 Pierre Bourdieu, *Science de la science et réflexivité*, a. a. O.

mit allem gleichermaßen wissenschaftlichen wie ethischem Respekt, der einem Forschungsobjekt zukommt. Und nur weil ich so dazu gebracht wurde, einen professionellen, gleichermaßen verstehenden und objektivierenden Blick auf die Welt meiner Herkunft zu werfen, konnte ich mich aus der Gewalt einer ambivalenten Beziehung befreien, in der sich Vertrautheit und Distanz, Sympathie und Schrecken oder auch Ekel miteinander verbinden, ohne dabei der populistischen Nachsicht für eine Art von imaginärem Volk zu verfallen, der Intellektuelle oft huldigen. Diese *Konversion der ganzen Person*, die weit über sämtliche Forderungen auch der anspruchsvollsten methodologischen Abhandlungen hinausgeht, stand zweifellos am Anfang einer theoretischen Konversion, durch die ich den praktischen Bezug zur Welt vollständiger wiedererlangen konnte als mittels der immer noch allzu distanzierten Analysen der Phänomenologie. Diese Umkehrung fand nicht an einem Tag und auch nicht durch eine plötzliche Eingebung statt, und die wiederholten Reisen in meine Béarner Gegend (ich habe die Arbeit über die Ehelosigkeit dreimal unterbrochen und wiederaufgenommen) waren, außer aus technischen und theoretischen Gründen, sicher auch deshalb zwingend, weil die Forschungsarbeiten jedesmal mit einer nur langsam fortschreitenden und schwierigen Selbstanalyse einhergingen.[32]

Der Grund für mein stetiges Bestreben um die Versöhnung von Ethnologie und Soziologie ist zum einen sicher in meiner tiefen Überzeugung zu suchen, daß diese aus wissenschaftlicher Sicht unselige Trennung radikal abgeschafft gehört. Zum anderen habe ich jedoch, wie man sehen konnte, auf diesem Weg das schmerzhafte, niemals völlig überwundene Schisma zwischen zwei Teilen meiner selbst und die Widersprüche und Spannungen zu bannen gesucht, die dadurch in meine wissenschaftliche Praxis und vielleicht auch in mein gesamtes Leben eingedrungen sind. Ich habe die Substitution des französischen Begriffs *»eth-*

32 Pierre Bourdieu, *Der Junggesellenball*, a. a. O.

nologie« durch »*anthropologie*«, der für einen kultivierten Franzosen gleichzeitig die Tiefgründigkeit des deutschen Terminus *Anthropologie* und die Modernität des englischen *anthropology* evoziert, zeitweilig als einen strategischen »coup« gesehen, der viel zum sozialen (und gesellschaftlichen) Erfolg der *Strukturalen Anthropologie* von Lévi-Strauss beigetragen hat. Nichtsdestoweniger kann ich mich dem Wunsch nicht entziehen, die *Wissenschaften vom Menschen* unter dem Nenner einer Anthropologie vereint zu sehen, die gleichzeitig und in allen Sprachen der Welt das bezeichnet, was heute als Ethnologie und Soziologie verstanden wird.

Zurück zur algerischen Erfahrung

Für eine Soziologie der Soziologen*

Ich möchte eine sehr allgemeine Frage aufzuwerfen versuchen, nämlich die nach den sozialen Bedingungen der Möglichkeit und den wissenschaftlichen Funktionen einer Sozialwissenschaft der Sozialwissenschaft, und dies anhand eines besonderen Falls: dem der Sozialwissenschaft der kolonisierten und dekolonisierten Länder. Der improvisierte Charakter meiner Ausführungen könnte dazu führen, daß ich mich zu einigen etwas waghalsigen Positionen versteige ... Man muß nun einmal Risiken auf sich nehmen.

Erste Frage: Hier wurde beschlossen, über die Sozialgeschichte der Sozialwissenschaft zu sprechen usw. Ist das von Interesse? Dies ist ein Typ von Frage, der nie gestellt wird: Wenn wir hier sind, um darüber zu reden, dann schätzen wir, daß das von Interesse ist. Aber zu sagen, daß wir an einem Problem interessiert sind, ist eine euphemistische Art und Weise, um jene Grundtatsache zu benennen: daß für uns in unseren wissenschaftlichen Produktionen vitale Interessen stecken. Diese Interessen sind nicht unmittelbar ökonomisch oder politisch, sie werden als interesselose erlebt: Den Intellektuellen ist eigen, interesselose Interessen zu haben, Interesse an der Interesselosigkeit zu haben. Wir haben Interesse an den Problemen, die uns interessant erscheinen. Das bedeutet, daß zu einem bestimmten Moment eine bestimmte Gruppe von Wissenschaftlern ein Problem als interessant konstituiert, ohne daß eine einzelne Person dies entscheiden würde: Eine Tagung wird veranstaltet, eine Zeitschrift wird gegründet, Artikel, Bücher, Rezensionen werden geschrieben. Es

* »Les conditions sociales de la production sociologique: sociologie coloniale et décolonisation de la sociologie«, Beitrag auf dem Kolloquium über »Ethnologie und Politik im Maghreb« (Paris, Juni 1975); wiederaufgenommen in *Le Mal de voir*, Paris: Union générale d'édition, Reihe »10/18«, *Cahiers Jussieu* 2, 1976, S. 416-427; sowie unter dem Titel »Pour une sociologie des sociologues«, in: Pierre Bourdieu, *Questions de sociologie*, Paris: Minuit 1980, S. 78-85.

»zahlt sich aus«, über dieses Thema zu schreiben, das bringt Profite, Gewinne, Vorteile ein, weniger in Form von Autorenhonoraren (das mag mitspielen) als in Form von Prestige, symbolischen Gratifikationen usw. Das alles ist nur Vorgeplänkel, um schlicht daran zu erinnern, daß man es sich verbieten sollte, Soziologie und zumal Soziologie der Soziologie zu betreiben ohne vorgängige oder simultane Sozioanalyse der eigenen Person (wenn dies denn überhaupt vollständig machbar sein sollte). Wozu dient die Soziologie der Wissenschaft? Warum sollte man Soziologie der Kolonialwissenschaft treiben? Die Fragen, die sich in bezug auf den Gegenstand des wissenschaftlichen Diskurses stellen, sind gegen das Subjekt dieses Diskurses selbst zu wenden. Wie kann der Forscher faktisch und rechtens Fragen in bezug auf Forscher der Vergangenheit stellen, die er sich nicht selber stellt – und *vice versa*?

Chancen, richtig zu begreifen, worum es in den Wissenschaftsspielen der Vergangenheit geht, hat man nur, wenn man sich bewußt ist, daß die Vergangenheit der Wissenschaft etwas ist, worum in den gegenwärtigen wissenschaftlichen Auseinandersetzungen gekämpft wird. Die Strategien der Rehabilitierung verschleiern nicht selten Strategien der symbolischen Spekulation: Wenn es Ihnen gelingt, die Abstammungslinie zu diskreditieren, an deren Ende Ihr intellektueller Gegner steht, bricht der Kurs seiner Werte zusammen; nichts anderes wird gemacht, wenn man erklärt, der Strukturalismus oder der Marxismus oder der strukturale Marxismus seien »out«. Kurz, es ist heilsam, sich nach dem eigenen Interesse zu fragen, dessentwegen man Soziologie der Soziologie treibt oder Soziologie der anderen Soziologen. Beispielsweise wäre es ein leichtes zu zeigen, daß die Soziologie der Rechtsintellektuellen nahezu immer von Linksintellektuellen betrieben wird – und *vice versa*. Der partielle Wahrheitsgehalt dieser Objektivationen rührt daher, daß man Interesse hat, die Wahrheit seiner Gegner zu erkennen, zu sehen, wodurch sie determiniert sind (die Rechtsintellektuellen sind in der Regel Materialisten, wenn es um die Erklärung der

Linksintellektuellen geht). Nicht wahrgenommen wird dabei allerdings – denn ansonsten müßte man sich fragen, was man darin tut, welche eigenen Interessen darin stecken usw. – das System der Positionen, von dem aus diese antagonistischen Strategien erzeugt werden.

Will man nicht nur davon ausgehen, daß die Sozialgeschichte der Sozialwissenschaft keine andere Funktion besitzt, als den Sozialwissenschaftlern Daseinsgründe zu verschaffen, und keiner weiteren Legitimation bedarf, muß man sich fragen, inwiefern sie für die gegenwärtige wissenschaftliche Praxis von Bedeutung ist. Ist die Kenntnis der Sozialwissenschaft der Vergangenheit Voraussetzung der Arbeit, die die Sozialwissenschaft der Gegenwart verrichten muß? Genauer: Ist die Sozialwissenschaft der »kolonialen« »Wissenschaft« eine der Voraussetzungen für eine wirkliche Dekolonisierung der Sozialwissenschaft einer vor kurzem dekolonisierten Gesellschaft? Ich bin versucht anzunehmen, daß die Vergangenheit der Sozialwissenschaft immer zu den Haupthindernissen der Sozialwissenschaft gehört, zumal in dem uns hier interessierenden Fall. In *Die Entwicklung der Pädagogik* sagt Durkheim in etwa: Das Unbewußte, das ist das Vergessen der Geschichte. Das Unbewußte eines Fachs, das ist, wie ich meine, dessen Geschichte; das Unbewußte, das sind die verborgen gehaltenen, vergessenen sozialen Bedingungen der Produktion: Das von seinen sozialen Produktionsbedingungen abgetrennte Produkt erfährt einen Bedeutungswandel und übt einen ideologischen Effekt aus. Wissen, was man tut, wenn man Wissenschaft treibt – eine einfache Definition von Epistemologie –, das setzt voraus, daß man weiß, wie die Probleme, Werkzeuge, Methoden, die verwendeten Begriffe historisch entwickelt wurden. (In dieser Perspektive ist denn auch nichts dringender als eine Sozialgeschichte der marxistischen Tradition, um durch das Vergessen der Geschichte verewigte oder fetischisierte Denk- und Ausdrucksweisen wieder in den historischen Kontext ihrer Produktion und sukzessiven Verwendung zurückzuversetzen.)

Wozu die Sozialgeschichte der »kolonialen« »Wissenschaft« beitragen könnte – und zwar unter dem für meine Begriffe einzigen interessanten Gesichtspunkt: dem des fortschreitenden Wissens über die algerische Gesellschaft von heute –, das wäre die Erkenntnis der Denkkategorien, mit denen wir diese Gesellschaft denken. Die Beiträge von heute morgen haben belegt, daß die Kolonisatoren, diese von ihrer Herrschaft beherrschten Herrschenden, die ersten Opfer ihrer eigenen intellektuellen Instrumente waren; doch können sie noch diejenigen »in die Falle locken«, die sich damit begnügen, lediglich auf sie zu »reagieren«, ohne die sozialen Voraussetzungen ihrer Arbeit zu verstehen, und die damit Gefahr laufen, den umgekehrten Irrtümern zu erliegen, sich auf jeden Fall der einzigen verfügbaren Informationen über bestimmte Objekte begeben. Um zu verstehen, was uns hinterlassen worden ist – Sammlungen, Fakten, Theorien –, muß folglich eine soziologische Analyse der sozialen Bedingungen der Produktion dieses Objekts vorgenommen werden. Was heißt das?

Eine Soziologie der sozialen Bedingungen der Produktion der »kolonialen« »Wissenschaft« ist nicht zu leisten, ohne daß vorher das Auftreten eines relativ autonomen wissenschaftlichen Feldes und die sozialen Bedingungen der Autonomisierung dieses Feldes untersucht werden. Ein Feld, das ist ein Universum, in dem die Merkmale der Produzenten definiert sind durch deren Stellung in Produktionsverhältnissen, durch den Platz, den sie in einem bestimmten Raum von objektiven Beziehungen innehaben. Im Gegensatz zu dem, was die Untersuchung isolierter Individuen voraussetzt, wie sie etwa die Literaturgeschichte des Typs »der Mensch und sein Werk« praktiziert, beruhen die wichtigsten Eigenschaften eines jeden Produzenten in dessen objektiven Beziehungen mit den anderen, das heißt außerhalb seiner, in der objektiven Konkurrenzbeziehung usw.

Zunächst gilt es die spezifischen Eigenschaften des Feldes zu bestimmen, in dem die »koloniale« »Wissenschaft« der Masqueray, Desparmet und Maunier ihren Diskurs über die Kolonialwelt produzierte, im weiteren, wie diese Eigenschaften sich je nach Epoche wandelten. Es geht also darum, das Verhältnis dieses relativ autonomen wissenschaftlichen Feldes einerseits zur Kolonialmacht, andererseits zur zentralen intellektuellen Macht, das heißt zur metropolitanen Wissenschaft des Augenblicks, zu analysieren. In der Tat besteht eine *doppelte Abhängigkeit*, wobei eine die andere aufheben kann. Dieses relativ autonome Feld scheint mir insgesamt (mit Ausnahmen wie Doutté, Maunier etc.) charakterisiert gewesen zu sein durch eine sehr starke Abhängigkeit gegenüber der Kolonialmacht und einer starken Abhängigkeit gegenüber dem nationalen, das heißt internationalen Wissenschaftsfeld. Daraus ergeben sich zahlreiche Merkmale der »wissenschaftlichen« Produktion. Danach wäre zu untersuchen, wie die Beziehung dieses Feldes zur nationalen und internationalen Wissenschaft sowie zum lokalen politischen Feld sich verändert hat und wie diese Veränderungen sich wieder in der Produktion niedergeschlagen haben.

Eine bedeutsame Eigenschaft eines Feldes besteht darin, daß es Undenkbares enthält, das heißt Dinge, die überhaupt nicht diskutiert werden. Es gibt die Orthodoxie und die Heterodoxie, aber auch die Doxa, das heißt die Gesamtheit dessen, was als Selbstverständliches hingenommen wird, insbesondere die Klassifikationssysteme, die festlegen, was als interessant bewertet wird und was als uninteressant, wovon niemand denkt, daß es erzählt zu werden verdient, weil keine *(Nach-)Frage* besteht. Heute morgen wurde viel über diese Evidenzen gesprochen, und Charles-Andre Julien hat für uns höchst erstaunliche intellektuelle Kontexte erwähnt. Das Verborgenste ist das, worüber alle Welt sich einig ist, so einig, daß nicht einmal darüber gesprochen wird, ist das, was außer Frage steht, was selbstverständlich ist. Das, was die historischen Dokumente am komplettesten im dunkeln zu belassen drohen, da niemand auf den Gedanken kommt, das Selbstverständliche festzuhalten; das, was die Informanten nicht sagen oder wenn, dann nur, indem sie es auslassen, indem sie schweigen. Sich danach zu fragen, was niemand sagt, ist wichtig, wenn man Sozialgeschichte der Sozialwissenschaft betreibt und sich nicht damit bescheiden will, Lob und Tadel auszuteilen. Nicht darum geht es, sich als Richter aufzuspielen, sondern zu begreifen, was bewirkt, daß jene Leute bestimmte Dinge nicht verstehen, bestimmte Probleme nicht sehen konnten; es gilt, die sozialen Bedingungen des Irrtums herauszufinden, der als Produkt historischer Bedingungen, von Determinationen notwendig ist. Im »Selbstverständlichen« einer Epoche gibt es das *de jure* (aus politischen Gründen etwa) Undenkbare, das Nichtbenennbare, das Tabu – die Probleme, mit denen man sich nicht beschäftigen darf –, aber auch das Undenkbare *de facto*, was der Denkapparat nicht zu denken erlaubt. (Deshalb verteilt sich der Irrtum auch nicht entsprechend guter oder schlechter Gefühle und kann man mit guten Gefühlen eine erbärmliche Soziologie betreiben.)

Das würde dazu führen, das Problem des privilegierten Verhältnisses zum Objekt – »sympathisierend« oder feindlich, aus der Binnenperspektive oder von außen usw. –, in dem häufig die Diskussion über die Kolonialsoziologie und die Möglichkeit einer dekolonisierten Soziologie befangen bleibt, anders als gewöhnlich zu stellen. Ich denke, man muß die Frage des privilegierten Standpunkts ersetzen durch die der wissenschaftlichen Kontrolle des Verhältnisses zum Wissenschaftsobjekt, die für mich zu den Grundvoraussetzungen der Konstruktion eines wirklichen Wissenschaftsobjekts gehört. Welches Objekt der Soziologe oder der Historiker wählen, in diesem Objekt, in deren Art, das Objekt zu konstruieren, geht es nicht um den Soziologen oder den Historiker als singuläre Subjekte, sondern um die objektive Beziehung zwischen den relevanten sozialen Charakteristika des Soziologen oder Historikers und den sozialen Charakteristika dieses Objekts. Die Objekte der Sozialwissenschaft und die Art ihrer Behandlung stehen in einer intelligiblen Beziehung zu dem soziologisch, das heißt durch eine bestimmte soziale Herkunft, eine bestimmte Stellung innerhalb der universitären Institution, eine bestimmte Disziplin usw. definierten Forscher. Beispielsweise stellt eine der Vermittlungen, über die sich die Herrschaft der herrschenden Werte im Rahmen der Wissenschaft vollzieht, meiner Meinung nach die soziale Rangfolge der Disziplinen dar, der gemäß die philosophische Theorie an der Spitze steht und die Geographie ganz unten (das ist kein Werturteil, sondern eine Feststellung: Die soziale Herkunft der Studenten nimmt von der Philosophie zur Geographie oder auch von der Mathematik zur Geologie signifikant ab). Es gibt immer eine Hierarchie der Forschungsobjekte und eine Hierarchie der Forschungssubjekte (die Forscher), die in entscheidender Weise zur Verteilung der Objekte unter den Subjekten beitragen. Keiner sagt Ihnen (oder selten), daß Sie sich dieses Thema vornehmen dürfen und jenes nicht, daß Sie es auf die, nicht auf die andere Weise behandeln dürfen – »theoretisch« oder »empirisch«, »grundlagenorientiert« oder »angewandt« –, daß Sie die Resultate auf die, nicht auf jene Weise präsentieren dürfen. Derartige Ermahnungen, Ordnungsrufe, sind in der Regel nicht nötig, weil es genügt, die inneren Zensurinstanzen spielen zu lassen, die nichts anderes als verinnerlichte soziale und schulische Zensurinstanzen sind (»Ich bin kein Theoretiker«, »Ich kann nicht schreiben«). Unter sozialen Gesichtspunkten gibt es nichts weniger Neutrales als das Verhältnis zwischen Subjekt und Objekt.

Wichtig ist also, daß man weiß, wie das Verhältnis zum Objekt objektiviert werden kann, so daß der Diskurs über das Objekt nicht zu einer bloßen Projektion eines unbewußten Verhältnisses zum Objekt gerät. Zu den Techniken, die eine solche Objektivierung ermöglichen, gehört die gesamte wissenschaftliche Ausrüstung; wobei natürlich auch diese Ausrüstung, da Erbschaft der früheren Wissenschaft, der historischen Kritik zu unterziehen ist.

Abschließend möchte ich noch sagen, daß sich im Problem des Privilegs des Fremden oder des Einheimischen bzw. Insiders ein reales Problem verbirgt, das sich ebenso bei der Analyse kabylischer Riten stellt wie dann, wenn man untersucht, was in diesem Saal geschieht, bei einer Studentendemonstration oder in einer Fabrik in Billancourt: Es ist das Problem, was es heißt, Beobachter oder Handelnder zu sein, mit einem Wort: was Praxis bedeutet.[1]

1 Weitere Ausführungen zu diesem Thema in: P. Bourdieu, »Le champ scientifique«, *Actes de la recherche en sciences sociales*, 2-3, Juni 1976, S. 88-104 (Anm. d. Hrsg.).

Unter Freunden*

Ich möchte zunächst sagen, wie sehr mich die freundlichen Worte bewegt haben, die ich heute hier hörte, und wie dankbar ich dafür bin. Es waren besonders gut gewählte Worte, denn obschon sie mir ein wenig zu lobend erschienen, waren sie doch niemals servil. Sie zeigten mir eher eine Verbundenheit, die mich berührt und die mir wichtig scheint, denn sie zeugt von jenem impliziten Austausch, auf dem eine menschliche Gesellschaft beruht. Ein Austausch von nichts oder fast nichts, der aber erlaubt, dauerhafte, zeitenthobene Beziehungen aufzubauen. Die Freundlichkeit Ihrer Bemerkungen steht im übrigen sehr im Gegensatz zu der Härte des Austauschs in der wissenschaftlichen Welt, die – anders als das allgemein verbreitete paradiesische Bild von ihr suggeriert – von oft brutalen, nicht immer loyalen, eleganten oder generösen Auseinandersetzungen durchdrungen ist.

Erlauben Sie mir, diesen Beitrag als eine Art Reihe diskontinuierlicher Reaktionen auf die geistigen Anregungen darzustellen, die ich erhalten habe. Zum Beispiel hat Jacques Revel einen Fehler erwähnt, auf den viele französische Forscher, selbst die größten wie Michel Foucault, um die 70er Jahre herum verfallen sind. Ich meine jene systematische Opposition gegen die Institutionen, die die Jahre nach dem Mai 68 geprägt hat und die ich »antiinstitutionelle Laune« genannt habe. Ich gehöre zu einer Generation von Intellektuellen, die produziert worden sind, um die Spitze der Hochschulinstitution zu besetzen zu einem Zeitpunkt, da diese Institution zusammenbrach. Eine Institution, die

* Beitrag zu dem am 21. Mai 1997 von Tassadit Yacine im Institut du monde arabe (Paris) organisierten Kolloquium »Autour de l'anthropologie au Maghreb«, an dem Maurice Aymard, Emmanuel Terray, Jacques Revel, Isaac Chiva, Abdallah Hammoudi, Julian Pitt-Rivers teilnahmen. Eine erste Fassung dieses Textes wurde zunächst in *Awal* Nr. 21 (S. 5-10) veröffentlicht, dann in der *Awal*-Sondernummer *L'autre Bourdieu* und in *Interventions (1961-2001). Science sociale et action politique.* Herausgegeben von Franck Poupeau und Thierry Discepolo, Paris: Agone 2002, S. 37-42.

Ihnen so viel gegeben, Sie aber auch so sehr enttäuscht hat, veranlaßt Sie naturgemäß dazu, ihr gegenüber eine äußerst kritische Haltung zu beziehen. Diese antiinstitutionelle Laune fördert eine gewisse Hellsichtigkeit, prädisponiert aber nicht zu einer verstehenden, wissenschaftlichen Haltung.

Ein anderer Punkt, den ich auf Bitte von Tassadit Yacine hin und an die anwesenden jungen Forscher gewandt erwähnen möchte, ist der soziohistorische Kontext, in dem meine Arbeiten über Algerien sich entwickelt haben. Die Untersuchung der eine Epoche prägenden geistigen Problematik mit dem Ziel, die eigenen Arbeiten in ihren wirklichen Kontext zu stellen, ist ein sehr wichtiges Moment der Suche nach *Reflexivität*, einer der zwingenden Voraussetzungen für die Praxis der Sozialwissenschaften. Es ist auch die Voraussetzung für ein besseres und gerechteres Verständnis der Arbeiten der Vorgänger. Alle Forscher gehen zu allen Zeiten von dem Punkt aus, an dem ihre Vorgänger angekommen sind, ohne immer zu ermessen, welchen Weg sie zurücklegen mußten.

Am Ende der 1950er und zu Beginn der 1960er Jahre wurde alles, was sich auf das Studium Nordafrikas bezog, von der Tradition des Orientalismus beherrscht. Die Sozialwissenschaft war damals hierarchisiert: Die eigentliche Soziologie war der Untersuchung der europäischen und amerikanischen Völker vorbehalten, die Ethnologie den sogenannten primitiven Völkern und der Orientalismus den Völkern universeller nichteuropäischer Sprachen und Religionen. Es ist nicht nötig auszuführen, wie willkürlich und absurd diese Klassifizierung war. Immerhin nahmen meine Arbeiten über die kabylische Gesellschaft eine ziemlich seltsame Stellung ein, da sie sich in gewisser Weise zwischen Orientalismus und Ethnologie situierten …

Was den Orientalismus angeht, so erachtete man die Kenntnis der arabischen Sprache als notwendige und zureichende Bedingung für die Kenntnis der Gesellschaft. In Algerien lieferte die Familie Marçais den Prototyp dieser arabophonen Forscher ohne spezifische Ausbildung; sie herrschte uneingeschränkt an der Universität Algier, vergab Forschungsthemen und repräsentierte das, was man Kolonialethnologie genannt hat. Die Universität Algier mit ihren Hierarchien, ihren lokalen Rekrutierungsmodi, ihrer fast unabhängigen Reproduktion war gegenüber den Universitäten im Mutterland geistig nahezu autonom. Es gab Linguisten, die sich auf das Arabische und Berberische verstanden und ein wenig Soziologie machten, zivile und militärische Verwaltungsbeamte, Geographen, Historiker, von denen einige, unter ihnen Marcel Émerit, die Ehre der Wissenschaft teilweise retteten. Letzterer wurde von algerischen Studenten französischer Herkunft *in effigie* erhängt, weil er festgestellt hatte, daß die Quote des Schulbesuchs in Algerien vor 1830 höher lag als später, was das akademische Kolonialestablishment erheblich irritierte.

Es gab unabhängige Historiker wie André Nouschi, der mir sehr geholfen hat, und Émile Dermenghem, den wundervollen Erschließer der Geheimnisse der Bibliographie. Wesentlich ist aber, daß abgesehen von diesen Ausnahmeerscheinungen die Verbindung zur Wissenschaft im Mutterland abgerissen war (zu Zeiten von Doutté, Montagne, Maunier usw., später noch für Thérèse Rivière und Germaine Tillion war sie sehr intensiv), und dies galt nicht nur für Nichtuniversitätsangehörige – Pères blancs,[1] die im übrigen eine äußerst nützliche linguistische und indirekt auch ethnographische Arbeit leisteten (ich denke namentlich an den Pater Dallet), Jesuiten, militärische und zivile Verwaltungsbeamte –, sondern auch für Angehörige der Universität Algier (für Philippe Marçais, den künftigen OAS-Abgeordneten, Bousquet, den Verfasser eines *Que sais-je*-Bändchens über *Les Berbères*, Yacono usw.). Daher war das Werk von Jacques Berque für mich von großer Bedeutung – seine Grenzen entdeckte ich später, aber für den jungen Ethno-Soziologen, der ich war, stellte er einen außerordentlicher Führer dar. Ich denke natürlich an sein Hauptwerk *Les structures sociales*

1 [Vgl. in diesem Band S. 343, Anm. 3 – A. d. Ü.]

dans le Haut Atlas, dessen Anmerkungen mir außerordentlich anregende Hinweise auf die nordafrikanischen Gesellschaften, die Rolle des Gewohnheitsrechts, die Beziehungen zwischen Berbertraditionen und islamischen Traditionen lieferten, aber auch an einen in den *Annales* erschienenen Artikel mit dem Titel »Cinquante ans de sociologie nord-africaine«, der mir in Verbindung mit den Ratschlägen von Émile Dermenghem ermöglicht hat, mich in der uferlosen, weit verstreuten und höchst uneinheitlichen Literatur über die nordafrikanischen Gesellschaften zu orientieren.

Seinerzeit betrieben eine Reihe algerischer Intellektueller Ethnologie in Form von Romanen, die »ethnographisch« genannt wurden. Dieser Übergang von der Literatur zur Ethnographie findet sich übrigens in zahlreichen kolonisierten Ländern. Man denkt dabei natürlich an Mouloud Feraoun, einen Primarschullehrer, der Bräuche und Traditionen in den kabylischen Bergen beschrieb – ich gab ihm meine ersten Texte über die Kabylei zur Korrektur und er hat Anmerkungen dazu gemacht –, Malek Ouary und Mouloud Mammeri, den ich später gut kennenlernte und der mir viel über die *imusnawen* (Plural von *amusnaw*) beibrachte, diese Hüter einer unvergleichlichen Weisheit und Dichtkunst.

Meine Entscheidung, die algerische Gesellschaft zu untersuchen, war eher staatsbürgerlich als politisch motiviert. Ich denke nämlich, die Franzosen jener Zeit, ob sie nun für oder gegen die Unabhängigkeit Algeriens waren, hatten eines gemeinsam: Sie kannten dieses Land sehr schlecht und sie hatten ebenso schlechte Gründe, dafür zu sein wie dagegen. Es war daher sehr wichtig, die Grundlagen für ein Urteil, für ein adäquates Verständnis zu liefern, und zwar nicht nur den Franzosen jener Epoche, sondern auch den gebildeten Algeriern, die aus historischen Gründen oft ihre eigene Gesellschaft nicht kannten. (Zu den unheilvollen Auswirkungen der Kolonisierung zählt, daß manche französische Linksintellektuelle mit den algerischen Intellektuellen gemeinsame Sache machten, was sie vor der Unkenntnis, in der diese sich gegenüber der eigenen Gesellschaft befanden, die Augen verschließen ließ. Ich denke insbesondere an Sartre, an Fanon ... Dieser Schulterschluß wirkte sich verheerend aus, als die algerischen Intellektuellen nach der Unabhängigkeit ihres Landes an die Macht kamen und ihre Inkompetenz offenbarten.) Ich habe daher eine erste kritische Bilanz all dessen, was mir meine Lektüren und Beobachtungen zugetragen hatten, in dem Band *Sociologie de l'Algérie* dargestellt, der in der Reihe *Que sais-je* erschien;[2] dabei bediente ich mich der theoretischen Instrumente, über die ich seinerzeit verfügen konnte, das heißt der der kulturalistischen Tradition entstammenden, die ich aber (beispielsweise durch die Unterscheidung zwischen kolonialer Situation als Herrschaftsbeziehung und als »Akkulturation«) kritisch revidierte.

Nach und nach habe ich mich auf ein ehrgeizigeres Vorhaben, nämlich auf ökonomische Sozio-Ethnologie eingelassen (ich habe mich immer jenseits des Gegensatzes von Soziologie und Ethnologie situiert): Um die Logik des Übergangs von der vorkapitalistischen zur kapitalistischen Ökonomie zu verstehen (der sich zwar in Algerien unter äußeren Zwängen vollzog, in meinen Augen jedoch durchaus geeignet war, die Ursprünge des Kapitalismus und die mich fesselnde Debatte zwischen Weber, Sombart und einigen anderen zu erhellen), war einerseits der spezifischen Logik der vorkapitalistischen Ökonomie (dem Problem der Beziehung zur Zeit, zur Berechnung, zur Vorsorge usw., dem Problem der Ehre und des symbolischen Kapitals, dem spezifischen Problem des nicht warengebundenen Austauschs) Rechnung zu tragen, und andererseits der Logik des Wandels der Ökonomie und der ökonomischen Einstellungen (was ich in *Travail et travailleurs en Algérie*[3] und in *Le Déracinement*[4] versuchte) und der häuslichen Ökonomie (durch eine nie veröffentlichte Unter-

2 Paris: PUF [1958], 8. Aufl. 2001

3 Paris/Den Haag: Mouton1963.

4 In Zusammenarbeit mit Abdelmalek Sayad, Paris: Minuit 1964.

suchung, deren Ergebnisse ich zum Teil in *Algérie 60*[5] resümiert habe).

Ich hatte auch andere, politischere Probleme im Kopf. Die politische Frage, die die revolutionären Intellektuellen damals überaus beschäftigte, war die Entscheidung zwischen dem chinesischen und dem sowjetischen Entwicklungsweg. Anders gesagt, es galt, die Frage zu beantworten, wer die revolutionäre Klasse ist, das Bauerntum oder das Proletariat. Ich habe versucht, diese nahezu metaphysischen Fragen in eine wissenschaftliche Sprache zu übersetzen. Dazu habe ich meine Untersuchung nach den Kriterien des INSEE eingerichtet: Stichprobenerhebung, statistischer Fragebogen zur Messung der Fähigkeit, zu rechnen, zu antizipieren, zu sparen, zur Geburtenkontrolle usw. Diese Parameter wurden in derselben Untersuchung mit der Fähigkeit zur Entwicklung kohärenter revolutionärer Projekte in Korrelation gebracht. Dabei fiel mir auf, daß das Subproletariat zwischen einem starken Willen zur Veränderung und fatalistischer Unterwerfung unter den Lauf der Welt schwankte. Dieser Widerspruch des Subproletariats schien mir äußerst aufschlußreich, denn er hatte mich zu einer eher zurückhaltenden Einschätzung der revolutionären Träume der damaligen Führer bewogen. Was sich leider in der Folge bewahrheitete. Algerien, wie ich es sah, war sehr weit entfernt von dem »revolutionären« Bild, das die aktivistische und kämpferische Literatur von dem Land zeichnete: Es bestand aus einem breiten, subproletarisierten, aber nicht verstädterten Bauerntum, einem immensen und ambivalenten Subproletariat, einem vornehmlich in Frankreich installierten Proletariat, einem mit den eigentlichen Realitäten der Gesellschaft wenig vertrauten Kleinbürgertum und einer Intelligenz, die sich dadurch charakterisierte, daß sie die eigene Gesellschaft schlecht kannte und zwiespältigen und komplexen Dingen verständnislos gegenüberstand. Denn die algerischen Bauern waren ebenso wie die chinesischen weit davon entfernt, so zu sein, wie

5 Paris: Minuit 1977.

die Intellektuellen jener Zeit sie sich vorstellten. Sie waren revolutionär, aber zugleich wollten sie die Beibehaltung traditioneller Strukturen als Schutz vor Unbekanntem. Ich war mir auch der potentiellen Konflikte durchaus bewußt, die von der sprachlichen Teilung Algeriens ausgingen, insbesondere von dem Gegensatz zwischen Arabophonen und Frankophonen, der von der Logik der Vereinheitlichung des antikolonialistischen Kampfes zeitweise verdeckt war, aber irgendwann ausbrechen mußte.

Natürlich gab dies meiner wissenschaftlichen Arbeit eine Wendung zum politischen Engagement, aber ich verleugne diese Ausrichtung keineswegs. Eine scheinbar abstrakte Analyse kann zur Lösung der brennendsten Aspekte politischer Probleme beitragen. Tatsächlich begab ich mich auf ein Terrain, das weder von der Ethnologie noch von der Soziologie wirklich besetzt war (was die französischen Ethnologen dazu nutzten, so zu tun, als gäbe es mich nicht), und ich konnte zu dem traditionellen Gegenstand dieser Fächer in eine neue Beziehung treten.

Hier wären auch meine Arbeiten über die Bauern in Algerien und im Béarn zu erwähnen. Warum der Béarn? Um nicht in den Fehler einer von Mitleid gerührten, vom menschlichen Reichtum einer zu Unrecht mißachteten Bevölkerung entzückten Ethnologie zu verfallen und zwischen mir und meinen Informanten jene Distanz zu schaffen, die die Vertrautheit ermöglicht. Es ist mir oft passiert, daß ich mich einem kabylischen Informanten gegenüberbefand und mich fragte, wie ein Bauer aus dem Béarn in einer entsprechenden Situation reagiert hätte. Auf diese Weise schützte ich mich zugleich vor der Distanz des leichtfertigen, objektivistischen Positivismus und vor dem Versinken in der Sympathie des subjektivistischen Intuitionismus.

Sicher mußten die außergewöhnlichen, außerordentlich schwierigen (und riskanten) Bedingungen, unter denen ich zu arbeiten hatte, durch die dabei gebotene unausgesetzte Vorsicht meinen Blick schärfen. Die ganz praktischen Probleme, die schon die bloße Durchführung der Untersuchung unaufhörlich und oft in sehr dramatischer Form stellte, zwangen zur ständigen Reflexion über die Gründe und die Berechtigung der Enquete, über die Motive und Absichten des Durchführenden, über all die Fragen, die die positivistische Methodologie spontan als gelöst ansieht.

Daß ich in einer Art Sozioanalyse die Analyse der Kabylei stets mit der des Béarn verbunden habe, ist vielleicht ausschlaggebend dafür, daß ich die Art und Weise, von der Kabylei zu sprechen, ändern und die Ethnologie noch für die widerspenstigsten und der Ethnologie widerstrebendsten Kabylen akzeptabel machen konnte, indem ich dazu beitrug, sie von der Wahl zwischen einer kolonialen Ethnologie oder gar keiner zu erlösen. Die Krönung dieser Arbeit stellen für mich die Dialoge dar, die ich mit Mouloud Mammeri geführt habe und die teils in der ersten Nummer von *Awal*, teils in den *Actes de la recherche* erschienen sind.[6] Diese Texte bezeugen, daß zwischen der Absicht der Rehabilitierung, die Mammeris Erforschung der alten Dichtung der kabylischen Berber beseelt, und der ethnologischen Interpretationsabsicht keine Antinomie besteht, da die Ethnologie einen der notwendigen Wege zu einer wahren Reflexivität eröffnet, die Bedingung der Selbsterkenntnis als Erforschung des historischen Unbewußten. So hat Tassadit Yacine, die Errungenschaften der Sozialwissenschaft kumulierend, aus der anthropologischen Kenntnis der kulturellen Tradition der Berber analytische Instrumente wie den Schakalmythos gewinnen können, die es ihr erlauben, Lebensbedingung und Position berberischer Intellektueller – der Feraoun, der Boulifa, der Amrouche oder der Mammeri – zu interpretieren.

Aber die von der Doppelinterpretation des Kabylei und des Béarn ermöglichte Transformation der Beziehung zum Gegenstand der Ethnologie und der Soziologie hatte auch in meinen Augen wichtige Auswirkungen für die Erkenntnis der Erkenntnisbeziehung, für die Wissenschaft von der Sozialwissenschaft, die wohl die entscheidende Bedingung für den Fortschritt die-

6 Vgl. oben, S. 339 ff.; 365 ff.

ser Wissenschaft ist. Überzeugt davon, daß man sich entfernen muß, um sich anzunähern, daß man sich ins Spiel einbeziehen muß, um sich auszuschließen, sich objektivieren, um die Kenntnis zu entsubjektivieren, machte ich bewußt zum ersten Gegenstand der anthropologischen Erkenntnis die anthropologische Erkenntnis selbst und die Differenz, die sie unaufhebbar von (natur)wissenschaftlicher Erkenntnis trennt. Was mich paradoxerweise dazu geführt hat, das Exotische »unexotisch zu machen«, in unseren gemeinsamen Praktiken, sind sie erst einmal adäquat analysiert, die Entsprechung fremdartigster Verhaltensweisen, etwa ritueller, wiederzufinden, in dem, was oft in der abstrakt theoretischen Sprache des Modells beschrieben wird, die praktische Logik der Strategie wiederzuerkennen usw. Kurzum, sobald wir die intellektualistische Sicht aufgeben, die uns künstlich von der wissenschaftlichen Wahrheit unserer Praktiken entfernt, sind wir gezwungen, in uns selbst die Grundsätze des »wilden Denkens« oder der »prälogischen Logik« wiederzufinden, die wir den Primitiven zuschreiben. Ich denke zum Beispiel an die kognitiv-praktischen Prinzipien der männlichen Weltsicht. Von anderen zu sprechen ist möglich und legitim nur um den Preis einer doppelten Historisierung, der des Objekts und der des Subjekts der Erkenntnis. Was bedeutet, daß der Gelehrte sich ins Spiel bringen muß, um sich aus dem Spiel auszuschließen, daß er daran arbeiten muß, sich selbst zu erkennen, um in der Lage zu sein, den anderen zu erkennen, und daß jeder Fortschritt in der Erkenntnis des Objekts der Erkenntnis ein Fortschritt in der Erkenntnis seines Subjekts ist, und umgekehrt.

Was besagt, daß der Ethnosoziologe eine Art organischer Intellektueller der Menschheit ist, der als kollektiver Akteur dazu beitragen kann, die menschliche Existenz von natur- und schicksalsgegebenen Zwängen zu befreien, indem er seine wissenschaftliche Kompetenz in den Dienst eines Universalismus stellt, der im Verständnis der Partikularismen wurzelt. Ich denke, die Spezialisten für arabisch-berberische Kulturen sind auf diese aufklärerische Mission gar nicht so schlecht vorbereitet, haben sie doch mit einem Gegenstand zu tun, der heute selber der radikalsten Infragestellung gegenübersteht. Ich möchte hier lediglich einen Satz des großen palästinensischen Dichter Mahmud Darwisch zitieren, den Kafka im Hinblick auf die Juden seiner Zeit hätte äußern können: »Ich glaube nicht, daß es auf der Welt auch nur ein anderes Volk gibt, das wie die Araber alle Tage aufgefordert wird, seine Identität zu beweisen. Niemand sagt den Griechen: Ihr seid keine Griechen, niemand den Franzosen: Ihr seid keine Franzosen.«[7] Nichts scheint mir wissenschaftlich und politisch legitimer und auch fruchtbarer, als die Besonderheit der Araber oder genauer: der Palästinenser, Kabylen oder Kurden erneut zu thematisieren, und zwar nicht, um sie durch irgendeine Form von Essentialismus, positiven oder negativen Rassismus zu fetischisieren, sondern um hier das Prinzip einer radikalen Infragestellung zu finden – die Besonderheit einer Situation also, die in ihrer universellsten Form die Frage nach der menschlichen Universalität aufwirft.

7 *Palästina als Metapher. Gespräche über Literatur und Politik*, Heidelberg: Palmyra Verlag 1998.

Für Abdelmalek Sayad*

Abdelmalek Sayad war mir ein Freund, ja mehr als ein Freund, eine Art Bruder, und es fällt mir schwer, von ihm zu sprechen, ohne pathetisch zu werden, was er nicht gemocht hätte. Als wir uns wenige Tage vor seinem Tod zum letzten Mal sahen, auch Rébecca war dabei, sprachen wir ganz natürlich und ohne jede Feierlichkeit über alle Probleme, die ihn beschäftigten, über die Fortsetzung seiner Arbeit, die Veröffentlichung seiner Texte, die Erfüllung seiner Verträge. Und erst nachträglich verstand ich, daß er mir einige seiner letzten Verfügungen hatte mitteilen wollen, ohne sich etwas anmerken zu lassen. Er war glücklich über diesen Augenblick und zugleich tieftraurig (er hatte gerade erfahren, daß er nie wieder würde normal sehen können). Ich habe viel gesprochen, um ihn zum Lachen zu bringen, und er hat viel gelacht, vor allem, als er mit ironischem Stolz von den sechzig Kartons erzählte, die mit Papieren und Büchern vollgepackt werden mußten, damit die Handwerker kommen konnten.

Seit dem Beginn unserer Bekanntschaft Ende der fünfziger Jahre – er war damals Student an der Universität Algier, später erinnerte er mich oft mit belustigter Bewunderung an den Philosophiekurs, den ich damals über Gott bei Kant gegeben hatte … – trieben wir uns in den entlegensten Ecken Algeriens herum: in den Umsiedlungslagern auf der Halbinsel Collo und in der Ebene von Orléansville, auf den gesperrten, mit Warnschildern und Minenhinweisen bestückten Straßen im Ouarsenis-Gebirge, in der Großen und in der Kleinen Kabylei, in den Slums und Trabantensiedlungen von Algier und Constantine und an vielen anderen Orten. Wir hatten so viele gemeinsame, oft tragische Erinnerungen: an die Abende während der Feldforschung, wenn alle anderen eingeschlafen waren und wir beiden

* Beitrag zu einer Gedenkfeier für Abdelmalek Sayad am 2. April 1998 im Institut du monde arabe zu Paris, *Annuaire de l'Afrique du Nord*, XXXVII, 1998, Paris: CNRS Éditions 2000, S. 9-13.

bis zwei oder drei Uhr morgens weiter diskutierten und unsere Beobachtungen vom Tage transkribierten; an den Tag, an dem wir vom Tod unseres Freundes Moulah Hennine erfuhren, den die OAS ermordet hatte (es hätte auch ihn treffen können) – wir widmeten ihm *Le Déracinement*; an den Tag, an dem wir gemeinsam über Serpentinen, die von verbrannten Autowracks übersät waren, zu einem mir vertrauten kleinen Dorf der Großen Kabylei hochfuhren – in der Ferne knatterte ständig Gewehrfeuer, wir fuhren an einem halb versteckten Mann vorbei, wohl einer bewaffneten Wache, mit der wir bloß einen Blick wechselten (ich habe ihn nie mit der Wimper zucken oder zurückweichen sehen), und gewiß dachten wir daran, daß wir abends auf demselben Weg zurückmußten; an seinen Besuch bei den Pères blancs von Djemka Saharidj, wo ich ein neutrales Asyl für meine Forschungen gefunden hatte und wo er mich leicht erstaunt ansah, als ich mich am Gebet vor dem Abendessen beteiligte; an den Tag, an dem er mich mit dem Ellbogen anstieß, weil er fürchtete, daß ich mich vertrauensselig hintergehen ließ, weil ich die etwas spinnerten Äußerungen eines kleinen örtlichen Propheten, eines autodidaktischen *amahbul*, sorgfältig mitschrieb, der mich davon überzeugen wollte, daß die Araber die Demokratie erfunden hatten, indem er mich fragte: »Beni Toufout (so hieß einer der lokalen Stämme), was heißt das? Beni Toufout? *Tu votes*! [Du wählst!].«

Im Grunde – und deswegen arbeitete ich so gern mit ihm zusammen (wir führten Dutzende, vielleicht Hunderte von Interviews gemeinsam durch) – richtete er auf seine Landsleute einen weder nachsichtigen noch herablassenden Blick, und die kleinen Listen, die kleinen Lügen, die kleinen Schwächen des Leids und Elends registrierte er in einer Weise, die ich liebevoll oder gerührt nennen möchte. Im Unterschied zu all den scheinradikalen Intellektuellen, die gern Lektionen in Nationalismus erteilt hätten und mit ihrem voluntaristischen, oft ostentativen Populismus ihre Ignoranz des wirklichen Volks, um nicht zu sagen ihre Furcht oder ihren Ekel vor ihm nicht selten kaum verhehlen konnten, verstand er es, dem Volk tief verbunden und aufgeschlossen zu sein, ohne sich je an der Nase herumführen zu lassen. Und das spürten diese Menschen, die – davon zeugen die wundervollen Gespräche, die er geführt hat – ihm jenes Vertrauen entgegenbrachten, das die Voraussetzung einer wirklichen Kommunikation zwischen dem Soziologen und denen ist, die er studiert.

All dies, weil er wirklich, aber ohne große Worte zu machen, dem verbunden war, was man die Sache des algerischen Volkes nennen können möchte. Ich habe gesagt: ohne große Worte, und wie mit meinem Vater, an den er mich oft erinnerte, so brauchte ich auch mit ihm nicht zu sprechen, um mich mit ihm im wesentlichen einen Sinnes zu fühlen (vor allem über die, die zuviel sprechen, insbesondere über Dinge, die man besser unausgesprochen läßt, wie die guten Empfindungen für die gute Sache). Ich lud ihn nach Hause in mein Pyrenäendorf ein, wo ich untersuchte, warum die ältesten Söhne aus Bauernfamilien unverheiratet blieben, und er verstand sofort und half mir – wie zu anderen Zeiten Yvette Delsaut – die Wurzeln meines Interesses für die kabylischen Bauern zu verstehen. Das stiftete zwischen uns (mein Vater und meine Mutter mochten ihn sehr) so etwas wie wirkliche Familienbande.

Er hatte tiefe Überzeugungen, die zu äußern er sich weigerte, vor allem in Anwesenheit pharisäerhafter Verteidiger der guten Sache, und doch mitzuteilen verstand, ohne in pathetische oder prophetische Glaubensbekenntnisse zu verfallen. Als ich mein erstes Team zusammenstellte, mit dem ich unter schwierigen und gefährlichen – manche hätten wohl auch geurteilt: etwas zweifelhaften – Bedingungen Feldforschungen zu den Auswirkungen der Arbeitslosigkeit (damals schon!) durchführen wollte, brachte er seine besten Freunde dazu, mitzumachen: Moulah Hennine, der Medizin studierte und den später (ich sagte es schon) die OAS umbrachte, Ahmed Misraoui, der Zahnmedizin studierte, und viele andere, etwa Alain Accardo, der auch bis heute nicht von der guten Sache gelassen hat ... Gewiß sah er (auch wenn er es nie sagte) in der Entscheidung, Zeugnis abzulegen, den besten und wohl auch einzig möglichen Beitrag zu einem Kampf, dessen Ambiguität ihm in keiner Weise entging. Wenn ich das sage – geschrieben hat er es niemals –, so deswegen, weil wir hundertmal in Andeutungen davon gesprochen haben, so wie wir auch in Situationen, in denen wir an Algerien verzweifelten, hundertmal den schließlich fallengelassenen Vorsatz faßten, gemeinsam ein dialogisches Buch über die Widersprüche und Ambiguitäten der Situation Algeriens zu machen – eine der komplexesten und tragischsten (man denke nur an all die versteckten Dramen und Verbrechen des Befreiungskriegs) der ganzen Menschheitsgeschichte.

Das wundervolle, zu einem großen Teil noch unveröffentlichte Werk Abdelmalek Sayads muß ich wenigstens kurz erwähnen. Man kann es – wie er selbst es in den Papieren tut, die er mir zur Veröffentlichung übergab – in zwei Themengruppen unterteilen, die in ihrer scheinbaren Banalität eine wesentliche Intention erkennen lassen: Emigration und Immigration. Durch die schlichte Symmetrie dieser Anordnung wollte er seinen Willen zum Ausdruck bringen, im Gegensatz zu der nicht nur hierzulande, sondern auch auf der anderen Seite des Mittelmeers – wo die Emigration (und die Rückkehr) äußerst heikle Probleme stellt – geläufigen Praxis zwischen den beiden Seiten des Phänomens, die so wenig voneinander zu trennen sind wie Vorder- und Rückseite ein und desselben Blatts, ein Gleichgewicht herzustellen.

Dies hieß zunächst einmal auch, mit der frankozentrischen Sicht der Wanderungsströme als schlichter Immigration brechen – mit einer Sicht, die die Algerier nur als »Immigranten« kennt, die keinerlei Bindungen und Wurzeln haben und deren Existenz gewissermaßen beginnt, wenn sie in Marseille aus dem Schiff oder in Orly aus dem Flugzeug steigen. Eine Sicht, die dazu führte, daß man noch in den siebziger Jahren den Immigranten für einen jungen, alleinstehenden Mann hielt, der vorübergehend Geld verdienen will, das er seiner Familie schickt, bevor er in sein Heimatland zurückkehrt, um sein früheres Leben wiederaufzunehmen. In zwei exemplarischen, klassisch gewordenen Artikeln mit den Titeln »Les trois âges de l'immigration« [›Die drei Altersstufen der Immigration‹] und »Un émigré exemplaire« [›Ein beispielhafter Immigrant‹] bietet Abdelmalek Sayad eine Sozialgeschichte der Immigration in Frankreich, die eine differenzierte Beschreibung und eine differentielle Erklärung des Aufbruchs nach Frankreich liefert (wer brach als erster auf, mit welchem Ziel, aufgrund welcher Zwischenstationen usw.). Später kommt er auf die Problematik zurück und versucht, den Übergang von der Emigration von Individuen zu der ganzer Familien zu analysieren (er ist weitgehend mit dem ihn ermöglichenden Befreiungskrieg verbunden). Ein radikaler Umschwung, den Abbas, einer seiner Interviewpartner, in eine herrliche Formel faßt: Vorher kamen wir, um für die Franzosen zu produzieren, nunmehr kommen wir, um Franzosen zu produzieren (indem wir uns reproduzieren).

Die Emigration verstehen heißt auch: ihre Auswirkungen auf die algerische Gesellschaft verstehen, natürlich die wirtschaftlichen Auswirkungen, aber auch die sozialen und kulturellen. Auswirkungen, die anzuprangern oder zu verurteilen man beginnt. Es galt daher zu studieren, wie man in Algerien selbst – *auch* in Algerien, müßte man sagen – der Emigration den Prozeß macht. Einen Prozeß, der mit Diskussionen über die »Wiedereingliederung« der Emigranten in ihre Wirtschaft, ihre Gesellschaft und ihre Kultur getarnt wird, und der seinerseits die Spannungen zwischen der *Versuchung*, sich von der Welt abzuschließen, und den Verführungen tarnt, die von ebendieser Welt ausgehen, angefangen bei den Verführungen durch die Konsumgüter. Verurteilt wird in den »Emigranten«, diesen Verrätern an der Nation und am Nationalismus, das Schändliche, Schlechte, Schuldhafte, das es auszumerzen gilt.

Für alle, die sich mit einer einseitigen Sicht begnügten, ergibt sich daraus eine überraschende Schlußfolgerung: Auf beiden Seiten des Mittelmeers wirft die Emigration gleich viele und zum Teil identische Probleme auf, die an tief eingewurzelte Tabus rühren, an das Wesen beider Gesellschaften, an alles, was mit den vagen und gefährlichen Bezeichnungen Identität oder Nation bezeichnet wird. Was sich daran zeigt, daß man auf beiden Seiten nur euphemistisch darüber redet, auf algerischer Seite zum Beispiel das »Opfer« beschwört, das die Emigranten bringen, oder die Ausbeutung, deren Opfer sie sind.

Zweite Themengruppe: die Immigration. Sie stellt den bekanntesten Aspekt von Sayads Werk dar, und ich kann mich kürzer fassen. Der Emigrant ist ein Arbeiter, eine Arbeitskraft. Er ist in neoliberaler Sicht gewissermaßen der ideale Arbeiter: ein unqualifizierter Arbeiter, der immer bloß angelernt bleibt (als angelernter Justierer, angelernter Polier), nie wirklich vom Fach, und auch ein »Streikbrecher«. Ohne Arbeit, als Arbeitsloser, existiert er nicht mehr und muß zurückgeschickt werden. Noch einmal ist an die letzten Arbeiten Abdelmalek Sayads über den immigrierten Körper zu erinnern, dieses sichtbare Bild der Person, das mehr noch als Name, Vorname oder Akzent die »Naturalisierung« und den gelingenden Zugang zur »Natur« der gebürtigen Franzosen, der wahren Eingeborenen, schwierig, wenn nicht unmöglich macht. Aber das ist nur einer der Faktoren, die bewirken, daß der Emigrant-Immigrant stets – wie einer von ihnen sagte – weder hier noch dort, weder von hier noch von dort ist. Das Entscheidende, vielleicht Unüberwindliche ist das staatliche Denken, dieses eingefleischte System von Wahrnehmungs- und Bewertungskategorien, das alles Wahrgenommene einem nationalen (und nationalistischen) Raster unterwirft und den Emigranten-Immigranten der Fremdartigkeit, Andersartigkeit zuschlägt, namentlich dann, wenn der Staat aufgrund irgendeines Verstoßes gegen die Schicklichkeitsregeln, die für Nichteingeborene gelten – stets leben sie ja unter der Drohung, als Eindringlinge zu erscheinen –, seine »Gäste« an ihren Ausländerstatus erinnert und so die Erinnerung an das doppelte Vergehen weckt, das seine unstatthafte, unerwünschte, ungerechtfertigte und nicht zu rechtfertigende Anwesenheit verursacht und ihm fast unvermeidlich eine Verdopplung seiner Strafe einträgt, die dem doppelten Vergehen logischerweise inhärent ist: dem Vergehen, hier zu sein, fehl am Platz, und dem Vergehen, ein Vergehen begangen zu haben, anstatt sich selbst in Vergessenheit zu bringen und vergeben zu lassen, daß er da ist.

In den Sozialwissenschaften, deren analytische Verfahren weniger streng kodifiziert sind als andernorts üblich, hängt die Forschung stets weitgehend unmittelbar von dem mehr oder weniger korrigierten und kontrollierten Habitus dessen ab, der sie durchführt. Abdelmalek Sayad verkörperte die angemessene Sichtweise, den zugleich nahen und fernen, vertrauten und distanzierten Blick, der dem Soziologen geziemt. Er war weder ein wichtigtuerischer Schwadroneur noch Schulmeister, noch Experte: Er verstand sich als *öffentlicher Schreiber*, eine vertrauenswürdige, aufnahme- und vermittlungsfähige Person, der ein vertrauliches und zugleich öffentliches Wort als persönliche Botschaft überantwortet wird, die sie zu transkribieren und an den rechtmäßigen Empfänger weiterzuleiten hat. Bis zuletzt verhielt er sich als getreuer Zeuge: In seine Arbeit brachte er sein ganzes Leben ein, alles, was seine schwierige Existenz als hoffnungslos treuer Überläufer ihn gelehrt hatte (obwohl Mitglied einer französischen Institution, des CNRS – und in zweiter Linie auch der École des hautes études –, hielt Sayad darauf, seine algerische Staatsbürgerschaft zu behalten).

Diese realistischen und maßvollen Dispositionen, die ihn beständig zu nuancierten, komplexen und verständnisvollen, von allen extremen Positionierungen gleich weit entfernten Bestandsaufnahmen streben ließ, zeigten sich schon von Anfang an, während des algerischen Befreiungskriegs, in dem stillen Mut, der ihn dazu bewog, ostentative Engagements zurückzuweisen und sich damit bisweilen Verdächtigungen und Kritiken von seiten extrem Radikaler auszusetzen, und die in jeder Hinsicht sicherlich riskanteste Entscheidung zu treffen: das, worüber die anderen sprachen, mit eigenen Augen zu sehen und im Ouarsenis, in der Kabylei und auf der Halbinsel Collo Untersuchungen durchzuführen. Derselbe bescheidene Mut brachte ihn dazu, eine Forschungsarbeit, die er als Form wissenschaftlichen und zugleich politischen Engagements ansah, bis zum Ende und von Krankenhaus zu Krankenhaus zu tragen und zu ertragen wie die beiden riesigen Koffer, die er überall mit sich herumschleppte.

So gelang es ihm, uns glauben zu machen, daß er unsterblich sei, wo doch alles an ihm Schwäche, Zerbrechlichkeit und Verletzlichkeit ausdrückte. Mit allen seinen Freunden werde ich alles tun, um seinem Werk, aber auch dem beispielhaften Forscher, den er verkörperte, die einzige Form von Ewigkeit zu sichern, die Menschen zu verleihen vermögen.

Mit dem Objektiv sehen: Im Umkreis der Photographie

*Ein Gespräch mit Franz Schultheis**

Pierre Bourdieu geht auf die Gründe ein, die ihn unter den schwierigen Bedingungen des Krieges und der daraus erwachsenden Gewaltsamkeiten zum Photographieren gebracht haben. Die Photographie hat dem Soziologen ermöglicht, nicht nur außergewöhnliche Situationen festzuhalten, sondern auch Zeugnis abzulegen über eine aktuelle Situation, über die nur wenige Soziologen und Ethnologen geschrieben haben, und darüber hinaus Bilder aufzubewahren, die neben dem Objekt der Forschung auch das Subjekt betreffen. Denn das Photographieren hat, so ist zu vermuten, wesentlich dazu beigetragen, daß der Blick des Soziologen sich verändert, ja eine Konversion vollzogen hat, so daß es zu einem wirklichen Reden oder zu einer »Konversation« gekommen ist. Die Photographie wäre mithin ein »Ausdruck der Distanz des Beobachters, der seine Daten erfaßt und sich dabei immer bewußt bleibt, daß er Daten erfaßt« (Pierre Bourdieu).

Franz Schultheis: Pierre Bourdieu, als Sie sich einverstanden erklärten, uns den Zugang zu den Photographien zu ermöglichen, die Sie während Ihres Algerienaufenthaltes gemacht haben und die vierzig Jahre lang in Kartons ruhten, haben Sie uns zugleich ein Gespräch über ihren Gebrauch der Photographie im Rahmen Ihrer ethnographischen Feldforschungen und soziologischen Untersuchungen vor Ort zugesagt. Beginnen wir doch mit einer sehr bodenständigen Frage. Was war das für ein Photoapparat, mit dem Sie damals in Algerien photographiert haben?

Pierre Bourdieu: Das war ein Photoapparat, den ich in Deutschland gekauft hatte. Eine Zeiss Ikoflex. Leider ging die Kamera auf meiner Reise in die Vereinigten Staaten in den sechziger Jahren kaputt, was ich sehr bedauert habe. Wenn ich die Zeit dazu finde,

* Das Gespräch fand am 26. Juni 2001 am Collège de France in Paris statt. [Aus dem Französischen von Jörg Ohnacker und Daniela Böhmer]

sehe ich mich manchmal in Gebrauchtphotoläden um, ob ich nicht dieselbe noch einmal finde, aber man hat mir schon mehrmals gesagt, daß es sie nicht mehr gibt. Die Ikoflex-Kameras von Zeiss waren damals technisch das Beste vom Besten in Deutschland. Ich habe meine auch dort gekauft. Das war wohl im ersten Jahr, als ich mein eigenes Geld verdiente (ich wurde um 1955 Gymnasiallehrer). Übrigens habe ich sie, glaube ich, nach Frankreich geschmuggelt ... Sie hatte eine ganz außergewöhnliche Linse, weshalb sie auch so teuer war. Abgesehen davon entsprach sie dem klassischen Modell Rolleiflex mit dem Sucher oben auf dem Gehäuse ... Das war für mich sehr nützlich, denn in Algerien gab es oft Situationen, in denen es heikel war zu photographieren, und auf diese Weise konnte ich Photos machen, ohne daß es bemerkt wurde. Zum Beispiel hatte ich auch eine Leica, ich hatte Freunde in Algerien, die waren professionelle Photographen, und die bat ich um ihren Rat, denn eines der Probleme in Algerien besteht in dem sehr, sehr hellen, grellen Licht, das einem jedes Bild vernichtet, also brauchte ich ihren Rat. Na ja, und diese Freunde benutzten fast alle eine Leica, das war damals die übliche Profikamera, aber sie setzt eben voraus, daß man der Person, die man photographieren möchte, direkt gegenüber steht. Das war aber oft nicht möglich – zum Beispiel wenn man eine Frau in einem Land photographieren möchte, in dem das nicht gerne gesehen wird usw. In manchen Fällen habe ich mir die Erlaubnis eingeholt, zum Beispiel während meiner Feldforschungen in der Region Collo oder in der Region Orléansville. Dort machte ich dann natürlich sehr viele Photos, und die Leute freuten sich darüber. Unter diesen Photos ist auch eine Serie mit ziemlich dramatischen Bildern von einer Beschneidung – ich habe sie auf die Bitte des Vaters hin gemacht, der mich einlud: »Komm zum Photographieren.« Das Photographieren war ein Weg, zu den Menschen Zugang zu finden und gerne gesehen zu sein. Später habe ich den Leuten die Photos geschickt.

F. S.: Haben Sie die Photos selbst entwickelt?

P. B.: Ich habe mir erst sehr viel später die entsprechende Ausrüstung gekauft, weil alle meine Photographen-Freunde mir sagten: Ein wahrer Photograph entwickelt seine Photos selbst, denn erst an der Entwicklung sieht man die wahre Qualität der Photos und man kann mit dem Material arbeiten, kann zum Beispiel Ausschnittsvergrößerungen machen. Aber damals konnte ich das nicht, ich hatte jedoch ein kleines Photolabor in Algier, das ziemlich schnell arbeitete und wo ich genau sagen konnte, was ich wollte. Ich habe Kontaktabzüge machen lassen und kleine Positive, später habe ich mich dann auch länger mit dem Mann aus dem Labor unterhalten und kompliziertere Sachen in Auftrag gegeben. Da ich damals sehr viele Photos machte, zeigte er großes Interesse, und ich habe ihm freie Hand gegeben, aber immer auch versucht, mehr schlecht als recht die Kontrolle darüber zu behalten.

F. S.: In gewisser Weise waren Sie ja schon vor Ihrer Abreise nach Algerien von der Photographie fasziniert. Hatten Sie geplant, sich während Ihres Aufenthalts dort systematisch der Photographie zu bedienen? War das ein richtiges Projekt?

P. B.: Ich habe diese Sache sehr wichtig genommen, habe Hefte angelegt, in die ich die Negative eingeklebt habe, und außerdem hatte ich Schuhschachteln, in die ich das Filmmaterial einordnete. Und dann habe ich kleine Zelluloid-Tütchen gekauft, in die ich die Photos steckte, schrieb jeweils eine Nummer darauf und die entsprechende Nummer in das Heft, in das ich die Negative eingeklebt hatte. Ich hatte jedoch ein Problem: Sollte ich das gesamte Filmmaterial aufheben? Ich neigte dazu, sehr viel aufzuheben, denn schließlich hatte das Material zwei Funktionen: zum einen eine dokumentarische Funktion. Manchmal machte ich Photos aus dem einzigen Grund, um mich später daran erinnern zu können, um später etwas beschreiben zu können, oder aber ich photographierte Gegenstände, die ich nicht mitnehmen konnte. Aber es gab da auch noch etwas anderes: Das Photographieren war auch, wie soll ich sagen, eine bestimmte Art und Weise zu schauen. Es gibt ja diese kleinbürgerliche Spontansoziologie (in Frankreich zum Beispiel von jenem kleinbürgerlichen Schriftsteller Daninos betrieben), die über die Leute herzieht, die mit dem Photoapparat vor der Brust ihren Tourismus betreiben und schließlich vor lauter Photographieren gar nicht mehr die Landschaft sehen. Ich habe das schon immer für Klassenrassismus gehalten. In meinem Fall zumindest war das eine Art und Weise, meinen Blick zu schärfen, genauer hinzusehen, einen Zugang zum Thema zu erlangen ... Ich habe während meiner Jahre in Algerien immer wieder Photographen bei ihren Photoreportagen begleitet und beobachtet, daß sie überhaupt nicht mit den Menschen, die sie photographierten, sprachen, sie wußten so gut wie nichts über sie. Es gab also verschiedene Arten von Photographien. Da war zum Beispiel eine Heiratslampe, die ich photographierte, um später untersuchen zu können, wie sie hergestellt worden war, oder eine Getreidemühle usw. Zum anderen habe ich Dinge photographiert, die ich schön fand. Ich erinnere mich an ein Photo, auf dem ein kleines Mädchen mit Zöpfen zu sehen ist, mit ihrer kleinen Schwester an ihrer Seite. Man hätte meinen können, ein deutsches Madonnenbild aus dem 15. Jahrhundert. Oder dieses andere Photo, das ich auch sehr mag – ich erinnere mich noch, das war am Rande eines Elendsviertels –, darauf ist ein kleines Mädchen zu sehen, das war gerade mal 80 cm groß und trug ein Brot gegen den Bauch gepreßt, das fast so groß war wie die Kleine selbst. Das Photo ist sehr sparsam und zurückhaltend; das Mädchen hebt sich von der weißen Mauer ab, vor der es steht.

P. B.: Und wann haben Sie damit begonnen, systematisch Photos zu machen? War das nach Ihrem Militärdienst?

P. B.: Ja, genau. Das war in den späten fünfziger Jahren. Ich hatte die Idee, Photos von Situationen zu machen, die mich sehr berührten, weil in ihnen verschiedene, dissonante Realitäten ineinanderflossen. Eines dieser Photos mag ich ganz besonders: Es ist am hellichten Tag mitten im Sommer in Orléansville aufgenommen, einem der heißesten Orte in Algerien. Auf dem Bild ist ein Werbeschild für eine Fahrschule zu sehen, mit einer Straße, die sich mitten durch Tannenwälder schlängelt, und direkt daneben eine Werbung für Kühlschränke. Diese Art von Vermischung der Realitäten amüsierte mich. Ein anderes Photo, das auch sehr typisch war, habe ich für den Umschlag des Buches *Algérie 60*[1] verwendet. Abgebildet sind zwei Männer mit Turbanen, richtig traditionelle Araber, die auf dem Trittbrett eines Autos sitzen (ein Stück weiter hinten ist übrigens mein eigenes Auto zu sehen, ein Renault Dauphine) und in ein sehr ernstes Gespräch vertieft sind.

F. S.: Wenn man sich diese Photos ansieht, stellt sich einem die folgende Frage: Man sieht, daß das keine touristischen Photos sind, sondern Photographien, die ganz gezielt genau so gemacht wurden. Die Photos verfolgen also eine ganz bestimmte Absicht. Sie selbst sagen, Sie haben photographiert, um zu objektivieren, um eine Distanz zu schaffen oder um sich für einen Augenblick aus der Zeit auszuklinken. Ich halte deshalb den Gedanken für durchaus naheliegend, daß es einen inneren Zusammenhang zwischen der Objektivierung durch den photographischen Blick und dem ethnologischen Ansatz gibt, den Sie sich damals gerade als ethnologischer Autodidakt erarbeitet haben. Daß also diese beiden Blicke – der des Ethnologen oder Anthropologen und der des Photographen – eine Wahlverwandtschaft aufweisen.

P. B.: Ja, da haben Sie sicher recht, in beiden Fällen war da dieses zugleich objektivierende und liebevolle, distanzierte und doch enge Verhältnis zum Gegenstand, so etwas Ähnliches wie das,

1 *Algérie 60. Structures économiques et structures temporelles*, Paris: Éditions de Minuit 1977. Auf deutsch: *Die zwei Gesichter der Arbeit: Interdependenzen von Zeit- und Wirtschaftsstrukturen am Beispiel einer Ethnologie der algerischen Übergangsgesellschaft*, Konstanz: UVK 2000.

was man unter Humor versteht. Es gibt da eine Reihe von Photos, die ich in der Region von Collo gemacht habe, und zwar in einer ziemlich dramatischen Situation. Ich befand mich unter Kontrolle von Leuten, die die Macht über Leben und Tod hatten – was mich selbst betraf, aber auch die, die mit mir waren. Es ist eine Reihe von Bildern, auf denen die Menschen unter einem großen Olivenbaum sitzen, diskutieren und Kaffee trinken. Zu photographieren war in diesem Fall eine bestimmte Art und Weise, ihnen mitzuteilen: »Ich interessiere mich für euch, ich stehe auf eurer Seite, ich höre euch zu, ich werde bezeugen, was ihr hier erlebt.« Es gibt da beispielsweise auch eine Reihe von Photos, die nichts besonders Ästhetisches haben und die ich an einem Ort namens Aïn Aghbel aufgenommen habe sowie noch an einem weiteren, der Kerkera hieß. Das Militär hatte die Leute, die zuvor verstreut in den Bergen wohnten, zusammengetrieben und in eine Art Reihenhäuser im Stil eines römischen Castrum umgesiedelt. Ich war gegen den Rat meiner Freunde zu Fuß in die Berge aufgebrochen, um mir die zerstörten Dörfer anzusehen, und bin dort auf Häuser gestoßen, von denen man das Dach abgenommen hatte, um die Leute zum Gehen zu zwingen. Sie waren nicht in Brand gesetzt worden, waren aber nicht mehr bewohnbar. Und in den Häusern fand ich Tonkrüge (das hatte ich schon in einem anderen Dorf, in Aïn Aghbel, zu erforschen begonnen: Es gibt Orte, wo all das, was wir Einrichtung nennen würden, aus gebrannter Erde gefertigt ist und von den Frauen hergestellt und geformt wird), in der Kabylei nennt man sie *ikoufen* (Singular: *akoufi*), diese großen, mit Zeichnungen verzierten Tonkrüge[2] für das Getreide. Die Zeichnungen zeigen oft Schlangen, denn Schlangen sind ein Symbol der Auferstehung. Und obwohl die Situation so traurig war, war ich glücklich, photographieren zu können – es war alles sehr widersprüchlich. Ich konnte von diesen Häusern und unbeweglichen Einrichtungsgegenständen nur dank der Tatsache Photos machen, daß sie kein Dach mehr hatten … Dies

2 Tonkrüge unterschiedlicher Größe, in denen die Kabylen Getreide, Feigen, Salz, gesalzenes Fleisch usw. aufbewahren (Anm. d. Hrsg.).

ist sehr charakteristisch für die Erfahrung, die ich dort gemacht habe und die etwas ganz Außergewöhnliches ist: Ich war sehr bewegt und empfänglich für das Leiden der Menschen dort, aber zugleich war da auch die Distanz des Beobachters, die sich darin manifestierte, daß ich Photos machte. An das alles mußte ich denken, als ich Germaine Tillion las, eine Ethnologin, die über eine andere algerische Region, den Aurès, gearbeitet hat und die in ihrem Buch *Ravensbrück* erzählt, daß sie in einem Konzentrationslager mit ansehen mußte, wie die Menschen starben, und daß sie jedesmal, wenn jemand starb, eine Kerbe machte. Sie machte einfach ihre Arbeit als professionelle Ethnologin, und sie erzählt in ihrem Buch, daß ihr das half, durchzuhalten. Daran dachte ich also, und ich sagte mir: Du bist schon ein komischer Typ. Es war hier, in diesem Dorf mit dem Olivenbaum, wo uns die Leute schon am ersten Tag nach unserer Ankunft – nein, nicht am ersten Tag, es war am zweiten Tag, der erste Tag war viel dramatischer, aber das werde ich nicht erzählen, denn es würde so nach Heldenpathos klingen –, am zweiten Tag nach unserer Ankunft also begannen die Menschen zu erzählen: »Ich hatte früher dies, ich hatte früher jenes, ich hatte zehn Ziegen, ich hatte drei Schafe«, sie zählten all die Güter auf, die sie verloren hatten, und zusammen mit drei anderen habe ich, soviel ich konnte, aufgeschrieben. Ich zeichnete die Katastrophe auf und hatte zugleich mit einer Art Verantwortungslosigkeit – und das ist wirklich scholastische Verantwortungslosigkeit, das ist mir im Rückblick klar – vor, das alles mit den Methoden, die mir zur Verfügung standen, zu analysieren, wobei ich mir immer wieder sagte: »Armer Bourdieu, mit den armseligen Instrumenten, die du hast, bist du der Sache nicht gewachsen, man müßte einfach alles wissen und alles verstehen, die Psychoanalyse, die Ökonomie …« Ich habe Rorschachtests durchgeführt, habe getan, was ich konnte, um zu verstehen – und zugleich wollte ich Rituale sammeln, zum Beispiel den Ritus zu Frühlingsanfang. Und diese Leute haben mir Geschichten erzählt, Geschichten von Menschenfressern und von Spielen, die sie immer gespielt haben: Sie nahmen sich Oliven von dem Olivenbaum, unter dem sie saßen, Oliven, die noch nicht ganz reif waren, und warfen sie in die Höhe. Dann muß man sie auf dem Handrücken wieder fangen, und je nachdem, wie viele Oliven danebengehen, bekommt man drei oder vier Schläge mit den Fingern. Unter diesem Olivenbaum habe ich Gestalten interviewt, die zwischen dreißig und fünfzig Jahre alt waren, und manche von ihnen hatten unter ihrer Djellaba ein Gewehr versteckt. Sie haben also dort gespielt (wenn man zwei verloren hat, bekommt man einen Schlag mit zwei Fingern, bei drei mit drei Fingern usw.), und sie schlugen sehr, sehr hart zu, sie spielten wie Kinder. Das ist nun etwas sehr Typisches für mein Verhältnis zu diesem Land. Es ist äußerst schwierig, auf die richtige Weise über das alles zu sprechen. Es war weit davon entfernt, ein Konzentrationslager zu sein. Es waren dramatische Zustände, aber nicht so, wie es oft gesagt wurde. Und ich war da und habe das alles beobachtet, und alles war so kompliziert und ging weit über meine Möglichkeiten! Wenn sie mir Dinge erzählten, habe ich danach manchmal zwei oder drei Tage gebraucht, um alles zu verstehen, komplizierte Namen von Orten oder Stämmen, Zahlen von verlorenem Vieh und anderen verlorenen Gütern, und ich war dann völlig überwältigt von dem allem, und insofern war jede Hilfe gut, und das Photographieren war im Grunde eine Art und Weise zu versuchen, den Schock einer niederschmetternden Realität zu bewältigen. Es gab dort ein Zentrum, ganz in der Nähe, Kerkera, ein riesiges Zentrum, das einfach mitten auf einer sumpfigen Ebene hochgezogen worden war, die die Leute nicht bebauen konnten, weil sie keine Pflüge und Gespanne hatten, die stark genug gewesen wären. Dort also hatte man die Leute angesiedelt, zwei- oder dreitausend Personen, riesengroß, und diese Art Vorstadt ohne Stadt war wirklich tragisch. Dort habe ich die verrückteste Sache meines Lebens gemacht: eine Konsumstudie im Stil des INSEE, des Statistischen Amtes Frankreichs. Eine Konsumstudie ist etwas sehr Aufwendiges. Sie kommen mit ihrem Fragebogen an und fragen: »Was haben Sie gestern gekauft?« Kerzen, Brot, Karotten ... Sie zählen alles auf und kreuzen jeweils ja oder nein an. Zwei Tage später kommen sie dann wieder, insgesamt dreimal. Es war eine Riesenarbeit, eine solche Untersuchung in einer so schwierigen Situation zu organisieren und durchzuführen – auch wenn ich nicht allein war, sondern wir zu dritt oder viert waren. Diese ganze Untersuchung hat nichts Besonderes ergeben außer der Tatsache, daß diese Bevölkerung, die völlig vernichtet, homogenisiert, nivelliert und auf die unterste Stufe des Elends reduziert zu sein schien, eine Normalverteilung aufwies – es gab all die Unterschiede, die man auch bei einer normalen Bevölkerung findet, eine Normalverteilung.

F. S.: Wenn man Ihnen so zuhört, hat man den Eindruck, daß sie kein konkretes Projekt verfolgt haben, sondern ein wenig in alle Richtungen gingen und innerhalb kurzer Zeit einen Gesamtdurchlauf durch die Soziologie machen wollten.

P. B.: Ja, aber wie hätte man es auch anders machen können? Was macht man angesichts einer so drückenden, erdrückenden Wirklichkeit? Natürlich bestand die Gefahr, mich von dem allem überschwemmen zu lassen und daraus eine völlig irre Chronik zu machen, in der ich alles zu erzählen versuche. Einer der großen Fehler, die ich gemacht habe, war, kein Tagebuch zu führen. Ich hatte lauter einzelne Fetzen, alles total chaotisch – es war einfach alles sehr schwierig, wir hatten wenig Zeit, und es war sehr anstrengend.

F. S.: Eine ganz konkrete Frage: Sie haben zwar kein Tagebuch geführt, aber ich bin mir ziemlich sicher, daß es Ihnen beim Anschauen der Photos gelingt, alles sehr schnell und zuverlässig einzuordnen, und wenn Sie jenes am Boden sitzende Mädchen sehen, können Sie sicher sagen »das war da und da«, oder? Die Photos sind also Gedächtnisstützen, die sehr …

P. B.: Ja, ich kann durchaus sagen, das war in Orléansville [jetzt El-Asnam], das war in Cheraïa …

F. S.: Diese Gedächtnisstützen sind also durchaus sehr wichtig, und man müßte schauen, ob man davon ausgehend nicht …

P. B.: Das hätte man machen müssen … aber ich hatte einfach nicht die Energie dazu. Wir haben von morgens um sechs bis nachts um drei gearbeitet, es war einfach unvorstellbar. Sayad war der einzige, der durchgehalten hat, die anderen waren völlig fertig, das war wirklich eine harte Zeit.

F. S.: Um noch einmal auf die Frage des Blicks zurückzukommen: Im Zentrum steht das Emotionale, und dann ist da der Bruch, der für Sie sehr wichtig ist, ein Bruch zwischen einer Welt, die in ihren bekannten und gewohnten Formen im Verschwinden begriffen ist, und einer neuen Welt, die sich sehr schnell durchsetzt. Also die Ungleichzeitigkeit der Gegenstände. Das, was in Ihrem Buch *Travail et travailleurs en Algérie*[3] den soziologischen Blick strukturiert, scheint das Auseinanderklaffen zwischen Zeitstrukturen und ökonomischen Strukturen zu sein, und man könnte sagen, daß man dieselben Leitmotive in Ihren Photos findet, also in dem photographischen Blick auf diese soziale Welt …

P. B.: Es gibt ein Photo, das dafür sehr typisch ist und das ich für den Einband von *Travail et travailleurs en Algérie* genommen habe. Darauf sind Landarbeiter auf der Ebene von Mitidja in der Nähe von Algier zu sehen. Sie arbeiten in einer Reihe und versprühen Sulfat, das durch einen Schlauch geleitet wird, über den sie mit einer Maschine verbunden sind, in der das Sulfat transportiert wird. Sie bewegen sich zu fünft oder zu sechst vorwärts, vielleicht sind es auch mehr. Das Bild zeigt sehr gut die Lebensumstände dieser Menschen, und zugleich sieht man

3 *Travail et travailleurs en Algérie*, Paris: Éditions de Minuit 1965.

die Industrialisierung der landwirtschaftlichen Arbeit in diesen großen Kolonialfarmen, die im Vergleich zur französischen Landwirtschaft sehr fortgeschritten waren. Ich habe mit einigen dieser Leute, die als Landarbeiter einen Hungerlohn verdienten und an den Rändern der Großgrundbesitze ihr eigenes kleines Stück Land bearbeiteten, kurze Gespräche geführt.

F. S.: Angesichts dessen, was Sie über die Art und Weise, wie Sie diese Photos konzipiert und gemacht haben, erzählen, fragt man sich, wie sie am angemessensten rezipiert und präsentiert werden könnten. Es gilt, einen Bezug zu Ihrer ethnologischen Forschung und zu den Büchern herzustellen, die von Ihren Anfängen erzählen, als Sie den Gegenstand analysierten, der sich auch auf den Photos wiederfindet. Diese beiden Dinge zueinander in Beziehung zu setzen scheint naheliegend, aber zugleich schreckt man auch ein wenig davor zurück, weil das auf den ersten Blick eine noch spontanere und vereinfachendere Vorgehensweise wäre als einfach in den Texten nach Situationsbeschreibungen zu suchen, nach Erzählungen, die an das erinnern, was auf den Photos zu sehen ist.

P. B.: Es ist ja völlig normal, zwischen dem Inhalt meiner Forschungen und meinen Photos einen Bezug herzustellen. Zum Beispiel war eine Sache, die mich damals besonders interessiert hat, das, was ich die »Ökonomie des Elends« oder die »Ökonomie der Elendsviertel« nannte. Normalerweise wurde das Elendsviertel (nicht nur vom rassistischen, sondern einfach auch vom naiven Blick) als etwas Schmutziges, Häßliches, Ungeordnetes, Zusammengewürfeltes usw. wahrgenommen, während es in Wahrheit der Ort für ein sehr komplexes Leben ist, für eine wirkliche Ökonomie, die ihre eigene Logik hat, wo sich sehr viel Einfallsreichtum entfaltet, eine Ökonomie, die vielen Menschen zumindest das Minimum zum Überleben bietet und vor allem Gründe für ein soziales Überleben, das heißt, der Schande zu entgehen, die für einen Mann mit Selbstachtung die Tatsache bedeutet, nichts zu tun und in keiner Weise zum Lebensunterhalt seiner Familie beizutragen. Ich habe zu diesem Thema sehr viele Photos gemacht, Photos von all den Hausierern und Straßenverkäufern, und ich war wirklich verblüfft von dem Einfallsreichtum und der Energie, die in diesen ungewöhnlichen Bauten steckten, die an ein Schaufenster oder einen Laden erinnerten, oder diese völlig bunt zusammengewürfelten Auslagen am Boden (das hat mich auch vom Ästhetischen her interessiert, weil es ein sehr barockes Bild war), von diesen Apothekern, die ich befragte und die so ziemlich alle Quellen der traditionellen Magie verkauften, deren Namen ich aufzeichnete, Aphrodisiaka usw. Es gab auch sehr pittoreske Fleischer (diese drei großen, dreieckigen Holzständer, an denen die Fleischstücke aufgehängt wurden) – ein typisches Motiv für den Photographen, der auf der Suche nach dem Pittoresken, dem Exotischen ist. Ich selbst hatte immer Hypothesen bezüglich der Organisation des Raumes im Sinn: Es gibt einen Lageplan des Dorfes mit einer bestimmten Struktur, eine Struktur des Hauses; und außerdem habe ich entdeckt, daß die Verteilung der Gräber auf dem Friedhof grob die Organisation des Dorfes nach Clans reproduzierte. Und ich habe mich gefragt: Werde ich auf den Märkten dieselbe Struktur wiederfinden? Das erinnert mich an ein Photo, das ich auf einem Friedhof gemacht habe: Auf einem anonymen Grab eine mit Wasser gefüllte Cassoulet-Dose. Am siebten Tag nach dem Tod muß man Wasser zum Grab bringen, um die weibliche Seele festzuhalten; in diesem Fall handelte es sich nun um eine Cassoulet-Dose, in der sich zuvor ein Produkt befunden hatte, das tabu war: Schweinefleisch …

F. S.: Als Sie dann nach Frankreich zurückkamen, haben Sie sehr bald mit Forschungen über die Photographie[4] begonnen. Wie kamen Sie darauf? Kam der Anstoß dazu von außen?

4 *Un art moyen. Essai sur les usages sociaux de la photographie*, Paris: Éditions de Minuit 1965. Deutsch: *Eine illegitime Kunst. Die sozialen Gebrauchsweisen der Photographie*, Frankfurt am Main: Suhrkamp 1983.

F. S.: Ich erinnere mich nicht mehr genau und möchte keinen Unsinn erzählen. Aber ich weiß, daß es damit zusammenhing, daß mir Raymond Aron die Leitung des Generalsekretariats eines gerade von ihm neu gegründeten Forschungszentrums anvertraut hatte. Ich war damals nicht besonders selbstsicher und habe mir gedacht, es wäre gut, wenn ich es hinkriegen würde, auch noch eine andere Einnahmequelle für mich zu haben, für den Fall, daß ich mich nicht sehr gut anstellen würde, dann wäre es nicht so schlimm, wenn ... Also habe ich einen Vertrag mit Kodak geschlossen. Die Photographie ist ein Gegenstand, der mich interessierte. Was ich dabei natürlich im Kopf hatte, war die Tatsache, daß die Photographie die einzige Praxis mit künstlerischer Dimension ist, die für alle zugänglich ist, und zugleich auch das einzige kulturelle Gut, das allgemein konsumiert wird. Über diesen Umweg wollte ich zu einer allgemeinen ästhetischen Theorie gelangen. Das war zugleich ein sehr bescheidenes und sehr ehrgeiziges Vorhaben. Es wird gerne gesagt, daß die Photos, die das einfache Volk macht, schrecklich sind usw., und ich wollte zunächst verstehen, warum das so war, wollte versuchen, zum Beispiel der Tatsache Rechnung zu tragen, daß diese Bilder zumeist frontal aufgenommen waren, daß hier Beziehungen zwischen Personen gezeigt werden – all diese Dinge, die dem Ganzen eine Notwendigkeit verliehen, die zugleich den Effekt einer Rehabilitation hatte. Was ich dann noch gemacht habe, war, daß ich eine Photosammlung, die meines Kinderfreundes Jeannot, analysiert habe. Ich habe mir ein Photo nach dem anderen angesehen, habe die Bilder vollkommen in mich aufgenommen, und ich glaube, ich habe in dieser Schuhschachtel eine Menge Dinge gefunden.

F. S.: Aber wie Sie erzählt haben, haben Sie doch schon beim Photographieren in Algerien Berufsphotographen beobachtet und zu sich selbst gesagt: »Dieses Photo hätte ich nicht gemacht« oder »Ich hätte es anders gemacht«, manchmal auch »Das hätte ich genauso gemacht«. Da war also bereits eine Reflexivität im

Umgang mit der Photographie, also eine Art Beginn, ein Ausgangspunkt für die Reflexion ...

P. B.: Ja, das stimmt. Auch wenn es ab und zu mal vorkam, daß die Berufsphotographen Photos gemacht haben, die ich selbst gerne gemacht hätte, selbst von den merkwürdigsten Dingen, so haben sie doch auch sehr viel gemacht, was ich nicht gemacht hätte und was einfach nur malerisch aussah. Ich denke, es war – abgesehen von gelegentlichen Zufallstreffern – nicht leicht für sie, einen nichtkonventionellen Blick auf diese Gesellschaft zu werfen, der seinem Schema nach nicht ausschließlich die Kategorie des Pittoresken bediente: der Weber bei der Arbeit, die Frauen auf dem Heimweg vom Brunnen. Eines meiner »typischsten« Photos zeigt eine verschleierte Frau auf einem Motorroller – das ist ein Photo, das sie zweifellos auch hätten machen können. Das ist der »einfachste« Aspekt dessen, was ich erfassen wollte. Ich weiß eine Anekdote, die meine Erfahrung mit diesem Land sehr gut zum Ausdruck bringt (ein seltsames Land, in dem ich ständig ein Gefühl der Tragik empfand – ich hatte große Angst, auch nachts in meinen Träumen ... – und dennoch ständig auch irgendwelche lustigen Dinge sah, die mich zum Lachen oder Schmunzeln brachten), eine Geschichte, die diese doppelte, widersprüchliche und ambivalente Erfahrung sehr gut zum Ausdruck bringt, eine Erfahrung, die auszudrücken oder verständlich zu machen mir hier, in Frankreich, immer sehr schwer fiel, ja sogar in Algerien gegenüber der algerischen Stadtbevölkerung bürgerlicher Herkunft war das schwierig – ich denke da an eine junge Studentin aus einer bedeutenden Familie der Kouloughlis,[5] die bei unseren Untersuchungen im städtischen Milieu mitgemacht hat (sie hat mir erst kürzlich geschrieben) und die ein gewisses Gefühl der Furcht gemischt mit Abscheu nicht verbergen konnte angesichts der Leute, die mich oft anfaßten in ihrem etwas lächerlichen und erbärmlichen Versuch, ihr Elend und Unglück in Szene zu setzen

5 Nachkommen von Türken und »Einheimischen« in Algerien (Anm. d. Hrsg.).

oder herauszustellen. (Das ist der Grund, warum ich den Blick von Männern wie Mouloud Farraoun so gerne mochte, wenn er mir von seinen Auseinandersetzungen mit den Eltern von Schülern berichtete, oder den Blick von Abdelmalek Sayad, der den Menschen, die wir trafen, mit einem oft zugleich amüsierten und ein wenig gerührten Blick begegnete.) Aber um auf meine Geschichte zurückzukommen: Ich fuhr also eines Tages gerade aus einem Parkplatz heraus, da kam eine junge, verschleierte Frau vorbei, die sah, daß ich zögerte, mit meinem Auto vorzufahren, und sie drehte sich zu mir um und sagte unter ihrem Schleier: »Na, Schätzchen, fährst du mich über den Haufen?!«

F. S.: Wissen Sie, das, was Sie da sagen, erinnert mich ein wenig an eine Bemerkung von Günther Grass, an die Sie sich sicherlich auch erinnern. Er hat gesagt: »Die Soziologie ist zu ernst!« Aber das stimmt nicht! Ganz und gar nicht! Er hat nur einfach nicht verstanden, daß es deplaziert gewesen wäre, im *Elend der Welt* mit Humor zu arbeiten.

P. B.: Auch in *Le Déracinement*, das dem *Elend der Welt* in vielen Punkten ähnelt, wird dieser lustigen Seite wenig Platz eingeräumt. Im übrigen: Wenn ich nach einem literarischen Modell suchen wollte, um so schreckliche Erfahrungen bis hin in ihre humoristischsten Aspekte zum Ausdruck zu bringen, dann würde ich eher an Arno Schmidt denken. Ich bedauere oft, daß ich nicht Tagebuch geführt habe. Ich habe mich ganz meiner »Pflicht« als Forscher und als Zeuge gewidmet, und ich habe mein Bestes gegeben, mit den Mitteln, die mir zur Verfügung standen, um diese zugleich außerordentlichen und – leider! – universellen Erfahrungen weiterzugeben, Erfahrungen, die immer mit Flucht und Befreiungskriegen verbunden sind. Auch wollte ich mich nicht damit zufriedengeben, dies alles in der Art eines guten Reporters zu bezeugen, sondern ich wollte auch die Logik und die transhistorischen Effekte dieser umfangreichen Zwangsumsiedelungen der Bevölkerung herausarbeiten. Und dann gibt es da noch die

Zensur des akademischen Anstands, die dazu führt, daß es eine Menge Dinge gibt, bei denen man nicht einmal daran denken würde, sie zu erzählen. Und das, was ich Ihnen in diesem Moment erzähle, hätte ich Ihnen wahrscheinlich vor dreißig Jahren nicht sagen können, oder ich hätte es gesagt, aber nicht auf die gleiche Weise, wie ich es heute zu sagen wage.

F. S.: Heute können Sie sich das erlauben. Ihr Werk existiert, und nun können Sie noch einmal zurück in die Vergangenheit gehen und die bisher versteckte Seite offenlegen.

P. B.: Die Sorge darum, nur ja genügend seriös und wissenschaftlich zu sein, hat mich, was die literarische Seite meiner Arbeit angeht, dazu gebracht, mich sehr zurückzunehmen: Ich habe vieles zensiert. Ich glaube, in der gesamten Anfangszeit des Centre de sociologie européenne gab es diese stillschweigende Ermutigung – wenn es auch keine explizite Vorschrift war –, all das zu streichen, was philosophisch oder literarisch war. Man hatte die stillschweigenden Regeln der Gruppe zu respektieren. Alles andere erschien als unangemessen, narzißtisch, selbstgefällig. Heute bedaure ich oft, daß ich die brauchbaren Spuren dieser Erfahrung nicht bewahren konnte. Es stimmt schon, daß ich damals viele Dinge erlebt habe, die mich von meinen intellektuellen Zeitgenossen entfernt haben. Ich bin sehr viel schneller gealtert … Ja, stimmt, ich sollte eines Tages versuchen, mir die Photos anzuschauen und alles auf Band zu sprechen, was mir dabei in den Sinn kommt.

F. S.: Bevor wir zum Ende kommen, noch eine persönliche Frage: Welche Rolle spielt diese Algerienerfahrung Ihrer Meinung nach im Kontext der Selbstsozioanalyse, wie Sie sie in Ihrer letzten Vorlesung am Collège de France skizziert haben?

P. B.: Yvette Delsaut hat einen Text über mich geschrieben, in dem sie sehr richtig sagt, daß Algerien das ist, was es mir ermöglicht hat, mich selbst zu akzeptieren. Den verstehenden Blick des Ethnologen, mit dem ich Algerien betrachtet habe, konnte ich auch auf mich selbst anwenden, auf die Menschen aus meiner Heimat, auf meine Eltern, die Aussprache meines Vaters und meiner Mutter, und mir das alles so auf eine völlig undramatische Weise wiederaneignen, denn hier liegt eines der großen Probleme entwurzelter Intellektueller, wenn ihnen nur die Alternative zwischen Populismus oder im Gegenteil einer durch Klassenrassismus bedingten Scham für sich selbst bleibt. Ich bin diesen Menschen, die den Kabylen sehr ähnlich sind und mit denen ich meine Kindheit verbracht habe, mit dem Blick des Verstehens begegnet, der für die Ethnologie zwingend ist und sie als Disziplin definiert. Die Photographie, die ich zunächst in Algerien und dann im Béarn praktiziert habe, hat als Begleiterin zweifellos viel zu dieser Konversion des Blickes beigetragen, die eine wahre – und ich glaube, das Wort ist nicht zu stark – Konversation voraussetzte. Denn die Photographie ist ein Ausdruck der Distanz des Beobachters, der seine Daten erfaßt und sich dabei immer bewußt bleibt, daß er Daten erfaßt (was in so familiären Situationen wie der eines Balles nicht immer einfach ist), aber zugleich setzt die Photographie auch die ganze Nähe des Vertrauten, des Aufmerksamen und eine Sensibilität selbst für kaum wahrnehmbare Details voraus, Details, die der Beobachter nur durch seine Vertrautheit unmittelbar zu verstehen und zu interpretieren vermag (und sagt man nicht von jemandem, der sich gut benimmt, daß er »aufmerksam« ist?), eine Sensibilität für das unendlich kleine Detail einer Handlung, das selbst dem aufmerksamsten Ethnologen zumeist entgeht. Die Photographie ist aber auch verwoben mit dem Verhältnis, das ich zu jedem Zeitpunkt zu meinem Gegenstand unterhalten habe, und ich habe keinen einzigen Augenblick lang vergessen, daß es sich dabei um Menschen handelte, Menschen, denen ich mit einem Blick begegnet bin, den ich – auch wenn ich befürchte, mich dadurch lächerlich zu machen – als liebevoll, oft auch gerührt bezeichnen möchte. Das ist der Grund, warum ich niemals aufgehört habe, selbst Interviews und Beobachtungen durchzuführen (damit habe ich immer meine Forschungen begonnen, egal, um welches Thema es sich handelte), was ein Bruch mit den Routinen einer bürokratischen Soziologie darstellt (verkörpert meines Erachtens durch Lazarsfeld und das Bureau of Applied Social Research an der University of Columbia, die den Taylorismus in die Forschung eingeführt haben), einer Soziologie, die nur über zwischengeschaltete Interviewer Zugang zu ihren Befragten hat und die, im Unterschied selbst noch zum zaghaftesten Ethnologen, keine Gelegenheit hat, weder die befragten Personen noch ihr direktes Umfeld zu Gesicht zu bekommen. Die Photos, die man in aller Ruhe immer wieder anschauen kann, erlauben ebenso wie Tonaufnahmen, die man immer wieder anhören kann (ganz zu schweigen von Videos), Details zu entdecken, die einem auf den ersten Blick entgangen sind oder die man aus Gründen der Diskretion während des Interviews nicht in aller Ausführlichkeit betrachten kann (ich denke da – im Rahmen der Untersuchung für *Das Elend der Welt* – zum Beispiel an die Wohnungseinrichtung des Metallers von Longwy oder seines algerischen Nachbarn).

Anhänge

Briefe an André Nouschi

Diese 1958, kurz nach dem Erscheinen von *Sociologie de l'Algérie,* an André Nouschi gesandten Briefe sind regelrechte historische Dokumente, die von einer (bis ins universitäre Milieu hineinreichenden) starken politischen Spannung und unterschwelligen intellektuellen wie wissenschaftlichen Besorgnissen zeugen. Der dabei aufscheinende freimütige Ton ist Ausdruck einer Freundschaft und eines Einverständnisses, wie sie in diesem von Mißtrauen und Terror geprägten Klima selten anzutreffen waren. Pierre Bourdieu lernte André Nouschi durch die Vermittlung Émile Dermenghems in der Bibliothek des Generalgouvernements in Algier kennen. André Nouschi, der damals an einer wirtschaftsgeschichtlichen Dissertation über die Stämme des Constantinois arbeitete, gehörte zu denjenigen, die Bourdieu bei seinen frühen Untersuchungen über die Enteignungen der Fellachen durch die Gesetze vom Ende des 19. Jahrhunderts (*cantonnement, Loi Warnier, Sénatus-consulte*) berieten. Ein bevorzugter Gesprächspartner war er auch aufgrund seiner politischen Schulung als aktives Mitglied der Kommunistischen Partei und seines Eintretens für die Selbstbestimmung Algeriens. Wir verdanken dem entschiedenen Antikolonialisten André Nouschi zahlreiche Bücher über den algerischen Nationalismus und den Mittelmeerraum.*

Lieber Freund,

ich danke Ihnen tausend- und abertausendmal für Ihren Brief. Ich habe mich sehr darüber gefreut, daß Sie sich die Mühe gemacht haben, mir diese zutreffende und wertvolle Kritik zuzusenden. Ich sehe darin den besten Beweis für unsere Freundschaft.

Würde es Sie überraschen, wenn ich sagte, daß ich tausend vergiftete und boshafte Komplimente vernommen habe? Sie ahnen bestimmt, daß die »Spezialisten« (da müßte man jetzt »hm« sagen!) aus Algier mir gegenüber mit perfiden und zuckersüßen (dieses Adjektiv ist wunderbar, und ich bin sicher, daß Sie wissen, an wen ich dabei denke …) Anspielungen keineswegs gespart

* Einführender Text der Herausgeberin.

haben. Sie haben sich rasch eine einheitliche Lehrmeinung zu meinem Büchlein gebildet (vgl. die Zeichnungen von Jean Eiffel in *L'Express*!): bloßes Bücherwissen, reine Theorie (was für ein Vokabular!), keinerlei längere Erfahrungen mit den algerischen Verhältnissen und dann noch diese Anmerkung zu den Europäern usw. Kurzum, dieser Knirps aus dem Mutterland, der meint, er hätte was zu Algerien zu sagen, wo doch so viele Alte (haben Sie schon gewußt, daß man sie jetzt nicht mehr »die Tattergreise«, sondern »Ton-und-Lichtspiele«-Spezialisten nennt) … usw. usf. Man muß an den Hund des Gärtners denken, der keinen Salat frißt, aber auch niemanden sonst davon essen läßt.

Übrigens habe ich im Lauf einer Fakultätsratssitzung ein höllisches Rededuell miterlebt, dessen Held Émerit war. Er war mir ungemein sympathisch, ich würde ihn gern einmal kennenlernen. Aber ich fürchte seine Kritik, und das um so mehr, als sie zutreffend und fundiert sein wird. Würden Sie bei Gelegenheit einmal mit ihm über mich sprechen, damit ich mich mit ihm einmal treffen und ihn nach seinem Urteil fragen kann?

Ihre Korrekturvorschläge habe ich mir notiert. Könnte ich, ohne Ihnen allzusehr zur Last zu fallen, einige Punkte nochmals mit Ihnen durchsprechen? Was den kabylischen »Kulturbereich« anbelangt, wollte ich zeigen, daß sich bei den verschiedenen ihm zugehörenden Gruppen[1] das Fortbestehen bestimmter Merkmale – es sind aber immer jeweils andere – beobachten läßt, hier ziegelgedeckte Dächer, dort Baumkultur, anderswo zu Gruppen zusammengeschlossene Dörfer usw., wie auch das Verschwinden anderer Eigenschaften, die mit der Einführung dem arabischsprachigen Kulturraum entlehnter Merkmale zusammenhängen. Die Kabylei des Djurdjura scheint mir das »Zentrum« des Kulturbereichs zu sein, da die Merkmale, auf die man andernorts einzeln stößt, dort alle gehäuft vorkommen. All das mußte mangels Platz weggelassen werden.

Ich kenne die Untersuchungen Bousquets und habe sie durch-

1 Am Rand: »Atlas von Mitidja, Chenoua, Massiv von Miliana, Ouarsenis, Trara.« (Anspielung auf die berbersprachigen Regionen; Anm. d. Hrsg.)

aus berücksichtigt. Aber sie scheinen mir am Wesentlichen vorbeizugehen.

Ich habe mir den feinen Unterschied, auf den Sie mich bezüglich des *nif* und des *horma* hingewiesen haben, notiert. Bei Chelhod (*Introduction à la sociologie de l'Islam*, S. 32, Anmerkung 2 und 38) habe ich sehr interessante Bemerkungen zum *nif* gefunden.

Was die Erbschaftsproblematik anbelangt, weiß ich nicht mehr aus noch ein. Ich habe nur den Fall der Erbschaft ohne Testament bedacht, womit ich falsch lag. Können Sie mir die Faktenlage genauer erläutern: Erben die kabylischen Frauen *melk*-Land[2] sogar *ab intestat*? Erben die arabischen Frauen *melk*-Land immer? Wendet man nicht das Verfahren des *habous* an, um sie zu enterben?

Ich zähle auf Sie, um mir da Klarheit verschaffen und meine Dummheiten korrigieren zu können. [...]

Ich werde das Buch von Larcher und Rectenwald, das ich noch nicht kannte, lesen (und zitieren). Ist Ihre Thèse veröffentlicht? Ich würde sie gerne so schnell wie möglich lesen und in meiner nächsten Arbeit zitieren.

Sie können sich gar nicht vorstellen, wie dankbar ich Ihnen für die kritischen Bemerkungen bin, die Sie mir mitgeteilt haben. Trotz aller Schnitzer habe ich das Gefühl, etwas Nützliches geleistet zu haben (Radio Algier, das mein Buch regelrecht aufgesaugt hatte, sprach neulich lang und breit von der »mozabitischen Zivilisation«), und möchte diese Arbeit, so gut es geht, verbessern, damit das, was daran gelungen ist, nicht durch die mehr oder weniger monumentalen Fehler ganz verdorben wird.

Ich denke, daß ich Weihnachten nach Paris kommen werde. Ich werde Ihnen eine Menge Sachen zu erzählen haben. Wie die Wahlen verlaufen, haben Sie ja in der Zeitung gelesen. Mir hat die Kandidatur von Marçais richtig gut gefallen, der sich seit einiger Zeit liberal gab. Sie wissen vielleicht nicht, daß er Rückhalt

2 [Privateigentum im Gegensatz zum *arch*, dem Stammeseigentum an Boden – A. d. Ü.]

bei der Armee hat (genauer gesagt bei Goussault, Lacheroy und Salan. Goussault sagte kürzlich: »Wir haben zwei Kandidaten von ministeriellem Rang, nämlich Lauriol und Marçais.«). Nach letzten Nachrichten hat es den Anschein, daß diese Liebesbeziehung in die Brüche gegangen ist und der Bursche nun vollkommen auf sich selbst gestellt ist. Ganz vorzüglich fand ich den Satz, mit dem *Le Monde* den lieben Dekan vorstellte: »Ph. Marçais ist der Sohn von W. Marçais, einem der größten Arabisten aus der École française.« Damit ist alles gesagt. Wunderbar. Ansonsten bewegt sich alles auf eine Situation zu, wie wir sie im Mai hatten. Natürlich kann man *L'Express* und *Le Canard* lesen, aber der Anschein von Gehorsam kann nicht darüber hinwegtäuschen, daß alles so weitergeht oder schlimmer wird.

Ich werde Ihnen, sobald er erschienen ist, einen Artikel schikken, den ich für ein Buch des Secrétariat social mit dem Titel »Sous-développement en Algérie« geschrieben habe. Darin ziehe ich noch viel weitergehendere Schlußfolgerungen. Die »Zurückhaltung« in dem »Que sais-je?«-Bändchen war mir vom Verlag aufgenötigt worden. Ich denke, daß ich in dem bei Minuit erscheinenden Buch entschiedener sein werde. Ich hoffe, daß ich bis dahin auch Ihre Thèse gelesen habe, um noch weitere Argumente zu finden. Ich werde Ihnen an Weihnachten mein Manuskript zeigen. Ich lasse dann auch die ganzen ethnographischen Details weg, die mir die Sache, wie ich gestehen muß, oft sehr schwer gemacht haben, und versuche, darin die Probleme stärker auf den Punkt zu bringen. Ich denke, daß ich gegenüber der ätzenden Kritik der gerissenen »Spezialisten«, die nebenbei bemerkt rein gar nichts von der soziologischen Analyse kapiert haben, weniger Angriffsfläche biete.

Denken Sie daran, nach Algerien zurückzukehren? Ganz egoistisch hoffe ich es. Ich gestehe, daß ich mich noch nie so isoliert gefühlt habe wie derzeit. Das Büchlein hat durchaus etwas damit zu tun. Man schaut mich hier mit einer Mischung aus Mitleid und Aggressivität an. Das geht soweit, daß ich hin und wieder denke, daß alles, was ich geschrieben habe, vollkommen wertlos ist und ich in der Zeit lieber hätte schlafen sollen. Glücklicherweise erinnere ich mich an die Texte all dieser verwöhnten Genies! Und obendrein bestärkt mich noch das Gefühl, daß ich ihnen ziemlich auf die Nerven gegangen bin. Jaja, das sind so meine kleinen Freuden; traurig, traurig.

Sie haben mir eine große Freude gemacht. Ich danke Ihnen nochmals.

*

Mein lieber Freund,

Ich danke Ihnen für diesen langen Brief. Ihre Beobachtungen sind völlig zutreffend. Da Sie mir nun schon einmal von Urteilen über mein »Opus minimum« berichten, möchte ich Ihnen da in nichts nachstehen. Hier also, was man in Algier (ich habe es vom stellvertretenden Konservator des Departmentsarchivs) über Ihre Thése sagt.[3] Ihre pessimistischen Schlußfolgerungen (insbesondere was den zurückgehenden Lebensstandard anbelangt) träfen nur auf den Raum Constantine zu. Was sagen Sie dazu? Spaß beiseite – glauben Sie, daß sich beispielsweise in der Gegend um Algier nicht analoge, wenn nicht gar noch schlimmere Phänomene beobachten lassen? Im übrigen muß ich sagen, daß Ihr Name mit dem größten Respekt genannt wird, daß Sie aber durchaus unbequem sind. Ich habe auch mit Émerit geplaudert, der sehr nett gewesen ist und mir seine Meinung über mein Büchlein gesagt hat. Sein Urteil war zunächst ablehnend, weil er der Meinung war, daß ich zu wenig Raum für historische Überlegungen gelassen habe. Auf den zweiten Blick sei sein Urteil wohlwollender, er sagt nämlich: »Ich habe Ihnen im Grunde den Vorwurf gemacht, kein Historiker zu sein, während Sie ja Soziologe sind.« Ich glaube eher, daß das, was Sie ihm über mich erzählt haben, zwischen dem ersten und dem zweiten Urteil liegen muß … Er hat mir vor allem mein Kapitel über die Städte

3 Er berichtete hie und da aufgelesene Beobachtungen.

vorgehalten … Ich muß es mir auf jeden Fall nochmals vornehmen und etwas weniger Anstößiges daraus machen. Danke für Ihre Bibliographie. Ich werde diesen Punkt einarbeiten, sobald ich Zeit dazu habe.

Das Bild der Segeltuchjacke hat mir wirklich gut gefallen. Es versteht sich von selbst, daß ich es umgestellt habe, ohne meine Quellen zu nennen, und daß das Schiff ab jetzt fahren muß … Bin ich böse! Über das Urteil des lieben ex. habe ich viel gelacht. Aber es ist ja so typisch für ihn, daß ich beim Nachdenken darüber eigentlich kaum überrascht gewesen bin …

Sie haben durchaus recht, wenn Sie mir den Vorwurf machen, den Traditionalismus in seiner Allgemeinheit zu beschreiben, ohne auf das Besondere am algerischen Traditionalismus einzugehen. Ich habe das absichtlich getan, und zwar aus folgendem Grund: Ich habe vor, später die Analyse, die ich in dem »Queaisje«-Band vorgenommen habe, weiter auszuarbeiten: prästabilierte Harmonie zwischen dem Islam und den traditionalen Strukturen. Dies, um mit der Erklärung sämtlicher in Algerien zu beobachtender Phänomene durch den Islam und nichts als den Islam aufzuräumen. Ich würde gerne aufzeigen[4]

1) daß man den traditionalistischen Geist in Handumdrehen und überall auffinden kann. Ein Beispiel: Max Weber entdeckt, als er die Einstellung der deutschen Arbeiter zu Beginn der industriellen Revolution beschreibt, bei ihnen Eigenschaften, die sich völlig analog zu denjenigen verhalten, die sich in Algerien beobachten lassen. Ein Beispiel: Einstellung gegenüber der Arbeit und den Löhnen. Anderes Beispiel: Lucien Febvre in seinem Rabelais-Buch.

2) daß sich andere Merkmale, die gewöhnlich mit dem Islam erklärt werden – beispielsweise der Ritualismus und (die Äußerlichkeit der Moral) –, in verschiedenen Zivilisationen wiederfinden lassen. Zum Beispiel unterscheidet Ruth Benedict in ihrer Studie über die chinesische Zivilisation (*The Chrysantheum and*

4 Am Rand: »Dieses Kapitel wird ›Die Schule von Algier und der Islam‹ heißen!«

the Sword) zwischen »*shame cultures*« (Schamkultur) und den »*guilt cultures*« (Schuldkultur).[5] Die charakteristischen Züge der ersteren gelten auch für die algerische Zivilisation. Das gleiche ließe sich für die Moral des tragischen Helden, des homerischen Menschen usw. finden.[6]

Schlußfolgerungen:

1) Der Islam bietet keine hinreichende Erklärung für die in Algerien beobachtbaren soziologischen Phänomene.

2) Zwischen dem Islam und den grundlegenden Strukturen besteht ein flexibler und reversibler Zusammenhang, ein Dialog, eine Harmonie. Vgl. das Christentum des Mittelalters: in Harmonie mit der traditionalistischen Zivilisation. Wenn sich die sozialen Strukturen verändern, nimmt die Religion eine Neuinterpretation vor, und man findet in der religiösen Botschaft *etwas anderes*. [Erhellendes Beispiel: Luther und Calvin finden in derselben religiösen Botschaft eine Moral, die mit der kapitalistischen Ethik vereinbar ist.]

Ich muß mich nun noch daranmachen zu zeigen, wie der Islam und die grundlegenden Strukturen sich immer *gegenseitig verstärkt* haben und wie der Islam dem algerischen Traditionalismus seinen spezifischen Charakter vermittelt hat [Idem].

Ich werde auch zeigen (worauf Sie mich ja hingewiesen haben), wie die Zerstörung der Strukturen mit einer systematischen Vernichtung des religiösen Kontexts einherging.

Ich weiß, daß das Urteil von V. de Paradis einseitig und relativ außergewöhnlich ist (wenn man auch Vergleichbares bei Shaw, Peyssonnel und Desfontaines usw. finden könnte). Aber glauben Sie nicht auch, daß er es verdient, als typisch für eine bestimmte

5 [Dt.: Ruth Benedict, *Chrysantheme und Schwert: Formen der japanischen Kultur*. Aus dem Englischen von Jobst-Mathias Spannagel, Frankfurt am Main: Suhrkamp 2006 – A. d. Ü.]

6 Am Rand: »Ich glaube, daß man sich auch auf Studien zu wenig oder erst kürzlich islamisierten Regionen, beispielsweise der Kabylei usw., berufen könnte (da bin ich mir weniger sicher und wüßte gerne, was Sie dazu sagen).«

Geisteshaltung, eine bestimmte Einstellung zitiert zu werden? Mir ist daran gelegen, weil ich damit Bousquet und Gautier zugleich festnageln kann (die Anmerkung). Was denken Sie? Ich könnte in der Anmerkung noch hinzufügen, daß sich neben diesen Urteilen auch noch intelligentere finden lassen.

Ja, einverstanden, was den Teppich angeht. Das erweitert und untermauert meine Ergebnisse.

Ich werde mir Mühe geben, meine Starrheit etwas abzumildern und stärker zu nuancieren. Ich muß sagen, daß ich zu polemischen Übertreibungen neige, so verärgert bin ich bisweilen.

Einverstanden, was den linken Antikolonialismus (der *bene amat* ...) und Germaine Tillion anbelangt.[7]

Ich denke wie Sie, daß Germaine Tillion nicht bewußt eine Rechtfertigung geben *wollte*, aber so wurde sie halt verstanden (ich werde es in einer Anmerkung sagen; ihre Verantwortung bleibt freilich bestehen: sie hätte voraussehen müssen, wie man ihre Schriften interpretiert).

Ich werde mich gleich daranmachen und Sie, wenn Sie das nicht stört, bitten, meine Sachen nochmals zu lesen und Kritik daran zu üben.

Angespannte Situation hier (vor allem in der Armee). Ich befürchte einige Dummheiten. Delouvrier scheint gut zu spielen (er wagt sogar, Dorget und Decrept rauszuschmeißen). Es hat den Anschein, als ob es demnächst zu einer Lösung kommen wird. Was denken Sie darüber? Bei den Moslems eine enorme Erwartungshaltung und ein (mich beunruhigendes) außerordentliches Vertrauen auf D. G. [De Gaulle]. Quer durch alle Milieus, vom kleinen Büroangestellten bis zum Prof. Was wird dabei herauskommen? Die Europäer wirken ziemlich resigniert, und es hat den Anschein, als ob sie klein beigeben, wenn die Armee nicht noch irgendwelchen Mist macht. Aber das Unbekannte ist da. Kurz gesagt, hoffe ich, daß bis zum Mai etwas passiert ist. Sie können Ihren Entschluß also in aller Ruhe fassen.

7 Am Rand: »Ich werde das etwas nuancieren.«

Émerit hat mir gegenüber von der Veröffentlichung Ihrer Grande Thèse gesprochen. Ich habe gedacht, wenn Ihnen das hilft, könnte ich für Sie ein Wort bei Lindon[8] einlegen.

Ich denke nicht, daß er selbst ein solches Buch zur Veröffentlichung annimmt, es ist nicht in seinem Stil geschrieben, aber ich weiß, daß er alle möglichen Beziehungen hat und auf jeden Fall recht findig ist.

Ich danke Ihnen nochmals tausendmal.

8 [Von 1948 bis zu seinem Tod 2001 Verleger der Éditions de Minuit – A. d. Ü.]

Chronologie der historischen Ereignisse

1954

1. November Eine Attentatswelle leitet den Konflikt ein. Verstärkung der Truppen in Algerien. Innenminister François Mitterrand ist ein Befürworter des Krieges. Gründung des Mouvement national algérien (MNA) [Algerische Nationalbewegung] durch Messali Hadj. Die Mitglieder des Mouvement pour le triomphe des libertés démocratiques [Bewegung für den Sieg der demokratischen Freiheiten] werden verhaftet.

1955

Januar Jacques Soustelle wird zum algerischen Generalgouverneur ernannt.

April Verhängung des Ausnahmezustands über Algerien per Gesetz.

Mai Die Truppenstärke der in Algerien stationierten Franzosen wird auf 100 000 Mann erhöht.

September In Paris kommt es zur ersten Demonstration von Wehrdienstverweigerern, die für den Einsatz in Algerien einberufen wurden.

November Gründung der Sections administratives spécialisées (SAS).

1956

Februar Robert Lacoste wird zum residierenden Algerien-Minister ernannt.

6. Februar Sogenannter »Tag der Tomaten«: Anläßlich des Besuchs von Guy Mollet in Algier organisiert die europäischstämmige Bevölkerung eine große Massendemonstration. Mollet geht von seiner liberalen Linie ab und ergreift repressive Maßnahmen.

März Unter der Regierung Guy Mollet werden Sondervollmachten verabschiedet.

April Minister Pierre Mendès-France tritt aus dem Kabinett von Guy Mollet aus.

Mai Die Union générale des étudiants musulmans d'Algérie (UGEMA) [Vereinigung der muslimischen Studenten Algeriens] ruft zu einem unbefristeten Streik auf.

Juli Generalstreik der in Frankreich und im Departement Algier lebenden Algerier.

August Auf dem von Abane Ramdane organisierten Kongreß von Soummam in der Kabylei kommt es zur Bildung des Front de Libération Nationale (FLN) [Nationale Befreiungsfront]. Frankreich stockt seine Truppen auf 600 000 Mann auf.

Oktober Entführung eines Flugzeugs der Royal Air Maroc mit Führern des FLN an Bord durch die französischen Behörden.

November In Algier werden die ersten Bombenattentate durch den FLN verübt. Ausschreitungen gegen Nordafrikaner durch französische Zivilisten in Algier.

Dezember General Salan wird zum Oberbefehlshaber der französischen Truppen in Algerien ernannt. Er hat militärische und zivile Gewalten inne; Auflösung der Gemeindevertretungen in Algerien und Ermordung des Vorsitzenden des Verbandes der algerischen Bürgermeister (Froger).

1957

Januar Beginn der Schlacht um Algier.

Januar-Februar Zunahme der Bombenanschläge.

Februar-März-April Zahlreiche Führungspersonen des FLN werden verhaftet, von denen einige ermordet werden. Rücktritt von General de La Bollardière.

Mai Massaker an der Zivilbevölkerung des Duar Melouza durch den FLN.

Juni Verhaftung und Ermordung Maurice Audins, eines Assistenten am Fachbereich Mathematik an der Universität Algier.

Dezember Ermordung Abane Ramdanes, des Hauptorganisators des Kongresses von Soummam.

1958

Februar General Salan läßt Sakhiet-Sidi-Youssef (Tunesien) bombardieren.

April	Rücktritt General Gaillards. In Algier finden Demonstrationen für ein französisches Algerien statt.
Mai	Das Generalgouvernement wird von den Europäern übernommen. Massu gründet ein Comité de salut public [Wohlfahrtsausschuß] und richtet einen Appell an General de Gaulle. Demonstrationen für die Verteidigung der Republik in Paris.
Juni	Die Nationalversammlung setzt de Gaulle ein. In Algier erklärt er: »Ich habe euch verstanden.«
September	Bildung der Provisorischen Regierung der Algerischen Republik (GPRA).
Dezember	General Challe und Paul Delouvrier lösen General Salan ab. De Gaulle wird zum Präsidenten der Republik gewählt.

1959

April	Michel Rocard veröffentlicht seinen Bericht über die Umsiedlungslager.
Juli-August	Beginn der Operation »Jumelles«, einer umfassenden Militäroperation der französischen Armee in der Kabylei.
September	De Gaulle gibt das Recht der Algerier auf Selbstbestimmung mittels Referendum bekannt. Ablehnung des Angebots durch die GPRA, die die völlige Unabhängigkeit vor jeglicher Diskussion verlangt.
November	Aufruf de Gaulles zum Waffenstillstand. Ben Bella und die 1956 verhafteten Führer werden vom FLN zu Unterhändlern ernannt.

1960

Januar	General Massu wird seines Postens als Kommandant des Armeekorps von Algier enthoben. Woche der Barrikaden in Algier.
März	Rücktritt General Challes.
Juni	Treffen zwischen de Gaulle und Si Salah im Élysée-Palast. Gespräche mit der GPRA in Melun.
September	Prozeß gegen die Mitglieder des »Jeanson-Netzwerks«. »Manifest der 121« für das Recht auf Dienstpflichtverweigerung im Algerienkrieg.

Oktober Razzien auf Algerier in Paris und seinen Vorstädten.

November Louis Joxe wird zum Staatsminister für Algerische Angelegenheiten ernannt.

Dezember Reise de Gaulles nach Algerien mit anschließenden gewalttätigen Demonstrationen in Algier. Die Vereinten Nationen erkennen Algerien das Recht auf Selbstverwaltung zu.

1961

Januar 75 % der Franzosen sprechen sich per Referendum für das Recht des algerischen Volkes auf Selbstbestimmung aus. Gründung der französischen Untergrundbewegung Organisation armée secrète (OAS).

Februar Treffen zwischen Georges Pompidou und dem FLN in der Schweiz.

April Scheitern des Putsches der Generäle in Algier. De Gaulle erhält uneingeschränkte Vollmachten.

Mai-Juni Erste Gespräche von Évian. Zunahme der Attentate seitens der von Salan geführten OAS.

August-September Zahlreiche Attentate des FLN und der OAS in Algerien.

Oktober Ausgangssperre für alle in Paris und der Pariser Region lebenden Algerier. Blutige Niederschlagung friedlicher Demonstrationen von Algeriern in den Straßen von Paris. Attentate der OAS in Algerien. Ankunft der »Barbouzes« [»Die Bärtigen«: Art Geheimpolizei gegen die OAS] in Algier.

Dezember Die Gewerkschaften und die Linke veranstalten Demonstrationen für Algerien und gegen die OAS.

1962

Januar Attentate in Algier und Frankreich durch die OAS und OAS-Gegner.

Februar Demonstrationen und deren anschließende brutale Niederschlagung (an der Pariser Metrostation Charonne).

März Unterzeichnung der Évian-Abkommen und Verkündung des Waffenstillstands in Algerien.

5. März Nationale Unabhängigkeitserklärung.

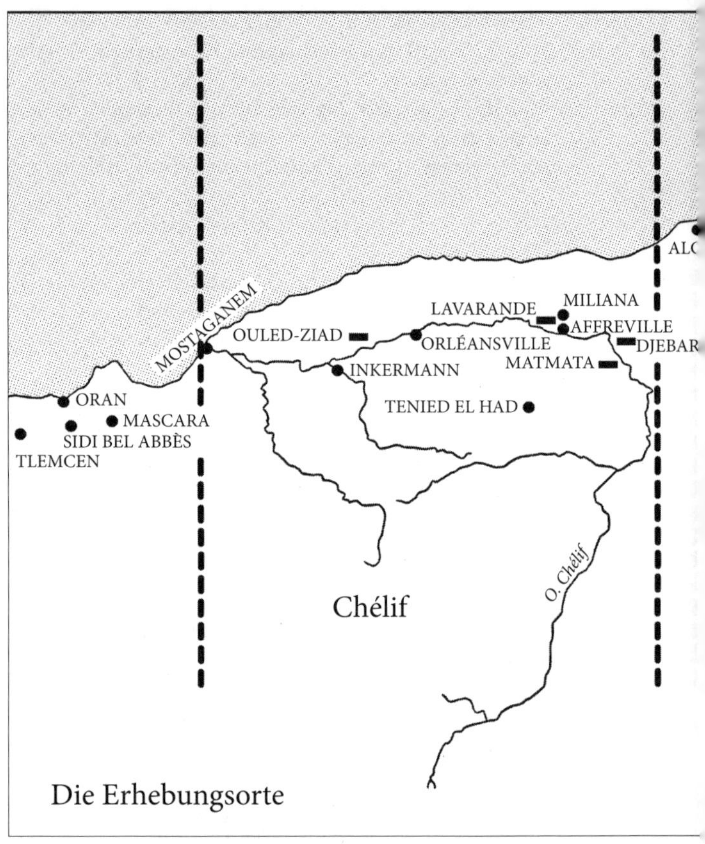

1. Die vertikalen Linien zeigen die drei Départements, in denen die Umsiedlungsdichte am höchsten war (Chélif und Umgebung, die Region Oran, die Große und die Kleine Kabylei, Collo im Constantinois).
2. Die Rechtecke geben die Lage der Umsiedlungszentren an (Ouled Ziad, Lavarande, Matmata, Djebabra, Djemâa Saharid, Barbacha, Aghbala, Aïn Aghbel, Kerkera).

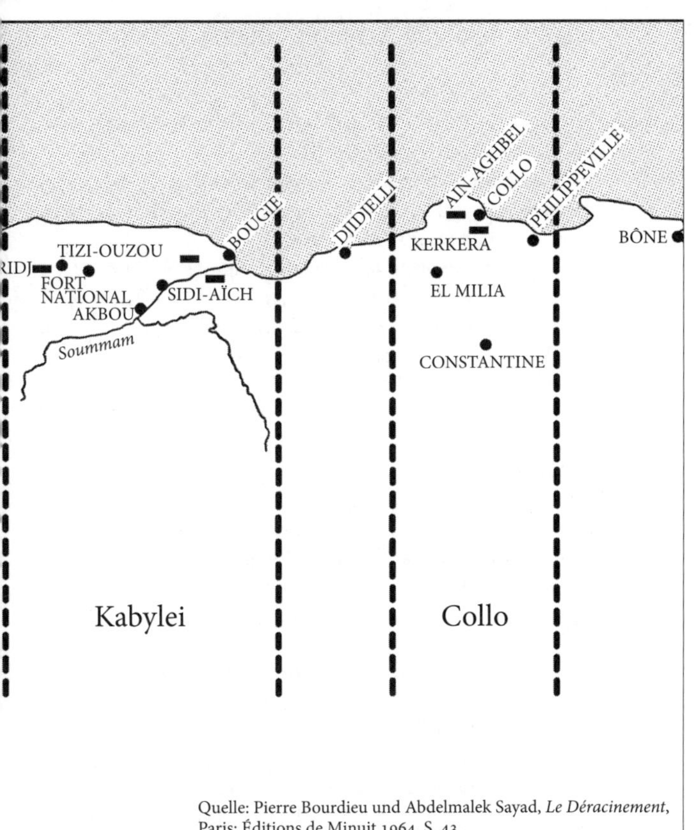

Quelle: Pierre Bourdieu und Abdelmalek Sayad, *Le Déracinement*, Paris: Éditions de Minuit 1964, S. 43.

Pierre Bourdieus Arbeiten über Algerien*

Sociologie de l'Algerie, Paris: PUF, coll. »Que sais-je?«, Nr. 802, 1958; überarbeitete Ausg. 1961, 8. Aufl. 2001.

»Le choc des civilisations«, in: *Le Sous-Développement en Algérie*, Algier: Secrétariat social 1959, S. 52-64; dt. Übers.: »Der Zusammenstoß der Zivilisationen«, in diesem Band, S. 73-93.

»La société traditionnelle: attitude à l'égard du temps et conduite traditionelle«, *Sociologie du travail*, 1, Januar-März 1963, S. 24-44; dt. Übers.: »Die traditionale Gesellschaft: Einstellung zur Zeit und ökonomisches Verhalten«, in diesem Band, S. 94-125.

»La logique interne de la civilisation algérienne traditionelle«, in: *Le Sous-Développement en Algérie*, Algier: Secrétariat social 1959, S. 40-51; dt. Übers.: »Innere Logik der ursprünglichen algerischen Gesellschaft«, in diesem Band, S. 126-142.

»Guerre et mutation sociale en Algérie«, *Études méditerranéennes*, 7, Frühjahr 1960, S. 25-37; wiederaufgenommen in: *Images d'Algérie. Une affinité élective*, Katalog der Ausstellung des Institut du monde arabe (IMA, 2003), hrsg. von Franz Schultheis und Christine Frisinghelli, Arles: Actes Sud/Camera Austria/Sindbad/Fondation Liber, Reihe »Archives privées«, 2003, S. 19-44; dt. Übers.: »Krieg und gesellschaftlicher Wandel in Algerien«, in: Pierre Bourdieu, *In Algerien. Zeugnisse der Entwurzelung*. Aus dem Französischen von Jörg Ohnacker und Daniela Böhmer, hrsg. von Franz Schultheis und Christine Frisinghelli, Konstanz: UVK 2003, S. 53-75; »Krieg und gesellschaftlicher Umbruch in Algerien«, in diesem Band, S. 175-190.

»Révolution dans la révolution«, *Esprit*, 1, Januar 1961, S. 27-40; wiederaufgenommen in: *Interventions (1961-2001). Science sociale et action politique*, herausgegeben von Franck Poupeau und Thierry Discepolo, Marseille: Agone 2002, S. 21-28; dt. Übers.: »Revolution in der Revolution«, in: Pierre Bourdieu, *Interventionen 1961-2001, Bd. 1:*

* Aufgelistet sind sämtliche Arbeiten Bourdieus über Algerien, auch solche, die in diesem Band nicht enthalten sind. Die hier enthaltenen Arbeiten sind als solche ausgewiesen und zum Teil bereits andernorts auf deutsch erschienen. Die Übersetzungen wurden für diesen Band durchgesehen und gegebenfalls modifiziert. Der Abdruck erfolgt mit freundlicher Genehmigung des jeweiligen Verlages.

1961-1980. Kolonialkrieg & revolutionäres Bewusstsein, Erziehung & Herrschaft; Gegen die Wissenschaft von der politischen Enteignung. Aus dem Französischen von Franz Hector und Jürgen Bolder, Hamburg: VSA-Verlag 2003, S. 31-39; in diesem Band, S. 157-174.

»De la guerre révolutionnaire à la révolution«, in: François Perroux (Hg.), *Algérie de demain*, Paris: PUF 1962, S. 5-13; dt. Übers.: »Vom revolutionären Krieg zur Revolution«, in: Pierre Bourdieu, *Interventionen 1961-2001, Bd. 1: 1961-1980.* Kolonialkrieg & revolutionäres Bewusstsein, Erziehung & Herrschaft; Gegen die Wissenschaft von der politischen Enteignung. Aus dem Französischen von Franz Hector und Jürgen Bolder, Hamburg: VSA-Verlag 2003, S. 21-30; in diesem Band, S. 145-156.

»La hantise du chômage chez l'ouvrier algérien. Prolétariat er système coloniale«, *Sociologie du travail*, 4, 1962, S. 313-331; dt. Übers.: »Die ständige Angst des algerischen Arbeiters vor der Arbeitslosigkeit. Proletariat und Kolonialsystem«, in diesem Band, S. 274-302.

»Les sous-prolétaires algériens«, *Les Temps modernes*, 199, Dezember 1962, S. 1030-1051; dt. Übers.: »Die algerischen Subproletarier«, in diesem Band, S. 247-273.

Travail et travailleurs en Algérie [zusammen mit A. Darbel, J.-P. Rivet, C. Seibel], Paris/La Haye: Mouton et Co. 1963.

Le Déracinement. La crise de l'agriculture traditionelle en Algérie [zusammen mit A. Sayad], Paris: Minuit 1964.

»Paysans déracinés: Bouleversements morphologiques et changements culturels en Algérie« [zusammen mit A. Sayad], *Étude rurales*, 12, Januar-März 1964, S. 56-94; dt. Übers. »Entwurzelte Bauern: Morphologische Umwälzungen und kultureller Wandel in Algerien«, in diesem Band, S. 193-246.

»La fabrique de l'habitus économique«, *Actes de la recherche en sciences sociale*, 50, Dezember 2003, S. 79-90; dt. Übers.: »Die Erzeugung des ökonomischen Habitus«, in: Pierre Bourdieu, *Die zwei Gesichter der Arbeit. Interdependenzen von Zeit- und Wirtschaftsstrukturen am Beispiel einer Ethnologie der algerischen Übergangsgesellschaft.* Aus dem Französischen von Franz Schultheis, Konstanz: UVK 2000, S. 7-20; »Die Herstellung des ökonomischen Habitus«, in diesem Band, S. 303-335.

»La maison kabyle ou le monde renversé«, in: Jean Pouillon und Pierre Maranda (Hg.), *Échanges et communications. Mélanges offerts à Claude Lévi-Strauss à l'occasion de son 60e anniversaire*, Paris La

Haye: Mouton 1970, S. 739-758; auch »La maison ou le monde renversé«, in: Pierre Bourdieu, *Esquisse d'une théorie de la pratique*, précédé de *Trois Études d'ethnologie kabyle*, Genf: Droz 1972; durchgesehene und erweiterte Fassung: Paris: Seuil, coll. »Points Essais«, 2000, S. 61-82; auch (in modifizierter Form) in *Le sens pratique*, Paris: Minuit 1980, S. 441-461; dt. Übers.: »Das Haus oder die verkehrte Welt«, in: Pierre Bourdieu, *Entwurf einer Theorie der Praxis auf der ethnologischen Grundlage der kabylischen Gesellschaft*. Aus dem Französischen von Cordula Pialoux und Bernd Schwibs, Frankfurt am Main: Suhrkamp 1976, S. 48-65.

Esquisse d'une théorie de la pratique, précédé de *Trois Études d'ethnologie kabyle*, Genf: Droz 1972; durchgesehene und erweiterte Fassung: Paris: Seuil, coll. »Points Essais«, 2000; dt. Übers.: *Entwurf einer Theorie der Praxis auf der ethnologischen Grundlage der kabylischen Gesellschaft*. Aus dem Französischen von Cordula Pialoux und Bernd Schwibs, Frankfurt am Main: Suhrkamp 1976.

Algérie 60. Structures économiques et structures temporelles, Paris: Minuit 1977; dt. Übers.: *Die zwei Gesichter der Arbeit. Interdependenzen von Zeit- und Wirtschaftsstrukturen am Beispiel einer Ethnologie der algerischen Übergangsgesellschaft*. Aus dem Französischen von Franz Schultheis, Konstanz: UVK 2000.

»Les conditions sociales de la production sociologique: sociologie coloniale er décolonisation de la sociologie«, Beitrag auf dem Kolloquium über »Ethnologie und Politik im Maghreb« (Paris, Juni 1975); wiederaufgenommen in *Le Mal de voir*, Paris: Union générale d'édition, coll. »10/18«, *Cahiers Jussieu*, 2, 1976, S. 416-427; sowie unter dem Titel »Pour une sociologie des sociologues«, in: Pierre Bourdieu, *Questions de sociologie*, Paris: Minuit 1980, S. 78-85; dt. Übers.: »Für eine Soziologie der Soziologen«, in: Pierre Bourdieu, *Soziologische Fragen*. Aus dem Französischen von Hella Beister und Bernd Schwibs, Frankfurt am Main: Suhrkamp 1993, S. 77-82; in diesem Band, S. 443-450.

»Dialogue sur la poésie orale en Kabylie« [Gespräch mit M. Mammeri], *Actes de la recherche en sciences sociales*, 23, 1978, S. 51–66; dt. Übers.: »Dialog über die mündliche Dichtung der Kabylei. Ein Gespräch mit Mouloud Mammeri«, in: Louis Pinto und Franz Schultheis (Hg.), *Streifzüge durch das literarische Feld*. Aus dem Französischen von Andreas Gipper, Konstanz: UVK 1997, S. 339-381; in diesem Band, S. 365-413.

Le sens pratique, Paris: Minuit 1980; dt. Übers.: *Sozialer Sinn. Kritik der theoretischen Vernunft*. Übersetzt von Günter Seib, Frankfurt am Main: Suhrkamp 1987.

»Du bon usage de l'ethnologie. Entretien avec M. Mammeri«, *Awal*, 1, 1985, S. 7-29; »Vom richtigen Gebrauch der Ethnologie«, in diesem Band, S. 339-364.

Vorwort zu T. Y.-Titouh, *L'Izli ou l'amour*, Paris: MSH 1988, S. 12 f.

»Mouloud Mammeri ou la colline retrouvée«, *Le Monde*, 3. März 1984.

»L'odyssée de la réappropriation«, Beitrag auf der Tagung »La dimension maghrébine dans l'œuvre de M. Mammeri«, Juni 1992, *Awal*, 18, 1998.

»Un analyseur de l'Inconscient«, Vorwort zu Abdelmalek Sayad, *L'Immigration ou les paradoxes de l'altérité*, Brüssel: De Boeck-Wesmael 1991, S. 13.

»La réappropriation de la culture reniée«, in: Tassadit Yacine (Hg.), *Amour, phantasmes et sociétés en Afrique du Nord et au Sahara*, Paris: L'Harmattan/Awal 1992, S. 17-22.

»L'intelligence qu'on assassine. Entretien avec E. Sarner«, *La Chronique d'Amnesty international*, 68, Januar 1994, S. 24 f.

»Le parti de la paix civile«, *Alternatives algériennes*, 2, 22. November bis 7. Dezember 1995, S. 4 [mit M. Virolle].

»Dévoiler et divulguer le refoulé«, Freiburg, 27. Oktober 1995, in: Joseph Jurt (Hg.), *Algérie-France-Islam*, Paris: L'Harmattan 1997, S. 2.

Vorwort zu Abdelmalek Sayad, *La double Absence. Des illusions de l'immigré aux souffrances de l'immigré*, Paris: Seuil 1999, S. 9-13.

»Entre amis«, *Autour de Pierre Bourdieu et de l'anthropologie, Awal*, 21, 2000, S. 6; auch in: *L'autre Bourdieu, Awal*, 27-28, 2003, S. 83-88; auch in: *Intervention 1961-2000*, Marseille: Agone 2002, S. 27-42; dt. Übers. (gekürzt): »Rückblick auf die algerische Erfahrung«, in: Pierre Bourdieu, *Interventionen 1961-2001, Bd. 1: 1961-1980*. Kolonialkrieg & revolutionäres Bewusstsein, Erziehung & Herrschaft; Gegen die Wissenschaft von der politischen Enteignung. Aus dem Französischen von Franz Hector und Jürgen Bolder, Hamburg: VSA-Verlag 2003, S. 40-47; »Unter Freunden«, in diesem Band, S. 451-460.

»Pour Abdelmalek Sayad« (Paris, Institut du monde arabe, 1998), *Annuaire de l'Afrique du Nord*, XXXVII 1998, Paris: CNRS Éditions 2000, S. 9-13; dt. Übers.: »Für Abdelmalek Sayad«, in diesem Band, S. 461-468.

»Entretien avec Franz Schultheis«, Paris, 26. Juni 2001, in: *Images d'Algérie. Une affinité élective*, Katalog der Ausstellung des Institut du monde arabe (IMA, 23. Januar bis 2. März 2003), hrsg. von Franz Schultheis und Christine Frisinghelli, Arles: Actes Sud/Camera Austria/Sindbad/Fondation Liber, coll. »Archives privées«, 2003, S. 19-44; dt. Übers.: »Bilder aus Algerien. Ein Gespräch mit Pierre Bourdieu«, in: Pierre Bourdieu, *In Algerien. Zeugnisse der Entwurzelung*, hrsg. von Franz Schultheis und Christine Frisinghelli. Aus dem Französischen von Jörg Ohnacker und Daniela Böhmer, Konstanz: UVK 2009, S. 21-50; »Mit dem Objektiv sehen: Im Umkreis der Photographie«, in diesem Band, S. 469-486.

»Objectivation participante«, *Actes de la recherche en sciences sociales*, 150, 2003, S. 43-64; dt. Übers.: »Teilnehmende Objektivierung«, in: Pierre Bourdieu, *Schwierige Interdisziplinarität. Zum Verhältnis von Soziologie und Geschichtswissenschaft*, hrsg. von Elke Ohnacker und Franz Schultheis. Aus dem Französischen von Elke und Jörg Ohnacker, Münster: Westfälisches Dampfboot 2004, S. 172-186; in diesem Band, S. 417-440.

Bibliographie

Addi, L., *Sociologie et anthropologie chez Pierre Bourdieu. Le paradigme anthropologique kabyle et ses conséquences théoriques*, Paris: La Découverte 2002.

Adnani, H., Yacine, T., »L'autre Bourdieu«, *L'autre Bourdieu, Awal*, 27-28, 2003, S. 229-247.

Ageron, C.-R., *La Guerre d'Algérie et les Algériens*, Paris: Armand Colin 1997.

Ageron, C.-R., »Une dimension de la guerre d'Algérie: Les ›regroupements‹ de populations«, in: C. Jauffret und M. Vaïsse (Hg.), *Militaires et guérilla dans la guerre d'Algérie*, Brüssel: Complexe 2002.

Ageron, C.-R., *Histoire de l'Algérie contemporaine. 1871-1954*, Paris: PUF 1990 [1979].

Algérie. Naissance de mille villages, Algier: Baconnier o. J.

Alleg, H., *La Question*, Paris: Minuit 1957.

Amrouche, J., »À propos des émeutes du 8 mai 1945« [1954], wiederaufgenommen in: *Un Algérien s'adresse aux Français*, Paris: L'Harmattan 1994.

Amrouche, J., »Algeria Fara da se«, *Témoignage chrétien*, 8. November 1957, wiederaufgenommen in: *Un Algérien s'adresse aux Français*, Paris: L'Harmattan 1994.

Amrouche, J., »Regroupement ou génocide?«, *Démocratie 60* vom 28. April 1960, wiederaufgenommen in: *Un Algérien s'adresse aux Français*, Paris: L'Harmattan 1994.

Azéma, J.-P., Lévy-Bruhl, R., Touchelay, B., »Mission d'analyse historique sur le système statistique français de 1940 à 1945«, Ms., o. D.

Balandier, G., »La situation coloniale: approche théorique«, *Cahiers internationaux de sociologie*, Bd. 11, S. 44-79; dt. Übers.: »Die koloniale Situation. Ein theoretischer Ansatz«, in: R. von Albertini (Hg.), *Moderne Kolonialgeschichte*, Köln 1970, S. 105-24.

Bensa, A., »L'exclu de la famille, la parenté selon Bourdieu«, *Actes de la recherche en sciences sociales*, 150, Dezember 2003, S. 19-26.

Berque, J., *Structures sociales dans le Haut Atlas*, Paris: PUF 1955.

Bianco, L., »Nous n'avons jamais vu ›le monde‹«, Gespräch mit Tassadit Yacine, *L'autre Bourdieu, Awal*, 27-28, 2003, S. 267-277.

Bouhedja, S., »Il était un parmi les dix. Autour de l'enquête sur les camps de regroupement«, *L'autre Bourdieu, Awal*, 27-28, S. 287-293.

Bourdieu, P., *Sociologie de l'Algerie*, Paris: PUF, coll. »Que sais-je?«, Nr. 802, 1958; überarbeitete Ausg. 1961, 8. Aufl. 2001.

Bourdieu, P., »Le choc des civilisations«, in: *Le Sous-Développement en Algérie*, Algier: Secrétariat social 1959, S. 52-64; dt. Übers.: »Der Zusammenstoß der Zivilisationen«, in diesem Band, S. 73-93.

Bourdieu, P., »La logique interne de la civilisation algérienne traditionelle«, in: *Le Sous-Développement en Algérie*, Algier: Secrétariat social 1959, S. 40-51; dt. Übers.: »Innere Logik der ursprünglichen algerischen Gesellschaft«, in diesem Band, S. 126-142.

Bourdieu, P., »Guerre et mutation sociale en Algérie«, *Études méditerranéennes*, 7, Frühjahr 1960, S. 25-37; wiederaufgenommen in: *Images d'Algérie. Une affinité élective*, Katalog der Ausstellung des Institut du monde arabe (IMA, 2003), hrsg. von F. Schultheis und C. Frisinghelli, Arles: Actes Sud/Camera Austria/Sindbad/Fondation Liber, coll. »Archives privées«, 2003, S. 19-44; dt. Übers.: »Krieg und gesellschaftlicher Wandel in Algerien«, in: Pierre Bourdieu, *In Algerien. Zeugnisse der Entwurzelung*. Aus dem Französischen von Jörg Ohnacker und Daniela Böhmer, hrsg. von F. Schultheis und C. Frisinghelli, Konstanz: UVK 2003, S. 53-75; »Krieg und gesellschaftlicher Umbruch in Algerien«, in diesem Band, S. 175-190.

Bourdieu, P., »Révolution dans la révolution«, *Esprit*, 1, Januar 1961, S. 27-40; wiederaufgenommen in: Pierre Bourdieu, *Interventions (1961-2001). Science sociale et action politique*, hrsg. von F. Poupeau und T. Discepolo, Marseille: Agone 2002, S. 21-28; dt. Übers.: »Revolution in der Revolution«, Pierre Bourdieu, *Interventionen 1961-2001, Bd. 1: 1961-1980*. Kolonialkrieg & revolutionäres Bewusstsein, Erziehung & Herrschaft; Gegen die Wissenschaft von der politischen Enteignung. Aus dem Französischen von Franz Hector und Jürgen Bolder, Hamburg: VSA-Verlag 2003, S. 31-39; in diesem Band, S. 157-174.

Bourdieu, P., »Da la guerre révolutionnaire à la révolution«, in: François Perroux (Hg.), *Algérie de demain*, Paris: PUF 1962, S. 5-13; dt. Übers.: »Vom revolutionären Krieg zur Revolution«, Pierre Bourdieu, *Interventionen 1961-2001, Bd. 1: 1961-1980*. Kolonialkrieg & revolutionäres Bewusstsein, Erziehung & Herrschaft; Gegen die Wissenschaft von der politischen Enteignung. Aus dem Französischen von Franz Hector und Jürgen Bolder, Hamburg: VSA-Verlag 2003, S. 21-30; in diesem Band, S. 145-156.

Bourdieu, P., »Célibat et condition pasysanne«, *Études rurales*, 5-6, April-September 1962, S. 32-136.

Bourdieu, P., »Les relations entre les sexes dans la société paysanne«, *Les Temps modernes*, 195, August 1962, S. 307-331.

Bourdieu, P., »La hantise du chômage chez l'ouvrier algérien. Prolétariat et système coloniale«, *Sociologie du travail*, 4, 1962, S. 313-331; dt. Übers.: »Die ständige Angst des algerischen Arbeiters vor der Arbeitslosigkeit. Proletariat und Kolonialsystem«, in diesem Band, S. 274-302.

Bourdieu, P., »Les sous-prolétaires algériens«, *Les Temps modernes*, 199, Dezember 1962, S. 1030-1051; dt. Übers.: »Die algerischen Subproletarier«, in diesem Band, S. 247-273.

Bourdieu, P., *Esquisse d'une théorie de la pratique*, précédé de *Trois Études d'ethnologie kabyle*, Genf: Droz 1972; durchgesehene und erweiterte Fassung: Paris: Seuil, coll. »Points Essais«, 2000; dt. Übers.: *Entwurf einer Theorie der Praxis auf der ethnologischen Grundlage der kabylischen Gesellschaft*. Aus dem Französischen von Cordula Pialoux und Bernd Schwibs, Frankfurt am Main: Suhrkamp 1976.

Bourdieu, P., »Les conditions sociales de la production sociologique: sociologie coloniale er décolonisation de la sociologie«, Beitrag auf dem Kolloquium über »Ethnologie und Politik im Maghreb« (Paris, Juni 1975); wiederaufgenommen in: *Le Mal de voir*, Paris: Union générale d'édition, coll. »10/18«, *Cahiers Jussieu*, 2, 1976, S. 416-427; sowie unter dem Titel »Pour une sociologie des sociologues«, in: Pierre Bourdieu, *Questions de sociologie*, Paris: Minuit 1980, S. 78-85; dt. Übers.: »Für eine Soziologie der Soziologen«, in: Pierre Bourdieu, *Soziologische Fragen*. Aus dem Französischen von Hella Beister und Bernd Schwibs, Frankfurt am Main: Suhrkamp 1993, S. 77-82; in diesem Band, S. 443-450.

Bourdieu, P., *Algérie 60. Structures économiques et structures temporelles*, Paris: Minuit 1977; dt. Übers.: *Die zwei Gesichter der Arbeit. Interdependenzen von Zeit- und Wirtschaftsstrukturen am Beispiel einer Ethnologie der algerischen Übergangsgesellschaft*. Aus dem Französischen von Franz Schultheis, Konstanz: UVK 2000.

Bourdieu, P., *Le sens pratique*, Paris: Minuit 1980; dt. Übers.: *Sozialer Sinn. Kritik der theoretischen Vernunft*. Übersetzt von Günter Seib, Frankfurt am Main: Suhrkamp 1987.

Bourdieu, P., *Questions de sociologie*, Paris: Minuit 1980; dt. Übers.: *Soziologische Fragen*. Aus dem Französischen von Hella Beister und Bernd Schwibs, Frankfurt am Main: Suhrkamp 1993.

Bourdieu, P., »Der Kampf um die symbolische Ordnung. Pierre Bourdieu im Gespräch mit Axel Honneth, Hermann Kocyba und Bernd Schwibs«, *Ästhetik und Kommunikation*, 16, 61-62, 1986, S. 142-163; wiederabgedruckt unter dem Titel »Fieldwork in Philosophy«, in: Pierre Bourdieu, *Rede und Antwort*. Aus dem Französischen von Bernd Schwibs, Frankfurt am Main: Suhrkamp 1992, S. 15-49; in modifizierter französischer Fassung in: Pierre Bourdieu, *Choses dites*, Paris: Edition de Minuit 1987, S. 13-46.

Bourdieu, P., *Raisons pratiques. Sur la théorie de l'action*, Paris: Seuil 1994; dt. Übers.: *Praktische Vernunft. Zur Theorie des Handelns*. Aus dem Französischen von Hella Beister, Frankfurt am Main: Suhrkamp 1998.

Bourdieu, P., »Structures, Habitus and Practices«, in: *The Polity Reader in Social Theory*, Cambridge: Polity Press 1994, S. 95-110.

Bourdieu, P., »L'odyssée de la réappropriation«, *Awal*, 18, 1998, S. 5-6. Beitrag auf der Tagung in Algier »La dimension maghrébine dans l'œuvre de Mouloud Mammeri« (1992).

Bourdieu, P., »Entre amis«, *Autour de Pierre Bourdieu et de l'anthropologie, Awal*, 21, 2000, S. 6; auch in: *L'autre Bourdieu, Awal*, 27-28, 2003, S. 83-88; auch in: *Intervention 1961-2000*, Marseille: Agone 2002, S. 27-42; dt. Übers.: »Rückblick auf die algerische Erfahrung«, in: Pierre Bourdieu, *Interventionen 1961-2001, Bd. 1: 1961-1980*. Kolonialkrieg & revolutionäres Bewusstsein, Erziehung & Herrschaft; Gegen die Wissenschaft von der politischen Enteignung. Aus dem Französischen von Franz Hector und Jürgen Bolder, Hamburg: VSA-Verlag 2003, S. 40-47; »Unter Freunden«, in diesem Band, S. 451-460.

Bourdieu, P., *La domination masculine*, Paris: Seuil 1998; dt. Übers.: *Die männliche Herrschaft*. Aus dem Französischen von Jürgen Bolder, Frankfurt am Main: Suhrkamp 2005.

Bourdieu, P., »Pour Abdelmalek Sayad« (Paris, Institut du monde arabe, 1998), *Annuaire de l'Afrique du Nord*, XXXVII, 1998, Paris: Éditions du CNRS 2000, S. 9-13; dt. Übers.: »Für Abdelmalek Sayad«, in diesem Band, S. 461-468.

Bourdieu, P., *Science de la science et réflexivité*, Paris: Raisons d'agir 2001.

Bourdieu, P., *Intervention 1961-2000*, Marseille: Agone 2002; dt. Übers.: *Interventionen 1961-2001, Bd. 1: 1961-1980*. Kolonialkrieg & revolutionäres Bewusstsein, Erziehung & Herrschaft; Gegen die Wissenschaft von der politischen Enteignung. Aus dem Französischen von Franz Hector und Jürgen Bolder, Hamburg: VSA-Verlag 2003.

Bourdieu, P., *La reproduction interdite*, Paris: Seuil 2002.

Bourdieu, P., »L'autre Bourdieu ou celui qui ne disait pas ce qu'il avait envie de cacher«, Gespräch mit Hafid Adnani und Tassadit Yacine, *L'autre Bourdieu, Awal*, 27-28, 2003, S. 229-247.

Bourdieu, P., *Images d'Algérie. Une affinité élective*, hrsg. von F. Schultheis und C. Frisinghelli, Arles: Actes Sud 2003; dt. Übers.: *In Algerien. Zeugnisse der Entwurzelung*, hrsg. von F. Schultheis und C. Frisinghelli. Aus dem Französischen von Jörg Ohnacker und Daniela Böhmer, Konstanz: UVK 2009.

Bourdieu, P., »Teilnehmende Objektivierung«, in: Pierre Bourdieu, *Schwierige Interdisziplinarität. Zum Verhältnis von Soziologie und Geschichtswissenschaft*, hrsg. von E. Ohnacker und F. Schultheis, übersetzt von Elke und Jörg Ohnacker, Münster: Westfälisches Dampfboot 2004, S. 172-186; in diesem Band, S. 417-440.

Bourdieu, P., »La fabrique de l'habitus économique«, *Actes de la recherche en sciences sociales*, 50, Dezember 2003, S. 79-90; dt. Übers.: »Die Erzeugung des ökonomischen Habitus«, in: Pierre Bourdieu, *Die zwei Gesichter der Arbeit. Interdependenzen von Zeit- und Wirtschaftsstrukturen am Beispiel einer Ethnologie der algerischen Übergangsgesellschaft*. Aus dem Französischen von Franz Schultheis, Konstanz: UVK 2000, S. 7-20; »Die Herstellung des ökonomischen Habitus«, in diesem Band, S. 303-335.

Bourdieu, P., *Ein soziologischer Selbstversuch*. Aus dem Französischen von Stephan Egger, Frankfurt am Main: Suhrkamp 2002; französisch: *Esquisse pour une auto-analyse*, Paris: Raisons d'agir 2004.

Bourdieu, P., Darbel, A., Rivet, J.-P., Seibel, C., *Travail et travailleurs en Algérie*, Paris/La Haye: Mouton 1963.

Bourdieu, P., Sayad, A., *Le Déracinement*, Paris: Minuit 1964.

Bourdieu, P., Boltanski, L., Castel, R., Chamboredon, J.-C., *Un art moyen. Essai sur les usages de la photographie*, Paris: Minuit 1965; dt. Übers.: *Eine illegitime Kunst. Die sozialen Gebrauchsweisen der Photographie*. Aus dem Französischen von Udo Rennert, Frankfurt am Main: EVA 1981.

Bourdieu, P., Waquant, L., »The organic ethnologist of Algerian migration«, *Ethnography*, 1-2 Frühjahr 2000, S. 173-182.

Bourdieu, P., Mammeri, M. »Du bon usage de l'ethnologie. Entretien avec M. Mammeri«, *Awal. Cahiers d'études berbères*, I, 1985, S. 7-29; »Vom richtigen Gebrauch der Ethnologie«, in diesem Band, S. 339-364.

Cornaton, M., *Les Camps de regroupements et la guerre d'Algérie*, Paris: L'Harmattan 1998.
Delsaut, Y., Rivière, M.-C., *Bibliographie de Pierre Bourdieu*, Paris: Le Temps des cerises 2001.
Dermenghem, E., *Le culte des saints dans l'islam maghrébin*, Paris: Gallimard 1954.
Domenach, J.-M., »Histoire d'un acte responsable: le cas Jean Le Meur«, *Esprit*, Oktober 1959, S. 675-677.
Domenach, J.-M., Suffert, G., »Algérie et renaissance française«, *Esprit*, Juni 1956, S. 937-948.
Dresch, J., *Réforme agraire au Maghreb*, Paris: Maspero 1963.
Droz, B., Lever, E., *Histoire de la guerre d'Algérie (1954-1962)*, Paris: Seuil 1982.
Emerit, M., *L'Algérie à l'époque d'Abd-el-Kader*, Paris: Larose 1951.
Fritsch, P., »Contre le totémisme intellectuel«, in: C. Jauffret und M. Vaïsse (Hg.), *Rencontres avec Pierre Bourdieu*, Broissieux: Éditions du Croquant 2005, S. 79-100.
Froidure, M., *Où était Dieu en Algérie?*, Paris/Metz: Awal/Mettis 2006.
Garcia-Parpet, M.-F., »Des outsiders dans l'économie de marché, Pierre Bourdieu et les travaux sur l'Algérie«, *L'autre Bourdieu*, *Awal*, 27-28, 2003, S. 139-150.
Harbi, M., *Le FLN, mirage et réalités des origines à la prise du pouvoir. 1945-1962*, Paris: Bourgeois 1980.
Jauffret, J., Vaïsse, M., *Militaires et guérilla dans la guerre d'Algérie*, Brüssel: Complexe 2002.
Julien, Ch.-A., *L'Afrique du Nord en marché*, Paris: Omnibus 2002.
Lacoste-Dujardin, C., *Opération oiseau bleu, des Kabyles, des ethnologues et la guerre d'Algérie*, Paris: La Découverte 1997.
Lagrave, R.-M., Encrevé, P. (Hg.), *Travailler avec Bourdieu*, Paris: Flammarion 2003.
Lebaron, F., »Les modèles économiques face à l'économisme«, in: L. Pinto et al. (Hg.), *Pierre Bourdieu sociologue*, Paris: Fayard 2004, S. 128-130.
Lévi-Strauss, C., *Race et histoire*, Paris: Unesco 1952; dt. Übers.: *Rasse und Geschichte*. Aus dem Französischen von Traugott König, Frankfurt am Main: Suhrkamp 1972.
Lévi-Strauss, C., *Tristes Tropiques*, Paris: Plon 1955; dt. Übers.: *Traurige Tropen*. Übersetzt von Eva Moldenhauer, 2. Aufl. Frankfurt am Main: Suhrkamp 1989.

Maillard de La Morandais, A., *L'honneur est sauf*, Paris: Seuil 1990.
Mammeri, M., Bourdieu, P., »Dialogue sur la poésie orale en Kabylie«, *Actes de la recherche en sciences sociales*, 23, 1978, S. 51–66; dt. Übers.: »Dialog über die mündliche Dichtung der Kabylei. Ein Gespräch mit Mouloud Mammeri«, in: L. Pinto und F. Schultheis (Hg.), *Streifzüge durch das literarische Feld.* Aus dem Französischen von Andreas Gipper, Konstanz: UVK 1997, S. 339-381; in diesem Band, S. 365-413.
Martello, C., »Germaine Tillion et l'Algérie: de l'ethnologie au politique«, Master II, Universität Nizza Sophia Antipolis, Fachbereich Geschichte, 2005-2006.
Mauss-Copeaux, C., *Appelés en Algérie. La parole confisquée*, Paris: Hachette Littérature 1998, S. 116-117.
Merleau-Ponty, M., *Les aventures de la dialectique*, Paris: Gallimard 1955; dt. Übers.: *Die Abenteuer der Dialektik.* Aus dem Französischen von Alfred Schmidt und Herbert Schmitt, Frankfurt am Main: Suhrkamp 1968.
Meynier, G., *Histoire intérieure du FLN*, Paris: Fayard 2002.
Nouschi, A., *Enquête sur le niveau de vie des populations rurales constantinoises*, Paris und Tunis: PUF 1961.
Nouschi, A., »Autour de la sociologie de l'Algérie«, *L'autre Bourdieu, Awal*, 27-28, 2003, S. 29-35.
Okbi, A., »Le camp de regroupement de M'Chounèche, 1955-1962«, Master II, Universität Nizza, Sophia Antipolis, 2006-2007.
Perroux, F., *L'Algérie de demain*, Paris: PUF 1962.
Pinto, L., *Pierre Bourdieu et la théorie du monde social*, Paris: Albin Michel 1998.
Reggui, M., *Les Massacres de Guelma*, Paris: La Découverte 2006.
Rey-Goldzeiguer, A., *Aux origines de la guerre d'Algérie. 1940-1945*, Paris: La Découverte 2006.
Rioux, J.-P., Sirinelli, J.-F., *La Guerre d'Algérie et les intellectuels français*, Brüssel: Complexe 1991.
Rivière, T., *Aurès-Algérie, 1935-1936: Photographies*, Paris: MSH 1995.
Rocard, M., *Rapport sur les camps de regroupement et autres textes sur la guerre d'Algérie*, Paris: Mille et une nuits 2003.
Sanson, H., »C'était un esprit curieux«, *L'autre Bourdieu, Awal*, 27-28, 2003, S. 279-268.
Sapiro, G., »Une liberté contrainte, la formation de la théorie de l'*habitus*«, in: L. Pinto et al. (Hg.), *Pierre Bourdieu sociologue*, Paris: Fayard 2004, S. 61-63.

Sayad, A., *Histoire et recherche identitaire*, Saint-Denis: Bouchène 2000.
Schultheis, F., »Bilder aus Algerien. Ein Gespräch mit Pierre Bourdieu«, in: Pierre Bourdieu, *In Algerien. Zeugnisse der Entwurzelung*, hrsg. von F. Schultheis und C. Frisinghelli. Aus dem Französischen von Jörg Ohnacker und Daniela Böhmer, Konstanz: UVK 2009, S. 21-50; »Mit dem Objektiv sehen: Im Umkreis der Photographie«, in diesem Band, S. 469-486.
Ségura, J., *Lettres d'Algérie. La guerre d'un appelé (1958-1959)*, Paris: Nicolas Philippe 2004.
Seibel, A., »Travailler avec Bourdieu«, *Awal*, 2005, S. 91-97.
Servier, J., *Demain en Algérie*, Paris: Robert Laffont 1959.
Servier, J., *Les Portes de l'année*, Paris: Robert Laffont 1962.
Sibeud, E., *Les Sciences Sociales en situation coloniale* (Themenheft, Einleitung von E. Sibeud), *Revue d'histoire des sciences humaines*, Nr. 10, S. 3-7.
Simonin, A., »Les éditions de Minuit et les éditions du Seuil«, in: Rioux, J.-P., Sirinelli, J.-F., *La Guerre d'Algérie et les intellectuels français*, Brüssel: Complexe 1991, S. 219-246.
Sprecher, J., *À contre-courant. Étudiants libéraux et progressistes à Alger, 1954-1962*, Paris: Bouchène 2000.
Sprecher, J., »Il se sentais bien avac nous«, *L'autre Bourdieu, Awal*, 27-28, 2003, S. 295-305.
Tillion, G., *L'Algérie en 1957*, Paris: Minuit 1957.
Vatin, J.-C., *Connaissance du Maghreb, Sciences sociales et Colonisation*, Paris: Éditions du CNRS 1984.
Vidal-Naquet, P., *La Raison d'État*, Paris: Minuit 1961.
Winkin, Y., »La disposition photographique de Pierre Bourdieu«, Beitrag auf der Tagung in Cerisy, »Le symbolique et le social. La réception internationale du travail de Pierre Bourdieu» (12.-19. Juli 2001), Liege: Éditions de l'Université de Liège 2005, S. 43-51.
Wolf, E.-R., *Peasant Wars of the Twentieth Century*. New York: University of Oklahoma Press 1999 (1971).
Yacine, T., »Genèse de la domination masculine«, in: L. Pinto et al. (Hg.), *Pierre Bourdieu sociologue*, Paris: Fayard 2004, S. 93-115.
Yacine, T., »Pierre Bourdieu *amusnaw* kabyle ou intellectuel organique de l'humanité«, in: C. Jauffret und M. Vaïsse (Hg.), *Rencontres avec Pierre Bourdieu*, Broissieux: Éditions du Croquant 2005, S. 565-574.

Namenregister

Pierre Bourdieu im Suhrkamp Verlag

Algerische Skizzen. Übersetzt von Andreas Pfeuffer, Achim Russer, Bernd Schwibs u. a. 523 Seiten. Gebunden

Ein soziologischer Selbstversuch. Übersetzt von Stephan Egger. Mit einem Nachwort von Franz Schultheis. es 2311. 151 Seiten

Entwurf einer Theorie der Praxis. Übersetzt von Cordula Pialoux und Bernd Schwibs. Mit Abbildungen. stw 291. 493 Seiten

Die feinen Unterschiede. Kritik der gesellschaftlichen Urteilskraft. Übersetzt von Bernd Schwibs und Achim Russer. Gebunden und stw 658. 910 Seiten

Homo academicus. Übersetzt von Bernd Schwibs. Gebunden, kartoniert und stw 1002. 455 Seiten

Die männliche Herrschaft. Übersetzt von Jürgen Bolder. 211 Seiten. Gebunden

Meditationen. Zur Kritik der scholastischen Vernunft. Übersetzt von Achim Russer. Gebunden und stw 1695. 335 Seiten

Praktische Vernunft. Zur Theorie des Handelns. Übersetzt von Hella Beister. es 1985. 226 Seiten

Rede und Antwort. Übersetzt von Bernd Schwibs. es 1547. 237 Seiten

Reflexive Anthropologie. Mit Loïc J. D. Wacquant. Übersetzt von Hella Beister. stw 1793. 351 Seiten

NF 147/1/10.15

Die Regeln der Kunst. Genese und Struktur des literarischen Feldes. Übersetzt von Bernd Schwibs und Achim Russer. stw 1539. 552 Seiten

Sozialer Sinn. Kritik der theoretischen Vernunft. Übersetzt von Günther Seib. stw 1066. 503 Seiten

Soziologische Fragen. Übersetzt von Hella Beister und Bernd Schwibs. es 1872. 256 Seiten

Über den Staat. Vorlesungen am Collège de France 1989-1992. Übersetzt von Horst Brühmann und Petra Willim. 722 Seiten. Gebunden

Zur Soziologie der symbolischen Formen. Übersetzt von Wolfgang Fietkau. stw 107. 201 Seiten

Schriften

Band 7: Politik. Schriften zur Politischen Ökonomie 2. Herausgegeben von Franz Schultheis und Stephan Egger. Übersetzt von Roswitha Schmid, Hella Beister, Eva Kessler, Achim Russer und Bernd Schwibs. stw 2056. 374 Seiten

Band 12.1: Kunst und Kultur. Zur Ökonomie symbolischer Güter. Schriften zur Kultursoziologie 4. Herausgegeben von Franz Schultheis und Stephan Egger. Übersetzt von Hella Beister. stw 2106. 256 Seiten

Band 12.2: Kunst und Kultur. Kunst und künstlerisches Feld. Schriften zur Kultursoziologie 4. Herausgegeben von Franz Schultheis und Stephan Egger. Übersetzt von Michael Tillmann, Bernd Schwibs, Hella Beister, Wolfgang Fietkau und Bernhard Dieckmann. stw 2126. 546 Seiten

NF 147/2/10.15

Band 12.3: Kunst und Kultur. Kultur und kulturelle Praxis. Schriften zur Kultursoziologie 4. Herausgegeben von Franz Schultheis und Stephan Egger. Übersetzt von Bernd Schwibs, Achim Russer, Udo Rennert, Michael Tillmann und Hella Beister. stw 2146. 684 Seiten

Band 13: Religion. Schriften zur Kultursoziologie 5. Herausgegeben von Franz Schultheis und Stephan Egger. Übersetzt von Andreas Pfeuffer, Hella Beister und Bernd Schwibs. stw 1975. 278 Seiten

Zu Pierre Bourdieu

Bourdieu und Luhmann. Ein Theorienvergleich. Herausgegeben von Armin Nassehi und Gerd Nollmann. stw 1696. 350 Seiten

Pierre Bourdieu: Deutsch-französische Perspektiven. Herausgegeben von Catherine Colliot-Thélène, Etienne François und Gunter Gebauer. stw 1752. 329 Seiten

Hans-Peter Müller. Pierre Bourdieu. Eine systematische Einführung. stw 2110. 372 Seiten

Soziologie ist ein Kampfsport. Pierre Bourdieu im Portrait. Von Pierre Carles. fes 5. DVD, OmU, 140 min.

NF 147/3/10.15